* 커리큘럼은 과목별·선생님별로 상이할 수 있으며, 자세한 내용은 해커스공무원 사이트에서 확인하세요.

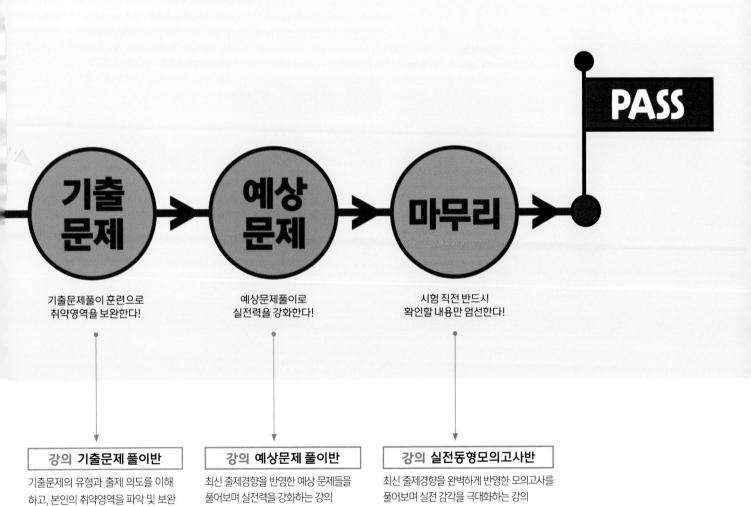

PASS

기출문제

예상문제

마무리

기출문제풀이 훈련으로
취약영역을 보완한다!

예상문제풀이로
실전력을 강화한다!

시험 직전 반드시
확인할 내용만 엄선한다!

강의 기출문제 풀이반

기출문제의 유형과 출제 의도를 이해
하고, 본인의 취약영역을 파악 및 보완
하는 강의

강의 예상문제 풀이반

최신 출제경향을 반영한 예상 문제들을
풀어보며 실전력을 강화하는 강의

강의 실전동형모의고사반

최신 출제경향을 완벽하게 반영한 모의고사를
풀어보며 실전 감각을 극대화하는 강의

강의 봉투모의고사반

시험 직전에 실제 시험과 동일한 형태의
모의고사를 풀어보며 실전력을 완성하는 강의

여러분의 합격을 응원하는
해커스공무원의 특별 혜택

FREE 공무원 국제법 **동영상강의**

해커스공무원(gosi.Hackers.com) 접속 후 로그인 ▶ 상단의 [무료강좌] 클릭 ▶
[교재 무료특강] 클릭

해커스공무원 온라인 단과강의 **20% 할인쿠폰**

DE8E6ECDE4224AUQ

해커스공무원(gosi.Hackers.com) 접속 후 로그인 ▶ 상단의 [나의 강의실] 클릭 ▶
좌측의 [쿠폰등록] 클릭 ▶ 위 쿠폰번호 입력 후 이용

* 등록 후 7일간 사용 가능(ID당 1회에 한해 등록 가능)

 합격예측 **모의고사 응시권 + 해설강의 수강권**

EFA447629F98CD8Q

해커스공무원(gosi.Hackers.com) 접속 후 로그인 ▶ 상단의 [나의 강의실] 클릭 ▶
좌측의 [쿠폰등록] 클릭 ▶ 위 쿠폰번호 입력 후 이용

* ID당 1회에 한해 등록 가능

쿠폰 이용 관련 문의 **1588-4055**

단기 합격을 위한
해커스 커리큘럼

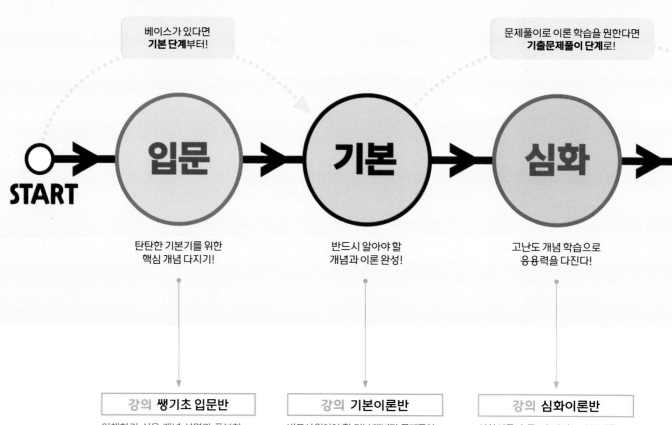

베이스가 있다면
기본 단계부터!

문제풀이로 이론 학습을 원한다면
기출문제풀이 단계로!

입문
START

기본

심화

탄탄한 기본기를 위한
핵심 개념 다지기!

반드시 알아야 할
개념과 이론 완성!

고난도 개념 학습으로
응용력을 다진다!

강의 **쌩기초 입문반**

이해하기 쉬운 개념 설명과 풍부한
연습문제 풀이로 부담 없이 기초를
다질 수 있는 강의

강의 **기본이론반**

반드시 알아야 할 기본 개념과 문제풀이
전략을 학습하여 핵심 개념 정리를
완성하는 강의

강의 **심화이론반**

심화이론과 중·상 난이도의 문제를
함께 학습하여 고득점을 위한 발판을
마련하는 강의

해커스공무원

패권

국제법

단원별 핵심지문 OX

해커스공무원

이상구

약력

서울대학교 대학원 졸업
성균관대학교 졸업

현 | 해커스공무원 국제법·국제정치학 강의
현 | 해커스 국립외교원 대비 국제법·국제정치학 강의
현 | 해커스 변호사시험 대비 국제법 강의
전 | 베리타스법학원(5급) 국제법·국제정치학 강의
전 | 합격의 법학원(5급) 국제법·국제정치학 강의

저서

해커스공무원 패권 국제법 기본서 일반국제법
해커스공무원 패권 국제법 기본서 국제경제법
해커스공무원 패권 국제법 조약집
해커스공무원 패권 국제법 판례집
해커스공무원 패권 국제법 핵심요약집
해커스공무원 패권 국제법 단원별 핵심지문 OX
해커스공무원 패권 국제법 단원별 기출문제집
해커스공무원 패권 국제법 단원별 적중 1000제
해커스공무원 패권 국제법 실전동형모의고사
해커스공무원 패권 국제법개론 실전동형모의고사
해커스공무원 패권 국제정치학 기본서 사상 및 이론
해커스공무원 패권 국제정치학 기본서 외교사
해커스공무원 패권 국제정치학 기본서 이슈
해커스공무원 패권 국제정치학 핵심요약집
해커스공무원 패권 국제정치학 단원별 핵심지문 OX
해커스공무원 패권 국제정치학 기출+적중 1800제
해커스공무원 패권 국제정치학 실전동형모의고사

OX로 공무원 국제법을 완벽 대비하라!

공무원 시험은 기출문제를 변형하여 출제되는 객관식 문제를 푸는 시험이므로, 주요 기출 논점들을 간단하게 확인하고 단원별 핵심논점을 정리하는 것은 매우 중요합니다. 이때 기출문제집을 통해 문제 전체를 확인하는 것도 중요하지만 핵심논점만을 정리한 『해커스공무원 패권 국제법 단원별 핵심지문 OX』로 빠르게 지문만 확인하여 자신의 이해도를 파악하여야 합니다.

기본서와 더불어 학습할 수 있고, 모의고사 풀이 후 마무리 학습도 할 수 있는 『해커스공무원 패권 국제법 단원별 핵심지문 OX』는 다음과 같은 특징을 가지고 있습니다.

첫째, 2023년까지 출제된 모든 국제법 기출문제의 지문들을 수록하였습니다.
다양한 관점에서 출제되는 국제법의 경향에 따라 공무원 국가직 9급과 7급 기출문제뿐만 아니라 기존의 외무고등고시, 행정고등고시, 사법시험 및 경찰간부후보생 선발시험 등에서 출제된 국제법 문제도 함께 수록하였습니다. 이를 통해 공무원 국제법을 폭넓게 학습할 수 있습니다.

둘째, 공무원 국제법 시험에서 출제되지 않은 주요 논점도 '예상논점'으로 수록하였습니다.
시험에서 자주 출제되었던 정인섭 교수님의 『신국제법강의』 및 김대순 교수님의 『국제법론』에서 앞으로 출제가 예상되는 핵심논점까지도 추출하여 수록하였습니다. 이를 통해 출제 범위가 확대되고 있는 공무원 국제법 시험에 대비할 수 있습니다.

셋째, 수록한 지문 전체에 대해 상세한 해설을 수록하였습니다.
지문을 단원별·논점별로 정리할 수 있도록 구성하였으며, 학습에 있어서 주의하여야 할 내용과 특히 알아두면 좋을 내용들을 함께 서술하였습니다. 이를 통해 핵심논점들을 보다 더 간단하고 명확하게 정리할 수 있습니다.

더불어, 공무원 시험 전문 사이트 해커스공무원(gosi.Hackers.com)에서 교재 학습 중 궁금한 점을 나누고 다양한 무료 학습 자료를 함께 이용하여 학습 효과를 극대화할 수 있습니다.

국제법 시험의 난도는 매년 높아지고 출제범위도 이전과 비교할 수 없을 정도로 확대되어 국제법 시험 준비에 있어 어려움이 커지고 있습니다. 즉, 시험 출제에 있어서 '변별력'을 높이는 데에 다소 지나칠 정도로 집중하는 양상이 기출문제에서 드러나고 있는 것입니다. 따라서 기출지문의 기본적인 논점뿐만 아니라 고난도 예상논점들을 반복해서 숙지하는 것이 고득점 합격의 출발점이자 지름길이 될 것입니다. 『해커스공무원 패권 국제법 단원별 핵심지문 OX』가 막막한 국제법 시험대비에 큰 유익이 되어 최종 합격의 기쁨을 누리길 바랍니다.

이상구

목차

이 책의 구성 및 학습 플랜

📝 이 책의 구성

『해커스공무원 패권 국제법 단원별 핵심지문 OX』는 수험생 여러분들이 국제법 과목을 효율적으로 정확하게 학습할 수 있도록 다양한 지문과 상세한 해설을 수록·구성하였습니다. 아래 내용을 참고하여 본인의 학습 과정에 맞게 체계적으로 학습 전략을 세워 학습하시기 바랍니다.

1 기출지문으로 이론 완성 + 문제해결 능력 키우기

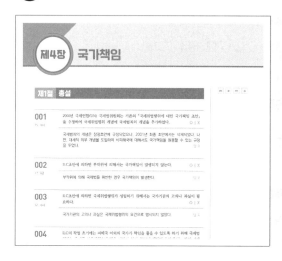

단원별 최신 기출지문 수록

2007년부터 2023년 9급 국가직까지 17개년 공무원 국제법 기출 지문뿐만 아니라 고등고시, 사법시험, 경찰간부후보생 시험에서 출제된 지문들을 학습 흐름에 따라 단원별로 수록하였습니다. 이러한 기출지문은 이론 복습 및 요약·문제풀이 능력 향상 등의 다양한 용도로 활용할 수 있습니다. 또한, 학습한 이론이 그동안 어떻게 출제되었는지 확인하며 방대한 국제법 과목 중 핵심 내용만을 효과적으로 학습할 수 있습니다.

2 예상지문으로 문제응용 능력 키우기

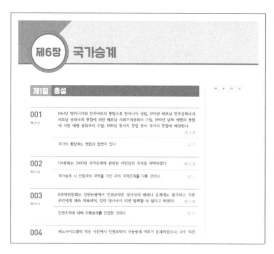

한 단계 실력 향상을 위한 예상지문 수록

공무원 국제법의 다양한 논점들 중 출제가능성이 높은 핵심 내용들을 기출지문과 유사한 형태와 난이도로 응용·변형하여 '예상논점'으로 수록하였습니다. 최신 출제경향을 반영한 예상지문을 통하여 학습한 이론을 다양한 유형과 주제로 응용할 수 있는 능력을 기를 수 있고, 심도 있는 고난도 학습을 바탕으로 실전에 완벽하게 대비할 수 있습니다.

📝 학습 플랜

* 1, 2회독 때에는 40일 학습 플랜을, 3회독 때에는 20일 학습 플랜을 활용하시면 좋습니다.

40일 플랜	20일 플랜	학습 플랜		1회독	2회독	3회독
DAY 1	DAY 1	제1편 국제법 총론	제1장 ~ 제2장	DAY 1	DAY 1	DAY 1
DAY 2			제3장 제1절 ~ 제8절	DAY 2	DAY 2	
DAY 3	DAY 2		제3장 제9절 ~ 제5장 제2절	DAY 3	DAY 3	DAY 2
DAY 4			제5장 제3절 ~ 제5절	DAY 4	DAY 4	
DAY 5	DAY 3	제2편 국가	제1장 ~ 제2장 제2절	DAY 5	DAY 5	DAY 3
DAY 6			제2장 제3절 ~ 제3장 제2절	DAY 6	DAY 6	
DAY 7	DAY 4		제3장 제3절 ~ 제4장 제3절	DAY 7	DAY 7	DAY 4
DAY 8			제5장 ~ 제6장	DAY 8	DAY 8	
DAY 9	DAY 5	제1편 복습		DAY 9	DAY 9	DAY 5
DAY 10		제2편 복습		DAY 10	DAY 10	
DAY 11	DAY 6	제3편 국제기구	제1장 제1절 ~ 제3절	DAY 11	DAY 11	DAY 6
DAY 12			제1장 제4절 ~ 제2장	DAY 12	DAY 12	
DAY 13	DAY 7	제4편 개인과 국제인권법	제1장 제1절 ~ 제4절 197	DAY 13	DAY 13	DAY 7
DAY 14			제1장 제4절 198 ~ 제2장 제3절 154	DAY 14	DAY 14	
DAY 15	DAY 8		제2장 제4절 ~ 제6절 334	DAY 15	DAY 15	DAY 8
DAY 16			제2장 제6절 335~ 제7절	DAY 16	DAY 16	
DAY 17	DAY 9	제3편 복습		DAY 17	DAY 17	DAY 9
DAY 18		제4편 복습		DAY 18	DAY 18	
DAY 19	DAY 10	제5편 국제법의 규율대상	제1장 제1절 ~ 제7절	DAY 19	DAY 19	DAY 10
DAY 20			제1장 제8절 ~ 제13절	DAY 20	DAY 20	
DAY 21	DAY 11		제2장 ~ 제3장	DAY 21	DAY 21	DAY 11
DAY 22		제5편 복습		DAY 22	DAY 22	
DAY 23	DAY 12	제6편 분쟁해결제도 및 전쟁과평화에 관한 법	제1장 제1절 ~ 제4절 081	DAY 23	DAY 23	DAY 12
DAY 24			제1장 제4절 082 ~ 182	DAY 24	DAY 24	
DAY 25	DAY 13		제1장 제4절 239 ~ 제2장 제2절	DAY 25	DAY 25	DAY 13
DAY 26			제2장 제3절 ~ 제6절	DAY 26	DAY 26	
DAY 27	DAY 14	제7편 국제경제법	제1장 ~ 제2장	DAY 27	DAY 27	DAY 14
DAY 28			제3장	DAY 28	DAY 28	
DAY 29	DAY 15		제4장 제1절 ~ 제2절	DAY 29	DAY 29	DAY 15
DAY 30			제4장 제3절 ~ 제5장 제2절	DAY 30	DAY 30	
DAY 31	DAY 16		제5장 제3절 ~ 제6절	DAY 31	DAY 31	DAY 16
DAY 32			제5장 제7절 ~ 제6장	DAY 32	DAY 32	
DAY 33	DAY 17		제7장 ~ 제9장 제1절	DAY 33	DAY 33	DAY 17
DAY 34			제9장 제2절 ~ 제5절	DAY 34	DAY 34	
DAY 35	DAY 18	제6편 복습		DAY 35	DAY 35	DAY 18
DAY 36		제7편 복습		DAY 36	DAY 36	
DAY 37	DAY 19	제1편 ~ 제4편 복습		DAY 37	DAY 37	DAY 19
DAY 38		제5편 ~ 제7편 복습		DAY 38	DAY 38	
DAY 39	DAY 20	전 범위 복습		DAY 39	DAY 39	DAY 20
DAY 40		전 범위 복습		DAY 40	DAY 40	

제1편

국제법 총론

제1절 국제법의 개념

001
88. 국가직

International Law란 용어를 최초로 사용한 사람은 Triepel이다. ○ | X

벤담(J. Bentham)이 쓴 표현이다. 벤담(J. Bentham)은 즈우치(Zouche)의 'jus inter gentes'를 'international law'로 번역해서 국제법을 지칭하였다. 답 X

002
98. 외시

국제법의 개념을 국가 간의 법이 아닌 국제사회의 법으로 보는 입장에서는 국가와 국제기구만이 국제법의 주체가 된다. ○ | X

국제법을 국가 간의 법으로 보는 입장은 국제법 주체를 능동적 주체인 국가에 한정하는 반면, 국제법을 국제사회의 법으로 보는 입장은 국가 이외에 국제사회에서 중요한 주체들에게 법적 주체성을 인정하는 견해이다. 따라서 개인과 국제조직의 제한적 주체성도 인정한다. 답 X

003
98. 경찰간부

국제법은 국제사회의 법규범으로서 주로 국가 간의 관계를 규율한다. ○ | X

국제법을 '국제사회의 법'으로 정의한다고 해도, 여전히 국제법은 국가 간 관계를 주로 규율하는 법규범이다. '주로'라는 단서를 달고 있으므로 옳다. 답 ○

004
02. 행시·외시

법이 공동체를 구성하는 요소들 간의 권리와 의무를 규정한다는 점에서 국내사회나 국제사회는 다를 바가 없다. ○ | X

법의 일반적 성격에 대한 설명이다. 법은 특정 법주체를 전제로 하며, 그 법주체에게 법적 구속력을 가진다. 이에 대해서는 국제법과 국내법에 차이가 없다. 답 ○

005
20. 9급

20세기 초까지 다수의 국제법 학자들은 국제기구 및 개인을 국가와 동일한 국제법 주체로 간주하였다. ○ | X

20세기 초까지는 국제법을 '국가 간의 법'으로 규정하여 국가만이 국제법의 주체라는 관념을 갖고 있었다. 답 X

006

20. 9급

'Jus gentium'이라는 용어는 현재에도 국제법의 다른 표현으로 널리 이용되고 있다.

O | X

'Jus gentium'은 '만민법'으로서 로마의 국내법이다. 외국인 상호 간 또는 로마시민과 외국인 상호 간 관계를 규율하였다. 반면, 'Jus civile'는 시민법으로서 로마시민 상호 간 관계를 규율하였다.

답 X

007

20. 7급

Zouche는 국제법을 jus inter gentes 대신 jus gentium으로 호칭하자고 주장하였다.

O | X

즈우치(Zouche)는 국제법을 jus gentium 대신 jus inter gentes로 호칭하자고 주장하였다.

답 X

008

20. 7급

Bentham은 jus gentium을 law of nations로 번역하여 사용한 최초의 학자이다.

O | X

벤담(Bentham)은 jus inter gentes를 interantional law로 호칭하자고 주장하였다.

답 X

009

20. 9급

국제사법은 국제적 규범체제, 즉 국제법이 아닌 특정 국가의 국내법의 명칭에 불과하다.

O | X

국제사법은 한국의 경우 섭외적 사건에 있어서 그 법정지나 준거법을 설정하는 법으로서 명칭과 달리 국내법이다.

답 ○

010

예상논점

국제예양을 위반한 경우 보복조치를 취할 수 있다.

O | X

국제법을 위반한 경우 복구조치를 취할 수 있으나, 국제예양을 위반한 경우 보복조치 (retaliation)를 취할 수 있다.

답 ○

제2절 국제법의 법적 성질

011

03. 행시·외시

국제법의 법적 성격을 부인하는 사람들은 국제사회에 국제법 위반에 대해 강제관할권을 가진 재판기관이 없다는 점을 논거로 든다.   O | X

국제사회에는 강제관할권을 가진 일반적 재판기관이 존재하지 않는다. 국제사법재판소(ICJ)의 경우에도 임의관할권을 원칙으로 한다. 임의관할권이란 분쟁당사자의 합의를 전제로 하여 국제사법재판소(ICJ)의 재판관할권이 성립하는 것을 말한다.   답 ○

012

04. 경찰간부

국제법학에 있어서 의사주의에 의하면 조약과 관습만이 국제법의 연원이다.   O | X

의사주의는 국제법의 타당기초로서 국가의 의사를 강조한다. 조약은 명시적 합의를 통해, 관습은 묵시적 합의를 통해 형성되므로 국제법의 연원으로 인정한다. 특히 의사주의는 법의 일반원칙의 경우 법주체의 의사가 합치되지 않으므로 국제법의 연원으로 보지 않는다.   답 ○

013

14. 경찰간부

국제법학에 있어서 의사주의에 의하면 국제법의 연원은 조약과 관습만이다.   O | X

의사주의자들은 국가 간 합의를 중시한다. 따라서 명시적 합의인 조약과 묵시적 합의인 관습만을 국제법의 연원으로 본다.   답 ○

014

14. 경찰간부

국가승인을 의사주의는 선언적 효과로, 보편주의는 창설적 효과로 본다.   O | X

의사주의는 국가승인을 창설적 효과로, 보편주의는 선언적 효과로 본다. 즉, 의사주의는 국가승인에 의해 비로소 신국가가 국제법인격으로 된다고 본다. 그러나 보편주의는 승인 여부와 상관없이 국제법인격이 인정된다고 본다.   답 X

015

96. 외시

국제법학에 있어서 자연법설은 국가주권의 최고성과 독립성을 국제법의 타당근거로 한다.   O | X

자기제한설이 국가주권의 최고성과 독립성을 강조한다. 자연법설은 국제법의 자연법으로서의 성격이나 공동체 유지의 필요성 등에서 국제법의 타당기초를 찾는다.   답 X

016

20. 7급

Bynkershoek는 자연법론에 입각한 국제법관을 주장한 대표적인 학자이다.   O | X

바인케르스훅(Bynkershoek)은 18세기 법실증주의적 국제법관을 확산시킨 대표적인 학자이다. 법실증주의는 자연법론과 달리 국가의 의사에서 국제법이 비롯된다고 보는 입장이다.   답 X

017

20. 7급

Gentili는 국제법학을 신학이나 윤리학으로부터 분리하고 확립한 학자로 평가된다.

O | X

젠틸리(Gentili)는 국제법학을 신학 등으로부터 분리한 최초의 학자로 평가된다.　답 O

018

21. 9급

국제사회의 재판기관은 원칙적으로 강제관할권을 갖는다.

O | X

국제사회의 재판기관은 국가 간 합의를 전제로 하는 임의관할권이 일반적이고 원칙적이다.

답 X

019

21. 9급

국제사회는 수평적·분권적 구조로 되어 있는 국제공동체로 이루어져 있다.　O | X

모든 국가가 주권평등원칙에 기초하여 대등하게 인식되고, 세계정부는 존재하지 않으므로 국제사회는 수평적이고 분권적 구조라고 볼 수 있다.　답 O

020

21. 9급

국제사회에서 법실증주의는 국익에 기반을 둔 국가 간 합의보다 보편적 국제규범을 더 중시한다.

O | X

법실증주의는 실정법을 강조하며 대체로 의사주의를 중시한다. 의사주의는 법의 연원을 법주체의 의사라고 본다. 국제법의 경우 조약과 관습법만 국제법의 연원이라고 본다. 반면, 보편적 국제규범을 중시하는 것은 보편주의 또는 자연법주의의 입장이다.　답 X

021

21. 9급

국제사회에서 UN 안전보장이사회는 법집행기관의 역할을 수행한다.

O | X

세계정부가 없기 때문에 국제사회에서 법집행기관은 없다. UN 안전보장이사회는 국가들에 의해 주어진 권한을 행사할 따름이다. 현 국제법질서에서 입법권, 사법권, 행정권은 모두 개별 국가들이 가진다.

답 X

제3절 국제법 발달사

022

92. 사시

국제법이 발전에 있어서 부전조약(1928)은 국제연맹 내부의 집단안전보장체제를 강화하였다. O | X

부전조약은 국제연맹 밖에서 국제연맹 내부의 집단안전보장체제가 가진 허점을 메우기 위해 성립되었다. 부전조약은 프랑스와 미국의 주도로 형성된 조약으로서 자위를 제외한 모든 전쟁의 불법화와 국제분쟁의 평화적 해결을 규정하고 있다. 답 X

023

96. 외시

H. Kelsen과 A. Verdross 등 빈 학파(Wiener Schule)는 의제규범인 근본규범을 국제법의 타당근거로 삼았다. O | X

빈 학파(Wiener Schule)는 국제법과 국내법의 관계에 있어서 국제법우위일원론을 주장하였다. 답 ○

024

예상논점

그로티우스는 방어전쟁, 법적 청구권을 집행하기 위한 전쟁, 불법을 응징하기 위한 전쟁만 정당한 전쟁이라고 보았다. O | X

그로티우스(Grotius)는 모든 전쟁은 원칙적으로 금지되고 이 3가지만 정당하다고 본 것이다. 답 ○

025

90. 사시

Austin, Oppenheim, Grotius, Bynkershoek, Jellinek 등은 국제법 부인론자들이다. O | X

오펜하임(Oppenheim), 그로티우스(Grotius), 바인케르스훅(Bynkershoek)은 국제법 부인론자가 아니다. 홉스(Hobbes), 오스틴(Austin), 푸펜도르프(Pufendorf), 아론(Aron), 초른(Zorn) 부자(父子) 등이 국제법 부인론자들이다. 오스틴(Austin)은 법이 제재에 의해 뒷받침되는 주권자의 명령이라고 정의하고, 국제법은 제재가 없으므로 실정국제도덕에 불과하다고 주장했다. 푸펜도르프(Pufendorf)는 자연법만이 유일한 법이라고 보고 조약이나 관습에 입각하고 있는 국제법은 법이 아니라고 하였다. 초른(Zorn) 부자(父子)는 국제법을 국가의 대외적 공법에 불과하다고 보았다. 답 X

026

20. 9급

푸펜도르프(Pufendorf)는 실정법만이 법적으로 구속력 있는 규칙을 담고 있다고 주장하였다. O | X

푸펜도르프(Pufendorf)는 '자연법'만이 국제법이라고 하였다. 답 X

027

21. 7급

그로티우스(Grotius)는 주로 자연법에 기초한 국제법론을 주장하였다. O | X

그로티우스(Grotius)는 중세법과 근대법의 가교역할을 한 학자이나 주로 중세 자연법사상에 기초하여 국제법을 이해하였다. 답 ○

028

21. 7급

강대국의 외교적 보호권을 제한하기 위하여 칼보(Calvo)조항이 등장하였다.　O | X

칼보(Calvo)조항은 투자분쟁 발생 시 피투자국 국내법원에서 해결하고 본국의 외교적 보호권을 포기한다는 조항이다. 강대국의 개입을 막기 위한 장치로 볼 수 있으나, 현행법상 국가의 권리를 개인이 포기할 수 없다는 견지에서 허용되지 않는 법리이다.　답 ○

029

21. 7급

19세기 국제법은 탈식민지를 위한 이론적 도구가 되었다.　O | X

19세기 국제법은 주로 식민지를 위한 이론적 도구가 되었다. 선점, 정복 등의 논리가 대표적이다.　답 X

030

21. 7급

강대국의 힘의 사용을 정당화하는 주장으로 드라고(Drago)주의가 등장하였다.　O | X

드라고(Drago)주의(1902)는 채무불이행국에 대한 전쟁을 제한하자는 주장이다. 강대국의 힘의 사용을 제한하려는 취지를 반영한 것이다.　답 X

제2장 국제법의 연원

제1절 총설

001
16. 7급

ICJ는 조약이나 관습국제법에 우선하여 법의 일반원칙을 적용할 수 있다고 판단하였다.
O | X

법의 일반원칙은 보충적 연원이므로 조약이나 관습에 우선하여 적용될 수 없다.   답 X

002
22. 7급

조약과 국제관습법은 서로 별개의 연원으로서 양자의 규칙 사이에 충돌이 있을 시에는 특별법 또는 후법 우선의 원칙이 적용된다.
O | X

조약과 관습은 서로 대등한 지위를 갖는 것으로 인정된다.   답 ○

003
15. 경찰간부

국제법은 국내법의 입법부와 같은 법창설 기관을 갖고 있지 못하지만, 국제법이 어떻게 생성되느냐에 대하여는 오늘날 일반적으로 널리 수락된 방법이 있는데, 이를 국제법의 법원이라 한다.
O | X

국제법의 법원에 대해서는 다양한 견해가 있다. 보통은 형식적 연원과 실질적 연원으로 구분한다. 형식적 연원은 국제법의 존재형식을 말하며 조약이나 관습이 형식적 연원으로 인정된다. 다만 법의 일반원칙에 대해서는 견해가 나누어지며, 대체로 보충적 연원으로 본다. 한편, 실질적 연원은 국제법의 창설기초를 말한다. 실질적 연원에는 조약이나 관습 이외에도 학설, 판례, 국제기구 결의 등 다양한 연원이 포함될 수 있다.   답 ○

004
23. 9급

국제관습법은 성문법전화를 통해 조약으로 만들어지더라도 소멸하지 않고 국제법적 효력을 계속 갖는다.
O | X

ICJ가 니카라과 사건에서 설시한 바 있는 것으로서 '조약과 관습의 병존'이라고 한다.   답 ○

005
15. 경찰간부

형식적 법원이란 국제법을 성립시키는 방법 또는 절차를 가리킨다. 반면, 실질적 법원이란 그러한 국제법이 만들어지게 된 배경이나 요인 또는 국제법의 내용을 확인할 수 있는 자료 등을 가리킨다.
O | X

형식적 법원과 실질적 법원에 대한 일반적인 정의이다.   답 ○

m e m o

006

15. 경찰간부

형식적 법원의 범위와 내용은 실질적 법원의 근거가 필요하다. 반면, 실질적 법원은 형식적 법원의 성립을 촉진하거나 그 증거로 기능한다. 때문에 현실에서는 형식적 법원과 실질적 법원의 양자를 엄격하게 구별하기는 어렵다. O | X

형식적 법원과 실질적 법원의 관계에 대한 지문이다. 예를 들어 관습을 성문화하여 조약을 형성한 경우 관습은 실질적 법원, 조약은 형식적 법원으로 볼 수 있다. 즉, 상호 관련이 있는 것이다. 한편, 국제기구 결의가 추후 조약이 되는 경우와 같이 실질적 법원이 형식적 법원을 촉진하기도 한다. 답 ○

007

23. 9급

국제사법재판소는 조약과 국제관습법이 충돌하면 「국제사법재판소 규정」 제38조 제1항에 규정된 순서대로 조약을 우선하여 적용한다. O | X

조약과 국제관습법은 서로 대등하므로 충돌시 신법 우선의 원칙의 지배를 받는다. 답 X

008

08. 9급

조약과 국제관습법이 충돌하는 경우에는 일반적으로 어느 것이 더 우선한다고 말할 수 없다. O | X

국제법에서는 조약과 국제관습법이 대등한 연원이다. 따라서 상충 시 신법우선의 원칙이나 특별법우선의 원칙이 적용된다. 따라서 어느 것이 더 우선한다고 말할 수 없는 것이다. 답 ○

009

08. 9급

다자간조약과 지역적 국제관습법이 상충될 경우 다자간조약이 우선한다. O | X

다자간조약과 지역적 국제관습법은 서로 대등한 관계에 있으므로 상충시 신법우선의 원칙의 지배를 받는다. 따라서 만약 지역적 국제관습법이 신법이라면 관습이 우선적용될 수 있다. 답 X

010

01. 사시

국제법규 간에는 특별법우선의 원칙이 적용되지 아니한다. O | X

특별법우선의 원칙은 신법우선의 원칙의 예외이다. 국제법 상호 간에도 예외적으로 특별법우선의 원칙이 적용될 수 있다. 답 X

011

03. 행시·외시

국제사법재판소 규정 제38조 제1항에서 규정되어 있는 것이 국제법의 모든 법원을 열거한 것인가에 대해 논란이 있다. O | X

이러한 논란에 대해 모든 법원(연원)을 열거한 것이 아니라는 견해가 지배적이다. 국제기구 결의, 일방행위 등 추가적 연원도 존재하기 때문이다. 답 ○

제2장 국제법의 연원 **17**

012

22. 7급

국제법의 연원으로 간주되는 「국제사법재판소(ICJ) 규정」 제38조 제1항에 규정된 순서는 조약과 국제관습법 사이의 상하 위계를 의미하지 않는다.　　　　　O | X

조약과 관습은 법률상 대등한 지위가 인정된다.　　　　　답 ○

013

17. 9급

국제법의 형식적 연원은 국제법이 성립·제정되는 방법, 절차 또는 형태를 가리킨다.　　　　　O | X

국제법의 실질적 연원은 국제법이 형성되는 원천을 가리킨다. 실질적 연원이 형식적 연원보다 범위가 더 넓다.　　　　　답 ○

014

17. 9급

국제법의 연원에 해당하는 조약에는 국제기구가 당사자인 조약이나 구두조약이 포함되지 않는다.　　　　　O | X

국제기구가 당사자인 조약이나 구두조약은 조약법에 관한 비엔나협약(1969)의 대상은 아니지만, 국제법의 연원에는 해당된다.　　　　　답 X

015

예상논점

트리펠은 입법조약만 국제법의 연원이라고 주장하였으나, 계약조약도 국제법의 연원으로 인정된다.　　　　　O | X

입법조약은 당사자의 의사가 동일방향으로 일치하는 조약이다. 계약조약은 당사자 간 의사가 서로 반대방향으로 합치되는 조약이다.　　　　　답 ○

016

23. 7급

조약과 국제관습법은 법적 효력에서 동등하고, 각가 독자성을 가지며 별도의 형성절차가 있다.　　　　　O | X

조약은 명시적 합의, 조약은 묵시적 합의에 의해 형성된다.　　　　　답 ○

제2절　조약

017

16. 7급

ICJ는 분쟁당사국 간 회의의사록이 ICJ 관할권 성립에 기초가 되는 국제협정으로 판단하였다.　　　　　O | X

카타르와 바레인 간 해양경계획정 사건에서 판시한 내용이다. 국제사법재판소(ICJ)는 회의의사록이라 할지라도 당사국 간 기속의사에 기초하여 형성된 것이라면 조약으로 볼 수 있다고 하였다.　　　　　답 ○

018
10. 사시

조약은 국제사회의 법규범으로 그 체결, 이행, 변경 등이 국제법의 적용대상이 된다.
O | X

조약은 국제법이므로 국제법에 따라 규율되는 것이다. 조약법에 관한 비엔나협약(1969)이 대표적으로 조약을 규율하는 국제법이라고 볼 수 있다.
답 ○

019
10. 사시

조약의 명칭은 조약(treaty), 협약(convention), 협정(agreement), 교환각서(exchange of notes), 신사협정(gentlemen's agreement) 등으로 다양하게 표현되며, 이들은 법적 구속력을 갖는다.
O | X

조약(treaty)과 신사협정(gentlemen's agreement)은 다르다. 신사협정(gentlemen's agreement)은 법적 구속력을 갖지 않는 문서를 의미한다. 조약(treaty)은 국제법적 효력이 있다.
답 X

020
08. 9급

국제연합(UN)헌장은 그 회원국 사이의 관계에서는 다른 일반 성문조약보다 우선한다.
O | X

국제연합(UN)헌장 제103조에 기초한 것이다. 국제연합(UN)헌장뿐만 아니라 안전보장이사회의 구속력 있는 결의도 조약보다 우선 적용된다.
답 ○

021
07. 사시

신사협정의 예로는 1941년 대서양헌장과 1975년 헬싱키최종의정서 등을 들 수 있다.
O | X

그 밖에도 남북기본합의서, 정상회의 선언문 등도 신사협정으로서 법적 구속력이 없다.
답 ○

022
07. 사시

신사협정에는 선언, 양해각서, 합의서 등의 명칭이 사용된다.
O | X

신사협정의 명칭은 다양하다. 따라서 구속력을 결정하는 것은 명칭이 아니라 당사자들의 '기속의사'이다.
답 ○

023
07. 사시

신사협정이 정부수반에 의하여 체결되는 경우 법적 구속력이 부여된다.
O | X

신사협정의 체결 주체가 정부수반이라고 하더라도 신사협정은 법적 구속력이 없다. 특정 문서의 구속력을 결정하는 것은 명칭, 체결 주체, 체결 절차가 아니라 '기속의사'이다. 즉, 법적 구속력을 부여할 의사가 있었는지가 중요한 기준이 되는 것이다.
답 X

024
02. 사시

조약은 새로운 국제법규를 창설하거나 또는 기존 국제관습법을 법전화하거나 변경하는 중요한 기능을 수행할 수 있다.
O | X

조약은 신규범을 창설하는 기능을 할 수도 있고, 관습법을 성문화하는 경우도 있다.
답 ○

025

00. 사시

조약은 능동적 국제법 주체 간의 명시적 합의에 의하여 성립된다.　　O | X

조약은 능동적 국제법 주체 간 구속적 합의를 의미한다. 현행법상 능동적 국제법 주체는 국가, 국제기구, 교전단체, 민족해방운동단체이다.　　답 ○

026

01. 국가직

특별조약은 국제법으로서의 지위가 부정되고 있다.　　O | X

특별조약은 소수 국가들 사이에 체결된 조약을 의미하기도 하고, 계약적 조약을 의미하기도 한다. 과거 트리펠(Triepel)은 특별조약(양자조약)의 국제법 연원성을 부정하였다. 그러나 일반적으로 조약은 적용범위에 따라 보편조약, 일반조약, 특별조약으로 분류되나, 모든 조약은 국제법으로서의 지위가 인정된다.　　답 X

027

02. 행시·외시

입법조약(Law-making treaty)에 대해서만 국제법으로서의 지위가 인정되고 있다.
　　O | X

입법조약(Law-making treaty)은 당사자의 의사가 동일한 방향으로 합치되는 조약으로서 규범창설적 기능을 하는 것이 일반적이다. 트리펠(Triepel)은 입법조약(Law-making treaty)에 대해서만 국제법규성을 인정하고, 계약조약에 대해서는 부인하였다. 그러나, 계약조약도 국제법으로 보는 것이 일반적 견해이다.　　답 X

028

예상논점

카타르-바레인 해양경계획정 사건(1994)에서 ICJ는 양국 간 교환공문은 양국 정부가 수락한 약속을 기록한 문서로서 국제법상 조약에 해당된다고 하였다.　　O | X

교환공문이 언제나 조약인 것은 아니나, 이 판례의 경우 기속의사가 있는 조약이라고 본 것이다.　　답 ○

029

예상논점

에게해 대륙붕 사건(1978)에서 ICJ는 양국이 발표한 공동성명은 서명이나 가서명되지 않았고 제반 정황을 고려할 때 양국이 ICJ의 관할권을 수락하는 약속을 구성한다고 보기 어렵다고 하였다.　　O | X

양국이 발표한 공동성명은 기속의사가 없어 조약이 아니라고 본 것이다.　　답 ○

030

예상논점

우리나라 법원은 한일 위안부 문제에 관한 합의는 정치적 합의가 아닌 조약이라고 규정하였다.　　O | X

위안부 문제에 관한 합의의 법적 성격에 대해 논란이 있었으나, 법원은 기속의사가 없는 정치적 합의라고 하였다.　　답 X

제3절 관습

031
17. 9급

신생독립국에 대해서는 그 국가가 수립되기 전에 형성된 국제관습법이 적용되지 않는다.

O | X

국가 수립 전 형성된 국제관습법이 적용되지 않는 것은 의사주의의 입장이나, 실제에서는 신생국은 모든 관습의 지배를 받는다.　　답 X

032
16. 7급

ICJ는 2개국 간의 관습국제법이 성립될 수 없다고 판단하였다.

O | X

'인도영토 통행 사건'에 의하면 2개국 간에도 관습이 형성될 수 있다.　　답 X

033
16. 경찰간부

ICJ규정 제38조에 따르면 법으로 수락된 일반관행도 재판의 준칙이다.

O | X

법으로 수락된 일반관행은 국제관습법을 의미한다. 이는 국제법의 형식적 연원이며 재판의 준칙이 될 수 있다.　　답 O

034
23. 9급

조약은 국제관습법 성립 요건인 국가실행의 증거가 되어 국제관습법의 확립에 기여할 수 있다.

O | X

조약은 일반관행의 증거가 될 수 있다.　　답 O

035
20. 7급

ICJ는 Military and Paramilitary Activities in and against Nicaragua 사건에서 법적 확신만을 통한 국제관습법의 성립 가능성을 부인하였다.

O | X

국제사법재판소(ICJ)는 일관되게 법적 확신과 일반관행이 모두 있어야 관습법이 성립한다고 판시하고 있다.　　답 O

036
예상논점

관습은 빠른 시간 내에 성립할 수 있으나, 소위 '속성관습법론'은 인정되지 않는다.

O | X

속성관습법론은 법적 확신만 있으면 관습법이 성립한다는 주장이다. 국제사법재판소(ICJ)는 인정하지 않는다.　　답 O

037
12. 9급

조약과 관습법의 충돌이 있는 경우 조약이 우선적으로 적용된다.

O | X

조약과 관습법은 원칙적으로 대등한 지위에 있으므로 상충 시 신법우선의 원칙이 적용된다. 따라서 반드시 조약이 우선적용된다고 볼 수 없다.　　답 X

038

11. 사시

국제관습법은 모든 국가들 간에 예외 없이 적용된다.　　　　　　　O | X

관습법이 모든 국가에 대해 예외 없이 적용되는 것은 아니다. 원칙적으로 관습법은 '보편적 효력'을 가진다. 그러나, 국제사법재판소(ICJ)는 이른바 '집요한 불복국가(persistent objector)'를 인정한다. 집요한 불복국가(persistent objector)란 관습법의 성립 초기부터 지속적으로 자국에 대한 적용에 반대하는 의사를 표시한 국가를 의미한다. 집요한 불복국가(persistent objector)는 관습법의 보편적 효력의 예외로 인정될 수 있다.　답 X

039

20. 7급

ICJ는 Fisheries 사건에서 노르웨이의 집요한 반대자(persistent objector)론에 근거한 주장을 배척하였다.　　　　　　　　　O | X

Fisheries 사건은 집요한 불복국가(persistent objector)를 인정한 판례이다.　답 X

040

07. 사시

관습 형성에 대한 묵인은 구속력 인정근거가 될 수 있다.　　　　　　O | X

묵인은 관습의 적용에 동의한 것으로 간주된다. 관습의 법적 성질은 자연발생적이라고 보는 것이 일반적이며, 형성되면 보편적 효력을 갖는다. 따라서 관습법의 지배를 벗어나기 위해서는 이에 대한 명시적인 반대 의사를 지속적으로 표시해야 한다.　답 ○

041

07. 사시

ICJ는 비호권(Asylum) 사건에서 관습의 성립을 위하여 '일관성 있고 획일적인 (constant and uniform)' 관행의 존재를 요구하였다.　　　　　　O | X

관습의 성립을 위해서는 일반관행과 법적 확신이 있어야 한다. 이는 지역관습도 마찬가지이다. 국제사법재판소(ICJ)는 일관되게 일반관행과 법적 확신이 모두 있어야 한다는 견해를 보이고 있다.　답 ○

042

01. 사시

지역적 관습법은 허용되지 않는다.　　　　　　　　　　　　O | X

국제사법재판소(ICJ)에 의하면 특정 지역을 기반으로 하는 지역적 관습법도 형성될 수 있다. '비호권 사건'에서 그러한 판단을 내린 바 있다.　답 X

043

01. 국가직

오늘날 조약의 발달에도 불구하고 아직까지 국제관습법이 차지하는 지위와 중요성은 국내법상의 관습법의 그것보다 높다.　　　　　　　　O | X

국내법상의 관습법은 성문법에 대해 보충적 기능만 수행한다. 그러나, 국제법에서는 조약인 성문법과 관습법은 서로 대등하다.　답 ○

044

01. 국가직

국제법이 관습법의 형태로 존재하면 국제사회의 법적 안정성을 충분히 확보할 수 없기 때문에 국제법의 법전화가 요청되고 있고, 이를 위하여 국제사법재판소는 국제법 위원회를 두고 있다.　　　　　　　　　　　O | X

국제법위원회(International Law Commission)는 국제사법재판소(ICJ)가 아닌 UN총회의 보조기관으로 국제법의 성문화 작업을 주로 수행한다.　답 X

045
01. 국가직

제3세계 국가들 중에는 이념상의 이유와 기존 국제관습법 형성과정에의 불참여 등을 이유로 국제관습법의 일반적 효력을 부인하는 국가도 있다. O | X

제3세계 국가들이나 과거 소련은 기존 국제관습법이 선진국들을 중심으로 형성되었고, 이념적으로 자본주의를 반영한 것이므로 규범성을 인정할 수 없다고 주장하기도 하였다. 그러나, 국제관습법은 보편적 효력을 가지기 때문에 조약이나 신관습을 통해 수정되거나 폐지되기 전까지는 규범적 효력을 가지는 것이 일반적이다. 답 ○

046
예상논점

국제법의 점진적 발달과 법전화를 장려하도록 규정하여 국제법위원회가 많은 법전화를 이루었다. 국제법위원회는 조약법에 관한 협약, 국제민간항공협약, 국가의 기본적 권리의무에 관한 선언, 영사 및 외교관계에 관한 비엔나협약의 법전화를 담당하였다. O | X

국제민간항공협약은 1944년 11월 국제민간항공회의에서 채택되었다. 답 X

047
23. 9급

국가의 외교공한은 국제관습법의 성립 요건인 국가실행이자 법적 확신의 증거가 될 수 있다. O | X

외교공한은 당해 국가의 실행일뿐 아니라 법적 확신을 추론하는 증거가 될 수 있다. 답 ○

048
16. 사시

국제연맹체제에서도 국제법의 법전화가 시도되었다. O | X

국제연맹법률전문가위원회가 국제법의 법전화를 담당하였다. 답 ○

049
16. 사시

국가들이 현행 국제법을 수정하고자 하는 경우 유엔국제법위원회(ILC)의 작업에 의존하는데 1982년 「해양법에 관한 국제연합(UN)협약」이 그 대표적인 사례이다. O | X

「해양법에 관한 국제연합(UN)협약」은 별도로 해양법회의를 개최하여 채택된 협약이다. 답 X

050
16. 경찰간부

동일한 내용을 담은 조약의 누적적 체결을 통해서도 국제관습법이 형성될 수 있다. O | X

관습법은 일반관행과 법적 확신이 존재하면 형성된다. 동일한 내용을 담은 조약이 누적적으로 체결되어 이 요건을 갖추게 되면 국제관습법이 형성될 수 있다. 답 ○

051
15. 경찰간부

국제사법재판소(ICJ)는 인도령 통행(Right of passage over Indian Territory) 사건에서 2개국 사이의 지역 관습국제법의 성립 가능성을 인정하였다. O | X

인도와 포르투갈 양자 간 통행권이 관습으로 성립되어 있다고 보았다. 답 ○

052
예상논점

산 후안강 사건(ICJ, 2009)에 판결에 의하면 인도령 통행권 사건과 마찬가지로 양자 간에 관습이 형성되기 위해서는 일반관행 및 법적 확신이 모두 존재해야 한다.

O | X

산 후안강 사건에서 니카라과와 코스타리카 간에 산 후안강 이용에 관한 양자 관습이 형성되었다고 본 것이다.

답 O

053
14. 경찰간부

니카라과 사건(military and paramilitary activities in and against Nicaragua)에서 국제사법재판소는 법적 확신만을 통한 국제관습법의 성립 가능성을 부인하였다.

O | X

국제사법재판소(ICJ)는 일관되게 관습법 성립을 위해서는 일반관행과 법적 확신이 모두 필요하다고 본다.

답 O

054
14. 경찰간부

북해대륙붕 사건에서 국제사법재판소는 인접국 간의 대륙붕 경계획정에 있어서 등거리선 원칙이 국제관습법으로 확립되었다고 판단하였다.

O | X

북해대륙붕 사건에서 국제사법재판소(ICJ)는 등거리선원칙의 관습법성을 부인하고 형평의 원칙을 적용하였다.

답 X

055
20. 7급

ICJ는 North Sea Continental Shelf 사건에서 비교적 단기간에는 국제관습법이 성립될 수 없다고 판단하였다.

O | X

국제사법재판소(ICJ)는 단기간에 관습이 성립될 수 있다고 하였다. 단, 관행이 광범위하게 행해지고 관행으로부터 특별히 영향을 받는 국가가 당해 관행에 동참하고 있어야 한다고 하였다.

답 X

056
14. 경찰간부

국제관습법은 국제사회에서 강국의 행동이나 주장에서 기원하는 경우가 많으며, 강국의 힘이 초기 성립의 배경이 되는 경우가 일반적이다.

O | X

스코티아호 사건에서 미국 대법원은 등화관제에 관해 새로운 관습이 성립되었다고 판시하였다. 동 관습 형성 초기에 영국이 국내법을 통해 새로운 등화관제를 도입하였고, 이후 여러 해양국가들이 이를 받아들이면서 결국 신관습이 형성되게 되었다.

답 O

057
12. 사시

일반관습법 규범이 지역관습법 규범보다 우월한 효력을 갖는다.

O | X

일반관습법 규범과 지역관습법 규범은 동등한 효력을 갖는다. 따라서 양자가 상충하는 경우 원칙적으로 신법우선의 원칙이 적용된다.

답 X

058
23. 9급

국제사법재판소는 국제연합 총회에서 채택된 결의로부터 즉각적으로 국제관습법이 성립될 수 있다고 밝혔다.

O | X

북해대륙붕사건 판결에 의하면 이른바 '속성관습법'은 인정되지 않는다.

답 X

059
12. 사시

특정 국제관습법의 성립에 일관되고 지속적으로 반대하여 온 국가에게는 해당 국제관습법은 효력이 미치지 않는다. O | X

집요한 불복국가로 인정되면 성립한 당해 관습으로부터 적용이 배제된다. 그러나 관습 자체는 성립된다는 점을 주의해야 한다. 답 ○

060
07. 7급

20세기 이후 많은 국제관습법 규범들이 성문화되었다. O | X

관습법의 법전화 또는 성문화는 관습의 추상성이나 불확실성을 고려하여 법전화를 추진한 것이다. 답 ○

061
07. 9급

국제관습법의 성립에 있어서 일반적 관행으로 인정되기 위해서는 해당 행위의 계속성 및 통일성 등이 요구된다. O | X

관습법의 성립요건인 일반관행은 계속성, 통일성 및 일반성을 가져야 한다. 계속성은 시간적 요소이며 관습 형성에 필요한 기간이 정해진 것은 아니다. 통일성은 일관성에 대한 것으로서 유사한 관행이 반복되어야 한다. 예외가 전혀 존재하지 않아야 하는 것은 아니다. 일반성은 대다수 국가들에 의해 광범위하게 행해져야 한다는 것이다. 답 ○

062
23. 9급

국제기구의 실행은 제한없이 회원국의 국가 행위로 간주되어 국제관습법의 성립 요건인 국가실행이 될 수 있다. O | X

국제기구 실행도 일반관행이 될 수 있다. 다만, 국제기구의 실행이 모두 회원국의 국가행위로 간주되는 것은 아니고 국제기구의 권한 범위 내에서 행해진 실행이 국가실행이 될 수 있다. 답 X

063
03. 사시

국제법의 성문화 작업 결과로 영사관계에 관한 비엔나협약(Vienna Convention on Consular Relations) → UN해양법협약(United Nations Convention on the Law of the Sea) → 외교관계에 관한 비엔나협약(Vienna Convention on Diplomatic Relations) → 조약법에 관한 비엔나협약(Vienna Convention on the Law of Treaties) 순으로 채택되었다. O | X

1961년 외교관계에 관한 비엔나협약(Vienna Convention on Diplomatic Relations) → 1963년 영사관계에 관한 비엔나협약(Vienna Convention on Consular Relations) → 1969년 조약법에 관한 비엔나협약(Vienna Convention on the Law of Treaties) → 1982년 해양법에 관한 UN협약(United Nations Convention on the Law of the Sea) 순으로 채택되었다. 답 X

064
96. 외시

국제연합의 국제법위원회 작업에 의하여 1969년 조약법에 관한 비엔나협약, 1969년 특별사절에 관한 뉴욕협약, 1978년 국가상속에 관한 비엔나협약, 1982년 UN해양법협약, 1961년 무국적 감소를 위한 뉴욕협약 등이 성문화되었다. O | X

UN해양법협약은 '심해저평화이용위원회'에서 준비작업을 진행하였다. 답 X

065

17. 9급

조약으로 성문화된 국제관습법규는 그 조약의 비당사국에 적용된다. O | X

조약의 제3자효원칙상 당사자가 아닌 경우 조약의 구속을 받지 않으나, 관습법의 성문화의 경우 관습법의 보편적 효력상 제3국에 대해서도 적용된다. 답 ○

066

17. 9급

신생독립국에 대해서는 그 국가가 수립되기 전에 형성된 국제관습법이 적용되지 않는다. O | X

신생독립국은 국가가 수립되기 전에 형성된 국제관습법의 적용을 받는다. 창설적 효력설은 적용을 받지 않는다고 보나, 현행법상 적용된다. 답 X

067

17. 9급

국제인권법의 영역에서는 법적 확신보다 국가 관행이 더 중요하다. O | X

관습법 성립을 위해서는 법적 확신과 일반관행이 모두 필요하나, 국제인권법의 경우 그 적용대상을 고려할 때 법적 확신이 보다 중요하다는 것이 일반적인 견해이다. 답 X

068

23. 9급

국내법을 적용한 국내법원의 판결은 국제관습법의 성립 요건인 국가실행에 해당할 수 없다. O | X

국내법원의 판결도 국가의 행위이므로 국가실행에 해당될 수 있다. 답 X

069

17. 9급

국내 법원의 판결도 국제관습법 형성에 기여할 수 있다. O | X

국내 법원의 판결도 일반관행의 증거가 될 수 있다. 답 ○

070

예상논점

관습이 형성되면 보편적 효력을 가지며, 신생국은 기존 국가의 승인이 없어도 기존 관습의 지배를 받는다. O | X

창설적 효력설은 신생국의 경우 승인을 받기 전에는 기존 관습의 지배를 받지 않는다고 보나, 실제로는 승인과 무관하게 기존 관습의 지배를 받는다. 답 ○

071

예상논점

1899년과 1907년 헤이그에서 개최된 만국평화회의는 인류가 시도한 최초의 대규모 법전화회의였으며, 이러한 노력은 국제연맹을 거쳐 UN에서도 이어지고 있다. O | X

UN의 경우 총회의 보조기관인 국제법위원회가 법전화를 전담한다. 답 ○

072

예상논점

국제연맹에서 1930년 영해에 관한 조약의 성문화가 시도되었으나 영해 폭에 대해 합의를 보지 못해 실패하였다. O | X

영해 폭에 대한 합의는 제3차 해양법회의의 결과로 채택된 UN해양법협약에서 기선으로부터 최대 12해리로 확정되었다. 답 ○

073
예상논점

통일적 입법기관이 없는 국제사회에서 관습법은 강대국의 행동이나 주장에서 기원하는 경우가 많다.　　　　　　　　　　　　　　　　　　　　　　　O | X

스코티아호 사건이 대표적인 사례이다. 영국이 먼저 등화관제를 변경하고 다른 국가들이 이를 추종함으로써 등화관제에 관한 신관습법이 형성되었다고 판시하였다.　　답 ○

074
예상논점

니카라과 사건에서 국제사법재판소(ICJ)는 각국의 실행을 먼저 검토하고 이어서 그와 같은 실행이 해당국의 법적 확신에서 비롯되었는가를 검토하였으나, 북해대륙붕 사건에서는 법적 확신을 먼저 확인하고 법적 확신이 관행에 의해 확인되어야 한다고 하였다.　　　　　　　　　　　　　　　　　　　　　　　　　　　　　O | X

북해대륙붕 사건에서 실행을 먼저 검토하였다. 니카라과 사건에서는 법적 확신을 먼저 확인하였다. 검토 순서에 유의한다.　　　　　　　　　　　　　　　답 X

075
예상논점

무력사용금지원칙이나 인류양심의 지지를 받는 국제인권법이나 국제인도법상의 주요 원칙들에 관하여는 통상적인 관습국제법보다 국가관행의 증거가 비교적 덜 엄격하게 요구되며, 법적 확신이 더욱 중요한 역할을 하기도 한다.　　　　　　O | X

강행규범과 같은 근본규범은 빠르게 성립되고 적용되어야 하므로 법적 확신을 보다 중요하게 고려한다.　　　　　　　　　　　　　　　　　　　　　　　　답 ○

076
예상논점

국가의 실제 행동만이 아니라 국제규범에 대한 국가의 태도나 견해 표명도 국가관행에 포함된다는 것이 일반적 견해이며, 침묵이나 부작위도 국제관습을 형성시키는 요소로서 국가관행에 해당된다.　　　　　　　　　　　　　　　　　　O | X

침묵이나 부작위도 관행을 형성한다.　　　　　　　　　　　　　　　답 ○

077
예상논점

지역관습은 일반법에서 이탈하는 특별법이므로 명시적이고 적극적으로 동의를 표시한 국가에 대해서만 성립한다.　　　　　　　　　　　　　　　　　O | X

지역관습법이 형성되기 위해서는 관행과 법적 확신이 모두 필요하다.　　답 ○

078
예상논점

ICJ 재판과정에서 일반관습은 재판부가 알고 있다고 가정되나, 지역관습은 주장국이 존재를 증명해야 한다.　　　　　　　　　　　　　　　　　O | X

지역관습의 경우 이를 주장하는 측에서 적극적으로 입증해야 하며, 관련국이 당해 관습에 적극적으로 참여하고 있었다는 사실도 입증해야 한다.　　　　　답 ○

079
예상논점

스코티아호 사건(1872)은 구관습과 신관습이 충돌하는 경우 신관습이 우선한다고 본 판례이며, 신관습 성립에 있어서 강대국이 주요한 역할을 함을 보여준다.　O | X

관습법 상호 간은 대등한 관계이므로 구관습과 신관습이 상충할 시 원칙적으로 신법우선의 원칙이 적용된다.　　　　　　　　　　　　　　　　　　답 ○

080

23. 7급

국제관습법은 법으로 수락된 일반관행이 범세계성을 가져야 하므로 일부 지역의 국가들 사이에서는 형성될 수 없다. O | X

ICJ에 의하면 지역관습이나 양자관습도 형성될 수 있다. 답 X

제4절 법의 일반원칙

081

14. 7급

법의 일반원칙의 내용은 점차 조약과 국제관습법으로 흡수되어 독립적인 재판의 준칙으로 자주 원용되지 않고 있다. O | X

신의성실의 원칙이나 손해배상책임과 같은 법의 일반원칙은 조약으로 형성되어 있으므로 법의 일반원칙을 원용할 필요가 없어졌다. 답 O

082

12. 7급

'문명국에 의하여 인정된 법의 일반원칙'은 국내법의 원칙으로 보는 것이 일반적이나 국제법의 원칙도 포함된다는 입장도 있다. O | X

법의 일반원칙은 대체로 국내법의 일반원칙을 의미한다고 본다. 국제법의 일반원칙은 사실상 국제관습법규를 의미한다고 볼 수 있고, 이는 ICJ규정 제38조 제1항 제(b)호에 명시되어 있으므로 이를 별도로 제3항에 추가적으로 기술할 필요는 없다고 보기 때문이다. 다만, 과거 사회주의권의 국제법학자들은 법의 일반원칙을 국제법의 일반원칙으로 보기도 하였다. 답 O

083

10. 7급

국제법의 일반원칙은 당사자의 동의 없이 국제사법재판소의 재판준칙이 될 수 있다. O | X

국제법의 일반원칙이란 '국제관습법'을 의미한다. 국제관습법은 국제재판소인 국제사법재판소(ICJ)에 의해 재량적으로 재판준칙으로 적용된다. 답 O

084

10. 사시

ICJ규정상 문명국에 의하여 인정된 법의 일반원칙은 조약 및 국제관습의 흠결을 보충하기 위한 법칙 결정의 보조수단이다. O | X

법의 일반원칙은 '보충적 연원'이다. 법칙 결정의 보조수단은 '학설과 판례'를 의미한다. 답 X

085

03. 행시·외시

법의 일반원칙은 국가 간의 합의에 근거한 것이 아닌 타율적 국제법을 도입하려는 시도를 반영한 것으로 법실증주의자들이 국제법의 법원이라고 적극적으로 주장한다. O | X

자연법론자(객관주의자 또는 보편주의자)의 견해에 해당한다. 자연법론자들은 실정법을 자연법의 발현으로 본다. 따라서 자연법은 국제법뿐만 아니라 국내법에도 존재할 수 있다고 보아 법의 일반원칙의 연원성을 강하게 주장한다. 답 X

086
15. 경찰간부

'프레아비히어 사원 사건'(Temple of Preah Vihear Case)에서 국제사법재판소(ICJ)는 금반언의 원칙을 법의 일반원칙으로 원용하였다. O | X

금반언(estoppel)의 원칙이란 자국에 대해 효력을 가지는 말이나 행동을 추후 부인할 수 없다는 원칙이다. 답 ○

087
15. 경찰간부

일반적인 통설은 법의 일반원칙의 국제법 법원성을 인정하며, 그 내용은 각국 국내법에 공통된 원칙으로 본다. O | X

법의 일반원칙의 국제법 법원성이 인정은 되나, 보충적 연원으로 보는 것이 일반적이다. 답 ○

088
15. 경찰간부

법의 일반원칙의 예로는 의무 위반에 대한 배상의무의 수반, 권리남용금지의 원칙, 금반언의 원칙, 신의성실의 원칙, 기판력의 원칙, 후법우선의 원칙 등이 있다. O | X

법의 일반원칙으로 인정되는 것들이다. 기판력의 원칙은 재판부가 이미 판단한 것에 대해서는 다시 판단할 수 없다는 원칙이다. 답 ○

089
15. 경찰간부

국제사법재판소(ICJ)는 과거 상설국제사법재판소(PCIJ)에 비해 법의 일반원칙의 활용이 상대적으로 높아지고 있다. O | X

국제사법재판소(ICJ)나 상설국제사법재판소(PCIJ)는 법의 일반원칙을 적용함에 있어서 소극적 태도를 보여주고 있다. 답 X

090
14. 경찰간부

과거 Tunkin과 같은 대부분의 공산권 학자들은 법의 일반원칙을 국제법의 독자적 법원으로 보지 않았다. O | X

법의 일반원칙의 대부분은 민주주의 국가들의 국내법 원칙을 의미하는 것이므로, 소련권 학자들은 법의 일반원칙의 법원성을 부인하였다. 답 ○

091
14. 경찰간부

국제재판소는 법의 일반원칙을 창설할 권한을 가지지는 않으며, 법의 일반원칙을 발견하고 확인할 수 있을 뿐이다. O | X

국제재판소는 필요 시 직권으로 법의 일반원칙을 적용할 수 있다. 답 ○

092
14. 경찰간부

국제사법재판소는 법의 일반원칙에 조약이나 관습국제법과 동일한 효력을 부여한다. O | X

법의 일반원칙은 보충적 연원이므로 조약이나 관습국제법이 부존재하는 경우 적용될 수 있다. 국제사법재판소(ICJ) 역시 이러한 태도를 보여주고 있다. 답 X

093

13. 7급

ICJ는 상설국제사법재판소(PCIJ)에 비하여 법의 일반원칙을 덜 원용하고 있다.

O | X

ICJ규정은 법의 일반원칙을 문명국에 공통된 원칙으로 규정함으로써 개발도상국들의 반발을 사게 되었다. 이로 인해 국제사법재판소(ICJ)는 법의 일반원칙을 적용하는 데에 보다 소극적 태도를 보인 것으로 평가된다.

답 ○

094

13. 7급

법의 일반원칙은 ICJ규정에 처음 도입된 개념이다.

O | X

법의 일반원칙은 상설국제사법재판소(PCIJ)규정에 처음 도입된 개념이다.

답 X

095

11. 7급

국제법상 선례구속의 원칙이 인정되기 때문에, 국제적 법원은 분쟁처리에 있어 당연히 선례를 검토하게 되고 유사사례에 적용을 시도하게 된다는 점에서 판결의 법원(法源)적 기능을 찾을 수 있다.

O | X

국제법상 선례불구속의 원칙이 일반적으로 인정된다. 국제사법재판소(ICJ), UN해양법재판소, WTO 분쟁해결기구 등 주요 법원은 선례불구속의 원칙에 기초하고 있다. 또한, 판례는 국제법의 법원이라기보다는 국제법규 발견을 위한 보조적 수단에 그치고 있다.

답 X

096

09. 9급

'법의 일반원칙'은 국제법상의 일반원칙을 의미한다.

O | X

법의 일반원칙은 국내법의 일반원칙을 의미한다. 국제법의 일반원칙은 국제관습법으로 포섭된다.

답 X

097

04. 시시

국제사법재판소의 판결은 소송당사자를 포함한 모든 국가를 구속한다.

O | X

국제사법재판소(ICJ)의 판결은 소송당사자에게만 구속력이 있다.

답 X

098

예상논점

호르죠공장 사건은 법의 일반원칙으로 의무 위반에 대한 배상책임을 적용하였다.

O | X

호르죠공장 사건은 의무 위반시 배상책임이 조약에 명시되지 않았더라도 법의 일반원칙에 따라 배상을 해야 한다고 본 판결이다.

답 ○

099

예상논점

프레아비헤아 사원 사건과 노테봄 사건에서는 법의 일반원칙으로 금반언원칙이 거론되었다.

O | X

노테봄 사건의 경우 금반언원칙이 제기되기는 하였으나, 실제 사건과는 무관하다고 판시되었다.

답 ○

100
예상논점

국제형사재판소(ICC) 규정은 법의 일반원칙을 적용법규의 하나로 예시하지 않았다.

O | X

법의 일반원칙을 적용법규로 예시하였으며, 재판부가 직권으로 적용할 수 있다.   답 X

101
예상논점

폴란드령 상부 실레지아 지역에서 독일인 이권에 관한 사건(1926)에서 PCIJ는 권리남용금지원칙, 위법행위로 인한 손해에 대한 배상책임원칙 등의 법의 일반원칙을 적용하였다.

O | X

폴란드의 국유화에 대해 상설국제사법재판소(PCIJ)가 조약 위반으로 판단한 사례이다.

답 ○

102
23. 7급

신의성실, 권리남용 금지, 금반언은 국제재판과정에서 인정된 법의 일반원칙이다.

O | X

법의 일반원칙은 국내법의 일반원칙으로서 조약이나 관습의 부재시 보충적으로 적용된다.

답 ○

제5절 학설 및 판례

103
12. 7급

국내법원의 사법판결(judicial decisions)은 ICJ의 재판준칙으로 사용될 수 없다.

O | X

ICJ규정 제38조 제1항에 의하면 법칙결정의 보조수단으로 학설과 판례가 명시되어 있다. 이 때 판례는 국제재판소의 판례뿐 아니라 국내법이나 중재법원의 판례 등도 포함되는 것으로 해석된다. 물론 판례 자체가 재판준칙은 아니며, 판례나 학설을 통해 확인된 국제법 원칙이 재판준칙이 되는 것이다.   답 X

104
10. 7급

학설의 경우는 국제법의 법원성은 부정되나 간접적·보조적 법원으로 원용될 수 있다.

O | X

국제법의 법원성을 부정하는 것은 대체로 형식적 연원성에 대한 부인을 의미한다. 학설은 실질적 연원으로, 법규 창설 원천으로는 인정되기 때문에 간접적·보조적 법원으로 원용될 수 있다.   답 ○

105
02. 사시

학설은 그 자체가 국제법이라고는 할 수 없지만 국제법의 발전방향을 제시하는 중요한 기능을 수행할 수 있다.

O | X

학설은 국제법의 실질적 연원이다. 학설은 추후 조약에 규정되어 형식적 연원이 될 수도 있다.   답 ○

106

00. 사시

국제사법재판소의 판결에는 선례구속성의 원칙이 적용되지 않는다. O | X

국제사법재판소(ICJ)의 판결은 당사자와 당해 사건에 한해 구속력이 있다. 따라서 소송참가한 제3국에 대해서는 판결의 구속력이 없다. 또한 동일한 쟁점에 대한 후속 사건에 법적 구속력을 가지지 않는다. 답 ○

107

04. 사시

사법판결(judicial decisions)은 법칙결정의 보조수단으로서 국제사법재판소의 재판준칙이 될 수 있다. O | X

판례는 법칙결정의 보조수단이다. 판례는 그 자체로 재판준칙이 되는 것은 아니나 판례에서 확인된 국제법이 재판준칙이 될 수 있다. 답 ○

제6절 형평과 선

108

16. 7급

ICJ는 회부된 분쟁에 적용되는 국제법규를 해석할 때 형평(equity)을 고려하여 판단한적이 없다. O | X

국제사법재판소(ICJ)는 해양경계획정에 관한 사건에서는 형평(equity)을 고려하여 판단한다. 주의할 점은 ICJ규정 제38조 제2항의 '형평과 선'과 이 지문에서 언급된 '형평'은 다르다는 점이다. 현재까지 국제사법재판소(ICJ)가 '형평과 선'에 따라 재판을 한 사례는 없다. 답 X

109

14. 7급

국제사법재판소(ICJ)는 부탁된 사건에 대하여 당사국의 합의 여부와 관계없이 형평과 선(ex aequo et bono)을 적용하여 재판한다. O | X

형평과 선(ex aequo et bono)의 적용을 위해서는 분쟁당사자 모두의 합의를 요한다. 답 X

110

02. 행시 · 외시

형평과 선은 국제재판의 준칙으로 원용될 수 있다. O | X

형평과 선은 그 자체로 국제법은 아니다. 그러나, 당사자의 합의를 전제로 하여 재판준칙이 될 수 있다. 답 ○

111

예상논점

ICJ에서 형평과 선에 따른 재판은 없다. O | X

형평과 선은 재판부가 당사자의 허가를 얻어 적용할 수 있으나, 현재까지 적용된 사례는 전무하다. 답 ○

112

예상논점

ICJ에서 '형평'을 적용한 판례는 있다.   O | X

국제사법재판소(ICJ)는 특히 해양경계획정 분쟁 해결에 있어서 형평을 적용하였다.

답 ○

113

예상논점

실정국제법의 테두리를 벗어나지 않는 '법테두리 내의 형평'(equity infra legem)의 경우 국제재판관이 이같은 목적으로 형평을 사용함에 있어서는 분쟁당사자들로부터의 명시적인 수권을 요하지 않는다.   O | X

법테두리 내의 형평(equity infra legem)은 실정법을 벗어나지 않고 해석을 통해 보완하는 것이므로 재판부가 직권으로 적용할 수 있다.   답 ○

114

예상논점

UN해양법협약에 의거하여 관할권을 갖는 국제재판소들도 당사자가 합의하는 경우 형평과 선에 따라 재판할 권한을 부여받고 있다.   O | X

형평과 선을 적용하기 위해서는 분쟁당사자 모두의 동의와 합의를 요한다.   답 ○

115

예상논점

WTO(세계무역기구) 패널과 상소기구는 분쟁당사자의 합의가 있는 경우 형평과 선에 따라 재판할 권한이 있다.   O | X

분쟁해결양해(DSU)에서는 형평과 선에 대해 규정하고 있지 않다.   답 X

116

예상논점

ICSID협정에 의하면 분쟁당사국 간 합의를 조건으로 형평과 선에 따라 재판할 수 있다.   O | X

형평과 선이 협정에 규정된 사례이다.   답 ○

제7절 강행규범

117

01. 사시

국제강행규범은 동일한 성격을 가지는 일반국제법의 사후규범에 의해서만 수정될 수 있다.   O | X

강행규범은 개별법주체의 의사에 의해 배제하거나 변경할 수 없는 규범이다. 다만, 또 다른 강행규범에 의해 변경될 수 있다. 강행규범에 대한 예외는 존재할 수 있다는 점을 주의해야 한다.   답 ○

118

03. 행시·외시

강행규범이 아닌 조약과 국제관습법이 충돌할 때에는 상위법우선의 원칙이 적용되지 않고 신법우선의 원칙 혹은 특별법우선의 원칙에 따라 적용될 규범이 결정된다.　　　O | X

지문에 '강행규범이 아닌'이라는 표현이 있다면 임의규범을 전제하고 출제한 것으로 봐야 한다. 임의규범인 조약과 국제관습법은 서로 대등한 지위에 있으므로 상위법우선의 원칙이 적용되지 않는다.　　　답 ○

119

15. 9급

강행규범은 이탈이 허용되지 아니하며 또한 동일한 성질을 가진 일반 국제법의 추후의 규범에 의해서만 변경될 수 있는 규범으로 전체로서의 국제 공동사회가 수락하며 인정하는 규범이다.　　　O | X

조약법에 관한 비엔나협약 제53조에 규정된 강행규범에 대한 정의이다.　　　답 ○

120

15. 9급

국제법위원회(ILC)는 강행규범의 예를 거론한 바 있다.　　　O | X

국제법위원회(ILC)는 조약법에 관한 비엔나협약 제53조에 대한 주석을 통해 UN헌장의 원칙에 위반하여 무력사용을 예정하는 조약, 국제법상의 범죄행위를 예정하는 조약, 노예매매나 해적행위 또는 집단살해와 같이 그 진압을 위해 협력할 의무가 있는 행위들을 예정하거나 용인하는 조약 등을 강행규범에 위반되는 조약의 예로 제시하였다.　　　답 ○

121

15. 9급

조약법에 관한 비엔나협약에서는 국제법상 강행규범의 예를 구체적으로 적시하지 않고 있다.　　　O | X

ILC가 조약법에 관한 비엔나협약의 주석에서 강행규범을 기론하기는 하였으나, 비엔나협약 자체에서 강행규범의 예를 구체적으로 적시한 것은 아니다.　　　답 ○

122

15. 9급

국제재판소는 현재까지 판결에서 강행규범의 개념을 인정하지 않고 있다.　　　O | X

국제재판소에서 강행규범을 인정한 사례는 다음과 같다. 첫째, 구유고 형사재판소는 Furundzija(1998) 1심 판결에서 국제재판소로서는 처음으로 고문금지가 강행규범에 해당한다고 판단하였다. 둘째, 유럽인권재판소는 2001년 Al Adsani 판결에서 고문금지를 강행규범으로 판단하였다. 셋째, 국제사법재판소(ICJ)는 2006년 판결에서 제노사이드의 금지가 강행규범에 해당하는 것을 처음으로 인정하였다. 넷째, 국제사법재판소(ICJ)는 2012년 판결에서 고문금지가 국제법상 강행규범이라고 판단하였다.　　　답 X

123

15. 사시

일반국제법의 새로운 강행규범이 출현하는 경우 그 규범과 충돌하는 현행 조약은 무효가 되어 종료한다.　　　O | X

조약법에 관한 비엔나협약 제64조에 대한 내용으로 절대적 종료사유에 해당한다.　답 ○

124
15. 사시

국가행위가 일반국제법의 강행규범으로부터 발생하는 의무와 일치하지 않더라도 타국의 국제위법행위에 대한 대응조치에 해당하는 경우에는 위법성이 조각된다. O | X

대응조치(대항조치)는 강행규범상의 의무를 위반할 수 없다. 답 X

125
15. 사시

어떠한 국가도 일반국제법상의 강행규범적 의무의 중대한 위반에 의하여 창설된 상황을 합법적인 것으로 승인하여서는 아니된다. O | X

위법행위책임 초안 제41조에 대한 내용으로 불승인의무 이외에도 강행규범을 위반한 상황의 지속을 원조해도 안 된다. 다만, 그러한 상황을 중단시키기 위해 협력할 의무를 진다. 답 O

126
15. 사시

새로운 강행규범의 출현으로 조약이 종료되는 경우 종료 전에 그 조약의 시행을 통해 생긴 당사국의 권리, 의무 또는 법적 상태는 그 유지 자체가 새로운 강행규범과 충돌하지 않는 범위 내에서만 유지될 수 있다. O | X

신강행규범 창설로 조약이 종료되는 경우 종료 전의 법적 상태는 효력을 유지하는 것이 원칙이다. 그러나, 강행규범과 충돌하지 않는 범위 내에서만 유지될 수 있다. 답 O

127
15. 경찰간부

1969년 「조약법에 관한 비엔나협약」은 실정 국제법 역사상 처음으로 일반국제법의 강행규범 개념을 명시적으로 도입하였다. O | X

조약법에 관한 비엔나협약 제53조에 대한 내용으로 강행규범의 정의와 함께 강행규범에 위반되는 조약의 무효를 규정하였다. 답 O

128
15. 경찰간부

강행규범은 그 후에 발생한 동일한 성질을 가진 일반국제법에 의해서만 변경될 수 있는 규범으로서, 개별 국가의 의사만으로 이탈이 허용되지 않는 상위 규범을 말한다. O | X

강행규범도 신강행규범에 의해 변경될 수 있음에 주의한다. 답 O

129
15. 경찰간부

국제법의 법원 간에는 위계의 서열 관계가 성립하지 않는다. 때문에 조약, 국제관습법 상호 간에 상충의 문제와 우선성의 문제가 발생할 뿐이다. 이때 특별법우선과 신법우선이라는 법해석의 일반원칙이 적용된다. 이러한 특징은 강행규범과의 관계에서도 유지된다. O | X

강행규범과 강행규범이 아닌 규범 상호 간에는 위계의 서열 관계가 성립한다. 이를 반영하여 조약법에 관한 비엔나협약 제53조 및 제64조는 강행규범에 위반되는 조약의 무효 또는 종료를 규정한 것이다. 답 X

130
14. 사시

노예매매, 집단살해, 테러금지, 일반적 인권 보호에 관한 내용은 강행규범으로 인정되고 있다. O | X

조약법에 관한 비엔나협약에서는 강행규범의 구체적인 예에 대해서는 규정하지 않고 있다. 답 X

131
14. 사시

국제사법재판소(ICJ)는 강행규범의 적용과 해석에 관한 분쟁에 대한 관할권을 가진다. O | X

조약법에 관한 비엔나협약 제66조에 의하면 강행규범 위반 분쟁에 대해 당사자 간 해결이 어려운 경우 합의에 의해 중재재판에 회부할 수 있다. 그러나, 중재합의가 형성되지 않은 경우 일방적으로 국제사법재판소(ICJ)에 회부할 수 있다. 이러한 경우 국제사법재판소(ICJ)의 관할권을 '약정관할권'이라고 한다. 답 ○

132
14. 사시

조약규정의 일부가 강행규범에 반하는 경우라도 조약의 나머지 규정은 유효하다. O | X

조약규정의 일부가 강행규범에 반하는 경우 조약 전체가 무효로 인정된다. 즉, 가분성은 인정되지 않는다. 답 X

133
14. 경찰간부

강행규범에 위반되는 조약, 국제관습법, 일방적 행위는 모두 무효라고 보아야 한다. O | X

국제관습법과 일방적 행위의 무효를 선언한 판결은 존재하지 않으나, 강행규범의 본질상 무효로 해석할 수 있다. 답 ○

134
14. 경찰간부

독일과 이탈리아 간의 Jurisdictional Immunities 사건에서 국제사법재판소는 강행규범 위반행위에 대하여서도 국가면제는 부여된다고 판단하였다. O | X

Jurisdictional Immunities 사건에서 국제사법재판소(ICJ)는 독일의 행위가 강행규범에 위반된다고 하더라도 당해 행위가 이탈리아 영토 밖에서 발생한 행위이므로 면제가 인정되어야 하면서, 면제를 부인한 이탈리아의 행위가 국제법에 위반된다고 판단하였다. 답 ○

135
13. 7급

일반국제법의 새로운 강행규범이 출현하는 경우에 그 규범과 충돌하는 현행 조약은 소급하여 무효이다. O | X

새로운 강행규범이 출현하여 기존 조약과 충돌하는 경우 기존 조약은 종료된다. 종료의 효력은 장래효로서 종료된 시점부터 효력을 상실한다. 답 X

136
11. 9급

강행규범의 존재에 대한 입증책임은 이를 주장하는 측에 있다. O | X

강행규범에 대한 입증책임을 주장하는 측을 명확히 규정한 조약은 없다. 다만, 일반적으로 주장하는 측에서 입증책임을 지며, 강행규범에 대해서도 이와 같이 볼 수 있다. 답 ○

137

11. 9급

강행규범은 영구불변한 것으로 수정될 수 없다. O | X

강행규범은 동일한 성질을 가진 추후 규범에 의해 수정될 수 있다. 답 X

138

11. 사시

강행규범으로부터의 여하한 일탈도 허용되지 않는다. O | X

강행규범은 개별법주체의 의사에 의해 배제될 수 없다. 다만, 강행규범에도 예외가 있다는 점을 주의해야 한다. 답 ○

139

11. 사시

1969년 조약법에 관한 비엔나협약의 당사국들 사이에 강행규범과의 충돌로 인하여 조약의 무효 또는 종료와 관련된 분쟁이 발생하는 경우, 이 분쟁은 국제사법재판소에 회부될 수 있다. O | X

조약법에 관한 비엔나협약 제66조에 대한 내용으로 해당 분쟁을 일방적으로 국제사법재판소에 회부할 수 있다. 답 ○

140

10. 9급

강행규범과 충돌하는 조약규정에 근거하여 행하여진 행위의 결과는 가능한 한 제거되어야 한다. O | X

강행규범 위반으로 조약이 무효가 되는 경우 발효한 시점으로 소급하여 효력을 상실한다. 답 ○

141

09. 7급

강행규범의 위반은 조약의 상대적 무효사유이다. O | X

강행규범의 위반은 조약의 절대적 무효사유이다. 강행규범 위반이 존재하면 조약은 바로 무효가 된다. 국가대표에 대한 강박, 국가에 대한 강박 역시 절대적 무효사유이다. 답 X

142

08. 사시

국제사법재판소(ICJ)는 테헤란 인질 사건(The US Diplomatic and Consular Staff in Teheran Case)에서 외교공관에 대한 불가침원칙이 강행규범이라는 점을 밝히고 있다. O | X

국제사법재판소(ICJ)는 테헤란 인질 사건(The US Diplomatic and Consular Staff in Teheran Case)에서 외교공관의 불가침성이 강행규범인지 아닌지의 문제에 대한 판단을 회피하였다. 불가침원칙의 '근본적 성격'이란 표현을 사용하였으나 불가침원칙을 강행규범이라 특징짓는 선에는 미치지 못하였던 것이다. 답 X

143

96. 외시

1969년 Vienna조약법 제정시 국제법위원회가 강행법규(jus cogens) 위반의 예로서 UN헌장원칙에 위반하여 무력사용을 예정한 조약, 노예매매를 예정하거나 승인하는 조약, 해적을 예정하거나 승인하는 조약, 집단살해(genocide)를 예정하거나 승인하는 조약, 국제환경의 보존과 보호를 위반하는 조약 등을 예시하였다. O | X

국제환경의 보존은 강행규범(jus cogens)으로 예시되지 않았다. 다만 1980년 ILC국가 책임협약 초안 제19조에서는 인류환경의 보호를 위해 본질적으로 중요한 의무에 대한 중대한 위반을 국제범죄로 예시한 바 있다. 답 X

144

01. 행시 · 외시

로터스호(The Lotus) 사건에서 ICJ는 대세적 의무(obligations erga omnes)의 개념을 처음으로 언급하였다. O | X

바르셀로나 트랙션(Barcelona Traction) 사건에서 대세적 의무(obligations erga omnes)를 언급하였다. 바르셀로나 트랙션(Barcelona Traction) 사건은 법인의 국적문제와 외교적 보호권의 주체를 주요 쟁점으로 다룬 사건이다. 이 사건에서 국제사법재판소(ICJ)는 방론으로 국가의 국제공동체 전체에 대한 의무로서 대세적 의무(obligations erga omnes)의 개념을 언급하였다. 답 X

145

02. 행시 · 외시

「1969년 조약법에 관한 비엔나협약」에서는 강행규범을 모든 개별 국가들에 의해 승인된 규범이라고 정의하여 개별국가들의 만장일치에 의해 승인되어야 한다는 것을 명시하고 있다. O | X

강행규범을 '국제공동체 전체'에 의해 수락 · 승인될 것을 규정하고 있다. 국제공동체 전체가 모든 국가를 말하는지, 대부분의 국가를 말하는지에 대해서는 학설이 대립한다. 답 X

146

02. 행시 · 외시

강행규범은 대세적 의무와 국제범죄라는 개념과 밀접한 관련이 있지만 이들과 동일한 개념은 아니다. O | X

강행규범은 개별법주체의 합의에 의해 배제하거나 변경할 수 없는 규범을 의미한다. 대세적 의무는 국가가 국제공동체 전체에 대해 부담하는 의무를 의미한다. 국제범죄는 국가가 강행규범을 중대하게 위반한 행위를 의미한다. 답 O

147

03. 행시 · 외시

인권의 보호, 국제테러의 금지에 관한 내용은 강행규범이다. O | X

국제테러의 금지를 강행규범의 예로 제시한 문언은 없다. 답 X

148
03. 행시·외시

「1969년 조약법에 관한 비엔나협약」상 조약당사국은 합의에 의하여 특정 강행규범의 적용을 배제할 수 있다. O | X

강행규범은 국가 간 합의에 의해 배제할 수 없는 규범을 의미한다. 답 X

149
04. 사시

환경보호, 균등개발, 집단살해금지는 조약법협약상 강행규범으로 명시되어 있다. O | X

조약법에 관한 비엔나협약에는 강행규범의 유형이 예시되어 있지 않다. 답 X

150
19. 9급

1969년 「조약법에 관한 비엔나협약」은 강행규범을 명시하고 있다. O | X

조약법에 관한 비엔나협약에 강행규범의 '개념'이 명시되어 있다. 그러나, 강행규범의 구체적인 예가 명시된 것은 아니다. 답 ○

151
19. 9급

강행규범의 위반은 대세적 의무를 위반하는 국제범죄이다. O | X

강행규범과 대세적 의무는 일치하지 않는다. 즉, 강행규범이 아닌 대세적 의무도 존재하므로 강행규범 위반이 곧 대세적 의무 위반이라고 볼 수 없다. 강행규범 위반을 '국가의 국제범죄'라고 하나 실정법으로 확립된 것은 아니다. 물론, 강행규범 위반이 '개인의 국제범죄'에 해당할 수도 있다. 답 X

152
19. 9급

강행규범은 동일한 성질을 가진 추후의 규범에 의해서만 변경될 수 있다. O | X

동일한 성질을 가진 추후의 규범은 '강행규범'을 의미한다. 기존 강행규범은 신강행규범에 의해 수정되거나 대체될 수 있다. 답 ○

153
예상논점

모든 강행규범은 대세적 의무에 해당되나, 모든 대세적 의무가 강행규범인 것은 아니다. O | X

대세적 의무의 범위가 강행규범보다 더 넓다. 따라서 모든 대세적 의무가 강행규범이라고 보기는 어렵다. 답 ○

154
예상논점

강행규범 위반은 현행법상 국가의 국제범죄에 해당된다. O | X

국가의 국제범죄는 실정법(현행법)에 도입된 개념이 아니다. 답 X

155

예상논점

국제범죄는 국제의무를 위반한 개인을 형사처벌하기 위한 개념이고, 아직 국가 자체의 국제범죄라는 개념은 인정되지 않는다.　　　　　　　　O | X

국가의 국제범죄는 강행규범을 중대하게 위반한 행위를 의미하나, 현행법은 아니다. ILC가 작성한 1980년 위법행위에 관한 잠정초안에서 제시된 개념이다.　　　　　답 ○

156

예상논점

대세적 의무는 한 국가의 일방적 의사를 통해서도 성립할 수 있으나, 강행규범과 국제범죄는 성격상 일방적으로 성립할 수 없다.　　　　　　　　O | X

프랑스 핵실험 사건과 같이 프랑스 대통령의 일방행위로 대세적 의무가 창설될 수 있다.　　　　　　　　답 ○

제8절　국제기구결의

157

16. 7급

연성법(Soft Law)은 조약이나 국제관습법과 같이 법적 구속력을 가진다.　　O | X

연성법(Soft Law)에 대한 통설적 개념은 '구속력이 없는 국제 사회 규범'을 의미한다. 국제기구 결의 또는 국제회의 선언문 등을 예로 들 수 있다. '응고과정에 있는 법'이라고도 한다.　　　　　　　　답 X

158

07. 사시

국제연합(UN)총회의 결의는 그 자체로서 국제법의 연원이 될 수 없다는 것이 일반론이다.　　　　　　　　O | X

국제연합(UN)총회의 결의의 연원 역시 형식적 연원, 즉 구속력 있는 국제규범의 존재형식을 의미한다. 총회의 결의는 권고적 효력을 가진다는 것이 일반적인 견해이다.　답 ○

159

예상논점

텍사코 석유 국유화 사건(1977)에서 중재재판부는 UN총회 결의의 효력을 일반적으로 정의하기 어렵고 결의의 유형, 채택되던 상황, 결의의 내용에 대한 분석에 따라 그 법적 효력이 다르다고 하였다. 이 사건 본안판단에서 국유화의 권리는 국제법상 확립된 원칙이라고 하였다. 그러나 국유화 조치로 양허계약을 일방적으로 파기할 수는 없다고 보고, 리비아가 국제법을 위반하였다고 판시하였다.　　　　　O | X

UN총회 결의는 기존 규범을 확인한 것도 있고, 신규범을 창설한 것도 있다. 텍사코 석유 국유화 사건의 중재재판부가 이 점을 확인한 것이다.　　　　　　답 ○

160

23. 7급

국제연합 총회 결의는 비회원국에도 구속력이 있는 국제법의 연원이다.　O | X

총회 결의는 회원국에게도 구속력이 없으며, 비회원국에게는 더구나 구속력이 있다고 할 수 없다.　　　　　　　　답 X

제9절 국가의 일방행위

161
예상논점

국가의 모든 일방적 행위는 국제법률행위로 인정된다. O | X

모든 일방적 행위가 아니라 '기속의사'가 있는 일방행위가 국제법률행위이다. 답 X

162
예상논점

국가의 일방행위는 타국에 대해 권리 또는 의무를 창설할 수 있다. O | X

국가의 일방행위는 원칙적으로 자국에 의무를 창설하는 것이다. 단, 타국이 명확하게 수락하는 경우 일방행위가 타국에 의무를 창설할 수 있다. 답 X

163
예상논점

ILC에 따르면 국가의 일방적 행위의 법적 구속력의 근거는 신의성실원칙이다.
O | X

ICJ는 프랑스 핵실험 사건에서도 신의성실원칙이 일방행위 법적 구속력의 기초라고 하였다. 답 ○

164
예상논점

ICJ는 현재까지 국가의 일방적 행위의 법적 구속력을 인정한 바 없다. O | X

프랑스 핵실험 사건에서 프랑스 대통령의 일방행위의 구속력을 인정한 바 있다. 답 X

165
19. 7급

국제연합 국제법위원회의 「법적 의무를 창출하는 국가의 일방적 선언에 관한 적용원칙」에 따르면 법적 구속력 있는 일방적 선언에 포함된 의무의 범위에 의심이 발생하는 경우, 그 범위는 엄격하게 해석되어야 한다. O | X

국가에 의무를 부과하는 것이므로 그 범위는 엄격하고 제한적으로 해석한다. 답 ○

166
예상논점

ILC에 따르면 법적 구속력이 있는 일방행위는 국가원수 또는 정부수반이 한 경우에만 인정될 수 있다. O | X

외교부장관이나 그 밖의 장관들도 일방행위를 할 수 있다. 답 X

167
19. 7급

국제연합 국제법위원회의 「법적 의무를 창출하는 국가의 일방적 선언에 관한 적용원칙」에 따르면 국가원수, 정부수반, 외교장관은 법적 구속력 있는 일방적 선언을 발표할 수 있는 권한 있는 자로 인정된다. O | X

외교장관 이외의 다른 장관의 경우 그 권한범위 내에서 일방적 행위를 발표할 수 있다. 답 ○

168
예상논점

ILC에 따르면 국가의 일방행위는 반드시 문서로 행해진 경우에만 인정된다. O | X

국가의 일방행위는 구두로 행해진 경우에도 인정된다. 답 X

169
예상논점

ILC에 따르면 국가의 일방적 행위는 전체로서의 국제공동체, 일 국가, 다수 국가, 또는 국가 이외의 다른 실체들에 대해서도 행해질 수 있다. O | X

국가 이외의 다른 실체에는 교전단체나 민족해방운동단체가 포함될 수 있다. 답 O

170
19. 7급

국제연합 국제법위원회의 「법적 의무를 창출하는 국가의 일방적 선언에 관한 적용원칙」에 따르면 법적 구속력을 갖는 일방적 선언은 특정 국가가 아닌 국제공동체 전체에 대해 발표되어야 한다. O | X

일방적 선언은 특정 국가를 상대로 발표될 수도 있다. 국가 이외의 다른 실체에 대해서도 발표될 수 있다. 국제공동체 전체를 향해 발표된 경우 대세적 의무가 창설된다. 답 X

171
예상논점

ILC에 따르면 강행규범에 위반되는 국가의 일방행위는 상대국의 수락이 있는 경우 효력을 가질 수 있다. O | X

일방행위는 상대방의 의사와 무관하게 법적 효과를 발생시키는 행위를 의미한다. 답 X

172
예상논점

ILC에 따르면 국가의 일방행위는 어떠한 경우에도 타국에 대해 의무를 부과할 수 없다. O | X

타국이 국가의 일방행위를 명확하게 수락한 경우에는 의무를 부과할 수 있다. 답 X

173
19. 7급

국제연합 국제법위원회의 「법적 의무를 창출하는 국가의 일방적 선언에 관한 적용원칙」에 따르면 구두로 발표된 일방적 선언은 이를 명백히 수락한 제3국에 의무를 부과할 수 있다. O | X

일방적 선언은 구두 또는 문서로 할 수 있다. 일방적 행위는 자국에 대해 의무를 부과하는 것이 일반적이나, 제3국이 명백히 수락한 경우 의무를 부과할 수 있다. 답 O

174
예상논점

ILC에 따르면 국가의 일방행위는 어떠한 경우에도 취소될 수 없다. O | X

자의적이지 않은 일방행위에 대한 취소는 허용된다. 답 X

175
예상논점

프랑스 핵실험 사건은 프랑스 대통령의 일방행위의 구속력을 인정하였다. O | X

프랑스 대통령은 호주나 뉴질랜드 인근 공해상에서 핵실험을 실시하지 않을 것이라고 선언하였고, 이 선언의 구속력을 인정하여 재판절차가 진행되던 도중 종료되었다. 답 O

176
예상논점

1995년 프랑스가 남태평양 지역에서 핵실험을 할 계획을 발표하자 뉴질랜드는 1974년 사건을 ICJ가 재개할 것을 청구하였다. ICJ는 이를 각하했다. 1974년 사건은 대기권 핵실험에 관한 사건이나, 프랑스가 발표한 것은 지하핵실험이기 때문이었다.　O | X

재판재개요청은 ICJ규정에 명시된 제도는 아니나, 재판부는 이에 대해 판단을 진행한 것이다.　답 O

177
예상논점

부르키나 파소 – 말리 국경분쟁 사건에서 말리 대통령의 일방행위 구속력을 부정하였다.　O | X

말리 대통령의 행위에 기속의사가 존재하지 않은 것이라고 본 것이다.　답 O

178
예상논점

동부 그린란드 사건에서 노르웨이 외무장관 발언의 구속력을 인정하였다.　O | X

노르웨이 외무장관은 덴마크가 동부 그린란드 지역을 지배하는 것을 문제시하지 않겠다는 '부작위의 약속'을 하였고, 그 구속력이 인정된 것이다.　답 O

179
예상논점

1957년 수에즈 운하 국유화 이후 그 운영에 관한 이집트 선언, 요르단강 서안지구에 대한 1988년 요르단의 포기 선언은 국제법적 구속력이 인정되지 않은 일방적 선언의 예이다.　O | X

1957년 수에즈 운하 국유화 이후 그 운영에 관한 이집트 선언, 요르단강 서안지구에 대한 1988년 요르단의 포기 선언은 구속력이 인정된 일방행위 사례들이다.　답 X

제1절 총설

001
예상논점

「조약법에 관한 비엔나협약」에 의하면 이 협약은 국제기구의 성립 문서가 되는 조약과 국제기구 내에서 채택되는 조약에 적용된다. O | X

국제기구의 성립 문서는 국가들이 체결한 것이므로 조약법에 관한 비엔나협약이 적용된다. 국제기구 내에서 채택되는 조약도 마찬가지로 조약법에 관한 비엔나협약이 적용된다. 답 O

002
16. 경찰간부

조약법협약(1969)은 유엔 국제법위원회의 준비를 거쳐 유엔총회에서 채택되었으므로 유엔 회원국만 당사국이 될 수 있다. O | X

조약법에 관한 비엔나협약은 개방조약으로서 모든 국가에게 가입이 허용된다. 답 X

003
16. 경찰간부

조약법협약(1969)은 소급효를 인정하지 않아 협약 발효 이후 성립된 조약에만 적용된다. O | X

조약법에 관한 비엔나협약은 원칙적으로 소급적용되지 않는다. 답 O

004
20. 7급

1969년 「조약법에 관한 비엔나협약」에 의하면 조약의 불소급에 따라 이 협약과는 별도로 국제법에 따라 조약이 복종해야 하는 이 협약상의 규칙의 적용을 침해함이 없이, 이 협약은 그 발효 후에 국가에 의하여 체결되는 조약에 대해서만 그 국가에 대하여 적용된다. O | X

조약법에 관한 비엔나협약 제4조의 제목은 '협약의 불소급'이다. 그래서 '조약의 불소급에 따라'를 '협약의 불소급에 따라'로 바꾸어야 옳은 지문이다. 답 X

005
23. 9급

「조약법에 관한 비엔나협약」의 상당 부분은 기존 국제관습법을 성문법전화한 것이지만, 일부 조항은 새로운 발전적 요소를 제시하고 있다. O | X

관습의 성문화를 기반으로 하되 이를 구체화하는 규범도 담고 있다. 답 O

006

16. 경찰간부

조약법협약(1969)에 규정되지 않은 부분에 대해서는 국제관습법이 적용된다.

O | X

조약법에 관한 비엔나협약은 기존 관습의 성문화이나, 기존 관습이 불분명한 경우는 조약법에 관한 비엔나협약에 도입하지 않았다.

답 ○

007

예상논점

조약법에 관한 비엔나협약에 의하면 국가와 국제기구가 체결한 조약의 경우 상호 합의가 있는 경우에도 조약법에 관한 비엔나협약을 적용할 수 없다.

O | X

국가와 국제기구 사이에 상호 합의가 있는 경우에는 1969년 조약법에 관한 비엔나협약을 적용할 수 있다.

답 X

008

예상논점

스위스, 독일, 캐나다 등은 연방의 주 등 지방의 조약체결권을 인정한다.

O | X

보통 연방이 조약을 체결하나, 스위스 등은 주정부에게도 조약체결권한을 준 것이다.

답 ○

009

예상논점

홍콩과 마카오도 조약체결권이 인정된다.

O | X

홍콩이나 마카오는 중국의 일부이나, 자치권이 부여되었다. 이 경우 조약체결권이 부여되기도 한다.

답 ○

010

91. 경찰간부

다자조약은 대체로 개방조약이며, 유보를 원칙적으로 허용하지 않는 특징이 있다.

O | X

다자조약의 실효성을 위해서는 당사자를 확대하는 것이 긴요하기 때문에 유보는 다자조약의 본질적 특징이다.

답 X

011

15. 경찰간부

"조약"이라 함은 단일의 문서에 또는 2 또는 그 이상의 관련문서에 구현되고 있는가에 관계없이 또한 그 특정의 명칭에 관계없이, 서면형식으로 국가 간에 체결되며 또한 국제법에 의하여 규율되는 국제적 합의를 의미한다.

O | X

조약법에 관한 비엔나협약상 조약에 대한 정의이다.

답 ○

012

15. 경찰간부

"유보"라 함은 자구 또는 명칭에 관계없이 국가가 그 조약의 일부 규정을 자국에 적용함에 있어서 그 조약의 일부 규정의 법적 효과를 배제하거나 또는 변경시키고자 의도하는 경우에 행하는 국가 간의 합의를 의미한다.

O | X

유보는 일방적 법률행위이므로 국가 간 합의를 의미하는 것이 아니다.

답 X

013

15. 경찰간부

"당사국"이라 함은 조약이 효력을 발생하였는지의 여부에 관계없이 그 조약에 대한 기속적 동의를 부여한 국가를 의미한다.   O | X

당사국은 기속적 동의를 부여하였고, 현재 당해 조약의 구속을 받는 국가를 의미한다.

답 X

014

15. 경찰간부

"체약국"이라 함은 조약에 대한 기속적 동의를 부여하였으며 또한 그에 대하여 그 조약이 발효하고 있는 국가를 의미한다.   O | X

체약국은 현재 당해 조약의 지배를 받고 있는지를 불문하고, 조약에 대해 기속적 동의를 표한 국가를 의미한다.   답 X

015

15. 경찰간부

조약법에 관한 비엔나협약(1969)에 의하면 '모든 국가는 조약체결능력을 가지고 있다'고 규정하여 국가만이 조약체결능력을 가지고 있는 것으로 본다.   O | X

조약은 국가 이외에도 국제기구, 교전단체, 민족해방운동단체도 체결할 수 있다. 즉, 조약법협약은 국가 간 체결된 조약에만 적용되나, 조약체결능력을 국가에 한정하고 있는 것은 아니다.   답 X

016

15. 경찰간부

조약법에 관한 비엔나협약(1969)에 의하면 조약체결권자는 조약체결에 관한 일정 권한을 제3자에게 위임할 수 있다.   O | X

제3자를 전권대표라고도 한다.   답 ○

017

14. 9급

조약법에 관한 비엔나협약(1969)에 의하면 정식조약과 달리 약식조약의 유형으로 구두조약이 포함된다.   O | X

조약법에 관한 비엔나협약은 '문서로 체결된' 조약에 대해서만 적용된다. 따라서 구두조약에 대해서는 적용되지 않는다. 이는 구두조약의 효력을 부인하는 것은 아니다. 다만, 조약법에 관한 비엔나협약의 적용범위를 문서로 체결된 조약에만 한정하는 것이다.   답 X

018

14. 9급

조약법에 관한 비엔나협약(1969)에 의하면 조약 외에 협정, 규약 등의 명칭도 사용할 수 있다.   O | X

조약의 명칭에 상관없이 조약법에 관한 비엔나협약의 정의에 포함되는 구속적 합의는 조약법에 관한 비엔나협약의 적용대상이다.   답 ○

019

14. 9급

조약법에 관한 비엔나협약(1969)에 의하면 국가와 외국 사기업 사이의 국제적 합의는 조약으로 볼 수 없다.   O | X

조약법에 관한 비엔나협약은 오로지 '국가 상호 간' 체결되는 조약에만 적용되므로 국가와 사기업 사이의 합의에 대해서는 적용되지 않는다. 국가와 사기업 사이의 합의는 '국가계약(state contract)'이라고 한다.   답 ○

020

14. 사시

조약법협약(1969)은 국제기구의 설립문서가 되는 조약이나 국제기구 내에서 채택되는 조약에는 적용되지 아니한다. O | X

조약법에 관한 비엔나협약상 조약은 '국가 간'에 '문서로' 체결되며, 국제법에 의해 규율되는 국제적 합의에 적용된다. 국제기구 설립조약이나 국제기구 내에서 채택되는 조약이 동 정의에 합치되는 경우 조약법에 관한 비엔나협약이 적용된다. 예컨대, UN헌장은 국가 간 체결되는 조약이나 빈협약의 적용을 받는다. 답 X

021

14. 사시

조약법협약(1969)은 국가승계, 국가책임, 국가 간의 적대행위의 발발로부터 조약에 관하여 발생할 수 있는 문제를 예단하지 아니한다. O | X

국가승계 등에 대한 관습이 명확하지 않아 조약법에 관한 비엔나협약에 구체적 규정을 두지 않은 것이다. 답 O

022

12. 9급

조약법협약(1969)상 국내법에 따른 비준 동의 절차를 거치지 아니한 조약은 당연무효이다. O | X

조약법에 관한 비엔나협약(1969) 제46조에 의하면 국내법을 중대하게 위반한 조약은 관계국에 의해 무효사유로 원용될 수 있다. 즉, 상대적 무효사유에 해당한다. 답 X

023

09. 사시

1969년 조약법에 관한 비엔나협약상 구두조약은 법적 효력이 인정될 수 없다. O | X

구두조약도 법적 효력이 인정된다. 답 X

024

20. 9급

1969년 「조약법에 관한 비엔나협약」에 의하면 서면 형식에 의하지 아니한 국제적 합의는 조약이 아니며 국제법적 효력이 인정되지 아니한다. O | X

서면형식에 의하지 아니한 합의는 조약법에 관한 비엔나협약상 조약은 아니다. 그러나 국제법적 효력이 인정되지 않는 것은 아니다. 답 X

025

09. 사시

1969년 조약법에 관한 비엔나협약상 조약은 가입 허용 여부에 따라 보편조약, 일반조약 그리고 특별조약으로 분류할 수 있다. O | X

가입 허용 여부에 따라서는 개방조약과 폐쇄조약으로 분류할 수 있다. 답 X

026

08. 7급

1969년 조약법에 관한 비엔나협약상의 조약 개념에 의하면, 한미행정협정(SOFA)의 합의의사록(agreed minutes)도 조약으로 보아야 한다. O | X

합의의사록(agreed minutes)도 국가 간 문서에 의해 체결되고 국제법에 의해 규율되는 국제적 합의이므로 조약법에 관한 비엔나협약상의 조약에 해당한다. 답 O

027

08. 7급

대통령, 수상, 외무부장관 등은 직무로 인해 전권위임장을 제시하지 않아도 자국을 대표하는 것으로 간주된다. O | X

대통령, 수상, 외무부장관은 조약체결 전 과정에서 전권위임장이 요구되지 않는다.

답 O

028

04. 사시

1969년 조약법에 관한 비엔나협약에 의하면 이 협약에 의해 규율되지 않는 문제에 대해서는 여전히 국제관습법이 적용된다. O | X

1969년 조약법에 관한 비엔나협약은 관습법의 성문화에 해당하나, 모든 조약 관련 관습을 성문화한 것은 아니다. 답 O

029

03. 사시

약식조약은 별도의 기속적 동의절차 없이 서명만으로도 효력이 발생한다. O | X

서명은 인증과 기속적 동의 표시 역할을 동시에 수행하여 별도의 기속적 동의절차가 없어도 효력이 발생한다. 답 O

030

03. 사시

약식조약의 일방 당사국이 정식 조약체결절차를 거치는 경우에라도 타방 당사국은 반드시 정식 조약체결절차를 거칠 필요는 없다. O | X

국가 간 합의가 없는 한, 조약을 정식조약으로 할 것인지의 문제는 국내문제이다. 답 O

031

03. 사시

약식조약은 대체로 휴전협정과 미국에서 발전한 행정협정(executive agreement)의 형태로 빌진하여 왔다. O | X

약식조약은 조약체결권자의 비준을 요하지 않는 조약을 의미한다. 답 O

032

03. 사시

약식조약은 그 절차가 간단하지만 법적 효력에서는 정식조약과 차이가 없다. O | X

약식조약과 정식조약은 국내법적으로는 효력의 차이가 있을 수 있으나, 국제법적 효력에 차이는 없다. 답 O

033

03. 사시

약식조약은 양자조약에서만 이용이 가능하다. O | X

약식조약은 다자조약에서도 이용이 가능하다. 답 X

034

03. 사시

헌법상의 조약체결권자는 대통령이다. O | X

조약체결권은 헌법에 규율되는 것이 일반적이다. 우리나라 헌법상 대통령이 비준권자이다.

답 ○

035

03. 사시

국내법과 충돌하는 조약의 국제적 효력은 국제법에 따라 결정된다. O | X

국내법과 충돌하는 조약이라도 국제법적 차원에서는 구속력을 가질 수 있다. 답 ○

제2절 성립

036

예상논점

조약법에 관한 비엔나협약에 의하면 조약 체결의 목적으로 국가를 대표하기 위하여 권한을 부여받은 것으로 간주될 수 없는 자가 행한 조약 체결에 관한 행위는 국가에 의해 추후 확인이 되더라도 법적 효과를 가지지 아니한다. O | X

권한을 부여받은 것으로 간주될 수 없는 자가 행한 조약 체결에 관한 행위일지라도 추인이 있는 경우에는 법적 효과를 가진다. 답 X

037

15. 경찰간부

조약법에 관한 비엔나협약(1969)에 의하면 조약의 구속을 받겠다는 국가의 동의는 서면, 조약을 구성하는 문서의 교환, 비준, 수락, 승인, 가입 또는 기타 합의된 방법에 의해 표시될 수 있다. O | X

기속적 동의를 표시하는 방법에 대한 설명이다. 답 ○

038

12. 사시

조약법에 관한 비엔나협약상 조약은 비준에 의해서만 기속적 동의가 부여된다. O | X

기속적 동의를 표시하는 방법에는 비준 이외에도 서명, 수락, 승인, 가입, 기속적 동의를 표시하는 문서의 교환 등의 방법이 있다. 답 X

039

11. 사시

1969년 조약법에 관한 비엔나협약상 조약에 대한 기속적 동의는 서명만으로도 표시될 수 있다. O | X

기속적 동의는 서명만으로도 표시될 수 있다. 기속적 동의 표시를 서명에 의하는 조약을 약식조약이라고 한다. 답 ○

040
19. 7급

「조약법에 관한 비엔나협약」에 의하면 조약문의 가서명은 어떠한 경우에도 기속적 동의를 위한 서명에 해당하지 않는다.　　　　　　　　　　　　　　　　　O | X

조약법에 관한 비엔나협약 제12조에 의하면 교섭국 간 합의를 조건으로 가서명이 정식 서명으로 인정될 수 있다.　　　　　　　　　　　　　　　　　　　　답 X

041
19. 7급

「조약법에 관한 비엔나협약」에 의하면 조약문의 정본인증 후 발견된 착오의 정정과 가서명은 그 착오를 정정하는 효력을 발생시키지 않는다.　　　　　　　O | X

조약법에 관한 비엔나협약 제79조에 의하면 착오문에 적당한 정정을 가하고 그 정정에 가서명하여 착오를 정정할 수 있다.　　　　　　　　　　　　　　　답 X

042
19. 7급

「조약법에 관한 비엔나협약」에 의하면 조약문의 가서명은 해당 대표의 본국이 확인하는 경우에만 해당 조약의 정식 서명으로 간주된다.　　　　　　　　　O | X

가서명이 아닌 조건부 서명에 대한 설명이다. 조건부 서명은 본국의 확인에 의해 정식 서명으로 간주된다.　　　　　　　　　　　　　　　　　　　　답 X

043
19. 7급

「조약법에 관한 비엔나협약」에 의하면 조약문의 가서명은 조약문의 정본인증을 위한 절차에 해당할 수 있다.　　　　　　　　　　　　　　　　　　　O | X

조약문의 서명, 가서명, 조건부 서명은 정본인증 절차에 해당된다.　　　답 O

044
07. 사시

조약에 서명한 국가는 당해 조약을 비준해야 할 법적 의무가 있다.　　O | X

조약에 서명한 국가라 하더라도 조약을 비준해야 할 법적 의무가 있는 것은 아니다.　　　　　　　　　　　　　　　　　　　　　　　　　　　답 X

045
14. 사시

외교공관장은 전권위임장을 제시하지 않아도 조약의 체결에 관련된 모든 행위를 수행할 목적으로 자국을 대표하는 것으로 간주된다.　　　　　　　　　O | X

접수국과의 조약을 '채택'하는 단계까지 전권위임장의 제시를 요하지 않는다.　답 X

046
14. 사시

국제회의에 파견된 대표가 그 국제회의에서 조약문을 채택하기 위해서는 전권위임장을 제시하여야 자국을 대표하는 것으로 간주된다.　　　　　　　　O | X

조약문을 채택하는 단계에서 전권위임장의 제시를 요하지 않는다.　　답 X

047

14. 사시

대한민국 국무총리는 전권위임장을 제시하지 않아도 조약의 체결에 관련된 모든 행위를 수행할 목적으로 대한민국을 대표하는 것으로 간주된다. O | X

조약의 체결에 관련된 모든 행위를 수행할 목적으로 전권위임장을 요하지 않는 실체는 국가원수, 정부수반, 외교부장관이다. 우리나라의 국가원수 및 정부수반은 대통령이므로 국무총리는 전권위임장을 요한다. 답 X

048

14. 사시

법무부장관은 전권위임장을 제시하는 경우 조약에 대한 국가의 기속적 동의를 표시하기 위한 목적으로 국가를 대표하는 것으로 간주된다. O | X

법무부장관은 전권위임장을 제시하는 경우 조약에 대한 국가의 기속적 동의를 표시하기 위한 목적으로 국가를 대표하는 것으로 간주된다. 외교부장관만 조약체결 전 과정에서 전권위임장을 요하지 않는다. 답 O

049

13. 9급

국제법상 조약의 체결과정은 교섭 → 서명에 의한 인증 → 비준 → 등록 → 비준서 교환이다. O | X

조약의 체결과정은 교섭 → 채택 → 인증 → 기속적 동의 표시 → 발효 → 등록순으로 볼 수 있다. 기속적 동의 표시는 서명, 비준, 수락, 승인, 가입 등에 의한다. 등록은 UN헌장 제102조에 규정된 절차로서 UN 회원국은 발효 중인 조약을 등록할 의무가 있으며, 등록하지 않은 경우 UN기관에 대해 당해 조약을 원용할 수 없다. 답 X

050

13. 7급

조약이 달리 규정하지 아니하는 한, 다자조약은 그 당사국 수가 그 발효에 필요한 수 이하로 감소하는 사실만을 이유로 종료하지 아니한다. O | X

여타 당사국들에게 조약의 효력이 유지되며 종료하지 않는다. 답 O

051

11. 9급

국제회의에서 체결되는 다자조약의 본문은 교섭에 참석한 모든 국가의 2분의 1 다수결에 의해 채택된다. O | X

다자조약의 본문은 모든 국가의 3분의 2의 다수결에 의해 채택된다. 답 X

052

11. 9급

조약은 당사국 간의 합의에 관계없이 비준서를 기탁한 날에 효력을 발생하는 것이 원칙이다. O | X

조약은 원칙적으로 당사국들이 합의한 일자에 효력을 발생한다. 답 X

053

00. 사시

국가만이 조약의 당사자가 될 수 있다. O | X

국가 이외에 국제기구, 교전단체, 민족해방운동단체도 조약의 당사자가 될 수 있다. 답 X

054

00. 사시

수락과 인준의 효과는 비준과 대체로 동일하다.　　　　　　　　　　O | X

수락, 인준, 비준, 승인 등이 기속적 동의 표시절차로 인정된다.　　　답 ○

055

00. 사시

외교사절의 파견국과 접수국 간에 조약을 체결하는 경우 외교사절은 별도의 전권위임 장을 요하지 않는다.　　　　　　　　　　　　　　　　　　　O | X

'체결'보다는 '채택'이어야 보다 정확한 지문이다. 답을 상대적으로 찾아야 하는 이유이다.　　　　　　　　　　　　　　　　　　　　　　　답 ○

056

00. 사시

국가에 있어서 조약체결권자는 원칙적으로 국가원수이지만 전시에는 군 지휘관이 국 가를 대표하여 조약을 체결할 수도 있다.　　　　　　　　　　　　O | X

군 지휘관이 국가를 대표하여 체결하는 조약도 행정협정이라고 한다.　답 ○

057

84. 사시

국가원수가 직접 체결한 조약은 비준이 필요하지 않다.　　　　　　O | X

국가원수가 곧 비준권자이므로 비준이 필요하지 않다.　　　　　　　답 ○

058

84. 사시

비준을 필요로 하는 조약을 체결한 경우 전권위임장이나 신임장이 필요 없다.　　　　　　　　　　　　　　　　　　　　　　　　　　O | X

조약체결 시 원칙적으로 전권위임장이 있어야 한다. 신임장은 외교공관장에게 발급되는 문서로 조약체결과 무관하다.　　　　　　　　　　　　　　　　　답 X

059

05. 사시

조약이 발효하기 위해서는 UN사무국에 등록되어야 한다.　　　　　O | X

조약의 등록이 조약의 발효요건은 아니다. 미등록조약은 UN기관 내에서 원용될 수 없다.　　　　　　　　　　　　　　　　　　　　　　　　　답 X

060

05. 사시

서명에 의하여 기속적 동의를 표시하는 조약의 경우, 교섭국의 대표에 의한 조약의 조 건부 서명은 그 대표의 본국에 의하여 확인되면 그 조약의 완전한 서명을 구성한다.　　　　　　　　　　　　　　　　　　　　　　　　　　O | X

조건부 서명은 본국의 확인을 조건으로 하는 서명이다.　　　　　　　답 ○

061
05. 사시

이미 성립된 조약에 원회원국이 아닌 국가가 참가하여 당사자가 되는 행위는 가입에 해당한다. O | X

조약 발효 이후에 당사자가 되는 경우를 가입이라고 한다. 답 O

062
99. 서울시

비준함으로써 발효하는 조약에 서명만을 마친 국가는 그 조약의 대상 및 목적을 훼손하지 않을 의무를 부담한다. O | X

비준, 수락 또는 승인되어야 하는 조약에 서명한 경우 국가는 그 조약의 당사국이 되지 아니하고자 하는 의사를 명백히 표시할 때까지는 조약의 발효 전에 그 조약의 대상과 목적을 저해하지 아니할 의무를 부담한다(조약법에 관한 비엔나협약 제18조). 답 O

063
06. 사시

조약에 서명한 국가라 하더라도 달리 합의하지 않는 한 비준의무를 부담하지는 않는다. O | X

비준은 각 국가의 재량이므로 의무를 부담하는 것은 아니다. 답 O

064
06. 사시

비준 전에 입법부의 동의를 받게 하는 것은 국제법상 조약의 성립요건이 아니다. O | X

비준 전에 입법부의 동의를 받게 하는 것은 국내법상 절차에 해당하며 국제법상 조약의 성립요건은 아니다. 다만, 입법부의 동의를 요하는 조약이 입법부의 동의 없이 체결된다면, 중대한 국내법 위반에 해당되어 조약이 무효화될 수는 있다. 답 O

065
예상논점

조약이 발효하기 전이라면 기속적 동의는 철회될 수 있다. 단, 이 문제는 조약법협약에서 다루지는 않는다. O | X

발효 전이라면 기속적 동의는 철회될 수 있는 것으로 평가된다. 답 O

제3절 유보

066
12. 사시

조약법에 관한 비엔나협약상 명문의 규정이 없는 경우에는 조약의 대상 및 목적과의 양립성 여부가 유보 허용 여부를 판단하는 기준이 된다. O | X

유보에 대한 규정이 없는 경우 양립성원칙이 적용된다. 답 O

067
12. 사시

조약법에 관한 비엔나협약상 외무부장관은 전권위임장을 제시하지 않아도 자국을 대표하는 것으로 간주된다. O | X

동 협약상 국가원수, 정부수반, 외교부장관은 전권위임장을 요하지 않는다. 답 ○

068
16. 7급

조약이 달리 규정하지 아니하는 한 유보의 통고를 받은 국가가 그 유보에 대하여 이의를 제기하지 아니한 경우에는 유보를 수락한 것으로 간주되지 않는다. O | X

일정한 기한 내에 유보에 대해 이의를 제기하지 않는 것은 유보를 '수락'한 것으로 간주된다. 답 X

069
16. 7급

조약이 달리 규정하지 아니하는 한 유보는 언제든지 철회될 수 있고 유보수락국의 동의를 필요로 하지 않는다. O | X

유보의 효력을 위해서는 타당사국의 수락을 요하나, 일방적으로 철회할 수 있다. 답 ○

070
16. 7급

첨부된 유보 내용이 조약의 '대상 및 목적'과 양립 가능하다면 일부 국가의 반대가 있어도 유보국은 조약의 당사국이 될 수 있다. O | X

유보수락국이 한 국가라도 있다면 조약의 당사국이 될 수 있다. 답 ○

071
16. 7급

유보는 일방적인 선언이지만 그 효과는 상호주의적이므로 유보국과 유보수락국 간에는 유보의 범위 내에서 관련 조약 규정을 변경한다. O | X

유보는 상대적 효력이 있으므로 유보국과 유보수락국 사이에서만 적용된다. 답 ○

072
16. 9급

유보제도는 다자조약의 당사국 범위를 확대하는 효과를 갖는다. O | X

유보는 다자조약의 '보편성'을 위해 '통일성'을 희생시키는 제도이다. 답 ○

073
16. 9급

유보, 유보의 명시적 수락 그리고 유보에 대한 이의는 서면으로 형성되어야 한다. O | X

유보의 수락이 반드시 명시적일 것을 요하는 것은 아니나, '명시적 수락'은 서면으로 형성되어야 한다. 답 ○

074
16. 9급

유보는 조약의 서명, 비준, 수락, 승인, 가입, 채택 및 확정 등 어떠한 단계에서도 가능하다. O | X

유보는 조약의 서명, 비준, 수락, 승인, 가입 시에 행한다. 채택이나 확정 단계에서 행하는 것이 아니다. 답 X

075

16. 경찰간부

유보란 조약 내용 일부의 적용을 배제하기 위해 상대국과의 합의하에 첨부하는 것이다.

O | X

유보는 일방적 행위로서 상대국과의 합의를 요하는 것이 아니다.

답 X

076

16. 경찰간부

유보는 조약의 적용을 받는 국가를 축소하기 위해 인정되는 제도이다.

O | X

유보는 조약의 적용을 받는 국가를 확대하기 위한 제도이다. 즉, 조약의 보편성을 추구하는 제도이다.

답 X

077

15. 경찰간부

국제기구 설립조약의 유보는 해당 기구의 권한 있는 기관의 수락이 필요하다.

O | X

국제기구 설립조약의 유보에 대한 수락을 타당사국이 하는 것이 아님에 유의한다.

답 O

078

13. 사시

특정 조약이 명시적으로 유보를 금지하고 있는 경우, 그 조약에 대한 유보는 허용될 수 없다.

O | X

조약에서 명시적으로 금지한 유보는 할 수 없다.

답 O

079

13. 사시

유보의 철회는 서면으로 형성되어야 하나, 유보에 대한 이의의 철회는 서면 또는 구두로 형성될 수 있다.

O | X

유보의 철회 및 유보 거절의 철회가 유보 수락국 또는 유보 반대국의 동의를 요하는 것은 아니나 문서, 즉 서면에 의해 형성되어야 한다.

답 X

080

13. 사시

유보에 대한 다른 체약국의 이의제기는 그 국가가 확정적으로 반대의사를 표시하지 않는 한, 이의제기국과 유보국 간에 있어서의 조약의 발효를 배제하지 않는 것이 일반적이다.

O | X

조약의 발효를 배제하기 위해서는 확정적, 명시적으로 발효에 대한 반대의 의사를 표시해야 한다.

답 O

081

12. 9급

유보한 국가는 이 유보를 수락한 국가에 대하여 자국이 유보에 의하여 면제된 조약상의 의무 이행을 요구할 수 없다.

O | X

유보의 상대적 효력에 대한 지문이다.

답 O

082
12. 9급

유보국과 유보반대국 간에도 조약관계는 성립되며 유보로 인한 조약관계 성립을 부인하려는 국가는 그러한 의사표시를 하여야 한다. O | X

유보반대국이 조약관계 성립에 대한 의사를 명시적으로 표명하지 않은 경우 유보국과 유보반대국 상호 간에도 조약관계가 성립한다. 이 경우, 유보국의 유보는 유보의 범위 내에서 유보반대국과의 관계에서 적용되지 않는다. 답 O

083
10. 사시

조약상 명시적으로 인정된 유보는 원칙적으로 추후의 수락이 필요 없다. O | X

유보를 허용한 것이므로 타방 당사국의 수락 없이 효력을 발생시킨다. 답 O

084
10. 사시

유보에 대한 이의가 제기되어도 유보국과 이의제기국 간에 조약이 발효될 수 있다. O | X

이의제기국이 조약 발효에 명시적으로 반대하지 않는다면 조약이 발효될 수 있다. 조약이 발효된다는 것은 유보된 조항을 제외하고, 조약의 나머지 조항이 유보를 반대한 국가와 유보한 국가와의 관계에서 적용된다는 것을 의미한다. 답 O

085
09. 7급

유보는 조약에 참여하는 국가의 수를 증대시키는 긍정적인 측면이 있으나 조약의 통일성을 훼손하는 부정적인 측면도 있다. O | X

유보는 조약의 보편성을 추구하는 제도이다. 개방조약도 마찬가지로 조약의 보편성을 추구하는 제도이다. 답 O

086
21. 7급

국가는 조약에 서명 또는 비준할 때에 유보를 할 수 있으나, 수락, 승인 또는 가입 시에는 유보를 할 수 없다. O | X

유보는 기속적 동의를 표시할 때 한다. 따라서 서명, 비준, 수락, 승인, 가입 시에 유보를 할 수 있다. 답 X

087
08. 사시

다자조약의 당사국인 A국이 유보의 의사표시를 하고 이에 대하여 B국만이 수락한 경우에, 당해 조약의 다른 당사국에 대하여는 유보의 효과가 발생하지 않는다. O | X

조약법에 관한 비엔나협약 제21조 제2항에 따르면 유보는 다른 당사국에 대하여는 그 조약규정을 수정하지 아니한다. 답 O

088
01. 행시·외시

유보를 반대하는 국가도 있고 반대하지 않는 국가도 있는 경우, 유보가 조약의 대상 및 목적과 양립하면 유보한 국가를 그 조약의 당사자로 볼 수 있다. O | X

유보수락국이 1국이라도 있는 경우 유보국은 당해 조약의 당사국이 될 수 있다. 답 O

089
01. 행시·외시

조약의 당사자가 타 당사자의 유보에 대하여 조약의 대상 및 목적과 양립하지 않는다고 생각하여 반대하는 경우, 탈퇴하지 않는 이상 서로에게 유보의 효력이 인정된다. O | X

유보에 반대하는 경우 유보의 효력은 발생하지 않는다. 답 X

090
17. 7급

1969년 조약법에 관한 비엔나협약에 의하면 유보의 통지를 받은 후 12개월이 경과하거나 또는 그 조약에 대한 자국의 기속적 동의를 표시한 일자까지 중 더 뒤늦은 시점까지 이의를 제기하지 않으면 그 유보는 수락되었다고 간주되는 것이 원칙이다. O | X

유보가 수락되었다고 간주하는 이 원칙은 유보의 묵시적 수락에 해당한다. 답 O

091
03. 행시·외시

유보에 관해서는 국제연맹방식을 그대로 채택하였다. O | X

국제연맹은 유보를 위해서는 모든 국가의 동의를 요했으나, 조약법에 관한 비엔나협약은 양립성의 원칙을 규정하여 만장일치를 요하지 않는다. 답 X

092
17. 7급

국제형사재판소(ICC)규정은 동 규정에 대한 유보를 금지하고 있다. O | X

국제형사재판소(ICC)규정은 유보를 명시적으로 금지한 조약이다. WTO설립협정, 기후변화에 관한 국제연합 기본협약, 기후변화에 관한 국제연합 기본협약에 관한 교토의정서, 파리협정(2015) 등도 유보를 명시적으로 금하고 있다. UN헌장은 유보에 대한 규정이 없으나, 유보할 수 없는 조약으로 평가된다. 답 O

093
17. 7급

1969년 조약법에 관한 비엔나협약에 의하면 조약에 대한 유보는 서면으로 하여야 하나, 예외적으로 구두로도 행할 수 있다. O | X

조약에 대한 유보는 반드시 서면으로 하여야 하며, 예외는 없다. 답 X

094
03. 행시·외시

유보와 정책선언은 모두 조약의 권리, 의무에 변경을 초래하지 아니한다. O | X

해석선언의 경우 원칙적으로 조약의 권리, 의무의 변경을 초래하지 않으나, 유보가 수락되는 경우 조약상의 권리, 의무의 변경을 초래한다. 답 X

095
03. 행시·외시

「1982년 UN해양법협약」은 원칙적으로 정책선언을 금지하지 않는다. O | X

정책선언은 해석선언과 같은 의미로, 일방행위이다. 답 O

096
03. 행시·외시

「1982년 UN해양법협약」은 협약상 명시적 허용규정이 없으면 유보를 할 수 없다고 규정하고 있다. O | X

UN해양법협약 제309조에 대한 내용이다. 답 O

097

예상논점

ILC가 작성한 조약 유보에 관한 실행지침(2011)은 양자조약에 대해서는 유보가 첨부될 수 없다고 규정한다.　　　　O | X

일반적으로 양자조약에 대해서도 유보가 인정된다고 본다. 그러나, 동 지침은 양자조약에 대한 유보는 금하고 있다.　　　　답 ○

098

예상논점

유보는 특별한 비상시 제한된 기간 동안만 조약의 이행을 일방적으로 배제하는 이행정지(derogation)와는 구분된다. 이행정지(derogation)는 인권조약에서 많이 활용되며, 조약상 근거가 있어야 하고, 상호주의가 적용되지 않는다.　　　　O | X

이행정지(derogation)와 달리 유보는 명시적 규정이 없어도 양립성원칙에 따라 인정된다. 또한 유보의 효력은 상호적이다.　　　　답 ○

099

예상논점

WTO설립협정, 기후변화협약, 교토의정서, 파리협약, 정부조달협정, ICC로마조약 등은 모두 유보를 전면금지하고 있다.　　　　O | X

유보가 조약상 명시적으로 금지된 조약들이다.　　　　답 ○

100

예상논점

Human Rights Committee는 무효인 유보에 대해 역회전이론을 지지하였다.　　　　O | X

Human Rights Committee(HRC)는 분리이론을 지지한다. 분리이론은 당사국이 되겠다는 의사와 유보하겠다는 의사를 분리하여 유보하겠다는 의사를 무효화하는 것이다. 따라서 당초부터 무효인 유보를 부가하지 않은 것으로 인정된다. 한편, 역회전이론은 무효인 유보를 철회하지 않는 한 당해 조약의 당사국이 될 수 없다는 이론이다.　　　　답 X

101

예상논점

ILC가 작성한 조약의 유보에 관한 실행지침(2011)에 따르면 허용 불가능한 유보는 무효이며 어떠한 법적 효과도 갖지 못한다. 무효인 유보 첨부국이 별다른 의사표시를 하지 않는다면 유보 없는 가입으로 간주되나, 그 국가는 유보의 이익이 없이는 조약의 당사국이 될 의사가 없다는 점을 추후 언제라도 표시할 수 있다. 단, 인권조약기구가 특정국의 유보를 무효라고 선언한 경우 그 국가가 조약의 당사국으로 남을 의사가 없다면 1년 이내에 탈퇴 의사표시를 하도록 하였다.　　　　O | X

인권조약과 기타조약이 달리 규정된 점에 유의한다.　　　　답 ○

102

예상논점

Human Rights Committee는 일반논평에서 B규약의 양립성 판단 권한이 자신에게 있으며 수락할 수 없는 유보를 첨부한 국가는 유보 없이 가입한 것으로 취급되어야 한다고 하였다.　　　　O | X

양립성 판단에 대해서는 대항성이론과 허용성이론이 있다. Human Rights Committee는 후자를 채택한 것이다.　　　　답 ○

103
예상논점

ILC의 조약 유보에 관한 실행지침(2011)은 조약당사국, 독립적 조약 감시기구, 분쟁해결기구 모두 유보의 허용 가능성을 판단할 수 있다고 하였다.　O | X

실행지침은 허용성이론과 대항성이론을 모두 규정한 것이다. 대항성이론은 타당 당사국이 유보의 허용성을 평가할 수 있다는 이론이다.　답 ○

제4절　효력

104
20. 7급

1969년 「조약법에 관한 비엔나협약」에 의하면 전조약을 시행 정지시킨 것만이 당사국의 의사였음이 후조약으로부터 나타나거나 또는 달리 확정되는 경우에 전조약은 그 시행이 정지된 것으로만 간주된다.　O | X

당사자가 동일한 연속조약을 체결한 경우 조약의 시행이 정지되는 상황에 대한 내용이다.　답 ○

105
17. 7급

외교관계나 영사관계의 단절은 외교 또는 영사관계의 존재가 조약의 적용에 불가결한 경우를 제외하고 그 조약의 당사국 간의 확립된 법적 관계에 영향을 주지 않는다.　O | X

원칙적으로 외교관계의 단절로 조약의 지위에 변동을 가져오는 것은 아니라는 취지이다.　답 ○

106
예상논점

조약법에 관한 비엔나협약에 의하면 전조약의 모든 당사국이 동시에 후조약의 당사국이고 전조약이 종료 또는 정지되지 않은 경우 전조약은 그 규정이 후조약의 규정과 양립하는 범위 내에서만 적용된다.　O | X

신법우선의 원칙이 적용된다.　답 ○

107
20. 7급

1969년 「조약법에 관한 비엔나협약」에 의하면 조약에 대한 국가의 기속적 동의가 그 조약이 발효한 후의 일자에 확정되는 경우에는 그 조약이 달리 규정하지 아니하는 한 그 동의가 확정되는 일자에 그 조약은 그 국가에 대하여 발효한다.　O | X

조약이 발효한 후에 새로 가입한 국가는 그 가입이 확정될 때부터 조약의 구속을 받는다.　답 ○

108
22. 7급

「조약법에 관한 비엔나협약」에 따르면 조약의 발효 이전에 당사국과 관련하여 발생한 행위나 사실은 어떠한 경우에도 당사국을 구속하지 않는다.　O | X

조약이 관습법을 성문화한 경우 발효 전 사항에 대해서 적용될 수 있다. 또한, 당사국들이 발효 전 사항에 대해 조약을 적용하기로 합의할 수도 있다.　답 X

109

12. 9급

조약법협약(1969)상 조약이 발효되기 위해 UN사무국에 등록될 필요는 없다. O | X

등록은 조약의 원용요건이다. 즉, 발효요건은 아니지만 등록하지 않는다면 해당 조약을 당사국 간에 원용할 수 없다. 답 O

110

12. 사시

조약법에 관한 비엔나협약상 조약에 서명한 국가는 조약의 발효 전에도 그 조약의 대상과 목적을 저해하지 아니할 의무가 있다. O | X

조약 발효 전에 기만적 행위를 통해 조약의 목적 달성을 저해하는 것을 방지하기 위한 취지의 조항이다. 답 O

111

15. 사시

조약은 제3국에 대하여 그 동의 없이는 의무 또는 권리를 창설하지 아니한다. O | X

제3국의 동의가 있어야 조약의 의무 또는 권리를 창설할 수 있는 것을 조약상대성의 원칙 또는 당사자효원칙이라 한다. 답 O

112

17. 9급

조약의 당사국이 아닌 제3국에 부과된 의무를 변경하는 경우에는 언제나 제3국의 새로운 동의가 필요하지 아니하다. O | X

의무를 변경하는 경우 제3국의 동의가 있어야 한다. 답 X

113

15. 사시

제3국에 의무를 설정하는 조약의 경우, 제3국이 서면으로 그 의무를 명시적으로 수락하는 동의가 있어야 의무가 부과된다. O | X

권리를 부여하는 것과 달리 의무를 부과하는 경우 서면에 의한 명시적 동의를 요한다. 답 O

114

15. 사시

조약이 제3국에 권리를 부여하기 위해 필요한 제3국의 동의는 조약이 달리 규정하지 아니하는 한, 반대의 표시가 없는 동안 있는 것으로 추정된다. O | X

권리를 부여하는 경우 제3국의 동의를 요하나 이러한 동의는 '묵시적으로' 부여될 수 있다. 답 O

115

15. 사시

제3국의 동의에 따라 부여된 조약상 제3국의 권리는 제3국의 동의 없이 취소되어서는 아니되는 것으로 의도되었음이 확정되는 경우에 당사국에 의해 일방적으로 취소될 수 없다. O | X

원칙적으로 제3국에게 부여된 권리가 일방적으로 취소될 수 없고, 제3국과의 합의를 요한다는 의미이다. 답 O

116

15. 사시

제3국의 동의에 따라 부과된 조약상 제3국의 의무는 당사국과 제3국이 달리 합의하였음이 확정되지 아니하는 한, 제3국의 동의 없이 당사국에 의해 취소될 수 있다. O | X

제3국에 의무를 부과하는 경우에도 원칙적으로 제3국의 동의가 있어야 그 의무를 취소할 수 있다. 답 X

117

14. 경찰간부

국제사회의 조직화에 따라 제3자적 효력이 보편화되는 초국가주의 현상이 등장하고 있다. O | X

조약의 제3자효가 원칙이라고 볼 수는 없으나, 일부 조약에 대해서는 제3자효가 주장 또는 인정되기도 한다. 이러한 성질의 조약을 '입법부적 조약(legislative treaty)'이라고 한다. 답 O

118

14. 경찰간부

조약 규정이 관습을 법전화한 경우 또는 조약상의 규칙이 관습으로 발전한 경우 그러한 규칙은 제3국의 동의 없이도 제3국을 법적으로 구속한다. O | X

관습법의 보편적 효력 때문에 제3국에게도 효력이 미치는 것이다. 답 O

119

14. 경찰간부

조약이 제3국에 권리를 부여하는 경우, 제3국은 특정되어야 하므로 제3국이 속하는 국가의 그룹 또는 모든 국가에 대하여 권리를 부여하는 조약규칙은 무효이다. O | X

제3국을 특정할 필요는 없다. 모든 국가 또는 특정 국가를 상대로 권리를 부여할 수 있다. 답 X

120

10. 7급

제3국에 대하여 의무를 합법적으로 발생시키고 있는 조약의 당사국이 제3국의 의무를 취소하고자 의도하는 경우에 제3국의 동의 없이도 취소할 수 있다. O | X

제3국의 동의가 있어야 제3국의 의무를 취소할 수 있다. 답 X

121

17. 9급

조약법에 관한 비엔나협약상 제3국에 권리를 부여하는 경우에는 제3국의 명시적 반대가 없는 한 동의가 있는 것으로 추정된다. O | X

제3국에 권리를 부여하는 것에 대해서는 제3국의 묵시적 동의가 인정된다. 답 O

122

17. 9급

조약법에 관한 비엔나협약상 제3국에 부여된 권리는 언제나 제3국의 동의 없이 변경될 수 있다. O | X

제3국에 대해 부여된 권리는 원칙적으로 제3국의 동의가 있어야 변경될 수 있다. 답 X

123

17. 9급

조약법에 관한 비엔나협약상 제3국에 의무를 부과하는 경우에는 제3국의 묵시적 동의 만으로 충분하다. O | X

제3국에 의무를 부과하는 경우 제3국이 서면에 의해 명시적으로 동의하여야 의무를 부과 할 수 있다. 답 X

124

17. 9급

조약법에 관한 비엔나협약상 제3국에 부과된 의무를 변경하는 경우에는 언제나 제3국 의 새로운 동의가 필요하지 아니하다. O | X

제3국에 부과된 의무를 변경하는 경우에는 원칙적으로 제3국의 새로운 동의를 요한다. 답 X

125

17. 9급

조약으로 성문화된 국제관습법규는 그 조약의 비당사국에 적용된다. O | X

관습법의 보편적 효력으로 조약의 비당사국에 대해서도 적용되는 것이다. 답 O

126

99. 사시

명시적 합의가 없는 한 조약의 효력은 소급하지 않는다. O | X

조약의 효력은 불소급하는 것이 원칙이다. 답 O

127

02. 사시

조약은 별도의 합의가 있는 경우에도 소급적용될 수 없다. O | X

조약법에 관한 비엔나협약 제28조에 따르면, 합의에 의해 소급적용할 수 있디. 답 X

128

02. 사시

조약은 원칙적으로 각 당사국의 모든 국가영역(state territory)에 적용된다. O | X

당사자 간 합의를 통해 적용지역을 제한할 수는 있다. 답 O

129

02. 사시

1969년 조약법에 관한 비엔나협약에는 조약의 잠정적 적용에 관한 규정이 없다. O | X

조약법에 관한 비엔나협약 제25조에서 잠정적 적용을 규정하고 있다. 조약 자체의 규정 또는 교섭국 간 합의에 의해 발효 전이더라도 잠정적으로 조약을 적용할 수 있다. 답 X

130

02. 사시

신조약에서는 구조약의 효력문제를 규정할 수 없다. O | X

당사자가 동일한 신구조약관계인 경우 신조약에서 구조약의 효력문제를 규정할 수 있다. 즉, 정지나 종료 등을 규정할 수 있다. 답 X

131

90. 경찰간부

최혜국대우 조항은 조약의 제3자효라 보기는 어렵다. O | X

최혜국대우 조항은 타국에 부여한 혜택을 자동적으로 다른 국가에도 연장하는 것을 규정한 조항이다. 일견 타국에게도 특정 권리가 부여되는 것처럼 보이나, 최혜국대우를 부여하기로 합의한 국가 사이에 적용되는 것이므로 제3자효가 아니라 당사자효로 본다.

답 ○

132

13. 9급

조약이 국제관습법을 규정한 경우에는 그 조약의 비당사국에도 적용된다. O | X

관습법을 성문화한 조약은 당사국이 아닌 제3국에 대해서도 적용되는데, 이는 엄밀히 말하자면 조약의 제3자효가 아니라 관습법의 보편적 효력에 의한 것이다.

답 ○

133

예상논점

UN 비회원국이 자신이 당사자인 분쟁에 대해 총회나 안정보장이사회에 주의를 환기할 수 있다는 헌장 규정은 제3국의 권리를 규정하고 있는 사례이다. O | X

UN 비회원국에게 권리를 부여한 사례이다.

답 ○

134

예상논점

상부사보이 - 젝스 자유지대 사건은 제3국인 스위스가 베르사유조약에 반대하였으므로 제3자효가 부인된 사례이다. O | X

베르사유조약 자체가 스위스에 의무를 부과한 것도 아니라고 보았다. 의무를 부과한 것이라고 해도 스위스가 이에 대해 반대하였으므로 스위스에 의무가 창설되는 것은 아니라고도 하였다.

답 ○

135

예상논점

안정보장이사회의 구속적 결의와 조약이 상충하는 경우 안정보장이사회의 결의가 우선적용된다. O | X

UN헌장 제103조에 대한 확대해석이다. 로커비 사건에서 지문과 같이 판단되었다.

답 ○

제5절 해석

136

09. 사시

1969년 조약법에 관한 비엔나협약상 조약에 대한 1차적 해석권한은 국제사법재판소(ICJ)에 있다는 것이 확립된 원칙이다. O | X

조약의 1차적 해석권한은 체약국들에게 있다.

답 X

137

01. 사시

조약은 그 문맥과 목적에 비추어 조약의 문언에 부여되는 통상적 의미에 따라 해석하는 것이 원칙이다. O | X

그 문맥과 목적에 비추어 조약의 문언에 부여되는 통상적 의미에 따라 해석하는 것은 문언주의 및 목적론주의라고 한다. 원칙적 해석방법으로 조약법에 관한 비엔나협약에 규정되었다. 답 O

138

11. 사시

조약의 해석방법 중 문언적 해석방법(textual approach)이 조약해석의 보충적 방법으로 규정되었다. O | X

'문언주의'와 '목적론주의'가 원칙적 해석방법이며, '주관주의'가 보충적 해석방법으로 규정되었다. 답 X

139

22. 7급

「조약법에 관한 비엔나협약」은 조약의 해석 시 당사국 간에 적용될 수 있는 국제법규를 고려해야 한다고 명시하고 있으며, 이러한 법규에 국제관습법은 포함되지 않는다. O | X

국제법의 관계규칙은 조약 해석시 고려해야 하는 사항이다. 국제법에는 조약뿐 아니라 관습도 포함된다. 답 X

140

18. 9급

1969년 「조약법에 관한 비엔나협약」에 의하면 조약은 조약의 문언에 부여되는 통상적인 의미에 따라 해석되어야 한다. O | X

조약법에 관한 비엔나협약은 문언주의와 목적론주의를 원칙적 해석규칙으로 채택하고 있다. 답 O

141

18. 9급

1969년 「소약법에 관한 비엔나협약」에 의하면 조약은 조약의 대상과 목적의 견지에서 해석되어야 한다. O | X

지문은 목적론적 해석을 채택하였다는 의미이다. 답 O

142

18. 9급

1969년 「조약법에 관한 비엔나협약」에 의하면 조약의 해석 목적상 문맥에는 조약의 부속서(annex)가 포함되지 않는다. O | X

조약법에 관한 비엔나협약에 따르면 문맥을 구성하는 요소는 총 5가지이다. 즉, 조약문, 전문, 부속서, 조약의 체결에 관련하여 모든 당사국 간에 이루어진 그 조약에 관한 합의, 조약의 체결에 관련하여 하나 또는 그 이상의 당사국이 작성하고 또한 다른 당사국이 그 조약이 관련되는 문서로서 수락한 문서이다. 답 X

143

19. 9급

1969년 「조약법에 관한 비엔나협약」에 의하면 조약 해석의 목적상 문맥에는 조약의 전문, 부속서 및 교섭 기록을 포함한다. O | X

문맥에 교섭 기록은 포함되지 않는다. 교섭 기록은 보충적 해석수단이다. 답 X

144
19. 9급

1969년 「조약법에 관한 비엔나협약」에 의하면 조약의 해석에서는 조약의 특정 용어에 대하여 당사국이 부여하기로 한 특별한 의미를 고려할 수 있다. O | X

당사국이 부여하기로 한 특별한 의미를 고려해야 한다. 이는 재량규정이 아니라 의무규정이다. 답 X

145
19. 9급

1969년 「조약법에 관한 비엔나협약」에 의하면 조약의 해석에서는 관련 당사국 간의 후속 합의와 추후 관행을 참작하여야 한다. O | X

조약법에 관한 비엔나협약에서 후속 합의나 추후 관행은 참작하여야 하는 사항으로 규정되어 있다. 답 ○

146
19. 9급

1969년 「조약법에 관한 비엔나협약」에 의하면 조약의 해석에서는 당사국 간의 관계에 적용될 수 있는 국제법의 관계규칙을 보충적 수단으로 이용할 수 있다. O | X

국제법의 관계규칙은 문맥과 함께 참작해야 하는 요소이다. 그리고 조약에 관한 당사국의 추후 합의나 추후 관행도 문맥과 함께 참작해야 하는 요소이다. 답 X

147
예상논점

산 후앙 강 항행에 관한 권리 분쟁 사건(2009)에서 ICJ는 문언은 체결시의 의미에 따라 해석하는 것이 원칙이나, 장기간 적용이 예정된 조약의 경우 시간의 경과에 따라 의미가 변할 수 있으므로 의미 변화를 포용하여 해석해야 한다고 하였다. O | X

국제사법재판소(ICJ)가 진화적 해석을 도입한 것이다. 답 ○

148
예상논점

ICJ는 「1952년 Case concerning Right of Nationals of the United States of America in Moroco, France v. U.S.A」에서 조약문언의 통상적 의미는 원칙적으로 체결 당시의 통상적 의미를 말하나 경우에 따라서는 이후의 국제실행의 발전에 따른 의미의 변화를 고려에 넣을 수도 있다고 판시하여 진화적 해석을 인정하였다. O | X

예외적으로 진화적 해석을 인정한 것이다. 해석은 시제법의 원칙상 조약체결 당시 의미로 해석하는 것이 원칙이므로, 진화적 해석은 예외적인 것이다. 답 ○

149
예상논점

ICJ는 「2009년 Dispute regarding Navigatinonal and Related Rights, Costa Rica v. Nicaragua」에서 조약이 일반적인 용어를 사용하고 있는 경우, 당사자들은 시간의 경과에 따라 그 의미가 발전할 수 있다는 사실을 예상하고 있다고 판단하고 진화적 해석을 인정하였다. O | X

진화적 해석은 조약 체결시 당사자들이 진화적 해석을 인정할 의사가 있는 경우에 허용된다. 답 ○

150
예상논점

조약의 체결에 관련된 합의란 반드시 조약의 형태로 합의된 것만을 의미하지 않는다. O | X

조약이 아닌 비구속적 문서도 조약 체결 시 합의에 포함될 수 있다. 답 ○

151

예상논점

후속 합의와 관행은 해석에 있어서 참작의 대상일 뿐 해석에 결정적 구속력을 갖지는 않는다. O | X

후속 합의나 관행은 참작해야하는 사항으로 규정되어 있다. 답 O

152

예상논점

조약해석에 있어서 '후속 합의'는 반드시 조약의 형식을 띠어야 한다. O | X

조약해석에 있어서 '후속 합의'는 반드시 조약의 형식을 띠어야 하는 것은 아니나 합의인 만큼 당사국들의 일치된 의사가 확인될 수 있어야 한다. 따라서, 일방적 선언 등은 후속 합의로 인정되지 않는다. 답 X

153

23. 9급

「조약법에 관한 비엔나협약」상 조약 문언의 의미를 결정하기 위해 조약의 해석 또는 조약규정의 적용에 관한 모든 당사국 간의 추후의 합의를 해석의 보충적 수단으로 이용할 수 있다. O | X

모든 당사국 간의 추후 합의는 해석에 있어서 참작해야 하는 사항이다. 보충적 수단이 아니다. 답 X

154

예상논점

조약 적용에 관한 당사국들 간의 합의에 해당하지 않는 일부 국가만의 실행은 협약 제32조가 말하는 해석의 보충적 수단 이상은 될 수 없다. O | X

해석의 보충적 수단은 조약체결 시의 사정이나 준비문서 등을 의미한다. 답 O

제6절 무효

155

15. 7급

국가는 조약체결권 관련 국내법 규정의 위반이 명백하고 근본적으로 중요한 국내법 규칙과 관련되지 아니하는 한, 조약의 구속을 받겠다는 자국의 동의를 부적법화하기 위하여 그 동의의 표시가 그러한 국내법 규정 위반이라는 사실을 원용할 수 없다. O | X

국가는 국내법에 위반되는 조약이 국내법을 이유로 무효라는 주장을 펼 수 있다. 답 O

156

예상논점

카메룬 - 나이지리아 경계획정 사건(2002)에서 ICJ는 국가원수의 조약체결권에 대한 제한은 적절히 공지되지 않는 한 명백하다고 할 수 없으며, 인접국이 이와 관련된 타국의 국내법상 제한을 알아야 할 의무는 없으므로 국내법에 위반된 조약이라 할지라도 무효가 되는 것은 아니라고 하였다. O | X

국내법에 위반되는 조약이므로 무효라는 주장을 배척한 판례이다. 답 O

157
15. 7급

국가는 조약체결 당시 존재하고 조약의 구속을 받겠다는 동의의 본질적 기초를 구성하는 사실 또는 사태에 대한 착오를 원용하여 그 동의를 부적법화시킬 수 있다.
O | X

착오는 조약의 상대적 무효사유이다.
답 O

158
15. 7급

조약의 구속을 받겠다는 국가의 동의 표시가 직접적 또는 간접적으로 그 국가대표의 부정을 통해 이루어진 경우에 그 동의는 법적 효력을 갖지 않는다.
O | X

국가대표의 부정은 '상대적 무효사유'에 해당하므로, 국가대표의 부정을 무효사유로 원용할 수 있을 뿐이다. '법적 효력을 갖지 않는다'라는 표현은 절대적 무효사유에 사용된다.
답 X

159
15. 7급

조약의 구속을 받겠다는 국가의 동의 표시가 그 국가대표에게 가해진 행동 또는 위협을 통하여 그 대표에 대한 강제에 의하여 이루어진 경우에 그 동의는 법적 효력을 갖지 않는다.
O | X

국가대표에 대한 위협과 같은 강박은 절대적 무효사유로서 강제에 의하여 표명된 기속적 동의 표시는 법적 효력을 가지지 않는다.
답 O

160
23. 7급

「조약법에 관한 비엔나협약」에 따르면 국가 및 국가대표에 대한 강박을 통해 체결된 조약은 피해국의 묵인을 통해 하자가 치유될 수 있다.
O | X

강박을 통해 체결된 조약은 피해국의 묵인에 의해 하자가 치유될 수 없다. 절대적 무효사유이다.
답 X

161
예상논점

상대적 무효에 대해서는 가분성이 인정되고 추인에 의해 하자가 치유되나, 절대적 무효에 대해서는 가분성이나 추인이 인정되지 않는다.
O | X

가분성은 무효가 문제된 조항만 분리하여 무효화하는 것을 의미한다.
답 O

162
22. 9급

조약규정의 일부가 강행규범에 반하는 경우라 하더라도 조약의 나머지 규정은 유효하다.
O | X

강행규범에 위반되는 조약은 '가분성'이 인정되지 않는다. 조약규정의 일부가 강행규범에 반하는 경우, 반드시 조약 전체가 무효이다.
답 X

163
22. 7급

「조약법에 관한 비엔나협약」에 따르면 조약규정의 가분성은 조약종료 시에는 적용되지 않으며 조약무효 시에만 문제된다.
O | X

조약 종료의 경우 협약에 명문규정은 없으나 해석상 종료 시에도 가분성이 인정된다고 본다.
답 X

164
15. 9급

UN 헌장에 구현되어 있는 국제법 원칙들에 위반되는 무력사용 또는 위협에 의해 체결된 조약은 무효이다.
O | X

무력사용 또는 위협은 국가에 대한 강박에 해당되어 그에 의해 체결된 조약은 절대적으로 무효이다.
답 O

165
15. 9급

조약의 적법성은 조약법에 관한 비엔나협약의 적용을 통해서만 부정될 수 있다.
O | X

조약의 적법성 또는 조약에 대한 국가의 기속적 동의의 적법성은 이 협약의 적용을 통해서만 부정될 수 있다(조약법에 관한 비엔나협약 제42조 제1항).
답 O

166
15. 9급

조약의 무효를 주장하는 경우에 반드시 서면으로 다른 당사국에 통고되어야 한다.
O | X

제65조 제1항에 따라 규정된 통고는 서면으로 행해져야 한다(조약법에 관한 비엔나협약 제67조 제1항).
답 O

167
14. 경찰간부

특정 조항만을 무효로 하기 위해서는 잔여 조항의 계속적 이행이 부당하지 않아야 한다.
O | X

조항의 가분성의 조건에 대한 설명이다.
답 O

168
13. 9급

조약에 구속을 받겠다는 국가의 동의가 그 조약의 본질적 기초에 대한 착오에 근거하는 경우에는 그 조약은 절대적으로 무효이다.
O | X

착오는 '상대적 무효사유'에 해당한다. 따라서 착오국은 조약의 무효를 위해 당해 착오를 '원용'할 수 있을 따름이다. 절대적 무효사유(강박, 강행규범 위반)가 존재하는 경우 조약은 절대적으로 효력을 가지지 않는다.
답 X

169
13. 9급

조약체결이 조약체결권에 관한 국내법 규정의 위반이 명백하고 그 위반이 근본적으로 중요한 국내법 규칙에 관련된 것일 경우 그 조약이 무효임을 원용할 수 있다.
O | X

조약체결이 조약체결권에 관한 국내법 규정의 위반이 명백하고 그 위반이 근본적으로 중요한 국내법 규칙에 관련되었다는 것은 상대적 무효사유이다.
답 O

170
13. 9급

조약이 강행규범과 상충되어 무효인지 여부에 관한 분쟁은 바로 국제사법법원(ICJ)의 결정에 의탁하여야 한다.
O | X

강행규범과 관련 있는 분쟁은 당사자 간 합의가 있는 경우 중재재판에 회부된다. 다만, 그러한 합의가 성립되지 않는 경우에 한하여 일방당사국은 당해 사건을 국제사법법원(ICJ)에 회부할 수 있으며, 이 경우 국제사법법원(ICJ)의 강제관할권이 성립한다.
답 X

171
10. 사시

조약의 구속을 받겠다는 국가의 동의가 국가대표에 대한 위협 등의 강제에 의하여 표시된 경우, 그 조약은 법적 효력을 갖지 아니한다. O I X

국가대표에 대한 강박은 조약의 절대적 무효사유이다. 답 O

172
22. 7급

「조약법에 관한 비엔나협약」에 따르면 기만에 의해 체결된 조약의 무효를 원용할 권리가 있는 국가는 오직 특정 조항에 대해서만 무효원용을 주장할 수 있다. O I X

기만이나 부패의 경우 가분성과 관련하여 임의적 분리원칙이 적용된다. 즉, 가분성 조건을 충족했다고 해서 반드시 분리해야 하는 것은 아니며, 조약 전체에 대한 무효를 주장할 수 있다. 그러나 제46조, 제47조, 제48조의 무효사유의 경우에는 필수적 분리가 적용된다. 즉, 가분성 요건을 충족하는 경우 반드시 분리해서 무효 주장을 해야 한다. 답 X

173
23. 9급

「조약법에 관한 비엔나협약」상 국가 대표의 부정을 사유로 조약의 부적법을 주장할 수 있는 국가가 사후 명시적 또는 묵시적으로 조약의 유효성에 동의하더라도 그 하자는 치유되지 않는다. O I X

국가대표의 부정은 상대적 무효사유에 해당되므로 동의에 의해 하자가 치유된다. 답 X

174
03. 사시

조약에 대한 국가의 기속적 동의의 표시가 다른 교섭국에 의한 그 대표의 부정(corruption)을 통하여 이루어진 경우에 그 조약은 무효이다. O I X

국가대표의 부정(corruption)은 상대적 무효사유이므로 사유가 있더라도 조약은 그 즉시 무효가 되는 것이 아니라 무효사유로 원용할 수 있을 뿐이다. 답 X

175
03. 사시

조약에 대한 국가의 기속적 동의 표시가 국가대표에게 행한 위협 등을 통한 강박(coercion)으로 얻은 것이라면 아무런 법적 효력을 가지지 아니한다. O I X

국가대표에 대한 강박(coercion)은 조약의 절대적 무효사유이다. 답 O

176
03. 사시

어느 조약에 대한 국가의 기속적 동의를 표시하는 대표의 권한이 특정의 제한에 따를 것으로 하여 부여된 경우에, 그 대표가 그 제한을 준수하지 아니한 것은 그러한 동의를 표시하기 전에 그 제한을 다른 교섭국에 통고하지 아니한 한 그 대표가 표시한 동의를 무효화하는(invalidating) 것으로 원용될 수 없다. O I X

전권대표의 권한남용은 상대적 무효사유이며, 전권대표의 권한에 대한 제한이 상대방에게 통고되어야 한다. 답 O

177
23. 7급

「조약법에 관한 비엔나협약」에 따르면 전권대표가 대표 권한을 제한하는 국내 훈령을 무시하고 조약을 체결하는 경우 그 제한이 상대국에 미리 통보된 경우에 조약의 무효사유로 원용될 수 있다. O I X

협약 제47조에 관한 것이다. 전권대표의 권한에 대한 제한이 상대국에 통고될 것을 조건으로 한다. 답 O

178

02. 행시·외시

국내법상 비준에 대한 국회의 동의를 요하는 조약에 관하여 비준동의절차를 거치지 아니한 조약은 당연무효이다.　　　　　　　　　　　　　　　　O | X

비준동의절차를 거치지 않은 조약은 상대적 무효사유로서 상대국에 대해 무효사유로 원용할 수 있다.　　　　　　　　　　　　　　　　　　　　　　　답 X

179

23. 7급

「조약법에 관한 비엔나협약」에 따르면 카메룬과 나이지리아 간 육상 및 해상경계 (Land and Maritime Boundary between Cameroon and Nigeria) 사건에서 국제사법재판소는 조약체결권에 관한 나이지리아의 국내법상 제한이 Maroua 선언의 효력에 영향을 미치지 않는다고 판단하였다.　　　　　　　　　　　　O | X

Maroua 선언은 양국이 서명시 발효하기로 합의하였음이 인정되었다. 또한, 나이지리아의 국내법상 제한이 카메룬에 명백하지 않은 경우 나이지리아가 국내법상 제한을 원용할 수 없다고도 하였다.　　　　　　　　　　　　　　　　　답 O

180

22. 7급

「조약법에 관한 비엔나협약」에 따르면 국가대표에 대한 강제를 원용할 권리가 있는 국가는 조약 전체의 무효원용 또는 특정조항에 대한 무효원용 중 선택할 수 있다.　　　　　　　　　　　　　　　　　　　　　　O | X

국가대표에 대한 강제로 인한 조약 무효는 절대적 무효에 해당된다. 따라서 가분성이 인정되지 않는다.　　　　　　　　　　　　　　　　　　　　답 X

181

02. 행시·외시

국제사법재판소는 1962년의 Preah Vihear 사건에서 착오에 의한 경계획정을 인정하였는데, 이는 착오에 의한 조약무효원인의 중요한 선례가 되고 있다.　　　O | X

착오를 주장한 태국의 주장을 인용하지 않았다.　　　　　　　　　답 X

182

02. 행시·외시

「1969년 조약법에 관한 비엔나협약」은 조약의 무효원인에 대해 8가지를 규정하고 있으며, 체약국은 그 8가지 이외의 사유를 들어 적법성을 다툴 수 없다.　　O | X

8가지 무효사유는 열거적인(exhaustive) 것으로 인정된다.　　　　답 O

183

01. 사시

착오(error)의 경우 조약문의 문언에 관한 착오는 제외된다.　　　O | X

조약문에 대한 착오(error)는 무효사유로 주장할 수 없다. 조약문 정정절차를 통해 정정한다.　　　　　　　　　　　　　　　　　　　　　　　답 O

184

22. 7급

「조약법에 관한 비엔나협약」에 따르면 일반국제법의 강행규범과 충돌하는 조약의 경우, 어떠한 경우에도 조약규정의 분리는 허용되지 않는다.　　　　　O | X

절대적 무효사유에 해당되는 경우 가분성이 부정된다.　　　　　　답 O

제7절 정지

185
14. 경찰간부

시행정지 또는 종료의 사유가 관련된 조항이 다른 조항들과 분리 적용이 가능하다 하더라도, 해당 조약이 전체적으로 정지 또는 종료되는 것이 원칙이다. O | X

조약의 정지 또는 종료의 경우 조약법에 관한 비엔나협약 제60조에 따라 가분성이 인정된다. 답 X

186
14. 경찰간부

다자조약의 한 당사자가 그 조약을 중대하게 위반하는 경우, 이는 그 위반된 규정에 대해서만 시행정지 사유로 원용될 수 있다. O | X

가분성이 인정되는 경우라 하더라도 상대국은 조약 전체 또는 일부 규정에 대해서만 시행정지를 주장할 수 있다. 즉, 반드시 가분성을 적용할 의무가 있는 것은 아니다. 답 X

187
13. 9급

조약이 달리 규정하지 않는 한, 조약을 탈퇴한 국가라도 탈퇴 전 그 조약의 시행으로 발생한 그 국가의 권리 및 의무에 영향을 받지 않는다. O | X

탈퇴 전에는 당해 조약의 구속을 받고 있었으므로 당해 조약상 권리 및 의무에 영향을 주지 않는 것이다. 답 O

제8절 종료

188
14. 경찰간부

어떠한 조약에서 폐기 또는 탈퇴와 관련하여 아무런 규정을 두지 않고 있음으로써 폐기 또는 탈퇴가 허용되는 경우, 그 조약을 폐기하거나 탈퇴할 권리는 당사국들이 별도로 합의하지 않는 한 그 조약 전체에 대해서만 행사될 수 있다. O | X

조약의 일방적 폐기 또는 탈퇴의 경우 협약 규정상 조약의 가분성이 인정되지 않는다. 조약의 종료 또는 정지에 있어서의 가분성은 조약법협약 제60조에 규정된 사항에 대해서만 인정된다(조약법에 관한 비엔나협약 제44조 제1항). 답 O

189
16. 사시

조약의 시행에 불가결한 대상의 영구적 소멸이나 파괴로 인하여 조약의 이행이 종국적으로 불가능해진 경우, 당사국은 그 조약의 종료를 위하여 이를 원용할 수 있다. O | X

조약의 시행에 불가결한 대상의 영구적 소멸이나 파괴로 인하여 조약의 이행이 종국적으로 불가능해진 경우는 후발적 이행불능에 해당된다. 목적물의 파괴가 일시적인 경우 정지사유로도 이를 원용할 수 있다. 답 O

190

22. 7급

「조약법에 관한 비엔나협약」에 따르면 양자조약에서 일방 당사국의 중대한 조약 위반이 있는 경우 타방 당사국은 조약의 종료를 주장할 수 없으며 조약은 자동적으로 종료된다.　　O | X

조약의 중대한 위반은 조약의 상대적 종료사유이다. 즉, 위반의 상대국이 조약 종료를 위한 당해 위반을 '원용'할 권리를 주는 것이다.　　답 X

191

16. 사시

양자조약의 한 당사국이 조약의 대상과 목적의 달성에 필수적인 규정을 위반하는 경우, 타 당사국은 조약의 종료사유로 그 위반을 원용할 수 있다.　　O | X

조약의 정지사유로 원용할 수도 있다.　　답 O

192

16. 사시

새롭게 출현하는 강행규범과 충돌하는 현행 조약은 무효로 되어 종료한다.　　O | X

절대적 종료사유에 해당하여, 현행 조약은 무효가 되어 종료한다.　　답 O

193

16. 사시

조약당사국 간에 외교관계가 단절되면 양국 간의 모든 조약은 종료한다.　　O | X

외교관계 단절 시 외교관계의 존재를 전제로 하는 조약은 종료되나, 원칙적으로는 외교관계 단절만을 이유로 모든 조약이 종료하는 것은 아니다.　　답 X

194

16. 경찰간부

조약당사국은 자국의 의무 위반의 결과로 조약의 이행이 불가능하게 된 경우, 이를 조약의 이행정지의 근거로 원용할 수 있다.　　O | X

원용국의 의무 위반으로 조약의 이행불능이 초래된 경우, 정지나 종료를 원용할 수 없다.　　답 X

195

예상논점

조약법에 관한 비엔나협약에 의하면 다자조약의 일방당사국이 조약을 실질적으로 위반한 경우 그로 인해 특별한 영향을 받는 다른 당사국은 당해 조약으로부터 탈퇴를 위해 그 위반을 원용할 수 있다.　　O | X

조약으로부터 탈퇴가 아닌 조약의 적용정지만 주장할 수 있다.　　답 X

196

예상논점

다자조약의 중대한 위반이 있는 경우 다른 모든 당사자의 합의에 의해서만 조약을 종료할 수 있고, 피해국이 일방적으로 조약을 종료할 수 없다.　　O | X

조약의 중대한 위반이 있는 경우 모든 당사국의 합의에 의해서만 조약을 종료할 수 있다.　　답 O

197
예상논점

나미비아 사건(1971)에서 ICJ는 조약의 일방당사자의 중대한 위반이 있으면 타방당사자는 조약을 종료시킬 수 있다고 하였다. O | X

남아프리카공화국 측이 위임장을 중대하게 위반하여 위임장이 종료되었다고 본 판례이다. 답 O

198
16. 경찰간부

조약체결시의 사정이 근본적으로 변경됨으로써 조약당사국의 의무 범위에 급격한 변화를 가져오는 경우, 이는 조약의 종료 또는 정지의 사유로 원용될 수 있다. O | X

사정변경원칙은 조약 종료 및 정지사유이다. 답 O

199
14. 경찰간부

다자조약은 그 당사국 수가 발효에 필요한 수 이하로 감소하였다는 사실만으로 종료하지 않는다. O | X

발효에 필요한 수 이하로 내려가더라도 기존 당사국에게는 효력을 유지한다. 답 O

200
14. 경찰간부

조약이 새로운 강행규범(jus cogens)과 충돌하는 경우에도 당사자들 간의 합의가 없는 한 종료되지 않는다. O | X

강행규범(jus cogens) 위반은 절대적 종료사유로서 당사자들 간의 합의와 무관하게 종료된다. 답 X

201
14. 경찰간부

조약의 종료 의사가 통고된 후 12개월이 경과할 때까지 다른 당사국들로부터 이의가 제기되지 않는 경우, 그 통고를 한 국가는 그 종료를 선언할 수 있다. O | X

종료 의사가 통고된 후 3개월이 경과할 때까지 이의가 제기되지 않는 경우 통고한 조치(조약의 종료)를 시행할 수 있다. 답 X

202
12. 9급

조약의 종료 또는 당사국의 탈퇴는 다른 체약국과 협의 후 모든 당사국의 동의를 얻는 경우 언제든지 가능하다. O | X

당사국은 합의에 기초하여 언제든 탈퇴할 수 있다. 답 O

203
12. 7급

조약당사국 간의 외교 또는 영사관계의 단절로 그 조약이 당연히 종료되지 않는다. O | X

외교관계나 영사관계의 존재가 조약의 효력에 있어서 전제가 되는 경우를 제외하고는 조약이 당연히 종료되는 것은 아니다. 답 O

204
09. 사시

양자조약의 일방당사국에 의한 실질적 위반(material breach)은 그 조약의 종료 또는 시행의 전부나 일부의 정지를 위한 사유로서 그 위반을 원용하는 권리를 타방당사국에 부여한다. O | X

양자조약의 일방당사국에 의한 실질적 위반(material breach)은 조약의 종료사유로도 원용될 수 있다. 답 O

205
09. 사시

조약의 이행불능이 그 조약의 시행에 불가결한 대상의 영구적 소멸 또는 파괴로 인한 경우에 당사국은 그 조약을 종료시키거나 또는 탈퇴하기 위한 사유로서 그 이행불능을 원용할 수 있다. O | X

후발적 이행불능은 조약의 종료 또는 정지사유이다. 답 O

206
01. 행시·외시

사정변경은 조약체결 당시 당사국 동의의 기초를 제공한 모든 정치적·경제적·법적·도덕적 상황의 변화를 포괄하는 개념으로 본다. O | X

사정의 범위에 특별한 제한이 있는 것은 아니다. 답 O

207
01. 행시·외시

사정변경의 원칙은 이미 이행된 의무의 범위에 관해서만 급격한 영향이 있는 경우에 원용될 수 있다. O | X

장차 이행될 의무의 범위에 급격한 변화가 있어야 사정변경의 원칙을 원용할 수 있다. 답 X

208
01. 행시·외시

사정변경이 이를 원용하는 국가의 국제적 의무 위반의 결과로 발생한 경우 이 원칙은 적용되지 않는다. O | X

사정변경을 원용국이 자초한 경우 원용할 수 없다. 답 O

209
예상논점

영국 – 아이슬란드 어업관할권 사건에서 아이슬란드의 사정변경으로 인한 조약 종료 주장은 기각되었다. O | X

아이슬란드는 어업기술의 변화로 영국과 체결한 조약이 종료되었다고 주장하였으나, 기각되었다. 답 O

210
예상논점

가브치코보 나기마로스 사건에서 헝가리가 조약종료사유로 주장한 사정변경, 후발적 이행불능, 조약의 중대한 위반은 모두 기각되었다. 긴급피난 주장도 기각되었다. O | X

긴급피난의 경우 조약종료사유가 아니라는 이유로 기각되었다. 답 O

211

16. 경찰간부

다자조약을 개정할 경우, 모든 체약국이 이를 위한 교섭 및 합의 성립에 참가할 권리가 있다. ○ | X

기존 당사국은 조약 개정에 참여하거나 의견을 제시할 수 있다. 그러나 개정된 조약에 반드시 구속을 받아야 하는 것은 아니다. 답 ○

212

16. 경찰간부

개정조약이 발효되면, 개정조약의 당사국과 개정에 동의하지 않은 원조약 당사국과의 관계에서 원조약은 폐기된다. ○ | X

개정조약의 당사국과 개정에 동의하지 않는 원조약 당사국과의 관계에서는 원조약이 적용된다. 답 X

213

예상논점

다자조약에 대한 일부 당사국의 수정은 조약에 이를 허용하는 규정이 없는 한 허용될 수 없다. ○ | X

수정이 금지되지 않고, 기존 조약과 양립하며, 타당사국의 권리나 의무에 영향을 주지 않는 경우 관련 규정이 없어도 수정될 수 있다. 답 X

214

20. 7급

1969년 「조약법에 관한 비엔나협약」에 의하면 조약의 당사국이 될 수 있는 권리를 가진 모든 국가가 개정되는 조약의 당사국이 될 수 있는 권리를 또한 가지며, 개정하는 합의는 개정하는 합의의 당사국이 되지 아니하는 조약의 기존 당사국인 어느 국가도 구속하지 아니한다. ○ | X

협약상 개정조약을 수락할지 여부는 당사국의 재량이라는 의미이다. 답 ○

215

예상논점

조약 개정에 반대한 당사국에 대해서는 개정조약이 적용되지 않는다. ○ | X

조약 개정에 반대한 국가와 찬성한 국가 간에는 개정 전 조약이 적용된다. 답 ○

216

예상논점

조약 개정 이후 가입한 국가는 개정된 조약의 당사국으로 인정되나, 개정에 동의하지 않은 기존 당사국과의 관계에서는 조약이 적용되지 않는다. ○ | X

조약 개정 이후라도 개정에 동의하지 않은 기존 당사국과는 개정 전 조약이 적용된다. 답 X

217

예상논점

다자조약의 일부 당사자가 조약을 수정하고자 하는 경우 다자조약에 규정이 있는 경우 수정할 수 있고, 수정되면 수정조약 당사국 간에는 수정조약이 적용된다. ○ | X

모조약과 수정조약 당사국 간에는 모조약이 적용된다. 답 ○

218
예상논점

다자조약에 대한 일부 당사국의 수정 가능 규정이 없는 경우, 수정 가능성이 다자조약에서 금지되지 않았고, 다른 당사국의 이익을 침해하지 않으며, 다자조약과 양립할 것을 조건으로 수정할 수 있다. O | X

조약 수정(modification)의 세 가지 조건을 기억해야 한다. 답 ○

제10절 등록

219
03. 행시 · 외시

조약의 등록은 비밀조약의 방지를 위하여 국제연맹에서 신설한 제도이다. O | X

윌슨의 14개 조항 중 비밀합의 및 조약의 폐지를 제도화한 것이 조약의 등록제도이다. 답 ○

220
03. 행시 · 외시

국제연맹규약에서는 조약은 등록될 때까지 효력이 발생하지 않는다고 규정하고 있다. O | X

국제연맹규약에서는 등록을 조약의 성립요건 또는 발효요건으로 규정하였다. 답 ○

221
03. 행시 · 외시

UN헌장에서는 미등록된 조약은 UN기관뿐 아니라 모든 국가에 대해서도 원용할 수 없다고 규정하고 있다. O | X

미등록된 조약은 UN기관에 대해 원용할 수 없다. 답 X

222
03. 행시 · 외시

UN헌장에서는 회원국에게 조속한 조약등록의무를 부과하고 있다. O | X

등록 기간이 명시된 것은 아니다. 답 ○

223
03. 행시 · 외시

등록된 조약은 UN사무국에 의해 공표된다. O | X

조약의 공표주체가 UN사무국이다. 답 ○

224
예상논점

헌장상 등록의무는 UN헌장 발효(1945년 10월 24일) 후에 UN회원국이 체결하는 조약에만 적용되고, UN헌장 발효 후 UN에 새로 가입하는 국가의 경우에는 그 가입 후 체결하는 조약에 대해서만 등록의 의무를 부담한다. O | X

등록되어야 하는 조약의 범위에 대한 규정이다. 답 ○

225
예상논점

UN 회원국이 조약을 등록하면 그 타방당사자인 UN 비회원국도 UN기관에서 이를 원용할 수 있다. O | X

비회원국도 등록된 조약을 원용할 수 있다. 답 ○

226
예상논점

제102조 제2항의 제제(미등록시 원용 불가)는 등록되지 아니한 조약의 당사자들에 대해서만 적용되므로 제3자는 그와 같은 조약을 언제든지 원용할 수 있다. O | X

조약의 당사국이 아닌 경우 등록되지 아니한 조약을 UN기관에서 원용할 수 있다는 의미이다. 답 ○

227
예상논점

UN총회가 1946년 12월 14일 채택한 결의 97(1) 「조약의 등록과 공표에 관한 명령」에 의하면 일방당사자에 의한 등록은 다른 모든 당사자의 등록의무를 면제시킨다. O | X

조약의 모든 당사국이 조약을 등록하여야 하는 것은 아니다. 답 ○

228
예상논점

UN총회가 1946년 12월 14일 채택한 결의 97(1) 「조약의 등록과 공표에 관한 명령」에 의하면 개정이나 종료를 포함하여 이전에 등록된 조약 혹은 국제협정의 당사자, 조건, 범위 혹은 적용의 변화를 초래하는 추후의 행위들은 등록될 수 있다. O | X

이 경우 관련 사항의 등록이 재량이라는 것에 주의한다. 답 ○

229
예상논점

UN총회가 1946년 12월 14일 채택한 결의 97(1) 「조약의 등록과 공표에 관한 명령」에 의하면 모협정의 범위 혹은 적용을 변경하는 새로운 문서는 등록되어야 한다. O | X

이 경우 관련 사항의 등록은 의무사항이다. 답 ○

230
예상논점

이미 종료된 조약도 등록될 수 있다. O | X

종료된 조약의 등록을 막는 조항은 없다. 답 ○

231
예상논점

관행상 등록 가능한 문서는 형식상의 조약에 국한되지 않으며 국가들이 ICJ규정 제36조 제2항에 의거하여 ICJ의 강제관할권을 수락한다는 선언을 포함한다. O | X

UN헌장의 규정은 조약의 등록을 규정하고 있으나, 관행은 선택조항 수락선언이나 일방행위 또는 비구속적 합의도 등록하고 있다. 답 ○

232

예상논점

타 국가들에 의하여 수락된 국제적 성격의 일방적 약속은 등록될 수 없다.　O | X

일방행위도 등록할 수 있다.　답 X

233

예상논점

조약 혹은 국제협정에 해당되지 않는 MOU도 사무국에 등록되고 있지만, 등록은 제출된 문서가 이미 갖고 있지 아니한 지위를 부여하는 행위가 아니다.　O | X

MOU가 등록되어도 등록에 의해 법적 구속력을 갖게 되는 것은 아니다.　답 O

234

예상논점

UN이 당사자인 조약은 UN 직권으로 등록되고 있다.　O | X

UN이 당사자인 경우 UN 회원국이 등록하는 것은 아니다.　답 O

235

예상논점

이집트의 낫셀 정부는 1957년 수에즈 운하의 국유화와 향후 이용 보장에 관한 선언을 발표하고 이를 UN에 등록하였으나 이것이 조약은 아니었다.　O | X

낫셀 정부의 일방행위이나 구속력이 있는 것으로 평가되었다.　답 O

236

예상논점

조약으로서의 성격에 논란이 있는 경우, 일방당사국이 등록을 하고 타방당사국이 이에 항의하지 않았다면 문서의 조약적 성격에 대한 묵시적 수락으로 해석된다.　O | X

타방당사국이 일방당사국의 등록에 항의하지 않았다고 하여 이를 조약에 대한 묵시적 수락으로 해석하지 않는다.　답 X

제4장 국제법과 국내법의 관계

제1절 총설

001
예상논점

국제법의 국내적 효력은 국제법에 의해 결정된다. O | X

국제법의 국내적 효력은 국내법에 의해 결정된다. 답 X

002
예상논점

국제관습법상 조약은 국내법 체계에 편입된다. O | X

조약의 편입(도입)방식은 국가마다 다르기 때문에 국제관습법이라고 보기 어렵다. 답 X

003
17. 9급

대부분의 국가에서 국제관습법은 변형의 방식으로 국내법적 효력을 갖는다. O | X

관습법은 대체로 수용된다. 영국, 미국, 독일, 프랑스, 일본 등이 관습을 수용하며, 우리나라도 조약과 함께 관습을 수용한다. 답 X

제2절 학설

004
16. 9급

이원론에 따르면 조약은 국내법으로 수용되거나 변형될 수 있다. O | X

이원론에 따르면 조약은 '변형'된다. '수용'은 일원론의 입장이다. 답 X

005
14. 7급

이원론에 의할 때 조약은 원칙적으로 직접적인 국내적 효력을 갖지 않는다. O | X

이원론에 따라 조약은 변형되어야 국내적 효력을 가진다. 답 ○

006
11. 7급

국제법우위의 일원론(monism)은 국제법과 국내법의 관계를 상하관계로 보고, 국내법은 국제법에 의해 위임(delegation)된 부분적 질서에 불과하다고 주장한다. O | X

국내법이 국제법에 의해 위임된 질서이므로 국내법과 국제법이 상충하는 경우 국내법이 무효라고 본다. 답 ○

007

11. 7급

이원론(dualism)을 취하는 국가에서는 조약이 비준되었다고 하더라도 국내적 효력을 갖기 위해서는 국제법을 국내법으로 변경하는 변형(transformation)이 필요하며, 이러한 변형의 방식으로는 입법기관이 해당 조약과 동일한 내용의 상세한 국내법을 제정하는 방식을 취하거나 해당 조약을 국내법으로 시행한다는 형식적인 법률만을 제정하여 국제법의 국내적 실현을 달성할 수도 있다.　　　O | X

국내법을 제정하는 방식이 영국식 사후변형방식, 형식적 법률만을 제정하는 방식이 독일식 사전변형방식이다.　　　답 ○

008

11. 9급

이원론에 따르면 국제법에 위반되는 국내법은 당연히 무효가 된다.　　　O | X

국제법우위일원론의 입장에서 설명 가능한 주장이다. 이원론은 원칙적으로 국제법과 국내법의 저촉 가능성 자체를 부인한다. 따라서 국제법 저촉시 무효라는 법리는 성립되기 어렵다.　　　답 X

009

11. 9급

국내법우위의 일원론에 따르면 국제법을 부인하는 결과가 된다.　　　O | X

국내법우위의 일원론은 국내법의 변경을 통해 국제법을 폐지할 수 있다고 보기 때문에 국제법 부인론이라고 한다.　　　답 ○

010

07. 사시

한스 켈젠(Hans Kelsen)은 국제법우위론을 주장하였다.　　　O | X

한스 켈젠(Hans Kelsen)은 국제법우위일원론자이다.　　　답 ○

011

07. 7급

국내법의 타당근거가 국제법에 있다고 보는 견해가 국내법우위론이다.　　　O | X

국내법의 타당근거가 국제법에 있다고 보는 견해는 국제법우위의 일원론에 근거해 있다.　　　답 X

012

09. 7급

일원론(monism)에 따르면 국제법과 국내법은 하나의 법체계에 속한다.　　　O | X

일원론(monism)은 국제법과 국내법이 하나의 법체계를 형성하고 있다고 본다.　　　답 ○

013

03. 행시·외시

이원론에 의하면 국제법은 여러 국가의 명시적·묵시적 합의를 바탕으로 하나 국내법은 단일국가의 의사에 의해 정립된다.　　　O | X

이원론은 국제법과 국내법이 별개의 법체계를 형성하고 있다고 본다.　　　답 ○

014
03. 행시·외시

이원론은 Triepel, Anzilotti, Oppenheim 등이 주장하였다.　　O | X

최근 시험에서는 학자들을 기억할 것을 요구하고 있다.　　답 ○

015
06. 사시

국내법우위론에 따르면, 국제법은 국가의 대외법(external state law)에 해당되므로 엄격한 의미에서의 국제법은 존재하지 않는다.　　O | X

국제법은 국가의 대외법(external state law)이므로 국내법우위론은 국제법부인론으로 평가된다.　　답 ○

016
18. 9급

켈젠(Kelsen)은 과학적인 방법에 근거한 국내법우위론을 주장하였다.　　O | X

켈젠(Kelsen)은 '국제법우위일원론'을 주장한 학자이다.　　답 X

017
03. 행시·외시

한스 켈젠(Hans Kelsen)의 국제법우위론은 현실 세계의 역사적 경험과 모순된다는 점에서 비판되어지고 있다.　　O | X

한스 켈젠(Hans Kelsen)은 국제법에 위반되는 국내법이 무효라고 주장하나 이는 국제현실과 다르다.　　답 ○

018
02. 사시

이원론이란 국제법과 국내법이 별개의 법체계에 속한다는 이론을 말한다.　　O | X

이원론우 국제법과 국내법이 별개의 법체계이므로 국제법은 변형되어야 국내법 체계에 존재할 수 있다고 본다.　　답 ○

019
04. 사시

국제법우위론은 국제법과 국내법의 관계를 상하관계로 보고, 국내법은 국제법에 의하여 위임된 부분적 질서에 불과하다고 주장한다.　　O | X

국제법우위론은 국내법이 국제법의 위임의 한계를 벗어나면 국내법이 무효가 된다고 본다.　　답 ○

제3절 국제관계에서 국내법의 지위

020
14. 7급

조약당사국은 조약 불이행에 대한 정당화의 사유로 자국 국내법을 원용할 수 없다.　　O | X

국내법의 존재든 부존재든 원용할 수 없다.　　답 ○

021

16. 9급

국제재판소의 입장에서 국내법은 단순한 사실에 지나지 않는다.　　O | X

국제재판소는 국제법의 적용이 원칙이므로, 국내법은 원칙적으로 국제재판에 적용되지 않으며 법이라기보다는 사실로 인정된다.　　답 ○

022

06. 사시

국제재판소들은 국제법우위의 입장에서 국제법 위반의 국내법을 무효로 선언하여 왔다.　　O | X

무효를 선언할 권한은 없으나 위반 여부에 대하여 판단하거나 손해배상 금액을 산정할 수 있다.　　답 X

023

12. 9급

국제사법재판소는 국제법의 국내법에 대한 우위원칙을 견지해 왔다.　　O | X

국제법관계에서는 국제법이 국내법보다 우위에 있다고 본다.　　답 ○

024

20. 9급

상설국제사법재판소(PCIJ)는 1926년 Certain German Interests in Polish Upper Silesia 사건에서 국내법은 단순한 사실이 아니라 구속력 있는 규범이라는 점을 확인하였다.　　O | X

상설국제사법재판소(PCIJ)는 당해 사건에서 국내법을 단순한 사실이라고 판단하였다. 재판부가 국내법이나 국내재판부의 판단을 존중할 수는 있으나, 그 자체로 국제재판부를 구속하는 법적 구속력을 가지는 것은 아니다.　　답 X

025

11. 7급

국제법과 국내법이 상충하는 경우 국가는 조약의 불이행에 대한 정당화의 방법으로 국내법 규정을 원용할 수 있다.　　O | X

국제판례와 조약법에 관한 비엔나협약(1969) 제27조에 의하면 국제법 위반을 정당화하기 위해 국내법 규정과 국내판결을 원용할 수 없다.　　답 X

026

11. 7급

국제법에 저촉되는 국내법도 그 국가 내에서는 유효한 법률로 효력을 가질 수 있으나 그 국가는 타국과의 관계에서 국제법상의 책임문제가 발생하게 된다.　　O | X

국내법을 이유로 국제법 위반을 정당화할 수 없다.　　답 ○

027

예상논점

「UN 본부협정 해석에 관한 분쟁(1988)」에서 ICJ는 미국이 국내법에 의해 PLO사무소를 일방적으로 폐쇄하기로 한 것과 관련하여 1947년 미국과 UN이 체결한 본부협정 위반 여부에 대해 분쟁이 존재하므로 미국은 본부협정의 규정대로 중재재판 구성에 응할 의무가 있다고 하였다.　　O | X

국제법인 본부협정이 미국 국내법보다 우위에 있다고 본 판례이다.　　답 ○

028

예상논점

PCIJ는 「상부실레지아에서 독일인의 권익에 관한 사건(1926)」에서 국제재판시 국내법은 구속력을 지닌 법이 아닌 단순한 사실로 취급된다고 하였다. 그러나, PCIJ는 「브라질공채 사건(1929)」에서는 국내법이 사실의 문제임을 인정하면서도, 국제재판소는 국내법을 해당국 국내법원과 같은 방법으로 해석하여 적용해야한다고 판시하였다.

O | X

국제재판에서 국내법은 사실에 불과하나, 어느 정도 국내법을 존중해야 한다. 　답 ○

제4절　국내법관계에서 국제법의 지위

미국

029

14. 7급

미국 연방헌법에 의할 때 조약은 미연방을 구성하는 각 주의 법률보다 우위이나 주의 헌법보다는 하위의 효력을 갖는다. 　　　　O | X

미국 연방헌법상 연방의 모든 법률은 주의 규범보다는 상위법이다. 조약은 연방법률과 동등한 효력이 있으므로 주의 법률이나 헌법보다 상위규범으로 평가된다. 　답 X

030

08. 7급

미국에서 조약과 조약에 의거하여 체결한 행정협정(executive agreement)은 의회의 비준동의를 받아야 한다. 　　　　O | X

조약은 상원의 비준동의를 요하나 조약에 의거하여 체결한 행정협정(executive agreement)은 조약의 이행을 위한 국제적 합의로서 의회의 동의를 요하지 아니한다. 　답 X

031

14. 9급

대외적 이행의무의 유무에 있어서 자기집행적 조약과 비자기집행적 조약은 차이가 있다. 　　　　O | X

대외적 이행의무란 조약상의 의무에 대한 이행을 의미한다. 이러한 대외적 이행의무에 있어서는 자기집행적 조약과 비자기집행적 조약이 차이가 없다. 이러한 구분은 미국 국내법상 구분으로서 후자의 경우 국내적 적용을 위해서는 별도의 집행법률을 제정해야 한다. 　답 X

032

14. 경찰간부

자기집행조약이란 별도의 시행법률 없이도 국내법원에 의하여 직접적용될 수 있는 조약을 가리킨다. 　　　　O | X

자기집행조약은 별도의 시행법률 없이도 수용되는 조약을 말한다. 　답 ○

033

14. 경찰간부

조약의 자기집행성 여부는 그 조약 자체에 규정된다. ○ | X

자기집행성 여부는 조약해석의 문제로서 조약의 문언 또는 조약체결 당시 사정을 고려하여 판단한다. 답 X

034

14. 경찰간부

동일한 조약이 그 당사자들 중 어느 국가에서는 자기집행적 조약으로 그리고 다른 국가에서는 비(非)자기집행적 조약으로 취급될 수 있다. ○ | X

조약의 자기집행성 문제는 국내법원에서 조약의 해석에 대한 문제이므로 조약당사국들 간 별도의 합의가 없는 한 달리 취급될 수 있다. 답 ○

035

14. 경찰간부

미국은 자기집행적(self-executing treaty) 조약과 관련하여 수용이론을 취하고 있다. ○ | X

자기집행적(self-executing treaty) 조약은 별도의 집행법률을 요하지 않으므로 수용된다고 볼 수 있다. 반면, 비자기집행적 조약은 별도의 집행법률을 요하므로 변형에 해당된다고 볼 수 있다. 답 ○

036

17. 9급

미국은 인권조약을 대부분 자기집행적 조약으로 인정한다. ○ | X

Sei Fujii 대 California 사건에 따르면 UN헌장의 인권규정이 인권조약은 비자기집행적 조약으로 본다. 따라서 별도의 입법조치가 있어야 미국 내에서 적용된다. 답 X

037

09. 사시

미국의 경우, 조약을 국내적으로 적용하기 위해서는 국내법으로 변형되어야 하는 것이 원칙이다. ○ | X

미국은 조약의 수용에 있어, 직접적용될 수 있는가에 따라 자기집행적 조약과 비(非)자기집행적 조약으로 나누고, 비(非)자기집행적 조약의 경우 별도의 입법이 있어야 미국 내에서 효력을 갖는다고 본다. 답 X

038

86. 사시

미국의 경우 조약은 연방의회의 제정법보다는 우위이나 각주의 헌법보다는 하위이다. ○ | X

미국의 경우 헌법상 명문의 형식으로 조약과 연방법률의 동위를 규정하고 있다. 답 X

039

17. 7급

미국에서는 조약을 자기집행조약과 비자기집행조약으로 나누어 조약의 국내적 효력발생 절차를 달리하고 있다. ○ | X

자기집행조약은 별도의 집행법률 없이 수용되지만, 비자기집행조약은 별도로 집행법률을 제정해야 국내적으로 효력을 갖는다. 답 ○

040
86. 사시

영국의 법원은 일반적으로 국제관습법과 의회제정법이 저촉되는 경우 의회제정법을 적용한다. O | X

영국은 국제관습법이 Common Law(보통법)의 효력을 가지는 것으로 인정하되, 의회제정법과의 관계에서는 의회제정법을 우선하여 적용시키고 있다. 답 ○

041
17. 9급

국제법상 의무이행의 방법은 원칙적으로 개별 국가가 판단할 문제이다. O | X

국내법의 수용이나 변형은 개별 국가가 판단하는 국내문제에 해당된다. 답 ○

042
예상논점

자기집행성 법리는 조약체결과정에서 배제되는 하원을 참여시켜 민주적 정당성을 강화하고자 한 것이다. O | X

자기집행조약은 상원의 비준동의만으로 국내법체계에 존재하게 되므로 조약의 국내적 적용과정에서 시민의 의사를 대변하는 연방 하원이 배제되어 민주적 정당성 결핍의 문제를 야기하게 되므로 자기집행성 법리가 도입된 것이다. 답 ○

043
예상논점

자기집행성 판단기준은 조약당사자의 의도이다. O | X

조약당사자들이 해당 조약이나 조항을 자기집행적으로 의도했는지가 중요하다. 답 ○

044
예상논점

Sei Fujii 사건에 의하면 UN헌장의 인권 관련 규정은 비자기집행조항이다. O | X

비자기집행조항이므로 별도의 입법조치가 없으면 미국 국내법체계에 존재하지 않아 개인은 관련 조항을 원용할 수 없다. 답 ○

045
예상논점

미국에서 범죄인 인도, 영사의 권리, 최혜국대우규정 등은 비자기집행적이다. O | X

미국에서 범죄인 인도, 영사의 권리, 최혜국대우규정 등은 자기집행적으로 인정된다. 답 X

046
예상논점

미국에서 예산의 지출을 필요로 하는 조약, 형법규정과 관련된 조약, 미국의 영토나 재산의 처분에 관한 조약, 종전부터 의회가 주로 규제해오던 주제에 관한 조약은 비자기집행조약이다. O | X

미국 시민의 권리나 의무에 영향을 주는 조약은 대체로 비자기집행조약(조항)으로 본다. 답 ○

047
예상논점

미국은 건국 초기에 비해 비자기집행조약의 범위를 확대해 오고 있다. O | X

조약에 대한 민주적 통제를 강화한 것이다. 답 ○

048

예상논점

비자기집행적 조약이라도 미국이 대외적으로 이행의무를 진다는 점에서는 자기집행적 조약과 차이가 없다.　　　　　　　　　　　　　　　　　　　　　　　　　O | X

자기집행성 법리는 미국 국내법체계에 대한 것이다. 자기집행적 조약과 비자기집행적 조약의 국제적 이행의무 차원에서는 차이가 없다.　　　　　　　　　　　답 ○

049

예상논점

자기집행성 여부는 개별 조약단위별로 평가되지 않으며 동일한 조약 내에서 자기 집행적 조항과 비자기집행적 조항이 같이 존재할 수도 있다.　　　　　　　　O | X

조항별로 자기집행성을 판단한다.　　　　　　　　　　　　　　　　　　　답 ○

050

예상논점

미국은 Breard 사건에서 영사관계협약과 국내법이 저촉되자 후법우선의 원칙에 따라 의회제정법이 우선한다고 판시하였다.　　　　　　　　　　　　　　　　O | X

영사관계에 관한 비엔나협약은 자기집행조약이며, 연방법률과 대등하다. 따라서 양법의 저촉시 원칙적으로 신법우선원칙이 적용된다.　　　　　　　　　　　답 ○

051

예상논점

미국에서 행정부협정은 상원의 동의 없이 체결되는 조약으로서 구 연방법률을 신 행정협정이 대체할 수 있다고 보는 것이 정설이다.　　　　　　　　　　　O | X

구 연방법률을 신 행정협정이 대체할 수 있는지에 대해 정설이 없다. 다만, 행정협정을 연방법률이 대체할 수는 있다고 본다.　　　　　　　　　　　　　　　답 X

052

예상논점

미국에서 행정부 – 의회협정은 상하 양원의 사전동의를 받아 체결하는 조약으로서 연방법률과 대등하다.　　　　　　　　　　　　　　　　　　　　　　O | X

행정부 – 의회협정은 미리 상하 양원의 동의를 받아 체결하므로 이행법률의 제정이 요구되지 않는 조약이다.　　　　　　　　　　　　　　　　　　　　　　답 ○

053

예상논점

미국에서 조약에 기초하여 체결된 행정협정은 연방법률과 대등하다.　　O | X

조약의 이행을 위한 행정협정은 자기집행조약과 대등한 효력이 인정된다.　답 ○

영국

054

14. 7급

영국의 판례는 일부 판례를 제외하면 국제관습법에 대하여 수용이론을 적용하고 있다.
　　　　　　　　　　　　　　　　　　　　　　　　　　　　　　　　O | X

영국은 조약은 원칙적으로 변형, 관습은 수용의 관행을 보이고 있다.　　답 ○

055
예상논점

영국에서 국제범죄에 관한 관습은 수용해야 한다.　　　　　　　　　　　O | X

국제범죄에 관한 관습은 변형해야 한다. 따라서 별도의 입법조치가 있어야 영국 국내법체계에 도입된다.　　　　　　　　　　　　　　　　　　　　　　　답 X

056
예상논점

영국에서 관습에 대해서는 선례구속성의 원칙이 적용되지 않으며, 영국 법원은 항상 재판 당시의 관습국제법에 입각한 판결을 내려야 한다.　　　　　　　O | X

기존 관습에 따른 판례가 선례를 구성하지는 않는다는 의미이다.　　　답 O

057
예상논점

영국은 원칙적으로 조약을 사후 변형하여 도입하나, 전쟁행위에 관한 조약, 영토할양 조약, 행정협정 등은 수용한다.　　　　　　　　　　　　　　　　O | X

영국에서도 수용되는 조약이 있다는 점에 주의한다.　　　　　　　　　답 O

058
예상논점

2010년 Constitutional Reform and Governance Act에 의하면 영국 정부는 비준을 필요로 하는 조약은 최소 비준 21일 전에 의회로 제출해야 하며, 이 기간 중 하원이 조약 비준에 반대하지 않아야 조약을 비준할 수 있도록 하였다.　　　　　　O | X

영국에서의 소극적 저촉을 방지하기 위한 입법으로 이해된다.　　　　답 O

059
예상논점

영국의 2010년 Constitutional Reform and Governance Act에 의하면 조약에 대해 하원이 반대를 결의해도 정부는 해당 조약의 비준이 필요한가에 관한 의견서를 다시 제출할 수 있고, 21일 이내에 하원이 또다시 반대결의를 채택하지 않으면 정부는 조약을 비준할 수 있다.　　　　　　　　　　　　　　　　　　　　　　　　O | X

정부가 의견서를 제출하는 것은 조약에 대한 입법적 통제로 볼 수 있다.　답 O

060
11. 9급

영국은 조약의 국내적 효력과 관련하여 이원론을 적용하고 있다.　　O | X

영국에서 조약은 원칙적으로 사후변형되어야 영국 국내법체계에 존재하게 된다.　답 O

061
08. 7급

영국에서 국제관습법은 별도로 국내법으로의 변형절차 없이도 국내법적 효력을 가진다.　　　　　　　　　　　　　　　　　　　　　　　　　　　　O | X

영국에서 국제관습법은 원칙적으로 수용된다.　　　　　　　　　　　답 O

062
07. 7급

우리나라에서 국제법의 국내적 효력을 법률과 동위로 보는 것처럼, 다른 국가들도 모두 국제법의 국내적 효력은 법률과 동위로 보고 있다.　O | X

우리나라는 헌법상 국제법의 국내적 효력을 법률과 동위로 보는 일원론적 입장을 견지한 것으로 해석되나 각 국가는 국제법의 국내적 지위를 달리 규정할 수 있으며 사실상 네덜란드와 같은 국가는 일정한 조건하에서 국제조약이 헌법에 우선한다고 규정하고 있다.　답 X

063
07. 9급

국제적으로 국제법을 국내법체계 내로 받아들이는 방법은 통일되어 있다.　O | X

국제적으로 국제법을 국내법체계 내로 받아들이는 방법은 개별 국가마다 상이하며 이는 각국의 국내법으로 규정하고 있다.　답 X

064
14. 9급

영국은 국제법과 국내법의 관계에 대해 Mortensen 대 Peters 사건을 통하여 의회제정법이 국제관습법에 우선함을 확인하였다.　O | X

Mortensen 대 Peters 사건은 국제관습법이 별도의 집행법률 없이 영국 국내법에 도입됨을 확인한 판례로서 도입되는 국제관습법은 의회 제정법보다 하위에 위치함도 확인하였다.　답 ○

기타

065
예상논점

독일은 관습을 수용하며, 관습은 법률보다 상위이나 직접효력이 없다.　O | X

관습은 직접효력이 있다. 직섭효력이 있다는 의미는 독일 국민이 관습을 원용할 수 있다는 것이다.　답 X

066
예상논점

1919년 바이마르 헌법 제4조는 관습국제법의 국내적 직접효력을 인정한 최초의 성문헌법 조항이다.　O | X

바이마르 헌법은 관습의 직접적용성을 입법화한 것이기도 하다.　답 ○

067
예상논점

프랑스는 조약을 수용하며 헌법보다는 하위로, 법률보다는 상위로 본다.　O | X

프랑스에서 조약은 법률보다는 상위법이다.　답 ○

068
예상논점

네덜란드는 조약을 수용하며, 헌법보다 상위법으로 본다.　O | X

네덜란드에서는 조약이 헌법보다 상위이나, 헌법과 상충되는 조약은 헌법 개정 정족수에 의해 의회에서 승인되어야 한다.　답 ○

069

23. 7급

네덜란드는 자국이 당사국인 조약에 대해 의회 제정 법률과 동등한 효력을 부여한다.

O | X

네덜란드에서 조약은 헌법보다 상위법으로 인정된다. 룩셈부르크도 마찬가지이다. 답 X

070

예상논점

룩셈부르크는 조약에 대해 헌법보다 상위 효력을 인정한다.

O | X

룩셈부르크도 네덜란드와 마찬가지로 조약이 헌법보다 상위법이다. 국제관계에서 신뢰를 중시하는 전통을 반영한 것으로 평가된다. 답 O

071

예상논점

일본은 조약을 수용하며 헌법보다는 하위이나 법률과는 대등하다고 본다.

O | X

일본에서의 조약은 법률보다 상위법이다. 답 X

072

예상논점

스위스 헌법은 헌법 개정 시 국제법상 강행규범을 위반하지 않아야 한다는 규정을 두었다.

O | X

스위스에서는 강행규범을 창설한 조약은 헌법보다도 상위법이라는 의미이다. 답 O

073

예상논점

러시아는 조약에 대해 국내법률보다 상위의 효력을 부여한다.

O | X

러시아에서도 조약이 국내법률보다는 상위이나, 헌법보다는 하위법이다. 답 O

제5절 한국 관행

074

16. 7급

우리나라의 경우 국제형사재판소(ICC)에 관한 로마규정은 자기집행조약인 바 국회의 비준동의 없이도 국내법과 동일한 효력을 갖는다.

O | X

헌법 제60조 제1항에 열거된 국회의 비준동의를 요하는 조약에 '중요한 국제기구 가입'이 있다. 국제형사재판소(ICC)는 이에 해당된다고 볼 수 있어 국회의 비준동의 대상이라고 볼 수 있다. 답 X

075

16. 7급

우리나라의 경우 관습국제법과 국내법률 간의 충돌이 있을 경우, 이들 간에는 특별법 우선원칙이나 신법우선원칙에 의하여 해결한다.

O | X

관습국제법과 국내법률의 효력순위에 대해서는 우리나라 법원이 명확한 판단을 한 바 없다(정인섭, 신국제법강의, 제5판, 126쪽). 다만 국내 학설은 대체로 양자가 대등하다고 본다. 이러한 일반론에 의하면 양법의 상충 시 특별법우선의 원칙이나 신법우선의 원칙에 의해 해결된다고 볼 수 있다(정인섭, 신국제법강의, 제5판, 127쪽) 답 O

076
09. 사시

우리나라의 경우, 우리나라가 당사국인 조약에 위반하는 조례는 무효로 될 수 있다.
O | X

우리나라에서 조약은 법률이나 법규명령과 같은 효력을 지니므로 조례보다는 상위법이다.
답 O

077
86. 사시

우리나라 현행헌법 제6조 제1항은 일반국제법을 입법화하는 절차를 거쳐서 국내법화하도록 규정하고 있다.
O | X

우리나라 현행헌법 제6조 제1항에서는 국제조약과 일반적으로 승인된 국제법규의 국내법적 효력만을 규정하고 있다.
답 X

078
16. 7급

우리나라 대법원은 지방자치단체의 조례가 세계무역기구(WTO) 정부조달에 관한 협정(AGP)에 위반되는 경우 그 효력이 없다고 판단하였다.
O | X

우리나라 대법원의 전라북도 급식조례 사건에 대한 판결 내용이다.
답 O

079
20. 9급

대한민국 대법원은 급식조례 사건(대판 2005.9.9, 2004추10)에서 학교급식에 우리 농산물을 사용하도록 한 조례가 「관세 및 무역에 관한 일반협정(GATT)」 제1조 최혜국대우원칙에 위반된다고 하였다.
O | X

GATT 제3조 제4항 내국민대우원칙에 위반된다고 하였다. 특히 우리나라는 정부조달협정 가입국이므로 내국민대우원칙이 의무이다. 조례의 내용은 수입상품을 경쟁조건에서 불리한 대우를 하게 되므로 GATT 제3조 제4항이나 정부조달협정을 위반하게 된다. 대법원은 급식 조례가 무효라고 판단하였다.
답 X

080
16. 7급

우리나라 헌법재판소는 마라케쉬협정에 의하여 관세법 위반자의 처벌이 가중된다고 하더라도 이는 법률에 의한 형사처벌이라고 판단하였다.
O | X

마라케쉬협정(WTO협정)은 국내적으로 법률과 동등한 효력을 가진다.
답 O

081
16. 경찰간부

국제관습법은 국내법과 같은 효력을 지니며, 법원은 재판에서 이를 직접적용할 수 있다.
O | X

우리나라는 관습법을 수용하며 국내법과 같은 효력을 가진다. 통설은 국내법률과 같은 것으로 본다.
답 O

082
16. 경찰간부

대법원과 헌법재판소는 한국이 당사국인 모든 조약의 위헌성 심사를 할 수 있다.
O | X

법률과 같은 효력을 지닌 조약의 경우 위헌성 심사는 헌법재판소의 단독 권한이다.
답 X

083
12. 9급

대한민국 헌법은 일반적으로 승인된 국제법규를 국내법의 일부로서 수용한다는 의사를 표명하고 있다. O | X

일반적으로 승인된 국제법규에 대해 국제법학계 통설은 관습을 의미하는 것으로 본다.
답 ○

084
21. 7급

한국 대법원은 자기집행적 조약과 비자기집행적 조약의 기준을 제시하고 있다. O | X

우리나라는 자기집행성 법리와 관련이 없다. 주로 미국에서 원용되는 법리이다. 답 X

085
07. 사시

우리나라 헌법재판소는 조약도 위헌법률심판의 대상이 된다고 판시하였다. O | X

대한민국 헌법 제6조 제1항상 한국은 일원론적 입장을 취하고 있으며 일반적으로 이러한 조약은 국내법상 헌법하위의 지위를 인정받고 있으므로 헌법재판소는 조약 또한 위헌법률심판의 대상이 된다고 판시하였다. 답 ○

086
15. 사시

마라케쉬협정에 의하여 관세법 위반자의 처벌을 가중하는 것은 법률에 의하지 아니한 형사처벌 또는 행위시의 법률에 의하지 아니한 형사처벌이므로 죄형법정주의에 어긋난다. O | X

우리나라 헌법재판소는 마라케쉬협정도 법률과 같은 효력을 가지므로 이에 기초하여 관세법 위반자를 처벌할 수 있다고 하였다. 답 X

087
15. 사시

대통령이 비준하여 공포·시행된 「1994년 관세 및 무역에 관한 일반협정」(GATT1994)에 위반되는 지방자치단체의 조례는 효력이 없다. O | X

전라북도 급식 조례 사건에서 대법원이 밝힌 판결 내용이다. 답 ○

088
15. 사시

국회의 동의를 거친 조약은 법률과 동일한 효력을 가진다. O | X

헌법 제60조 제1항에 열거된 조약은 법률과 같은 효력을 갖는 것으로 보는 것이 통설이다. 답 ○

089
15. 사시

우리나라가 당사국인 1955년 헤이그에서 개정된 「항공운송에 관한 바르샤바협약」은 국제항공운송에 관한 법률관계에서 일반법인 민법에 대한 특별법으로 우선적용된다. O | X

우리나라에서 정식조약은 법률과 대등한 것으로 보기 때문에 양법이 상충하는 경우 신법우선의 원칙이 적용되나, 조약이 특별법인 경우 조약이 우선적용된다. 답 ○

090
15. 사시

헌법재판소법 제68조 제2항은 심판대상을 법률로 규정하고 있으나, 여기서의 법률에는 조약이 포함된다.　　　　　　　　　　　　　　　　　　　　　　　　O | X

헌법은 조약에 비해 상위법의 지위를 가지므로 조약에 대한 위헌심사가 인정된다.
답 O

091
03. 사시

조약은 헌법소원의 대상이 될 수 없다.　　　　　　　　　　　　　　　　O | X

조약이 위헌법률심판의 대상이 되는지의 여부에 관해 헌법재판소는 헌재 1999.4.29, 97헌사14에서 국내법과 같은 조약이 헌법재판소의 위헌법률심판대상이 된다고 전제하여 본안판단을 한 바 있다. 헌법재판소는 이러한 이유에서 헌재 2001.9.27, 2000헌바20(국제통화기구조약 제9조 제3항 등 위헌소원)에서 법 제68조 제2항은 심판대상을 '법률'로 규정하고 있으나, 여기서의 법률에는 조약이 포함된다고 볼 것이고 하여 이를 인정한 바 있다.
답 X

092
03. 사시

국가나 국민에게 중대한 재정적 부담을 지우는 조약의 체결·비준은 국회의 동의를 필요로 한다.　　　　　　　　　　　　　　　　　　　　　　　　O | X

헌법 제60조 제1항에 명시된 조약이다.
답 O

093
98. 외시

우리 헌법 제60조에 의하면 행정협정은 국회의 동의를 받도록 규정되어 있다.
O | X

국회는 상호원조 또는 안전보장에 관한 조약, 중요한 국제조직에 관한 조약, 우호통상항해조약, 주권의 제약에 관한 조약, 강화조약, 국가나 국민에게 중대한 재정적 부담을 지우는 조약 또는 입법사항에 관한 소약의 체결·비준에 대한 동의권을 가진다(헌법 제60조 제1항).
답 X

094
예상논점

우리나라 사법부는 주권면제에 관한 법리, 정치범 불인도원칙, 외교사절에 대한 재판권 면제, 속지주의 법리 등이 관습이라고 하였다.　　　　　　　　　　O | X

우리나라에서 관습은 국내법률과 대등하다고 보는 것이 통설이다.
답 O

095
예상논점

우리나라 대법원은 사인이 행정소송에서 WTO협정을 원용할 수 없다고 하였다.
O | X

WTO협정의 직접효력성을 부인한 것이다.
답 O

제5장 국제법의 주체

제1절 총설

001
16. 사시

반란단체가 제한적으로나마 국제법인격을 인정받으려면 반란이 발생한 국가의 일정지역을 실효적으로 점거하여야 한다. O | X

반란단체가 '지방적, 사실상의 정부'를 구성해야 한다. 답 O

002
16. 사시

팔레스타인은 UN총회에서 상주옵저버국으로서 표결권을 갖는다. O | X

2012년 11월 29일 UN총회는 팔레스타인의 지위를 표결권 없는 '비회원 옵저버 단체'에서 '비회원 옵저버 국가'로 격상하는 결의안을 193개 회원국 중 찬성 138표, 반대 9표, 기권 41표로 통과시켰다. '비회원 옵저버 국가'지위는 교황청이 있는 바티칸과 같은 지위이다. 표결권은 갖지 않는다. UN의 정식 가입국이 아니기 때문이다. 답 X

003
15. 경찰간부

국가를 구성하지 못한 일정 범주의 민족도 제한된 범위 내에서 국제인격을 갖는다. O | X

민족자결권을 행사하는 민족은 조약체결권, 외교권 등의 법적 권리를 가진다. 답 O

004
15. 경찰간부

개인은 제한적·능동적 주체로 인정받고 있다. O | X

개인은 조약체결권이 없는 주체인 수동적 주체이다. 답 X

005
16. 사시

전통국제법에서는 오직 국가만을 국제법의 주체로 보았을 뿐, 개인은 국제법의 객체에 지나지 않았다. O | X

전통국제법은 대체로 19세기 국제법을 의미한다. 개인은 국제법의 객체로 인식되었다. 답 O

006
15. 경찰간부

국제기구는 국제법의 주체로서 조약체결권 및 손해배상청구권을 가질 수 있다. O | X

국제기구는 국제법의 능동적 주체에 해당되어 조약을 체결할 수 있다. 또한, 국제기구가 피해를 입은 경우 손해배상을 청구할 수 있다. 답 O

007

14. 사시

국가, 국제기구, 개인에 해당하지 않는 실체가 국제법의 주체로 인정되는 경우는 없다.

O | X

교전단체나 민족해방운동단체도 국제법의 주체로 인정된다.

답 X

제2절 국가

008

12. 사시

영토의 크기에 대한 기준은 없지만, 영토는 서로 접속해 있어야 한다.

O | X

영토의 접속에 대한 요건은 없다. 인도 내에 존재한 포르투갈의 영토와 같이 반드시 영토가 접속해 있어야 하는 것은 아니다.

답 X

009

12. 사시

실효성 있고 독립적인 정부가 있어야 한다.

O | X

국가가 성립하기 위한 요건은 인구, 영토, 정부, 외교능력이다.

답 O

010

12. 7급

1965년 UN 안전보장이사회는 인종차별적 소수 백인 국가인 로디지아를 승인하지 말 것을 요구하는 결의를 채택하였다.

O | X

로디지아는 남아프리카공화국이 육인 인종분리정책에 기초하여 형성한 국가였으나, 이 국가는 '인권존중의무'라는 '강행규범'에 반하여 창설된 사실에 해당하여 UN은 국가들에 대해 불승인 · 불원조를 요구하는 결의를 성립시켰다. 현행 국제법에서는 국가성립요건으로 강행규범에 반하지 아니하여야 한다고 보는 것이 일반적이다.

답 O

011

15. 경찰간부

연방국가의 구성국들은 대외적으로 각각 하나의 독립국가로 취급된다.

O | X

연방국가의 구성국은 대외적으로 국가로서의 성격을 가지지 않고, 연방만이 국제법상 국가에 해당한다. 이는 국가연합에서의 구성국들이 대외적으로 국가로 인정되는 것과 대비된다.

답 X

012

16. 사시

교황청은 조약체결권을 가지며 각국과 외교관계를 맺고 있다.

O | X

교황청(바티칸시국)도 국제법상 국가에 해당한다.

답 O

013
12. 사시

단일국가는 지방자치단체의 행위에 대하여 국제법상 책임을 진다.　O | X

지방자치단체의 위법행위가 국가로 귀속되어 국제책임을 지는 것이다.　답 ○

014
12. 사시

연방국가는 대외적으로 하나의 국가로 취급된다.　O | X

연방국가에서는 연방이 '국가성'을 가진다.　답 ○

015
12. 사시

연방국가에서 외교, 국방 등의 주요한 대외적 문제들은 원칙적으로 연방정부가 처리한다.　O | X

연방과 주정부의 권한 배분은 헌법에서 정할 문제이나, 외교나 국방은 대체로 연방정부의 권한이다.　답 ○

016
10. 사시

전쟁으로 인하여 정부가 일시적으로 국외로 이동하더라도 그 국가는 존재하는 것으로 간주된다.　O | X

일시적으로 정부가 국외로 이동하는 경우 보통은 망명정부를 수립하여 국가업무를 수행한다.　답 ○

017
12. 사시

연방국가는 그 구성국들의 행위에 대하여 국제법상 책임을 지지 않는다.　O | X

구성국의 행위는 연방국가에 귀속되어 연방국가가 국제법상 책임을 진다.　답 X

018
12. 사시

국가연합의 구성국들은 대외적으로 각각 하나의 독립국가로 취급된다.　O | X

연방국가와 달리 국가연합은 구성국이 '국가성'을 가지므로 구성국의 위법행위에 대해서는 구성국이 책임을 진다.　답 ○

019
14. 사시

국가연합의 구성국들은 국제법상의 주체성이 국가연합에 흡수되므로 국제법의 주체인 국가가 아니다.　O | X

국가연합(confederation)의 경우 구성국이 국가성과 국제법주체성을 유지한다.　답 X

020
15. 7급

1914년 제1차 세계대전이 일어날 때까지 분리독립에 의하여 국가가 탄생한 예가 없다.　O | X

1830년 벨기에가 네덜란드로부터 분리독립한 사례도 있다.　답 X

021

15. 7급

어느 국가의 중앙정부가 그 국가 영역 내 특정 지역을 통제하는 지방 조직을 국가로 승인하는 경우 그 지역에서 국가가 탄생한다.　　　　　　　　　　　O | X

분리독립의 경우 중앙정부의 의사가 중요하며, 중앙정부가 승인한 경우 분리독립이 완성된다.　　　　　　　　　　　답 O

022

15. 7급

어느 국가의 영토 일부 및 그 영토상의 주민이 분리독립하는 경우 그 국가의 계속성은 소멸한다.　　　　　　　　　　　O | X

분리독립 시 기존 국가의 영토나 인구가 축소되나, 기존 국가의 계속성이나 동일성이 소멸하는 것은 아니다. 기존 국가는 국가로서 존속한다.　　　　　　답 X

023

15. 7급

1945년 제2차 세계대전이 종결된 이후 자결권 행사를 통해서 분리독립이 실현된 예가 없다.　　　　　　　　　　　O | X

식민지배를 받던 국가들이 UN의 신탁통치를 받았으나, 1960년대 들어 대거 분리독립을 완성하였다. 이는 외적 자결권이 행사된 예로 이해된다. 식민지배와 달리 인권침해 등을 이유로 한 국가 내의 특정 민족이 분리독립권을 보유하는지 여부에 대해서는 관행이나 학설이 통일되어 있지 않다.　　　　　　　　　　　답 X

024

15. 경찰간부

피보호국(protected state)은 국제법상 국가의 자격을 상실하며 보호국이 피보호국의 영토관할권을 행사하게 된다.　　　　　　　　　　　O | X

피비호국은 보호조약에 의해 대외적 의사표시 능력이 제약을 받으나, 국제법상 국가 자격 자체를 상실하는 것은 아니다. 따라서 피보호국(protected state)이 영토관할권을 행사한다.　　　　　　　　　　　답 X

025

15. 경찰간부

스위스는 국제조약을 통해 영세중립국의 지위를 인정받았음에 비해 오스트리아는 국내법으로 영세중립을 다른 국가에 통고하는 형식을 취하였다.　　　　O | X

영세중립국 지위를 창설하는 방식이 특정된 것은 아니다.　　　　답 O

026

15. 경찰간부

국가연합(confederation of states)은 설립조약이 부여하기로 한 범위 내에서만 국제법적 능력을 가지고, 독자적인 국제법상의 법인격을 갖지 못한다.　　　O | X

국가연합(confederation of states)에서는 원칙적으로 그 구성국이 국제법상의 법인격을 갖는다.　　　　　　　　　　　답 O

027

15. 경찰간부

연방국가(federal state)의 중앙정부는 그 구성 국가에 대해서만 권한을 미칠 수 있을 뿐이며, 그 국민에게 직접 적용되는 법을 제정할 권한은 갖지 못한다.　　O | X

연방국가(federal state)는 그 국민, 즉 연방시민에게 직접 적용되는 법을 제정할 수도 있다.　　　　　　　　　　　답 X

028
14. 사시

국가로서의 요건을 규정하는 국제협약은 아직까지 존재하지 않는다. O I X

1933년 체결된 국가의 권리의무에 관한 몬테비데오협약에서 국가의 성립요건을 규정하고 있다. 답 X

029
14. 사시

자결권의 행사로 국가가 분리독립되어 새로운 국가가 성립할 수 있다. O I X

'코소보'와 같은 국가가 이에 해당한다. 자결권의 범위에 '외적 자결'로서 분리독립이 허용되는지에 대해 국제사회의 논쟁이 있으나, 코소보와 같이 심각한 인권침해를 받고 있는 실체의 경우 분리독립이 허용되는 사례가 있다. 답 O

030
14. 사시

국가가 UN에 가입하기 위해서는 평화애호국이어야 한다. O I X

평화애호국이라는 것은 UN 가입의 실체적 요건이다. 답 O

031
14. 사시

국가가 아닌 실체도 세계무역기구(WTO)에 가입할 수 있다. O I X

독자적 관세영역도 세계무역기구(WTO)에 가입할 수 있다. 유럽연합이 대표적인 세계무역기구(WTO)에 가입한 독자적 관세영역이다. 답 O

032
14. 사시

영세중립국인 스위스도 UN 회원국으로 가입하였다. O I X

영세중립국은 당초 UN 가입이 허용되지 않는다고 해석되었으나, 이후 해석변경으로 가입이 허용된다. 답 O

033
96. 외시

영연방은 국가연합이다. O I X

영연방은 국가연합을 결성한 조약이나 일정한 중추기관이 없으므로, 국가연합이 아니라 특수한 합성형태로 보아야 한다. 답 X

034
96. 외시

피보호국은 조약에 의해 행위능력 또는 외교능력이 제한된다. O I X

보호관계는 조약에 의해 창설된다. 답 O

035
96. 외시

종속국은 종주국의 국내법에 의해 행위능력 또는 외교능력을 갖는다. O I X

종속관계는 종주국의 국내법에 의해 창설된다. 답 O

036

96. 외시

스위스, 오스트리아, 바티칸(市國)은 현존하는 영세중립국이다.　　　　О | X

스위스와 오스트리아는 UN에 가입하였으며, 바티칸시국은 상주 옵저버국이다.　　답 О

037

96. 외시

국가소멸의 형태 중 분열은 한 국가가 해체되어 복수의 신국가를 형성하는 것을 말한다.
　　　　О | X

분열과 달리 분리독립은 일국에서 신국이 분리되어 성립하는 것이므로, 기존 국가는 국가로서의 존재를 유지한다.　　답 О

038

99. 사시

원칙적으로 식민지는 국가로서의 자격과 권리가 없으나, 예외적으로 조약과 국제기구에 가입하기도 하였다.　　　　О | X

식민지는 식민당국의 의사에 의해 제한적 국제법인격을 유지할 수 있다.　　답 О

039

99. 사시

통상 국제기구라 함은 국가(정부)만이 회원인 국제조직을 말한다.　　　　О | X

국제기구는 대체로 조약에 의해 창설된다. ILC에 의하면 국제기구가 국제기구의 회원으로 가입할 수도 있다.　　답 О

040

예상논점

1933년의 「국가의 권리의무에 관한 협약」에서는 국가요건으로서 영구적 인민, 명확한 영토, 정부, 국제관계 설정 및 유지 능력을 열거하고 있다.　　　　О | X

국제관계 설정 및 유지 능력을 외교능력이라고도 한다.　　답 О

041

99. 사시

연방국가를 구성하는 주들은 단일국가의 지방정부들과 달리 원칙적으로 국제법인격이 인정되고 있다.　　　　О | X

연방국가를 구성하는 주들의 국제법인격은 부인된다. 연방국가만이 국제법인격을 가지는 것이 일반적이다.　　답 X

042

99. 사시

연방국가는 국제법상 한 개의 국가로 간주된다.　　　　О | X

연방국가는 국가연합과 달리 한 개의 국가로 인정된다.　　답 О

043

03. 행시 · 외시

스위스는 1815년의 8개국 선언으로 영세중립이 승인되고 그 중립이 집단적으로 보장되었다.　　　　О | X

스위스와 오스트리아의 영세중립국 설정방법 차이에 유의한다.　　답 О

044

03. 행시·외시

오스트리아는 국내법과 이에 대한 각국의 개별적 승인에 의하여 영세중립의 지위를 확립하였다. 　　　　　　　　　　　　　　　　　　　　　　　　O | X

오스트리아는 헌법에 영세중립의 지위를 명시하였다. 　　　　　　　　　　답 ○

045

03. 행시·외시

영세중립국은 집단적 안전보장제도를 채택하고 있는 UN에는 가입할 수 없다.
　　　　　　　　　　　　　　　　　　　　　　　　　　　　　　　O | X

샌프란시스코회의 당시 영세중립국의 지위와 UN 회원국의 지위가 양립하지 않는다는 해석이 성립되어 당시 스위스가 가입하지 못하였으나, 그 후 UN헌장에 대한 해석이 변경되어 1955년에 오스트리아가, 2002년 9월에 스위스가 UN에 가입하였다. 　답 X

046

03. 행시·외시

영세중립국은 자위의 경우를 제외하고는 전쟁에 참여할 수 없다. 　　　　O | X

영세중립국은 전쟁에 참가하거나 동맹조약을 체결할 수 없다. 　　　　　답 ○

047

84. 사시

바티칸시국은 1925년 로카르노협약을 통해 영세중립국이 되었다. 　　　O | X

바티칸시국은 1929년 라테란협약을 통해 중립화되었다. 　　　　　　　　답 X

048

예상논점

영연방 구성국 상호 간 체결한 조약은 UN에 등록하지 않는다. 　　　　O | X

영연방 구성국 상호 간 체결한 조약을 UN에 등록하지 않는 것은 영연방의 관행이다.
　　　　　　　　　　　　　　　　　　　　　　　　　　　　　　　　답 ○

049

15. 사시

연방국가는 대등적 국가결합이나, 국가연합은 그렇지 않다. 　　　　　　O | X

국가연합도 대등한 결합이다. 　　　　　　　　　　　　　　　　　　　답 X

050

15. 사시

피보호국(protected state)이 되어도 국제법상 국가 자격을 상실하지 않는다. 　O | X

피보호국(protected state)은 종속국과 달리 국제법상 권리능력과 행위능력을 가지나, 조약에 의해 행위능력의 일부, 특히 외교능력이 제한된다. 　　　　　　　답 ○

051

15. 사시

우리나라 헌법재판소는 1991년 남북합의서에 대해서 국가와 국가 사이의 조약으로 볼 수 없다고 결정하였다. 　　　　　　　　　　　　　　　　　　　　O | X

우리나라 헌법재판소는 남북합의서를 신사협정으로 평가하였다. 　　　　답 ○

052
15. 사시

교황청은 국가와 외교관계를 맺을 수 있다. ○ | X

교황청도 국가로 인정되므로 외교관계를 맺을 수 있다. 답 ○

053
15. 사시

연방국가의 구성국은 원칙적으로 국제법상 국가로서의 자격이 없다. ○ | X

연방국가의 구성국은 '국가성'을 가지지 않는다. 답 ○

054
21. 9급

국가를 대표할 정부가 없거나 정상적인 기능을 수행하지 못하는 국가도 국제법상 법주체성을 유지한다. ○ | X

국가의 성립요건은 인구, 영토, 실효적 정부 그리고 외교능력이다. 정부의 실효성이 약화된다고 해도 일단 성립한 국가의 계속성이나 동일성은 유지된다. 답 ○

055
예상논점

일단 국가로 성립하면 타국의 일시적인 전시점령이나 내란으로 인해 정부가 실질적인 기능을 못하더라도 국가로서의 지위는 소멸되지 않는다. ○ | X

일시적인 점령과 내란으로, 정부의 실효성이 약화된 것이나 '국가성'을 상실하는 것은 아니다. 답 ○

056
예상논점

만주국(1932)은 독립정부를 갖고 있지 못한 괴뢰국가이므로 국가로 인정되지 않았다. ○ | X

만주국은 '실효적 정부' 요건을 충족하지 못해서 국가로 인정되지 않았다. 답 ○

057
예상논점

국가성립에 있어서 강행규범을 위반한 경우 국가로 인정될 수 없다는 것이 일반적 견해이자 UN의 관행이다. ○ | X

침략으로 국가를 성립하거나, 인종차별에 기초하여 국가를 형성한 경우를 그 예로 들 수 있다. 답 ○

058
예상논점

1965년 남로디지아는 영국에서 독립하고 소수 백인 중심 국가를 출범시키자 안전보장이사회는 이를 비난하고 각국은 이를 승인하지 말 것을 요구했고, 이후 1980년 다수 흑인 지배의 짐바브웨가 탄생했다. 남로디지아는 독립국가로 인정받지 못했다. ○ | X

강행규범 위반으로 국가로서 성립하지 못함을 전제한 것이다. 답 ○

059
예상논점

포르투갈령 기니의 민족해방운동단체가 독립을 선언하자 UN총회는 이것이 국제법에 위반된다고 보고 불승인할 것을 결의하였다. ○ | X

UN총회는 민족해방운동단체의 독립선언을 환영하는 결의를 채택하였다. 답 X

060
예상논점

1974년 터키군은 북사이프러스에 진주하고 1983년 국가를 선포하였으나 안전보장이사회는 이를 무효라고 선언하고 회원국들에게 불승인을 요구하였다.   O | X

강행규범 위반에 해당되어 국가로 인정되지 못한 사례이다.   답 ○

061
예상논점

현재 모나코는 프랑스의, 산마리노는 이탈리아의 피보호국이다.   O | X

피보호국은 조약에 의해 보호관계를 형성한 국가를 의미한다. 피보호국은 대외적 의사표시능력의 제한을 받는다.   답 ○

062
예상논점

말타기사단은 현재 약 100여개국과 외교관계를 맺고 있고, 이탈리아는 제한된 국제법인격을 인정하고 면제도 인정하나, 객관적으로 국가로서의 법인격을 갖추었다고 보기는 어렵다.   O | X

말타기사단은 영토를 갖는 실체가 아니므로 국가로서 인정되기 어렵다.   답 ○

063
예상논점

2012년 UN총회는 팔레스타인에게 옵저버 국가의 지위를 인정했으며, 팔레스타인은 국제형사재판소(ICC)규정 당사국이고, 137개 회원국이 국가로 승인하고 있다. 한국은 팔레스타인을 독립국가로 승인하지 않고 있으나 팔레스타인 자치정부를 팔레스타인인의 유일 합법 대표기구로 인정하고 있다. 2014년 한국은 팔레스타인 임시수도 라말라에 상주대표부를 개설하였다.   O | X

팔레스타인은 UN에서 상주 옵저버국 지위를 가지게 되었으나 UN 회원국은 아니다.   답 ○

제3절   국제기구

064
17. 9급

국제기구는 설립조약과 기타 부여된 임무의 범위 내에서 조약체결권을 가진다.   O | X

국제기구는 국제법의 능동적 주체로서 조약체결권을 가진다.   답 ○

065
17. 9급

국제기구는 회원국의 국제위법행위로 인한 자신의 피해에 대하여 회원국을 상대로 배상청구권을 행사할 수 있다.   O | X

국제기구도 적극적 책임능력을 가진다. 손해배상청구권을 적극적 책임능력이라고 한다.   답 ○

066
17. 9급

국제기구는 별도의 법적 조치나 합의 없이도 모든 회원국 내에서 국내법상 법인격을 가진다. O | X

설립협정에 별도의 국내법인격 규정이 있어야 회원국 내에서 법인격을 가진다. 답 X

067
22. 7급

국제법위원회(ILC) 국제기구의 책임에 관한 규정 초안에 의하면, 국제기구는 회원으로서 국가 이외에 다른 실체를 포함할 수 있다. O | X

예를 들어, WTO는 국가 이외에 독자적 관세영역도 가입할 수 있다. 답 ○

068
11. 9급

정부간국제기구의 회원자격은 일반적으로 국가에게만 인정된다. O | X

정부간국제기구에 국가가 아닌 국제기구나 독자적 관세영역도 가입할 수 있다는 점도 유의한다. 답 ○

069
11. 9급

정부간국제기구는 일반적으로 총회, 이사회(집행기구), 사무국의 조직을 갖는다. O | X

총회, 이사회, 사무국의 세 기관을 갖춰야 국제법상 국제기구로 본다. 답 ○

070
11. 9급

정부간국제기구는 일반적으로 무제한적인 법인격 또는 관할권을 보유한다. O | X

정부 간 국제기구는 파생적 법인격이므로 국가에 의해 인정된 법인격이나 관할권만 보유한다. 답 X

071
22. 7급

ICJ는 Certain Expenses of the United Nations 사례에서 UN의 목적을 달성하는 데 필요한 권한에 묵시적 권한의 이론을 인정하지 않았다. O | X

이 사건은 평화유지활동을 UN의 활동으로 인정하면서 '묵시적 권한이론'을 인정하였다. 즉, 평화유지활동(PKO)은 UN의 목적 달성을 위한 조치이므로 UN회원국에 의해 묵시적으로 권한이 부여되었다고 해석한 것이다. 답 X

072
22. 7급

ILC 국제기구의 책임에 관한 규정 초안은 국제기구가 자신의 위법행위에 대해 배상책임을 지는 방법으로 국가의 위법행위의 경우와 같이 원상회복, 금전보상, 만족 등을 규정하고 있다. O | X

국가의 책임이행과 유사하다. 답 ○

073
01. 국가직

국제기구는 그 직원이 회원국으로부터 신체·재산상의 손해를 받은 경우 일정한 보호권을 행사할 수 있다. O | X

국제기구의 직권이 회원국으로부터 신체·재산상의 손해를 받은 경우 국제기구가 행사할 수 있는 보호권을 직무 보호권이라고 한다. 답 ○

074
16. 사시

국제적십자위원회(ICRC)는 국가들과 조약을 체결함으로써 이들 국가로부터 국제법인격을 인정받고 있다. O | X

국제적십자위원회(ICRC)는 비정부간국제기구이나 국가들에 의해 특별한 지위를 갖는 것이다. 답 ○

075
20. 7급

국제적십자위원회(ICRC)는 민간단체로 출발했으나, 오늘날 정부간국제기구에 준하는 국제법 주체성을 인정받는 독특한 존재이다. O | X

국제적십자위원회(ICRC)가 정부간국제기구에 준하는 지위를 가지는 것은 사실이나 그 법적 성격이 변동되는 것은 아니다. 답 ○

076
16. 사시

국제노동기구(ILO)는 국제법 주체성을 갖는다. O | X

국제노동기구(ILO)는 정부간국제기구로서 조약체결권이나 특권면제 등을 가지는 국제법인격자이다. 답 ○

077
14. 사시

국제기구는 그 국제기구를 설립한 국가들이 설립조약을 통하여 명시적으로 부여한 권한 외에 다른 권한을 가질 수 없다. O | X

설립협정에 명시되지 않은 권한이라도 당해 기구의 목적 달성을 위해 필요한 권한은 가질 수 있다(ICJ). 답 X

078
14. 9급

국제기구가 회원국과 별개의 법적 실체로 인정되려면 법인격을 보유하여야 한다. O | X

국제기구는 대체로 회원국과 구분되는 독자적 국제법인격을 가지는 것이 일반적이다. 답 ○

079
14. 9급

국제기구의 법인격은 고유권한설에 따르면 그 목적과 역할의 범위 내에서 당연히 인정된다. O | X

고유권한설은 국제기구 설립헌장에 국제법인격이 명시되지 않았다고 하더라도 국제기구의 목적 달성을 위해 필요한 범위 내에서는 법인격을 인정할 수 있다는 학설이다. UN의 국제법인격이 쟁점이 되었던 「UN근무중 입은 손해의 배상에 대한 권고적 의견 사건(ICJ)」에서도 인정된 바 있다. 고유권한설은 '묵시적 권한이론'이라고도 한다. 답 ○

080
14. 9급

국제기구도 손해배상청구권을 행사할 수 있다. ○ | X

국제기구도 국제법인격자이므로 자신이 입은 손해에 대해 배상을 청구할 수 있다. 이를 능동적 책임능력이라고도 한다. 한편, 국제기구는 '수동적 책임능력'도 보유하여 자신이 가해자인 경우 국제책임을 진다. 답 ○

081
11. 7급

직무보호권이란 국제기구 소속공무원이 공무수행 중 국제불법행위로 손해를 입은 경우, 소속 국제기구가 손해배상을 받기 위해 가해국에 대해 국제책임을 추구하는 것을 말한다. ○ | X

직무 보호권 발동에 있어서 국내구제완료원칙은 적용되지 않는다. 답 ○

082
11. 7급

국제기구는 직무 보호권에 근거하여 소속공무원에게 통행권(laissez – passer)이라는 신분증을 발급한다. ○ | X

통행권(laissez – passer)을 통해 국제기구 직원의 신분을 증명하는 것이다. 답 ○

083
14. 9급

국가 이외의 다른 실체는 국제기구의 회원이 될 수 없다. ○ | X

국가 이외의 다른 실체가 국제기구의 회원국이 될 수 있다. 예컨대, WTO(세계무역기구)에는 국가 이외에 독자적 관세영역도 가입할 수 있으며, EU(유럽연합)의 경우 국가는 아니나 WTO에 가입하고 있다. 답 X

084
11. 7급

국가는 자국민을 위해 외교적 보호권을 갖는 반면, 국제기구는 소속공무원을 위해 직무 보호권을 갖는다. ○ | X

외교적 보호권이 국적을 근거로 하는 반면, 직무 보호권은 직무를 근거로 한다. 답 ○

085
11. 7급

1949년 벨나돗트백작 사건에서 ICJ는 외교적 보호권과 직무 보호권이 경합하는 경우 UN의 직무 보호권이 우선한다는 권고적 의견을 주었다. ○ | X

권고적 의견에 따르면 외교적 보호권과 직무 보호권 경합을 해결할 수 있는 국제법규칙은 존재하지 않는다. 따라서 관계국과 UN 간 협의에 의해 해결하도록 권고하였다. 답 X

086
11. 사시

국제연합의 기능적 보호권(right of functional protection)과 피해자 국적국의 외교적 보호권이 경합하는 경우 후자가 우선한다. ○ | X

경합을 해결할 수 있는 국제법 규칙을 당시의 현행법에서는 확인할 수 없다고 하였다. 따라서 관련 당사자들이 '호의(good will)'와 '상식(common sense)'에 기초하여 우호적으로 해결할 것을 권고하였다. 답 X

087

11. 사시

국제연합은 비회원국에 대해서도 국제청구를 제기할 능력이 있다. O | X

국제연합(UN)은 대세적(객관적) 국제법인격을 갖는다는 것이 국제사법재판소(ICJ)의 입장이다. 답 O

088

11. 사시

국제연합은 그 소속 공무원이 직무수행 중에 피해를 입은 경우 가해국에 대하여 기능적 보호권을 행사할 수 있다. O | X

직무 보호권을 기능적 보호권이라고도 한다. 답 O

089

11. 사시

국제연합은 회원국에 대해서뿐만 아니라 비회원국에 대해서도 법인격을 가진다. O | X

대세적 법인격에 대한 것이다. 보통의 국제기구에 대해서는 부인하는 것이 통설이나, 국제사법재판소(ICJ)는 국제연합(UN)에 한하여 이러한 객관적 법인격을 가진다고 본 것이다. 답 O

090

11. 사시

국제연합은 헌장에 명시된 권한 이외에도 그 임무수행에 필요한 묵시적 권한을 갖는다. O | X

묵시적 권한이 인정되나, 그 목적 달성을 위해 필요한 한도를 넘을 수 없다. 이를 '전문성의 원칙'이라고 한다. 답 O

091

16. 7급

국제기구는 법인격 보유 여부에 관계없이 그 회원국과 별개의 법적 실체로 인정된다. O | X

국제기구는 법인격을 보유해야 회원국과의 별개의 법적 실체로 인정된다. 답 X

092

16. 7급

국제기구의 법인격은 기구의 목적과 기능, 실행 등을 통해 묵시적으로 인정되기도 한다. O | X

국제기구설립조약에 필요한 권한이 명시되지 않은 경우에도 묵시적 권한이론에 의해 이를 행사할 수 있다. 답 O

093

16. 7급

국제기구는 특정 국가 내에서 법인격을 인정받기 위해 많은 경우 설립헌장에 그 근거를 두고 있다. O | X

국제기구는 헌장에 근거를 두는 것이 일반적이나, 근거를 명시하지 않아도 인정된다. 답 O

094

16. 7급

국가의 포괄적 법인격에 비해 국제기구의 법인격은 상대적으로 그 범위가 제한적이다.

O | X

국제기구는 국가의 의사로부터 파생된 법인격체이므로 국가에 비해 제한적 권리의무를 갖는다.

답 O

095

15. 7급

국제기구가 소재지국과 조약 체결을 통해 국내법상 법인격을 부여받게 되는 경우에는 그 기구에 속한 모든 회원국의 국내법상 법인격을 인정받게 된다.

O | X

조약상대성의 원칙에 따라 조약을 체결한 국가에 대해서만 인정된다. 다만, 국제기구 설립 헌장 자체에 회원국 국내법인격이 명시되는 경우 모든 회원국에 대해 인정된다.

답 X

096

15. 7급

UN 헌장에는 UN의 국제법상 법인격을 부여하는 직접적인 명문 규정이 없음에도 UN의 목적, 직무, 권한 등에 따라 UN의 국제법상 법인격이 인정되고 있다.

O | X

「UN근무 중 입은 손해 배상에 대한 권고적 의견」에서 인정되었다.

답 O

097

15. 7급

UN 헌장 제43조의 조약체결권과 제105조의 목적달성에 필요한 특권과 면제에 대한 권한 부여는 UN의 국제법상 법인격을 전제로 한 것이다.

O | X

UN의 국제법상 인격이 헌장에 명시되지 않았으나, 국제법상 인격이 인정되는 것으로 해석된다는 취지이다.

답 O

098

20. 7급

1986년 「국가와 국제기구 간 또는 국제기구 상호 간의 조약법에 관한 비엔나협약」 제6조에 따라 국제기구의 조약체결능력은 그 기구의 규칙에 따르는바, 국제기구는 설립 조약상의 명문 규정 이상으로 조약체결권을 행사할 수 없다.

O | X

국제사법재판소(ICJ)의 판례에 의하면, 목적달성을 위해 필요한 한도 내에서는 설립조약에 규정되지 않은 경우에도 조약체결권을 행사할 수 있다. 일반적으로 받아들여지는 법리이다.

답 X

099

15. 7급

UN은 다른 국제법주체에 대한 국제청구를 제기하여 자신의 권리를 지킬 능력을 가지고 있다.

O | X

UN의 국제청구제기권이 헌장에 명시된 것은 아니다.

답 O

100

13. 9급

UN은 자신의 직원이 입은 손해에 대하여 직무 보호권을 행사할 수 있다.

O | X

UN 직원이 직무수행 중 피해를 입은 경우에 직무 보호권이 인정된다.

답 O

101

13. 9급

UN은 임무 수행과 목적 달성을 위하여 필요한 법적 능력과 특권 및 면제를 회원국의 영토 내에서 향유할 수 있다.

O | X

UN헌장 제104조에 명시되어 있다.

답 O

102
01. 국가직

1986년의 「국가와 국제기구 간 및 국제기구 상호 간의 조약법에 관한 비엔나협약」에서는 국제기구 공무원의 법적 지위를 자세하게 규정하고 있다.   O | X

1946년의 「UN의 특권·면제에 관한 협약」이나 1947년 「전문기관의 특권 및 면제에 관한 협약」에서 국제기구 공무원의 법적 지위를 규정하고 있다.   답 X

103
02. 행시·외시

국제기구는 자신의 불법행위에 대해 책임을 진다.   O | X

국제기구는 책임능력을 가진다. 따라서 책임을 질수도 있고 책임을 추궁할 수도 있다.   답 ○

104
20. 7급

UN국제법위원회의 2011년 「국제기구의 책임에 관한 규정초안」에 따라 국제기구의 행위는 그 행위 발생시에 그 국제기구가 문제의 의무에 구속되지 않는 한, 국제의무의 위반을 구성하지 않는다.   O | X

국제기구는 자신에게 구속적인 의무 위반시 국제책임을 진다.   답 ○

105
21. 9급

국제기구는 보통의 경우 설립조약에서 특권 및 면제에 대한 원칙을 설정하고 상세협정을 통해 이를 구체화하는 경향이 있다.   O | X

UN의 경우 UN헌장 제105조에서 특권과 면제를 규정하고, 별도의 조약을 통해 구체화하였다.   답 ○

106
21. 9급

국제기구가 개별 국가의 국내 법원의 재판관할권으로부터 면세를 향유힐지라도, 그 위법행위에 대한 국제법상의 책임까지도 면제되는 것은 아니다.   O | X

국제기구의 면제는 단지 타국에서 재판을 받지 않음을 의미할 뿐 국제책임에서 면제되는 것은 아니다.   답 ○

107
예상논점

복수 국가의 합의로 설립된 기구라도 항상 독자적인 법인격을 갖는 것은 아니다.   O | X

국제기구는 파생적 법인격체이므로 법인격이 부여되어야 법인격을 가진다.   답 ○

108
예상논점

ICJ는 「나우르 인산염 사건(ICJ, 1992)」에서 호주, 뉴질랜드, 영국 3개국의 합의로 설립된 기구가 국제법상의 법인격을 갖지 않는다고 판단하였다.   O | X

설립된 국제기구가 당사국에 의해 국제법의 법인격이 부여되지 않은 것으로 평가되었다.   답 ○

109

예상논점

국가와 달리 국제기구는 설립헌장에 규정된 목적과 기능을 수행하기 위한 범위 내에서만 법인격(과 권한)이 인정된다. 이를 기능적인 전문성원칙이라고 한다.　O | X

국제기구는 목적을 위해 필요한 권한 이상은 부여될 수 없다.　답 ○

110

예상논점

전문성원칙은 국제기구의 법인격이나 권한은 무제한적으로 인정되는 것이 아니라 설립조약상에 규정된 목적과 기능을 실현하기 위해서만 인정된다는 원칙이다.　O | X

전문성원칙과 묵시적 권한이론을 구분해야 한다.　답 ○

111

19. 7급

복수 국가의 합의로 설립된 모든 기구는 독자적 법인격이 자동적으로 인정된다.
　O | X

원칙적으로 국제기구는 조약 규정에 의해 독자적 법인격이 인정된다.　답 X

112

19. 7급

국제기구 회원국의 상주대표부 설치는 국제관습법에 따라 해당 기구 및 소재지국의 동의를 받아야 한다.　O | X

상주대표부 설치는 관습법의 지배가 아니라 관련 '조약'의 지배를 받는다.　답 X

113

19. 7급

국제기구는 기구의 목적 및 기능과 충돌하는 권한을 묵시적으로 부여받은 것으로 추론될 수 없다.　O | X

묵시적 권한 이론에 의하면 조약에 명시적 규정이 없는 경우라 하더라도 국제기구의 목적 달성과 양립하는 권한은 묵시적으로 인정된다. 반면, 국제기구 목적 달성과 양립하지 않는 권한은 추론될 수 없다.　답 ○

114

19. 7급

국제기구 직원의 면제와 특권은 한시적으로 제한된 임무를 수행하는 전문가에게는 인정되지 않는다.　O | X

한시적으로 제한된 업무를 수행하는 전문가에게도 그 직무에 대한 면제는 인정된다.
　답 X

115

20. 7급

UN국제법위원회의 2011년 「국제기구의 책임에 관한 규정 초안」에 규정된 위법성 조각사유에 자위는 포함된다.　O | X

국가책임협약 초안상의 6가지 위법성 조각사유가 「국제기구의 책임에 관한 규정 초안」에 규정되어 있다.　답 ○

116
20. 7급

네덜란드 대법원은 Nuhanović 사건에서 UN PKO 활동과정에서 비롯된 결과라도 문제의 행위에 대해 네덜란드가 실효적 통제를 하고 있었다면 그 책임은 네덜란드에 귀속된다고 판단하였다. ○ | X

PKF의 행위에 대해서는 대체로 UN으로 귀속되어 책임을 UN이 지나, 파견국의 실효적 통제하에서 행동한 경우 파견국이 예외적으로 책임을 진다. 답 ○

117
20. 7급

유럽인권재판소는 Behrami 및 Saramati 사건에서 UN KFOR의 행위는 피고 「유럽인권협약」 당사국들에 귀속된다고 판결하였다. ○ | X

Behrami 및 Saramati 사건에서 유럽인권재판소는 UN KFOR(UN Kosovo Foces)의 임무에 대한 최종권한과 통제를 UN이 보유하고 있었으므로, 유럽인권협약 당사국들에게 책임이 있는 것이 아니라 UN에 책임이 있다고 판시하였다. 답 X

118
20. 7급

UN국제법위원회 2011년 「국제기구의 책임에 관한 규정 초안」에 따라 국제기구 행위의 국제위법성은 국제법에 의하여 결정된다. ○ | X

국제위법성에 대한 것이므로 국제법에 의해 결정되는 것이다. 답 ○

119
예상논점

국제기구는 국제사법재판소(ICJ)에 제소할 수 없으나, 중재재판의 당사자가 될 수는 있다. ○ | X

국제사법재판소(ICJ)는 국가만의 당사자적격을 인정한다. 답 ○

120
예상논점

국제적십자위원회의 경우 스위스는 위원회와 협정을 체결하여 국제법인격을 인정하고 있다. UN총회는 국제적십자위원회에 옵저버 자격을 부여하였다. 한국은 2018년 위원회와 조약을 체결하여 한국 내에서 위원회의 정부 간 기구 지위를 인정하고 공관의 불가침 등 특권과 면제를 부여하기로 하였다. ○ | X

국제적십자위원회는 국가들에 의해 특별한 법인격이 인정되는 것이다. 답 ○

121
예상논점

2011년 ILC가 작성한 「국제기구의 책임에 관한 규정 초안」상 국제기구는 조약이나 국제법의 지배를 받는 기타 문서에 의해 창설되어 자신의 국제법인격을 갖는 기구이다. ○ | X

국제기구가 국제법의 지배를 받는 기타 문서에 의해 창설될 수도 있다는 점에 주의한다. 답 ○

122
예상논점

2011년 ILC가 작성한 「국제기구의 책임에 관한 규정 초안」상 국제기구의 모든 국제위법행위는 기구의 책임을 유발한다. ○ | X

국제기구책임의 성립요건은 위법성의 존재와 당해 행위가 국제기구로 귀속되는 것이다. 답 ○

123
예상논점

2011년 ILC가 작성한 「국제기구의 책임에 관한 규정 초안」상 국제기구의 책임 성립요 건, 위법성 조각사유, 책임의 내용, 책임의 이행 등은 국가책임초안과 유사하다.

O | X

2001년 ILC가 작성한 초안은 국가의 위법행위책임에 관한 초안이다.

답 O

124
예상논점

2011년 ILC가 작성한 「국제기구의 책임에 관한 규정 초안」상 국제기구는 기능적 단체 이므로 원칙적으로 국제기구의 기능을 행사하는 기관이나 대리인의 행위를 통해서만 국제책임이 성립한다.

O | X

당해 기관이나 대리인의 행위가 국제기구로 귀속되어 국제책임이 성립하는 것이다.

답 O

125
예상논점

2011년 ILC가 작성한 「국제기구의 책임에 관한 규정 초안」상 국제기구의 기관이란 공 식적 지위를 갖고 있는 자를 가리킨다.

O | X

국제기구 기관의 행위에 대해 국제기구책임이 성립하는 것이다.

답 O

126
예상논점

2011년 ILC가 작성한 「국제기구의 책임에 관한 규정 초안」상 대리인은 기관이 아니라 도 국제기구에 의해 기구의 기능을 수행하거나 이를 조력하도록 임무가 부여된 자로 그를 통해 기구가 행동하는 자를 의미한다.

O | X

국제기구 대리인의 행위에 대해서도 국제기구책임이 성립한다.

답 O

127
예상논점

2011년 ILC가 작성한 「국제기구의 책임에 관한 규정 초안」상 국제기구는 회원국 국민 이나 다른 기구의 직원을 파견받은 경우 이들의 행동을 실효적으로 통제할 수 있었던 범위에서 그들의 행동에 대한 책임을 진다.

O | X

국제기구는 실효적 통제의 범위에서만 회원국 국민이나 파견직원의 책임을 진다. 답 O

128
예상논점

국제기구가 기구 밖의 개인에게 손해를 끼친 경우 그의 국적국가는 가해 국제기구를 상대로 외교적 보호권을 행사할 수 없다.

O | X

손해를 입은 국적국가는 가해 국제기구를 상대로 외교적 보호권을 발동할 수 있다. 국제 기구도 국제책임능력이 있으므로 자신의 위법행위에 대해 국제책임을 진다. 답 X

129
예상논점

국제기구가 자신의 직원에게 가한 피해와 관련하여 그의 국적국가가 국제기구를 상대 로 외교적 보호권을 행사할 수 있다. 이 경우 직원이 소속기구 내에 호소할 수 있는 고용 관련 구제법이 있다면 먼저 이 내부의 절차를 완료하여야 한다.

O | X

국제기구 자신의 직원에 피해를 준 경우를 전제로 한 지문이다.

답 O

130
예상논점

UN 직원의 사적 자격에서 비롯된 그의 피해는 그의 국적국가의 외교적 보호권의 문제로 귀착되고 따라서 이 경우 국가 간의 청구에서 국내구제수단완료의 원칙이 적용된다. O | X

UN 직원이 직무와 무관하게 타국으로부터 피해를 입은 경우 UN의 직무 보호권은 성립하지 않는다. 답 O

131
예상논점

UN 직원이 직무를 수행함에 있어 입은 피해는 국제법상 UN 자신의 피해로 간주되는 일종의 직접피해로서 이 경우에는 기본적으로 국내구제수단완료의 원칙은 적용되지 않는다. 그러나, 이 상황에서 국적국가가 외교적 보호권을 행사한다면 국내구제완료의 원칙이 적용된다. O | X

UN 직원이 직무상 피해를 입은 경우를 전제로 한 것이다. 답 O

132
예상논점

국제기구가 제3자에게 끼친 손해에 대해(설립조약을 포함하여) 조약에서 명시적으로 혹은 묵시적으로 규정하고 있거나 사건 발생 후 달리 합의하거나 혹은 국제기구를 만든 다음 이를 통해 책임을 회피(우회)하려고 의도한 경우 등이 아닌 한 국제기구의 회원국들은 동 기구의 행위에 대해 경합적으로 혹은 연대하여 책임을 부담하지 않는다. O | X

국제기구와 그 회원국은 별개의 법적 실체이므로 국제기구의 행위에 대해 회원국은 원칙적으로 책임을 지지 않는다. 답 O

133
예상논점

UN이 국제청구를 제기할 때 기구 내의 어떤 기관이 이 직무를 수행할 것인지는 기본적으로 기구설립조약의 해석의 문제로서 조약에(명시적 혹은 묵시적) 근거규정이 없으면 당해 기구의 사무총장이 이 기능을 맡는다고 보는 것이 가장 합당하다. O | X

국제기구가 책임을 추궁할 때 실제 어떤 기관이 추궁할 것인가의 문제에 대한 것이다. 답 O

제4절 개인

134
예상논점

국제투자분쟁해결본부(ICSID), 국제사법재판소(ICJ), 유럽인권재판소(ECTHR), 세계무역기구(WTO)는 모두 개인이 권리구제를 위해 직접적 이용이 가능한 국제기구들이다. O | X

국제사법재판소(ICJ)와 세계무역기구(WTO)에 대한 개인의 제소권은 인정되지 않는다. 국제사법재판소(ICJ)는 오로지 국가만이 원고나 피고가 될 수 있다. 세계무역기구(WTO) 역시 세계무역기구(WTO) 회원국 상호 간 분쟁만을 관할대상으로 한다. 국제투자분쟁해결본부(ICSID)의 경우 투자자는 피투자국을 상대로 조정이나 중재절차를 요청할 수 있다. 조정은 구속력이 없으나 중재절차는 법적 구속력이 있다. 유럽인권재판소(ECTHR)에는 개인의 제소권이 인정된다. 유럽인권협약 제9의정서는 유럽인권위원회(ECTHR) 청원을 거쳐 제소하도록 하였으나, 제11의정서에서는 청원을 거치지 않고도 제소할 수 있도록 절차를 간소화하였다. 답 X

135

14. 사시

개인은 제한적으로 국제법상의 권리를 향유하고 의무를 부담할 수 있다. O | X

개인은 국가들에 의해 주어지는 권리(청원권, 제소권, 인권 등)를 향유하며, 해적행위금지의무, 침략전쟁금지의무 등의 의무를 부담한다. 답 ○

136

16. 사시

일반적으로 개인에게는 조약체결능력이 인정되지 않는다. O | X

개인은 국제법의 능동적 주체가 아니다. 답 ○

137

16. 사시

국제재판소에서 아직까지 개인이 직접 제소할 수 있는 권리는 인정되지 않는다. O | X

국제투자분쟁해결센터(ICSID), 유럽사법법원, 유럽인권법원, 심해저분쟁재판부 등에서 개인의 제소권이 인정된다. 또한 설립되지는 않았으나 국제포획법원에서도 개인의 제소권을 예정하고 있었다. 실제로 존재했던 법원 중에서는 중미사법법원이 최초로 개인의 제소권을 인정하였다. 답 X

138

16. 사시

제2차 세계대전 후에 들어와 국제형사재판을 통하여 전쟁범죄자들을 처벌하기 시작하였다. O | X

뉘른베르크 재판소와 동경 전범재판소가 전쟁범죄자들을 실제로 처벌한 기관이었다. 답 ○

139

00. 사시

개인은 국제사법재판소에 제소할 수 있다. O | X

국제사법재판소(ICJ)에 제소할 수 있는 권한은 국가에 안정된다. 답 X

140

00. 사시

개인은 원칙적으로 조약체결권이 있다. O | X

개인은 수동적 주체이므로 조약체결권을 가지지 않는다. 답 X

141

00. 사시

개인의 국제법상 의무는 인정되지 않는다. O | X

개인에게는 조약상의 의무와 관습법상 의무가 인정된다. 답 X

142

00. 사시

개인은 국제법의 주체가 될 수 없다. O | X

개인은 국제법의 주체가 될 수 있다. 다만, 수동적 · 제한적 · 파생적 주체이다. 답 X

143

00. 사시

국제조약은 개인에게 국제법상 권리를 부여할 수 있다. O | X

인권 등이 국제조약에 의해 개인에게 주어져 있다. 답 O

144

01. 사시

개인은 전쟁범죄나 해적행위 등을 범하지 않을 국제적 의무를 부담하고 있다.
O | X

개인이 이러한 의무를 위반한 경우 국제범죄로서 처벌을 받을 수 있다. 답 O

145

20. 9급

중요한 국제법 규칙을 위반한 개인에게 국제책임이 성립될 수 있다는 원칙 자체는 일
반적으로 수용되고 있다. O | X

개인이 국제법을 위반한 경우 형사책임을 추궁할 수 있으므로 국제책임이 성립될 수 있다.
답 O

146

예상논점

개인의 국제범죄는 개인이 국제의무를 위반한 것을 말한다. O | X

개인의 국제범죄에 대한 처벌은 국내처벌이 원칙이나, 요건을 충족한 경우 ICC 등에서도
처벌될 수 있다. 답 O

147

예상논점

국가의 국제범죄는 국가가 강행규범을 중대하게 위반한 것을 말하나, 현행법에 도입
된 것은 아니다. O | X

국가의 국제범죄와 개인의 국제범죄를 구분해야 한다. 답 O

제5절 민족

148

14. 사시

모든 인민(peoples)은 자결권을 가진다. O | X

자결권의 주체는 개인이 아니라 특정 집단이며 인민(peoples)은 집단적 개념이므로 자
결권을 가진다. 답 O

149

예상논점

동티모르 사건은 민족자결권이 대세적 의무임을 최초로 인정한 판례이다. O | X

민족자결권의 대세적 권리로서의 성격을 최초로 인정하였다. 답 X

150
예상논점

국제사법재판소(ICJ)에 의하면 심각한 인권침해를 받고 있는 민족은 민족자결권에 기초하여 분리독립할 수 있다. O | X

국제사법재판소(ICJ)는 코소보 사건에서 심각한 인권침해를 받고 있는 민족이 민족자결권에 기초하여 분리독립을 추구하는 것을 금지하는 국제법은 존재하지 않는다고 판시하였다. 코소보의 독립이 국제법에 불합치되지 않는다는 것을 확인한 것이다. 답 O

151
21. 9급

자결권을 갖는 민족에 대해서 압제국이 무력을 행사하는 경우 제3국이 해당 민족을 군사적으로 지원해도 이는 압제국 국내문제의 불간섭원칙을 위반하지 않는다. O | X

자결권을 갖는 민족에 대해 압제국이 무력을 행사하는 문제는 압제국 국내의 문제라고 보기 어렵다. 따라서 국내문제 불간섭원칙을 위반하지 않는다. 민족자결권의 범위에 제3국으로부터 무력지원을 받을 권리가 포함되는지에 대해 논쟁이 있으나, 다수설 및 제3세계의 입장은 무력지원을 받을 권리, 나아가 압제국에 대해 무력을 사용할 권리가 있다는 것이다. 답 O

152
예상논점

동티모르 사건에서 국제사법재판소(ICJ)는 민족자결권이 대세적 성격을 가지며, 현대 국제법의 본질적인 원칙의 하나임을 인정하였다. O | X

동티모르 사건은 민족자결권이 대세적 권리임을 최초로 인정한 판례이다. 답 O

153
예상논점

동티모르 사건에서 국제사법재판소(ICJ)는 민족자결권의 대세적 성격에도 불구하고 필요적 공동당사자 원칙을 적용해야 한다고 하였다. 즉, 인도네시아의 당사자 참여 없이 재판을 진행할 수 없다고 보았다. O | X

필요적 공동당사자원칙은 금화원칙(monetary gold principle)에 대한 것이다. 금화원칙은 필요적 공동낭사자가 소송에서 탈루된 경우 국제사법재판소(ICJ)가 재판적격성이 없다는 원칙이다. 필요적 공동당사자란 당해국의 법익침해 여부가 소송의 주제를 구성하게 되는 국가를 말한다. 국제사법재판소(ICJ)의 관할권은 국가의 동의에 기초하므로, 필요적 공동당사자가 탈루되었다면 이러한 동의 요건이 충족되지 않은 것이므로 국제사법재판소(ICJ)가 재판할 수 없다. 답 O

154
예상논점

코소보 독립선언의 합법성에 관한 권고적 의견(2010)에서 국제사법재판소(ICJ)는 기존 국가 내 일부지역의 일방적 독립선언은 일반국제법에 위반되지 아니한다고 하였다. 일방적 독립선언을 금지하는 국제법은 부존재하기 때문이다. O | X

결과적으로 코소보 독립이 국제법에 위반되지 않음을 확인한 것이다. 답 O

제2편

국가

제1장 승인

제1절 국가승인

001

17. 9급

국가가 소멸하는 경우에는 국가승인의 명시적 취소가 필요하다. O | X

국가승인을 명시적으로 취소할 의무는 없다. 답 X

002

16. 7급

국가는 영사특권을 부여하겠다는 구상서로서 미승인국을 승인할 수 있다. O | X

구상서(口上書)란 상대국과 협의한 내용이나 논의한 문제를 글로 기록하여 제시하는 외교 문서를 말한다. 조약법에 관한 비엔나협약상 '영사인가장'을 의미한다. 답 ○

003

16. 7급

국제연합(UN) 회원국으로서의 가입이 그 국가에 대한 기존 UN회원국의 집단적 승인으로 해석되지 않는다. O | X

집단적 승인이란 신생국이 국제기구에 가입하게 되었을 때 당해 국제기구 모든 회원국이 승인을 부여한 것으로 본다는 개념이나, 승인은 국가의 재량행위이므로 허용되지 않는다. 답 ○

004

16. 7급

국가승인제도는 1930년의 에스트라다주의(Estrada Doctrine)로 점차 대체되었다. O | X

에스트라다주의(Estrada Doctrine)는 '정부승인'에 있어서의 '사실주의'를 말한다. 국가승인에 대한 원칙이 아니다. 답 X

005

16. 7급

선언적 효과설에 따르면 국가성(statehood)을 갖춘 국가는 타국의 승인여부와 무관하게 국제법 주체로 인정된다. O | X

선언적 효과설은 승인을 이미 국가로 성립한 실체를 대상으로 하여 그 존재를 확인하는 사실행위라고 본다. 답 ○

006

16. 9급

입헌군주제인 A국가가 합법적인 헌법 개정을 통해 공화국으로 변경되었을 경우, 제3국에게 제기되는 승인 문제는 국가승인과 정부승인이다. O | X

국가승인은 '신생국의 성립'을 전제로 하며, 정부승인은 '위헌적 정부 변경'을 전제로 한다. 지문의 경우 신국가의 성립도, 위헌적 정부 변경도 없으므로 국가승인이나 정부승인과는 무관하다. 답 X

007

16. 경찰간부

'사실상의(de facto) 승인'은 19세기 라틴아메리카 국가들의 독립에 대해 영국이나 미국 등이 자국의 이익을 고려하여 행한 잠정적인 성격의 승인을 한 것에서 유래한다.　　O | X

사실상의(de facto) 승인은 잠정적인 효력을 가지므로 적법하게 철회할 수 있다.

답 O

008

17. 9급

정부승인의 변경은 국가승인 여부에 영향을 주지 아니한다.　　O | X

정부승인의 변경이란 정부대표권자의 변경을 말하는데, 이것이 곧 국가승인을 의미하는 것은 아니다. 정부승인과 국가승인은 별개의 문제이다.　　답 O

009

16. 경찰간부

1992년 우리나라가 대만과 외교관계를 단절하고 중화인민공화국과 외교관계를 맺은 조치는 법적으로 대만에 대한 국가승인을 취소한 것으로 볼 수 없다.　　O | X

우리나라의 조치는 중국이라는 국가에 대한 승인을 취소한 것이 아니라 중국 전체에 대한 대표권자에 대한 승인의 변경으로 평가된다. 신정부의 승인으로 볼 수 있다.　　답 O

010

16. 경찰간부

정부승인은 그 국가의 대표자격자가 누구인가에 관하여 이를 인정할 것인가의 문제라는 점에서 국가승인과 다르다.　　O | X

정부승인은 위헌적 정권 변경시 당해 정부를 당해 국가의 대표권자로 인정하는 의사표시이다.　　답 O

011

16. 경찰간부

독립을 획득한 신국가에게 축하메세지를 보내는 것, 정식 외교관계의 수립, 우호통상항해조약 등의 양자조약 체결, 신국가의 국기승인 및 영사에게 인가장을 발부하는 경우는 명시적 국가승인을 한 것을 볼 수 있다.　　O | X

지문의 예시들은 묵시적 국가승인에 해당한다.　　답 X

012

16. 사시

신생국은 다자조약에 가입함으로써 그 조약의 타 당사국들로부터 국가로 승인된 것으로 간주된다.　　O | X

다자조약에 가입하는 것과 국가승인은 관련이 없다.　　답 X

013

16. 사시

신생국이 타국과 상호 통상대표부 설치에 합의하는 경우 그 국가로부터 국가승인을 받은 것으로 본다.　　O | X

정식 외교관계 수립과 달리 통상대표부 설치는 묵시적 승인으로 인정되지 않는다. 답 X

014

16. 사시

국가승인 여부는 국가의 재량사항이므로 어떠한 경우에도 UN안전보장이사회의 결의에 의하여 제한될 수 없다. O | X

승인은 국가의 재량이나 안전보장이사회는 강행규범을 위반한 사실이나 사태에 대해 UN 회원국에게 불승인의무를 부과할 수 있다. 이는 회원국에게 구속력이 있다. 답 X

015

16. 사시

남북한은 유엔에 동시 가입함으로써 상호 국제법상 국가로 승인한 것으로 간주된다. O | X

남북한이 UN에 동시 가입한 것과 국가승인은 독립된 문제로 본다. 답 X

016

16. 사시

정식 외교관계가 개설되지 않은 국가 간에도 국가승인이 가능하다. O | X

국가승인과 외교관계 수립은 별개의 문제로 다루어지고 있다. 국가승인을 부여하였어도 반드시 외교관계를 수립해야 하는 것은 아니다. 답 ○

017

15. 9급

사실상의 승인은 외교관계의 수립과 정치적 성격의 양자조약의 체결을 통해 이루어진다. O | X

사실상의 승인이란 객관적으로 국가로서의 실효성이 확립되지 못한 신국가에 대해 부인하는 승인을 의미한다. 즉, 승인의 방법에 대한 개념이 아닌 것이다. 답 X

018

15. 9급

정식 외교관계의 수립과 UN 가입 신청에 대한 지지 등은 묵시적 승인에 해당하는 것으로 간주된다. O | X

UN 가입 신청에 대한 지지는 묵시적 승인으로 인정된다. 답 ○

019

15. 9급

승인은 일반적으로 각 국가에 의하여 개별적으로 이루어지나, 관련 국가들이 공동으로 승인을 부여하는 경우도 있다. O | X

개별적 승인 및 집합적 승인에 대한 설명이다. 답 ○

020

15. 9급

국가가 소멸하는 경우 소멸된 국가에 대한 승인은 합법적으로 철회될 수 있다. O | X

국가의 승인이 국가의 성립을 전제 조건으로 하는 것이므로, 국가 소멸 시 승인을 철회할 수 있다고 볼 수 있다. 답 ○

021
15. 경찰간부

신생국 영사에 대한 인가증 발급, 상주 외교사절 교환, 통상대표부 설치, 자국 영사의 인가 요구, 신생국에 축하메시지 전달, 신생국에 범죄인 인도, 신생국 국민에 대한 비자발급, 신생국 국기 승인은 모두 묵시적 국가 승인에 해당된다. O | X

묵시적 승인으로 인정되는 행위는 신생국 영사에 대한 인가증 발급, 자국 영사의 인가 요구, 상주 외교사절 교환, 신생국에 축하 메시지 전달, 신생국 국기 승인이다. 묵시적 승인으로 불인정되는 행위는 통상대표부 설치, 신생국에 범죄인 인도, 신생국 국민에 대한 비자 발급이다. 답 X

022
15. 경찰간부

승인이 갖는 국내적 효과는 각 국가의 국내법에 의해 결정되기 때문에 국가마다 다를 수 있다. O | X

승인의 국내적 효과는 제소권, 국가면제, 국가승인 등에서 문제된다. 답 O

023
15. 경찰간부

영국의 경우 승인은 창설적 효과를 가지므로 승인 받은 국가만이 영국 법원에 소(訴)를 제기할 수 있다. O | X

영국은 제소권, 국가면제, 국가행위이론의 적용에 있어서 자국이 승인하지 않은 국가에 대해서는 이를 인정하지 않는다. 답 O

024
15. 경찰간부

미국의 경우 제소권(提訴權)과 관련해서 승인은 창설적 효과를 가지나 승인 받지 못한 국가라도 일정 부분 국가면제는 향유할 수 있다. O | X

미국은 국가면제나 국가행위이론 적용에 있어서는 승인하지 않은 국가에 대해서도 이를 인정하는 다소 유연한 태도를 보이고 있다. 답 O

025
15. 경찰간부

승인의 효력은 창설적 또는 선언적 효과이든 관계없이 승인 시점 이후부터 발생된다. O | X

승인의 효력에 선언적 효과를 부여하는 경우 신생국이 성립한 시점까지 소급하여 승인의 효력이 발생한다. 반면, 창설적 효과를 부여한다면 승인 이후부터 승인의 국내적 효력이 발생한다. 답 X

026
14. 7급

1933년 국가의 권리와 의무에 관한 몬테비데오조약에 따르면 국가로 성립하기 위해서는 국가는 민족자결권에 기초하여 수립되어야 한다. O | X

민족자결권에 따른 국가 수립은 몬테비데오조약상의 국가 성립요건이 아니다. 몬테비데오조약에서는 인구, 영토, 정부, 외교능력 네 가지를 규정하였다. 답 X

027
14. 9급

신국가 또는 신정부가 국제법 위반의 결과로 생겨난 경우는 제외하되, 국가들은 사실상의 요건을 구비한 신국가나 신정부를 승인할 의무가 있다는 주장을 드라고 독트린이라 한다. O | X

지문의 주장은 라우터팩트 독트린이다. 답 X

028

14. 사시

새로 독립한 정치적 실체가 국제법상 국가로 인정받기 위해서는 모든 기존 국가들로부터 국가승인을 얻어야 한다.　　　　　　　　　　　　　　　　　　　O | X

신생독립국이 국가 성립요건을 갖춘 경우 국가로 성립한다. 기존 국가의 승인이 필요한 것은 아니다.　　　　　　　　　　　　　　　　　　　　　　　　　　답 X

029

20. 7급

국가 및 정부승인은 합헌성의 원칙에 따라 행해지며 승인은 국가의 일방적 재량행위이다.　　　　　　　　　　　　　　　　　　　　　　　　　　　　　O | X

국가승인은 합헌성과 무관하며, 정부승인의 경우 합헌성이 불필요하다는 사실주의가 통설이므로 옳지 않은 지문이다.　　　　　　　　　　　　　　　　　　　　답 X

030

14. 경찰간부

몬테비데오조약에 따르면 승인은 무조건적이고 철회할 수 없다.　　　　O | X

몬테비데오조약은 국가의 권리의무에 대한 조약이다. 국가승인에 있어서는 선언적 효력설을 명시하고 있다.　　　　　　　　　　　　　　　　　　　　　　　답 ○

031

14. 경찰간부

승인에는 국제정치적 요소가 고려될 수 있다.　　　　　　　　　　　O | X

승인은 정치적 행위라는 의미이다.　　　　　　　　　　　　　　　　답 ○

032

14. 경찰간부

외교관계의 단절은 국가승인 취소를 의미한다.　　　　　　　　　　　O | X

외교관계의 단절과 국가승인은 별개의 독립적 조치로 인정된다. 따라서 외교관계가 단절되어도 국가승인의 효력은 유지된다.　　　　　　　　　　　　　　　　답 X

033

13. 사시

국가승인은 일방적 행위(unilateral acts)의 한 유형이다.　　　　　　O | X

국가승인은 타국(수신자)의 의사와 무관하게 법적 효력이 발생하는 일방적 행위(unilateral acts)이다.　　　　　　　　　　　　　　　　　　　　　　　　　답 ○

034

13. 사시

신생국과 우호통상항해조약을 체결하는 경우, 이는 그 신생국을 국가로 승인하는 효과를 가져오지 않는다.　　　　　　　　　　　　　　　　　　　　　O | X

우호통상항해조약과 같이 포괄적 양자조약은 묵시적 국가승인으로 인정된다. 그러나, 통상조약과 같이 특별한 문제를 다루는 기술적 성격의 조약은 묵시적 국가승인으로 인정되지 않는다.　　　　　　　　　　　　　　　　　　　　　　　　　답 X

035

13. 사시

신생국과의 외교관계 수립은 그 국가에 대한 묵시적 승인으로 간주된다. O | X

외교관계 수립은 상주사절의 파견과 접수라고 출제되기도 한다. 답 O

036

13. 사시

개별 국가에 의한 승인은 승인국과 피승인국 사이에서만 그 효과를 발생시킨다.
O | X

승인국과 피승인국 사이에서만 효과를 발생시키는 것은 승인의 상대적 효력에 대한 것이다.
답 O

037

13. 사시

외교관계의 단절은 그 사실만으로는 승인이 철회되는 효과를 가져오지 않는다.
O | X

외교관계가 단절되어도 승인의 효력은 유지된다. 반대로 승인이 철회되는 경우 외교관계
는 단절된다고 본다. 답 O

038

12. 7급

「국가의 권리와 의무에 관한 몬테비데오협약」은 "국가는 다른 국가의 승인과 상관없
이 존재한다."라고 규정하여 '선언적 효과설'에 입각하고 있다. O | X

창설적 효력설은 국가의 사실상 성립에도 불구하고 국제법적 확립을 위해서는 기존 국가
의 승인을 요한다고 보는 반면, 선언적 효력설은 사실상의 성립으로 국제법상 국가 성립
의 요건을 충분히 갖춘 것으로 본다. 몬테비데오협약은 선언적 효력설에 기초하여 국가
성립에 있어서 타국의 승인은 요구되지 않는 것으로 규정하였다. 답 O

039

12. 7급

미국에 의해서 승인된 피승인국은 미국 법원에 제소할 수 있는 권리를 취득한다.
O | X

미승인국의 국내법적 효력은 국가의 재량사항이기 때문에 국가마다 다르다. 영국의 경우
대체로 창설적 효력설에 기초하고 있으나, 미국은 선언적 효력설에 기초하여 승인을 받지
않은 국가에 대해서도 그 국내법의 효력을 인정하거나 소송당사자능력을 인정한다. 피승
인국은 미국 국내법상 소송권을 가진다. 답 O

040

12. 9급

스팀슨주의(Stimson Doctrine)란 상조의 승인을 반대하는 것이다. O | X

스팀슨주의(Stimson Doctrine)는 일본이 만주를 침략한 이후 수립한 만주국의 불승인
을 선언한 것이다. 부전조약은 1928년 체결된 조약으로서 국가정책 목표 달성 수단으로
서 전쟁을 포기한 최초의 조약이다. 부전조약에는 일본과 미국이 모두 가입하고 있었다.
답 X

041

11. 7급

국가승인 이전의 국가는 사실상의 존재에 지나지 않는 것으로서 국제법 주체성이 부
정된다는 견해가 창설적 효력설이다. O | X

창설적 효력설은 승인에 의해 비로소 신생국이 국제법인격자가 된다고 본다. 답 O

042

11. 7급

조건부 승인에 있어서 조건의 불이행이 있다고 해서 승인이 무효가 되는 것은 아니며, 다만 의무 불이행에 대한 국가책임 문제가 발생할 뿐이다.　　　　　　　O | X

조건부 승인은 승인함에 있어서 예를 들어 양심수 석방과 같은 조건을 부가하는 것을 의미한다.　　　　　　　답 ○

043

11. 7급

무역사절단의 교환이나 통상교섭행위는 신국가에 대한 묵시적 승인으로 본다.　　　　　　　O | X

상주외교사절의 교환, 포괄적 양자조약 체결 등은 묵시적 승인으로 인정되나, 무역사절단의 교환이나 통상교섭행위는 신국가에 대한 묵시적 승인으로 인정되지 않는다.　　답 X

044

11. 9급

승인의 요건을 완전히 갖추지 못한 국가에 대한 승인을 '시기상조의 승인'이라고 한다.　　　　　　　O | X

시기상조의 승인은 위법이고 무효이며, 분리독립인 경우 모국에 대한 불법간섭에 해당되어 국가책임이 성립할 수 있다.　　　　　　　답 ○

045

19. 7급

국제연합 가입과 국제연합 회원국 상호간의 국가승인은 별개의 문제이다.　　O | X

국제연합(UN)에 가입한 경우 신국가가 기존 회원국으로부터 당연히 승인을 받는 것은 아니므로 별개의 문제이다. 다만, 가입에 찬성한 국가는 신생국을 묵시적으로 승인한 것으로 인정된다.　　　　　　　답 ○

046

11. 9급

승인은 조약규정 또는 국제회의의 결의나 공동선언을 통해 이루어질 수 있다.　　　　　　　O | X

조약규정 또는 결의, 공동선언은 명시적 선언 방법이다.　　　　　　　답 ○

047

11. 사시

기존 국가의 일부분이 분리독립한 경우 국가승인이 문제된다.　　O | X

국가승인은 신국가의 수립을 전제로 한다. 분리독립은 신국가 성립방법에 해당한다.　　　　　　　답 ○

048

11. 사시

쿠데타에 의하여 정부가 변경된 경우 정부승인의 대상이 된다.　　O | X

정부승인은 쿠데타와 같이 위헌적 방법으로 정부가 수립된 경우 문제된다.　　답 ○

049

11. 사시

복수의 국가가 결합하여 하나의 새로운 국가를 형성한 경우 국가승인이 문제된다.　　　　　　　O | X

복수의 국가가 결합하여 하나의 국가를 형성하는 합병과 달리 기존 국가가 타국을 흡수하는 경우 신국가가 성립하지 않음에 주의한다.　　　　　　　답 ○

050

11. 사시

식민지가 독립한 경우 국가승인의 대상이 된다.   O | X

식민지의 독립을 신생독립이라고 한다. 신국가의 성립이므로 국가승인이 문제된다.

답 O

051

19. 7급

국제연합 회원국은 무력사용으로 수립된 국가를 승인할 수 있다.   O | X

무력으로 수립된 국가에 대해서는 오히려 불승인의무가 있다.   답 X

052

예상논점

「1933년 국가의 권리와 의무에 관한 몬테비데오협약」 제1조는 국가의 자격요건으로서 항구적 인구, 명확한 영역, 정부만을 들고 있다.   O | X

세 가지 요건 외에도 다른 국가들과 관계를 맺을 수 있는 능력(외교능력)을 국가의 자격 요건으로 들고 있다.   답 X

053

09. 9급

국가승인의 효과는 승인국과 피승인국 사이에서만 발생한다는 의미에서 상대적이다.   O | X

국가승인의 효과는 상대적이고, 소급적이다.   답 O

054

23. 7급

개별국가에 의한 승인의 효과는 승인국과 피승인국 사이에서만 발생한다.   O | X

이를 승인의 상대적 효력이라고 한다.   답 O

055

09. 9급

국가승인의 효과는 법률불소급의 원칙에 의해 승인을 행한 시점부터 발생한다.   O | X

국가승인의 효과는 소급하여 발생한다. 따라서 국가로 성립한 시점까지 소급하여 승인의 효력이 발생한다.   답 X

056

09. 9급

승인국과 피승인국 간의 외교관계가 단절되면 승인은 취소된다.   O | X

외교관계의 단절은 승인의 효력과 무관하다.   답 X

057

09. 9급

사실상 승인은 법적 효과를 가지지 않는다.   O | X

사실상 승인 역시 법적 효과를 가진다.   답 X

058

09. 사시

국가승인은 국가의 재량적 행위로 신생국을 승인해야 할 법적 의무는 없다. O | X

국가승인은 국가의 의사에 따라 재량적으로 행해진다. 답 ○

059

23. 7급

신생국에 대한 국가승인은 일방적 행위이고 기존 국가들은 신생국에 대한 국가승인의 국제법상 의무를 지지 아니한다. O | X

승인의 신생국의 수락을 요하지 않으므로 일방적 행위라고 한다. 또한, 승인은 재량행위이므로 기존 국가들에게는 승인의무가 없다. 답 ○

060

09. 사시

제2차 세계대전 이후 불법적 무력행사로 수립된 국가에 대한 불승인의무를 받아들이는 경향이 증대되고 있다. O | X

불법적 무력행사로 국가가 성립하는 경우 UN안전보장이사회는 불승인의무를 부과하기도 한다. 답 ○

061

09. 사시

국가의 성립요소를 갖추지 못한 경우에도 승인한 사례가 있다. O | X

상조의 승인에 대한 것으로서 미국의 이스라엘 승인을 예로 들 수 있다. 답 ○

062

07. 사시

에스트라다주의(Estrada Doctrine)는 침략행위의 결과로 성립된 사태를 인정하지 않는다는 정책을 말한다. O | X

정부승인에 있어서 사실주의를 에스트라다주의(Estrada Doctrine)라고 한다. 답 X

063

07. 사시

영사인가장의 발급은 묵시적 국가승인의 한 예이다. O | X

영사인가장의 발급은 국가의 별도의 의사표시가 없는 한 묵시적 국가승인으로 간주된다. 답 ○

064

07. 9급

국가승인은 반드시 UN헌장에 규정된 방식과 절차에 따른다. O | X

국가승인은 국가의 재량사항이므로 개별 국가가 그 방식과 절차를 설정할 수 있다. 또한 국가의 의사에 따라 국가승인 여부 또한 달리 나타날 수 있다. 답 X

065

92. 사시

모국인 A가 B를 신생국으로 승인한 이상 제3국은 즉시 B에 대하여 국가승인을 부여할 의무가 있다. O | X

승인은 재량행위이므로 제3국이 B에 대하여 국가승인을 부여할 의무를 부담하지는 않는다. 답 X

066
02. 사시

Stimson주의란 국제연맹규약 또는 부전조약에 위반하는 방법으로 성립된 모든 사태, 조약 또는 협정을 승인하지 않겠다는 불승인정책을 말한다. O | X

스팀슨(Stimson)주의는 만주국에 대한 불승인원칙을 선언한 것이다. 답 O

067
02. 사시

국가승인의 일반적 효과는 새로이 성립된 국가에게 국제법 주체성을 인정하는 것이다. O | X

승인의 법적 성질에 대해서는 선언적 효과설과 창설적 효과설이 대립한다. 국가승인에 의해서만 신생국이 국제법의 주체가 될 수 있다는 것은 창설적 효과설의 주장이다. 국가승인의 성질에 대해서는 '선언적 효과설'이 통설로 평가되고 있다. 답 X

068
02. 사시

조건부 승인에 있어서 조건의 불이행이 있다고 해서 승인이 무효가 되는 것은 아니며, 다만 의무불이행에 대한 국가책임문제가 발생할 뿐이다. O | X

조건부 승인은 조건을 이행하지 않는다 하여 무효로 보지는 않는다. 답 O

069
02. 행시·외시

타국의 국내법원은 승인받지 못한 국가의 국내법을 적용할 수 있다. O | X

승인의 국내적 효력은 국가의 재량이므로 비승인국은 미승인국의 국내법을 적용할 수도 있다. 답 O

070
19. 7급

승인을 받지 않은 국가적 실체는 국제법상 권리를 향유하거나 의무를 부담하지 않는다. O | X

현행법상 승인을 받지 않는 국가라도 국제관습법상 권리의무를 가진다. 답 X

071
02. 행시·외시

미승인국과 국가승인을 하지 않은 국가 상호간에도 법률관계가 존재할 수 있다. O | X

승인하지 않은 국가에 대해서 국가책임을 추궁하기도 하며 주권면제를 인정하기도 한다. 답 O

072
03. 행시·외시

신회원국의 UN가입이 바로 모든 기존 회원국에 의한 집단적 승인을 의미하는 것은 아니다. O | X

다만 UN가입에 찬성한 국가는 신생국을 묵시적으로 승인한 것으로 간주된다. 답 O

073
03. 행시·외시

선언적 효과설에 대해서 '식민제국의 붕괴에 따른 신국가의 형성을 되도록 지연시키려는 구세계의 이데올로기적 무기'라는 비판이 있다. O | X

이는 창설적 효력설에 대한 비판이다. 답 X

074
03. 행시·외시

상조의 승인(Premature recognition)은 국제법 이론상 내정간섭으로 볼 수 있다.

O | X

상조의 승인(Premature recognition)은 요건을 갖추지 못한 상태에서 부여한 승인을 말하며, 위법이고 무효이다.

답 O

075
03. 행시·외시

선언적 효과설에 대해서 '신국가가 분리·독립할 때 승인이 없다면 기존 국가와 법적 지위상의 혼란이 초래된다'는 비판이 있다.

O | X

분리독립의 경우 모국은 신국의 성립을 부인하는 것이 일반적이므로 승인에 의해 신국의 지위가 확정된다고 볼 수 있다.

답 O

076
99. 사시

어떤 국가가 UN에 가입하는 것은 그 국가에 대한 UN 회원국들 전부에 의한 개별적 승인으로 취급된다.

O | X

이에 대해서는 학설의 대립이 있다. 적어도 신생국의 UN가입에 반대한 국가의 승인이 있었다고는 볼 수 없다.

답 X

077
99. 사시

승인은 재량행위이므로 국가의 요소를 갖추지 못한 국가에 대한 승인도 국제법상 합법적인 승인이다.

O | X

국가의 요소를 갖추지 못한 것은 승인의 요건을 갖추지 못한 것이다. 이는 시기상조의 승인으로서 국내문제 불간섭의무를 위반할 수 있다.

답 X

078
99. 사시

신국가는 기존국에 대하여 승인을 요구할 권리가 없다.

O | X

승인은 재량행위이므로 신국가가 이를 요구할 수는 없다.

답 O

079
99. 사시

한 국가의 승인이 있으면 그 효과는 다른 모든 국가에 의해서도 승인을 받는 것으로 취급된다.

O | X

승인의 효과는 개별적이고 상대적이다. 따라서 승인의 효력은 신생국과 승인국 사이에서만 발생한다.

답 X

080
85. 사시

신생국가의 영사에게 인가장을 부여하는 것만으로는 국가의 승인으로 간주되지 않는다.

O | X

신생국가의 영사에게 인가장을 부여하는 것은 묵시적 승인으로 간주된다.

답 X

081
85. 사시

일반국제법상 국가의 승인은 '법률상의 승인'을 말하고 '사실상의 승인'을 행하는 것은 위법이다.　　　　O | X

사실상의 승인이 부여될 수도 있다. 사실상의 승인은 잠정적 효력을 가지므로 취소할 수 있다.　　　　답 X

082
85. 사시

명시적 승인은 철회할 수 없으나 묵시적 승인은 철회할 수 있다.　　　　O | X

묵시적 승인이라도 철회할 수 없다.　　　　답 X

083
96. 외시

승인 이후에는 상대국을 국제법상의 주권국가로 대우하지 않을 수 없다.　　　　O | X

승인이 없더라도 국가로 인정되나, 승인을 부여한 경우 금반언원칙에 의해 국가성을 부인할 수는 없을 것이다.　　　　답 ○

084
91. 경찰간부

사실상 승인이란 아직 완전한 국가의 요건을 갖추지 못한 국가적 실체에게 사실상 효력만을 갖는 승인을 하는 것이다.　　　　O | X

사실상 승인은 승인의 효력이 사실적이라는 의미가 아니라 승인 대상국가의 지위의 확립 여부에 관한 것이다. 사실상의 승인이란 신생국의 국가로서의 성립이 잠정적이라 생각될 때 철회의 여지를 남겨두기 위해 부여하는 승인을 의미한다. 따라서 승인의 효과는 법률적이나 잠정적 성격을 가질 따름이다.　　　　답 X

085
91. 경찰간부

명시적 승인은 외교공문, 공동선언뿐만 아니라 일방선언으로 성립한다.　　　　O | X

승인 부여는 일방행위이므로 일방적 선언에 의해서도 승인을 부여할 수 있다.　　　　답 ○

086
91. 경찰간부

법률상 승인은 법적 효력을 발생시키고 최종적으로 철회할 수 없는 승인이다.　　　　O | X

법률상 승인은 사실상 승인과 달리 철회할 수 없다고 보는 것이 일반적이다.　　　　답 ○

087
예상논점

현실국제법상 국가승인은 기존 국가의 재량행위이다.　　　　O | X

국가승인의 요건을 갖추었어도 승인의무는 없다.　　　　답 ○

088
01. 사시

승인은 원칙적으로 소급효를 가지지 아니한다.　　　　O | X

승인은 소급효를 가진다.　　　　답 X

089

01. 사시

'사실상 승인'은 철회가 가능하다는 점에서 그 효과가 잠정적이다.　　O | X

사실상 승인은 신국가로서의 지위가 확고하지 않는 경우 부여되며 철회될 수 있다.

답 ○

090

17. 9급

국가승인은 승인하는 국가와 승인받는 국가의 쌍방적 행위이다.　　O | X

국가승인은 일방적 행위이다.　　답 X

091

17. 9급

국가가 소멸하는 경우에는 국가승인의 명시적 취소가 필요하다.　　O | X

국가가 소멸하는 경우라도 승인을 취소할 의무가 있는 것은 아니다.　　답 X

092

17. 9급

정부승인의 변경은 국가승인 여부에 영향을 주지 아니한다.　　O | X

정부승인의 변경은 국가의 성립과 무관하다. 따라서 국가승인 문제가 발생하지 않는다.

답 ○

093

17. 9급

국제기구의 가입은 신규 회원국에 대한 기존 회원국의 국가승인으로 간주된다.

O | X

국제기구의 가입과 신규 회원국에 대한 기존 회원국의 국가승인은 관련이 없다.　답 X

094

예상논점

능력구분설은 국가의 법인격을 권리능력과 행위능력으로 구별하여 국가는 승인 이전에도 권리능력을 가지나 행위능력은 승인을 통해서만 인정된다는 입장이나, 선언적효력설에 가까운 입장이다.　　O | X

능력구분설은 창설적 효력설의 한계를 보완하는 이론이나 선언적 효력설과 유사하다. 승인 이전에도 국가의 권리능력을 인정하기 때문이다.　　답 ○

095

예상논점

라우터팩트나 구겐하임은 승인요건을 갖춘 경우 승인의무가 있다는 주장을 하나 승인은 재량행위이므로 인정될 수 없다고 보는 것이 일반적 견해이다.　　O | X

요건을 갖춘 경우 승인의무가 있다는 것을 '라우터팩트 독트린'이라고 한다.　　답 ○

096

예상논점

미국은 니카라과에 대한 법률상 승인을 취소한 사례가 있다.　　O | X

법률상 승인은 취소할 수 없다는 것이 일반적이나 관행상 법률상 승인을 취소하기도 한다.

답 ○

097
예상논점

국가가 소멸하는 경우 이에 따른 별도의 승인취소는 필요하지 않다. O | X

국가가 소멸하는 경우 승인을 취소할 수 있으나, 취소의사를 반드시 표명해야 하는 것은 아니다. 답 ○

098
예상논점

대만과의 외교관계를 단절하고 중화인민공화국과 외교관계를 맺은 조치는 법적으로 대만에 대한 국가승인을 취소한 행위가 아니라 하나의 중국의 대표권이 북경 정부에 있음을 확인한 것에 불과하였다. 일종의 정부승인의 변경이다. O | X

1971년 UN총회는 UN에서 중국 전체를 대표하는 정부로서 중화인민공화국 정부를 승인하는 결의를 채택하였다. 답 ○

099
예상논점

미국은 1920년 아르메니아 공화국이 더이상 독립국으로 존재하지 않고 있다는 이유에서 이미 부여된 법률상의 승인을 취소한 바 있다. O | X

사실상의 승인을 철회한 사례이다. 사실상의 승인은 합법적으로 취소될 수 있다. 답 X

100
예상논점

국가의 권리의무에 관한 몬테비데오조약 제6조는 승인은 취소할 수 없다고 규정하고 있다. O | X

법률상 승인은 취소할 수 없음을 규정한 것이다. 답 ○

101
예상논점

사실상의 승인은 합법적으로 철회될 수 있다. O | X

사실상의 승인은 사실상의 국가에 대한 승인을 의미한다. 답 ○

102
예상논점

버마(현 미얀마) 정부는 아웅산묘소 폭탄테러 사건에 대한 보복적 조치로서 1983년 11월 4일 북한과의 외교관계 단절 및 북한에 대한 정부승인 철회를 발표한 바 있다. O | X

정부승인도 국가승인과 마찬가지로 철회될 수 없다고 보는 것이 일반적이나 이 사례와 같이 철회하기도 한다. 답 ○

103
예상논점

영국은 이탈리아의 에티오피아 정복에 대해 1936년 사실상의 승인을 부여하고 이어서 1938년에는 법률상의 승인을 부여하였지만 1940년 이를 철회한 바 있다. O | X

이탈리아는 1935년에 에티오피아를 침략하고 1936년에 병합하였다. 답 ○

104
예상논점

승인의 철회는 당연히 외교관계(국교)의 단절을 초래하지만 외교관계의 단절은 그 자체만으로는 승인의 철회로 간주되지 않는다. O | X

승인의 철회로 외교관계를 단절하는 효과를 초래한다는 점에 주의한다. 답 ○

105
21. 7급

신생국에 대한 독립 축하 메시지 부여, 외교관계의 수립, 영사인가장의 부여, 우호통상
항해조약의 체결 등으로는 묵시적 국가승인의 효과가 있다고 볼 수 없다.　　O | X

신생국에 대한 독립 축하 메시지 부여, 외교관계의 수립, 영사인가장의 부여, 우호통상항
해조약의 체결 등 모두 묵시적 국가승인에 해당된다.　　답 X

106
21. 7급

다자조약의 동시 가입, 통상대표부의 설치 허가, 장기간의 양국 회담은 묵시적 국가승
인으로 보기 어렵다.　　O | X

다자조약의 동시 가입, 통상대표부의 설치 허가, 장기간의 양국 회담은 국가 관행상 묵시
적 승인으로 인정되지 않는다.　　답 ○

107
21. 7급

정부승인의 필요성은 정부가 혁명이나 쿠데타와 같이 비합헌적인 방법으로 변경되는
경우에 제기된다.　　O | X

정부승인은 위헌적으로 정권이 변경될 때 문제가 된다.　　답 ○

108
21. 7급

국가는 원칙적으로 승인을 받아야 승인국에서 주권면제를 향유한다.　　O | X

승인받지 않은 나라에서도 주권면제가 인정되는 경우도 있으나, 일반적·원칙적으로는 승
인받은 나라에서 주권면제를 향유한다고 볼 수 있다.　　답 ○

제2절　정부승인

109
14. 사시

정부변경시 신정부가 그 국가의 정식의 국제적 대표기관으로 인정받기 위해서는 다른
국가로부터 정부승인을 얻어야만 한다.　　O | X

정부승인에 대해서는 사실주의가 관행으로 인정된다. 즉, 신정부가 국가 영토에 대한 전
반적 통제력을 행사하는 경우 국가의 대표권자로서 인정될 수 있다.　　답 X

110
11. 9급

정통주의 또는 토바르주의(Tobar Doctrine)란 일단 국가승인이 있으면 정부승인행위
는 불필요하다는 주장이다.　　O | X

정통주의[합헌주의, 토바르주의(Tobar Doctrine)]는 위헌적 정부변경의 경우 합헌적 절
차에 의해 정통성을 인정받는 경우에만 정부로서 승인할 수 있다는 입장을 의미한다.
　　답 X

111
11. 사시

내전 중 반란단체가 영토의 일부분을 실효적으로 장악한 경우는 정부승인의 대상이 된다. O | X

반란단체가 영토 일부분을 장악한 경우 '교전단체'승인이 부여될 수 있다. 정부승인이 있기 위해서는 영토 '대부분'을 장악하여 '일반적·사실상의 정부(general de facto government)'가 수립되어야 한다. 답 X

112
91. 경찰간부

토바르원칙은 쿠데타로 성립한 정부가 합법절차를 거칠 때까지 승인할 수 없다는 것이다. O | X

토바르원칙은 합헌주의 또는 윌슨주의라고도 한다. 답 ○

113
91. 경찰간부

윌슨 대통령이 1913년 멕시코 사태에서 에스트라다원칙을 적용한 후 윌슨원칙이라고도 한다. O | X

윌슨원칙은 토바르주의를 의미한다. 답 X

114
91. 경찰간부

에스트라다원칙은 다른 나라 정부에 대한 승인권을 부정하였다. O | X

에스트라다원칙은 사실주의를 의미한다. 신정부가 확립되었다면 굳이 승인의 의사를 표시할 필요가 없다는 주장으로서 승인권을 부인한다고 볼 수 있다. 답 ○

115
91. 경찰간부

근대에는 정부승인을 하는 국제실행이 거의 없는 편이다. O | X

영국이나 미국 등 주요국의 관행은 정부승인의 의사를 표시하기보다는 신정부와 기존 관계를 지속하는 것이다. 답 ○

116
01. 국가직

영국과 코스타리카 간의 티노코 중재 사건에서 주요 논점은 사실상 정부의 법적 행위능력에 관한 것이었다. O | X

티노코 중재 사건의 주요 논점은 영국이 티노코 정부를 승인하지 않았으나 티노코 정부는 사실상의 정부였으므로 그 법률행위의 유효성을 인정할 수 있다는 것이다. 답 ○

117
99. 서울시

적법한 절차에 따라 정부가 변경될 경우에는 정부승인의 문제가 발생하지 않는다. O | X

정부승인은 위헌적 정부로 변경될 시 문제된다. 답 ○

118
23. 9급

1992년 대한민국이 중화인민공화국과 외교 관계를 수립한 것은 대한민국에 의한 묵시적 국가승인으로 본다. O | X

양국은 1992년 8월 24일자 공동성명을 통해 명시적으로 상호 승인하기로 하였다. 답 X

119

99. 서울시

정부의 변경은 국가의 동일성과 계속성이 부인됨을 의미한다. O | X

국가의 동일성과 계속성이 부인되는 경우 정부승인이 아니라 '국가승인'의 문제가 발생한다. 정부승인은 위헌적 방식으로 정부가 변경된 경우에 발생하는 법적 문제이다. 답 X

120

99. 서울시

정부의 승인은 그 국가를 대외적으로 대표할 자격을 인정하는 행위이다. O | X

국가승인이 신국가의 국제법인격에 대한 문제인 반면, 정부승인은 신정부의 대외적 대표권에 대한 문제이다. 답 ○

121

99. 서울시

신정부에 대한 승인의 효과는 사실상 정부로서 존재하기 시작한 시점까지 소급하여 발생한다. O | X

국가승인과 마찬가지로 소급효가 인정된다. 답 ○

122

85. 사시

일국이 헌법개정으로 공화국에서 군주국으로 변경된 경우 제3국은 정부승인을 부여해야 한다. O | X

합헌적 정부변경이므로 정부승인 문제가 발생하지 않는다. 정부승인은 재량행위이므로 위헌적 정부변경이 발생하였더라도 승인의 의무가 발생하는 것은 아니다. 답 X

123

예상논점

영국 법원은 셀라시에 망명정부의 지위와 관련하여 법률상 승인을 받은 신정부는 사실상의 승인만을 받았던 시기까지 소급하여 구 정부의 권리를 승계한다고 하였다. O | X

루터 대 사고르 사건도 정부승인의 소급효를 인정한 대표적 사례이다. 답 ○

제3절 교전단체승인

124

14. 사시

반란단체는 교전단체로 승인을 받지 않으면 국제인도법의 주체가 될 수 없다. O | X

반란단체가 국제법 주체로 인정되기 위해서는 교전단체로 승인되어야 한다. 그러나, 승인을 받기 전이라도 국제인도법의 주체가 될 수는 있다. 답 X

125

98. 사시

교전단체는 승인을 통해 완전한 국제법 주체성을 획득한다. O | X

교전단체는 승인을 통해 불완전하고 잠정적인 국제법 주체성을 획득한다. 답 X

126
98. 사시

교전단체에 대해 본국이 승인하면 절대적 효력을 발휘한다. O | X

절대적 효력의 의미는 교전단체가 승인의 요건을 갖추지 않았더라도 제3국이 승인을 부여할 수 있다는 의미이다. 답 O

127
20. 7급

반란 집단이 소재한 국가의 중앙정부가 아닌 제3국은 교전단체승인을 할 수 없다. O | X

제3국도 자국민 보호를 위한 합법적 교섭을 위해 교전단체를 승인할 수 있다. 엄격한 요건을 요한다. 답 X

128
98. 사시

교전단체에 대한 제3국의 승인은 상대적 효력을 갖는다. O | X

본국 정부의 승인이 절대적인 반면, 제3국의 승인은 상대적이다. 답 O

129
98. 사시

상조의 승인은 국내문제 간섭의 문제를 야기할 수 있다. O | X

상조의 승인은 요건을 갖추기 전의 승인을 의미한다. 답 O

130
98. 사시

본국의 교전단체승인은 국제책임을 회피하기 위한 것이다. O | X

본국은 국제책임의 회피와 전쟁의 참화 감소를 위해 교전단체승인을 부여한다. 답 O

131
85. 사시

타국에 의한 교전단체승인의 효과는 승인국과 교전단체 및 그 승인국과 본국 간에만 미친다. O | X

타국이 교전단체승인을 부여한 경우 당해국과 교전단체, 당해국과 본국은 중립법관계에 들어간다. 답 O

132
85. 사시

본국이 교전단체를 승인한 후에는 교전단체에 본국의 국내법 적용이 정지되고 국제법이 적용된다. O | X

본국이 교전단체에 승인을 부여한 경우 교전단체 구성원에 대해서는 포로자격을 부여해야 한다. 답 O

133
85. 사시

본국이 교전단체를 승인한 후에는 교전단체의 행위에 대하여 본국은 국제법상 책임을 면한다. O | X

교전단체가 장악한 지역에서 행위에 대한 국제법상 책임은 교전단체가 진다. 답 O

134
85. 사시

본국과 교전단체 간의 포로교환은 묵시적인 교전단체의 승인으로 본다.　O | X

포로교환이나 임검권 인정 등이 묵시적 승인 방법이다.　답 ○

135
85. 사시

승인요건을 구비하기 전에는 본국 정부가 승인한 후일지라도 타국의 승인은 불법간섭이 된다.　O | X

본국이 승인한 이후에는 승인요건을 구비하지 못했어도 제3국은 승인을 부여할 수 있다. 본국의 승인은 절대적 효력이 있다.　답 X

136
83. 사시

교전단체에 대한 묵시적 승인 방법으로 전시봉쇄의 설정, 타국의 중립선언, 반란단체와의 교섭, 포로의 교환, 공해상에서의 자국선박 임검 묵인이 있다.　O | X

반란단체와의 교섭은 그 자체만으로는 교전단체에 대한 승인으로 보기는 어렵다.　답 X

137
15. 사시

중앙정부는 반란단체를 교전단체로 승인할 수 없다.　O | X

중앙정부는 반란단체를 교전단체로 승인할 수 있다.　답 X

138
15. 사시

반란단체를 교전단체로 승인한 제3국은 중립의 지위에 놓인다.　O | X

교전단체와 제3국, 본국과 제3국은 중립법의 지배를 받는다.　답 ○

139
15. 사시

교전단체로 승인받은 반란단체는 제한된 범위 내에서 국제법의 주체가 된다. O | X

교전단체는 국제법의 제한적 법주체로서 조약을 체결하거나 국가책임을 부담할 수 있으며, 전쟁법과 같은 특수법의 지배를 받기도 한다.　답 ○

140
18. 9급

제3국이 반란단체와 중앙정부 간의 무력충돌에 대해 중립선언을 하는 경우 교전단체 승인이 된 것으로 볼 수 있다.　O | X

중립선언은 일반적으로 명시적 승인으로 인정된다.　답 ○

141
18. 9급

중앙정부에 의한 교전단체승인의 효력은 교전단체에만 미치고 제3국에는 미치지 않는다.　O | X

중앙정부에 의한 교전단체승인은 '절대적 효력'을 가지므로 제3국에게도 승인의 효력이 미치며, 제3국은 교전단체가 요건을 갖추지 못한 경우에도 승인을 부여할 수 있다.
답 X

142

18. 9급

제3국은 반란지역에서의 자국민의 이익을 보호하기 위하여 교전단체승인을 할 필요가 있다. O I X

교전단체승인을 부여하지 않고 제3국이 일방적으로 개입하면 국내문제에 대한 위법한 간섭을 구성하여 국제법적 책임 문제가 발생할 수 있다. 답 ○

143

18. 9급

교전단체승인이 있는 경우 교전단체와 중앙정부 간의 무력 충돌은 국제적 무력충돌로 간주된다. O I X

국제적 무력충돌로 간주되므로 전쟁법이 적용되고, 국내법의 적용은 배제된다. 답 ○

제2장 국가의 기본적 권리 및 의무

제1절 총설

001
21. 9급

「국제연합(UN)헌장」에 따르면, 모든 UN 회원국은 제55조에 명시된 목적을 달성하기 위해서 UN과 협력할 것을 약속하고 있다.　　　　　O | X

헌장 제55조는 사람의 평등권 및 자결권 존중에 기초한 국가 간의 평화롭고 우호적인 관계에 필요한 안정과 복지의 조건을 창조하기 위해 UN이 보다 높은 생활수준 등을 촉진하도록 규정하고 있다. 헌장 제56조는 모든 회원국이 제55조에 규정된 목적 달성을 위해 UN과 협력하여 공동의 조치 및 개별적 조치를 취할 것을 약속한다고 규정하고 있다.

답 ○

002
01. 사시

분쟁의 평화적 해결의무는 국제사법재판소가 강제관할권을 가지고 있음을 전제로 한다.　　　　　O | X

분쟁의 평화적 해결의무는 강제관할권과 무관하다.　　　　　답 X

003
01. 사시

오늘날 무력사용뿐만 아니라 무력사용의 위협도 원칙적으로 금지된다.　　　O | X

UN헌장 제2조 제4항에 규정된 내용이다.　　　　　답 ○

004
01. 사시

국가는 자국에게 유효하게 부과된 국제의무를 성실히 이행하여야 한다.　　　O | X

신의성실의 원칙이라고 한다.　　　　　답 ○

005
00. 사시

1970년 UN헌장에 따른 국가 간의 우호관계 및 협력에 관한 제 원칙선언에 명시된 7개의 기본원칙에 주권평등의 원칙, 무력사용금지의 원칙, 국제분쟁의 평화적 해결원칙, 민족자결의 원칙, 천연자원에 대한 항구적 주권원칙 등이 포함된다.　　　　　O | X

천연자원에 대한 항구적 주권원칙은 별도의 UN총회 결의로 성립되었다.　　　답 X

006

예상논점

IMF총회에서의 SDR 할당 문제, 유럽이사회(European Council)에서의 의장 선출 문제, WTO각료회의에서의 WTO설립협정 제1부속서 다자간무역협정에 관한 해석결정 문제, IBRD총회에서의 신회원국 가입승인 문제는 모두 절대적 평등의 원칙이 적용된다.

O | X

SDR 할당, 유럽이사회(European Council) 의장 선출, IBRD 가입승인 문제는 상대적 평등의 원칙이 적용된다. IMF총회에서의 SDR 할당은 각 국가의 재정기여도에 따라 차등적으로 배분된다. 또한 유럽이사회 의장은 유럽이사회에서 가중다수결(qualified majority)로 선출된다. 그리고 IBRD 가입승인 역시 가중투표제가 채용되어 투표권은 출자의 규모에 따라 좌우된다.

답 X

007

01. 사시

국제관계에서 모든 국가는 법적으로 평등하다.

O | X

모든 국가는 평등권을 가진다는 의미이다.

답 O

008

예상논점

국제사법재판소(ICJ)는 슐츠선언에 대해 신의성실원칙에 위배되어 효력이 없다고 하였다.

O | X

슐츠선언은 미국이 선택조항 수락선언을 철회하고, 즉각 효력이 발생한다는 내용의 선언이다. 국제사법재판소(ICJ)는 동 선언이 신의성실원칙에 위반되므로 효력을 갖지 않는다고 판단하였다.

답 O

009

예상논점

ILC는 「1949년 국가의 권리의무에 관한 선언 초안」을 작성하였으며, 여기에는 인권과 기본적 자유를 존중할 의무, 무력사용을 통한 영토 취득을 승인하지 않을 의무 등이 규정되었다.

O | X

인권존중의무가 포함된 점에 주의한다.

답 O

제2절 자위권

010

예상논점

집단적 자위권의 행사를 위해서 UN안전보장이사회의 사전 동의를 얻어야 한다.

O | X

UN안전보장이사회에 사후 보고한다.

답 X

011

01. 사시

UN헌장 제51조에 의하면 집단적 자위권도 국가의 고유한 권리에 속한다.

O | X

집단적 자위권과 개별적 자위권을 모두 국가의 고유한 권리로 규정하고 있다.

답 O

012

16. 사시

개별적 자위권은 국가의 고유한 권리이나 집단적 자위권은 그렇지 않다. O | X

집단적 자위권도 국가의 고유한 권리이다. 답 X

013

16. 사시

UN헌장은 무력공격 또는 그 급박한 위협이 존재하는 경우 자위의 권리를 명문으로 인정하고 있다. O | X

UN헌장에는 급박한 경우에 대해서 명시되어 있지 않다. 예방적 자위권 인정 여부에 있어서 논란이 있다. 답 X

014

18. 7급

국제사법재판소는 니카라과 사건에서 「국제연합헌장」 제51조의 자위권이 기존의 국제관습법상 자위권 개념을 모두 포섭하고 있다고 보았다. O | X

니카라과 사건에서 국제사법재판소(ICJ)는 헌장 제51조는 기존 관습법상 자위권 개념을 모두 포섭하고 있지 않다고 보았고, 따라서 관습법과 헌장을 모두 적용해야 한다고 보았다. 즉, 필요성이나 비례성과 같은 자위권 요건이 헌장에 명시되지 않았어도 관습법상 요건에 해당하므로 자위권을 주장하는 국가는 이들 요건도 준수해야 한다고 하였다. 답 X

015

16. 사시

자위권 행사는 안전보장이사회가 국제평화와 안전을 유지하기 위하여 필요한 조치를 취할 때까지 허용된다. O | X

자위권의 시간적 한계에 대한 것이다. 단, 안전보장이사회가 실효적 조치를 취하지 않는 경우 계속해서 자위권을 발동할 수 있다. 답 ○

016

18. 9급

UN헌장은 무력의 위협이나 무력사용을 금지하고 있으므로 회원국은 무력공격에 대하여 자위권을 행사할 수 없다. O | X

위법성 조각사유에 해당하므로 헌장 제51조에 따라 자위권을 발동할 수 있다. 답 X

017

18. 7급

국제사법재판소는 Oil Platforms 사건에서 자위권을 행사하기 위한 무력공격의 존재 여부에 대한 입증책임이 피침국에 있다고 확인하였다. O | X

Oil Platform 사건은 이란이 미국을 국제사법재판소(ICJ)에 제소한 사건으로서 미국이 이란에 대한 공격을 자위권으로 항변한 사건이다. 이란이 미국계 선박에 대해 무력공격을 가한 것에 대해 미국이 이란의 정유시설을 공격하여 파괴하고 이를 자위권으로 정당화하고자 하였으나, 미국의 공격은 필요성 및 비례원칙에 위반된다고 하였다. 답 ○

018

16. 사시

자위권 행사의 요건으로서 필요성(necessity)은 요구되나, 비례성(proportionality)은 요구되지 않는다. O | X

비례성(proportionality)도 자위권 행사의 요건이다. 필요성(necessity)과 비례성(proportionality)은 UN헌장에 명시되어 있지 않다는 점에 주의해야 한다. 답 X

019

16. 사시

자위의 조치는 국가의 권리 행사에 해당하므로 위법성 조각사유에는 속하지 않는다.

O | X

자위의 조치는 위법성 조각사유 중 하나이다. 대항조치, 피해국의 동의, 불가항력, 조난, 긴급피난도 위법성 조각사유에 해당된다.

답 X

020

16. 경찰간부

UN은 상대방으로부터 위법한 무력공격이 없더라도 그 징후가 뚜렷하다면 미리 이를 타결할 수 있다는 예방적(anticipatory) 자위권의 행사가 허용된다는 논리를 지지하고 있다.

O | X

예방적(anticipatory) 자위권에 대해서는 논란이 있다. UN에서 명확한 입장을 표명한 바는 없다.

답 X

021

16. 경찰간부

비정규군이나 무장단체, 용병의 무력행사도 그 규모와 효과에 따라 자위권의 행사대상인 무력공격에 해당할 수 있다.

O | X

이를 간접적 무력공격이라고 한다. 니카라과 사건에 의하면 간접적 무력공격에 대해서도 자위권을 발동할 수 있다.

답 O

022

예상논점

적의 공격으로 자국 영토가 피점령 중이라면 당장은 공격행위가 진행되고 있지 않아도 점령을 유지하기 위한 무력행사는 계속 중인 상태이므로 이를 회복하려는 자위권의 행사는 인정된다.

O | X

적의 공격이 중단되었어도 계속해서 자위권을 발동할 수 있다는 것이다.

답 O

023

예상논점

당장은 적의 공격이 중지되었고 이후에 일련의 공격이 확실한 경우라 하더라도 적의 공격이 계속 중인 상황은 아니므로 자위권을 행사할 수 없다.

O | X

공격이 간헐적으로 계속되는 경우, 당장 공격이 중지되었어도 자위권을 계속 발동할 수 있다.

답 X

024

16. 경찰간부

1834년 「Caroline호 사건」을 통해 미국의 국무장관 Daniel Webster는 자위권을 행사할 필요성은 "급박하고, 압도적이며, 다른 수단을 선택할 여지가 없고, 숙고할 여지가 없으며, 그 내용이 비합리적이거나 과도한 행사가 아닌 경우"에 인정됨을 주장하였다.

O | X

비례성과 필요성을 'Webster 공식' 또는 '캐롤라인 원칙'이라고 한다.

답 O

025

예상논점

Bowett, Waldock, Mcdougal, Brerly 등은 예방적 자위권을 긍정한다.

O | X

예방적 자위권 긍정론자들은 핵무기와 같은 새로운 무기체계의 발달, UN헌장 제2조 제4항에서 무력사용의 위협을 금지하고 있으므로 예방적 자위권이 인정된다는 것, 기존 관습에서 허용되는 예방적 자위권이 UN헌장에서 명시적으로 금지되지 않았으므로 계속 허용된다는 것 등을 논거로 한다.

답 O

026
예상논점

브라운리(Brownlie)는 예방적 자위권을 부정한다. O | X

예방적 자위권 부정론자들은 기존에 예방적 자위권이 인정되었다고 해도 UN헌장체제에서는 금지되었다는 점, 무력공격이 급박한 경우에는 안전보장이사회에 회부하여 조치를 취해야 한다는 점, 예방적 자위권을 허용하는 경우 남용될 수 있다는 점 등을 논거로 한다.

답 ○

027
예상논점

다자조약이나 UN총회 결의와 같이 일반적 합의를 통해 성립된 어떠한 국제문서도 예방적 자위권을 직접적으로 지지한 사례는 없다. O | X

예방적 자위권에 대해서는 입법적 해결을 보지 못했다. 답 ○

028
20. 7급

뉘른베르크 국제군사재판소는 자위권 행사의 합법성 여부는 궁극적으로 조사 및 재판의 대상이 된다고 판결하였다. O | X

뉘른베르크 국제군사재판소는 독일 전범들을 단죄한 재판소로서 심리과정에서 피고인들은 자위권을 들어 정당화를 시도하였고, 재판소는 자위권 요건 충족 여부는 심리대상이 된다고 보았으나, 자위권으로 피고들의 범죄를 정당화할 수는 없다고 하였다. 답 ○

029
22. 7급

「UN헌장」 제51조의 집단적 자위권은 국가 고유의 권리인바, 피침국의 명시적 요청이나 상호방위조약과 같은 사전합의가 없어도 제3국은 독자적 판단만으로 집단적 자위권을 행사할 수 있다. O | X

ICJ에 의하면 집단자위권은 피침국의 사전적 또는 사후적 요청에 의해서만 발동할 수 있다.

답 X

030
12. 9급

자위권은 급박하고 현존하는 무력공격에 대하여 발동할 수 있다. O | X

현존하는 무력공격에 대해서만 자위권을 발동할 수 있다. 답 X

031
12. 사시

UN헌장상의 자위권 규정은 무력사용금지원칙의 예외 중 하나이다. O | X

그 밖에도 지역기관의 무력사용, 안전보장이사회의 강제조치 참여, 구적국조항이 있다.

답 ○

032
12. 사시

자위권은 무력공격이 발생한 경우 안전보장이사회가 국제평화와 안전의 유지를 위하여 필요한 조치를 취할 때까지 행사될 수 있다. O | X

이를 자위권의 시간적 한계라고 한다. 답 ○

033

12. 사시

UN헌장은 무력공격이 발생하는 경우뿐만 아니라 그러한 급박한 위협이 있는 경우에도 자위권 행사를 허용하고 있다. O | X

무력공격이 급박한 상황에서 취하는 무력사용권을 '예방적 자위권'이라 한다. 그러나, UN 헌장에서는 이에 대한 명시적 조항을 두지 않았다. 헌장 제51조의 문언은 "if an armed attack occurs."라고 표현하여 무력공격의 '현존성'을 요한다고 보는 견해가 유력하다. 답 X

034

15. 9급

자위권의 행사는 무력공격에 비례하고 또한 대응에 필요한 조치의 범위 내에서만 정당화될 수 있다. O | X

비례성과 필요성 요건은 UN헌장에 명시된 것은 아니나 자위권 발동국은 이를 준수해야 한다. 관습법상 요건이다. 답 ○

035

21. 7급

국제사법재판소(ICJ)는 「Legal Consequences of the Construction of a Wall in the Occupied Palestinian Territory」 사건에서 비국가행위자에 대한 자위권의 발동을 명시적으로 인정하였다. O | X

국제사법재판소(ICJ)는 비국가행위자에 대해 자위권을 발동할 수 없고, 자위권은 국가 대 국가 관계로 한정해야 한다고 하였다. 답 X

036

22. 7급

자위권 행사에 요구되는 비례성 원칙은 최초공격의 방식과 대응방식 간 대칭을 의미하는 것은 아니다. O | X

비례성은 대응방식 간 비례성이 아니라 반격 정도에 있어서의 비례성을 요구하는 것이다. 답 ○

037

03. 행시·외시

국제사법재판소는 1986년 니카라과 사건에서 집단적 자위권을 관습법으로 인정하지 아니하고, 무력공격 피해국가가 그러한 사실을 선언하고 원조를 요청한 경우에만 행사될 수 있다고 판시하고 있다. O | X

국제사법재판소(ICJ)는 관습법으로 인정하였다. 피해국가가 요청한 경우에만 행사될 수 있다고 하였다. 답 X

038

03. 행시·외시

집단적 자위권은 오늘날 관습법상으로도 인정된다고 볼 수 있다. O | X

집단적 자위권은 UN헌장에서 창설된 권리이나 현재는 관습으로 인정된다. 답 ○

039

03. 행시·외시

UN헌장의 모체였던 덤버턴 오우크스 제안에는 없었으나, 샌프란시스코회의에서 처음 인정되었다. O | X

지역적 기관의 무력사용시 자위권을 발동하는 경우에는 안전보장이사회의 사전승인을 받지 않도록 하기 위해 덤버턴 오우크스 제안이 나온 이후에 헌장에 편입된 것이다. 집단적 자위권은 사후보고만 하면 된다. 답 ○

040
22. 7급

ICJ는 Military and Paramilitary Activities in and against Nicaragua 사례에서 자위권에 관해 「UN헌장」 제51조가 규정하고 있지 않은 나머지 부분은 여전히 국제관습법에 의해 보완되어야 한다고 하였다.　　　　　　　　　　　O | X

필요성 요건과 비례성 요건은 헌장에 규정되어 있지 않지만 관습법상 자위권 발동 요건에 해당한다.　　　　　　　　　　　　　　　　　　　　　답 O

041
02. 사시

팔마스(Palmas)섬 사건, 인터한델(Interhandel) 사건, 노테봄(Nottebohm) 사건, 사바티노(Sabbatino) 사건, 캐롤라인(Caroline)호 사건은 모두 자위권에 관련된 사례들이다.　　　　　　　　　　　　　　　　　　　　　　　　　O | X

캐롤라인(Caroline)호 사건만 자위권에 대한 것이다. 팔마스(Palmas)섬 사건은 선점, 인터한델(Interhandel) 사건은 국내구제완료원칙, 노테봄(Nottebohm) 사건은 국적취득 요건, 사바티노(Sabbatino) 사건은 국가행위이론에 대한 것이다.　　　　답 X

042
88. 국가직

타국의 군용기가 자국 내 영공침입을 행한 경우 현대국제법상 개별적 자위권을 발동할 수 있다.　　　　　　　　　　　　　　　　　　　　　　　　O | X

자위권은 무력공격이 발생하는 경우 발동할 수 있다. 군용기의 영공침입은 동 조건을 충족하는 것으로 해석된다.　　　　　　　　　　　　　　　　답 O

043
19. 9급

무력공격을 받은 국가는 안전보장이사회가 침략국에 대해 경제제재 조치를 취하면 피(被)점령상태가 지속되고 있더라도 자위권 행사를 계속할 수 없다.　　　O | X

경제제재 조치는 침략을 격퇴하기에 충분한 실효적 조치로 볼 수 없으므로 자위권을 계속해서 발동할 수 있다.　　　　　　　　　　　　　　　　답 X

044
00. 사시

UN헌장상 UN 안전보장이사회의 결의가 있을 때만 자위권을 행사할 수 있다.　　　　　　　　　　　　　　　　　　　　　　　　　　　O | X

자위권은 모든 국가의 고유한 권리이다. 행사에 있어서 안전보장이사회의 결의를 요하지 않는다. 다만, 사후보고의무는 있다.　　　　　　　　　　답 X

045
05. 사시

국제사법재판소(ICJ)는 자위권 행사의 정당성을 심사하는 유일한 기관이다.　O | X

자위권 행사의 정당성에 대한 1차적 판단기관은 안전보장이사회이다. 다만, 안전보장이사회가 필요에 따라 국제사법재판소(ICJ)에 권고적 의견을 요청할 수 있으므로 국제사법재판소(ICJ)가 판단기관이 될 수 있다.　　　　　　　　　　답 X

046
19. 7급

자위권 발동 여부는 1차적으로 개별 국가가 판단하며, 무력공격의 존재 여부는 공격을 당한 국가가 증명해야 한다.　　　　　　　　　　　　　　　O | X

자위권 발동의 적법성은 안전보장이사회가 평가할 수 있다.　　　　답 O

047

01. 국가직

집단적 자위권 행사를 위해서는 미리 '상호방위조약' 등을 체결하여야 한다. O | X

집단적 자위권 발동에 있어서 사전에 상호방위조약이 체결되어 있어야 하는 것은 아니다. 집단적 자위권은 일국에 대한 공격행위가 곧 자국에 대한 공격으로 간주될 수 있을만큼 국가 상호 간의 관계가 지리적으로나 기타 특수한 사정으로 긴밀한 경우 공동방위의 필요에 의해서 인정된다. 답 X

048

03. 행시·외시

헌장은 핵무기 등 대량살상무기에 대처하기 위하여 예방적 자위권의 행사를 명시적으로 인정하고 있다. O | X

UN헌장 제51조가 예방적 자위권을 인정하는가에 대해서는 학설 대립이 있으나 명문규정으로 인정하고 있지는 않다. 해석론상의 대립이 있다. 긍정설은 관습법상 인정된 예방적 자위권이 헌장에서 명시적으로 제한되지 않았으므로 여전히 허용된다고 본다. 반면 부정설은 UN헌장 제2조 제4항의 예외로 인정되는 자위권은 제한적으로 해석해야 한다고 보고 예방적 자위권은 허용되지 않는다고 본다. 답 X

049

20. 7급

아직 임박하지 않은 추정적 공격에 대한 자위권 행사는 UN헌장이 아닌 Caroline 공식에 의하면 수락될 가능성이 크다. O | X

Caroline 공식 또는 Webster 공식은 자위권 발동에 있어서 필요성을 요건으로 제시하였다. Caroline 공식에 의하면 '절박한(imminent)' 무력공격에 대한 선제적 공격은 허용된다고 볼 수 있으나, 아직 임박하지 않은 추정적 공격에 대한 자위권 행사가 허용된다고 보기 어렵다. 답 X

050

19. 9급

국제사법재판소는 국제법상 자위권이 조약상 권리이면서 국제관습법상 고유한 권리로도 병존하고 있다고 밝혔다. O | X

자위권이 조약상 권리이면서 동시에 관습법상 권리이기도 하므로 자위권 발동국은 조약상의 요건과 관습법상의 요건을 모두 충족해야 한다. 답 ○

051

19. 7급

「국제연합 헌장」에서 규정하고 있지 않은 자위권의 내용은 국제관습법에 의해 보완된다는 것이 국제사법재판소의 입장이다. O | X

자위권 발동을 위해서는 헌장상의 요건과 관습법상의 요건을 모두 충족해야 한다. 답 ○

052

19. 9급

비정규군이나 무장단체의 무력행사는 무력공격에 해당될 수 있으나, 반군에 대한 단순한 무기·병참지원은 해당되지 않는다. O | X

반군에 대한 무기나 병참지원은 '간접적 무력공격'에 해당될 수 있다. 출제자는 '단순한'이란 표현을 사용하여 무력공격이 아닌 무력사용을 표현한 것으로 보인다. 무기나 병참지원의 규모나 효과에 따라 간접적 무력공격이 될 수도 있기 때문이다. 답 ○

053
20. 7급

ICJ는 콩고민주공화국과 우간다 간의 Armed Activities on the Territory of the Congo 사건에서 콩고령에 주둔하는 비정규군 조직이 우간다를 공격한 행위에 대하여 우간다는 자위권을 행사할 수 있는 상황은 아니라고 판단하였다.　　　O | X

비정규군의 행위가 콩고 민주공화국으로 귀속되지 않는 한, 비정규군 조직의 무력공격을 자위권 발동의 대상으로 삼을 수는 없다고 본 것이다.　　　답 O

054
19. 9급

집단적 자위권은 무력공격의 직접적 피해자가 아닌 제3국이 독자적으로 판단하여 행사할 수는 없다.　　　O | X

집단적 자위권을 행사하기 위해서는 피해국의 원조 요청이 있어야 한다.　　　답 O

055
19. 7급

침략국에 대한 안전보장이사회의 경제제재 중에는 피침략국이 영토 침범 상태하에 놓여 있더라도 개별적 자위권을 행사할 수 없다.　　　O | X

안전보장이사회가 개입하는 경우 자위권 발동이 중단되나, 안전보장이사회의 개입이 실효적일 것을 전제로 한다. 따라서 경제제재에 한정되는 조치를 취한다면 실효적 조치라고 볼 수 없으므로 자위권 발동을 중단할 의무가 없다.　　　답 X

056
19. 7급

이미 종료된 공격에 대항한 무력공격은 국제법상 금지된 무력복구에 해당한다.
　　　O | X

공격이 종료된 이후에는 원칙적으로 자위권을 발동할 수 없다.　　　답 O

057
20. 7급

UN국제법위원회의 2001년 「국제위법행위에 대한 국가책임초안」 주해에 따르면 자위권 행사가 「UN헌장」 제2조 제4항 의무 외 다른 국제의무의 불이행을 구성하는 경우, 그러한 불이행의 위법성은 동 항의 위반과 관련되는 한 조각된다.　　　O | X

자위권은 무력사용금지의무 위반에 대해 위법성을 조각하는 사유이다. 따라서 자위권 발동 과정에서 다른 의무를 위반한 경우 위법성이 조각되지 않으나, 무력사용금지의무와 관련된 의무를 위반한 경우라면 포괄적으로 자위권으로 정당화할 수 있다.　　　답 O

058
예상논점

국제사법재판소(ICJ)에 의하면, 재외자국민의 생명이나 재산에 대한 공격은 자위권 발동에 필요한 무력공격에 해당되므로 자위권을 발동할 수 있다.　　　O | X

자위권은 자국 영토나 군대 등이 공격을 받은 경우 발동할 수 있다. 따라서 재외자국민의 생명이나 재산에 대한 공격에 대해서는 자위권을 발동할 수 없다.　　　답 X

059
예상논점

해외 자국 기관에 대한 공격을 그 국가에 대한 무력공격으로 보기는 어렵다. O | X

자국 대사관에 대한 공격도 자위권 발동 대상인 무력공격에 해당하지 않는다.　　　답 O

060

예상논점

국제사법재판소에 의하면 무력공격은 자국 영토 밖에서 영토 내로 행해져야 한다.

O | X

2004년 국제사법재판소(ICJ)의 판례에서 판시한 내용이다.

답 O

061

예상논점

안전보장이사회가 개입하는 경우 자위권 발동을 중지해야 하나, 안전보장이사회가 실효적 조치를 취하지 못하는 경우 계속해서 자위권을 발동할 수 있다.

O | X

무력공격을 격퇴하기에 충분히 실효적인 조치를 안전보장이사회가 취하는 경우에만 자위권 발동을 중단할 의무가 있다.

답 O

062

예상논점

타국이 무력공격을 통해 자국을 점령한 경우, 무력공격이 종료되었다고 해도 피점령국은 계속해서 자위권을 발동할 수 있다.

O | X

타국이 자국 영토를 점령하고 있는 경우 무력공격이 계속되고 있는 것으로 보는 것이다.

답 O

제3절 국내문제 불간섭의무

063

17. 9급

국내문제 불간섭원칙은 주권평등원칙을 보장하며 안정적인 국제질서를 유지하는 기능을 한다.

O | X

국내문제 불간섭원칙은 주권평등원칙에서 파생된 원칙이다.

답 O

064

17. 9급

국제연맹 규약은 전적으로 국내문제에 대한 간섭을 금지한다.

O | X

국제연합(UN)은 '본질적으로' 국내문제라는 표현을 사용하였다.

답 O

065

17. 9급

국제연합 헌장은 국내문제에 대한 간섭을 예외 없이 금지한다.

O | X

강제조치를 취하는 경우 국내문제에 대해 간섭할 수 있다.

답 X

066

16. 사시

국내문제 불간섭원칙에 있어서 국내문제란 한 국가의 영토상에서 발생하는 사항을 의미한다.

O | X

국내문제는 영토적 범위와 무관하게 국가가 배타적으로 처리할 수 있는 문제를 의미한다.

답 X

067

16. 사시

국내문제의 범위는 국제법의 발전에 따라 가변적이다.　　O | X

예컨대 관세의 경우 타국과 조약을 체결하여 관세수준을 합의한 경우 국제문제가 된다.

답 ○

068

16. 사시

국내문제 불간섭은 일반국제법상의 의무이다.　　O | X

국내문제 불간섭의무는 국제관습법이다.

답 ○

069

16. 사시

국내문제 불간섭은 강행규범적 의무는 아니다.　　O | X

국내문제 불간섭의무는 강행규범상 의무는 아니다. 당사자 간 합의에 의해 배제 및 변경할 수 있기 때문이다.

답 ○

070

13. 사시

한 국가의 배타적 관할 영역상에서 발생한 모든 문제는 국내문제이다.　　O | X

국내문제인지의 여부가 특정 영역을 중심으로 구분되는 것은 아니다. 예컨대, 한 국가의 대외정책은 영토 밖에서 행해지나 국내문제로 간주된다. 또한 영토 내에서 외교관을 체포한 경우 이는 국내문제가 아니라 국제문제에 해당한다.

답 X

071

13. 사시

국내문제 불간섭의무는 주권평등원칙에 기초를 두고 있다.　　O | X

주권은 대내적 배타성을 전제로 하므로, 타국이 대내문제에 개입할 수 없다.

답 ○

072

13. 사시

무력에 의한 간섭은 금지되나 비무력적 간섭은 허용된다.　　O | X

비무력적 간섭도 금지되고 있다.

답 X

073

13. 사시

한 국가가 자신의 의사를 다른 국가에 강제하는 것은 간섭이다.　　O | X

간섭은 강제를 내포한다. 강제는 반드시 무력을 수반해야 하는 것은 아니다.

답 ○

074

20. 9급

일국이 타국의 문제에 개입할 경우 그것이 강제적인 것이 아닐지라도 간섭에 해당한다.　　O | X

간섭이 인정되기 위해서는 타국의 의사에 대한 강제가 있어야 한다. 다만, 강제수단에 있어서는 무력적 수단뿐 아니라 경제적, 정치적 수단도 포괄적으로 강제에 해당할 수 있다.

답 X

075

13. 사시

한 국가가 타국의 반란단체에 대해 재정지원, 무기공급, 정보제공 또는 병참지원을 하는 것은 간섭에 해당되지 않는다. O | X

재정지원, 무기공급, 정보제공 또는 병참지원 모두 간섭에 해당된다. 재정지원을 제외한 나머지 세 조치는 무력사용에도 해당된다. 답 X

076

14. 7급

본질적으로 국내 관할권에 속한 사항에 대하여는 UN도 간섭할 수 없다. O | X

UN헌장 제2조 제7항의 UN 회원국의 국내문제에 대한 불간섭을 규정하였다. 답 ○

077

14. 7급

국제사법재판소(ICJ)의 판결에 따르면 자발적 경제원조의 중단은 불간섭원칙을 위반한 것이다. O | X

니카라과 사건에 따르면 경제원조 중단은 간섭, 즉 위법이 아니다. 답 X

078

20. 9급

국제사법재판소(ICJ)는 1986년 Nicaragua 사건에서 미국의 니카라과에 대한 경제원조의 중단은 관습법상 불간섭원칙의 위반으로 볼 수 없다고 판결하였다. O | X

국제사법재판소(ICJ)는 경제원조의 중단은 시혜적 조치의 중단에 불과하므로 위법행위가 아니라고 판결하였다. 답 ○

079

14. 7급

국내문제로 발생한 사건이 국제평화와 안전을 파괴하거나 위협하는 경우에는 UN의 강제조치가 적용될 수 있다. O | X

UN의 강제조치 적용에는 국내문제 불간섭원칙이 적용되지 않는다. 답 ○

080

11. 사시

국제법상 국내문제라 함은 국가가 임의로 처리할 수 있는 사항으로서 대내적 사항뿐만 아니라 대외적 문제도 포함한다. O | X

대외정책은 국내문제이다. 답 ○

081

11. 사시

국내문제 불간섭원칙은 국제연합헌장 제7장에 의한 강제조치의 적용을 방해하지 않는다. O | X

국제연합(UN)헌장 제7장상 조치를 취하는 경우 국내문제에 간섭할 수 있다. 답 ○

082

11. 사시

국제관계가 긴밀해져가는 추세에서 국내문제의 범위는 축소되고 있으며, 특히 인권문제는 순수한 국내문제가 아닌 것으로 인식되고 있다. O | X

인권문제는 '국제적 관심사항'이라고 인식되고 있다. 답 ○

083
11. 사시

니카라과 사건(1986)의 판결에서 국제사법재판소는 미국의 니카라과에 대한 경제원조의 중단이 불간섭원칙의 위반이라고 인정하였다. O | X

경제원조의 중단은 적법한 행위이다. 물론 양자 간 조약이 있다면 일방적 중단은 위법이 될 수 있다. 즉, 그러한 법적 근거가 없다면 호의적 지원조치의 일방적 중단이 국제법 위반이 되는 것은 아니다. 답 X

084
09. 9급

국내문제 여부에 대한 1차적 판단은 안전보장이사회가 한다. O | X

국내문제 여부를 판단하는 자는 명시되지 않았다. 답 X

085
09. 9급

국제연합의 기본원칙을 정한 국제연합 헌장 제2조에 규정되어 있다. O | X

국제연합(UN)헌장 제2조 제7항에 규정되어 있다. 답 O

086
09. 사시

UN헌장 제2조 제7항은 본질적으로(essentially) 국내문제에 속하는 사항에 대해 간섭할 수 없다고 규정하고 있다. O | X

'본질적으로'라는 표현은 국내문제의 범위를 확대하는 표현이나 UN관행은 가능한 한 국내문제의 범위를 축소하여 개입을 확대하고자 한 것으로 평가된다. 답 O

087
20. 9급

「UN헌장」 제2조 제7항에 따르면 본질상 국내 관할권 안에 있는 사항에 대하여는 UN도 간섭할 수 없다. O | X

UN헌장에서는 UN 회원국의 국내문제에 대한 불간섭의무를 규정하고 있다. 답 O

088
09. 사시

국제연맹규약 제15조 제8항은 전적으로(solely) 국내문제에 속하는 사항에 대해 간섭할 수 없다고 규정하였다. O | X

국제연맹의 '전적으로'라는 표현은 국제연합의 '본질적으로'라는 표현보다 국내문제의 범위를 좁게 보고 있는 것으로 해석된다. 답 O

089
09. 사시

UN헌장은 국내문제인지 여부를 결정하는 판단권자를 명시하고 있지 않다. O | X

국제연맹은 연맹이사회가 국내문제 판단권자로 명시하였다. 답 O

090
09. 사시

UN은 UN헌장상의 국내문제의 범위를 가능한 한 넓게 해석하려는 경향이 있다. O | X

국내문제의 범위를 축소하여 개입범위를 확대하려는 것이 UN의 일반적 경향이다. 인권문제, 민족자결, 식민지배 문제 등은 '국제적 관심사항'이라고 하여 UN이 개입할 수 있는 것으로 보고 있다. 답 X

091
99. 사시

국가관할권과 국내문제 불간섭의 의무는 표리관계에 놓여 있다. O | X

국가가 배타적으로 관할하는 문제에 대한 간섭금지가 불간섭의무이다. 답 O

092
09. 7급

국내문제 불간섭의 원칙은 국제연맹규약 제15조 제8항과 UN헌장 제2조 제7항에 규정되어 있다. O | X

기본원칙에 대한 조항을 주의하여야 한다. 답 O

093
09. 7급

UN헌장은 무엇이 국내문제인지에 대한 결정권한을 안전보장이사회에 부여하고 있다. O | X

UN헌장에 판단권자는 명시되어 있지 않다. 답 X

094
09. 7급

국제사법재판소(ICJ)의 「니카라과에 대한 군사적 및 준군사적 활동 사건」은 국내문제 불간섭원칙과 관련 있는 국제판례이다. O | X

국제사법재판소(ICJ)는 미국이 니카라과 내 반군단체에 대해 자금이나 무기를 지원한 행위가 국내문제에 대한 위법한 간섭을 구성한다고 판시하였다. 답 O

095
01. 사시

「튀니지 - 모로코 국적법 사건」에서는 국내문제의 내용 또는 범위는 고정적이라고 보았다. O | X

상설국제사법재판소(PCIJ)의 권고적 의견 사건이다. 국내문제와 국제문제의 경계의 가변성과 유동성에 대해 판시하였다. 답 X

096
01. 사시

헌법상의 통치구조 문제는 대표적인 국내문제이다. O | X

국내문제는 국가가 주권에 기초하여 배타적으로 선택하고 처리할 수 있는 문제를 의미한다. 통치구조, 정치체제, 경제체제 등은 국내문제이다. 답 O

097
06. 사시

한 국가가 정부형태를 대통령제로 할 것인가 의원내각제로 할 것인가는 국내문제에 속한다. O | X

정치체제(정부형태)의 선택은 국내문제이다. 그 밖에 국제법의 국내적 도입방식도 국내문제이다. 답 O

098
06. 사시

국제관계가 긴밀화되고 국제사회가 조직화됨에 따라 국내문제의 범위는 축소되는 경향에 있다. O | X

국제관계는 주로 국제법에 의해 규율된다. 국제법의 규율범위가 넓어질수록 국내문제의 범위는 축소된다고 볼 수 있다. 답 O

099

06. 사시

국가가 주권국가로서 존속하는 한 국내문제가 소멸될 수는 없다.　　　○ | X

국내문제의 범위에 대해 한계설과 무한계설의 대립이 있다. 대체로 한계설이 통설로 인정된다. 한계설은 국내문제와 국제문제의 경계가 존재한다고 본다.　　　답 ○

100

17. 9급

국내문제 불간섭원칙은 주권평등원칙을 보장하며 안정적인 국제질서를 유지하는 기능을 한다.　　　○ | X

타국의 국내문제에 불간섭하게 하여 국제관계를 평온하게 유지하자는 것이 국내문제 불간섭원칙의 입법취지라고 할 수 있다.　　　답 ○

101

17. 9급

국제연맹규약은 전적으로 국내문제에 대한 간섭을 금지한다.　　　○ | X

국제연맹규약은 '전적으로'라는 표현을 통해 국내문제의 범위를 가능한 한 축소하고자 하였다.　　　답 ○

102

17. 9급

국제연합헌장은 국내문제에 대한 간섭을 예외 없이 금지한다.　　　○ | X

국제연합(UN)헌장에는 국내문제 불간섭원칙의 예외를 명시하고 있다. 헌장 제7장상 강제조치를 취하는 경우는 예외적으로 간섭할 수 있다.　　　답 X

103

예상논점

니카라과 사건에서 미국은 선택조항 수락선언시 부가한 다자조약 유보를 원용하였으나, 국제사법재판소(ICJ)는 동 사건이 관습법 위반 여부에 대한 것이기도 하므로 다자조약 유보와 무관하게 재판관할권이 있다고 하였다.　　　○ | X

미국의 다자조약 유보란 다자조약 위반으로 미국이 제소된 경우 당해 조약의 모든 당사국이 국제사법재판소(ICJ)에서 재판당사자가 되지 않는 한 미국이 재판받지 않겠다는 것으로서, 사실상 다자조약 위반에 대해서는 관할권을 배척한 것으로 평가된다.　　　답 ○

104

예상논점

니카라과 사건에서 미국은 중미지역 분쟁해결절차(콘타도라 조정절차)를 먼저 거쳐야 한다고 항변하였으나, 국제사법재판소(ICJ)는 이를 반드시 사전에 거쳐야 하는 것은 아니라고 하였다.　　　○ | X

콘타도라 조정절차는 미주대륙 국가 상호 간 분쟁해결절차를 규정한 것이다. 니카라과 사건은 강제관할권에 기초한 사건이므로 이를 우선 거쳐야 하는 것은 아니라는 것이 국제사법재판소(ICJ)의 판단이었다.　　　답 ○

105

예상논점

니카라과 사건에서 미국은 당해 사건이 안전보장이사회에서 다루어지고 있으므로 재판적격성이 없다고 항변하였으나, 국제사법재판소(ICJ)는 안전보장이사회가 국제 평화와 안정 유지에 있어서 배타적 책임을 지는 것은 아니므로 동일한 사안을 국제사법재판소(ICJ)가 다룰 수 있다고 하였다.　　　　　　　　　　　　　O | X

안전보장이사회는 분쟁해결에 있어서 '1차적 책임'을 지는 것에 불과하므로, 국제사법재판소(ICJ)는 안전보장이사회가 다루는 사안에 대해 재판할 수 있다고 하였다.　　답 ○

106

예상논점

UN 사무총장의 허가에 기초한 인도적 간섭은 적법한 간섭이다.　　　　　O | X

UN 사무총장은 무력사용 허가에 대한 권한이 없으며, 이는 안전보장이사회의 권한이다. 안전보장이사회의 허가에 기초한 인도적 간섭을 'UN에 의한 인도적 간섭'이라고 한다.
　　　　　　　　　　　　　　　　　　　　　　　　　　　　　　답 X

107

예상논점

UN안전보장이사회의 허가 없는 간섭을 '일방적 인도적 간섭'이라고 하고, 그 적법성에 대해서는 국가들 간 의견 대립이 있으므로 관습법상 허용된다고 보기 어렵다.
　　　　　　　　　　　　　　　　　　　　　　　　　　　　　O | X

일방적 인도적 간섭은 안전보장이사회의 무력사용 허가 없이 이루어지는 것을 의미한다. 적법설은 인권보호를 위한 무력사용은 UN헌장의 목적을 달성하기 위한 것이므로 적법하다고 본다. 그러나, 위법설은 UN헌장에 명시적으로 합법적인 무력사용으로 규정되지 않았고, 선별적 개입으로 남용가능성이 크기 때문에 허용될 수 없다고 본다.　　답 ○

제1절 국가관할권

001

16. 9급

대한민국 영역 외에 있는 대한민국의 선박 또는 항공기 내에서 죄를 범한 외국인에게 우리나라 형법을 적용하도록 규정한 형법 제4조에 해당되는 관할권 원칙은 속인주의 이다. O | X

형법 제4조에 해당되는 관할권 원칙은 속지주의이다. 속지주의는 원칙적으로 우리나라 영토에서 발생한 사건을 대상으로 하나, 형법 규정상 항공기나 선박 내부 사건 역시 속지주의에 따라 관할권을 행사할 수 있다. 답 X

002

19. 9급

국가는 자국에서 살인을 저지르고 외국으로 도주한 자국민에 대하여 재판관할권을 가지지만 외국에서 그를 직접 체포할 권한은 없다. O | X

국가는 속인주의에 기초한 관할권을 가진다. 이는 입법관할권에 대한 것이다. 다만, 집행관할권은 영토적 한계가 있기 때문에 외국에서 외국의 동의 없이 직접 체포할 수는 없다. 이 경우 국가는 관련국에게 범죄인 인도를 청구하여 실제로 관할권을 행사할 수 있을 따름이다. 답 ○

003

21. 9급

속지주의 이론에 따르면, 국가는 행위자의 국적에 상관없이 자국 영역 내에서 발생한 사건에 대해 관할권을 가지므로 범죄행위의 개시국과 범죄결과의 최종발생국 모두 관할권을 행사할 수 있다. O | X

개시국과 최종발생국 모두 관할권을 행사할 수 있다. 범죄행위 개시국의 관할권을 주관적 속지주의, 범죄 결과 최종발생국의 관할권을 객관적 속지주의라고 한다. 답 ○

004

16. 경찰간부

형사관할권 행사의 근거 중 하나로서 보편적 관할권은 주로 해적행위, 전쟁범죄, 집단살해 등 국제범죄를 비롯한 강행규범 위반을 대상으로 적용되며 발전되어 왔다. O | X

강행규범 위반행위를 국제범죄라고 하나, 강행규범 위반행위만을 국제범죄라고 하는 것은 아니다. 해적금지의무를 강행규범이라고 보기는 어렵지만, 해적행위는 국제범죄에 해당하는 것을 예로 들 수 있다. 답 ○

005
18. 9급

로터스호 사건(the S.S. Lotus case)은 공해상에서 국적을 달리 하는 선박이 충돌한 경우에 관련 국가의 형사관할권 행사 가능 여부가 주요 쟁점이 된 사건이다. O | X

로터스호 사건(the S.S. Lotus case)은 공해상에서 발생한 선박충돌 사건에서 '피해선의 기국'의 관할권이 인정된다고 본 사건이다. 현행법은 이와 달리 '가해선의 기국'이나 '가해선 관계자의 국적국'만이 관할권을 행사할 수 있다고 본다. 답 O

006
16. 경찰간부

우리나라 형법 제3조의 "본 법은 대한민국 영역 외에서 죄를 범한 내국인에게 적용한다"는 규정은 속인주의를 반영하고 있는 조항이다. O | X

범죄인의 국적국이 가지는 관할권을 속인주의라고 한다. 답 O

007
21. 9급

능동적 속인주의이론에 따르면, A국 국적의 갑이 B국에서 C국 국적의 을을 살해한 경우 C국이 갑에 대하여 형사관할권을 행사할 수 있다. O | X

수동적 속인주의이론이다. 수동적 속인주의는 피해자 국적국의 관할권을 말한다. 답 X

008
16. 경찰간부

국가의 기본적인 권리인 주권의 독립성에 비추어 볼 때, 국가의 집행관할권 행사는 역내관할(intra - territorial jurisdiction)이 원칙이다. O | X

따라서 자국 영토 밖으로의 적용, 즉 역외적용은 원칙적으로 금지된다. 별도의 국제법적 기초가 있는 경우에만 역외적용할 수 있다. 답 O

009
23. 9급

조약에 '기소 또는 인도'가 대상으로 명시된 범죄를 저지른 사람에 대해서는 어느 국가라도 보편적 관할권을 행사할 수 있다. O | X

조약 당사국들만 보편적 관할권을 행사할 수 있다. 모든 국가가 보편적 관할권을 행사할 수 있는 것이 아니다. 답 X

010
22. 7급

대한민국 국내법에 따르면 외국인이 대한민국 영역 밖에 있는 대한민국의 선박 내에서 범죄를 저지른 경우 속지주의에 따라 형사관할권을 행사한다. O | X

대한민국의 선박도 대한민국의 영토로 의제하여 속지주의가 적용된다. 답 O

011
14. 사시

속인주의에 따르면, 국가는 자국민이 자국 영역 밖에서 한 행위에 대하여도 관할권을 행사할 수 있다. O | X

속인주의는 관할권의 이론적 기초에 대한 것이다. 즉, 속인주의에 따라 관할권을 가진다고 해서 바로 타국 영토 내에 있는 자국민 범죄자를 일방적으로 체포할 수는 없다. 타국 영토상에 소재한다면 범죄인 인도 등의 적법절차를 밟아서 송환해야 한다. 답 O

012

22. 7급

대한민국 국내법에 따르면 외국인이 대한민국 영역 밖에서 대한민국 국민에 대하여 저지른 모든 범죄에 대하여 수동적 속인주의에 따라 형사관할권을 행사한다. O | X

'모든'범죄에 대해 수동적 속인주의를 적용하는 것은 아니다. 예를 들어, 범죄행위지국에서 범죄로 규정하지 아니한 경우 수동적 속인주의를 적용하지 않는다. 답 X

013

23. 7급

우리나라 형법은 외국에서 형이 집행된 사람을 국내에서 중복 처벌하지 않는다고 명시하고 있다. O | X

중복 처벌 금지가 규정된 것은 아니다. 형법 제7조(외국에서 집행된 형의 산입)는 죄를 지어 외국에서 형의 전부 또는 일부가 집행된 사람에 대해서는 그 집행된 형의 전부 또는 일부를 선고하는 형에 산입한다고 규정하고 있다. 답 X

014

21. 9급

효과이론에 따르면, 외국인이 자국 영역 밖에서 행한 행위로 인하여 그 결과가 자국에게 실질적인 영향을 미친 경우 역외에 있는 해당 외국인에 대해서도 관할권을 갖는다. O | X

효과이론은 국내법의 역외적용의 논거로 자주 이용되며, 객관적 속지주의의 확장이론이라고 한다. 답 O

015

22. 7급

범죄 용의자에 대하여 기소 또는 인도 의무를 규정하고 있는 조약들은 일종의 준보편관할권(quasi-universal jurisdiction)을 성립시키는 효과를 가져온다. O | X

조약당사자들은 범죄인에 대한 처벌의무가 있으므로 보편관할권과 유사하다. 답 O

016

18. 7급

미국의 경우, 국외에서 이루어진 외국 기업의 담합행위에 의한 자국 경쟁법 위반행위에 대해 효과이론에 의거하여 규제할 수 있다. O | X

효과이론은 자국 영토 밖에서 발생한 사건이라도 자국 내에서 피해 등의 영향이 있는 경우 영토 밖의 사건에 대해서도 관할권을 행사할 수 있다는 이론이다. 답 O

017

18. 7급

독일의 경우, 국외에서 이루어진 외국 기업의 담합행위에 의한 자국 경쟁법 위반행위에 대해 효과이론을 채용한 경쟁제한방지법에 근거하여 규제할 수 있다. O | X

독일도 효과이론을 적용한다. 답 O

018

18. 7급

유럽연합의 경우, 국외에서 이루어진 외국 기업의 담합행위에 의한 자국 경쟁법 위반행위에 대해 이행이론에 의거하여 규제할 수 있다. O | X

이행이론은 자국 영토 밖에서 모의된 사건이 자국 영토 내에서 집행되었다면 관할권을 행사할 수 있다는 이론이다. 답 O

019
18. 7급

우리나라의 경우, 국외에서 이루어진 외국 기업의 담합행위에 의한 자국 경쟁법 위반 행위에 대해 효과이론을 채용한 공정거래법에 근거하여 규제할 수 있다. O | X

우리나라는 '흑연전극봉 사건'에서 효과이론과 이행이론을 적용하여 국내법을 역외적용하였다. 답 O

020
23. 7급

우리나라 「공정거래법」은 국외행위가 국내시장에 영향을 미치는 경우에 적용될 수 있다. O | X

공정거래법은 영향이론을 규정하고 있다. 답 O

021
14. 사시

보편주의에 따르면, 국가는 외국인이 자국의 고유한 법익을 침해하는 경우 그 외국인의 국적 및 행위지를 불문하고 관할권을 행사할 수 있다. O | X

보편주의는 개인의 국제범죄에 대해 모든 국가가 관할권을 가질 수 있다는 원칙이다. 지문은 보호주의에 대한 것이다. 답 X

022
14. 경찰간부

국내법의 역외적용이 인정되면 집행관할권의 역외행사도 인정된다. O | X

역외적용이 인정된다고 하더라도 이를 행사하는 것은 관할권 행사의 대상이 된 국가의 주권을 침해하는 것이므로 원칙적으로 인정되지 않는다. 답 X

023
14. 경찰간부

UN안전보장이사회의 결의에 위반되는 행위는 보편적 관할권의 대상이 된다. O | X

보편적 관할권은 '개인의 국제범죄'를 대상으로 하며, UN안전보장이사회 결의 위반과는 관련이 없다. 답 X

024
14. 경찰간부

대세적 의무를 위반한 행위에 대해서는 모든 국가가 보편적 관할권을 행사할 의무를 진다. O | X

개인의 국제범죄에 대한 국가의 보편적 관할권은 관할권 행사에 대한 국가의 재량으로 해석된다. 답 X

025
22. 7급

Banković et al. v. Belgium et al. 사례에서 재판부는 속지주의 관할권과 속인주의 관할권이 충돌하는 경우 속인주의가 국가의 1차적 관할권이라고 판단하였다. O | X

1차적 관할권은 속지주의 국가가 갖는다고 본 판례이다. 답 X

026

14. 경찰간부

보호주의란 피해자의 국적국이 행사하는 권력작용에 관한 원칙이다. O | X

보호주의는 국가적 법익을 침해당한 국가가 법익침해자에 대해 관할권을 가지는 원칙이다.

답 X

027

12. 7급

X국 국민 갑(甲)이 Y국의 통화를 Z국의 영토 내에서 위조한 사건에서 Y국의 관할권 행사의 근거는 수동적 속인주의이다. O | X

이 때 Y국의 관할권 행사의 근거는 보호주의이다. 보호주의는 국가적 법익 침해 시 가지는 관할권이다. 답 X

028

11. 7급

보편주의원칙에 기초하여 모든 국가가 관할권을 행사할 수 있다. O | X

보편주의원칙은 국제범죄를 대상으로 한다. 답 ○

029

11. 7급

UN해양법협약상 해적을 체포한 국가는 해적을 '인도하거나 소추(aut dedere, aut juricare)'하여야 한다. O | X

해적행위에 대한 관할권은 '임의적 보편관할권'의 성격을 띤다. 즉, 보편관할권은 국가의 권리이고 의무가 아니다. 한편, 항공범죄 처벌 등에 대해 '인도 아니면 소추'원칙이 적용되는데, 이를 '강제적 보편관할권'이라고 한다. 이 경우 국가는 관할권 행사의무를 부담하는 것으로 볼 여지가 있다. 인도하지 않으면 반드시 소추해야 하기 때문이다. 답 X

030

11. 7급

해적행위의 혐의가 있는 선박의 나포가 충분한 근거없이 행하여진 경우, 나포를 행한 국가는 그 선박의 국적국에 대하여 나포로 인하여 발생한 손실 또는 손해에 대한 책임을 진다. O | X

해양법협약 규정에 따른 것이다. 답 ○

031

11. 7급

해적행위를 이유로 한 나포는 군함·군용항공기 또는 정부업무를 수행 중인 것으로 명백히 표시되고 식별이 가능하며 그러한 권한이 부여된 그 밖의 선박이나 항공기만이 행할 수 있다. O | X

비상업용 정부선박이나 항공기도 해적행위를 이유로 나포할 수 있다는 점에 유의한다. 답 ○

032

09. 9급

속지주의에 의하면 국내에서 개시되어 외국에서 완성된 범죄에 대해서는 관할권이 성립되지 않는다. O | X

범죄 발생지의 국가가 관할권을 행사하는 것은 속지주의라 하는데, 자국 내에서 범죄가 개시되어 외국에서 완성된 범죄의 경우 관할권을 행사하는 것을 주관적 속지주의라 한다. 즉, 관할권은 성립한다. 답 X

033

08. 7급

객관적 속지주의에 의하면, 국외에서 개시되어 자국에서 완성된 범죄행위에 대해서도 관할권을 갖는다. O | X

반면 범죄가 개시된 국가는 주관적 속지주의에 의하여 관할권을 가질 수 있다. 답 ○

034

07. 사시

A국 국민 甲이 B국에서 C국의 국채(國債)를 위조한 경우 C국이 甲에 대하여 형사 관할권을 행사할 수 있는 근거는 보호주의이다. O | X

보호주의는 국가적 법익이 침해된 경우 적용되는 원칙이다. 답 ○

035

07. 사시

공해상의 A국 선박 내에서 B국 국민 甲이 C국 국민 乙을 살해한 경우 A국이 형사관할권을 행사할 수 있는 근거는 기국주의이다. O | X

선박의 국적국의 관할권을 기국주의라고 한다. 우리나라의 경우 이를 속지주의 확대이론으로 본다. 답 ○

036

07. 사시

A국에서 B국 국민 甲이 C국 국민 乙을 살해한 경우 A국이 형사관할권을 행사할 수 있는 근거는 속지주의이다. O | X

범죄행위지국의 관할권을 속지주의라고 한다. 답 ○

037

07. 사시

공해상의 A국 선박 내에서 B국의 선원들이 C국의 선원을 살해한 경우 C국이 형사관할권을 행사할 수 있는 근거는 능동적 속인주의이다. O | X

C국의 선원이 살해당한 경우, C국이 형사관할권을 행사할 수 있는 근거는 범죄의 대상이 된 사람의 국적국이 재판관할권을 행사할 수 있는 근거를 제공하는 수동적 속인주의이다. 답 X

038

07. 사시

공해상에서 벌어진 해적행위에 대하여 A국이 형사관할권을 행사할 수 있는 근거는 보편주의이다. O | X

보편주의는 해적을 비롯한 국제범죄에 대한 관할권원칙이다. 다만, '임의적 보편관할권'으로서 해적행위를 처벌할 의무를 국가들이 지는 것은 아니다. 답 ○

039

06. 사시

국가는 자국의 영역이 아닌 곳에서도 집행관할권을 아무런 제한 없이 행사할 수 있는 것이 원칙이다. O | X

역외적용은 원칙적으로 금지된다. 답 X

040
06. 사시

입법관할권은 자국 영역 밖의 행위를 규율하기 위하여 행사되기도 한다.　O | X

입법관할권은 영토적 한계가 없다. 즉, 국가 밖에서 발생한 사건도 관할 대상으로 삼을 수 있다.　답 ○

041
06. 사시

보편관할권은 국가주권과 국내문제 불간섭을 기초로 하는 국제법체계하에서 예외적인 상황에서만 인정된다.　O | X

해적행위는 해적선의 기국이나 해적행위자의 국적국도 처벌할 수 있으므로, 보편주의에 따라 국가가 관할권을 행사하는 것은 예외적인 것이라고 볼 수 있다.　답 ○

042
19. 9급

영토에 근거한 관할권은 영토국의 이해관계가 국적에 근거한 타국의 이해를 압도하므로 국적에 근거한 관할권보다 우월한 지위를 가진다.　O | X

영토에 근거한 관할권을 속지주의라고 하고, 국적에 근거한 관할권은 속인주의 또는 수동적 속인주의라고 한다. 국제법상 어느 것이 더 우월하다고 말할 수 없다. 다만, 관례상으로는 속지주의에 우선권을 주기도 한다.　답 X

043
19. 9급

국제법상 관할권 행사의 여러 근거로 인하여 동일 사안에서 동일인에 대해 형사관할권을 행사할 수 있는 국가가 복수로 존재할 수 있다.　O | X

하나의 사건에 대해 여러 나라가 관할권을 주장할 수 있다. 이 경우 관할권의 경합이 발생하나, 누가 우선적으로 관할권을 행사할 수 있는지에 대해 국제법상 확립된 것은 없다.　답 ○

044
예상논점

우리나라 대법원은 중국 북경 소재 대한민국 영사관 내부는 중국 영토이며 대한민국 영토가 아니라고 판시하였다.　O | X

19세기 국제법과 달리 오늘날 국제법에서는 접수국 내에 소재하는 대사관이나 영사관 내부는 접수국의 영토로 인정된다. 치외법권설이 부인되고 있는 것이다.　답 ○

045
예상논점

단일경제실체이론은 국내 자기업의 경쟁제한행위에 대해 역외 모기업에 대해 관할권을 행사할 수 있다는 이론으로서, 역외 모회사도 역내 법인이므로 속지주의원칙에 따라 관할권을 행사할 수 있다고 본다.　O | X

단일경제실체이론은 국내법의 역외적용을 위한 이론적 근거 중 하나이다.　답 ○

046
예상논점

미국은 Yunis 사건(1988)에서 항공기 납치행위는 보편관할권의 적용 대상이라고 보았으며, 피랍항공기에 미국인이 탑승하였음을 이유로 수동적 속인주의(피해자 국적주의)도 적용된다고 보았다.　O | X

미국에서 수동적 속인주의는 예외적으로만 적용된다.　답 ○

047
예상논점

Achille Lauro호 사건에서 미국은 보편주의와 수동적 속인주의에 기초한 관할권을 주장하였으나, 이탈리아는 범죄인이 자국에 소재하고 있음을 이유로 관할권을 행사하였다.　　O | X

Achille Lauro호 사건은 이탈리아가 피고인을 납치한 경우에도 관할권을 행사할 수 있다고 본 판례이기도 하다.　　답 ○

048
예상논점

전직 대통령에 대한 고문방지협약 적용 사건(2012)에서 국제사법재판소(ICJ)는 고문방지협약의 모든 당사국은 혐의자가 소재하는 당사국에게 '기소 또는 인도'의무 이행을 요구할 수 있는 권리가 있다고 하였다. 또한 국제사법재판소(ICJ)는 협약상 기소 또는 인도의무는 협약의 모든 당사국들에 대한 대세적 의무라고 하였다. 또한 기소의무보다는 인도의무가 1차적 의무라고 보았다.　　O | X

국제사법재판소(ICJ)는 인도의무보다는 기소의무가 1차적 의무라고 보았다. 기소의무와 인도의무가 동등한 의무가 아님을 확인한 판례이다.　　답 X

049
예상논점

남아프리카공화국은 1991년 사건에서 국제법에 위반되는 불법납치를 통해 확보된 범죄인에 대해서는 재판관할권을 행사할 수 없다고 하였다.　　O | X

남아프리카공화국이나 영국 등은 범죄인을 납치한 경우 국내 형사관할권 행사가 제약된다고 보는 국가이다.　　답 ○

050
예상논점

영국은 Alvarez – Machain 사건에서 피고인이 납치에 의해 재판정에 앉아있다고 해도 재판관할권을 행사할 수 있다고 하였다.　　O | X

Alvarez – Machain 사건은 미국에서 납치에 의한 관할권 행사가 인정된다고 본 판례이다.　　답 X

051
예상논점

영국은 국가 간 합의에 의해 범죄인이 인도되었더라도 국내법상 절차가 무시되어 피고가 강제로 이송되었다면 영국 법원은 그에 대해 관할권을 행사할 수 없다고 하였다.　　O | X

영국은 납치에 의한 관할권 행사를 부인하는 국가이다.　　답 ○

052
예상논점

페스카마호 사건(1996)은 공해상에서 온두라스 국적 페스카마호에 승선한 중국인 선원이 한국인 등을 살해한 사건으로서 한국은 피해자의 국적국으로서 형사관할권을 행사하였다.　　O | X

페스카마호 사건에서 온두라스나 중국이 관할권 행사를 하지 않아 우리나라가 관할권을 수동적 속인주의에 기초하여 행사한 것이다.　　답 ○

053

예상논점

미국은 Kiobel v. Royal Dutch Petroleum Co. 사건에서 "미국 영토 밖에서 발생한 불법행위로 인해 피해를 입은 외국인은 연방법원에 민사소송을 제기할 수 있다."라고 판시하였다. 이후 미국은 Filartiga v. Pena-Irala 판결에서 역외적용가능성을 부인하였다.

O | X

미국은 Filartiga v. Pena-Irala 판결에서 미국 영토 밖에서 발생한 불법행위로 인해 피해를 입은 외국인은 연방법원에 민사소송을 제기할 수 있다고 판시하였다. 이후 미국은 2013년 Kiobel v. Royal Dutch Petroleum Co. 사건에서 Alien Tort Act의 역외적용가능성을 부인하였다.

답 X

054

21. 7급

상설국제사법재판소(PCIJ)는 Lotus호 사건에서 국가가 영역 밖으로 관할권을 행사하려면 명시적인 국제법적 근거가 필요하다고 보았다.

O | X

입법관할권에 대한 설명이다. 입법관할권은 국가의 재량사항이므로 영역 밖으로의 행사에 있어서 국제법적 근거를 필요로 하지 않는다.

답 X

055

21. 7급

해외 테러단체가 해외에서 한국인을 상대로 저지른 범죄에 대하여 대한민국이 관할권을 행사할 수 있는 근거는 보호주의이다.

O | X

해외 테러단체가 해외에서 한국인을 상대로 저지른 범죄에 대하여 대한민국이 관할권을 행사할 수 있는 근거는 수동적 속인주의이다.

답 X

056

21. 7급

외국인이 외국에서 외국인을 상대로 저지른 범죄에 대하여 대한민국이 관할권을 행사할 수 있는 근거는 보편주의이다.

O | X

우리나라와 무관한 사항에 대한 관할권이므로 보편주의에 대한 것이다.

답 O

057

21. 7급

입법관할권은 국가의 영역 내로 제한된다.

O | X

입법관할권은 영토적 한계가 없다.

답 X

제2절 국가면제

058

16. 7급

비교적 일찍부터 법정지국에 소재하는 부동산에 관한 소송에서 외국은 주권면제를 누릴 수 없었다.

O | X

절대적 주권면제론하에서도 부동산에 관한 소송은 주권면제의 대상이 아니었다.

답 O

059
16. 7급

제한적 주권면제론에 따르면 재판관할권이 성립할 경우에 그에 따른 강제집행관할권도 성립한다.　　　　O | X

재판관할권의 성립과 강제집행관할권 문제는 독립된 문제이다. 따라서 재판관할권이 성립한다고 해도 피고국이 패소한 경우 그 재산에 대해 강제집행을 할 수 있는 것은 아니다.
답 X

060
23. 9급

「국가 및 그 재산의 관할권 면제에 관한 국제연합 협약」상 선박 소유 국가는 선박을 비상업적이 아닌 목적으로 운영하였더라도 그 선박의 운영과 관련된 소송이 제기된 타국 법원에서 관할권 면제를 원용할 수 있다.　　　　O | X

비상업적이 아닌 목적으로 운영된 경우 면제가 제한된다.　　　　답 X

061
18. 7급

「국가 및 그 재산의 관할권면제에 관한 국제연합협약」에 따른 국가면제는 국제법에 따라 주어지는 국가원수의 면제와 특권을 저해하지 않는다.　　　　O | X

국가면제보다 국가원수의 면제의 폭이 더 넓으며, 국가면제협약도 이를 명시적으로 인정하는 규정을 두고 있다.　　　　답 ○

062
16. 7급

국가의 주권적 행위와 상업적 행위를 구분할 경우 목적 개념을 기준으로 하면 제한적 주권면제론의 취지를 살리기 어렵다.　　　　O | X

권력적 행위와 비권력적 행위를 구별하는 기준은 성질설, 목적설, 상업활동설 등이 있다. 목적설의 경우 국가 행위의 목적을 고려하는 것으로서 성질설에 비해 면제의 인정 범위가 넓다. 따라서 제한적 주권면제론의 취지를 살리기 어렵다는 단점이 있다. 오늘날에는 성질설이 통설로 평가된다.　　　　답 ○

063
16. 7급

대한민국 법원은 대한민국 영토 내에서 외국의 사법(私法)적 행위에 대하여 법원이 재판권을 행사할 수 있다고 판단하였다.　　　　O | X

우리나라도 '대림기업 사건'이나 '주한미군고용계약 사건'에서 제한면제론을 도입하였다.
답 ○

064
18. 7급

우리나라는 주권면제에 관한 국내법의 제정 없이 국제관습법의 형태로 주권면제론을 수용하고 있다.　　　　O | X

영국, 미국, 일본 등은 국가면제에 관한 단독 입법을 하고 있는 국가들이다.　　　　답 ○

065
16. 경찰간부

절대적 주권면제의 경향에서 점차 상대적(제한적) 주권면제의 경향으로 변하게 된 주요한 이유로는 러시아 혁명 이후 공산국가들이 출현하여 이들이 모든 대외무역을 국가 독점체제로 운영하고 국유화를 단행한 데 따른 현실적 필요성을 들 수 있다.　O | X

절대적 면제론하에서는 국가의 상업활동에 대해서도 면제가 인정되므로 국가와 거래하는 사인의 법적 지위가 현저하게 위험에 처할 수 있다.　　　　답 ○

066
21. 7급

소송의 내용이 고용계약에 관한 것으로 복직을 요구하는 경우, 주권면제는 부인된다. O | X

협약에 의하면 채용, 고용갱신, 복직에 대한 소송에서는 주권면제가 인정된다. 답 X

067
16. 경찰간부

1812년 미국 연방대법원은 「Schooner Exchange v. McFaddon」 사건에서 최초로 상대적 주권면제이론을 적용하였다. O | X

「Schooner Exchange v. McFaddon」 사건은 절대적 주권면제를 적용한 판례이며 미국 사법사상 최초의 주권면제 관련 판례이다. 답 X

068
16. 경찰간부

주권면제는 국내 재판관할권으로부터 면제된다는 것을 의미하는 것이며, 위법한 행위에 대해 국제법적으로 위법성이 전혀 없음을 의미하는 것은 아니다. O | X

면제와 책임은 독립적인 법리이다. 면제가 인정되어도 책임은 잔존할 수 있다. 답 ○

069
19. 9급

주권면제는 국가의 위법행위에 대한 국제법적 책임의 면제를 포함한다. O | X

주권면제는 국가가 타국의 재판관할권으로부터 면제되는 것이다. 국제법적 책임의 면제를 의미하는 것이 아니다. 따라서 재판관할권으로부터 면제가 인정된다고 하더라도 국가책임을 이행해야 한다. 답 X

070
15. 7급

국가는 국제협정, 서면상의 계약, 특정 소송 관련 법정에서의 선언 또는 서면상의 통고를 통하여 타국 법정이 관할권을 행사하는 것을 명시적으로 동의한 경우, 타국 법정에 제기된 소송에서 관할권 면제를 원용할 수 없다. O | X

타국 법정이 관할권을 행사하는 것을 명시적으로 동의한 것은 면제의 명시적 포기이다. 답 ○

071
15. 7급

타국 법의 적용에 대한 국가의 동의는 그 타국 법정에 의한 그 국가의 관할권 행사에 대한 동의로 간주된다. O | X

법의 적용에 대한 동의와 관할권 행사에 대한 동의, 즉 면제의 포기는 구분되어야 한다. 따라서 법의 적용에 대한 동의를 면제의 포기에 대한 동의로 간주할 수 없다. 답 X

072
15. 7급

국가 간의 상업적 거래와 관련된 분쟁이 타국 법정의 관할권에 속하는 경우, 국가는 그 관할권으로부터 면제를 주장할 수 있다. O | X

일반적으로 상업적 거래의 경우 면제가 제한되나, 국가 간의 상업적 거래는 면제가 인정된다. 답 ○

073
15. 7급

국가의 대리인이 타국 법정에 증인으로 출석하는 경우, 이는 전자의 국가가 타국 법정의 관할권 행사에 동의하는 것으로 해석될 수 없다.　　　　　O | X

국가의 대리인이 타국 법정에 증인으로 출석하는 경우는 묵시적 포기로 간주되지 않는다는 것이다.　　　　　답 ○

074
23. 9급

「국가 및 그 재산의 관할권 면제에 관한 국제연합 협약」상 국가 대표가 타국의 법원에서 증인으로 출석하는 것은 국가면제의 포기로 해석된다.　　　　　O | X

증인 출석은 면제의 묵시적 포기에 해당되지 않는다.　　　　　답 X

075
15. 7급

국제법상 강행규범을 위반하는 경우에는 국가면제를 부여하지 않는 것이 각국 국내법원에 의해 통일적으로 확립된 사법관행이다.　　　　　O | X

강행규범을 위반하는 분쟁이라는 이유로 면제를 제한하는 관행은 통일되어 있지 않다. 그리스의 경우 이른바 '묵시적 포기이론'을 적용하여 강행규범을 위반하는 행위에 대해 면제를 부인할 수 있다고 보는 반면, 미국 등 주요국에서는 이러한 관행이 형성되어 있지 않다.　　　　　답 X

076
20. 7급

ICJ는 Arrest Warrant 사건에서 주권면제의 법리보다 강행규범의 실현이 우선되어야 한다는 다수의견을 제시하였다.　　　　　O | X

외무장관의 인적 면제가 인정된 판례이다. 콩고 외무장관이 재직 전 '인도에 대한 죄'를 범하였음에도 불구하고 인적 면제가 인정된다고 본 판례이다. 따라서 강행규범보다 주권면제의 법리를 우선시하였다고 볼 수 있다.　　　　　답 X

077
15. 7급

대한민국 법원은 주권적 행위와 상업적 행위를 구분하지 않고 국가면제를 인정하고 있다.　　　　　O | X

우리나라 대법원도 대림기업 사건이나 주한미군고용계약 사건에서 제한적 면제론을 도입하였다. 따라서 주권적 행위와 상업적 행위를 구분하여 상업적 행위에 대해서는 면제를 제한한다.　　　　　답 X

078
15. 7급

국제사법재판소(ICJ)는 국가의 관할권 면제(Jurisdictional Immunities of the State) 사건에서 문제의 행위가 강행규범 위반이더라도 국내법원에 의한 국가면제 적용 여부에 영향을 미치지 아니한다고 밝혔다.　　　　　O | X

독일과 이탈리아 간 분쟁에서 국제사법재판소(ICJ)는 강행규범을 위반한 사항이라 하더라도 법정지국가의 밖에서 발생한 경우 면제를 인정해야 한다고 판시하였다.　　　　　답 ○

079
20. 7급

ICJ는 Jurisdictional Immunities of the State 사건에서 주권면제의 법리와 강행규범의 내용은 서로 충돌의 여지가 없다고 판단하였다. O | X

독일과 이탈리아 간 사건이다. 이탈리아는 강행규범 위반에 대해서도 면제를 부여한다며 강행규범 위반을 통제하지 못할 것이라고 주장하였다. 그러나, 국제사법재판소(ICJ)가 강행규범은 이에 위반되는 행위의 적법성이나 유효성을 따지는 실체적 규범인 반면, 주권면제의 법리는 관할권 행사 가능성에 대한 절차적 규범이므로 양 규범은 충돌의 여지가 없다고 판단하였다. 답 ○

080
18. 7급

국제사법재판소는 2012년 페리니(Ferrini) 사건에서 국제법상 강행규범을 위반하는 국가행위에 대해 주권면제가 적용되지 않는다고 밝혔다. O | X

2012년 국제사법재판소(ICJ)의 판례는 독일이 이탈리아를 상대로 제소한 사건에 대한 것으로서 「국가면제 사건」이라고 한다. 이 사건에서 이탈리아는 법정지국 밖에서 발생한 불법행위가 강행규범을 위반한 것이면, 전통적인 국가면제법과 달리 면제가 제한된다고 하였다. 그러나, 국제사법재판소(ICJ)는 전통적인 국가면제법을 수정하는 새로운 관습이 형성되지 않았으므로 기존 관습대로 법정지영토 밖에서 발생한 행위라면 그것이 강행규범 위반이라 할지라도 국가면제를 인정해야 한다고 판시하였다. 답 X

081
20. 7급

이탈리아 최고법원인 Corte di Cassazione는 Ferrini 사건에서 국제범죄행위에 대하여는 주권면제를 인정할 필요가 없다고 판시하였다. O | X

강행규범에 위반되는 행위는 행위 시 '면제의 묵시적 포기'로 볼 수 있다는 이론에 기초한 판시이다. 답 ○

082
15. 7급

유럽인권재판소(ECHR)는 알 아자니(Al Adsani) 사건에서 국내법원이 고문 관련 민사소송에서 국가면제 주장을 받아 들임으로써 공정한 재판에 대한 피해자의 권리를 침해하였다고 밝혔다. O | X

동 사건은 먼저 아자니(Al Adsani)가 쿠웨이트를 상대로 영국 법원에 제소하였으며, 영국은 법정지 밖에서 발생한 사건으로 보아 면제를 인정하였다. 이에 아자니(Al Adsani)가 유럽인권법원에 제소하였으나, 유럽인권법원은 영국이 국가면제와 관련된 국제법을 적법하게 이행하였으므로 유럽인권협약상 아자니(Al Adsani)의 재판청구권을 침해한 것은 아니라고 판시하였다. 답 X

083
22. 7급

「국가 및 그 재산의 관할권 면제에 관한 국제연합 협약」에 따르면 국가는 해당 국가 간 체결한 국제협정에 의해서만 타국 법원의 재판관할권 행사에 동의를 표시할 수 있다. O | X

재판관할권행사에 대한 동의를 면제의 포기라고 한다. 면제의 포기는 국제협정을 통해서 할 수도 있고, 일방적 선언을 통해서도 할 수 있다. 답 X

084
21. 7급

원고가 법정지국 밖에서 고문의 피해를 받아 손해배상을 청구하는 경우, 주권면제는 인정된다. O | X

불법행위에 대한 금전배상소송의 경우 법정지국 내에서 발생한 행위일 것을 요건으로 한다. 따라서 법정지국 밖에서 발생한 경우 주권면제가 인정된다. 답 ○

085
21. 7급

원고가 법정지국에서 발생한 교통사고에 대하여 손해배상을 청구하는 경우, 주권면제는 부인된다. O | X

교통사고의 경우 권력적 행위로 볼 수 없으므로 주권면제가 인정되지 않는다. 답 ○

086
15. 9급

국가면제의 향유 주체인 국가는 국가 또는 중앙정부만을 의미하며, 공법인 등은 제외된다. O | X

국가면제의 향유 주체로서 국가에는 중앙정부뿐 아니라 지방자치단체, 연방국가의 주, 그리고 국가기능을 수행하는 공법인 등이 포함된다. 답 X

087
23. 7급

주권면제는 국가에 대해 부여되는 권리로, 여기서 국가란 중앙정부만을 의미한다. O | X

주권면제는 지방정부나 주정부에 대해서도 인정된다. 답 X

088
23. 9급

「국가 및 그 재산의 관할권 면제에 관한 국제연합 협약」상 상업적 거래인지의 판단은 우선적으로 행위의 성격을 고려해야 하고 관련되는 경우에는 행위의 목적을 고려해야 한다. O | X

성질설과 목적설을 절충하고 있다. 답 ○

089
14. 9급

국가 및 그 재산의 관할권 면제에 관한 UN협약의 초안은 완성되었으나, 아직 정식 조약문으로 채택되지 못하였다. O | X

UN협약의 초안은 1991년 완성되었으며, 2004년 협약으로 채택되었다. 그러나, 2014년 현재 발효되지 않았다. 답 X

090
21. 7급

원고가 외국 정부의 명예훼손으로 인한 손해배상을 청구하는 경우, 주권면제는 부인된다. O | X

명예훼손소송의 경우에는 면제가 인정된다. 협약은 불법행위에 대한 금전배상소송을 전제로 주권면제를 제한한다. 답 X

091

22. 7급

「국가 및 그 재산의 관할권 면제에 관한 국제연합 협약」에 따르면 소송의 주제가 개인의 채용, 고용의 갱신 또는 개인의 복직과 관련된 경우 국가면제를 원용할 수 있다.

O | X

공용계약은 원칙적으로 면제가 제한되나, 채용, 고용갱신, 복직의 경우 면제가 인정된다.

답 ○

092

14. 9급

우리나라는 국가면제법 또는 주권면제법을 제정하고 있지 않다.

O | X

우리나라는 국내법은 없으나, 제한적 국가면제론을 관습법이라고 보고 이를 적용하고 있다.

답 ○

093

14. 9급

원칙적으로 피고국가가 행한 재판관할권의 면제 포기에는 자국 재산의 압류 또는 강제집행의 면제 포기까지 포함하는 것은 아니다.

O | X

재판권 면제와 강제집행 면제를 별개의 문제로 본다.

답 ○

094

14. 경찰간부

국제관습법에 따르면 국가면제의 요건은 국제기구면제의 요건과 일치한다.

O | X

국제기구면제의 요건은 관련 조약에 의해 주어지는 것이므로 관습법상의 국가면제의 요건과는 일치하지 않는다.

답 X

095

14. 경찰간부

국제사법재판소(ICJ)의 판결에 따르면 강행규범 위반으로 인한 재산상 피해를 배상받기 위한 개인의 손해배상소송에서 국가면제는 부인된다.

O | X

강행규범 위반에도 불구하고, 당해 불법행위가 법정지국 영토 밖에서 발생한 경우 국가면제가 인정된다는 것이 국제사법재판소(ICJ)의 입장이다(독일과 이탈리아 간 국가면제 사건).

답 X

096

14. 경찰간부

국제범죄에 해당하는 행위라고 해서 국가면제의 적용을 받지 못하는 것은 아니다.

O | X

국가원수에 대한 면제의 경우 국가원수가 현직에 있는 경우 국제범죄에 대해서도 '인적 면제'가 인정된다.

답 ○

097

14. 경찰간부

고위공무원의 직권 남용행위에 대해서도 국가면제가 적용될 수 있다.

O | X

고위공무원의 직권 남용행위의 경우 직무와 관련된 것이므로 '물적 면제'가 인정된다.

답 ○

098
12. 7급

UN국가면제협약상 면제에서 제외되는 상업적 거래란 국가가 외국의 사인과 거래관계를 맺은 경우로서 그 거래에 대한 분쟁이 타국 법원의 관할권에 속하는 경우이다.　　　　O | X

거래에 대한 분쟁이 타국 법원의 관할권에 속하는 경우가 아니라면 국가면제 문제 자체가 제기되지 않는다.　　　　답 ○

099
12. 7급

고용계약에 대해서는 원칙적으로 국가면제가 인정되지 않으나 고용된 사람이 면제를 주장하는 국가의 공공업무(governmental authority)에 종사하는 경우에는 여전히 면제가 인정된다.　　　　O | X

국가에 고용된 사람이 국가의 공공업무(governmental authority)에 종사하는 경우 권력작용으로 보아 면제가 인정된다.　　　　답 ○

100
12. 7급

국가가 면제를 포기하고 외국 법원의 소송에 응소한 경우 집행권으로부터의 면제도 포기한 것으로 본다.　　　　O | X

재판관할권에 대한 면제의 포기에는 집행권으로부터의 면제의 포기를 포함하지 않는다. 따라서 집행관할권에 대한 별도의 포기 선언이 있어야 한다.　　　　답 X

101
11. 사시

오늘날에도 국가는 외국의 사인(私人)과의 상업적 거래로부터 발생하는 분쟁에 있어서도 국가면제를 원용할 수 있는 것이 일반적이다.　　　　O | X

상업적 거래로부터 발생하는 분쟁은 대체로 국가의 '상업적·사적·비권력적 행위(acta jure gestionis)'에 해당하여 국가면제가 제한된다.　　　　답 X

102
19. 9급

주권면제는 구체적인 내용에 있어서 각국의 국내법과 사법실행의 영향을 받는다.　　　　O | X

면제범위에 있어서 절대적 국가면제와 제한적 국가면제로 구분되고, 제한적 국가면제에 있어서도 국가 행위를 구분함에 있어서 성질설과 목적설 등의 구분이 있다. 국가들이 어느 유형을 적용할 것인지 문제는 개별 국가의 재량이므로 주권면제의 구체적인 내용은 국가마다 다를 수 있다.　　　　답 ○

103
10. 7급

국가대표의 자격으로 행동하는 자도 국가면제의 목적상 국가로 간주된다.　　　　O | X

국가대표의 자격으로 행동하는 자를 국가로 간주하여 그의 직무행위에 대해서도 면제가 인정된다.　　　　답 ○

104

10. 7급

상업적 거래는 제한적 국가면제의 대상이 아니나 '국가 간'에 이루어지는 경우에는 국가면제를 원용할 수 있다. O | X

2004년 「국가 및 재산에 대한 면제에 대한 UN협약」 제10조에 의하면 상업적 거래는 원칙적으로 국가면제의 대상이 아니나, 국가 간 상업적 거래는 예외적 국가면제 대상으로 규정하고 있다. 답 ○

105

10. 7급

국가면제는 법정지국의 입법관할권의 면제까지 포함하고 있다. O | X

입법관할권의 면제란 '법정지국 국내법 자체'로부터의 면제 또는 '법정지국의 실체법'으로부터의 면제를 의미한다. 이는 국가에 대해서는 법정지국의 국내법 자체가 적용되지 않는다는 의미로서 현행 국제법과 배치되는 진술이다. 국가면제란 법정지국의 재판관할권 또는 강제집행권 등 '집행관할권'으로부터의 면제를 의미하는 것이다. 답 X

106

10. 9급

재판관할권으로부터의 국가면제는 국가책임의 면제를 수반한다. O | X

재판관할권 면제의 법리와 국가책임의 법리는 상호독자적인 법리로 보는 것이 타당하다. 예컨대, A국 국민 甲이 B국으로부터 위법한 국유화로 인해 손해를 본 경우, 甲이 B국을 상대로 자국 법원에 제소한다면 '국가면제'의 법리가 적용된다. 그러나, 甲이 국내구제완료 등 절차를 거쳤음에도 손해배상을 받지 못한 경우 국제법상 A국은 B국에 대해 외교적 보호권을 발동하여 손해배상을 청구할 수 있을 것이다. 이와 같이 국가면제의 법리와 국가책임 법리는 독자적인 법리이므로, 국가면제가 인정된다고 해서 국가책임이 면제되는 것은 아니다. 답 X

107

10. 9급

재판관할권으로부터의 국가면제의 포기가 당연히 판결의 집행을 보장하는 것은 아니다. O | X

국가면제가 포기되어 재판권을 행사하여 원고인 개인에게 유리한 판결이 내려졌더라도 국유재산은 면제가 인정되므로 판결을 집행하는 것이 용이하지 않다. 답 ○

108

08. 9급

제한적 면제를 부여하기 위하여 국가행위를 상업적 행위(acts jure gestionis)와 권력적 행위(acts jure imperii)로 구분하고 있다. O | X

제한적 면제이론은 국가의 상업적 행위(acts jure gestionis)에 대해서는 면제를 제한해야 한다고 본다. 답 ○

109

08. 9급

1972년의 「유럽국가면제협약」은 제한적 면제의 입장에서 면제가 인정되지 않는 경우를 명시하고 있다. O | X

1972년 「유럽국가면제협약」은 제한적 면제이론을 도입하였다. 답 ○

110
01. 행시·외시

국가면제를 규율하는 국제협약은 현재까지 존재하지 않는다. O | X

1972년 유럽국가면제협약이 채택되었다. 또한 발효되지는 않았으나, UN국가면제협약도 초안상태에서 벗어나 2004년에 협약으로 채택되었다. 답 X

111
01. 행시·외시

일반적으로 국가면제가 적용되는 행위는 통치행위(acta jure imperii)이다. O | X

통치행위(acta jure imperii)는 권력행위와 비상업적 행위 등으로도 불린다. 답 ○

112
예상논점

UN협약에 의하면 '법정'은 사법적 기능의 수행을 위해 위임받은 기관으로서 사법부에 속한 기관을 말한다. O | X

사법적 기능을 수행하는 기관이면 면제가 문제된다. 답 X

113
예상논점

UN협약에 의하면 연방국가의 구성단위 및 국가의 주권적 권위의 행사를 위임받아 그 자격으로 행동하는 국가의 정치적 하부조직은 위법행위에 대해 국가는 면제를 향유할 수 없다. O | X

연방국가의 구성단위 및 국가의 주권적 권위의 행사를 위임받아 그 자격으로 행동하는 정치적 하부조직도 면제를 향유할 수 있는 주체이다. 답 X

114
예상논점

UN협약에 의하면 '상업적 거래' 여부를 판단함에 있어서 계약이나 거래의 목적을 우선적으로 고려하며, 법정지국의 관행에 따라 계약이나 거래의 성격을 고려한다. O | X

거래의 성격을 우선적으로 고려하고, 목적을 부수적으로 고려한다. 답 X

115
예상논점

UN협약에 의하면 국제법상 국가원수들에게 부여된 인적 특권과 면제는 UN협약에 의해 인정된 범위 내에서만 인정된다. O | X

국가원수면제는 UN협약에 의해 침해받지 않는다. 답 X

116
예상논점

UN협약에 의하면 실제에 있어서 소송이 타국의 재산, 권리, 이익 또는 활동에 영향을 줄 목적을 가지는 경우라 하더라도 타국이 소송의 당사자로 거명되지 않았다면 그 타국을 상대로 하여 소송이 제기된 것으로 간주되지 않는다. O | X

그 타국을 상대로 소송이 제기된 것으로 간주된다. 답 X

117
예상논점

UN협약에 의하면 국가는 국제협정, 서면상의 계약, 특정 소송에서 법정에서의 선언 또는 서면상의 통고를 통해 명시적으로 면제를 포기할 수 있다.　　　O | X

국제협정, 서면상의 계약, 법정에서의 선언 또는 서면상의 통고는 면제의 명시적 포기방법이다.　　　답 ○

118
예상논점

미국 국가면제법에 의하면 예외적으로 영토 밖에서 발생한 불법행위에 대해 국가면제가 제한되는 경우도 있다.　　　O | X

국가테러 예외의 경우 미국 영토 밖에서 발생한 불법행위에 대해 면제를 제한한다.　　　답 ○

119
예상논점

국가면제에 대한 포기는 명시적 또는 묵시적으로 행해질 수 있으나, 외교면제는 반드시 명시적으로만 포기될 수 있다.　　　O | X

즉, 국가면제의 포기가 더 넓게 인정되는 것이다.　　　답 ○

120
예상논점

UN협약에 의하면 국가가 스스로 소를 제기한 경우 타국 법정에서의 소송에 있어서의 면제를 주장할 수 없다.　　　O | X

국가가 스스로 소를 제기한 것은 면제의 묵시적 포기이므로 타국 법정에서의 소송에서 면제를 주장할 수 없다.　　　답 ○

121
예상논점

UN협약에 의하면 국가가 오로지 면제의 주장을 위해 소송에 참가한 경우 타국 법정의 관할권 행사에 동의한 것으로 간주될 수 없다.　　　O | X

소송참가의 경우, 당사자참가의 경우에만 면제의 포기로 인정된다.　　　답 ○

122
예상논점

UN협약에 의하면 국가의 대리인이 타국의 법정에 증인으로서 출석하는 경우 국가가 타국 법정의 관할권 행사에 동의한 것으로 해석된다.　　　O | X

증인으로서의 출석은 관할권 행사에 대한 동의, 즉 면제의 포기로 간주되지 않는다.　　　답 X

123
예상논점

UN협약에 의하면 국가가 타국 법정에서의 소송에 출석하지 않는 경우, 이는 전자의 국가가 그 법정의 관할권 행사에 동의한 것으로 해석될 수 없다.　　　O | X

소송에 출석하지 않는 것은 면제의 묵시적 포기에 해당되지 않는다.　　　답 ○

124
예상논점

UN협약에 의하면 타국 법정에서의 소송을 제기하는 국가는 그 주된 청구와 동일한 법적 관계 또는 사실로부터 제기되는 여하한 반소와 관련하여 그 법정의 관할권으로부터의 면제를 주장할 수 있다. O | X

소송을 제기하는 국가는 관할권으로부터의 면제를 주장할 수 없다. 즉, 면제의 포기로 간주된다. 답 X

125
예상논점

UN협약에 의하면 국가 간 상업적 거래의 경우 법정지국 관할권으로부터 면제가 인정된다. O | X

국가 간 상업적 거래는 상업적 거래라고 하여도 면제가 인정된다. 답 ○

126
예상논점

UN협약에 의하면 피고용자가 공권력 행사에 있어 특별한 기능의 수행을 위해 고용된 경우 국가는 법정지국의 관할권으로부터 면제가 인정되지 않는다. O | X

피고용자가 공권력 행사에 있어 특별한 기능의 수행을 위해 고용된 경우 면제가 인정된다. 답 X

127
예상논점

UN협약에 의하면 소송의 대상이 개인의 채용, 고용의 갱신 또는 복직에 관련된 경우 국가는 법정지국으로부터 관할권 면제가 인정된다. O | X

면제가 인정되는 고용계약이다. 답 ○

128
예상논점

UN협약에 의하면 원칙적으로 국가는 타국 법정에서 자국에게 귀속되는 깃으로 주장되는 작위 또는 부작위로 인한 사망 기타 인적 피해 또는 유형의 재산상의 피해에 대한 금전적 배상에 관한 소송에 있어서 관할권 면제를 원용할 수 있다. O | X

관할권 면제를 원용할 수 없다. 즉, 면제가 제한된다. 답 X

129
예상논점

UN협약에 의하면 사망 등의 인적 침해의 작위 또는 부작위가 전체적으로 또는 부분적으로 타국의 영토상에서 발생한 경우 면제가 제한된다. O | X

불법행위의 경우 법정지영토 내에서 발생한 경우에 면제가 제한된다. 답 ○

130
예상논점

UN협약에 의하면 관계국들 간 별도의 합의가 없는 한 선박을 소유한 국가는 그 선박의 운영과 관련된 소송에 있어서 그 소송 원인의 발생 시 선박이 상업적 공무 목적 이외의 용도로 사용된 경우, 타국의 권한 있는 법정에서 관할권 면제를 원용할 수 없다. O | X

비상업적 공무 목적 이외의 용도로 선박이 사용된 경우 관할권 면제가 제한된다. 답 X

131
예상논점

UN협약에 의하면 타국 법정에서의 소송과 관련하여 국가의 재산에 대해서는 압류 또는 억류와 같은 여하한 판결 전 강제조치도 취해질 수 없다. O | X

관련국의 동의(면제의 포기)가 있는 경우 강제집행조치를 취할 수 있다. 답 X

132
예상논점

UN협약에 의하면 판결 후 강제조치가 오로지 그 소송이 상대로 하고 있는 단체와 관련을 가지는 재산에 대해서만 취해질 수 있는 경우로서, 그 재산이 특별히 비상업적 공무 목적 이외의 용도를 위해 사용되거나 그와 같이 의도되었고 법정지국의 영토상에 존재하는 것이 확인된 경우 예외적으로 국가의 재산에 대해 압류, 억류 또는 집행조치를 취할 수 있다. O | X

판결 후에는 일정한 조건하에, 국유재산에 대해서도 강제집행할 수 있다. 답 ○

133
예상논점

UN협약에 의하면 법정지국의 관할권 행사에 대한 동의는 강제조치를 취하는 데 대한 동의를 포함하지 않는다. O | X

관할권 행사에 대한 동의란 면제의 포기를 의미한다. 즉, 강제조치에 대한 면제의 포기까지 포함되는 것은 아니다. 답 ○

134
예상논점

UN협약에 의하면 동 협약과 관련한 분쟁은 교섭에 의해 해결하는 것이 원칙이나 6개월 내에 교섭에 의해 해결되지 못한 경우 분쟁당사국 중 여하한 국가의 요청에 의해서도 중재재판에 부탁되어야 한다. 그러나 중재재판 요청일로부터 6개월이 경과한 후에도 중재재판의 구성에 대해 합의하지 못한 경우, 이들 당사국 중 여하한 국가도 국제사법재판소(ICJ) 규정에 따른 재판신청에 의하여 그 분쟁을 동 재판소에 부탁할 수 있다. O | X

국제사법재판소(ICJ)에 대해 약정관할권을 부여하고 있다. 답 ○

135
예상논점

1926년 국유선박면제규칙 통일에 관한 협약은 국가면제 분야 최초의 다자조약이며 제한면제론을 도입하고 있다. O | X

1926년 국유선박면제규칙 통일에 관한 협약은 제한적 면제이론을 최초로 도입한 조약이기도 하다. 답 ○

136
예상논점

1976년 채택된 유럽국가면제협약은 제한면제론을 채택하고 있다. O | X

국가행위를 권력적 행위와 비권력적 행위로 구분하여 권력적 행위에 대해서만 면제를 인정하는 것이 제한면제론이다. 답 ○

137
예상논점

피노체트 사건에서 미국 대법원은 국가원수의 국제범죄는 국가원수의 직무행위로 볼 수 없으므로 퇴직 후에는 타국의 형사소추를 받을 수 있다고 하였다.　O | X

피노체트 사건은 영국 대법원 판례이다. 국가원수는 재직 시에는 인적 면제를 향유하나 퇴임 후에는 인적 면제를 향유하지 않는다. 직무에 대해서는 퇴임 후에도 면제를 향유하나, 국제범죄는 직무행위가 아니라고 하였다.　답 X

138
예상논점

영국은 피보호국의 군주라도 현직인 경우 인적 면제를 향유한다고 보았다.　O | X

미겔 사건에서 영국은 피보호국의 군주라도 인적 면제를 향유한다고 보았다.　답 O

139
예상논점

ILC는 전염병 확산을 막기 위한 의료품의 공급계약, 기근이 발생한 지역의 주민에게 공급할 식량 구입계약 등을 목적에 근거하여 주권면제가 부여될 수 있는 행위로 예시했다.　O | X

목적을 고려할 때 국가의 권력적 행위로 볼 수 있다는 의미이다.　답 O

140
예상논점

영국 국가면제법은 상업적 거래 여부를 판단함에 있어서 거래의 목적도 고려하고 있다.　O | X

영국 국가면제법은 성질설을 채택하여 상업적 거래 여부 판단 시 거래의 목적은 고려하지 않는다.　답 X

141
예상논점

미국의 외국수권면제법은 국가테러 예외를 규정하고 있는데, 국가테러가 미국 영토 밖에서 발생하였어도 일정한 조건하에 면제를 제한한다.　O | X

이 때, 면제를 제한하기 위해 미국이 당해 국가를 테러지원국으로 지정해야 한다.　답 O

142
예상논점

미국은 북한에 억류되었다가 고문치사된 오토 웜비어 사건에서 북한에 대한 주권면제를 부인하고 유족에 대한 손해배상을 판결하였다.　O | X

오토 웜비어 사건은 국가테러 예외가 적용된 판례이다.　답 O

143
예상논점

UN협약에 의하면 법정지국에 소재하는 재산에 대해 재판 후에는 일정한 조건하에 강제집행할 수 있다. 단, 재산이 권력적 목적 이외 용도로 사용되고, 법정지국 영토 내에 소재하며, 소송의 대상이 된 실체와 관련이 있어야 한다.　O | X

재판 후 강제조치시에만 일방적 집행이 허용된다.　답 O

144

예상논점

UN협약에 의하면 재판 전 강제조치의 경우 일방적 집행이 가능하다. O | X

재판 전의 경우에는 국가가 재산에 대한 면제를 명시적 또는 묵시적으로 포기한 경우에만 강제조치를 집행할 수 있다. 답 X

145

예상논점

UN협약은 외교사절단의 직무수행에 사용되는 재산 등 법정지국이 일방적으로 강제집행할 수 없는 재산을 규정하고 있으나, 이에 대해서도 피고국의 동의가 있는 경우 강제집행할 수 있다. O | X

피고국의 동의는 면제의 포기에 해당하므로 강제집행할 수 있다. 답 ○

146

예상논점

UN협약에 의하면 외국이 '당사자'로서 소송에 참가한 경우 면제의 명시적 포기이다. O | X

외국이 '당사자'로서 소송에 참가한 경우는 면제의 묵시적 포기이다. 답 X

147

예상논점

UN협약에 의하면 원고로서 소송을 제기한 국가는 반소에 대해 면제를 주장할 수 없다. O | X

원고로서 소송을 제기한 것은 면제의 묵시적 포기이다. 답 ○

148

예상논점

UN협약에 의하면 국가가 피소된 소송에서 국가가 반소를 제기한 경우 본소에 대한 면제를 주장할 수 없다. O | X

반소를 제기하는 것은 본소에 대한 면제의 포기로 본다는 설명이다. 답 ○

149

예상논점

UN협약에 의하면 국가가 증인 자격으로 재판정에 출두한 것은 면제의 묵시적 포기가 아니다. O | X

증인으로서의 재판정에 출정하는 것은 면제의 묵시적 포기가 아니다. 답 ○

150

예상논점

UN협약에 의하면 피고국이 재판정에 불출정한 것은 면제의 묵시적 포기로 간주된다. O | X

피고국이 오랜 기간 동안 재판정에 불출정한 경우라도 이를 면제의 포기로 보지 않는다. 답 X

151

예상논점

우리나라, 미국, 영국, 싱가포르, 캐나다, 호주, 일본 등은 모두 국가면제에 관한 국내법을 제정하였다. O | X

우리나라는 별도로 국가면제에 관한 국내법을 제정하지 않았다. 답 X

152
예상논점

미국, 영국 등은 군함은 침몰한 이후에도 계속해서 주권면제를 향유하므로 기국의 명시적 허가 없이는 그 위치를 불문하고 타국이 이를 인양할 수 없다고 본다. O | X

미국과 영국 등은 군함의 경우 면제의 시간적 한계가 없다고 보는 것이다. 답 ○

제3절 국가행위이론

153
01. 국가직

국가행위이론은 국가가 제정한 법령이나 자국영역 내에서 행한 공적 행위에 관해서 타국의 재판소에서 그 법적 유효성에 대한 판단을 해서는 안된다는 이론이다. O | X

국가행위이론은 삼권분립의 실현을 위한 법리이다. 답 ○

154
01. 국가직

국가행위이론은 주권국가의 독립을 존중하고자 하는 이론이다. O | X

국가행위이론은 주권평등원칙을 반영한 것으로 보기도 하나, 삼권분립 실현을 위한 사법자제로 보는 것이 일반적이다. 답 ○

155
01. 국가직

국가행위의 대표적인 예는 일국의 최고통치자가 내린 외국인 재산의 국유화 명령을 들 수 있다. O | X

국유화 명령을 국가행위로 보아 영미법계 법원에서는 그 유효성을 심사하지 않는다. 답 ○

156
01. 국가직

국제법상 국가행위이론의 근거는 영토관할권의 상호주의에서 찾을 수 있다. O | X

미국에서 국가행위이론을 인정하는 이유는 헌법상 삼권분립원칙과 이를 위한 사법자제원칙 때문이다. 답 X

157
90. 경찰간부

국가행위이론이란 어느 국가가 그 영토 안에서 행한 공적 행위를 다른 국가법원에서 판단의 대상으로 삼을 수 없다는 것이다. O | X

국가행위이론은 영미법계 국제사법상의 원칙이다. 답 ○

158
90. 경찰간부

국가행위이론과 관련하여 번스타인 사건에서 예외의 기준을 제시하였다. O | X

번스타인 사건에서는 행정부의 요청이 있는 경우 미국 재판소가 관할권을 행사할 수 있다는 기준(번스타인 예외)을 제시하였다. 답 ○

159
90. 경찰간부

국가행위이론은 프랑스, 독일 등 대륙법계에서 발달하여 온 것이다. O | X

국가행위이론은 미국 등 영미법계 국가들에서 발달해오고 있다. 답 X

160
90. 경찰간부

사바티노 사건으로 국가행위이론이 발전하였다. O | X

사바티노 사건에서 쿠바 국유화 행위의 유효성을 심사할 것인지에 대해 하급심에서는 이를 심사하였으나, 미국 대법원은 국가행위이론을 적용하여 심사를 거부하였다. 답 ○

161
예상논점

미국은 사바티노 사건, 언더힐 대 헤르난덴스 사건 등에서 국가행위이론을 적용하였다. O | X

언더힐 대 헤르난덴스 사건은 미국인 언더힐이 베네수엘라 대통령이었던 헤르난데스를 상대로 미국 법원에 제소한 사건으로서 미국은 국가행위이론을 적용하여 이에 대해 심리하지 않았다. 답 ○

162
예상논점

번스타인 예외는 미국 국무부가 국가행위이론을 적용하지 않을 것을 사법부에 요청하는 경우 동 이론을 적용하지 않는 것을 말한다. O | X

국가행위이론은 삼권분립을 실현하기 위한 것이므로 국무부가 심리할 것을 요청한다면 이에 위반되지 않아 국가행위이론의 적용을 배제할 수 있다. 답 ○

제4절 국제기구 면제

163
13. 7급

「UN의 특권과 면제에 관한 협약」(1946)에 따르면 UN과 UN재산은 모든 소송으로부터 면제된다. O | X

모든 소송으로부터 면제되는 것을 절대적 면제라고 한다. UN재산은 절대적 면제 대상이다. 답 ○

164
13. 7급

「UN의 특권과 면제에 관한 협약」(1946)에 따르면 UN의 공관, 재산, 문서는 불가침이다. O | X

UN의 특권과 면제에 관한 협약(1946)은 절대적 불가침을 규정하였다. 답 ○

165

13. 7급

「UN의 특권과 면제에 관한 협약」(1946)에 따르면 UN의 모든 직원에게는 국제법에 따라 외교관과 동일한 재판 관할권의 면제가 부여된다.　　　　　　　　　　　　O | X

UN사무총장과 사무차장은 외교관과 동일한 특권과 면제가 인정되어, 물적 면제와 함께 인적 면제가 부여된다. 다른 직원들은 물적 면제만 인정된다.　　　　　　　답 X

166

13. 7급

「UN의 특권과 면제에 관한 협약」(1946)에 따르면 UN의 출판물의 경우 관세 및 수출입상의 금지와 제한으로부터 면제된다.　　　　　　　　　　　　　　　　　O | X

UN의 특권과 면제에 관한 협약(1946)은 UN에 대한 특별한 보호를 규정한 것이다.

답 ○

167

예상논점

국제기구면제는 대체로 조약에 의해 인정된다.　　　　　　　　　　　　O | X

국가면제는 관습법으로 발전해 왔으나, 국제기구면제는 조약에 의해 발전되었다.　답 ○

168

예상논점

국제기구의 공무원은 국적국가에 대해서도 면제를 주장할 수 있다.　　　　O | X

국제기구 공무원으로 한 행위이므로 국적국도 면제를 부여해야 한다.　　　　답 ○

169

예상논점

국제기구면제에 대해서는 직무행위에 대해서만 면제가 인정된다.　　　　O | X

지무행위에 대해서만 국제기구로 귀속되어 면제가 인정된다.　　　　　　　답 ○

170

예상논점

국제기구의 공무원이 자신이 속한 국제기구를 상대로 소송을 제기한 경우 면제가 인정된다.　　　　　　　　　　　　　　　　　　　　　　　　　　　　O | X

국제기구의 공무원이 자신이 속한 국제기구를 상대로 국제기구 소재지국 등에 제소한 경우를 상정한 것이다.　　　　　　　　　　　　　　　　　　　　　　답 ○

171

예상논점

UN 및 UN재산에 대해서는 절대적 면제가 인정된다.　　　　　　　　　O | X

절대적 면제란 면제에 예외가 없다는 의미이다.　　　　　　　　　　　　답 ○

172

예상논점

UN사무총장과 사무차장은 외교면제에 준하여 면제를 향유하므로 인적 면제도 인정된다.　　　　　　　　　　　　　　　　　　　　　　　　　　　　　O | X

인적 면제는 그 신분상의 면제를 의미하므로 재직 시에만 인정된다.　　　　답 ○

173
예상논점

다른 UN 직원은 물적 면제만 인정된다.　　　　　　　　　　　　　O | X

물적 면제는 직무에 대한 면제를 의미한다.　　　　　　　　　　　답 ○

174
예상논점

UN을 위해 업무를 수행하는 전문가들도 직무와 관련하여 면제가 인정된다.　O | X

전문가들에게도 물적 면제가 인정된다.　　　　　　　　　　　　답 ○

175
예상논점

인권위원회 특별보고관의 면제에 관한 사건(1999)에서 특별보고관의 직무수행에 관해서는 UN 회원국 내에서 모든 종류의 소송으로부터 면제된다고 하였다.　O | X

해당 전문가들에게도 물적 면제가 인정되는 것이다.　　　　　　답 ○

176
예상논점

UN총회는 직원들의 면제를 포기할 수 있다.　　　　　　　　　　O | X

직원들의 면제포기는 UN사무총장의 권한이다.　　　　　　　　답 X

177
예상논점

UN사무총장의 면제는 안전보장이사회가 포기할 수 있다.　　　　O | X

면제를 포기한 경우 법정지국은 관할권을 행사할 수 있다.　　　답 ○

178
예상논점

UN회의에 참석하는 회원국 대표는 외교관과 거의 동일한 특권과 면제를 향유한다.
　　　　　　　　　　　　　　　　　　　　　　　　　　　　　O | X

회원국 대표는 조약에 의해 면제가 인정되는 것이다.　　　　　답 ○

제4장 국가책임

제1절 총설

001
15. 사시

2001년 국제연합(UN) 국제법위원회는 기존의 「국제위법행위에 대한 국가책임 초안」을 수정하여 국제위법행위 개념에 국제범죄의 개념을 추가하였다.　　　O | X

국제범죄의 개념은 잠정초안에 규정되었으나, 2001년 최종 초안에서는 삭제되었다. 다만, 대세적 의무 개념을 도입하여 비피해국에 대해서도 국가책임을 원용할 수 있는 규정을 두었다.　　　답 X

002
13. 9급

ILC초안에 의하면 부작위에 의해서는 국가책임이 발생되지 않는다.　　　O | X

부작위에 의해 국제법을 위반한 경우 국가책임이 발생한다.　　　답 X

003
12. 사시

ILC초안에 의하면 국제위법행위가 성립하기 위해서는 국가기관의 고의나 과실이 필요하다.　　　O | X

국가기관의 고의나 과실은 국제위법행위의 요건으로 명시되지 않았다.　　　답 X

004
12. 사시

ILC의 작업 초기에는 피해국 이외의 국가가 책임을 물을 수 있도록 하기 위해 국제범죄라는 용어를 사용하였으나 많은 비판이 있어, 2001년 채택된 초안에서는 직접 피해를 입은 국가만이 그 책임을 물을 수 있도록 한정하였다.　　　O | X

2001년 최종 초안에서는 국제범죄 개념은 삭제되었다. 그러나, 대세적 의무 개념을 도입하여 피해국이 아닌 국가도 국가책임을 원용할 수 있도록 허용하였다.　　　답 X

005
10. 9급

ILC초안에 의하면 국가의 국제범죄에 대해서는 국제공동체 전체로부터 제재가 가하여진다.　　　O | X

국가의 국제범죄 및 이에 대한 국제공동체 전체로부터의 제재문제는 ILC에서 논의된 바 있고, '잠정초안'에 규정된 바 있으나, 2001년 최종 초안에서는 국가들의 반발로 규정되지 못했다.　　　답 X

006
07. 9급

국가의 고의·과실이 없는 경우에도 일정한 경우 국가책임을 물을 수 있다. O | X

고의나 과실이 없는 경우의 책임을 무과실책임이라고 한다. 우주책임조약은 손해가 대기권에서 발생한 경우 무과실책임을 지우고 있다. 답 ○

007
07. 9급

국가책임은 타 국가에 대한 직접침해에 의해서만 발생한다. O | X

직접침해란 일국이 타국 정부에 직접적으로 침해를 가하는 것을 의미한다. 하지만 이러한 직접침해 외에도 일국이 타국의 국민에게 입힌 간접침해 또한 국가책임을 야기한다. 국가만이 국제법적 주체로 인식되었던 전통적 국제법에서는 국민의 침해는 곧 국가의 침해를 의미하기 때문이다. 답 X

008
01. 사시

국가가 국제법을 위반한 경우 전통적으로 형사책임과 민사책임 모두를 지도록 되어 있다. O | X

민사책임은 성립되어 있으나, 형사책임은 입법화되지 않았다. 답 X

009
01. 사시

과실책임의 원칙이 전통적으로 인정되어 왔으나, 근래 원자력이나 우주공간의 이용에 관하여 무과실책임이 적용되는 경향을 보이고 있다. O | X

무과실책임은 피해국이 가해국의 과실의 존재를 입증하지 않아도 되므로 입증부담이 완화된다. 답 ○

010
03. 행시·외시

국가가 특정 협약을 위반하는 경우 손해배상책임을 부담하려면 해당 협약에서 손해배상에 관한 사항을 규정하고 있어야 한다. O | X

손해배상은 관습법으로 볼 수 있으므로, 해당 협약에서 손해배상을 규정하지 않더라도 손해배상의무가 성립한다. 답 X

011
03. 행시·외시

국가선포를 한 후 얼마 되지 않은 신생국은 불법행위를 범하였다고 해도 국가체제가 미처 정비되지 않은 결과 국제법 준수와 관련해서 일종의 '무능력' 상태에 있기에 자신의 불법행위에 대해서 책임을 부담하지 않는다. O | X

신생국도 국제법의 지배를 받는다. 따라서 의무 위반시 국제법적 책임을 진다. 답 X

012
03. 행시·외시

「국제형사재판소 로마규정」은 국제공동체 전체에 대한 의무를 위반한 범죄행위에 대해서 국가의 형사책임을 규정하고 있다. O | X

로마협약은 개인의 국제범죄에 대한 책임을 묻기 위한 조약이다. 국가의 형사책임과는 관련이 없다. 답 X

013

02. 행시 · 외시

「1967년 우주조약」에 의하면 본 조약의 당사국은 사인(私人)의 우주활동에 대해서도 직접 책임을 진다. O | X

사인(私人)의 우주활동에 대해서도 국가가 책임을 지는 것이다. 답 ○

014

03. 행시 · 외시

전통적인 국제위법행위로 인한 국가책임 외에 국가의 형사책임을 인정하려는 경향도 있다. O | X

국가의 국제범죄 개념 도입이 논의되고 있다. 그러나 현재까지 입법화된 것은 아니다. 답 ○

015

03. 행시 · 외시

전통적 국가책임론의 기본원칙 중 하나인 개별책임의 원칙은 직접 피해국만이 아닌 제3국도 개별적으로 가해국에 국가책임을 물을 수 있다는 것이다. O | X

피해국에 의한 책임추궁원칙을 개별적 책임추궁원칙이라고 한다. 피해국이 아닌 국가에 의한 책임추궁은 집단적 책임추궁원칙이라고 한다. 대세적 의무 위반시 피해국이 아닌 국가도 국가책임을 추궁할 수 있다. 즉, 현행법에도 집단적 책임추궁원칙이 도입된 것이다. 답 X

016

03. 행시 · 외시

국가에 대한 국제형사책임은 직접 피해국이 아닌 국제기구나 국제사회가 가해국에게 책임을 묻는다는 것에 그 특징이 있다. O | X

국가에 대한 국제형사책임은 현행법으로 존재하는 것은 아니다. 답 ○

017

03. 행시 · 외시

국가에 대한 국제형사책임과 국제법을 위반한 개인에게 형사책임을 묻는 개인의 국제법상 형사책임은 다른 개념이며, 국제형사재판소는 개인의 국제법상 형사책임을 묻기 위한 기구이다. O | X

국가의 국제형사책임은 제도화되어 있지 않다. 답 ○

제2절 위법행위책임

성립요건

018

85. 사시

1907년 육전(陸戰)의 법규에 관한 조약은 국가의 무과실책임을 인정하고 있다. O | X

무과실책임은 과실의 존재를 책임의 성립요건으로 보지 않는 것이다. 답 ○

019

85. 사시

상당한 주의의무의 기준으로서는 오늘날 국제표준주의가 일반적으로 인정되고 있다.

O | X

상당한 주의의무의 기준으로서는 국내표준주의가 통설 및 관행이다. 자국민을 보호하는 정도로 외국인을 보호할 것을 요구하는 원칙이다.

답 X

020

99. 사시

국가책임 성립에 있어서 국제법 위반에 대한 의무 위반국 측의 자인이 있어야 한다.

O | X

자인(自認)은 위법행위를 스스로 인정하는 것을 의미한다. 자인이 없어도 위법행위가 입증되면 책임을 진다.

답 X

021

15. 사시

위법행위책임 초안(2001)은 국가책임의 성립요건으로 고의 또는 과실을 규정하고 있지 않다.

O | X

고의나 과실은 국가책임의 성립요건인지 현재 불명확하므로 ILC의 위법행위책임 초안에는 명시하지 않았다.

답 O

022

15. 7급

ILC초안(2001)에 의하면 국가책임이 성립하기 위해서는 국가에 귀속되는 행위에 의한 국제의무 위반, 고의 또는 과실 및 손해의 발생이 필요하다.

O | X

ILC초안(2001)은 귀속성과 위법성만을 국가책임 성립요건으로 규정하였다.

답 X

023

02. 행시 · 외시

폭도의 폭동이나 내란에 의하여 외국인이 손해를 입은 경우 당연히 국가책임이 발생한다.

O | X

폭동에 의한 외국인의 손해의 경우 순수사인에 의한 국가책임 법리와 동일한 법리가 적용된다. 즉, 원칙적으로 국가책임이 발생하지 않으나 국가의 주의의무를 다하지 못한 경우 예외적으로 책임을 진다.

답 X

024

18. 7급

2001년 「국제위법행위에 대한 국가책임 초안」에 의하면 국가의 행위가 2001년 초안 규정상 국제범죄에 해당하는 경우에는 국가책임이 가중된다.

O | X

2001년 국제위법행위에 대한 국가책임 초안에는 국제범죄 규정은 없다. 1980년 잠정초안에서는 국제범죄에 대해 비피해국에 의한 책임추궁을 인정하였다.

답 X

025

예상논점

우주손해배상조약, 핵추진 선박운영상 책임에 관한 조약 등은 무과실책임을 규정하였다.

O | X

무과실책임을 인정한 조약은 극소수이므로 기억해 두어야 한다.

답 O

026

01. 사시

교전단체의 국제적 불법행위에 대해 일차적으로 본국의 책임이 성립한다.　O | X

교전단체는 국제법 주체로서 책임 능력을 갖는다. 따라서 교전단체의 위법행위에 대해서는 교전단체가 책임을 진다.　답 X

027

예상논점

Massy 사건에 의하면 하급기관의 행위도 국가로 귀속된다.　O | X

지위고하를 막론하고 국가의 행위이면 국가로 귀속되어 책임이 성립할 수 있다.　답 ○

028

85. 사시

가해사인이 자국민인 경우에 한하여 국가는 사인의 위법행위에 대하여 국제법상의 책임을 진다.　O | X

자국 내에서 발생한 사건의 경우 가해사인이 자국민이 아니어도 예외적으로 부작위책임이 성립할 수 있다.　답 X

029

85. 사시

일단의 폭도가 집단적으로 외국인에게 손해를 입혔을 경우 일반국제법상 국가는 그 결과에 대하여 책임을 지게 된다.　O | X

원칙적으로 국가는 그 결과에 대해 책임을 지지 않는다. 예외적으로 부작위책임을 질 수 있다.　답 X

030

15. 9급

ILC초안에 의하면 국가기관의 자격으로 한 국가기관의 행위는 자신의 권한을 초과하여 행한 경우에도 국제법상 그 국가의 행위로 간주된다.　O | X

ILC초안은 모든 월권행위의 국가귀속성을 인정한다.　답 ○

031

03. 행시·외시

국가는 자신의 불법행위에 대해서만 책임을 지고 타국의 불법행위에 대해서는 여하한 경우에도 책임을 지지 않는다.　O | X

보호국은 피보호국의 행위에 대해 책임을 진다. 또한 내전 진압에 타국 군대를 동원한 경우 타국 군대의 위법행위는 내전 진압을 요청한 국가에 귀속된다.　답 X

032

15. 9급

ILC초안에 의하면 개인의 행위는 그 행위를 수행함에 있어서 사실상 국가의 지시를 받아서 행동하는 경우에도 국제법상 그 국가의 행위로 간주되지 않는다.　O | X

개인이 국가의 지시를 받아서 행동한 경우 당해 개인을 '사실상의 국가기관(de facto state organ)'이라고 한다. 이 경우, 지시국으로 당해 위법행위가 귀속되어 피해국에 대해 법적 책임을 진다.　답 X

033

20. 9급

1986년 Nicaragua 사건에서 미국의 일반적 통제에 따른 콘트라 반군의 행위는 미국에 귀속될 수 있다고 하였다. O | X

일반적 통제가 아닌 실효적 통제가 있어야 귀속된다고 하였다. 일반적 통제란 콘트라 반군에게 자금이나 무기를 지원하는 행위를 의미하며, 실효적 통제란 반군의 반정부활동에 대한 구체적인 통제를 의미한다. 실효적 통제가 입증되지 않아 반군단체의 행동에 대해서는 미국이 책임을 지지 않는다고 하였다. 답 X

034

15. 9급

ILC초안에 의하면 국가의 새 정부를 구성하는 데 성공한 반란단체의 행위는 국제법상 그 국가의 행위로 간주된다. O | X

반란단체는 반란과정에서 발생시킨 위법행위에 대해 신정부 수립 이후 책임을 진다. 답 ○

035

15. 9급

ILC초안에 의하면 국가행위로 귀속될 수 없는 행위에 대하여 국가가 자신의 행위로 승인하고 채택하는 경우 당해 행위는 그 범위 내에서 그 국가의 행위로 간주된다. O | X

추인에 의해 국가귀속성이 인정되는 것이다. 답 ○

036

15. 사시

사인의 행위라도 국가책임이 발생하는 경우가 있다. O | X

사인이 국가의 위임을 받거나, 지시 또는 통제를 받은 경우, 공공당국 부재 또는 마비시 공무를 자발적으로 대신 수행한 사인의 행위의 경우, 그리고 사인의 행위를 정부가 추후에 추인하는 경우 사인의 행위에 대해 국가가 책임을 질 수 있다. 답 ○

037

15. 사시

행정부가 국제관계에서 국가를 대표하므로 행정부의 행위만이 국가책임을 발생시킨다. O | X

행정부뿐만 아니라 입법부나 사법부의 행위도 국가로 귀속이 되어 책임을 질 수 있다. 예컨대, 사법부의 경우 재판의 거절(denial of justice)에 해당하는 경우 국가가 책임을 진다. 답 X

038

15. 사시

국가기관의 행위가 비권력적·상업적 성격을 지녔더라도 이로부터 국가책임이 성립될 수 있다. O | X

국가책임에 있어서 국가의 행위가 비권력적·상업적 행위인지 또는 권력적·정치적 행위인지 구분하지 않는다. 양자 모두 국가의 직무행위에 해당하며, 위법성이 있는 경우 국가책임을 진다. 국가면제에서는 양자를 구분하여 비권력적·상업적 행위에 대해서는 면제가 인정되지 않는다. 답 ○

039
12. 사시

사법부의 재판거절(denial of justice)에 의해서도 국가책임이 발생할 수 있으며, 그 예로 외국인의 소송을 거부하는 것, 명백히 불공평한 재판 등을 들 수 있다. O | X

재판거절(denial of justice)은 사법의 행위로 국가책임이 성립하는 것이다. 답 O

040
15. 사시

국가기관이 아니더라도 공권력을 행사할 권한을 부여받은 단체의 행위는 국가의 행위로 간주된다. O | X

공권력을 부여받은 사인이 부여받은 공권력을 행사하는 경우에만 국가귀속성이 인정된다. 답 O

041
15. 사시

국가기관의 직무수행상의 월권행위에 대해서도 국가는 책임을 진다. O | X

ILC초안의 규정이다. 답 O

042
15. 사시

타국의 통제(at the disposal)하에 놓인 기관이 타국의 공권력을 행사하는 경우 그 행위는 국제법상 그 기관의 소속국 행위로 간주된다. O | X

타국의 통제(at the disposal)하에 놓인 국가기관의 행위는 소속국이 아니라 통제국으로 귀속되어 통제국이 피해국에 대해 국가책임을 진다. 예컨대, 내란 진압을 위해 타국에 군대 파견을 요청한 경우 당해 군대의 행위는 파견국이 아니라 내란 진압을 위해 군대 파견을 요청한 국가로 귀속되어 요청국이 책임을 진다. 답 X

043
15. 사시

한 국가가 타국 기관의 행위에 대해서도 책임지는 경우가 있다. O | X

타국 기관을 활용하여 자국의 공권력을 수행한 경우에 한 국가가 책임을 지는 것이다. 답 O

044
15. 7급

국가기관의 행위가 상업적 성격을 가지는 경우에는 국가책임이 발생하지 않는다. O | X

국가책임에서는 국가기관의 행위가 상업적 성격인지 권력인지는 문제되지 않는다. 답 X

045
15. 경찰간부

ILC초안에 의하면 국가기관 또는 정부권한(공권력)을 행사하도록 권한을 위임받은 개인 또는 단체의 행위는 그 기관, 개인 또는 단체가 그 자격으로 행동한다면, 그 행위자가 자신의 권한을 넘어서거나 또는 지시를 위반한다 하더라도 국제법상 그 국가의 행위로 간주된다. O | X

위임받은 기관의 월권행위에 대해서도 위임한 국가가 책임을 지는 것이다. 답 O

046
21. 7급

국가가 종교단체에 교도소의 운영을 위탁한 경우, 그 종교단체의 행위로 국가책임이 성립할 수 있다. O | X

국가로부터 국가사무를 위임받은 경우 민간기관의 행위라도 그 책임이 국가로 귀속된다.
답 ○

047
15. 경찰간부

ILC초안에 의하면 개인 또는 개인집단의 행위는 그들이 그 행위를 수행함에 있어서 사실상 국가의 지시를 받거나 그 지휘 또는 통제하에서 행동하는 경우 국제법상 그 국가의 행위로 간주된다. O | X

사실상의 국가기관의 행위의 책임에 대한 설명이다.
답 ○

048
15. 경찰간부

ILC초안에 의하면 개인 또는 개인집단이 공권력의 부재 또는 흠결시에 정부권한(공권력)의 행사가 요구되는 상황에서 사실상 그러한 권한을 행사하는 경우, 그러한 개인 또는 개인집단의 행위는 국제법상 국가의 행위로 간주된다. O | X

공권력의 부재 또는 흠결시 사실상 정부권한을 행사한 개인을 사실상의 국가기관이라고 한다.
답 ○

049
13. 9급

ILC초안에 의하면 사법기관의 국제의무 위반행위는 국가책임을 발생시키지 않는다. O | X

모든 국가기관의 행위는 국가책임을 발생시킬 수 있다. 사법기관은 재판의 거절에 의해 국가책임을 질 수 있다.
답 X

050
13. 사시

ILC초안에 의하면 한 국가의 신정부가 된 반란단체의 행위는 국제법상 그 국가의 행위로 간수된다. O | X

반란단체가 반란과정에서 발생시킨 피해에 대해 신정부가 책임을 지는 것이다.
답 ○

051
13. 사시

ILC초안에 의하면 국가기관의 지위에 있는 자가 그 자격으로 행동함에 있어서 자신의 권한을 넘어서거나 또는 상급자의 지시를 위반하여 행동한 경우, 그 행위는 국제법상 그 국가의 행위로 간주되지 않는다. O | X

개인의 월권행위나 지시 위반의 경우에도 국제법상 국가의 행위로 간주된다.
답 X

052
13. 사시

ILC초안에 의하면 사인(私人)이 사실상 한 국가의 지시 또는 통제하에서 행동한 경우, 그 행위는 국제법상 그 국가의 행위로 간주된다. O | X

한 국가의 지시나 통제가 확인된 행위에 대해 그 국가는 책임을 진다.
답 ○

053

12. 사시

외국인에 대한 국가의 위법한 침해행위로 피해가 발생한 경우, 그 국가는 이에 대해 배상할 의무가 있다. O | X

외국인에게 피해를 가한 경우, 국가의 간접책임이 성립할 수 있다. 답 ○

054

21. 7급

시민들이 외국인을 공격하는 것을 국가가 방치하고 부추기는 경우, 그 시민들의 행위는 국가에 귀속될 수 있다. O | X

시민들의 행위는 사인의 행위이나, 시민들이 외국인을 공격하는 것을 국가가 방치하고 부추기는 것은 이를 방지하거나 진압할 의무를 태만히 한 경우이므로 국가귀속성이 인정된다. 답 ○

055

12. 사시

폭동이나 반란으로 외국인이 손해를 입은 경우, 일반적으로 체류국 정부의 반란진압노력 태만 등의 입증 여부에 관계없이 상당한 주의의무 위반으로 간주된다. O | X

폭동이나 반란으로 외국인이 손해를 입은 경우에도 체류국은 원칙적으로 국가책임을 지지 않는다. 다만, 체류국이 상당한 주의의무를 태만히 한 것이 피해국에 의해 입증된다면 예외적으로 부작위책임을 질 수 있다. 답 X

056

09. 9급

ILC초안에 의하면 입법기관의 국제위법행위는 국가책임을 발생시킨다. O | X

입법기관의 작위나 부작위로 인한 피해에 대해서 국가는 책임을 진다. 답 ○

057

21. 7급

범죄를 수사하는 공무원이 고문을 금지하는 법령을 위반하여 외국인을 고문한 경우에 이는 국가의 행위로 귀속되지 않는다. O | X

월권행위라도 국가귀속성이 인정된다. 답 X

058

09. 9급

ILC초안에 의하면 공무원의 월권행위에 대해서는 국가책임이 성립되지 않는다. O | X

월권행위도 국가귀속성이 인정되어 책임이 성립할 수 있다. 답 X

059

09. 9급

ILC초안에 의하면 주정부의 국제위법행위는 연방국가의 국가책임을 발생시킨다. O | X

주정부의 국제위법행위는 연방정부로 귀속되어 연방국가가 국제법적 책임을 진다. 답 ○

060

23 .7급

라그랑(LaGrand) 사건에서는 주정부 행위가 연방정부 행위로 귀속되지 않는다고 판결하였다. O | X

주정부행위가 연방정부에 귀속되어 연방정부가 책임을 진다고 하였다. 답 X

061
09. 사시

외국인에 대한 재판절차가 불공정하더라도 사법권 독립의 원칙에 의하여 국가는 국제법상의 책임을 지지 않는다.　　O | X

재판절차의 불공정은 재판의 거절에 해당하여 국제법상 법적 책임을 진다.　　답 X

062
22. 9급

국가가 사인의 행위를 단순히 지지한 경우에도 그 행위는 국가의 행위로 귀속되어 국가책임이 발생한다.　　O | X

사인의 행위에 대해 국가가 책임을 지기 위해서는 당해 사인이 '사실상의 국가기관'에 해당되어야 한다. 이를 위해서는 국가가 사인의 행위를 단순히 '지지'하는 것으로 충분하지 않고, '실효적 통제(effective control)'를 해야 한다. 즉, 위법이 문제되는 구체적 행위를 지시하거나 통제해야 한다.　　답 X

063
08. 9급

사법부에 의한 재판의 거절(denial of justice)이 있는 경우 국가책임이 발생할 수 있다.　　O | X

외국인의 제소 자체를 부정하거나, 명백하게 불공정한 판결 등이 재판의 거절(denial of justice)에 해당한다.　　답 O

064
18. 9급

「국제위법행위에 대한 국가책임 규정 초안」상 행정부뿐만 아니라 입법부나 사법부의 행위에 의해서도 국가의 국제책임이 성립한다.　　O | X

입법부의 경우 국제법에 위반된 국내법을 제정하거나, 국제법의 변형법률을 제정하지 않음으로써 국가책임이 발생할 수 있다.　　답 O

065
18. 9급

「국제위법행위에 대한 국가책임 규정 초안」상 지방자치단체의 행위는 그 국가의 행위로 간주되지 않는다.　　O | X

지방자치단체의 행위는 국가로 귀속되어 국가의 행위로 간주된다.　　답 X

066
18. 9급

「국제위법행위에 대한 국가책임 규정 초안」상 국제위법행위는 작위에 의해서도, 부작위에 의해서도 발생할 수 있다.　　O | X

작위든 부작위든 국제법을 위반한 경우 국가책임이 성립한다.　　답 O

067
19. 9급

2001년 「국제위법행위에 대한 국가책임 초안」에 의하면 공권력을 행사할 권한을 부여받고 그 자격으로 행동한 개인의 행위는 국제법상 국가의 행위로 귀속될 수 있다.　　O | X

개인이 공권력을 행사한 경우 그 개인의 행위는 국가로 귀속된다.　　답 O

068
19. 9급

2001년 「국제위법행위에 대한 국가책임 초안」에 의하면 공권력을 행사할 권한을 부여받고 그 권한을 초월하여 행동한 개인의 행위는 국제법상 국가의 행위로 귀속될 수 없다. O | X

부여받은 공권력을 초월하여 행동한 개인의 월권행위도 국가로 귀속된다. 답 X

069
19. 9급

2001년 「국제위법행위에 대한 국가책임 초안」에 의하면 공권력의 부재시 그 행사가 요구되는 상황에서 그 권한을 행사한 개인의 행위는 국제법상 국가의 행위로 귀속될 수 있다. O | X

사실상의 국가기관의 행위에 대한 책임이다. 답 O

070
예상논점

이란 – 미국 간 중재재판 사건(1987)에서 중재법원은 이란의 혁명수비대의 위법행위는 이란 당국 부재시 공공기능을 자발적으로 수행하는 과정에서 발생한 것이므로 이란의 행위로 귀속된다고 보았다. O | X

이란의 혁명수비대가 사실상 이란의 국가기관으로 인정된 것이다. 답 O

071
20. 9급

1987년 Yeager 사건에서 혁명수비대원들이 공권력 부재시 정부권한을 행사한 것을 인정하였다. O | X

1987년 Yeager 사건은 국가책임협약 최종 초안 제9조에 해당되는 판례이다. 답 O

위법성

072
15. 7급

문제가 된 행위의 위법성이 조각되더라도 그 행위로 인해 야기된 중대한 손실에 대한 보상까지 면제되는 것은 아니다. O | X

불가항력, 조난, 긴급피난의 경우에만 보상의무가 있다. 답 O

073
15. 경찰간부

ILC초안에 의하면 국가의 행위의 국제위법성은 국제법에 의하여 결정된다. 그러한 결정은 그 행위의 국내법상 적법성에 의하여 영향받지 않는다. O | X

국내법은 국제위법행위 판단에 있어서 기준이 되지 않는다. 답 O

074
21. 7급

어떠한 국가도 일반국제법의 강행규범 위반에 의해 창설된 상황을 승인하거나 지원 또는 원조해서는 아니 된다. O | X

그 밖에도 강행규범 위반 상황을 종료시키기 위해 협력할 의무가 있다. 답 O

075
08. 사시

ILC초안에 따르면 타국의 국제위법행위에 대한 대항조치(countermeasures)는 제3국에 대한 의무 위반을 초래하더라도 위법성이 조각된다. O | X

대항조치(countermeasures)는 유책국에 대해서만 행해져야 한다. 제3국에 대한 의무 위반 시에는 법적 책임을 진다. 답 X

076
08. 사시

ILC초안에 따르면 국가는 국제책임의 불이행을 정당화하기 위하여 자국의 국내법을 원용할 수 있다. O | X

국제책임의 불이행을 정당화하기 위하여 자국의 국내법을 원용할 수 없다(ILC초안 제3조). 답 X

077
15. 경찰간부

ILC초안에 의하면 국가의 행위가 국제의무에 의하여 그에게 요구되는 것과 일치하지 않는 경우, 그 의무의 연원 또는 성질과 관계없이 그 국가의 국제의무 위반이 존재한다. O | X

의무의 연원이 조약, 관습, 일방행위든 관계없이 위반이 존재한다. 답 O

078
23. 7급

1974년 핵실험(Nuclear Tests) 사건에서는 국가의 일방적 행위를 통해서도 국제의무가 창설될 수 있다고 판결하였다. O | X

일방적 행위의 구속력을 인정하였고, 이를 통해 프랑스가 국제공동체 전체에 대해 핵실험 금지의무를 부담하게 되었다고 하였다. 답 O

079
예상논점

ILC국가책임초안(2001)에 따르면 지속적 성격을 갖지 않는 국가행위로 인한 국제의무 위반은 원칙적으로 그 행위가 수행된 시점에 발생하나, 만약 그 효과가 지속된다면 효과가 지속되는 전 기간에 걸쳐 의무 위반이 연장된다. O | X

지속적 성격을 갖지 않는 국가행위로 인한 국제의무 위반행위가 수행된 시점에만 발생하고 의무 위반이 연장되지 않는다. 답 X

080
예상논점

ILC국가책임초안(2001)에 따르면 지속적 성격을 갖는 국가 행위로 인한 국제의무 위반은, 그 행위가 지속되고 국제의무와 합치하지 않는 상태로 남아있는 전 기간 동안에 걸쳐 연장된다. O | X

지속적 성격을 갖는 의무 위반에 대한 설명이다. 답 O

081
예상논점

ILC국가책임초안(2001)에 따르면 국가에게 일정한 사건을 방지할 것으로 요구하는 국제의무 의 위반은 그러한 사건이 발생하는 때에 발생하며, 그러한 사건이 계속되어 그 의무와 불합치하는 상태로 남아있다고 하더라도 발생시점 이후의 기간은 의무 위반의 기간으로 인정되지 않는다. O | X

사건이 계속되는 경우 의무와 불합치하는 시점까지 위반이 연장된다. 답 X

082
예상논점

ILC국가책임초안(2001)에 따르면 국제위법행위를 실행하는 타국을 지원한 국가는 타국의 국제법 위반 사실을 인식하고 그 같이 행동하고, 당해 국가가 실행하였더라도 그 행위가 국제적으로 위법한 경우 위법행위국과 공동으로 피해국에 대해 국제책임을 진다.　　　　O | X

지원국은 자국의 위법행위 한도 내에서 책임을 진다.　　　　답 ○

083
예상논점

ILC국가책임초안(2001)에 따르면 타국에 대해 국제위법행위를 하도록 지시한 국가는 위법행위국 대신 피해국에 대해 모든 책임을 진다.　　　　O | X

지시국과 위법행위국 모두 피해국에 대해 책임을 진다.　　　　답 X

084
예상논점

ILC국가책임초안(2001)에 따르면 사인에 대해 불법행위를 하도록 지시하거나 통제한 국가는 당해 위법행위에 대해 전적으로 책임을 진다.　　　　O | X

사인은 국제책임능력이 없으므로 지시한 국가가 모두 책임을 진다.　　　　답 ○

085
예상논점

ILC국가책임초안(2001)에 따르면 타국에 대해 위법행위를 실행하도록 강제한 국가는 일정한 경우 위법행위국과 공동으로 피해국에 대해 책임을 진다.　　　　O | X

위법행위를 실행하도록 강제한 국가만 책임진다.　　　　답 X

위법성 조각사유

086
20. 7급

동의국이 상대국에게 사후 동의를 부여하는 경우, 이는 동의국의 상대국에 대한 책임추궁권을 저해하지 않는다.　　　　O | X

동의의 경우 사전동의가 일반적이나 사후동의도 가능하다. 이 경우 가해국에 대해 책임을 추궁할 수 없다. 즉, 책임추궁권이 저해된다.　　　　답 X

087
23. 7급

「국제위법행위에 대한 국가책임 초안」에 따르면 타국의 행위에 대한 국가의 동의는 반드시 사전에 명시적으로 부여되어야 한다.　　　　O | X

반드시 사전동의를 요구하는 것은 아니며 위법행위 도중의 동의에 의해서도 위법성이 조각된다.　　　　답 X

088

13. 9급

ILC초안에 의하면 불법행위 주체가 자신 또는 자신에 의하여 보호를 받는 다른 사람의 생명을 구하는 데 다른 합리적인 방법이 존재하지 않을 경우, 즉 조난(distress) 행위는 그 불법성(위법성)이 조각된다.　　　　　　　　　　　　　　　O | X

조난(distress)은 국가기관이나 그 보호하에 있는 사인의 생명이 위태로운 상황에서 국제법을 위반한 경우 그 위법성이 조각된다.　　　　　　　　　　　답 ○

089

09. 사시

국제의무의 위반은 작위뿐만 아니라 부작위에 의해서도 발생한다.　　　　O | X

부작위는 방지의무를 태만히 한 경우 등에서 국가책임이 성립하는 것이다.　답 ○

090

20. 9급

1997년 Gabčikovo - Nagymaros Project 사건에서 위법성 조각사유가 문제의 의무를 종료시키는 것은 아니라고 하였다.　　　　　　　　　　　　　　　O | X

Gabčikovo - Nagymaros Project 사건에 의하면 금전배상의 범위는 문제의 위법행위로부터 초래되었거나 또는 그로부터 초래될 것이 분명한 손해를 포함해야 한다.　답 ○

091

13. 9급

ILC초안에 의하면 조난행위(불법행위)가 더 중대한 위험을 초래하는 경우에도 그 불법성은 조각된다.　　　　　　　　　　　　　　　　　　　　O | X

조난 시 국가행위가 더 중대한 위험을 초래하는 경우 위법성이 조각되지 않는다. 비례원칙이 적용되는 것이다.　　　　　　　　　　　　　　　　　　답 X

092

19. 7급

국제연합 국제법위원회가 2001년 채택한 「국제위법행위에 대한 국가책임 초안」에 의하면 국제위법행위가 국제공동체의 본질적 이익을 중대하게 침해하더라도 그 행위국의 본질적 이익을 보호하는 유일한 수단인 경우에는 위법성이 조각된다.　O | X

긴급피난의 경우 비례성원칙을 충족해야 한다. 따라서 자국의 이익과 국제공동체의 이익을 비교형량했을 때 침해되는 국제공동체의 이익이 더 크다면 위법성이 조각되지 않는다.
　　　　　　　　　　　　　　　　　　　　　　　　　　　　　　답 X

093

19. 7급

국제연합 국제법위원회가 2001년 채택한 「국제위법행위에 대한 국가책임 초안」에 의하면 조난(distress)은 개인의 생명을 보호하려는 것이고, 긴급피난(necessity)은 국가의 본질적 이익을 중대하고 급박한 위험으로부터 보호하려는 것이다.　　O | X

긴급피난(necessity)은 국가의 본질적 이익이 위태로운 상황에서 국제법을 위반한 경우 그 위법성을 조각하는 것이다.　　　　　　　　　　　　　　답 ○

094

23. 7급

「국제위법행위에 대한 국가책임 초안」에 따르면 긴급피난(필요성)은 대응조치와 달리 반드시 위법행위의 선행을 전제로 하지 않는다.　　　　　　　　O | X

대항조치나 자위권은 상대국의 위법행위를 선행조건으로 한다. 그러나 긴급피난, 불가항력, 조난의 경우 상대국의 위법행위를 전제로 하지 않는다.　　　　답 ○

095

20. 7급

불가항력과 달리 조난의 경우, 행위주체의 측면에서 의무의 준수 여부는 선택적이라 할 수 있다. O | X

불가항력의 경우 의무주체가 위법행위를 할지 말지의 여부를 선택할 수 없다. 그러나, 조난의 경우 의무 위반의 '회피가능성'이 있으므로 위반할지 여부를 선택할 수 있다. 그러나, 의무를 준수하기로 선택한다면 국가기관이나 그 통제하의 사인의 '생명'이 위태로워질 수 있어 불가피하게 의무 위반을 선택하는 것이다. 답 ○

096

90. 경찰간부

ILC초안에 의하면 UN헌장에 부합하는 합법적인 자위조치는 위법성이 조각된다. O | X

합법적인 자위조치는 위법성 조각사유에 해당된다. 답 ○

097

20. 7급

불가항력에 해당하는 상황은 자연적 또는 물리적 상황으로 발생될 수 있으나, 인간의 행위로는 발생될 수 없다. O | X

불가항력에 해당하는 상황은 인간의 행위에 의해서도 발생될 수 있다. 중앙정부가 통제할 수 없는 대규모 반란이 발생한 경우를 예시할 수 있다. 답 X

098

21. 7급

불가항력(force majeure)과 조난(distress)에 책임이 있는 국가는 이를 원용할 수 없다. O | X

불가항력(force majeure)과 조난(distress)은 위법성 조각사유이나 이러한 상황을 자초한 국가는 이를 원용할 수 없다. 답 ○

099

23. 7급

「국제위법행위에 대한 국가책임 초안」상 불가항력에서 요구되는 의무 이행의 어려움 정도는 「조약법에 관한 비엔나협약」상 조약의 종료사유인 후발적 이행불능에 요구되는 어려움보다 높은 수준이다. O | X

국제법위원회(ILC)에 따르면, 후발적 이행불능에 요구되는 어려움이 불가항력에서 요구되는 이행의 어려움보다 더 높은 수준이다. 답 X

100

예상논점

세르비아공채 사건(PCIJ, 1929)에서 전쟁은 불가항력에 해당되지 않아 위법성이 조각되지 않는다고 하였다. O | X

전쟁이 불가항력에 해당되지 않는다. 답 ○

101

90. 경찰간부

ILC초안에 의하면 대항조치(Countermeasures)가 위법성 조각사유로 원용되기 위해서는 사전에 위반국에게 의무의 이행을 요청하여야 한다. O | X

대항조치(Countermeasures)를 취하기 위해서는 유책국에게 먼저 손해배상을 청구하고, 이행하지 않는 경우 취할 수 있다. 다만, 긴급한 사정이 있는 경우 동 요청 전에도 대항조치(Countermeasures)를 취할 수 있다. 답 ○

102

18. 9급

「국제위법행위에 대한 국가책임 규정 초안」상 대응조치(countermeasures)는 받은 피해에 비례하여야 한다. ○ | X

대응조치(countermeasures)는 필요성, 비례성 등을 요건으로 한다. 답 ○

103

90. 경찰간부

가브치코보 - 나기마로스 사건에서 ICJ는 슬로바키아의 변형 계획은 1977년 조약에 위반되며 비례성을 위반하므로 대항조치로 정당화될 수 없다고 하였다. ○ | X

슬로바키아는 헝가리가 조약에 따른 댐 건설을 중단하자 '변형C'라는 프로젝트를 시행하면서, 그 위법성에 대해 대항조치를 원용하였으나 기각되었다. 답 ○

104

90. 경찰간부

ILC초안에 의하면 무력사용에 의한 대항조치는 위법성을 조각하지 않는다. ○ | X

무력사용에 의한 대항조치는 금지된다. 따라서 위법성이 조각되지 않는다. 답 ○

105

01. 국가직

국가는 자신이 명시적으로 합의한 국제조약에 위반한 경우에만 책임을 부담한다. ○ | X

국가의 국제의무는 조약, 국제관습법 및 일방적 행위에 의해 발생할 수 있다. 따라서 각각에 기초한 의무 위반시 책임을 진다. 답 X

106

01. 국가직

국제사법재판소(ICJ)는 Corfu 해협 사건에서 국가의 부작위에 의한 책임을 인정하였다. ○ | X

알바니아는 자국 영해인 코르푸(Corfu) 해협에 설치된 기뢰에 대해 영국에 통고하지 않음으로써 부작위 위법에 대한 책임을 지게 되었다. 답 ○

107

01. 국가직

국제법 위반행위는 국가기관에 위한 것이어야 한다. ○ | X

국가기관의 행위가 아니라 할지라도 국가에 귀속되는 경우 국가책임이 발생할 수 있다. 예컨대, 사인의 행위라 할지라도 사실상의 국가의 행위로 인해 국가귀속성이 인정될 수도 있다. 답 X

108

09. 7급

대항조치는 그 조치를 취하는 국가가 책임국에 대한 국제의무를 당분간 불이행하는 것으로 제한된다. ○ | X

대항조치는 유책국이 손해배상을 이행하는 동안만 허용되는 조치이다. 답 ○

109

09. 7급

대항조치로서 기본적 인권의 보호의무를 부과하고 있는 국제법을 위반할 수는 없다. ○ | X

대항조치로서 강행규범을 위반할 수 없다. 답 ○

110

09. 7급

대항조치는 일방적으로 결정하여 실시할 수 있으며 분쟁상대방에 대하여 대항조치를 취하기 전에 교섭을 제의할 의무는 없다. O | X

대항조치를 취한다는 뜻을 상대국에 통지하고 협상을 요구해야 한다. 이 경우 긴급한 대항조치는 가능하다(초안 제52조 제2항). 답 X

111

18. 7급

2001년 「국제위법행위에 대한 국가책임 초안」에 의하면 대응조치를 취하는 국가는 책임국과 관계에서 적용되는 분쟁해결절차상의 의무로부터 면제된다. O | X

분쟁해결절차와 관련있는 의무는 대응조치의 대상이 될 수 없다. 답 X

112

09. 7급

국제위법행위가 중지되고 또한 당사국들에게 구속력 있는 결정을 할 수 있는 재판소에 계류 중인 경우에는 대항조치를 취해서는 안 된다. O | X

대항조치의 중단 조건에 대한 설명이다. 답 O

113

20. 9급

대응조치는 국가의 고유한 권리이기에 다자협약의 틀에서 제한될 수 없다. O | X

외교관계에 관한 비엔나협약과 같은 '자기완비적 체제'인 경우 조약에서 허용되는 조치 이외에 대응조치를 취할 수 없다. 즉, 조약에 의해 대응조치를 제한할 수 있다. 답 X

114

20. 9급

국가는 인도주의적 조약에서 보호하는 개인에 대하여 복구로써 대응조치를 취할 수 있다. O | X

ILC위법행위책임 초안(2001)에 의하면 복구가 금지되는 인도적 성격의 의무에 대해서는 대응조치를 취할 수 없다(제50조). 답 X

115

19. 7급

국제연합 국제법위원회가 2001년 채택한 「국제위법행위에 대한 국가책임 초안」에 의하면 국제위법행위에 대한 위법성 조각사유의 존재는 해당 규범의 법적 성질에 관계없이 모든 국제법규범의 위반을 정당화한다. O | X

위법성 조각사유가 있더라도 강행규범 위반의 경우라면 위법성이 조각되지 않는다. 답 X

116

20. 9급

대응조치로 인하여 발생한 타국(제3국)의 권리에 대한 침해는 정당화된다. O | X

대응조치는 위반국에 대한 대응조치이므로 제3국의 권리를 침해할 수 없다. 답 X

117
20. 9급

관습국제법상의 의무 위반에 대한 대응조치로 피해국은 조약법상의 의무 이행을 거부할 수 있다. O | X

대응조치는 상대방의 국제법 위반에 대한 조치이므로 관습법 위반에 대해 조약 위반으로 대응할 수 있다. 답 O

118
예상논점

나울리아 사건(중재, 1928)은 복구조치에 관한 판례이다. 포르투갈 기지에 대한 독일의 공격에 대해 독일이 복구조치라고 주장하였으나, 포르투갈의 위법행위가 없었고, 비례성을 충족하지 못한다고 보았다. O | X

복구조치는 상대국의 위법성이 선행되어야 한다. 답 O

119
19. 7급

국제연합 국제법위원회가 2001년 채택한 「국제위법행위에 대한 국가책임 초안」에 의하면 국제위법행위에 대한 위법성 조각사유의 존재는 그 행위국의 피해배상(reparation for injury)의무를 완전하게 면제시킨다. O | X

불가항력, 조난, 긴급피난의 경우 국가책임은 성립하지 않으나 발생한 피해에 대한 배상책임은 면제되지 않는다. 답 X

120
20. 7급

필요성(긴급피난)은 대응조치, 자위 등의 사유와 같이 선행되는 국제의무 위반행위를 전제로 한다. O | X

긴급피난은 위법행위, 즉 국제의무 위반행위를 전제하지 않는다. 답 X

121
23. 7급

코르푸 해협(Corfu Channel) 사건에서는 국제법 위반행위가 작위, 부작위 모두를 통해 가능하다고 판결하였다. O | X

코르푸해협사건은 기뢰 위험에 대해 영국에 대해 통고하지 않은 부작위가 위법이며 알바니아가 책임을 져야 한다고 하였다. 답 O

책임해제

122
02. 행시·외시

국제법정이나 국가관행의 입장을 보면, 국가의 불법행위시의 고의·과실의 정도는 손해배상액 산정에 참고로 하고 있다. O | X

고의나 과실이 책임의 성립요건은 아니라는 취지이다. 답 O

123
12. 사시

ILC초안에 의하면 국가의 국제위법행위에 의하여 야기된 피해에 대한 배상의 범위에 정신적 손해는 포함되지 않는다. O | X

정신적 손해도 국제위법행위에 의하여 야기된 피해에 대한 배상의 범위에 포함된다. 답 X

124
12. 사시

국가가 외교적 보호권을 청구하기 위해서는, 피해를 입은 외국인은 원칙적으로 가해국의 국내구제절차를 완료하여야 한다. O | X

외교적 보호권 발동을 위해서는 국적계속의 원칙과 국내구제완료원칙이 충족되어야 한다. 답 O

125
11. 사시

ILC초안에 의하면 국가책임의 해제방법으로서 원상회복보다 금전배상이 우선한다. O | X

원상회복을 원칙으로 하며, 원상회복이 법률적 또는 사실상 불가능한 경우에 한해 금전으로 배상한다. 답 X

126
07. 사시

ILC초안에 따르면 책임국(responsible state)은 사정에 따라서는 재발방지를 보장하여야 한다. O | X

책임국(responsible state)은 손해배상 이외에도 재발방지의무, 위법행위중단의무 등도 진다. 답 O

127
07. 사시

ILC초안에 따르면 국가책임의 해제는 국가의 국제책임으로부터 발생하는 개인의 권리를 소멸시킨다. O | X

국가책임의 해제는 개인의 권리를 소멸시키지 않는다. 국가 간 책임문제와 개인의 권리는 별개로 다루어진다. 답 X

128
07. 사시

ILC초안에 따르면 만족은 위반의 인정, 유감의 표명, 공식 사과 등의 방식으로 이루어질 수 있다. O | X

만족(사죄)은 단독으로 행해질 수도 있고, 원상회복이나 금전배상과 병행해서 할 수도 있다. 답 O

129
18. 7급

2001년 「국제위법행위에 대한 국가책임 초안」에 의하면 국제위법행위의 법적 결과에는 의무 위반 중지 및 재발방지, 계속적 의무 이행, 만족이 포함된다. O | X

위법행위국은 원상회복이나 금전배상의무도 진다. 답 O

130
20. 9급

1928년 Factory at Chorzów 사건에서 원상회복이 불가능한 경우 금전배상이 이루어져야 한다고 하였다. O | X

원상회복이 사실상 불가능한 경우 금전배상을 한다. 답 O

131

예상논점

기대이익 상실 등 간접손해가 처음 문제된 것은 알라바마 중재 사건이다. O | X

간접손해도 손해의 범위에 포함된다. 답 ○

132

예상논점

대세적 의무 위반 시 피해국이 아닌 국가도 국가책임을 원용할 수 있으나, 손해배상을 청구할 수 없고, 대항조치도 취할 수 없다. O | X

대세적 의무에는 당사자 간 대세적 의무와 일반국제법상 대세적 의무가 있다. 전자에는 지역적 비핵지대조약상 의무나 지역적 인권보호조약상 인권보호의무가 포함된다. 후자는 국제공동체 전체에 대한 의무를 의미한다. 답 ○

133

23. 7급

호르죠 공장(Chorzów Factory) 사건에서는 조약위반 등 국제법 위반행위가 배상의무를 야기한다고 판결하였다. O | X

PCIJ는 동 판결에서 법의 일반원칙으로서 배상의무를 확인하고 적용하였다. 답 ○

제3절 결과책임

134

예상논점

국제법상 국가는 적법한 행위에 대해서도 책임을 지는 경우가 있다. O | X

적법행위책임은 국제법으로 확립되지 않았다. 답 X

135

예상논점

국제법상 적법행위책임이 성립되기 위해서는 국가의 행위, 중대한 피해의 발생, 인과관계가 증명되어야 한다. O | X

적법행위책임의 성립요건은 옳지만 적법행위책임은 국제법상 확립된 것이 아니다. 답 X

136

예상논점

국제법위원회(ILC)는 2001년과 2006년에 작성한 문서를 통해 결과책임 관련 입법론을 제시하였다. O | X

2001년에 예방초안, 2006년에 보상초안을 작성하여 결과책임 관련 입법론을 제시하였다. 답 ○

137

예상논점

결과책임, 즉 적법행위에 대한 책임은 형성 중인 법리로서 현행법으로 확립된 것은 아니다. O | X

적법행위에 대한 책임을 형성 중인 법리이다. 답 ○

138
예상논점

우주책임조약 제2조는 무과실책임을 규정하고 있으나, 이것이 결과책임을 인정한 것은 아니다.   O | X

무과실책임과 결과책임은 다르다. 무과실책임은 위법성이나 귀속성은 요건으로 한다. 그러나, 결과책임은 둘 모두 성립요건으로 보지 않는다.   답 ○

139
예상논점

트레일 제련소 사건은 초국경적 환경오염 피해에 대한 책임을 인정한 것이나, 이것이 결과책임을 인정한 것은 아니다.   O | X

트레일 제련소 사건은 위법행위책임이 인정된 판례이다.   답 ○

140
예상논점

결과책임은 자국 관할하의 행위, 국가귀속성, 피해 발생, 행위와 피해 간 인과관계가 있으면 성립한다.   O | X

국가귀속성은 책임의 성립요건이 아니다. 이는 학설적으로 제시되는 결과책임 성립요건에 대한 내용이다.   답 X

141
예상논점

ILC 예방초안은 중대한 위험을 초래할 가능성이 있는 행위에 대하여 적용된다.   O | X

위험을 초래할 가능성이 있는 경우 적용된다.   답 ○

142
예상논점

ILC 예방초안에 의하면 과학적 확실성이 없더라도 적절한 조치를 취할 의무를 부과한다.   O | X

예방초안은 사전주의원칙을 규정하였다.   답 ○

143
예상논점

ILC 예방초안에 의하면 기원국은 적절한 감시장치를 수립하고 입법적·행정적 조치를 취할 의무가 있다.   O | X

이행방식에 대한 규정이다.   답 ○

144
예상논점

ILC 예방초안에 의하면 기원국은 영향을 받을 가능성이 있는 국가와 신의성실하게 협력할 의무가 있다.   O | X

국제협력의무에 대한 설명이다.   답 ○

145
예상논점

ILC 예방초안에 의하면 기원국은 하나 이상의 권한 있는 국제기구의 도움을 구할 의무가 있다.   O | X

의무로 규정된 점을 주의한다.   답 ○

146
예상논점

ILC 예방초안에 의하면 위험을 초래할 가능성이 있는 활동에 대해 사전허가제를 적용해야 한다. O | X

사전허가제를 통해 관리할 것을 요구한 것이다. 답 O

147
예상논점

ILC 예방초안에 의하면 위험을 야기할 활동에 대해 환경영향평가를 실시해야 한다. O | X

환경영향평가가 규정된 문헌의 출제가능성이 높다. 답 O

148
예상논점

ILC 예방초안에 의하면 위험을 야기할 활동에 대해 영향을 받을 가능성이 있는 국가에게 통고하고 정보를 제공해야 한다. O | X

위험을 야기할 활동의 통보 및 정보제공의무에 대한 설명이다. 답 O

149
예상논점

ILC 예방초안에 의하면 통고 후 3개월 이내에는 관련 활동에 대한 허가를 내려서는 안 된다. O | X

통고 후 6개월 이내에는 관련 활동에 대한 허가를 내려서는 안 된다. 답 X

150
예상논점

ILC 예방초안에 의하면 영향을 받을 가능성이 있는 국가는 기원국에게 통보와 관련정보 제공을 요청할 수 있다. O | X

정보 세공 요청권에 대한 설명이다. 답 O

151
예상논점

ILC 예방초안에 의하면 기원국은 영향을 받을 가능성이 있는 국가가 협의를 요청하면 이에 응할 의무가 있다. O | X

의무로 규정된 점을 주의한다. 답 O

152
예상논점

ILC 보상초안은 적법행위로 인한 사고에 수반되는 손실 배분에 관한 원칙 제공을 목적으로 한다. O | X

보상초안은 예방초안의 규정이 모두 준수되었음에도 불구하고 피해가 발생하였을 경우에 대한 규정이다. 답 O

153
예상논점

ILC 예방초안을 준수하지 아니한 경우 위법행위책임은 발생하지 않는다. O | X

예방초안을 준수하지 않아 손해가 발생한 것은 위법행위책임이므로 이 경우 2001년 위법행위책임 초안이 적용된다. 답 X

154
예상논점

ILC 보상초안은 ILC 예방초안을 준수했음에도 불구하고 발생한 사고로 인한 손실 보상에 대하여 규정한다. O | X

보상초안은 결과책임을 실현하기 위한 것이다. 답 O

155
예상논점

ILC 보상초안은 기원국, 영향을 받을 가능성이 있는 국가, 실제로 영향을 받은 국가 상호 간 적용된다. O | X

보상초안은 예방초안과 달리 실제로 영향을 받은 국가도 대상으로 한다. 답 O

156
예상논점

ILC 예방초안은 기원국, 영향을 받을 가능성이 있는 국가, 실제로 영향을 받은 국가 간에 적용된다. O | X

예방초안은 실제로 영향을 받은 국가에게는 적용되지 않는다. 답 X

157
예상논점

ILC 보상초안은 기원국이 반드시 보상의무를 지는 것은 아님을 규정한다. O | X

보상초안에는 보상의무가 명시되지 않았다. 답 O

158
예상논점

ILC 보상초안은 기원국이 무과실책임을 질 것을 권고하고 있다. O | X

무과실책임이 '권고'되고 있는 점에 유의한다. 답 O

memo

제1절 외교사절

총설

001
17. 9급

외교관계협약(1961)에 의하면 접수국은 파견국의 무관 임명을 승인하기 위하여 사전에 명단제출을 요구할 수 있다. O | X

무관 임명에 있어서는 접수국의 동의를 요한다. 답 O

002
08. 7급

외교관계협약(1961)에 의하면 아그레망의 요청이란 외교사절의 장을 정식으로 임명하기 전에 접수국의 이의 여부를 문의하는 절차로 파견국의 재량행위이다. O | X

파견국의 재량행위가 아니라 의무이다. 아그레망을 요청할 의무가 있다. 답 X

003
08. 7급

외교사절이란 외교교섭 및 기타의 직무를 수행하기 위하여 외국에 파견되는 국가의 대외적 대표기관이다. O | X

영사기관도 마찬가지로 국가의 대외기관이다. 답 O

004
08. 9급

통상대표(trade delegate)는 외교사절이 아니라 영사의 일종이다. O | X

통상대표(trade delegate)는 임시 외교사절에 해당한다. 답 X

005
15. 경찰간부

외교관계협약(1961)에 의하면 접수국은 '아그레망'을 거절한 이유를 파견국에 제시할 의무를 지지 않는다. O | X

접수국은 아그레망 부여를 거절할 수 있다. 답 O

006
15. 경찰간부

외교관계협약(1961)에 의하면 공관장이나 공관의 외교직원은 어떠한 국제기구에 대해서도 파견국의 대표로서 행동할 수 있다. O | X

이 경우 접수국에 대한 통고 등의 특별한 요건을 요하지 않는다. 영사의 경우 국제기구 대표로 행동하는 경우 접수국에 통고해야 한다. 답 O

007
10. 9급

외교관계협약(1961)에 의하면 접수국의 반대가 없는 한, 2개국 또는 그 이상의 국가가 동일한 자를 공관장으로 파견할 수 있다. O | X

접수국의 반대가 없을 것을 요건으로 한다. 답 O

008
09. 7급

외교관계협약(1961)에 의하면 접수국은 외교사절단의 수가 지나치게 많다는 이유로 접수를 거부할 수 없다. O | X

외교관계에 관한 비엔나협약 제11조에 의하면, 접수국은 합리적인 규모 내에서 피접수국이 공관을 유지할 것을 요구할 수 있다. 답 X

009
07. 7급

외교관이 사절단의 목적을 위한 파견국을 대신하여 임차한 것으로서 접수국 영역 내에 소재하는 건물에 대해서 민사소송이 제기된 경우 접수국의 재판관할권으로부터 면제된다. O | X

직무와 연관된 것이므로 물적 면제가 인정된다. 답 O

010
07. 7급

외교사절단의 공관은 불가침이며, 국제사법재판소(ICJ)는 비호(庇護) 사건(Asylum Case)에서 페루 주재 콜롬비아 대사관에 피신한 페루의 야당 지도자 아야 데 라 토레에 대하여 동 대사관이 외교적 비호를 부여할 권리가 있다고 판시했다. O | X

비호 사건(Asylum Case)에서 국제사법재판소(ICJ)는 콜롬비아 대사관의 외교적 비호가 페루에 대한 간섭을 형성할 수 있으며 양국 간 지역관습법 형성을 인정할 수 없다는 이유로 외교적 비호 권리를 부인한 바 있다. 답 X

011
03. 행시·외시

한 국가 내에 주재하는 모든 국가의 외교사절이 모인 단체를 외교사절단이라고 한다. O | X

외교단이라고 한다. 외교사절단은 특정국의 사절을 총칭하는 것이다. 답 X

012
96. 외시

외교사절은 범죄인을 본국에 송환할 목적으로 공관 내에 감금할 수 있다. O | X

외교관계에 관한 비엔나협약에 명시적인 규정은 없으나, 공관은 그 목적과 양립하지 않게 사용될 수 없으므로 범죄인 감금은 허용되지 않는다는 것이 일반적 견해이다. 답 X

013
17. 9급

「외교관계에 관한 비엔나협약」에 의하면 파견국은 파견하고자 하는 공관직원에 대한 접수국의 아그레망을 요청할 필요가 없다.　　　　　　　　　　　　O | X

아그레망은 외교공관장 파견시에만 필요한 제도이다.　　　　　　　　답 ○

014
17. 9급

「외교관계에 관한 비엔나협약」에 의하면 접수국은 파견국의 무관 임명을 승인하기 위하여 사전에 명단제출을 요구할 수 있다.　　　　　　　　　　　　O | X

무관 임명은 접수국의 동의사항이다.　　　　　　　　　　　　답 ○

015
19. 9급

1961년 「외교관계에 관한 비엔나협약」에 의하면 접수국은 개인적 불만사항이 없더라도 불만한 인물로 통보할 수 있다.　　　　　　　　　　　　O | X

불만한 인물로 선언하는 경우에 특별한 이유를 요구하지 않으며, 이유를 파견국에 통고할 의무도 없다.　　　　　　　　　　　　답 ○

016
19. 9급

1961년 「외교관계에 관한 비엔나협약」에 의하면 파견국은 접수국의 불만한 인물 통보를 수용하여야 한다.　　　　　　　　　　　　O | X

파견국은 해당 직원의 업무를 종료하고 본국으로 소환할 의무가 있다.　　　　답 ○

017
19. 9급

1961년 「외교관계에 관한 비엔나협약」에 의하면 접수국은 불만한 인물 통보를 그 인사의 자국 부임 전까지만 할 수 있다.　　　　　　　　　　　　O | X

불만한 인물 통보는 당해 인사가 부임한 이후에도 할 수 있다. 이 경우 본국은 직무를 종료시키고 본국으로 소환할 의무가 있다.　　　　　　　　답 X

018
예상논점

관련 접수국에 통고 후 반대가 없으면, 1개국 이상의 국가에 1인의 공관장을 파견할 수 있다.　　　　　　　　　　　　O | X

통고 및 명백한 반대의 부존재를 요건으로 한다.　　　　　　　　답 X

019
예상논점

접수국의 반대가 없으면 2개국 이상의 국가가 동일한 자를 공관장으로 파견할 수 있다.　　　　　　　　　　　　O | X

2개국 이상의 국가가 한 명을 공관장으로 파견하는 것이다.　　　　　답 ○

020
예상논점

접수국의 동의가 있으면 접수국 국민이나 제3국 국민을 공관의 외교직원으로 임명할 수 있다.　　　　　　　　　　　　　　　　　　　　　O | X

접수국의 동의를 요건으로 한다.　　　　　　　　　　　　　　答 O

021
예상논점

접수국의 사전동의가 있어야 공관 설립 장소 이외의 장소에 사무소를 설치할 수 있다.　　　　　　　　　　　　　　　　　　　　　O | X

접수국의 명시적 사전동의가 요건이다.　　　　　　　　　　答 X

022
예상논점

외교직원은 접수국의 동의 없이 영사업무를 수행할 수 있다.　　O | X

영사가 외교업무를 수행할 때에는 접수국의 동의를 요한다.　答 O

023
예상논점

공관원은 공관장과 공관직원을 말한다.　　　　　　　　　　　O | X

공관장과 공관직원이 공관원에 해당하며, 서로 구분된다.　　答 O

024
예상논점

공관직원은 외교직원, 행정 및 기능직원, 노무직원을 말한다.　O | X

외교직원도 공관직원이다.　　　　　　　　　　　　　　　　答 O

025
예상논점

외교직원은 외교관의 직급을 가진 공관직원을 말한다.　　　　O | X

외교직원도 공관장과 같이 외교관이다.　　　　　　　　　　答 O

026
예상논점

외교관은 공관장이나 공관의 외교직원을 말한다.　　　　　　O | X

공관장도 외교관으로 본다.　　　　　　　　　　　　　　　　答 O

027
예상논점

개인적 사용인은 공관직원의 가사에 종사하는 자로서 접수국의 피고용인이 아닌 자를 말한다.　　　　　　　　　　　　　　　　　　　　　　　O | X

개인적 사용인은 '파견국'의 피고용인이 아닌 자를 말한다.　答 X

외교공관

028
16. 9급

외교관계협약(1961)에 의하면 접수국의 관헌은 소유자가 누구인지를 불문하고 공관장의 주거에 공관장의 동의 없이는 들어갈 수 없다. O | X

접수국의 관헌은 절대적 불가침이 인정된다. 따라서 공관장의 동의 없이는 들어갈 수 없다.
답 O

029
16. 9급

외교관계협약(1961)에 의하면 파견국과 접수국 간에 외교관계가 단절되거나 무력충돌이 발생한 경우에도 공관의 재산과 문서는 보호된다. O | X

공관의 재산과 문서가 보호대상이다.
답 O

030
14. 경찰간부

공관의 비호권은 인정되지 않고, 예외적으로 폭도의 위해로부터 일시 비호할 수 있을 뿐이다. O | X

일시 비호는 가능하다고 보는 것이 일반 관행이다. 단, 조약에 명시된 것은 아니다.
답 O

031
13. 7급

외교관계협약(1961)에 의하면 외교공관 불가침의 대상은 공관의 건물뿐 아니라 건물의 부지도 포함한다. O | X

건물, 건물의 부분, 부속토지가 공관의 범위에 포함된다.
답 O

032
13. 7급

외교관계협약(1961)에 의하면 외교공관 내의 비품류나 기타 재산은 수색, 징발, 압류로부터 면제되나 강제집행으로부터 면제되지 아니한다. O | X

외교공관 내의 비품류나 기타 재산은 강제집행에서도 면제된다. 영사공관의 경우 충분한 보상하에 징발할 수 있다.
답 X

033
16. 경찰간부

외교관계협약(1961)에 의하면 외교공관의 조세면제 특권에 따라 외교공관의 수도나 전기 사용의 대가는 지불하지 않아도 된다. O | X

외교공관의 수도나 전기 사용 등 일정한 서비스에 대한 대가는 지불해야 한다. 답 X

034
16. 경찰간부

외교관계협약(1961)에 의하면 외교사절단의 공문서가 압수대상이 되지 않으려면 외교공관 내 또는 외교행낭 속에 있어야 한다. O | X

외교공관의 공문서는 언제 어디서나 불가침이다. 따라서 공관 밖에 있거나 외교행낭에 들어있지 않더라도 불가침을 향유한다.
답 X

035
17. 9급

외교행낭은 외부에 식별가능한 표지가 부착되어야 하며 개봉되거나 유치되지 않는다. O | X

외교행낭은 절대적 불가침을 향유하므로 개봉되거나 유치되지 않는다. 답 ○

036
16. 경찰간부

외교관계협약(1961)에 의하면 경찰은 불법무기를 적발하기 위하여 공관장의 동의 없이도 대사관을 수색할 수 있다. O | X

외교공관은 절대적 불가침을 향유한다. 따라서 동의 없이 공관을 수색할 수 없다. 답 X

037
22. 9급

외교문서가 공관원에 의해 제3자에게 공식적으로 전달되었다면 그 순간부터는 불가침성을 상실한다. O | X

외교문서가 제3자에게 전달된 경우 불가침성을 상실한다. 답 ○

038
16. 경찰간부

외교관계협약(1961)에 의하면 접수국당국에 의한 외교공관의 도청금지를 명시적으로 규정하고 있다. O | X

외교관계에 관한 비엔나협약(1961)에 도청금지에 대한 명시적 규정은 없다. 답 X

039
16. 경찰간부

외교관계협약(1961)에 의하면 외교공관의 무선송신기는 접수국의 동의를 얻어야 설치·사용할 수 있다. O | X

외교공관의 무선송신기 설치·사용은 동의를 요한다. 답 ○

040
16. 경찰간부

외교관계협약(1961)에 의하면 접수국은 외교사절단 구성원들의 안전을 생각하여 공관 입구 가까이에 주차공간을 제공할 국제법상 의무가 있다. O | X

접수국은 공관사용의 편의를 제공할 의무가 있으나, 구체적으로 주차공간 제공의 국제법적 의무가 있다고 보기는 어렵다. 외교관계에 관한 비엔나협약에서도 명시한 사항은 아니다. 답 X

041
22. 9급

복종하여야 하는 경우에는 재판에 필수적인 개인서류의 제출을 강제할 수 있다. O | X

개인서류에 대한 불가침성의 예외는 외교관계에 관한 비엔나협약에 명시되지 않았다. 답 X

042

16. 사시

외교관계협약(1961)에 의하면 접수국은 파견국의 동의 없이 파견국의 공관부지를 강제적으로 수용할 수 없다.　　O | X

공관부지는 불가침의 내용을 구성한다.　　답 ○

043

12. 7급

비호권 사건에서 국제사법법원(ICJ)은 외교공관으로의 망명권(Diplomatic Asylum)이 국제관습법으로 인정된다고 판단하였다.　　O | X

국제사법법원(ICJ)은 비호권이 라틴아메리카의 지역관습으로 형성되지 않았다고 판시하였다.　　답 X

044

11. 9급

외교사절의 특권과 면제는 공관차량 및 사절단장의 개인 주거에도 적용된다.　　O | X

사절단장의 개인 주거도 공관으로 인정되므로 외교사절의 특권과 면제가 적용된다.　　답 ○

045

22. 9급

분실이나 도난 등 어떤 이유로든 접수국 수중에 들어간 외교공관 문서는 반환되어야 하나 재판 등 사법절차 등의 목적을 위해서는 활용될 수 있다.　　O | X

문서불가침의 해석상 분실이나 도난 등 어떤 이유로든 접수국 수중에 들어간 외교공관 문서는 사법절차를 위해서도 활용될 수 없다.　　답 X

046

22. 9급

「외교관계에 관한 비엔나협약」 및 국제관행상 분실이나 도난 등 어떤 이유로든 접수국 수중에 들어간 외교공관 문서는 반환되어야 하나 재판 등 사법절차 등의 목적을 위해서는 활용될 수 있다.　　O | X

분서 불가침의 해석상 사법절차를 위해서도 활용될 수 없다.　　답 X

047

08. 7급

외교관계협약(1961)에 의하면 불가침의 대상이 되는 공관지역은 공관 및 관저의 부속대지와 건물, 그리고 그 구성물 및 공관이 보유한 교통수단을 포함하나, 임차한 경우에는 불가침이 적용되지 않는다.　　O | X

외교관계에 관한 비엔나협약 제1조 자호에 의하면 공관지역이라 함은 '소유자 여부를 불문하고' 공관장의 주거를 포함하여 공관의 목적으로 사용되는 건물과 건물의 부분 및 부속토지를 의미한다. 따라서 임차한 경우도 공관지역으로서 불가침권이 인정된다.　　답 X

048

21. 9급

외교관의 직무 수행에 직접 사용되는 차량은 불법주차 시에도 과태료 부과가 면제된다.　　O | X

불법주차 시 과태료 문제가 협약에 직접 명시된 것은 아니다. 그러나, 대체로 국제관행은 불법주정차에 대해 차를 강제견인하는 것은 문제이지만, 과태료는 부과할 수 있다고 본다.　　답 X

049
08. 7급

외교관계협약(1961)에 의하면 외교공관은 파견국 영토의 연장이 아니며, 접수국의 치외법권 지역이 아니다. O | X

치외법권 지역이란 접수국의 법 자체로부터 배제되는 지역을 의미한다. 그러나 접수국의 법령 자체는 외교공관에 대해서도 적용되므로, 외교공관은 치외법권 지역이 아니다. 접수국의 집행관할권으로부터 면제되는 것이다. 답 ○

050
02. 행시·외시

외교사절단의 장은 대사, 공사, 대리공사의 3가지 계급으로 구분될 수 있다. O | X

참고로 대사대리는 공관장 계급이 아니라는 점에 유의한다. 답 ○

051
18. 7급

외교공관의 모든 공관원은 협약상 외교관에 해당한다. O | X

협약상 외교관은 외교공관장과 외교직원을 의미한다. 공관원에는 행정직원, 노무직원, 개인적 사용인이 포함된다. 답 X

052
02. 행시·외시

외교사절단의 구성원에는 외교사절단의 장, 외교직원, 행정·기능직원 및 노무직원이 포함된다. O | X

외교사절단의 구성원에 대한 설명이다. 답 ○

053
02. 행시·외시

대리공사의 경우에는 신임장을 외무장관에게 제출함으로써 직무가 개시된다. O | X

대사나 공사는 접수국의 국가원수에게 신임장을 제정한다. 답 ○

054
21. 9급

외교관은 합법적 수단을 통해 접수국의 사정을 본국 정부에 보고한다. O | X

접수국 사정을 보고하는 것은 외교관의 업무에 해당된다. 답 ○

055
03. 행시·외시

외교사절 상호 간의 석차는 우선 계급에 의하여 결정되고 동일계급 상호 간의 석차는 직무개시 일자 및 시각에 따른다. O | X

외교사절 상호 간에 석차에 따른 차별을 받는 것은 아니다. 답 ○

056
18. 7급

공관장의 해당 계급 내 서열은 직무를 개시한 일자와 시간의 순서에 따라 정해진다. O | X

공관장 계급은 대사, 공사, 대리공사이다. 답 ○

057
22. 9급

「외교관계에 관한 비엔나협약」 및 국제관행상 외교문서가 공관원에 의해 제3자에게 공식적으로 전달되었다면 그 순간부터는 불가침성을 상실한다.　　O | X

문서가 제3자에게 전달된 경우 불가침성을 상실한다.　　답 O

058
18. 7급

공관장은 서열과 의례에 관계되는 것을 제외하고 계급에 따른 차별을 받지 아니한다.　　O | X

공관장 간에 서열과 의례에 있어서는 차별이 존재할 수 있다.　　답 O

059
예상논점

1954년 외교적 비호에 관한 미주협약은 외교적 비호권을 인정하고 공관의 파견국이 범인의 정치적 성격을 결정할 권리가 있다고 규정하고 있다.　　O | X

파견국이 결정하는 점에 유의한다.　　답 O

060
예상논점

문서가 공관원에 의해 제3자에게 공시적으로 전달된 경우에도 불가침성을 상실하지 않는다.　　O | X

공식적으로 문서를 전달할 시 불가침성을 상실한다.　　답 X

061
예상논점

문서가 우편에 의해 발송된 경우 발송시 불가침성을 상실한다.　　O | X

'발송시'에 주의한다.　　답 O

062
예상논점

항공기 기장에게 외교행낭이 위탁된 경우 기장은 외교신서사는 아니지만 신체불가침을 향유한다.　　O | X

항공기 기장은 외교신서사가 아니므로 신체불가침을 향유하지 않는다.　　답 X

외교관

063
17. 9급

외교관의 개인주거공간은 공관과 동일한 불가침성을 향유한다.　　O | X

외교관은 공관장과 외교직원을 포함한 개념이다.　　답 O

064
17. 9급

외교관은 접수국의 모든 인적 및 공적 역무로부터 면제된다. O | X

접수국은 외교관에 대하여 모든 인적 역무와 종류여하를 불문한 일체의 공공역무 및 징발, 군사상의 기부 그리고 숙사제공 명령에 관련된 군사상의 의무로부터 면제하여야 한다 (외교관계에 관한 비엔나협약 제35조). 답 ○

065
96. 외시

'외교관'이란 사절단의 구성원을 총칭하는 말이다. O | X

외교관이란 외교직원과 사절단장을 함께 포함하는 표현이다. 행정직원, 기능직원, 역무직원은 제외된다. 답 X

066
16. 9급

외교관계협약(1961)에 의하면 외교관은 접수국의 형사재판관할권으로부터 절대적으로 면제된다. O | X

절대적이라는 것은 예외가 없다는 의미이다. 답 ○

067
16. 9급

외교관계협약(1961)에 의하면 외교관의 개인주거는 공관지역과 동일한 불가침과 보호를 향유하지 않는다. O | X

외교관의 개인주거 역시 공관지역과 같은 불가침과 보호를 향유한다. 답 X

068
16. 시시

외교관계협약(1961)에 의하면 접수국은 외교관의 중대한 범죄에 대해 형사재판관할권을 행사할 수 있다. O | X

중대한 범죄라도 외교관은 인적 면제를 향유하므로 접수국은 관할권을 행사할 수 없다. 답 X

069
11. 7급

외교관계협약(1961)에 의하면 외교관의 면제는 접수국의 재판관할권으로부터의 면제를 의미하는 것이지 파견국의 재판관할권으로부터도 면제되는 것은 아니다. O | X

속지주의 관할권으로부터 면제되는 것일 뿐 속인주의 관할권에서 면제되는 것은 아니다. 답 ○

070
18. 9급

1961년 「외교관계에 관한 비엔나협약」에 따르면 접수국의 재판관할권으로부터 면제되는 외교관은 파견국의 재판관할권으로부터도 면제를 향유한다. O | X

파견국의 재판관할권으로부터는 면제되지 않는다. 즉, 속인주의 관할권에서 면제되는 것은 아니다. 접수국의 속지주의 관할권으로부터 면제되는 것이다. 답 X

071

17. 9급

외교관은 접수국의 모든 민사 및 행정재판관할권으로부터 면제된다.　　　　O | X

외교관은 접수국의 민사 및 행정재판관할권으로부터 원칙적으로 면제된다. 그러나, 개인소유 부동산, 사적 상속 관련 소송, 상업적 활동에 대한 소송에서는 면제가 인정되지 않는다.
답 ○

072

11. 9급

외교관에 대한 접수국의 재판관할권 면제는 민사재판에만 적용되며 형사재판에는 적용되지 않는다.　　　　O | X

외교관에 대한 접수국의 재판관할권 면제는 형사재판에도 적용된다. 재직 시라면 사적 범죄에 대해서도 관할권이 면제된다.
답 X

073

08. 9급

외교관계협약(1961)에 의하면 접수국은 국가안보의 목적으로 그 영토 내에서 외교사절의 여행의 자유를 제한할 수 있다.　　　　O | X

단, 외교사절은 원칙적으로 여행의 자유를 가지며, 예외적인 경우에 여행의 자유를 제한받을 수 있다.
답 ○

074

16. 7급

외교관계협약(1961)에 의하면 외교관은 민사재판의 경우 증인으로서 증언할 의무를 부담한다.　　　　O | X

외교관은 증인으로서 증언할 의무가 없다.
답 X

075

16. 7급

외교관계협약(1961)에 의하면 외교관의 개인주거는 공관지역과 동일한 불가침과 보호를 향유한다.　　　　O | X

외교공관, 외교공관장의 주거, 외교관(외교공관장과 외교직원)의 개인주거는 원칙적으로 공관지역과 동일한 불가침과 보호를 향유한다.
답 ○

076

07. 7급

외교관에게 접수국 절차법의 적용을 면제해 주는 것이다.　　　　O | X

실체법으로부터의 적용을 면제해 주는 것이 아니다.
답 ○

077

예상논점

외교관의 형사재판관할권의 면제는 절대적이다.　　　　O | X

예외 협약에 명시되어 있지 않다는 점에서 형사재판관할권의 면제는 절대적이다.　답 ○

078

07. 7급

민사 및 행정재판관할권의 면제는 부동산, 상속, 접수국에서의 영업활동에 관한 소송에도 적용된다.　　　　O | X

직무와 관련된 경우 면제가 인정되나, 직무와 무관한 경우 민사 및 행정재판관할권으로부터 면제되지 않는다.
답 X

079

02. 행시·외시

외교사절은 직무개시 이후에야 비로소 외교적 특권을 향유한다. O | X

외교관의 특권면제의 시기는 부임차 접수국 영역에 입국한 때이다. 이미 접수국 내에 있는 경우에는 그의 임명사실이 접수국 외무당국에 통고된 때이다. 답 X

080

18. 9급

1961년 「외교관계에 관한 비엔나협약」에 따르면 민사소송에 관한 재판관할권으로부터의 면제의 포기는 동 판결의 집행에 관한 면제의 포기로 간주되지 않는다. O | X

따라서 집행관할권에 대한 면제는 별도로 포기되어야 접수국이 강제집행을 할 수 있다. 답 ○

081

예상논점

외교관이 사적으로 현지 업자에게 관저의 수리공사를 맡긴 경우 접수국의 민사재판관할권으로부터 면제되나, 대사가 본국을 대표하여 공무의 일환으로 관저 수리계약을 체결했다면, 국가면제가 문제되며 관저 수리계약은 일종의 상업적 거래이므로 면제가 제한된다. O | X

외교관은 인적 면제가 있으므로 사적 행위에 대해서도 면제가 인정된다. 본국을 대표한 경우 외교면제로 보면 면제가 인정된다. 그러나 국가면제로 보면 상업적 거래이므로 국가면제협약에 의하면 면제가 제한될 수 있다. 답 ○

082

예상논점

외교관의 개인적 수하물은 검사대상에서 제외되나, 반입금지품목이 들어있다고 추정할만한 중대한 이유가 있으면 외교관 입회하에 개봉하여 검사할 수 있다. O | X

외교관의 개인적 수하물은 외교관 입회하에 개봉할 수 있다. 답 ○

공관직원

083

15. 경찰간부

외교관계협약(1961)에 의하면 파견국은 접수국의 명시적인 사전 동의 없이 공관이 설립된 이외의 다른 장소에 공관의 일부를 구성하는 사무소를 설치할 수 있다. O | X

공관이 설립된 장소 이외 다른 장소에 공관의 일부를 구성하는 사무소를 설치하려면 명시적인 사전 동의가 있어야 한다. 답 X

084

10. 7급

외교관계협약(1961)에 의하면 외교신서사는 직무수행상 접수국의 보호를 받는다. O | X

외교신서사는 외교행낭을 운반하는 자를 의미한다. 답 ○

085

10. 7급

외교관계협약(1961)에 의하면 접수국은 외교신서사가 휴대하는 외교행낭을 개봉하거나 유치할 수 없다. O | X

외교행낭은 절대적 불가침을 향유한다. 답 ○

086

22. 9급

「외교관계에 관한 비엔나협약」 및 국제관행상 양국 간의 무력충돌이 발생하거나 외교관계가 단절된 경우에는 외교공관 문서의 불가침성은 보호되지 않는다. O | X

무력충돌시에나 외교관계 단절시에도 문서의 불가침성 또는 존중의무가 유지된다. 답 X

087

10. 7급

외교관계협약(1961)에 의하면 임시외교신서사의 경우는 접수국에서 특권과 면제의 대상이 되지 않는다. O | X

파견국은 임시외교신서사를 지정할 수 있다. 이러한 경우에는 본조 제5항의 규정이 또한 적용된다(외교관계에 관한 비엔나협약 제27조 제6항). 제5항에 의하면 외교신서사는 신체의 불가침을 향유하며 어떠한 형태의 체포나 구금도 당하지 아니한다. 답 X

면제의 범위

088

14. 7급

외교관계협약(1961)에 의하면 행정·기술 직원의 관세 면제는 최초 부임시 가져오는 물품에 대해서만 적용된다. O | X

외교관은 최초 부임 시에만 관세면제가 적용된다는 제한이 없다. 답 ○

089

14. 7급

외교관계협약(1961)에 의하면 접수국의 국민이 아닌 개인적 사용인은 봉급에 대한 세금에서 면제되지 않는다. O | X

개인적 사용인은 접수국의 국민이 아닌 경우 봉급에 대한 세금에서는 면제를 향유하며, 그 밖의 사안에 대해서는 접수국의 재량권에 따른다. 답 X

090

14. 7급

외교관계협약(1961)에 의하면 외교관의 세대를 구성하는 가족 중 접수국의 국민이 아닌 자는 접수국의 형사재판관할권으로부터 면제된다. O | X

외교관의 가족이 접수국의 국민인 경우 특권과 면제가 인정되지 않는다. 답 ○

091

14. 7급

외교관계협약(1961)에 의하면 접수국의 국민이나 영주자가 아닌 역무직원은 봉급에 대한 세금 면제와 사회보장규정의 적용에 대한 면제를 향유한다. O | X

접수국의 국민이나 영주자가 아닌 경우를 전제로 한다. 답 ○

092

14. 경찰간부

외교관은 자신이 부임하기 위하여 접수국의 영토에 들어갔을 때부터 특권과 면제를 향유하며, 직무가 종료된 경우에도 접수국을 떠나는 데 필요한 상당한 기간 동안 특권과 면제가 인정된다.　　　　　　　　　　　　　　　　　　　　　　O | X

직무의 시기 및 종기와 특권면제 향유의 시기 및 종기가 다른 점에 주의한다.　　답 ○

093

16. 사시

외교관계협약(1961)에 의하면 외교관의 세대를 구성하는 그의 가족은 접수국 국민이 아닌 경우에 한하여 신체의 불가침을 향유한다.　　　　　　　　　　　　O | X

가족이 접수국의 국민인 경우 특권면제를 향유하지 않는다.　　　　　　　　답 ○

094

16. 사시

외교관계협약(1961)에 의하면 외교관이 사적인 목적으로 제3국에 체류하는 경우, 제3국은 그 외교관에게 특권과 면제를 부여할 의무가 없다.　　　　　　　O | X

제3국에서 외교관은 원칙적으로 특권과 면제를 향유하지 않는다. 다만, 통과외교관에 대해 비자를 발급한 제3국은 외교관의 특권과 면제를 인정해야 한다. 사적인 목적인 경우에는 특권과 면제를 부여할 의무가 없다.　　　　　　　　　　　　　답 ○

095

19. 9급

1961년 「외교관계에 관한 비엔나협약」에 의하면 특권면제를 받을 권리가 있는 자가 이미 접수국 영역 내에 있을 경우 접수국 외무부에 그의 임명을 통고한 순간부터 특권면제를 향유한다.　　　　　　　　　　　　　　　　　　　　　　　O | X

특권면제를 받을 권리가 있는 자에게 임명을 통고한 순간부터 면제를 향유한다.　답 ○

096

23. 7급

「외교관계에 관한 비엔나협약」에 따르면 외교사절은 신임장을 접수국 국가원수에게 제정한 때로부터 직무가 개시되며 외교 특권 및 면제를 향유한다.　　　O | X

외교사절의 직무개시는 신임장 제정시부터이다. 그러나 특권과 면제는 접수국 영역에 입국시부터 향유한다.　　　　　　　　　　　　　　　　　　　　　　답 X

097

19. 9급

1961년 「외교관계에 관한 비엔나협약」에 의하면 외교관의 가족은 그 외교관이 사망하는 경우 접수국으로부터 퇴거하는 데에 필요한 상당한 기간이 만료할 때까지 기존의 특권면제를 계속 향유한다.　　　　　　　　　　　　　　　　　　　O | X

퇴거에 필요한 상당한 기한이 만료되면 사망한 외교관의 가족의 특권과 면제가 종료된다.　　　　　　　　　　　　　　　　　　　　　　　　　　　　답 ○

098

19. 9급

1961년 「외교관계에 관한 비엔나협약」에 의하면 외교관의 부임과 귀국을 위해 필요한 여권사증을 부여한 제3국은 그 외교관에게 통과의 보장에 필요한 면제와 불가침권을 부여하여야 한다.　　　　　　　　　　　　　　　　　　　　　　　　O | X

제3국에서의 특권과 면제는 통과외교관일 것을 전제로 한다.　　　　　　　답 ○

099
19. 9급

1961년 「외교관계에 관한 비엔나협약」에 의하면 외교관이 제3국에 일시적으로 체류하더라도 제3국은 그 체류 목적을 불문하고 외교관의 특권면제를 보장하여야 한다.
O | X

제3국에서 체류하는 목적이 '사적 목적'인 경우에는 특권면제를 향유하지 않는다. '통과외교관'에 해당되는 경우에 한해 특권면제를 향유할 수 있다.
답 X

100
19. 7급

「외교관계에 관한 비엔나협약」에 의하면 제3국은 외교관의 체류 목적을 불문하고 그 외교관에게 불가침권을 부여해야 한다.
O | X

체류의 목적을 구분해야 한다. 사적인 체류의 경우 제3국이 불가침권을 부여할 의무가 없다.
답 X

101
19. 7급

「외교관계에 관한 비엔나협약」에 의하면 제3국은 통과 중인 통신문 및 외교행낭에 대한 불가침성을 접수국에서와 동일하게 부여해야 한다.
O | X

외교관계에 관한 비엔나협약 제40조 규정에 대한 내용이다.
답 O

102
19. 7급

「외교관계에 관한 비엔나협약」에 의하면 제3국은 노무직원의 통과에 대하여 이들의 통행을 방해하지 않을 의무가 있다.
O | X

외교관계에 관한 비엔나협약 제40조 규정에 대한 내용이다.
답 O

103
19. 7급

「외교관계에 관한 비엔나협약」에 의하면 제3국은 불가항력으로 자국 영역에 들어온 외교관 가족의 귀국 보장에 필요한 면제를 부여해야 한다.
O | X

외교관계에 관한 비엔나협약 제40조 규정에 대한 내용이다.
답 O

104
예상논점

외교관의 가족은 접수국이 국민이 아닌 한 외교관과 동일한 면제를 향유한다.
O | X

외교관의 가족이 접수국의 국민이면 특권과 면제를 향유하지 않는다.
답 O

105
예상논점

사무직원의 가족은 접수국 국민이나 영주자가 아닌 경우 사무직원과 동일한 면제를 향유한다.
O | X

사무직원의 가족들은 영주자인 경우에도 특권과 면제를 향유하지 못한다.
답 O

106
12. 7급

외교관계협약(1961)에 의하면 접수국과 파견국 간의 무력충돌이 발생하였을 경우에도 접수국은 외교공관, 재산 및 공문서를 존중하고 보호해야 한다.　O | X

무력충돌 시에도 공관 등을 보호해야 한다.　답 ○

107
09. 7급

외교관계협약(1961)에 의하면 외교관의 공적 행위에 관한 면제는 그 직무 종료 후에도 계속된다.　O | X

물적 면제의 경우 영구적으로 면제된다.　답 ○

108
22. 7급

외교관 가족은 접수국 국민이 아닌 한 외교관과 동일한 특권과 면제를 인정받으며, 외교관 가족의 범위는 「외교관계에 관한 비엔나협약」상 가족의 정의 규정이 우선적으로 적용된다.　O | X

협약에 가족에 대한 구체적 정의 규정이 있는 것은 아니다.　답 X

109
예상논점

외교관이 휴가와 같은 사적인 목적으로 제3국에 체류하는 경우 제3국은 그에게 외교관의 특권과 면제를 부여할 의무가 없다.　O | X

사적인 목적인 경우 통과외교관이 아니므로 제3국에서 특권과 면제를 가지지 않는다.　답 ○

면제의 포기

110
11. 7급

외교관계협약(1961)에 의하면 관습법상 국가면제의 묵시적 포기가 허용되는 것과 마찬가지로 외교면제의 묵시적 포기도 가능하다.　O | X

국가면제에 대해서는 묵시적 포기가 허용되나, 외교면제에 대해서는 명시적 포기만이 허용된다.　답 X

111
14. 9급

외교관계협약(1961)에 의하면 파견국은 외교관의 재판관할권 면제를 포기할 수 있으며, 포기는 묵시적으로도 가능하다.　O | X

명시적 포기만 인정된다.　답 X

112
10. 사시

외교관계협약(1961)에 의하면 민사재판관할권으로부터의 면제의 포기는 판결의 집행에 관한 면제의 포기를 의미하는 것으로 간주되지 아니한다.　O | X

집행에 대한 면제의 포기는 별도로 행해져야 한다.　답 ○

113

예상논점

파견국은 외교관의 재판관할권 면제를 포기할 수 있다.　　　　　　　O | X

면제는 파견국의 권리이므로 파견국이 포기할 수 있다. 단, 포기주체가 외교관 개인이나 외교공관장이 아니라는 점에 주의해야 한다.　　　　　　　답 ○

특별사절에 관한 협약(뉴욕협약)

114

예상논점

UN총회는 1969년 12월 8일 뉴욕에서 「특별사절에 관한 협약」(이하 뉴욕협약)을 채택하였으며 1985년 6월 21일 발효하였다.　　　　　　　O | X

특별사절에 관한 협약도 출제가능성이 높아졌다.　　　　　　　답 ○

115

예상논점

「뉴욕협약」에 의하면 특별사절은 한 국가가 타국과 특별한 문제에 관하여 거래를 하거나 혹은 타국과의 관계에 있어 특별한 임무를 수행할 목적으로 타국의 동의를 얻어 그 국가에 파견하는 국가를 대표하는 임시사절을 말한다.　　　　　　　O | X

특별사절은 임시사절이다.　　　　　　　답 ○

116

예상논점

「뉴욕협약」에 의하면 국가는 외교채널 또는 기타 합의되거나 상호 수락 가능한 채널을 통해 미리 타국의 동의를 얻어 그 국가에 특별사절을 파견할 수 있다.　　　　　　　O | X

타국의 동의를 얻어 특별사절을 파견한다.　　　　　　　답 ○

117

예상논점

「뉴욕협약」에 의하면 외교관계나 영사관계가 없는 국가 상호 간에는 특별사절을 파견할 수 없다.　　　　　　　O | X

접수국의 동의가 있으면 다른 조건과 무관하게 특별사절을 파견할 수 있다.　　　　　　　답 X

118

예상논점

「뉴욕협약」에 의하면 둘 이상의 국가에서 파견된 특사들은 먼저 제3국의 사전동의를 얻는 경우 그 제3국의 영토에서 회합을 가질 수 있다.　　　　　　　O | X

둘 이상의 국가에서 파견된 특사들이 제3국의 영토에서 회합을 가지려면 제3국의 명시적 동의가 필요하다.　　　　　　　답 X

119

예상논점

「뉴욕협약」에 의하면 특별사절단의 구성원은 공적 직무 밖에서의 자동차 사용으로부터 야기된 손해배상청구소송에 대해서는 면제를 향유하지 못한다.　　　　　　　O | X

사적 행위를 전제로 한다.　　　　　　　답 ○

120

예상논점

「뉴욕협약」에 의하면 특별사절단 공관의 불가침성 문제에 있어 그의 동의가 있는 것으로 추정하여 임시공관 내로 들어갈 수 있다. O | X

영사공관과 유사한 규정이다. 답 ○

121

예상논점

「뉴욕협약」에 의하면 조세면제는 특별사절단의 성격 및 체류 필요기간과 양립하는 범위 내에서만 인정된다. O | X

조세면제의 범위가 매우 좁게 규정된 것이다. 답 ○

122

예상논점

「뉴욕협약」에 의하면 특별사절단의 공문서도 불가침을 향유하나, 필요하다면 그 외부에 가시적인 확인 표시를 부착하여야 한다. O | X

문서의 불가침권에 대한 규정이다. 답 ○

123

예상논점

「뉴욕협약」에 의하면 특별사절단 구성원들의 제3국 통과와 관련하여 1961년 외교관계에 관한 비엔나협약상의 의무와 동일한 의무가 통과국에게 부과되어 있으나 이 경우의 의무는 통과국이 비자신청 또는 통고에 의하여 사전에 특별사절단 구성원의 통과에 관하여 통고를 받고 그것에 대해 이의를 제기하지 않는 경우에만 발생한다. O | X

제3국이 이의를 제기하지 않는 경우에 제3국 통과가 인정된다. 답 ○

제2절 영사

총설

124

08. 9급

영사제도는 연혁적으로 중세유럽의 길드에서 유래한 것으로서 상업상의 이익을 보호하고 상사분쟁을 중재하는 것이 주된 임무였다. O | X

영사제도는 길드제도에서 유래한 것이다. 답 ○

125

08. 9급

외교사절은 국제법상 국가의 기관이나, 영사는 그러하지 아니하다. O | X

영사도 국가의 기관이다. 답 X

126
08. 9급

외교사절의 파견에는 원칙적으로 아그레망을 요하나, 영사의 파견에는 이를 요하지 않는다. O | X

영사공관장 파견 시에는 아그레망을 요청할 의무가 없다. 답 ○

127
08. 9급

영사관계의 수립은 일반적으로 명시적인 국가승인으로 인정된다. O | X

외교관계의 수립이 묵시적인 국가승인에 해당된다. 답 X

128
18. 7급

「영사관계에 관한 비엔나협약」에 따르면 영사기능은 외교공관에 의해서도 수행될 수 있다. O | X

외교공관이 영사기능을 수행하는 경우 접수국의 동의를 요하는 것은 아니다. 답 ○

129
08. 9급

외교사절은 신임장을 제정하여야 그 업무를 개시하는데 비해, 영사는 접수국의 영사인가를 받아야 그 직무를 개시할 수 있다 O | X

영사공관장은 위임장을 주어 파견하고, 접수국에서 인가장을 받는다. 답 ○

130
01. 행시 · 외시

영사관장 파견에는 신임장의 제정이 필요하다. O | X

영사관장 파견에는 위임장의 부여가 필요하다. 답 X

131
18. 7급

「영사관계에 관한 비엔나협약」에 따르면 외교관계 수립에 대한 동의는 원칙적으로 영사관계 수립에 대한 동의를 포함한다. O | X

외교관계 수립에 대한 동의에 영사관계 수립에 대한 동의가 포함되는 것이다. 답 ○

132
18. 7급

「영사관계에 관한 비엔나협약」에 따르면 외교관계 단절은 영사관계 단절을 당연히 포함하지 아니한다. O | X

외교관계가 단절되어도 영사관계는 유지될 수 있다. 답 ○

133
18. 7급

「영사관계에 관한 비엔나협약」에 따르면 영사기관의 소재지와 등급은 파견국이 결정하여 접수국에 통보한 후 확정된다. O | X

영사기관의 소재지와 등급은 파견국이 결정하되 접수국이 동의해야 확정된다. 답 X

134
01. 행시·외시

외교관계의 단절이 당연히 영사관계의 단절을 포함하지는 않는다. O | X

외교관계 단절 시 영사관계도 단절하기 위해서는 별도의 의사표시가 있어야 한다. 답 ○

135
03. 행시·외시

영사는 외교사절과 달리 정식 국가대표성이 없으며, 자국민 보호·원조, 여권·사증의 발급과 같은 비정치적·상업적 기능 등을 수행한다. O | X

파견국을 대표하는 기능은 외교사절의 고유한 기능이다. 답 ○

136
03. 행시·외시

영사는 재판권 및 행정권으로부터의 면제를 인정받고 있으나 그 범위는 외교관에 비하여 상당히 제한되고 있다. O | X

영사의 경우 직무에 대해서만 면제가 인정되나, 외교관의 경우 직무와 무관한 사항에 대해서도 면제가 인정되어 면제의 인정 폭이 상대적으로 더 넓다. 답 ○

137
07. 7급

영사관계에 관한 비엔나협약(1963)에 의하면 영사기관의 특권면제와 영사관의 특권면제를 구분하여 규정하고 있다. O | X

영사기관의 경우 불가침, 조세 등의 면제, 통신의 불가침 등을 규정하고 있고, 영사관의 경우 신체의 불가침이나 재판관할권으로부터의 면제 등에 대해 분리해서 규정하고 있다. 답 ○

138
16. 7급

영사관계협약(1963)에 의하면 파견국의 영사관원은 자국의 외교공관이 없고 제3국의 외교공관에 의하여 대표되지 않는 국가 내에서 그 국가에 통고한 후, 외교관으로서 외교활동을 수행할 수 있다. O | X

접수국에 대한 통고가 아니라 접수국의 '동의'를 받아야 한다. 답 X

139
16. 7급

영사관계협약(1963)에 의하면 접수국 내에서 파견국 영사관원이 정부간 국제기구에 대한 파견국의 대표로서 활동하기 위해서는 접수국의 동의를 받아야 한다. O | X

접수국에 '통고'를 요하므로 접수국의 '동의'를 요하는 것은 아니다. "영사관원은 접수국에 통고한 후, 정부간국제기구에 대한 파견국의 대표로서 활동할 수 있다(영사관계에 관한 비엔나협약 제17조 제2항)." 답 X

140
16. 경찰간부

영사관계협약(1963)에 의하면 영사는 특별한 사정하에서 접수국의 동의를 받아 영사관할구역 외에서 직무를 수행할 수 있다. O | X

접수국의 동의 요건에 주의한다. 답 ○

141

16. 경찰간부

영사관계협약(1963)에 의하면 영사는 파견국을 대표하여 접수국과 외교관계를 유지한다.

O | X

파견국 대표기능이나 접수국과의 외교교섭은 외교관의 고유한 업무에 해당한다. 답 X

142

14. 경찰간부

영사관계협약(1963)에 의하면 영사는 파견국의 대표기관으로 본국을 대표하여 외교교섭을 할 수 있다.

O | X

외교교섭은 외교사절의 고유한 업무이다. 단, 접수국의 동의하에 영사도 외교업무를 수행할 수 있다. 답 X

143

19. 7급

영사는 파견국에 등록된 항공기에 대하여 파견국의 법령에 따른 감독권을 행사할 수 있다.

O | X

파견국 법령이 적용되는 점에 주의한다. 답 O

144

15. 7급

영사관계협약(1963)에 의하면 외교관계의 단절은 영사관계의 단절을 당연히 포함하는 것은 아니다.

O | X

외교관계가 단절되어도 영사관계는 유지될 수 있다. 답 O

145

15. 7급

영사관계협약(1963)에 의하면 양국 간 외교관계의 수립에 부여된 동의는 달리 의사를 표시하지 아니하는 한 영사관계의 수립에 대한 동의를 포함한다.

O | X

영사관계는 별도의 동의 없이 설립될 수 있다. 답 O

146

예상논점

영사기관 소재지 이외의 다른 장소에서 기존 영사기관의 일부를 이루는 사무소를 개설하기 위해서는 접수국의 사전 또는 사후 동의를 요한다.

O | X

접수국의 명시적 사전 동의를 요한다. 답 X

147

예상논점

파견국의 영사기관은 어떤 경우에도 제3국을 대표하여 접수국 내에서 영사기능을 수행할 수 없다.

O | X

파견국의 영사기관은 접수국이 반대하지 않는 한 접수국에 통고한 후 영사기능을 수행할 수 있다. 답 X

148

예상논점

영사인가장은 영사기관장에 한하여 부여된다.

O | X

영사인가장은 기타의 영사관원에게 부여될 수 있다. 답 X

149
예상논점

영사기관원으로 임명된 자에 대해 접수국이 수락할 수 없는 인물로 선언한 경우 파견국은 그 임명을 철회할 수 있다. O | X

파견국은 그 임명을 철회해야 한다. 답 X

150
20. 7급

1963년 「영사관계에 관한 비엔나협약」에 따르면 영사기관은 접수국과 파견국의 상호합의에 의하여만 접수국의 영역 내에 설치될 수 있다. O | X

영사기관은 접수국의 동의를 받는 경우에만 접수국의 영역 내에 설치될 수 있다(영사관계에 관한 비엔나협약 제4조 제1항). 답 X

151
20. 7급

1963년 「영사관계에 관한 비엔나협약」에 따르면 영사관원은 특별한 사정하에서 접수국의 허가를 받아 그의 영사관할구역 외에서 그의 직무를 수행할 수 있다. O | X

영사관원은 특별한 사정하에서 접수국의 동의를 받아 그의 영사관할구역 외에서 그의 직무를 수행할 수 있다(영사관계에 관한 비엔나협약 제6조). 답 X

152
20. 7급

1963년 「영사관계에 관한 비엔나협약」에 따르면 영사기관장은 총영사, 영사 및 부영사의 세 가지 계급으로 구분된다. O | X

영사기관장 계급에는 '영사대리'도 있다(영사관계에 관한 비엔나협약 제9조). 답 X

153
20. 7급

1963년 「영사관계에 관한 비엔나협약」에 따르면 명예영사관을 장으로 하는 상이한 국가내의 2개의 영사기관 간의 영사행낭의 교환은 당해 2개 접수국의 동의 없이 허용되지 아니한다. O | X

영사관계에 관한 비엔나협약 제58조 제4항의 규정이다. 답 ○

154
예상논점

명예영사는 직무수행상 전임 영사와 동등한 보호를 받으나 특권 및 면제는 제한적이다. O | X

명예영사는 전임 영사가 아니므로 상대적으로 적은 특권과 면제를 향유한다. 답 ○

155
예상논점

영사기관 설치를 위해서는 접수국의 동의를 요한다. O | X

접수국의 동의하에 영사관을 설치한다. 답 ○

156
예상논점

영사기관의 소재지, 등급, 관할구역은 파견국이 결정하고 접수국의 승인을 받아야 한다. O | X

소재지 등은 파견국과 접수국의 합의사항이다. 답 ○

157
예상논점

영사관이 설치된 지역 이외의 지역에 영사사무소를 설치하는 경우 접수국의 동의를 받아야 한다. O | X

영사기관이 설치된 지역 이외의 별도로 영사기관을 설치하는 경우를 전제한다. 답 ○

158
예상논점

영사관원은 접수국의 동의를 받아 영사관할구역 외에서 직무를 수행할 수 있다. O | X

영사관할구역을 벗어나는 경우 접수국의 동의를 요한다. 답 ○

159
예상논점

파견국은 관계국의 명시적 반대가 없는 한 특정 국가 내에 설치된 영사기관에 대하여 제3국 내에서의 영사기능의 수행을 위임할 수 있다. O | X

관계국의 명시적 반대가 없을 것을 요건으로 함에 주의한다. 답 ○

160
예상논점

파견국 영사기관은 접수국이 명시적으로 동의한 경우 제3국을 대표하여 접수국 내에서 영사기능을 수행할 수 있다. O | X

명시적 동의가 아니라 접수국이 반대하지 않을 것을 영사기능 수행의 요건으로 한다. 답 X

161
예상논점

영사기관의 소재지 이외의 다른 장소에 기존 영사기관의 일부를 이루는 사무소를 개설하기 위해서는 접수국의 명시적 사전 동의가 필요하다. O | X

영사기관이 설치된 소재지 내에서 분관을 개설하는 경우를 전제로 한다. 답 ○

162
예상논점

아마두 사디오 디알로 사건(2012)에서 국제사법재판소(ICJ)는 외국인을 체포한 경우 체류국은 영사고지의무가 있으며, 국적국이 다른 경로를 통해 자국민의 체포 사실을 알았더라도 영사고지의무를 태만한 것에 대한 책임이 인정된다고 하였다. O | X

아마두 사디오 디알로 사건은 영사관계에 관한 비엔나협약 제36조 위반으로 판정된 사건이다. 답 ○

영사공관

163
07. 7급

영사관계에 관한 비엔나협약(1963)에 의하면 영사관사라 함은 소유권에 관계없이 영사기관의 목적에만 사용되는 건물만을 의미한다. O | X

건물, 건물의 부분, 부속토지가 영사관사에 해당된다. 답 X

164

07. 7급

영사관계에 관한 비엔나협약(1963)에 의하면 영사기관장의 계급을 총영사, 영사, 부영사, 영사대리의 4계급으로 나누고 있다. O | X

영사대리도 공관장 계급이다. 답 ○

165

16. 경찰간부

영사관계협약(1963)에 의하면 영사의 직급에는 총영사, 영사, 부영사가 있다. O | X

영사의 직급에는 총영사, 영사, 부영사뿐만 아니라 영사대리도 있다. 답 X

166

14. 경찰간부

영사관계협약(1963)에 의하면 영사기관의 공문서, 서류 및 공용통신문은 일시와 장소에 관계없이 언제나 불가침이다. O | X

영사기관의 공문서에 대해 불가침이다. 답 ○

167

14. 경찰간부

영사관계협약(1963)에 의하면 파견국이 소유 또는 임차하는 영사기관의 공관 및 영사기관장의 관저는 접수국 또는 지방자치단체의 모든 조세 및 부과금으로부터 면제된다. O | X

조세면제에 대한 규정이며 외교관계에 관한 비엔나협약과 동일하다. 답 ○

168

예상논점

영사의 직급에는 총영사, 영사, 부영사, 영사대리가 있다. O | X

영사대리도 영사공관장 계급에 포함됨에 주의한다. 답 ○

169

15. 7급

영사관계협약(1963)에 의하면 영사기관장은 영사인가장 부여 일자에 따라 각 계급 내에서 그 석차가 정하여진다. O | X

영사인가장 부여 일자가 기준이라는 점에 주의한다. 답 ○

170

08. 7급

영사관계협약(1963)에 의하면 영사관사는 어떠한 경우에도 불가침성이 인정된다. O | X

영사관계에 관한 비엔나협약 제31조 제2항 단서에 의하면 "화재 및 기타 신속한 보호조치를 필요로 하는 재해가 발생한 경우에는 공관장의 동의가 있는 것으로 추정된다."라는 단서조항을 두고 있어서 불가침성의 예외가 명시되어 있다. 답 X

171
08. 7급

영사관계협약(1963)에 의하면 영사기관의 공간이나 용구류, 재산은 접수국이 어떠한 경우에도 수용할 수 없다.   O | X

일정한 조건하에 영사기관의 공간이나 용구류, 재산을 수용할 수 있다.   답 X

172
08. 7급

영사관계협약(1963)에 의하면 영사행낭은 절대적 불가침권을 누린다.   O | X

영사행낭은 상대적 불가침권을 누린다. 즉, 일정한 경우 개봉을 요구할 수 있고, 불응시 발송지로 반송조치할 수 있다.   답 X

173
08. 7급

영사관계협약(1963)에 의하면 영사의 직무는 자국의 이익보호, 정보수집, 여권과 사증발급, 공증호적사무 및 기타 등이다.   O | X

영사의 직무는 영사관계에 관한 비엔나협약에 열거된 사항이다.   답 O

174
예상논점

접수국은 파견국과의 무력충돌의 경우에도 영사관사와 영사기관의 재산 및 영사문서를 존중하며 또한 보호하여야 한다.   O | X

무력충돌 시에도 재산이나 문서에 대한 존중의무가 유지되는 것이다.   답 O

175
예상논점

영사신서사는 접수국의 동의를 받는 경우를 제외하고 접수국의 국민이어서는 아니되고 또한 그가 파견국의 국민이 아닌 경우에는 접수국의 영주자이어서는 안 된다.   O | X

외교신서사와 달리 영사신서사는 국적에 대한 제한을 받는 것이다.   답 O

176
예상논점

영사행낭이 민간항공기의 기장에게 위탁되는 경우 동 기장은 영사신서사로 간주되어 신체의 불가침권을 향유한다.   O | X

영사행낭이 민간항공기의 기장에게 위탁되더라도 기장은 영사신서사로 간주되지 아니한다.   답 X

177
예상논점

구속되어 있는 자국민을 대신하여 파견국의 영사관원이 조치를 취하는 것에 대해 자국민이 명시적으로 반대해도 영사관원은 조치를 취할 수 있다.   O | X

자국민이 명시적으로 조치를 반대한다면 영사관원은 조치를 삼가야 한다.   답 X

178
21. 7급

영사는 신체적 불가침성이 제한되어 중죄의 경우 체포가 가능하다. O | X

중죄의 경우 관할당국의 결정이 있다면 체포나 미결구금할 수 있다. 답 O

179
16. 7급

영사관계협약(1963)에 의하면 접수국에서 파견국 영사관원의 외교활동 수행이 허용된 경우, 영사관원이 중대한 범죄를 범하게 되면 접수국 사법부의 결정에 따라 체포될 수 있다. O | X

외교활동을 수행하는 영사관원에게 외교특권과 면제가 인정되는 것은 아니므로 영사관계에 관한 비엔나협약에 따라 중죄를 범하고 접수국 당국의 결정이 있는 경우 체포 또는 미결구금될 수 있다. 답 O

180
16. 7급

영사관계협약(1963)에 의하면 파견국의 영사관원이 접수국 내에서 외교활동을 수행하는 경우, 영사관원은 접수국 내에서 외교특권과 면제를 향유한다. O | X

영사관원은 외교특권과 면제를 향유하지 않는다(영사관계에 관한 비엔나협약 제17조 제1항). 답 X

181
15. 7급

영사관계협약(1963)에 의하면 외교활동의 수행이 허용되는 영사관원은 외교특권과 면제를 요구할 수 있는 권리를 부여받는다. O | X

접수국 동의하에 영사가 외교업무를 수행해도 영사로서의 특권과 면제만 인정된다. 답 X

182
예상논점

민사재판관할권의 경우 직무에 관한 것이라도 사인자격으로 체결한 계약에 관한 민사소송, 자동차 선박 항공기에 의한 손해에 관한 제3자가 제기한 소송으로부터는 면제되지 않는다. O | X

물적 면제가 제한되는 소송이므로 소송으로부터 면제되지 않는다. 답 O

183
21. 7급

외교관이나 영사와 달리 명예영사는 가족에 대한 특권과 면제가 인정되지 않는다. O | X

명예영사는 물적면제만 인정되므로 가족의 경우에는 면제가 인정되지 않는다. 답 O

면제의 범위

184
예상논점

영사기관원은 부임하기 위하여 접수국 영역에 입국한 때부터 또는 이미 접수국 영역 내에 있는 경우에는 그 직무를 수행한 때부터 협약상 특권과 면제를 향유한다.

O | X

영사기관이 영역에 입국할 때부터 면제를 향유한다.

답 O

185
예상논점

영사기관원의 가족은 영사기관원이 특권과 면제를 향유한 때부터 또는 접수국 영역에 입국한 때부터, 또는 가족 구성원이 되는 일자 중 최초일자로부터 특권과 면제를 향유 한다.

O | X

최종일자부터 특권과 면제를 향유한다.

답 X

186
예상논점

영사기관원의 직무 종료 시 그가 접수국 영역을 떠난 때 또는 접수국을 떠나기 위하 여 필요한 상당한 기간이 만료한 때 중에서 늦은 시기부터 정상적으로 종료한다. 무력 충돌 시에도 마찬가지이다.

O | X

이 경우는 이른 시기부터 종료한다.

답 X

187
예상논점

영사관원 또는 사무직원의 직무수행행위에 대한 면제는 기한의 제한 없이 존속한다.

O | X

물적 면제의 경우 영구적으로 면제된다.

답 O

188
예상논점

통과영사관의 경우 비자를 발급한 제3국은 자국을 통과하거나 체류하는 영사관원에 대해 필요한 특권과 면제를 부여해야 한다.

O | X

제3국에서도 통과영사관의 특권과 면제가 인정된다.

답 O

제3절 한미 주둔군 지위협정(SOFA)과 군대면제

189
예상논점

파견국은 파견국의 법률에 의해서만 처벌될 수 있는 범죄에 대해 전속 관할권을 행사한다. O | X

파견국 전속관할권에 대한 것이다. 답 ○

190
예상논점

접수국에 계엄이 선포된 경우나 적대행위가 발발한 경우 미군당국은 미군 구성원 등의 모든 범죄에 대해 전속 관할권을 행사한다. O | X

계엄 선포 시 파견국이 전속하여 관할한다. 답 ○

191
예상논점

접수국의 전속관할권 범죄에 대해 미군 당국이 전속관할권 포기를 요청하면 한국은 이를 포기해야 한다. O | X

전속관할권을 한국이 포기해야 하는 것은 아니다. 답 X

192
예상논점

관할권 경합시 파견국 군대의 재산이나 안전에 대한 범죄, 그 구성원의 신체나 재산에 대한 범죄, 공무집행 중의 범죄에 대해서는 파견국이 1차적 관할권을 행사한다. O | X

공무집행 중 범죄에 대해서도 파견국이 1차적 관할권을 가진다. 답 ○

193
예상논점

파견국의 1차적 관할권 행사 범죄 이외의 범죄는 접수국이 1차적으로 관할권을 행사한다. O | X

파견국과 접수국의 관할권이 경합하는 경우 적용되는 규정이다. 답 ○

194
예상논점

1차적 관할권을 가진 국가가 포기하면 타방이 관할권을 행사할 수 있다. O | X

자국의 1차적 관할권은 포기할 수 있다. 1차적 관할권을 가진 국가가 포기하면 타방이 관할권을 행사할 수 있다. 답 ○

195
예상논점

미군당국이 한국의 1차적 관할권 행사 포기를 요청하면 한국은 관할권 행사가 특히 중요하다고 결정하는 경우를 제외하고는 1차적 관할권을 포기한다. O | X

한국이 1차적 관할권을 반드시 포기해야 하는 것은 아니다. 답 X

196
예상논점

한국이 관할권을 행사하는 경우 피의자가 미군 영내에 있으면 재판 종료 시까지 미군당국이 계속 구금하며, 한국당국 수중에 있는 경우 미군 요청이 있으면 인도할 수 있다.

O | X

한국이 관할권을 행사할 때, 피의자가 한국당국 수중에 있는 경우 미군의 요청이 있으면 인도해야 한다.

답 X

197
예상논점

한국이 미군 피의자를 체포한 경우 중범죄에 대한 증거가 있고, 구속의 필요가 있는 경우 미국은 인도를 요청하지 아니한다.

O | X

한국이 현행범을 체포한 경우 원칙적으로 미군에 인계해야 하나, 중범죄의 경우 계속 구금할 수 있다.

답 O

198
예상논점

살인, 강간 등의 중범죄에 대해 한국이 피의자의 인도를 요청하면 미군당국은 인도해야 한다.

O | X

미군 영내에 있는 범죄혐의자에 대해 구금인도를 청구하는 범죄에 대한 것이다.

답 O

199
예상논점

한국 법원이 선고한 자유형을 복역하고 있는 미군에 대해 미군당국이 구금 인도를 요청하면 한국은 이를 호의적으로 고려해야 하며 미국은 적절한 시설에서 복역 종료시까지 인도받은 자를 계속 구금해야 한다.

O | X

유죄판결을 받은 미군을 미군 영내에서 복역하도록 하는 규정이다.

답 O

200
예상논점

한국당국이 소추한 사건에서 법원이 무죄판결을 내리면 한국 검찰은 원칙적으로 상소할 수 없다.

O | X

영미법계의 '이중위험금지원칙'을 규정한 것이다.

답 O

제6장 국가승계

제1절 총설

001
예상논점

1964년 탕카니카와 잔지바르의 통합으로 탄자니아 성립, 1976년 베트남 민주공화국과 베트남 공화국의 통합에 의한 베트남 사회주의공화국 수립, 1990년 남북 예멘의 통합에 의한 예멘 공화국의 수립, 1990년 동서독 통합 등이 국가의 통합에 해당한다.
O | X

국가의 통합에는 병합과 합병이 있다. 답 O

002
예상논점

UN총회는 2000년 국가승계에 관련된 자연인의 국적을 채택하였다. O | X

국가승계 시 전임국의 국적을 가진 자의 국적문제를 다룬 것이다. 답 O

003
예상논점

B규약위원회는 일반논평에서 인권조약은 당사국의 해체나 승계에도 불구하고 기존 주민에게 계속 적용되며, 일단 당사국이 되면 탈퇴할 수 없다고 하였다. O | X

인권조약에 대해 자동승계를 인정한 것이나. 답 O

004
예상논점

제노사이드협약 적용 사건에서 인권조약의 자동승계 여부가 문제되었으나, 다수 의견은 이에 대한 특별한 입장을 표명하지 않았다. O | X

제노사이드협약 적용 사건에서는 인권조약의 자동승계문제로 다루지 않고, 국가 분열 시 비처분적 조약의 승계문제로 다루었다. 답 O

005
예상논점

유럽인권재판소와 구유고 국제형사재판소는 인권조약의 자동승계를 지지하였다.
O | X

자동승계란 승계국이 승계할 의무가 있다는 것이다. 답 O

006
예상논점

소련으로부터 분리독립한 국가들은 과거 소련이 당사국이던 인권조약을 자동승계하였다.
O | X

소련으로부터 분리독립한 국가들은 과거 소련이 당사국이던 인권조약을 자동승계하기보다는 신규가입하였다. 답 X

007

예상논점

인권조약의 자동승계가 국제관습법인지는 명확하지 않다.　　　　　　　　　O | X

―――――――――――――――――――――――――――――――――――――――

인권조약은 자동승계된다는 것이 통설이나, 현재 관습이라고 보기는 어렵다.　　답 ○

008

23. 7급

국가승계는 사법상 상속과 유사한 개념이지만, 상속인의 사망을 전제로 하는 사법상 상속과는 달리 선행국의 소멸을 반드시 전제하지 않는다.　　　　　　　　　O | X

―――――――――――――――――――――――――――――――――――――――

영토일부이전의 경우 반드시 승계국이 소멸하지는 않는다.　　　　　　　　　답 ○

009

23 .7급

국가승계 시 자연인의 국적 처리에 관한 문제를 취급하기 위하여 국제연합 총회의 결의 등이 있었으나 일반적으로 적용되는 조약은 아직 체결되지 않았다.　　　O | X

―――――――――――――――――――――――――――――――――――――――

국제법위원회가 초안을 작성한 바 있으나 현재 조약이 체결된 것은 아니다.　　답 ○

제2절 조약승계

010

예상논점

국가승계는 반드시 국가의 소멸을 전제로 하는 것은 아니다.　　　　　　　　O | X

―――――――――――――――――――――――――――――――――――――――

국가의 승인은 반드시 국가의 성립을 전제로 한다. 그러나, 국가승계는 '영토의 일부이전'과 같이 국가가 소멸하지 않는 경우에도 문제된다.　　　　　　　　답 ○

011

예상논점

현재 디자조약이 규율하는 승계문제는 조약, 국가재산, 문서, 채무에 국한된다.

　　　　　　　　　　　　　　　　　　　　　　　　　　　　　　　　　　　O | X

―――――――――――――――――――――――――――――――――――――――

1978년 조약승계에 관한 비엔나협약은 조약의 승계문제를 다룬다. 1983년의 조약은 재산, 문서, 채무 승계문제를 다룬다.　　　　　　　　　　　　　　　　　답 ○

012

예상논점

국제관습법상 처분적 조약은 원칙적으로 승계된다.　　　　　　　　　　　　O | X

―――――――――――――――――――――――――――――――――――――――

영토에 관한 조약을 처분적 조약이라고 한다. 관습법상 '계속주의'가 적용된다.　답 ○

013

예상논점

비처분적 조약은 원칙적으로 승계되지 아니한다.　　　　　　　　　　　　　O | X

―――――――――――――――――――――――――――――――――――――――

비처분적 조약이란 처분적 조약이 아닌 모든 조약을 의미한다. 승계 여부는 국가승계문제가 발생한 사유에 따라 다르게 적용된다. 영토의 일부이전의 경우 '조약국경이동의 원칙'이 적용되고 국가의 분리와 통합시는 '계속주의'가 적용된다. 신생독립은 '백지출발주의'가 원칙이다.　　　　　　　　　　　　　　　　　　　　　　　　　답 X

014
예상논점

영토의 일부이전 시 백지출발주의원칙이 적용된다.　　　　　　　　　　　　O | X

조약국경이동의 원칙이 적용된다.　　　　　　　　　　　　　　　　　　　답 X

015
예상논점

신생독립국에 대해서는 백지출발주의원칙이 적용되어 신생독립국은 여하한 조약도 승계할 수 없다.　　　　　　　　　　　　　　　　　　　　　　　　　　　　　O | X

백지출발주의원칙이 적용되어 승계의무는 없다. 그러나, 일정한 조건하에 조약을 승계할 수 있다. 또한 처분적 조약은 승계의무가 있다.　　　　　　　　　　　　답 X

016
예상논점

1978년 「조약승계에 관한 비엔나협약」과 달리 1983년 「재산·문서·채무의 승계에 관한 비엔나협약」은 분리독립과 분열을 구분하여 규정하였다.　　　　　　　O | X

1978년 조약의 경우 국가의 분리를 승계문제 발생 사유로 규정하였으며, 여기에 분열과 분리독립이 포함된 것으로 보았다. 1983년 조약에서는 이 둘을 구분하여 규정하였다.　　　　　　　　　　　　　　　　　　　　　　　　　　　　　　답 ○

017
19. 9급

1978년 「조약승계에 관한 비엔나협약」에 의하면 승계국이 선임국의 영역 일부를 승계한 경우에는 선임국의 비(非)국경조약이 해당 영역에 계속 적용된다.　　　O | X

영역 일부를 승계한 경우, 즉 영토의 일부이전의 경우 비(非)국경조약은 '조약국경이동원칙'에 지배를 받는다. 따라서 선임국의 비(非)국경조약은 해당 영토에는 적용되지 않고, 승계국의 조약이 해당 영역에 확장되어 적용된다.　　　　　　　　　　答 X

018
19. 9급

1978년 「조약승계에 관한 비엔나협약」에 의하면 선임국이 승계국에 병합된 경우 승계국은 선임국이 체결했던 국경조약에 구속되지 않는다.　　　　　　　　O | X

국경조약은 승계유형과 무관하게 승계국이 승계할 의무가 있다. 병합 시에도 마찬가지로 승계의무가 있다.　　　　　　　　　　　　　　　　　　　　　　　　答 X

019
19. 9급

1978년 「조약승계에 관한 비엔나협약」에 의하면 신생국은 해당 영역에 적용되던 선임국의 비(非)국경조약을 계속 인정할 의무가 없다.　　　　　　　　　　　O | X

비(非)국경조약 또는 비처분적 조약에 대해서는 백지출발주의가 적용되므로 계속 인정할 의무가 없다. 출제자는 신생국을 신생독립국으로 전제하고 출제한 것으로 보인다. 답 ○

020
19. 9급

1978년 「조약승계에 관한 비엔나협약」에 의하면 승계국은 선임국이 당사국인 기본적 인권과 권리에 관한 조약을 자동적으로 승계한다.　　　　　　　　　　　O | X

인권과 권리에 관한 조약의 자동승계원칙은 조약승계에 관한 비엔나협약에 명시되어 있지 않다.　　　　　　　　　　　　　　　　　　　　　　　　　　　　　答 X

021

18. 7급

「조약의 국가승계에 관한 비엔나협약」에 따르면 국가승계란 영토의 국제관계 관련 책임이 한 국가로부터 다른 국가로 이전되는 것을 말한다.　O | X

조약승계의 개념에 대한 규정이다.　답 ○

022

18. 7급

「조약의 국가승계에 관한 비엔나협약」에 따르면 국가의 일부분리에 있어서 선행국 영토 전체에 유효한 조약은 각 승계국의 승계통고에 의해 효력을 가진다.　O | X

국가의 일부분리(분리독립)의 경우 협약상 '계속주의'가 적용된다. 즉, 승계의무가 있다. 따라서 승계통고를 조건으로 효력을 가지는 것이 아니다.　답 X

023

18. 7급

「조약의 국가승계에 관한 비엔나협약」에 따르면 새로 독립한 국가는 승계통고에 의해 기존 다자조약의 당사자로 될 수 있다.　O | X

신생독립에 대한 것이다. 신생독립국은 '백지출발주의'가 적용되어 승계의무가 없다. 그러나, 다자조약의 경우 '통고'에 의해 승계할 수 있다. 양자조약은 기존 당사자와의 '합의'를 통해 승계할 수 있다.　답 ○

024

18. 7급

「조약의 국가승계에 관한 비엔나협약」에 따르면 조약에 의해 수립된 국경은 국가승계의 영향을 받아 변경된다.　O | X

국경선 획정조약과 같은 '처분적 조약'은 '계속주의'가 적용되므로 승계의무가 있다. 즉, 조약에 의해 수립된 국경은 승계의 영향을 받지 않는다.　답 X

제3절　1983년 재산·문서·채무승계에 관한 비엔나협약

재산

025

예상논점

영토의 일부이전 시 합의가 없는 경우 이전된 영토 내의 국유부동산은 승계국에 이전된다.　O | X

국유부동산의 자동승계에 대한 것이다.　답 ○

026

예상논점

신생독립의 경우 식민지 안에 있던 전임국가의 국유부동산은 신생독립국에게 이전된다.　O | X

신생독립이란 식민지배를 받던 국가가 독립하는 것을 의미한다.　답 ○

027

예상논점

국가통합의 경우 동산은 승계되나, 부동산은 승계국에 승계되지 않는다. ○ | X

국가통합의 경우 동산 및 부동산은 승계국에 승계된다. 국가통합은 2개의 국가가 하나의 국가를 형성하는 것을 의미하며, 병합과 합병이 있다. 답 X

028

예상논점

분리독립의 경우 합의가 없는 경우 분리된 영토 내 국유부동산은 신국가에 이전된다. ○ | X

분리독립은 기존 국가의 일부가 새로운 국가를 형성하는 것이다. 답 ○

029

예상논점

분열의 경우 전임국의 국유부동산은 그 소재지의 신국가에 이전된다. ○ | X

분열은 한 개의 국가가 소멸하고 2개 이상의 국가가 수립되는 것이다. 답 ○

030

예상논점

분열의 경우 전임국의 영토 밖에 위치한 국유부동산은 형평한 비율로 신국가에 이전된다. ○ | X

합의가 없는 경우 국유부동산은 형평한 비율로 분할한다. 답 ○

031

23. 7급

「국가재산·문서 및 부채에 관한 국가승계 협약」에 따르면, 국가승계로 인한 국유재산의 이전에는 선행국과 승계국 간 보상이 요구되며 승계지역 내 제3국 재산은 승계로 영향받지 않는다. ○ | X

국유재산의 경우 승계국에 대해 승계되며 보상을 조건으로 하지 아니한다. 답 X

문서

032

예상논점

신생독립의 경우 식민기간 중 전임국가의 국가문서가 된 문서는 신생독립국에 이전된다. ○ | X

식민기간 중의 문서에 대한 규정이다. 답 ○

033

예상논점

분리독립의 경우 분리된 영토의 통상적 행정을 위해 당해 영토 내에 있어야 하는 전임국의 문서는 신국가에 이전된다. ○ | X

통상적 행정을 위한 문서가 신국가에 이전된다. 답 ○

채무

034
예상논점

신생독립의 경우 전임국가의 부채는 신생독립국에 형평한 비율로 이전된다. O | X

부채는 이전되지 않는다. 답 X

035
예상논점

분리독립의 경우 전임국가의 부채는 신국가에 이전되지 않는다. O | X

합의가 없는 경우 전임국가의 부채는 형평한 비율로 이전된다. 답 X

036
예상논점

분열의 경우 전임국가의 부채는 형평한 비율로 신국가에 이전되지 않는다. O | X

1983년 조약은 1978년 조약과 달리 분열과 분리독립을 별도로 규정하였다. 분열의 경우 전임국가의 부채는 형평한 비율로 신국가에 이전된다. 답 X

제4절 사례

037
예상논점

독일 통일은 서독에 의해 동독의 흡수통합에 속하며 서독은 동독의 모든 조약을 소멸시켰다. O | X

동독의 조약을 일률적으로 처리하지 않고, 통일 독일의 체제와의 양립성과 신뢰보호의 필요성 등을 고려하여 승계하기도 하고 소멸시키기도 하였다. 개정한 경우도 있다. 답 X

038
예상논점

국제사법재판소(ICJ)에 의하면 1977년 헝가리와 체코슬로바키아가 체결한 댐건설조약은 비처분적 조약이므로 반드시 승계의무가 있는 것은 아니다. O | X

국제사법재판소(ICJ)는 댐건설조약을 처분적 조약으로 보고, 슬로바키아가 승계할 의무가 있다고 하였다. 답 X

039
예상논점

소련의 붕괴는 국제법적으로 '분열'로 보는 것이 UN의 입장이다. O | X

UN은 소련의 붕괴를 국제법적으로 분리독립으로 본다. 답 X

040

예상논점

한국과 북한이 병합방식(한국이 북한을 흡수통합)으로 통합하는 경우 1978년 조약승계에 관한 비엔나협약이 적용된다고 가정할 때, 한국은 북한이 체결한 모든 조약을 원칙적으로 승계할 의무가 있다. O | X

1978년 조약승계에 관한 비엔나협약에 의하면 한국의 통합은 '국가의 통합'에 해당된다. 이 경우 동 협약에 의하면 '계속주의'가 적용된다. 답 O

제3편

국제기구

m e m o

제1절 총설

001

15. 사시

국제연맹이 다수결제를 표결방식으로 채택하고 있는 반면, UN은 만장일치제를 취하고 있다. O | X

국제연맹이 만장일치제를, UN이 다수결제를 표결방식으로 채택하였다. 답 X

002

13. 사시

UN에는 국가만이 가입할 수 있다. O | X

UN에는 국가만이 가입할 수 있으나 국제연맹에는 속령이나 자치령 등도 가입할 수 있었다. 답 ○

003

17. 9급

국제연합 회원국 가입에 관한 안전보장이사회의 권고에는 상임이사국의 거부권이 인정된다. O | X

상임이사국의 거부권은 안전보장이사회에서는 비절차사항이다. 답 ○

004

15. 사시

상설국제사법재판소(PCIJ)는 국제연맹의 주요 기관이 아닌 반면, 국제사법재판소(ICJ)는 UN의 주요기관 중 하나이다. O | X

상설국제사법재판소(PCIJ)는 국제연맹의 주요기관이 아니다. 답 ○

005

15. 사시

탈퇴에 관해 국제연맹이 명문규정을 두지 않은 반면, UN은 명문규정을 두고 있다. O | X

국제연맹은 탈퇴규정을 두었다. UN헌장에는 규정이 없으나 인정되는 것으로 해석한다. 답 X

006

15. 사시

국제연맹이 연맹이사회의 만장일치로 가입을 결정한 반면, UN은 총회에 출석하여 투표하는 회원국의 과반수 찬성으로 가입을 결정하고 있다. O | X

국제연맹에 대한 내용은 옳다. UN은 안전보장이사회의 권고에 기초하여 총회에서 출석 및 투표하는 회원국의 3분의 2 이상 찬성으로 가입을 결정한다. 답 X

007

15. 사시

국제연맹은 조약등록을 대항요건으로 하고 있는 반면, UN은 조약등록을 효력요건으로 하고 있다. O | X

국제연맹은 조약등록을 효력요건, UN은 대항요건(원용요건)으로 규정하였다. 답 X

008

14. 사시

회원국의 헌장상 의무와 회원국의 다른 국제협정상 의무가 상충되는 경우 헌장상의 의무가 우선한다. O | X

헌장상 의무에 안전보장이사회의 구속적 결의도 포함된다. 답 ○

009

08. 사시

UN에는 총회, 안전보장이사회, 경제사회이사회, 신탁통치이사회, 국제사법재판소 등 총 5개 주요기관이 있다. O | X

사무국도 UN의 주요기관이다. 총 6개의 주요기관이 있다. 답 X

010

19. 9급

국제연합(UN) 신탁통치이사회는 신탁통치지역 주민의 정치, 경제, 사회 및 교육 분야의 발전에 관하여 총회에 매년 보고를 하고 있다. O | X

신탁통치이사회는 현재 사실상 임무가 종료되었으므로 총회에 보고를 하고 있는 것은 아니다. 답 X

011

09. 9급

국제연합 사무국에 등록되지 않은 조약은 무효이다. O | X

등록되지 않은 조약은 무효는 아니지만, UN 기관 내에서 원용할 수 없다. 답 X

012

19. 9급

국제연합(UN)회원국의 제명은 해당 조항이 실제 적용된 사례가 있고, 탈퇴는 관련 명문 조항이 없으나 실제 제기된 사례가 있다. O | X

제명 사례는 없다. 탈퇴의 경우 명문 조항이 없으나, 인도네시아가 탈퇴를 선언한 적은 있다. 탈퇴선언은 철회되어 탈퇴의 효력이 발생하지는 않았다. 답 X

013

09. 사시

회원국이 체결한 조약을 사무국에 등록하지 않은 경우 UN의 어떠한 기관에 대해서도 그 조약을 원용할 수 없다. O | X

조약등록은 원용요건이다. 답 ○

014

07. 7급

UN의 목적은 사람들의 평등권 및 자결의 원칙에 대한 존중을 기초로 하여 국가 간 우호관계를 발전시키는 것이다. O | X

헌장에 자결권이 규정되어 있으며 대내적 독립, 즉 자치권으로 이해되었다. 답 ○

015

07. 7급

UN헌장에 따르면 유엔의 목적은 정치적 또는 기타의 의견, 사회적 출신, 재산, 출생 등에 의한 어떠한 차별 없이 모든 사람의 인권 및 기본적 자유에 대한 존중을 촉진하는 것이다.　　O | X

인종, 성별, 언어 또는 종교에 따른 차별없이 모든 사람의 인권 및 기본적 자유에 대한 존중을 촉진하고 장려함에 있어 국제적 협력을 달성한다(제1조 제3항).　　답 X

016

03. 행시·외시

국제연맹규약에서는 회원국의 탈퇴에 관해 명문의 규정을 두었으나, UN헌장에서는 탈퇴에 관해 명문의 규정이 없다.　　O | X

UN의 경우 LN에서 탈퇴가 많았던 점을 고려하여 탈퇴규정을 두지 않았으나, 탈퇴는 인정된다.　　답 ○

017

03. 행시·외시

국제연맹의 본부 소재지는 제네바였고, UN의 본부 소재지는 뉴욕이다.　　O | X

제네바에도 UN의 사무소가 소재하긴 하나, 본부는 뉴욕이다.　　답 ○

018

03. 행시·외시

미국은 국제연맹에 가입하지 않았으나, UN에는 가입하였다.　　O | X

국제연맹의 경우 국제주의를 반대하는 미국 상원의 반대로 가입하지 못하였다.　　답 ○

019

16. 7급

스위스는 영세중립국의 지위와 UN 회원국의 지위가 조화되지 않는다는 이유로 지금도 UN에 가입하고 있지 않다.　　O | X

스위스는 당초 영세중립국 지위와 UN헌장 제7장이 모순된다는 이유로 UN 가입이 불가능하였으나, 이후 해석론의 변경으로 가입할 수 있었다. 2002년 9월 10일 가입하였다.　　답 X

020

16. 7급

ICJ는 UN 헌장에 따라 채택된 UN 안전보장이사회의 결의에 따른 의무가 UN 회원국들이 체결한 조약상의 의무에 우선한다고 판단하였다.　　O | X

UN헌장 제103조에 대한 내용이다.　　답 ○

021

17. 9급

국제연합에서 제명된 회원국은 국제연합 전문기구의 회원국 자격도 박탈된다.　　O | X

제명된 회원국의 전문기구 회원국 지위 박탈과 관련한 규정은 없다. 전문기구에도 별도로 가입하는 것이므로 전문기구 회원국 지위까지 박탈된다고 볼 수 없다.　　답 X

022
21. 9급

UN의 옵서버 지위는 UN총회의 결의에 의해서 부여되며 결의 이행에 필요한 행동은 안전보장이사회에게 일임되고 있다. O | X

이행에 필요한 행동은 UN사무총장에게 일임되고 있다. 답 X

023
예상논점

남수단이 2011년 193번째 회원국으로 가입한 이래 신규 가입국은 없다. O | X

따라서 현재 UN 회원국은 193개국이다. 답 O

024
예상논점

남아프리카공화국에 대해 1974년 총회는 남아프리카공화국 대표에게 신임장을 거부하여 그 해 남아프리카공화국 대표는 총회에 참석할 수 없었다. O | X

남아프리카공화국의 인종차별 문제로 신임장이 거부된 것이다. 답 O

025
예상논점

이스라엘과 남아프리카공화국에 대해 제명안이 제안되기도 하였으나, 실제 제명된 사례는 없다. O | X

제명하기 위해서는 안전보장이사회의 권고에 기초하여 총회 결의가 있어야 한다. 답 O

026
예상논점

제명된 이후 5년 동안 재가입이 금지된다. O | X

헌장에 규정이 없으나 통설은 재가입이 인정되는 것으로 본다. 5년 재가입을 금지하는 규정은 없다. 답 X

027
예상논점

제명된 경우 UN전문기구 회원국 자격까지 자동적으로 박탈되지는 않는다. O | X

UN전문기구는 별도로 가입하기 때문에 제명과 무관하게 회원국 자격을 유지한다. 답 O

028
예상논점

1971년 UN총회는 대만 대신 북경 정부가 중국에 대한 대표권을 가진다고 결의하였다. O | X

UN에서 중국 전체에 대한 대표권자가 변경된 것이다. 답 O

029
예상논점

1965년 1월 인도네시아가 사무국에 탈퇴를 통지하였으나, 1966년 9월 UN참여 의사를 다시 밝혔다. UN은 탈퇴행위를 협력중지로 해석하고 재가입 절차 없이 회원국으로서의 지위를 회복시켜 주었다. O | X

UN은 인도네시아의 탈퇴 행위를 협력 중지로 해석하고 재가입 절차 없이 회원국으로서의 지위를 회복시켜 주었다. 인도네시아의 사례는 탈퇴로 인정되지 않았다. 따라서 현재까지 탈퇴한 사례는 없다. 답 O

030

예상논점

현재 교황청과 팔레스타인이 상주 옵저버국 지위를 인정받고 있다.　　O | X

교황청과 팔레스타인 모두 UN 가입국이 아니다.　　답 ○

031

23. 7급

국제사법재판소(ICJ)의 국제연합 근무 중 입은 손해의 배상에 관한 권고적 의견에서는 국제연합이 국제적 법인격을 갖는지에 관한 규정이 헌장에 없으나 국제연합이 헌장의 목적 달성을 위해 국제적 법인격을 묵시적으로 가질 수 있다고 하였다.　　O | X

동 사건에서 ICJ는 묵시적 권한이론을 적용하여 UN의 국제청구제기능력이 인정된다고 하였다.　　답 ○

032

23. 7급

국제사법재판소(ICJ)의 국제연합 근무 중 입은 손해의 배상에 관한 권고적 의견에서는 실질적으로 헌장이 정하는 목적이 추상적이고 일반적인 만큼 범세계적 국제기구인 국제연합이 주권국가와 같거나 유사한 정도의 포괄적 법인격을 갖는다고 하였다.　　O | X

ICJ는 UN의 국제법인격이 인정되더라도 UN의 목적 달성을 위해 필요한 한계를 벗어날 수는 없다고 하여 UN의 법인격의 범위를 제한적으로 인정하였다.　　답 X

033

23. 7급

「국제연합의 특권과 면제에 관한 협약」에 따르면 국제연합의 사무총장은 본인과 사무국 직원에 부여된 면제를 포기할 수 있다.　　O | X

국제연합사무총장 면제의 포기는 UN안전보장이사회의 권한이다.　　답 X

034

23. 7급

「국제연합의 특권과 면제에 관한 협약」에 따르면 국제연합의 재산과 자산에 대한 사법절차로부터의 면제 포기는 강제집행절차로부터의 면제 포기를 포함한다.　　O | X

강제집행절차로부터의 면제의 포기는 별도로 행해져야 한다.　　답 X

035

23. 7급

「국제연합의 특권과 면제에 관한 협약」에 따르면 국제연합의 사무총장과 사무차장보 본인, 이들의 배우자 및 미성년 자녀에 대해서는 국제법에 따라 외교사절에 부여되는 특권과 면제가 부여된다.　　O | X

외교사절과 동등한 특권과 면제가 부여되는 직원이 한정적으로 열거되어 있다. 사무차장이나 사무부총장도 외교사절에 부여되는 특권과 면제가 인정된다.　　답 ○

036

23. 7급

「국제연합의 특권과 면제에 관한 협약」에 따르면 국제연합의 자산과 소득에 대해서는 조세가 부과되고 공적 사용을 위한 수출입 물품에 대해서는 관세가 부과되지 않는다.　　O | X

국제연합에 대해서는 일체의 조세나 관세부과가 면제된다.　　답 X

제2절 총회

037

16. 경찰간부

UN총회는 국제연합의 모든 회원국으로 구성되며, 각 회원국은 총회에 5명 이하의 대표를 출석시킬 수 있다. O | X

표결권은 1개이나 대표자는 5명까지 가능하다. 답 O

038

03. 행시·외시

총회의 선언과 결의는 일반적으로 국제법의 법원으로 분류된다. O | X

국제법의 법원은 보통은 형식적 연원을 의미한다. 총회의 결의는 형식적 연원이 아니다. 즉, 구속력이 있는 법원이 아니다. 답 X

039

15. 7급

안전보장이사회가 어떠한 분쟁 또는 사태에 관하여 헌장에서 부여된 임무를 수행하는 동안에는 총회는 안전보장이사회가 요청하지 않는 한 이에 대하여 어떤 권고도 할 수 없다. O | X

안전보장이사회의 요청이 있으면 총회는 권고할 수 있다. 답 O

040

15. 7급

총회는 국제평화와 안전을 위태롭게 할 우려가 있는 사태에 대하여 안전보장이사회의 주의를 환기할 수 있다. O | X

총회와 안전보장이사회는 상호 국제평화를 위협하는 문제에 대해 주의를 환기할 수 있다. 답 O

041

08. 사시

총회는 국제평화와 안전을 위태롭게 할 우려가 있는 사태에 대하여 안전보장이사회의 주의를 환기할 수 있다. O | X

총회의 주의환기에 대해 안전보장이사회가 구속을 받는 것은 아니다. 답 O

042

08. 사시

'국제법의 점진적 발달과 법전화 장려'는 안전보장이사회의 주요 임무이다. O | X

'국제법의 점진적 발달과 법전화 장려'는 총회의 권한이다. 답 X

043

15. 사시

총회는 국제평화와 안전을 위태롭게 할 우려가 있는 사태에 대하여 안전보장이사회의 주의를 환기할 수 있다. O | X

안전보장이사회도 총회에 주의를 환기할 수 있다. 답 O

044

15. 사시

총회는 UN헌장의 범위 안에 있는 모든 문제 또는 사항과 관련하여 토의하고 구속력 있는 결정을 할 수 있다. O | X

총회는 모든 문제를 토의할 수 있고 권고할 수 있으나, 총회의 결의는 구속력이 없다.

답 X

045

04. 사시

총회는 안전보장이사회로부터 연례보고와 특별보고를 받아 심의한다. O | X

안전보장이사회도 UN의 기관이므로 총회에서 토의하고 권고할 수 있다. 답 O

046

04. 사시

총회의 특별회기는 안전보장이사회의 요청 또는 UN 회원국의 과반수의 요청에 따라 사무총장이 소집한다. O | X

특별회기는 특별총회 또는 임시총회라고도 한다. 답 O

047

03. 행시·외시

안전보장이사회가 기능을 수행하지 못하는 경우, '평화를 위한 단합(Uniting for Peace)' 결의에 따라 총회도 집단적 조치를 회원국들에게 권고할 수 있다. O | X

집단적 조치에는 무력사용도 포함된다. 그러나 회원국에게 구속력은 없다. 답 O

048

03. 행시·외시

총회는 안전보장이사회에 의하여 부탁된 국제평화 및 안전에 관련된 구체적인 분쟁에 대해서 토의할 수 있다. O | X

토의 후에 관련해서 권고조치를 취할 수 있다. 답 O

049

19. 9급

국제연합(UN) 총회는 안전보장이사회가 국제평화와 안전의 일차적 책임을 다할 수 없는 경우 회원국에 집단적 조치를 권고할 수 있다. O | X

국제연합(UN) 총회도 평화를 위한 단결 결의에 기초하여 회원국에 집단적 조치를 권고할 수 있다. 답 O

050

17. 9급

총회는 출석하여 투표하는 국가의 과반수로 국제평화와 안전의 유지에 관한 권고 여부를 결정한다. O | X

중요문제이므로 출석·투표하는 국가의 3분의 2 이상 찬성을 요한다. 답 X

051

12. 사시

총회는 전체 회원국 3분의 2 이상의 찬성으로 국제평화와 안전의 유지에 관한 권고, 안전보장이사회 비상임이사국의 선출, 회원국의 권리 및 특권행사의 정지 등을 결정한다. O | X

중요문제에 대한 총회의 결정은 출석 및 투표 회원국의 3분의 2 이상 찬성을 요한다.

답 X

052
15. 사시

총회가 국제평화와 안전의 유지에 관하여 권고하기 위해서는, 출석하여 투표하는 회원국 과반수의 찬성이 있어야 한다.　　　　　　　　　　　　　　　O | X

국제평화와 안전의 유지에 관해 권고하는 것은 중요문제이므로 출석하여 투표하는 회원국 3분의 2 이상 찬성해야 한다.　　　　　　　　　　　　　답 X

053
12. 사시

분담금의 납부를 연체한 회원국일지라도 총회에서 투표권이 인정될 수 있다.　　　　　　　　　　　　　　　　　　　　　　　　　　　　O | X

불가항력이 존재한다고 인정되면 투표권이 인정될 수 있다.　　　　답 ○

054
09. 사시

총회는 회원국으로서의 분담금 지불의 불이행이 그 회원국이 제어할 수 없는 사정에 의한 것임이 인정되는 경우 그 회원국의 투표를 허용할 수 있다.　　O | X

불가항력이 존재하는 경우에 대한 것이다.　　　　　　　　　　답 ○

055
16. 경찰간부

UN총회는 국제평화와 안전의 유지에 있어서의 협력의 일반원칙을, 군비축소 및 군비규제를 규율하는 원칙을 포함하여 심의하고, 그러한 원칙과 관련하여 안전보장이사회에 권고할 수 있다.　　　　　　　　　　　　　　　　　　　　　　　O | X

총회가 군축문제를 다루는 규정이다.　　　　　　　　　　　　답 ○

056
16. 경찰간부

UN총회는 안전보장이사회의 요청이 없어도 안전보장이사회가 수행하고 있는 분쟁이나 사태에 대하여 권고할 수 있다.　　　　　　　　　　　　　　O | X

안전보장이사회가 임무를 수행하고 있는 경우 총회는 안전보장이사회의 요청이 없이는 동일한 사태에 관하여 회원국이나 안전보장이사회에 권고할 수 없다. 이는 국제평화와 안전의 유지에 대한 권한은 안전보장이사회가 1차적으로 행사하기 때문이다.　답 X

057
16. 경찰간부

국제연합헌장의 개정은 총회 구성국의 3분의 2의 투표에 의하여 채택된다.　O | X

헌장 개정이 발효되기 위해서는 상임이사국 전부를 포함하여 전체 3분의 2 이상 비준해야 한다.　　　　　　　　　　　　　　　　　　　　　　　　답 ○

058
14. 사시

UN총회 표결에 있어서 중요문제를 추가하기로 하는 결정에는 중요문제에 관한 표결규칙이 적용된다.　　　　　　　　　　　　　　　　　　　　　O | X

중요문제를 추가하기로 하는 결정에는 기타문제 표결규칙이 적용된다. 즉, 단순다수결로 표결한다.　　　　　　　　　　　　　　　　　　　　　　　　답 X

059
14. 사시

UN총회에서 안전보장이사회 비상임이사국 선출은 재적 회원국 과반수의 찬성으로 결정한다. O | X

중요문제이므로 출석하여 투표하는 회원국 3분의 2 이상 찬성으로 결정한다. 답 X

060
04. 사시

중요문제에 관한 총회의 결정은 출석하여 투표하는 회원국의 5분의 4의 다수로 한다. O | X

출석하여 투표하는 회원국의 3분의 2 이상 다수로 결정한다. 답 X

061
05. 사시

UN헌장은 UN에 대한 재정분담금의 지불을 만 1년간 연체한 회원국이 총회에서 투표권을 가지지 못한다고 규정하고 있다. O | X

2년치 분담금을 연체한 경우 회원국이 총회에서 투표권을 가지지 못한다. 답 X

062
22. 9급

안전보장이사회가 국제평화와 안전을 위한 1차적 책임을 다하지 못할 경우 총회는 집단적 조치를 권고할 수 있다. O | X

안보리가 마비된 경우 총회는 '평화를 위한 단결 결의'에 기초하여 회원국들에게 무력사용을 '권고'할 수 있다. 답 O

063
예상논점

UN의 조치를 필요로 하는 문제는 총회가 토의 전이나 후에 안전보장이사회에 회부해야 한다. 국제사법재판소(ICJ)에 의하면 조치(action)란 헌장 제7장상의 구속력 있는 강제조치만을 의미한다. 따라서 총회는 비구속적 조치의 권고는 독자적으로 할 수 있다. O | X

토의 후 안전보장이사회에 회부할 수도 있디는 점에 주의한다. 답 O

064
예상논점

비회원국은 자국이 분쟁당사자인 문제를 총회에 회부할 수 있다. O | X

분쟁당사국인 경우에 한해 문제를 회부할 수 있다. 답 O

065
예상논점

UN헌장에 옵저버에 관한 조항은 없으며 이는 총회와 사무총장의 실행을 통해서 발전된 제도이다. O | X

옵저버에 대해서는 UN헌장에 규정되지 않았다. 답 O

066
예상논점

UN안전보장이사회는 1946년 스위스를 옵저버국으로 인정하였고 스위스는 1948년 최초로 독립적인 상주 옵저버 대표부를 설치하였다. O | X

UN사무총장이 스위스를 옵저버국으로 인정하였다. 스위스는 최초의 옵저버국에 해당한다. 답 X

067
예상논점

비회원국이 상주 옵저버 사절을 설치하겠다는 의사를 사무총장에게 통고하면 사무총장은 회원국 대표의 신임장을 수락하듯 이를 수용했다. O | X

사무총장의 승인이 아니라는 것에 주의한다. 답 O

068
예상논점

총회는 과거 PLO나 SWAPO와 같은 민족해방전선에도 상주 옵저버 단체의 자격을 부여했으며 OAS, 아랍연맹, OAU, EU 등 여러 국제기구에 대하여도 상주 옵저버 지위를 인정했다. O | X

총회가 상당히 넓게 옵저버 지위를 부여한 것이다. 답 O

069
22. 9급

UN의 상주 옵저버국 대표는 총회에서 발언권을 행사할 수 있으나 투표는 할 수 없다. O | X

옵저버국은 UN 회원국이 아니므로 투표권이 없다. 답 O

070
예상논점

옵저버 국가는 총회에 참석하고 예외적으로 발언권과 표결권을 행사한다. O | X

옵저버 국가는 발언권은 가지나 표결권은 가지지 않는다. 답 X

071
예상논점

UN헌장에는 회원국의 대표권문제에 대한 규정이 없으며, UN총회는 1950년 12월 14일 결의 396(V)「회원국 대표권에 대한 UN의 승인」을 채택하였다. O | X

대표권문제란 2개 이상의 실체가 대표권을 주장하는 경우 어느 실체를 대표로 인정할 것인지의 문제를 의미한다. 답 O

072
예상논점

「회원국 대표권에 대한 UN의 승인」 결의에 의하면 회원국 대표권 문제가 발생하면 대표권은 총회에서, 총회가 회기 중이 아닌 경우에는 경제사회이사회에서 검토되어야 한다. O | X

회원국 대표권 문제가 발생하면 총회가 회기 중이 아닌 경우 중간위원회에서 검토되어야 한다. 중간위원회는 소총회라고도 한다. 답 X

073
예상논점

UN총회 절차규칙에 의하면 한 회원국으로부터 (총회)입장에 이의를 제기당한 대표는 신임장심사위원회가 보고하고 총회가 결정을 할 때까지 착석이 불가하다. O | X

입장에 이의를 제기당한 대표는 총회가 결정을 할 때까지 다른 대표들과 동일한 권리를 가지고 잠정적으로(임시로) 착석한다. 대표권 문제에 대해 결정될 때까지 잠정적으로 대표권이 인정되는 것이다. 답 X

074
예상논점

1971년 10월 25일 총회는 결의를 통해 PRC(중국) 정부의 대표들이 UN에 대한 중국의 유일한 합법적 대표들이며 PRC는 안전보장이사회 5개 상임이사국의 하나임을 승인하면서 장개석(정부)의 대표들을 그들이 UN에서 그리고 UN과 관련된 모든 국제기구에서 불법적으로 점령하고 있는 자리로부터 즉각 추방하기로 결정하였다.　O | X

중국 전체에 대한 대표권이 기존 대만에서 중화인민공화국으로 변경된 것이다.　답 O

075
예상논점

총회는 표결을 통해 1970년 남아프리카 대표단의 신임장을 거부하기로 결정한 바 있었는데 그럼에도 불구하고 당시 총회 의장 Edvard Hambro(노르웨이)는 남아프리카 대표단이 총회에 계속 참여하는 것을 허용하였다.　O | X

이후 변경된 관행이다.　답 O

076
예상논점

1974년 총회는 남아프리카 정부 대표단의 신임장을 거부하기로 결정하였고 당시 총회 의장 Abdelaziz Bouteflika는 신임장이 거부된 대표는 총회에 참석할 수 없다고 해석하였다.　O | X

총회 의결을 총회 의장이었던 Abdelaziz Bouteflika가 받아들인 것으로 현재 관행이다.
답 O

077
예상논점

안전보장이사회는 그 임무 수행에 필요하다고 인정되는 보조기관을 설치할 수 있으며, 중간위원회가 안전보장이사회의 보조기관으로 설치되었다.　O | X

중간위원회는 총회의 보조기관이다.　답 X

078
예상논점

중간위원회에서 각 회원국에게 한 좌석만이 할당되었기 때문에 '소총회'라고도 불린다.
O | X

중간위원회는 총회 비회기 중 총회업무를 담당하도록 하기 위해 총회결의로 설치되었다.
답 O

079
예상논점

중간위원회는 1947년 11월 13일의 총회결의에 의하여 창설된 것으로서 총회 회기 사이의 활동 공백 특히 '국제평화와 안전의 유지' 분야에서의 그 공백을 메우기 위하여 고안된 것이었다.　O | X

중간위원회가 총회결의로 설치되었음에 주의한다. UN헌장에 규정이 없다.　답 O

080
예상논점

소련은 중간위원회 창설 당시 중간위원회를 안보리의 권한에 대한 침해로 간주하여 그의 동맹국들과 함께 일체의 협력을 거부하여 위원회는 원래의 기대에 부응할 수 없었다.　O | X

중간위원회는 소련의 반대로 사실상 사문화된 것이다.　답 O

081

예상논점

중간위원회는 실제로 1961년 6월 이후로는 소집된 적이 없다.   O | X

사문화되었음에도 시험에는 간혹 출제되고 있다.   답 O

082

23. 7급

국제사법재판소(ICJ)의 국제연합 행정재판소 판정의 효력에 관한 권고적 의견에서는 정치적 기관인 총회가 사법기관인 행정재판소를 설립할 권한이 있는지가 헌장에 명시되어 있지 않지만 이른바 묵시적 권한에 따라 설립할 수 있다고 하였다.   O | X

행정재판소는 총회의 보조기관이며 보조기관 설치도 묵시적 권한이론이 적용되는 사안이다.   답 O

제3절 안전보장이사회

083

14. 경찰간부

안전보장이사회의 퇴임이사국은 연속으로 재선될 수 있다.   O | X

비상임이사국의 임기는 2년이며, 퇴임 후 연속 재선될 수 없다.   답 X

084

15. 경찰간부

UN 안전보장이사회 비상임이사국의 임기는 3년이다.   O | X

UN 안전보장이사회 비상임이사국의 임기는 2년이다   답 X

085

15. 경찰간부

안전보장이사회가 계속적으로 임무를 수행할 수 있도록 각 이사국은 UN소재지에 항상 대표를 두어야 한다.   O | X

각 이사국은 UN소재지에 대표를 상주시켜야 한다.   답 O

086

17. 9급

회원국은 어떠한 분쟁에 대하여도 안전보장이사회의 주의를 환기할 수 있다.   O | X

회원국은 자국이 분쟁당사국이 아닌 분쟁에 대해서도 주의를 환기할 수 있다.   답 O

087

14. 사시

UN 회원국이 아닌 국가는 자국이 당사자인 분쟁에 관하여 헌장에 규정된 평화적 해결의무를 미리 수락하는 경우 그 분쟁에 관하여 총회의 주의를 환기할 수 있다.   O | X

총회뿐 아니라 안전보장이사회에도 주의를 환기할 수 있다.   답 O

088

14. 사시

회원국이 아닌 국가가 안전보장이사회에서 심의 중인 분쟁의 당사자인 경우에는 이 분쟁에 관한 안전보장이사회의 토의에 투표권 없이 참가해야 한다.　　O | X

회원국이 아닌 국가가 안전보장이사회에서 심의 중인 분쟁의 당사자인 경우에는 이 분쟁에 관한 안전보장이사회의 토의에 투표권 없이 참가하도록 초청된다.　　답 X

089

14. 사시

ICJ는 필요하다고 인정하는 때에는 소송당사자 각각의 권리를 보전하기 위하여 취하여져야 할 잠정조치를 제시할 수 있으며 ICJ가 제시한 잠정조치는 당사자 및 안전보장이사회에 통지된다.　　O | X

국제사법재판소(ICJ)의 판례에 의하면 잠정조치는 법적 구속력이 있다.　　답 ○

090

14. 사시

ICJ 재판관의 선거를 위한 안전보장이사회의 투표는 안전보장이사회의 상임이사국과 비상임이사국 간에 구별 없이 이루어진다.　　O | X

국제사법재판소(ICJ)의 재판관 선출을 위한 투표는 총회와 안전보장이사회에서 각각 행하며, 절대다수의 지지를 요한다.　　답 ○

091

14. 사시

안전보장이사회는 어떠한 법적 문제에 관하여도 권고적 의견을 줄 것을 ICJ에 요청할 수 있다.　　O | X

안전보장이사회는 국제사법재판소(ICJ)에 법적 문제에 대해 권고적 의견을 요청할 수 있다.　　답 ○

092

16. 9급

UN안전보장이사회의 강제조치에 있어서 군사적 조치를 취하기 전에 반드시 비군사적 조치가 선행되어야 한다.　　O | X

비무력적(비군사적) 조치가 효과가 없을 것으로 판정되는 경우 군사적 조치를 먼저 취할 수 있다.　　답 X

093

18. 9급

UN헌장 제7장에 따라 국제평화와 안전의 유지에 관하여 안전보장이사회가 채택한 결정은 회원국에 대하여 구속력을 가진다.　　O | X

모든 안전보장이사회의 결의가 구속력을 가지는 것은 아니다. 그러나 UN헌장 제7장에 따른 조치는 법적 구속력이 있다.　　답 ○

094

18. 9급

안전보장이사회가 군사적 조치를 취하는 경우, 그러한 조치는 회원국의 병력에 의한 봉쇄 등을 포함할 수 있다.　　O | X

안전보장이사회는 UN헌장 제42조에 따라 군사적 조치를 취할 수 있다. 동 조항에는 공군, 해군 또는 육군에 의한 시위, 봉쇄 등이 예시되어 있다.　　답 ○

095
16. 9급

안전보장이사회의 비군사적 강제조치에는 포괄적 제재와 표적 제재가 모두 포함된다.
O | X

안전보장이사회가 취하는 제재조치에 특별한 제한은 없다. 포괄적 제재와 표적 제재 모두 가능하다. 포괄적 제재는 회원국 전체에 의무를 부과하는 제재인 반면, 표적 제재는 특정 국가를 상대로 하는 제재를 말한다. 표적 제재를 표적국가의 특성에 맞춰 실효성 극대화를 추구하는 제재인 스마트 제재라고 한다. 답 ○

096
16. 9급

안전보장이사회의 군사적 강제조치 결정은 표적국가를 포함한 모든 회원국에게 법적 의무를 부과한다.
O | X

군사적 강제조치 결정은 안전보장이사회와 협정을 체결한 국가에 대해서만 법적 의무를 부과한다. 답 X

097
16. 9급

강제조치의 발동요건으로서 평화에 대한 위협, 평화의 파괴 또는 침략행위의 존재가 결정되어야 한다.
O | X

셋 중 하나만 결정하면 된다. 최근에는 평화에 대한 위협으로 결정하는 것이 일반적이다.
답 ○

098
16. 7급

UN 안전보장이사회는 유고슬라비아와 소말리아 사태에서 평화유지군 설치를 위한 결의를 채택하였지만, 개별 국가의 무력사용은 허용하지 않았다.
O | X

유고슬라비아와 소말리아에 파견된 군대는 다국적군의 성격과 PKF의 성격이 혼재되어 있었다. 따라서 파견된 군대의 무력사용도 허용되었다. 답 X

099
16. 9급

안전보장이사회가 다루고 있는 사태에 대하여도 총회는 국제사법재판소(ICJ)에 권고적 의견을 요청할 수 있다.
O | X

안전보장이사회가 다루는 사태에 대해 총회가 '권고적 의견'을 요청하는 것은 안전보장이사회나 기타 회원국을 상대로 한 '권고'가 아니므로 안전보장이사회의 허락과 무관하게 총회는 권고적 의견을 요청할 수 있다. 답 ○

100
14. 사시

안전보장이사회는 국제평화와 안전의 유지를 위태롭게 할 우려가 있는 국제분쟁의 어떠한 단계에서도 적절한 조정방법을 권고할 수 있다.
O | X

안전보장이사회가 권고한 조정방법에 법적 구속력은 없다. 답 ○

101
14. 사시

안전보장이사회가 법적 분쟁을 국제사법재판소(ICJ)에 회부하도록 권고할 것인지를 결정할 때에는 그 분쟁의 당사자인 이사국은 투표를 기권한다.
O | X

안전보장이사회가 분쟁의 평화적 해결에 관한 결정을 하는 경우 분쟁당사국인 이사국은 기권의무가 있다. 이 경우 상임·비상임이사국인지를 불문한다. 다만, 이와 같은 기권의무는 UN헌장 제7장, 강제조치의 결정 시에는 적용되지 않는다. 답 ○

102
14. 7급

평화에 대한 위협과 관련한 안전보장이사회의 결의에 따른 의무는 회원국에 대하여 다른 조약상의 의무보다 우선한다. O | X

헌장 제103조의 해석상 안전보장이사회의 구속력 있는 결의도 UN 회원국 상호 간 의무보다 우선한다. 답 ○

103
14. 7급

안전보장이사회는 어떠한 분쟁에 관하여 분쟁당사국의 요청 여부와 관계없이 분쟁당사국에 그 분쟁의 평화적 해결을 위한 권고를 할 수 있다. O | X

UN헌장 제38조에 의하면 "안전보장이사회는 어떠한 분쟁에 관하여도 모든 당사자가 요청하는 경우 그 분쟁의 평화적 해결을 위하여 그 당사자에게 권고할 수 있다."라고 규정하고 있다. 따라서 이 경우 모든 분쟁당사국의 요청이 있어야 한다. 답 X

104
03. 사시

안전보장이사회는 UN헌장 제41조에 규정된 조치가 불충분한 것으로 인정하거나 또는 불충분한 것으로 판명되었다고 인정하는 경우에는 UN헌장 제42조의 무력적 강제조치를 취할 수 있다. O | X

안전보장이사회가 비무력적 강제조치를 취하기 전에도 군사적 강제조치를 취할 수 있다. 답 ○

105
03. 사시

UN헌장 제7장의 강제조치는 안전보장이사회 이사국에 의해서만 수행되는 것은 아니다. O | X

UN총회가 평화를 위한 단결결의에 따라 강제조치를 권고할 수 있다. 답 ○

106
14. 사시

안전보장이사회는 국가 간의 법적 분쟁의 계속이 국제평화와 안전의 유지를 위태롭게 할 우려가 있는 경우 이를 ICJ에 회부하도록 권고할 수 있다. O | X

권고에 불과하므로 분쟁당사국이 이를 따를 의무가 있는 것은 아니다. 답 ○

107
03. 행시 · 외시

UN은 안전보장이사회로 하여금 침략행위의 존재를 당사국의 주장과 별개로 독자적으로 결정하도록 하고 있다. O | X

안전보장이사회는 침략, 평화에 대한 파괴, 평화에 대한 위협 중 하나를 독자적으로 결정하고, 무력적 또는 비무력적 강제조치를 취할 수 있다. 답 ○

108
13. 7급

안전보장이사회가 어떠한 분쟁 또는 사태에 대하여 헌장상의 임무를 수행하고 있는 동안에는 총회는 어떤 경우에도 이들 문제와 관련하여 여하한 권고도 할 수 없다. O | X

총회는 안전보장이사회의 승인을 얻어 회원국이나 안전보장이사회 또는 그 양자에게 권고할 수 있다. 답 X

109
15. 7급

안전보장이사회의 요청이 있는 경우 UN 사무총장은 총회의 특별회기를 소집한다.

O | X

특별회기는 임시총회를 의미한다.

답 ○

110
15. 7급

안전보장이사회가 국제평화와 안전의 유지 또는 회복에 필요한 공군, 해군 또는 육군에 의한 조치를 취하려 할 때는 총회의 사전동의를 얻어야 한다.

O | X

총회의 사전동의를 얻지 않아도 되는 안전보장이사회의 재량사항이다.

답 X

111
15. 9급

안전보장이사회는 UN의 신속하고 효과적인 조치를 확보하기 위하여 국제평화와 안전의 유지를 위한 일차적 책임을 진다.

O | X

다만 배타적 책임은 아니므로 국제사법재판소(ICJ)도 동일한 사안을 다룰 수 있다.

답 ○

112
09. 사시

강제조치의 대상인 회원국의 권리와 특권의 행사에 대한 정지는 안전보장이사회의 권고에 따라 총회에 의하여 회복될 수 있다.

O | X

권리의 회복은 안전보장이사회의 단독권한이다.

답 X

113
15. 사시

안전보장이사회는 법률적 분쟁을 직권으로 국제사법재판소에 회부할 수 있다.

O | X

안전보장이사회는 국제사법재판소(ICJ)에 직권제소할 수 없다. 다만, 분쟁당사국에게 국제사법재판소에 대한 제소를 권고할 수 있다.

답 X

114
15. 사시

안전보장이사회는 헌장 제7장에 따라 군사적 강제조치를 취하기 위하여, 특별협정의 체결 없이도 회원국들에게 병력 제공을 요청할 수 있으며 회원국은 그러한 요청에 따라야 한다.

O | X

안전보장이사회는 특별협정의 체결을 전제로 회원국들에게 병력 파견을 요청할 수 있다.

답 X

115
15. 사시

안전보장이사회는 강제조치를 취하기 위하여 지역적 약정 또는 지역적 기관을 이용할 수 있다.

O | X

강제조치를 취하기 위해 이용할 수 있는 대표적인 지역적 기관은 NATO이다.

답 ○

116

15. 9급

안전보장이사회는 국제사법재판소(ICJ)의 판결을 집행하기 위하여 어떠한 경우에도 권고할 수 없다. O | X

안전보장이사회는 UN헌장 제94조에 따라 필요한 조치를 취할 수 있다. 조치의 범위에 특별한 제한은 없다. 답 X

117

12. 사시

안전보장이사회 이사국이 아닌 회원국은 안전보장이사회가 토의 중인 문제에 이해관계를 가지더라도 그 토의에 참가할 수 없다. O | X

안전보장이사회의 이사국이 아닌 어떠한 UN회원국도 안전보장이사회가 그 회원국의 이해에 특히 영향이 있다고 인정하는 때에는 언제든지 안전보장이사회에 회부된 어떠한 문제의 토의에도 투표권 없이 참가할 수 있다(UN헌장 제31조). 답 X

118

12. 사시

모든 회원국은 국제적 마찰로 이어지거나 분쟁을 발생하게 할 우려가 있는 여하한 사태에 대해서도 안전보장이사회 또는 총회의 주의를 환기할 수 있다. O | X

UN 회원국은 자국이 분쟁당사국이 아닌 분쟁도 안전보장이사회에 회부할 수 있다.

답 ○

119

21. 7급

최근에 안전보장이사회는 포괄적 제재조치보다는 특정한 개인이나 단체를 대상으로 하는 이른바 '표적제재(smart sanctions)'를 채택하는 경향이 있다. O | X

포괄적 제재의 경우 제재의 피해는 대상국가 국가원수보다는 시민들에게 피해가 집중되는 문제가 있다. 이를 해결하기 위해 표적제재(smart sanctions)가 등장한 것이다.

답 ○

120

07. 사시

무력공격이 발생한 경우 자위권을 행사하는 회원국은 그에 관한 조치를 안전보장이사회에 보고하여야 한다. O | X

자위조치를 취한 이후 즉시 안전보장이사회에 보고해야 한다. 답 ○

121

예상논점

지역적 약정을 체결하는 회원국은 지역적 분쟁을 안전보장이사회에 회부하기 전에 지역적 약정 또는 지역적 기관에 의하여 그 분쟁의 평화적 해결을 성취하기 위하여 모든 노력을 다해야 한다. O | X

안전보장이사회에 회부하기 전에 모든 노력을 다하는 것은 행위의무이며, 결과의무가 아니다. 답 ○

122

예상논점

안전보장이사회의 사전 또는 사후허가 없이는 어떠한 강제조치도 지역적 약정 또는 지역적 기관에 의하여 취하여져서는 안 된다. O | X

안전보장이사회의 사전허가가 강제조치의 요건이다. 답 X

123
예상논점

안전보장이사회의 이사국이 아닌 어떠한 국제연합 회원국도 언제든지 안전보장이사회에 회부된 어떠한 문제의 토의에도 투표권 없이 참가할 수 있는 권리를 가진다. O | X

안전보장이사회가 그 회원국의 이해에 특히 영향이 있다고 인정할 것을 전제로 한다. 답 X

124
예상논점

안전보장이사회는 필요하다고 인정하는 경우 당사자에 대하여 분쟁을 평화적 수단에 의해 해결하도록 요청해야 한다. O | X

헌장 제6장상 안전보장이사회의 요청에 법적 구속력이 없다. 답 O

125
예상논점

UN 회원국은 어떠한 분쟁에 관해서도 안전보장이사회 또는 총회의 주의를 환기할 수 있다. O | X

UN 회원국은 자국이 분쟁당사자가 아니어도 주의를 환기할 수 있다. 답 O

126
예상논점

UN 회원국이 아닌 국가는 어떠한 분쟁에 관하여도 헌장에 규정된 평화적 해결의 의무를 그 분쟁에 관하여 미리 수락하는 경우 안전보장이사회 또는 총회의 주의를 환기할 수 있다. O | X

자국이 당사자인 분쟁에 한한다. 답 X

127
18. 9급

회원국은 타 회원국들 간의 분쟁에 대해서는 안전보장이사회의 주의를 환기할 수 없다 O | X

회원국은 자국이 분쟁당사자가 아닌 분쟁에 대해서도 안전보장이사회의 주의를 환기할 수 있다. 답 X

128
예상논점

국제평화와 안전의 유지를 위태롭게 할 우려가 있는 분쟁의 당사국들이 평화적 해결 절차에 의해 분쟁을 해결하지 못한 경우 당사국들은 이를 안전보장이사회에 회부할 수 있다. O | X

당사국들은 국제평화와 안전의 유지를 위태롭게 할 우려가 있는 분쟁의 해결을 안전보장이사회에 회부해야 한다. 답 X

129
20. 9급

UN안전보장이사회는 필요시 보조기관을 설치할 수 있으며, 설치된 보조기관은 UN안전보장이사회 결의를 통하여 해체된다. O | X

UN헌장 제29조에 대한 내용이다. 답 O

130
20. 9급

UN안전보장이사회가 취하는 강제조치의 경우에 비군사적 조치는 반드시 군사적 조치보다 선행되어야 한다.　　　　O | X

비군사적 조치보다 군사적 조치를 먼저 취할 수 있다.　　　　답 X

131
01. 사시

절차사항에 관한 것은 구속력을 가진다고 보아야 한다.　　　　O | X

절차사항이란 보조기관 설치 등 기관 내부 사항에 대한 조치를 의미한다.　　　　답 ○

132
01. 사시

강제조치에 관한 '결정'은 그 조치의 대상이 되는 국가에게만 구속력을 가진다.　　　　O | X

강제조치에 관한 '결정'은 모든 UN 회원국에 대해 법적 구속력이 있다.　　　　답 X

133
22. 9급

국제연합(UN) 안전보장이사회의 의장 성명은 표결 없이 총의를 통해 채택되며 의장 성명 자체는 법적 구속력이 없다.　　　　O | X

안보리 이사국 간 마찰로 결의문이 채택되지 못한 경우 의장성명이 채택된다.　　　　답 ○

134
16. 9급

ICJ 재판관의 선출은 안전보장이사회의 권고로 총회에 출석하여 투표한 회원국의 3분의 2의 다수로 결정된다.　　　　O | X

국제사법재판소(ICJ) 재판관의 선출은 총회와 안전보장이사회에서 각각 투표하고 절대다수로 결정된다. 절대다수는 관행상 재적과반수로 해석된다.　　　　답 X

135
13. 사시

안전보장이사회의 상임이사국은 절차사항에 관한 결정에 대하여 거부권(veto)을 행사할 수 있다.　　　　O | X

안전보장이사회의 의사결정은 거부권(veto)이 적용되는 '비절차사항'과 단순 9개국 이상 찬성으로 의결되는 '절차사항'으로 대별한다.　　　　답 X

136
12. 7급

절차사항(procedural matters)에 대해서는 거부권을 행사할 수 없다.　　　　O | X

절차사항(procedural matters)은 단순 9개국의 동의로 의결한다.　　　　답 ○

137
12. 7급

해당 사항이 절차사항(procedural matters)인지 아니면 그 외의 모든 사항(all other matters)인지를 결정하는 표결에서 거부권을 행사할 수 있다.　　　　O | X

이를 결정하는 문제를 선결문제라고 한다. 선결문제는 비절차사항이다.　　　　답 ○

138

12. 7급

국제사법법원(ICJ) 판사의 선출을 위한 표결에서 거부권을 행사할 수 있다. O | X

국제사법법원(ICJ) 재판관은 UN총회와 안전보장이사회에서 각각 투표하여 절대다수를 얻은 자를 선출한다. 절대다수란 '재적과반수'를 의미한다. 안전보장이사회에서 의사결정 시 거부권은 적용되지 않는다. 답 X

139

12. 7급

평화에 대한 위협의 존재에 대한 결정에 대하여 거부권을 행사할 수 있다. O | X

평화에 대한 위협의 존재에 대한 결정은 비절차사항이므로 거부권이 적용된다. 답 O

140

11. 7급

안전보장이사회의 강제조치에 관한 결정은 그 조치의 대상이 되는 국가에게만 구속력을 가진다. O | X

안전보장이사회의 강제조치에 관한 결정은 모든 UN회원국에게 그 효력이 미친다. 답 X

141

21. 7급

일반적으로 군사적 조치는 회원국에게 무력의 사용을 허가하는 방식이 이용된다. O | X

헌장 제43조는 안전보장이사회가 회원국과 특별협정을 체결하여 군대를 동원할 것을 예정 하고 있으나, 특별협정 체결국은 전무하였다. 이에 따라 안전보장이사회는 회원국들에게 무력사용을 '허가'하는 관행을 보여주고 있다. 무력사용을 허가하는 경우 무력사용의 적법 성을 안전보장이사회가 보장해 주고, 실제 무력사용은 회원국의 재량에 맡겨진다. 답 O

142

08. 7급

새로운 회원국의 가입승인은 안전보장이사회의 권고에 따라 총회가 결정하며, 안전보 장이사회의 권고시에는 상임이사국의 거부권이 인정된다. O | X

가입승인은 총회에서는 중요문제이므로 출석·투표 3분의 2 이상 찬성으로 의결한다.
답 O

143

12. 사시

총회는 평화에 대한 위협, 평화의 파괴 또는 침략행위가 발생하는 경우, 평화와 안전의 유지를 위하여 강제조치를 취할 수 있으며, 이는 모든 회원국을 구속한다. O | X

평화와 안전의 유지를 위한 강제초지는 안전보장이사회의 권한이다. 답 X

144

11. 9급

UN 안전보장이사회는 강제조치를 취하기 전에 잠정조치에 따르도록 당사국에게 요청 할 수 있다. O | X

안전보장이사회의 잠정조치요청은 법적 구속력이 있다. 답 O

145

11. 9급

비무력적 강제조치에는 경제관계의 중단, 교통 및 통신수단의 중단, 외교관계의 단절 등이 포함된다. O | X

예시적 조치들이므로 다른 조치를 결정할 수도 있다. 답 O

memo

146
11. 9급

강제조치의 대상이 된 국가는 강제조치로 인한 피해에 대하여 배상을 청구할 수 있다.
O | X

강제조치는 헌장에 따른 적법조치이므로 손해배상을 청구할 수 없다.
답 X

147
21. 7급

안전보장이사회는 국제인도법과 국제인권법의 중대한 위반이 평화에 대한 위협이 될 수 있다고 해석한다.
O | X

안전보장이사회는 어떠한 사항이 평화에 대한 위협인지 결정함에 있어서 광범위한 재량권을 가진다.
답 O

148
10. 사시

UN헌장에 따르면 국제평화와 안전의 유지를 위한 책임이 안전보장이사회에만 부여되어 있는 것은 아니다.
O | X

안전보장이사회가 1차적 책임을 지나, 총회나 UN사무총장도 일정한 역할을 할 수 있다.
답 O

149
08. 7급

지역적 기관은 안전보장이사회의 허가 없이는 어떠한 경우에도 강제조치를 취할 수 없다.
O | X

적국에 관한 조치에 대해서는 예외가 인정된다(UN헌장 제53조 제1항 단서). 그 밖에 집단적 자위권 발동시 안전보장이사회의 사전허가를 요하는 것은 아니다.
답 X

150
98. 외시

실체문제인지 절차문제인지가 불명확한 경우, 이는 절차문제이므로 9개국 이상의 찬성으로 결성한다.
O | X

안전부장이사회의 관행상 특정 사항이 절차사항인가 실질사항인가의 여부를 결정하는 선결문제에 관한 결정도 실체문제로 보아 상임이사국의 거부권이 인정된다. 이를 상임이사국의 이중거부권이라 한다.
답 X

151
98. 외시

사무총장의 선출을 위한 안보리의 권고는 실체문제이다.
O | X

실체문제이기 때문에 상임이사국 전부를 포함한 9개국 이상 찬성을 요한다.
답 O

152
03. 사시

총회가 출석하여 투표하는 회원국의 3분의 2의 다수로 UN가입에 관한 결정을 한 경우 안전보장이사회 상임이사국은 이에 대해 거부권을 행사할 수 없다.
O | X

UN에 있어 신회원국의 가입 승인은 안전보장이사회의 권고에 따라 총회의 결정에 의하여 이루어진다(UN헌장 제4조 제2항). 총회가 가입문제에 안전보장이사회에 대해 우선권을 가지지 아니하며 우선 안전보장이사회의 권고가 있어야 한다. 이때 안전보장이사회 상임이사국은 거부권을 가진다(실질사항).
답 X

153
14. 사시

안전보장이사회와 ICJ에 모두 회부된 분쟁의 경우 안전보장이사회가 그 분쟁과 관련하여 헌장에서 부여된 임무를 수행하고 있는 동안에는 ICJ는 그 분쟁에 관하여 어떠한 결정도 하지 아니한다. O | X

법적 측면에 대해 국제사법재판소(ICJ)는 독자적 관할권을 행사할 수 있다. 답 X

154
08. 9급

안전보장이사회의 결정은 회원국을 구속한다. O | X

안전보장이사회의 모든 결의가 구속력을 갖는 것은 아니나, 결정에 해당하면 구속력을 가진다. 답 O

155
21. 7급

냉전이 종식된 이후에 안전보장이사회는 '평화의 파괴' 개념을 확대하여 헌장 제7장을 발동하고 있다. O | X

안전보장이사회는 '평화에 대한 위협' 개념을 확대하고 있다. 예컨대, 결의 제794호는 순수 내란 시 일 국가 영토 내에서 발생한 심각한 인권침해도 국제평화에 대한 위협으로 보고, 무력사용을 허가하였다. 답 X

156
14. 사시

정지된 회원국의 특권과 권리는 안전보장이사회의 권고에 따라 총회에 의해 회복될 수 있다. O | X

안전보장이사회의 단독권한이다. 다만 권리의 정지는 안전보장이사회의 권고에 기초하여 총회가 결정한다. 답 X

157
12. 사시

안전보장이사회는 모든 문제에 관하여 5개 상임이사국을 포함한 9개 이사국 이상의 찬성투표에 의하여 결정한다. O | X

이는 비절차사항(실질사항)에 대한 의결 정족수이다. 절차사항은 단순 9개 이사국 이상 찬성으로 의결한다. 답 X

158
12. 사시

안전보장이사회가 UN헌장 제6장의 분쟁의 평화적 해결과 관련하여 결정하는 경우 그 분쟁의 당사국은 투표를 기권해야 한다. O | X

UN헌장 제6장상 결의에서만 기권의무가 있다. 따라서 제7장상 강제조치 결정 시에는 기권의무가 없다. 답 O

159
14. 경찰간부

절차사항이 아닌 모든 사항에 관한 안전보장이사회의 결정은 상임이사국의 동의투표를 포함한 9개 이사국의 찬성투표로 이루어진다. O | X

9개 이사국의 찬성투표를 요하는 것은 비절차사항에 대한 의결방식이다. 답 O

160
15. 경찰간부

절차사항에 관한 안전보장이사회의 결정은 9개 이사국의 찬성투표로써 한다. O | X

절차사항을 의결할 때에는 상임이사국의 거부권이 적용되지 않는다. 답 O

161
15. 경찰간부

안전보장이사회의 이사국이 아닌 국제연합회원국도 안전보장이사회가 그 회원국의 이해에 특히 영향이 있다고 인정하는 때에는 언제든지 안전보장이사회에 회부된 어떠한 문제의 토의에도 참가하여 투표권을 행사할 수 있다. O | X

안전보장이사회의 이사국이 아닌 회원국은 투표권은 없다. 답 X

162
09. 7급

안전보장이사회 상임이사국은 절차사항에 대한 표결에 있어서는 거부권을 갖지 않는다. O | X

거부권은 비절차사항에 대해서만 인정된다. 답 O

163
22. 9급

안전보장이사회가 국제평화와 안전을 위한 1차적 책임을 다하지 못할 경우 총회는 집단적 조치를 권고할 수 있다. O | X

안전보장이사회가 마비된 경우 총회는 '평화를 위한 단결 결의'에 기초하여 회원국들에게 무력사용을 '권고'할 수 있다. 답 O

164
08. 사시

안전보장이사회의 실행에 따르면, 상임이사국이 표결에 불참하는 것은 반대투표한 것으로 취급된다. O | X

상임이사국의 표결 불참이나 기권은 반대투표로 보지 않는다. 답 X

165
08. 사시

UN헌장의 규정상 절차사항 이외의 사항에 대하여는 비상임이사국들이 모두 반대하더라도 상임이사국들이 모두 찬성하면 가결된다. O | X

비절차사항은 9개 이사국 이상의 찬성을 요한다. 따라서 비상임이사국 모두 반대하면 가결될 수 없다. 답 X

166
08. 사시

UN에 가입하기 위해서는 안전보장이사회 이사국의 만장일치가 필요하다. O | X

비절차사항이므로 상임이사국 전부를 포함하여 9개국 이상 찬성을 요한다. 답 X

167
07. 사시

관행상 유엔 안전보장이사회 상임이사국의 기권은 거부권의 행사를 의미한다. O | X

관행상 상임이사국의 기권은 동의로 추정하여 거부권이 인정되지 않는다. UN헌장상 안전보장이사회는 계속해서 기능할 수 있도록 조직되어야 한다는 규정에 근거하여 이러한 의무를 위반한 상임이사국의 기권을 거부권으로 인정하지 않는 것이다. 답 X

168
20. 9급

새로운 의제의 삽입, 회의의 정지와 휴회 등 절차사항에 관한 UN안전보장이사회의 결정은 9개 이사국의 찬성투표로써 한다. ○ | X

절차사항에 대해서는 상임이사국의 거부권이 인정되지 않는다. 답 ○

169
예상논점

정기회의 기일, 임시회의 소집, 의장 선임방법 등은 절차사항이므로 9개 이상 이사국 찬성으로 결정한다. 새로운 의제의 삽입, 토의순서 결정 등도 절차사항이다. ○ | X

절차사항의 예에 주의한다. 답 ○

170
06. 사시

안전보장이사회의 요청이 있는 경우 사무총장은 총회의 특별회기를 소집한다. ○ | X

특별회기는 임시총회를 의미하며, 회원국 과반수 요청으로도 개최할 수 있다. 답 ○

171
16. 7급

한국전쟁 당시 UN군은 군사참모위원회(Military Staff Committee)의 지휘를 받았다. ○ | X

한국전쟁 당시 참전한 16개국은 '다국적군'으로 보는 것이 일반적 견해이다. 다국적군은 파견국의 통제를 받는 것이 원칙이며, 당시 16개국은 별도의 'UN군 사령부'를 설치하여 통합적으로 군대를 운용하였다. 답 X

172
10. 사시

UN헌장에 따르면 UN회원국이 안전보장이사회의 구속력 있는 결정을 이행하여야 할 의무가 다른 국제협정상의 의무에 우선하는 것은 아니다. ○ | X

안전보장이사회의 결정이 다른 국제법상 의무에 우선한다. 답 X

173
22. 9급

안전보장이사회의 의장성명은 표결 없이 총의를 통해 채택되며 의장성명 자체는 법적 구속력이 없다. ○ | X

안전보장이사회의 이사국 간 마찰로 결의문이 채택되지 못한 경우 의장성명이 채택된다. 답 ○

174
15. 9급

안전보장이사회는 그 임무의 수행에 필요하다고 인정되는 보조기관을 설치할 수 있다. ○ | X

총회나 경제사회이사회도 보조기관을 설치할 수 있다. 답 ○

175
07. 사시

헌장은 국내문제 여부에 대한 판단 권한을 안전보장이사회에 명시적으로 부여하고 있다. ○ | X

국내문제 여부에 대한 판단권자가 명시되지 않았다. 답 X

m e m o

176

예상논점

안보리는 1976년 앙골라에 대한 남아프리카공화국의 공격, 1977년 모잠비크에 대한 로디지아의 공격, 1985년 이스라엘의 튀니지 내의 PLO본부 공격, 1990년 이라크의 쿠웨이트 공격 등을 침략(적) 행위로 인정했다.　　　　　　O | X

안전보장이사회가 침략적 행위로 인정한 사례들이다.　　　　　　답 ○

177

예상논점

1950년 북한에 의한 대한민국 침공, 1982년 아르헨티나의 영국령 포클랜드 침공, 1987년 이란 – 이라크 전쟁, 1990년 이라크의 쿠웨이트 침공 시 안전보장이사회는 평화의 파괴를 확인한 바 있다.　　　　　　O | X

안전보장이사회가 평화의 파괴로 확인한 사례들이다. 북한의 남침도 평화의 파괴로 결정되었다.　　　　　　답 ○

178

예상논점

1991년 이라크의 쿠르드족 탄압 사태, 1992년 소말리아 사태, 1992년 라이베리아 사태, 1993년 아이티의 쿠데타 사태, 1994년 르완다 사태, 2004년 코트디부아르 사태, 2011년 리비아 사태 등을 평화에 대한 위협으로 규정하였다.　　　　　　O | X

리비아 사태도 평화에 대한 위협으로 결정되었다.　　　　　　답 ○

179

예상논점

안전보장이사회는 1992년 리비아가 로커비 사건 용의자의 인도를 거부하자 이를 테러리즘의 불포기로 간주하고 평화에 대한 위협으로 결정하였다.　　　　　　O | X

로커비 사건과 관련하여 국제사법재판소(ICJ)의 판례도 있다.　　　　　　답 ○

180

예상논점

안전보장이사회는 비군사적 강제조치를 결정할 수 있으며 이는 모든 회원국을 구속한다.　　　　　　O | X

경제제재조치는 비군사적 강제조치의 대표적 조치이다.　　　　　　답 ○

181

예상논점

1990년 이전 안전보장이사회가 비군사적 강제조치를 결정한 사례는 1968년 로디지아와 1977년 남아프리카공화국에 대한 제재로 2건이다.　　　　　　O | X

로디지아와 남아프리카공화국에 대한 제재 모두 인권침해와 관련하여 조치가 취해진 것이다.　　　　　　답 ○

182

예상논점

1966년 로디지아의 일방적 독립선언 사태 당시 석유 금수조치를 이행하기 위해 연고국인 영국에게 필요하면 무력을 사용하도록 허가하였다.　　　　　　O | X

UN헌장 제7장상의 조치로 옳은 설명이다.　　　　　　답 ○

183
예상논점

1990년 이라크가 쿠웨이트를 침공하자 안전보장이사회는 개별 회원국들에게 무력사용을 허가하고자 하였으나, 러시아의 반대로 무산되었다. O | X

탈냉전기 최초로 무력사용이 허가된 사례이다. 답 X

184
예상논점

소말리아(1993), 유고(1995), 동티모르 사태(1999), 라이베리아(2003), 코트디부아르(2004) 등에 있어서 안보리는 회원국에게 무력사용을 허가하였다. O | X

무력사용이 허가되어 파견된 군대를 다국적군이라고 한다. 답 O

185
예상논점

안전보장이사회는 최근 제한 제재를 많이 활용한다. 제한 제재란 특정한 개인이나 단체만을 제재 대상으로 한정하거나, 제재 대상 품목이나 행위를 구체화하는 것이다. O | X

표적 제재(smart sanctions) 또는 스마트 제재에 대한 설명이다. 답 X

186
예상논점

안전보장이사회는 2006년 결의 제1730호를 통해 개인이나 단체로부터 제재해제 청구를 받는 절차를 마련하였다. O | X

안전보장이사회의 과실로 관련 없는 자에 대해 제재가 가해질 수 있음을 고려한 것이다. 답 O

187
예상논점

안전보장이사회 의장성명은 안전보장이사회에서 컨센서스에 의해 채택되며 법적 구속력이 있다. O | X

의장성명은 법적 구속력이 없다. 안전보장이사회의 의장성명은 안전보장이사회의 구성국들 간 합의가 어려운 경우 사용되는 방식이다. 답 X

제4절 기타 주요 기관

188
22. 7급

UN경제사회이사회는 총회의 권고를 이행하기 위해 이사회의 권한에 속하는 임무를 수행해야 하며, UN회원국의 요청이 있는 경우에 한하여 총회의 승인을 얻어 용역을 제공할 수 있다. O | X

헌장 제66조. 회원국의 요청뿐 아니라 전문기구의 요청이 있을 때에도 총회의 승인을 얻어 용역을 제공할 수 있다. 답 X

189
08. 사시

신탁통치이사회는 현재 빈곤퇴치 등 세계적 현안을 다루는 주요기관으로서 실질적인 활동을 하고 있다. O | X

신탁통치이사회는 1994년 마지막 신탁통치지역인 팔라우가 독립함으로써 그 해 11월 업무를 정지하였다. 신탁통치제도의 공식적인 폐지를 위해 헌장을 개정할 것이 논의되고 있다.

답 X

190
12. 7급

UN사무총장은 안전보장이사회의 권고로 총회가 임명한다. O | X

UN사무총장 임명은 안전보장이사회에서는 비절차사항이나, 총회에서는 기타문제이다.

답 O

191
13. 사시

UN헌장은 국제사법재판소(ICJ)에 UN헌장을 최종적으로 해석할 권한을 부여하고 있다. O | X

UN헌장을 해석하는 권한을 가진 기관에 대해서는 헌장에 특별한 규정은 없다. 답 X

192
08. 사시

UN사무총장은 안전보장이사회의 권고로 총회가 임명하는데, 이 때 안전보장이사회 상임이사국 중 하나라도 반대투표하면 권고안은 부결된다. O | X

UN사무총장 임명은 비절차사항이므로 상임이사국 전부를 포함한 9개국 이상의 찬성을 요한다.

답 O

193
22. 7급

UN경제사회이사회는 특정 UN회원국과 특별한 관계가 있는 사항에 관하여 심의하는 경우 해당 회원국을 투표권 없이 참여하도록 초청한다. O | X

투표권은 갖지 않는 점에 주의한다. 답 O

194
예상논점

경제사회이사회는 그 권한 내에 있는 사항과 관련이 있는 비정부간 기구와의 협의를 위하여 적절한 약정을 체결할 수 있다. 그러한 약정은 국제기구와 체결할 수 있으며 적절하다고 판단하는 경우 관련 국제연합 회원국과의 협의 후에 국내기구와도 체결할 수 있다. O | X

NGO와 체결한 약정이 조약은 아니다. 답 O

195
12. 7급

UN안전보장이사회의 상임이사국은 UN사무총장 선출에 거부권을 행사할 수 없다. O | X

UN사무총장 선출은 비절차사항이므로 거부권이 적용된다. 상임이사국 전부를 포함한 9개국 이상의 찬성을 요한다. 답 X

196
12. 7급

UN사무총장은 최고행정책임자로서 총회가 정한 규칙에 따라 직원을 임명한다. O | X

직원 임명에 있어서 총회가 정한 규칙에 따른다. 답 O

197
12. 7급

UN사무총장은 국제평화와 안전의 유지를 위협하는 사항에 대하여 안전보장이사회의 주의를 환기할 수 있다. O | X

단, 총회에는 주의를 환기할 수 없다. 답 O

198
21. 9급

UN의 직원은 임무수행에 있어 오직 UN과 자신의 국적국에 대해서만 책임을 진다. O | X

UN의 직원은 임무수행에 있어서는 UN에 대해서만 책임을 진다. 답 X

199
21. 9급

1946년 「UN의 특권과 면제에 관한 협약」에서는 UN의 직원과 UN과 밀접한 관계를 갖는 전문기구의 직원에 대해서 특권과 면제를 인정한다. O | X

전문기구의 직원의 경우 1947년 UN 전문기구의 특권과 면제에 관한 협약이 적용된다. 답 X

200
21. 9급

UN의 직원이 공무수행 중에 국제위법행위로 인하여 손해를 입은 경우 직원의 국적국이 외교적 보호권에 근거하여 가해국에 대하여 국제책임을 물을 수 있다. O | X

직원의 국적국은 외교적 보호권을 발동할 수 있다. 그리고 UN도 직무 보호권을 발동할 수 있다. 답 O

201
21. 9급

UN의 직원은 그 국적이나 직무에 상관없이 외교적 보호를 받을 수 있으나, 만일 외교적 보호를 받을 수 없다면 부득이 그 국적국이 직무적 보호를 행사할 수 있다. O | X

직무 보호권은 해당 국제기구의 권한이다. 답 X

제5절 전문기구

202
16. 경찰간부

세계기상기구(WMO)는 유엔의 전문기구로 기상관측 및 이용에 관한 세계 각국의 협력을 도모하고 있다. O | X

세계기상기구(WMO)는 유엔(UN)의 전문기구이다. 답 O

203

16. 경찰간부

국제해사기구(IMO)는 유엔의 전문기구로 해양환경의 보존과 보호를 위한 활동을 하고 있다.

O | X

국제해사기구(IMO)는 유엔(UN)의 전문기구이다. 경제사회이사회와 약정을 체결해야한다.

답 O

204

16. 경찰간부

세계보건기구(WHO)는 유엔의 전문기구로 인간의 건강증진을 목적으로 하는 활동을 하고 있다.

O | X

세계보건기구(WHO)는 유엔(UN)의 전문기구이다.

답 O

205

16. 경찰간부

국제원자력기구(IAEA)는 UN의 전문기구로 핵시설 및 핵물질의 안전, 방사능 오염방지 등에 관련된 활동을 하고 있다.

O | X

국제원자력기구(IAEA)는 UN의 전문기구가 아니다. 그 밖에 국제형사재판소(ICC), 세계무역기구(WTO), 국제사법재판소(ICJ) 등도 UN의 전문기구가 아니다.

답 X

206

20. 9급

UN경제사회이사회는 전문기구로부터 정기보고를 받기 위한 적절한 조치를 취할 수 있다.

O | X

UN헌장 제64조에 대한 내용으로, 필요한 경우 전문기구와 약정을 체결할 수 있다.

답 O

207

20. 9급

UN전문기구의 활동분야는 군사, 경제, 사회, 문화, 교육, 보건이다.

O | X

UN헌장 제57조에 대한 내용으로, UN전문기구의 활동분야는 경제, 사회, 문화, 교육, 보건분야 및 관련분야이다.

답 X

208

20. 9급

「UN헌장」 제7조 제2항에 따르면 전문기구는 필요시 동 헌장에 따라 창설될 수 있다.

O | X

UN헌장 제7조 제2항은 '보조기관' 설치 규정이다. 필요하다고 인정하는 경우 보조기관을 설치할 수 있다.

답 X

209

20. 9급

UN국제법위원회는 「UN헌장」 제13조의 목적을 위해 설치된 UN총회의 전문기구이다.

O | X

UN국제법위원회는 UN총회의 '보조기관'이다.

답 X

제6절 평화유지활동(PKO)

210
15. 사시

평화유지활동은 안전보장이사회 또는 총회의 결의에 근거하여 수행된다. O | X

총회도 평화유지군(PKF)을 창설할 수 있으나, 관행상 안전보장이사회가 전담한다.

답 O

211
15. 사시

평화유지군은 무력충돌시에 자위권을 행사할 수 있고 그 행사에는 무력충돌시에 적용되는 국제인도법을 준수해야 한다. O | X

평화유지군(PKF)은 원칙적으로 선제공격권을 가지지 않는다.

답 O

212
15. 사시

평화유지활동에 관한 안전보장이사회의 모든 결의는 헌장 제7장에 근거하므로 분쟁당사국이 UN 회원국이면 평화유지군을 받아들이고 그 활동을 보장할 법적 의무를 진다.
O | X

평화유지활동의 헌장상 근거는 명확하지 않으며, 제7장이라고 보기 어렵다. 평화유지군은 분쟁당사국의 요청으로 파견된다. UN 회원국은 PKF를 파병할 의무는 없다. 답 X

213
15. 사시

1956년 수에즈 운하 분쟁 때 이집트와 이스라엘 국경지역에 설치된 유엔긴급군(UNEF)은 평화유지군에 해당한다. O | X

유엔긴급군(UNEF)은 최초의 평화유지군이며, UN총회(긴급총회)에서 창설하였다.

답 O

214
15. 사시

UN의 평화유지활동은 평화유지와 함께 선거감시 등 평화의 구축을 위한 임무로 확대되고 있다. O | X

탈냉전기 들어 기존의 휴전감시에서 나아가 선거감시, 지뢰제거 조치, 국가 재건 지원 등의 기능도 추가되어 확대되고 있다. 답 O

215
09. 9급

군사적 조치에 관한 국제연합 헌장 제42조는 안전보장이사회의 평화유지군 창설을 규정하고 있다. O | X

UN헌장 제42조는 안전보장이사회의 무력적 강제조치에 대한 규정이다. 평화유지군에 대한 명확한 근거는 없다. 답 X

216
09. 9급

평화유지군은 주재국(host State)이 주둔동의를 철회하면 철수하여야 한다. O | X

평화유지군(PKF)은 분쟁당사국의 동의에 기초하여 파병된다. 따라서 주재국의 동의가 철회되면 철수해야 한다. 답 O

217

09. 9급

최초의 평화유지군은 1956년 수에즈 분쟁시 국제연합총회에 의해 창설된 UNEF이다.

O | X

최초의 평화유지군인 UNEF는 긴급총회에서 창설되었다.

답 O

218

09. 9급

평화유지군에게는 원칙적으로 자위를 위한 무기사용만 허용된다.

O | X

평화유지군에게는 원칙적으로 선제공격권이 없다.

답 O

219

01. 행시·외시

'비용 사건(The Expenses case)'에서 ICJ는 평화유지활동이 UN헌장 제7장에 따른 조치라고 판단하였다.

O | X

국제사법재판소(ICJ)는 명확한 근거가 없다고 보았다. 다만, 목적필요설에 의해 정당화될 수 있다고 하였다.

답 X

220

23. 7급

국제사법재판소(ICJ)의 국제연합의 일정 경비(헌장 제17조 제2항)에 관한 권고적 의견에서는 평화유지활동(peace-keeping operation)이 헌장 제7장에 따른 강제조치가 아니라고 하였다.

O | X

평화유지활동에 대한 직접적 근거는 없다고 하였으며, 묵시적 권한이론에 기초하여 창설될 수 있다고 하였다. 또한 헌장 제7장상 강제조치는 아니므로 반드시 안전보장이사회만 설치할 수 있는 것은 아니라고 하였다.

답 O

221

01. 행시·외시

걸프전(1991) 당시 파견된 다국적군은 UN평화유지군이었다.

O | X

다국적군은 안전보장이사회의 수권에 의해 자발적으로 형성된 군대로서 UN안전보장이사회의 통제를 받지 않았다.

답 X

222

14. 경찰간부

PKO는 국제연합 헌장 제7장의 강제조치가 강대국 간 대립으로 실효성이 없어 도입되었다.

O | X

안전보장이사회가 강제조치를 취하기 위해서는 상임이사국 간 합의가 있어야 하는데 의견이 대립하는 경우 강제조치를 취하기 어렵다. PKF는 UN총회도 창설할 수 있으므로 그 같은 상황에 대처할 수 있다.

답 O

223

16. 7급

최초의 평화유지군이었던 UNEF(United Nations Emergency Force)는 UN 안전보장이사회의 결의로 설치되었다.

O | X

UNEF(United Nations Emergency Force)는 총회의 결의로 설치되었다.

답 X

224
예상논점

원연맹국은 연합국과 초청된 중립국이다. O | X

중립국도 원연맹국에 포함된다. 답 ○

225
예상논점

신규 가입은 연맹총회 모든 구성국의 동의에 의하며, 국가뿐 아니라 속령이나 식민지도 가입할 수 있다. O | X

신규 가입은 연맹총회 구성국 3분의 2 동의에 의한다. 답 X

226
예상논점

1년 전에 통고하여 탈퇴할 수 있고, 제명될 수 있다. O | X

2년 전에 통고해야 한다. 1933년 일본이 가장 먼저 탈퇴하였다. 소련은 1939년에 제명되었다. 답 X

227
예상논점

1935년(통고는 1933년)에 일본과 독일이 탈퇴하였고, 1937년 이탈리아가 탈퇴하였다. O | X

일본은 리튼위원회 보고서가 국제연맹에서 채택된 이후 탈퇴하였다. 답 ○

228
예상논점

소련은 1939년 제명되었다. O | X

소련은 독일과의 합의에 따라 핀란드를 침략한 이후 제명되었다. 답 ○

229
예상논점

총회에서 절차사항은 과반수로, 그 밖의 사항은 만장일치로 결정하였다. O | X

중요문제를 만장일치로 결정함에 따라 사실상 모든 가맹국이 거부권을 갖게 되었다. 답 ○

230
예상논점

국교단절에 이를 우려가 있는 분쟁에 대해 연맹국은 이를 국제재판이나 이사회 심사에 부탁해야 하며, 판결이나 보고가 있은 후 3개월간은 전쟁에 호소할 수 없다. O | X

3개월간의 전쟁 유예기간이 설정되었다. 답 ○

231
예상논점

이사회 결의는 법적 구속력이 없으나 당사국을 포함한 연맹이사국 전부의 동의를 얻은 경우 일방당사국이 이에 응하면 타방당사국은 전쟁에 호소할 수 없다. O | X

이사회 결의는 당사국을 제외한 연맹이사국 전부의 동의를 얻은 경우 일방당사국이 이에 응하면 타방당사국은 전쟁에 호소할 수 없다. 답 X

232
예상논점

위반국에 대해 제재는 비군사적 조치에 한정되었다.　　　　　　O | X

비군사적 제재조치로 대표적인 조치는 경제제재조치이다.　　　　　답 O

233
예상논점

위반국에 대한 군사적 조치는 가맹국들에게 법적 구속력이 있다.　　O | X

군사적 조치는 국제연맹 차원에서 의결되지 않았다.　　　　　　답 X

234
예상논점

이사회는 상임이사국과 비상임이사국으로 구성되었다.　　　　　O | X

당초 영국, 프랑스, 중국, 일본이 상임이사국이었고, 이후 독일, 소련이 상임이사국이 되었다.

답 O

제2장 유럽연합(EU)

제1절 발달사

001
08. 7급

마스트리히트(Maastricht)조약에 의하여 유럽공동체(EC)가 해체되고 유럽연합(EU)이 탄생하였다. O | X

유럽공동체(EC)에는 ECSC, EEC, EURATOM이 포함된다. 유럽연합(EU)의 제1기둥으로 존속한다. 답 X

002
90. 경찰간부

유럽연합(EU)은 1951년 유럽석탄철강공동체에서 시작한다. O | X

유럽석탄철강공동체(ECSC)에 프랑스, 독일, 이탈리아, 벨기에, 네덜란드, 룩셈부르크가 참여하였다. 답 ○

003
예상논점

1993년 코펜하겐 유럽이사회에서 채택된 「유럽연합 회원국이 되기를 희망하는 국가들이 충족해야 하는 3대 원칙」의 내용은 민주주의, 법치, 인권, 소수민족의 보호를 보장하는 안정된 제도, 유럽연합 내에서 경쟁압력과 시장의 힘에 대응할 수 있는 시장경제체제이다. O | X

회원국으로서 의무를 다하기 위해 행정조직 조정을 통한 통합조건 달성이 아니라 정치, 경제 및 통화연합 목표에 충실하면서 회원국 의무를 이행할 수 있는 능력이다. 답 X

004
예상논점

유럽통합과 관련하여 니스조약(Nice Treaty)은 유럽중앙은행 창설과 단일통화 사용의 경제통화동맹(EMU), 공동 방위정책, 단일 사회정책 등의 내용을 핵심으로 유럽연합(EU)에 시장통합을 넘어 완전한 경제 및 통화동맹뿐 아니라 실질적으로 정치연합까지도 달성하는 데 있어 중요한 전환점이 되었던 조약이다. O | X

마스트리히트조약의 내용이다. 2000년 12월 프랑스 니스에서 열린 유럽연합(EU) 정상회담의 결과로 만들어진 니스조약(Nice Treaty)은 유럽 중동부 및 지중해 지역 국가 가운데 12개국을 향후 10년간 새 회원국으로 맞아들이기 위해 유럽연합(EU) 정책결정기구를 개혁하고 유럽의회 의석을 재할당할 것을 규정하였다. 답 X

005
예상논점

유럽통합에 있어서 로마조약(1958)은 상품, 사람, 자본, 서비스 등 4대 생산요소의 자유이동을 보장하기 위해 물리적, 기술적, 재정적 장벽을 제거함으로써 단일유럽시장을 완성하였다. O | X

단일유럽의정서에 대한 설명이다. 답 X

006
예상논점

유럽연합조약(마스트리히트조약, 1992)은 유럽연합을 창설하고 국제법인격을 부여하는 한편, 유럽연합에 보충성원칙을 일반원칙으로 도입하였다. O | X

국제법인격을 부여하는 조약은 암스테르담조약(1997)이다. 답 X

007
예상논점

EU당사국들은 리스본조약(2007)을 통해 EU이사회에 이중다수결을 도입하는 한편, 유럽이사회 상임의장 체제를 창설하였다. O | X

이중다수결은 국가 수와 인구 수를 동시에 고려하는 의결방식이다. 답 ○

008
예상논점

유럽통합전개과정에 있어서 영국은 이른바 '공석의 위기'를 조성함으로써 유럽통합에 있어서 이사회의 권한을 확인시켜 주었다. O | X

이사회의 권한을 확인시켜 준 국가는 프랑스이다. 답 X

009
예상논점

유로화는 현재 영국, 폴란드, 체코, 불가리아, 루마니아를 제외한 모든 회원국에서 사용된다. O | X

UN 회원국 중 유로존 사용국은 총 18개국이며, 현재 10개국이 가입하지 않고 있다. 덴마크, 스웨덴, 크로아티아 등도 유로존 미가입국이다. 답 X

010
16. 외무영사직

유럽 각국이 공통의 출입국관리정책을 시행하여 국가 간의 통행에 제한이 없게 한다는 내용을 담은 조약은 리스본조약이다. O | X

솅겐조약이다. 리스본조약은 유럽이사회 상임의장, 외교안보정책 고위대표체제 등을 도입하는 한편, 유럽연합회원국의 탈퇴규정을 최초로 도입한 조약이다. 답 X

011
예상논점

유럽연합의 통화협력은 들로르보고서를 통해 최초로 구체화되었으나 1970년대 회원국 간 이견으로 통화통합노력은 중단되었다. O | X

베르너보고서를 통해 유럽연합의 통화협력이 처음 구체화되었다. 답 X

012
예상논점

EU통화통합노력은 1989년 '베르너보고서'가 제출되면서 재개되어 3단계로 전개된 끝에 현재와 같은 통화통합이 실현되었다. O | X

들로르보고서에 의해 통화통합이 실현되었다. 답 X

제2절 기관

013
08. 7급

유럽집행위원회(European Commission)는 법안 제안권을 갖는다.　　O | X

유럽의 일반적인 입법절차는 집행위원회의 제안, 의회의 자문, 이사회의 결정으로 이루어진다.　　답 ○

014
08. 7급

유럽의회(European Parliament)는 EU 입법과정에서 최종의결권을 행사할 수 없다.　　O | X

유럽의회(European Parliament)는 자문권을 가진다.　　답 ○

015
91. 경찰간부

유럽의회는 회원국 대표로 구성되며 유럽연합의 입법권을 행사한다.　　O | X

유럽의회를 회원국 대표라고 볼 수 없다. 엄밀히 보면 입법권은 입법에 대한 자문권이다.
　　답 X

016
91. 경찰간부

유럽사법법원은 일정한 경우 개인에게도 소송당사자능력을 인정한다.　　O | X

개인의 제소권이 인정된다.　　답 ○

017
12. 외무영사직

유럽사법재판소(ECJ)는 유럽연합법의 회원국 국내법에 대한 우위의 원칙(principle of supremacy)을 확립하고 있다.　　O | X

유럽연합법은 1차법과 2차법으로 구성된다. 1차법은 국가 간 조약을 의미하고, 2차법은 각료이사회 결정 등 유럽연합 내 기관이 만든 법을 의미한다. 둘 모두 법적 구속력이 있고, 회원국 국내법보다 우위이다. 다만 유럽연합법이 회원국 국내법과 상충해도 회원국 국내법이 바로 무효가 되는 것은 아니다.　　답 ○

018
예상논점

유럽연합의회는 이사회와 공동으로 입법 및 예산기능을 수행하나 입법에 있어서는 자문권을 가지는 것에 불과하고 전형적인 입법권은 위원회의 권한이다.　　O | X

입법권은 이사회의 권한이다.　　답 X

019
예상논점

유럽이사회의 상임의장은 리스본조약에 의해 창설된 것으로 유럽이사회에서 가중다수결로 선출되며 임기는 2년 6개월이며 연임될 수 없다.　　O | X

유럽이사회의 상임의장은 1차에 한해 연임 가능하다.　　답 X

020
예상논점

유럽이사회의 상임의장과 집행위원장은 유럽이사회에 참여하나 표결권은 없다.

O | X

유럽이사회는 회원국 정상, 상임의장, 집행위원장으로 구성된다.

답 O

021
예상논점

유럽연합 (각료)이사회는 각 회원국의 장관급 대표로 구성되며 외무이사회를 포함하여 각 이사회의 의장은 회원국 대표들이 돌아가며 역임한다.

O | X

외무이사회는 유럽연합 외교안보정책 고등대표가 의장을 맡는다.

답 X

022
예상논점

유럽연합 집행위원회는 각 회원국을 대표하여 유럽연합법을 적용하고 감독하는 기능을 주요 기능으로 한다.

O | X

집행위원회는 초국가기관으로 회원국을 대표하지 않는다. 유럽사법재판소(ECJ)와 유럽의회도 초국가기관이다.

답 X

023
예상논점

유럽사법재판소(ECJ)는 유럽연합법의 회원국 국내법에 대한 우위의 원칙(principle of supremacy)을 확립하여 유럽연합법과 상충하는 회원국 국내법은 무효이다.

O | X

유럽연합법이 회원국 국내법보다 우위에 있다. 그러나 상충하는 회원국 국내법이 무효가 되는 것은 아니다.

답 X

024
예상논점

유럽연합 집행위원회는 새로운 정책과 입법을 제안하고, 그 정책과 입법에 대해 각료이사회와 유럽의회의 승인을 받아 집행하는 기관이다.

O | X

유럽연합의 입법은 집행위원회가 제안하고, 의회의 자문을 거쳐 각료이사회가 결정한다.

답 O

025
예상논점

유럽연합 집행위원회는 국제협상에서 유럽연합을 대표한다.

O | X

단, 대외정책에 있어서 유럽연합은 유럽이사회 상임의장에 의해 대표된다.

답 O

026
예상논점

유럽연합 집행위원회는 각료이사회와 달리 각 회원국의 이익이 아닌 유럽연합의 공동이익을 추구하는 기관이다.

O | X

유럽연합 집행위원회는 초국가기관이다.

답 O

027

예상논점

유럽연합 집행위원회 위원은 니스조약 이후 '1국 1집행위원원칙'에 따라 28명이나, 리스본조약은 2014년 11월 1일부터 회원국 간 균등한 윤번제에 따라 위원장 및 외교안보정책 고위 대표를 포함하여 회원국 수의 3분의 2에 해당하는 수의 위원을 구성하기로 하여 현재 '1국 1집행위원원칙'은 수정되었다. O | X

리스본조약에서 원칙을 수정하기로 규정하였으나, 2008년 12월 개최된 유럽이사회는 아일랜드의 리스본조약 비준 국민 투표 통과를 위해 현행 '1국 1집행위원원칙'을 그대로 유지하기로 결정하였다. 답 X

028

예상논점

유럽연합 집행위원장은 유럽이사회가 가중다수결로 위원장 후보자 한 명을 제안하고 유럽의회에 의해 재적의원 과반수로 선출한다. O | X

최종적으로 유럽이사회가 위원장을 임명한다. 답 O

제4편

개인과 국제인권법

제1장 개인

제2장 국제인권법

제1장 개인

제1절 국민

001
01. 사시

세계인권선언에 의하면 모든 개인은 국적을 가질 권리가 있다. O | X

국적을 가지는 것을 개인의 권리로 규정하였다. 답 ○

002
22. 9급

국가는 해외에 있는 자국민의 행위를 규율하기 위한 법을 제정할 수 있다. O | X

해외에 있는 자국민에 대해서도 국가는 속인주의적 관할권을 가진다. 따라서 관련 법령을 제정할 수 있다. 답 ○

003
06. 사시

국가가 어떤 개인에게 자국의 국적을 부여할 것인가는 원칙적으로 그 국가의 국내문제에 속한다. O | X

다만, 대항력을 갖추기 위해서는 국제법상의 기준을 충족해야 한다. 답 ○

004
19. 7급

국가는 국내법에 따라 자국민의 범위를 결정할 재량권을 갖지 못한다. O | X

국적 결정은 국가의 재량권이다. 다만, 대항력을 갖기 위해서는 국제법적 기준을 충족해야 한다. 답 X

005
19. 7급

국가는 개인의 국적을 자의적으로 박탈할 수 없고, 개인은 자신의 국적을 변경할 권리를 갖지 않는다. O | X

개인은 자신의 국적을 변경할 권리를 가진다. 답 X

006
06. 사시

국제사법재판소(ICJ)는 외교적 보호권 행사의 근거가 되는 국적과 관련하여 국적부여국과 개인 사이에 '진정한 연관성(genuine link)'이 있어야 한다고 판시한 바 있다. O | X

노테봄 사건의 판결 내용이다. 답 ○

007

14. 경찰간부

외국인의 자(子)로서 민법상 미성년인 자는 부 또는 모가 귀화허가를 신청할 때 함께 국적 취득을 신청할 수 있다. O | X

미성년자를 전제로 한다. 답 ○

008

14. 경찰간부

부모(父母)가 모두 분명하지 아니한 경우나 국적이 없는 경우에는 대한민국에서 출생한 자는 출생과 동시에 대한민국 국적을 취득한다. O | X

혈통주의를 원칙으로 하되 예외적 출생지주의를 채택한 것이다. 답 ○

009

14. 경찰간부

대한민국의 국민이었던 외국인은 외교부장관의 국적회복허가를 받아 다시 대한민국의 국적을 취득할 수 있다. O | X

국적회복허가는 법무부장관의 권한이다. 답 X

010

14. 경찰간부

대한민국 국적을 취득한 외국인으로서 외국 국적을 가지고 있는 자는 대한민국 국적을 취득한 날부터 6개월 내에 그 외국 국적을 포기하여야 한다. O | X

대한민국 국적을 취득한 외국인은 대한민국 국적을 취득한 날부터 1년 이내에 그 외국 국적을 포기하여야 한다. 답 X

011

13. 사시

출생을 이유로 국적을 부여하는 방식 중의 하나인 혈통주의는 부계혈통주의와 부모양계혈통주의 등으로 나뉘는데, 대한민국은 부계혈통주의를 채택하고 있다. O | X

대한민국은 부모양계혈통주의이다. 부나 모의 국적이 대한민국이면 자녀는 대한민국 국적을 취득한다. 답 X

012

17. 7급

우리나라 「국적법」은 부계혈통주의를 원칙으로 하고 있다. O | X

부모양계혈통주의를 채택하고 있다. 부 또는 모가 한국인인 경우 자녀는 한국 국적을 취득한다. 답 X

013

20. 9급

자진하여 외국 국적을 취득한 자국민에게 국적을 유지시켜줌으로써 이중국적의 발생을 사실상 수용, 방임하는 예가 증가하고 있다. O | X

복수국적자 또는 이중국적자를 허용하는 것이 추세적 국제관행이다. 우리나라도 국적법을 개정하여 복수국적을 허용하고 있다. 답 ○

014

22. 9급

국가들은 조약을 통하여 외국인의 집단적 추방을 금지시킬 수 있다. O | X

정당한 사유가 있는 경우 집단적 추방은 인정되나, 조약을 통해 집단적 추방을 금지할 수 있다. 답 ○

015

19. 7급

「국적법」은 부모양계혈통주의를 적용하고 있다. O | X

부모양계혈통주의란 자녀는 부의 국적이나 모의 국적을 부여받는 것을 의미한다. 답 ○

016

19. 7급

우리나라 「국적법」은 후천적 복수국적자가 국내에서 외국 국적을 행사하지 않겠다는 서약을 하는 경우 외국 국적의 유지를 허용하고 있다. O | X

복수국적자를 허용하는 규정이다. 답 ○

017

13. 사시

이중국적자의 외교적 보호가 문제되는 경우, 관습국제법상 먼저 외교적 보호권을 주장하는 국적국만이 그 권리를 갖는다. O | X

국적국은 모두 외교적 보호권을 주장할 수 있다. 답 X

018

13. 사시

국제사법재판소(ICJ)는 Nottebohm 사건에서 한 국가가 귀화에 의해 자국적을 취득한 개인을 위하여 외교적 보호에 나서기 위해서는 해당 국가와 개인 간에 '진정한 관련'이 존재하여야 한다는 취지로 판시하였다. O | X

현대국제법에서는 진정한 관련성 요건이 약화되는 추세이다. 답 ○

019

13. 사시

국제사법재판소(ICJ)는 Barcelona Traction Co. 사건에서 회사의 경우 원칙적으로 그 주주의 국적국이 회사를 위하여 외교적 보호권을 행사할 수 있다고 판결하였다. O | X

국제사법재판소(ICJ)는 회사의 국적국이 보호권을 행사할 수 있다고 하였다. 회사의 국적은 설립지나 본점소재지를 기준으로 정한다고 하였다. 답 X

020

13. 사시

개인의 국적은 원칙적으로 해당 국가의 국내법에 따라 부여된다. O | X

국적 부여는 국내문제이다. 그러나 대항력을 가지기 위해서는 국제법의 기준을 충족해야 한다. 답 ○

021

00. 사시

이중국적과 무국적자에 대한 국제협약은 존재하지 않는다. O | X

1930년 국적법의 저촉에 관련되는 약간의 문제에 관한 협약, 이중국적의 어떤 경우에 있어서의 병역의무에 관한 의정서, 1954년 무국적자지위협약, 1961년 무국적감소협약 등이 체결되어 있다. 답 X

022

00. 사시

편의국적은 오늘날 관행으로도 행해지지 않는 불법행위이다. O | X

편의국적(flag of convenience)이란 선박의 국적부여에 있어서 소유자와 국적부여자 간 실질적 연관성이 없는 국적을 의미한다. 국제법상 적법성에 대해서는 학설대립이 있으나 일반적으로 적법한 것으로 인정된다. 답 X

023

01. 국가직

이중국적자는 국적국의 외교적 보호를 받을 수 없다. O | X

이중국적자의 국적국이 모두 외교적 보호권을 발동할 수 있다. 답 X

024

22. 9급

국가는 합법적으로 입국한 외국인을 자의적으로 추방할 수 없다. O | X

외국인의 추방은 정당한 이유가 있어야 하고 적법한 절차에 따라야 한다. 답 ○

025

20. 9급

일반국제법은 외국인의 집단적 추방을 금지하지 않은 것으로 보이나, 국가 간의 조약을 통해서 이를 금지시킬 수 있다. O | X

외국인 추방은 체류국의 재량이나, 국제인권규약 등의 조약을 통해 엄격한 요건을 요구하여 금지하거나 제한하기도 한다. 답 ○

026

예상논점

아마두 사디오 디알로 사건(2007)에서 국제사법재판소(ICJ)는 주주로서의 권리침해에 대해서는 주주의 국적국이 보호권을 발동할 수 있으나, 주주와 다른 국적을 가진 회사의 권리를 침해한 부분에 대해서는 주주의 국적국이 외교적 보호권을 행사할 수 없다고 하였다. O | X

회사가 피해를 본 경우 회사의 국적국이 보호권을 발동할 수 있다고 하였다. 답 ○

027

예상논점

1997년 채택한 유럽국적협약에서 국적유일의 원칙을 포기하고 일정한 경우 이중국적의 향유를 개인의 권리로 인정했다. O | X

이중국적이 허용되는 추세를 반영한 입법사항이다. 답 ○

028

예상논점

대표적 수민국인 미국은 출생에 의한 이중국적자에게 국적선택의무를 강제하지 않으며, 귀화자에게 구 국적을 상실했다는 법적 확인을 요구하지도 않는다. O | X

이중국적을 허용하는 입법사항이다. 답 ○

029

예상논점

캐나다, 호주, 영국, 프랑스, 스웨덴, 스위스도 귀화자에게 구 국적 포기를 요구하지 않으며, 자국민이 외국 국적을 취득했다는 사실만으로 국적을 당연히 박탈하지 않는다.

O | X

이중국적을 허용하는 입법사례이다.

답 O

030

예상논점

독일도 2000년 국적법을 개정해서 귀화요건을 완화하고 이중국적의 허용 폭을 넓혔다.

O | X

독일도 마찬가지로 이중국적을 허용한다.

답 O

031

예상논점

터키는 1981년 국적법을 개정하여 외국 국적 취득자의 자국적 유지를 금지하였다.

O | X

터키는 외국 국적 취득자의 자국적 유지를 허용하고 있다.

답 X

032

예상논점

한국은 2010년 국적법을 개정하여 외국인이 한국 국적을 취득했을 때 일정한 경우 복수국적을 유지할 수 있는 방안이 도입되었다.

O | X

우리나라도 복수국적을 허용한다.

답 O

033

예상논점

한국 개정 국적법에 의하면 복수국적자들은 원칙적으로 일정한 연령에 도달하면 국적을 선택해야 하나, 이들이 국내에서 외국 국적을 행사하지 않겠다는 서약을 조건으로 한국 국적을 유지할 수 있다.

O | X

한국의 개정 국적법은 복수국적 유지가 한국의 국익에 도움이 된다고 본 것이다. 답 O

034

예상논점

종래 복수국적자가 법정기간 내에 한국 국적을 선택하지 않으면 자동적으로 한국 국적을 상실했으나, 개정국적법에 의하면 우선 법무부장관이 국적선택명령을 하고, 그럼에도 불구하고 이에 응하지 않으면 한국 국적이 상실되도록 하였다.

O | X

복수국적 유지 기간을 연장하는 효과가 존재할 수 있다.

답 O

035

예상논점

무국적자 보호를 전담하는 국제기구는 없으며 현재 UNHCR에 무국적 보호업무가 위임되어 있다.

O | X

유엔난민고등판무관(UNHCR)은 무국적자도 위임난민(mandate refugee)으로 규정하고 보호조치를 취할 수 있다.

답 O

036
예상논점

1999년 ILC는 국가승계시 자연인의 국적 초안을 채택하였다. 초안에 의하면 국가승계시 자연인은 최소한 관련 1개국의 국적을 가질 권리가 있다고 전제하고 국가승계시 해당 지역의 상거주자는 승계국의 국적자로 추정한다. O | X

상거주자는 상시거주자를 의미하며 승계국의 국적을 취득한 것으로 추정되므로, 반박할 수 있다. 답 O

037
예상논점

중국 동포의 경우 현재 국적은 중국이라는 전제하에 1949년 10월 공산 중국 수립 이전 중국으로 건너간 한국 출신 동포임을 증명할 수 있다면 귀화절차를 적용하고, 그 이후 현지 출생자에게는 국적회복절차를 적용한다. O | X

중국 동포의 경우 국적회복절차가, 이후 현지 출생자에게는 귀화절차가 각각 적용된다. 답 X

038
예상논점

우리나라 대법원은 한일청구권협정에도 불구하고 징용 피해자인 개인은 여전히 손해배상청구권을 행사할 수 있다고 하였다. 대법원은 국가와 별개의 법인격을 가진 국민 개인의 동의 없이 국민의 개인청구권을 직접적으로 소멸시킬 수 있다는 것은 근대법의 원리와 상충하고, 국가가 조약을 통하여 국민의 개인청구권을 소멸시키는 것이 국제법상 허용될 수 있다고 하더라도 국가와 국민 개인이 별개의 법적 주체임을 고려하면 조약에 명확한 근거가 없는 한 조약체결로 국가의 외교적 보호권 이외에 국민의 개인청구권까지는 소멸하였다고 볼 수 없다고 하였다. O | X

1965년 한일 청구권협정에도 불구하고 강제징용 피해자들이 일제 강점기와 관련된 상황에 대해 민사소송을 제기할 수 있다고 본 것이다. 답 O

039
예상논점

우리나라 「국적법」에 의하면 미성년시 입양되었던 자, 한국인과 혼인을 위해 이주해 온 외국인 배우자 등은 한국 국적을 취득한 경우에도 국내에서 외국 국적을 행사하지 않겠다는 서약을 한 경우 기존 외국 국적을 유지할 수 있다. O | X

우리나라 국적법에서 복수국적 유지를 허용하는 것이다. 답 O

040
예상논점

우리나라 「국적법」에 의하면 출생이나 후천적으로 복수국적자가 된 경우 일정한 연령에 달하면 국적선택을 해야 하나, 국내에서 외국 국적을 행사하지 않겠다는 서약을 조건으로 한국 국적을 유지할 수 있다. O | X

한국 국적을 유지하기 위해 국내에서 외국 국적을 행사하지 않겠다는 서약을 조건으로 한다. 답 O

041
예상논점

우리나라 「국적법」에 의하면 원정출산자에게는 복수국적 유지가 허용되지 않는다. O | X

원정출산자란 출생지주의국가에서 출산하는 것을 의미한다. 답 O

개인과 국제인권법

제4편

해커스공무원 패권 국제법 단원별 핵심지문 OX

042
예상논점

우리나라 「국적법」에 의하면 복수국적자가 법정기간 내에 한국 국적을 선택하지 않으면, 법무부장관이 국적선택을 명령하고, 응하지 않으면 외국 국적을 상실한다. O | X

법무부장관이 명령한 국적선택에 응하지 않을 경우 한국 국적을 상실한다. 답 X

043
예상논점

우리나라 「국적법」에 의하면 복수국적자가 한국 국적을 포기하고 외국 국적을 선택하려면 외국에 거주하는 동안 재외공관을 통하여만 포기신고를 할 수 있다. O | X

재외공관을 통해서만 국적을 포기하고 신고할 수 있다. 답 O

044
예상논점

우리나라 「국적법」에 의하면 복수국적을 유지하는 자는 국내에서 오직 내국인으로만 대우를 받는다. O | X

복수국적을 유지하는 자는 내국인으로 인정된다. 답 O

045
예상논점

우리나라 「국적법」에 의하면 북한에 적을 둔 자가 대한민국에 입국하면 별도의 귀화절차 없이 한국인으로 인정된다. O | X

헌법상 북한도 대한민국의 영토이기 때문에 한국인으로 인정된다. 답 O

046
예상논점

우리나라 「국적법」에 의하면 중국 동포의 경우 중국인이라는 전제에서, 1949년 10월 공산 중국 수립 이전 중국으로 건너간 한국 출신임을 입증하면 국적회복절차를 적용한다. O | X

공산 중국 수립 이전 중국으로 건너간 자에 대한 설명으로 옳다. 답 O

047
예상논점

우리나라 「국적법」에 의하면 중국 동포의 경우 공산정권 수립 이후 중국 현지 출생자에게는 귀화절차를 적용한다. O | X

공산 중국 수립 이후에 현지 출생자에 대한 설명으로 옳다. 답 O

제2절 외교적 보호

048
09. 사시

외교적 보호권은 피해를 입은 개인의 권리가 아니라 국가 자신의 권리이므로 국가가 그 행사에 대한 재량권을 갖는다. O | X

외교적 보호권은 국가의 국제관습법상 권리이다. 답 O

049
16. 사시

국가는 타국의 국제위법행위에 의하여 피해를 입은 자국민을 위하여 외교적 보호를 하여야 할 의무가 있다. O | X

외교적 보호는 의무가 아닌 국가의 권리이다. 답 X

050
15. 경찰간부

외교적 보호권은 외교관이 접수국의 국제법 위반행위에 의해 피해를 입었을 때 파견 국이 행사할 수 있는 권리이다. O | X

외교적 보호권은 국민이나 개인이 피해를 입은 경우 발동한다. 외교관의 피해는 직접적 피해이므로 외교적 보호권의 문제가 아니다. 답 X

051
08. 사시

외교적 보호권은 명시적 또는 묵시적으로 포기할 수 있다. O | X

외교적 보호권의 묵시적 포기가 가능하다는 점에 주의한다. 답 O

052
08. 사시

외교적 보호권은 한번 포기하더라도 나중에 다시 청구할 수 있다. O | X

외교적 보호권을 포기한 후 재청구할 수 있는지에 대한 특별한 규정은 없다. 그러나, 금반 언(estoppel)원칙상 재청구할 수는 없다고 본다. 답 X

053
08. 사시

칼보조항(Calvo clause)이 자국민을 보호할 국가의 주권적 권리를 포기하거나 부인하 려고 시도하는 것이라면 그 한도 내에서 무효이다. O | X

칼보조항(Calvo clause)은 국가계약 관련 분쟁에서 투자자 개인이 투자자 본국의 외교 적 보호권을 포기한다는 조항을 의미한다. 칼보조항(Calvo clause)은 국가의 권리인 외 교적 보호권을 개인이 포기하는 것이므로 허용될 수 없다. 답 O

054
07. 사시

외교적 보호권의 행사를 위해서는 자국민의 요청이 요구된다. O | X

외교적 보호권은 국가의 권리이므로 자국의 요청과 무관하게 행사할 수 있다. 답 X

055
07. 사시

드라고주의(Drago Doctrine)는 계약상의 채무 회수를 위하여 국가가 무력을 행사할 수 없다는 주장을 말한다. O | X

드라고주의(Drago Doctrine)는 1907년에 '드라고 – 포터조약'으로 성립되기도 하였다. 답 O

056
21. 7급

국가는 피해자의 피해가 특별히 중대한 경우, 외교적 보호를 할 의무가 있다. O | X

피해가 중대하더라도 외교적 보호 의무는 없다. 외교적 보호는 국가의 권리이다. 답 X

057
17. 7급

2006년 국제법위원회(ILC)의 외교적 보호에 관한 규정 초안상 피해를 입은 자국민이 외교적 보호를 요청하지 않는 한 국가는 외교적 보호권을 행사할 수 없다. O | X

외교적 보호권은 국가의 권리이므로 개인이 요청하지 않아도 발동할 수 있다. 답 X

058
17. 7급

2006년 국제법위원회(ILC)의 외교적 보호에 관한 규정 초안상 법인의 국적국도 외교적 보호권의 행사가 가능하다. O | X

법인의 국적은 1차적으로는 설립지국이다. 답 O

059
15. 사시

국제연합(UN) 국제법위원회는 외교적 보호와 관련한 초안 작업에서 무국적자를 위하여, 이들이 합법적으로 상주하는 국가의 외교적 보호를 인정하는 입장을 취하고 있다. O | X

2006년 외교보호초안의 내용이다. 답 O

060
20. 9급

UN국제법위원회의 외교적 보호규정 초안 제8조는 난민의 합법적인 상거주지국의 이들에 대한 외교적 보호 행사를 불허한다. O | X

난민의 경우 난민을 인정하고 난민 인정국에 합법적이고 상시적이고 체류하는 난민에 대해서 난민 인정국이 외교적 보호권을 발동할 수 있다. 답 X

061
12. 사시

2006년 국제법위원회(ILC)의 외교적 보호권 초안에 의하면, 이중국적을 가진 개인이 제3국에 의하여 피해를 입은 경우, 이중국적국 중의 어느 한 국가가 외교적 보호권을 포기하면 다른 국적국도 외교적 보호권을 행사할 수 없다. O | X

국적국이 모두 보호권을 가지므로 일방의 포기가 타방의 권리에 효력을 미치는 것은 아니다. 답 X

062

09. 사시

외교적 보호권은 외국의 국제위법행위로 인하여 피해를 입은 자국민에 대해서 행해지는 것이 원칙이나 자국민 이외의 자에 대해서도 행해질 수 있다.　O | X

외교보호초안(2006)에 의하면 난민, 무국적자, 자국 국적 선박에 근무하는 외국인 선원 등을 위해서도 외교적 보호권을 발동할 수 있다.　답 ○

063

16. 사시

이중국적자가 제3국의 국제위법행위에 의하여 피해를 입을 경우 두 국적국 중 어느 국가도 그 위법행위국을 상대로 외교적 보호권을 행사할 수 있다.　O | X

가해국이 제3국인 경우 피해국이 모두 외교적 보호권을 발동할 수 있다.　답 ○

064

16. 사시

무국적자는 어떠한 경우에도 외교적 보호를 받을 수 없다.　O | X

전통국제법에서는 보호주체가 없었다. 그러나, 현행법을 반영한 것으로 평가되는 외교보호초안(2006)에 의하면 무국적자의 상주국이 보호권을 발동할 수 있다.　답 X

065

15. 7급

「외교보호초안」(2006)에 따르면 이중국적자에 대해서는 그 중 어느 국가라도 또는 공동으로 제3국에 대하여 외교적 보호를 청구할 수 있다.　O | X

피해국이 공동으로 제3국에 대해 외교적 보호권을 발동할 수 있다.　답 ○

066

15. 7급

「외교보호초안」(2006)에 따르면 회사가 등록지국법상 더 이상 존속하고 있지 않을 때는 그 회사 주주의 국적국도 외교적 보호를 행사할 수 있다.　O | X

더 이상 존속하고 있지 않다는 것은 법인의 법적 소멸시를 의미한다. 주주의 국적국이 보호권을 행사하는 것은 예외적 보호권을 발동하는 것이다.　답 ○

067

15. 9급

「외교보호초안」(2006)에 따르면 국가가 무국적자에게 외교적 보호를 행사할 경우, 무국적자가 피해를 입을 시에 또한 공식적으로 청구를 제기할 시에 그 국가에 합법적으로 상주하여야 한다.　O | X

무국적자의 상주국이 외교적 보호권을 발동할 수 있다.　답 ○

068

15. 9급

「외교보호초안」(2006)에 따르면 기업의 경우 주주의 국적국이 외교적 보호를 행사할 수 있는 경우가 있다.　O | X

기업이 법적으로 소멸한 경우 주주의 국적국이 보호권을 발동할 수 있다.　답 ○

069

15. 9급

「외교보호초안」(2006)에 따르면 이중국적자의 경우 국적국 상호 간에는 외교적 보호를 행사할 수 없다. O | X

이중국적국 상호 간은 원칙적으로 외교적 보호권을 발동할 수 없다. 그러나, 일방이 타방에 비해 지배적 국적국인 경우 외교적 보호권을 행사할 수 있다. 지배적 국적국이란 피해사인과 관련성의 정도가 타방에 비해 압도적인 국가를 의미한다. 답 X

070

15. 경찰간부

1930년 「국적법 저촉에 관한 문제에 관한 헤이그협약」은 이중국적자 소속국 상호간에는 외교적 보호를 행사할 수 없다고 규정하였다. O | X

국적법 저촉에 관한 문제에 관한 헤이그협약은 전통국제법의 입장을 담고 있다. 답 O

071

12. 사시

1965년 한일청구권협정으로 한국정부가 외교적 보호권과 개인청구권을 포기한 것인지에 대하여 논란이 있다. O | X

한국은 포기하지 않았다는 입장이나, 일본은 개인청구권 문제도 모두 해결되었다는 입장이다. 답 O

072

21. 7급

이중국적국 상호 간에는 우세한 국적국이 외교적 보호를 할 수 있다. O | X

이중국적국 상호 간에는 원칙적으로 외교적 보호권을 발동할 수 없으나 일방이 타방에 비해 지배적 국적국(dominant nationality)인 경우 외교적 보호권을 발동할 수 있다. 지배적 국적국이란 국가와 당해 국민 간 관련성의 정도가 압도적으로 강한 국가를 말한다. 답 O

073

02. 서울시

법인은 1차로 주주의 국적국가가, 2차로는 법인의 국적국가가 외교적 보호권을 갖는다. O | X

법인의 국적국가가 1차이고 예외적이며, 2차적으로 주주의 국적국가가 보호권을 발동한다. 답 X

074

예상논점

ILC외교보호초안(2006)에 따르면 무국적자가 피해 시와 청구 제기 시에 청구 제기국의 합법적이고 상습적 거주자인 경우 당해국은 무국적자를 위해 외교적 보호권을 발동할 수 있다. O | X

피해 시뿐만 아니라 청구 제기 시에도 거주요건이 적용됨에 주의한다. 답 O

075

예상논점

ILC외교보호초안(2006)에 따르면 난민에 대해서는 난민의 본 국적국이 외교적 보호권을 포기한 경우에 한하여 피해자를 난민으로 인정한 국가에서 외교적 보호권을 발동할 수 있다. O | X

본국의 외교적 보호권 포기와 무관하게 난민 인정국에서 외교적 보호권을 발동할 수 있다. 답 X

076
예상논점

ILC외교보호초안(2006)에 따르면 난민 인정국은 난민의 국적국에 대해 외교적 보호권을 발동할 수 있다. O | X

난민 인정국은 난민의 국적국에 대해 외교적 보호권은 발동할 수 없다(제8조 제3항).

답 X

077
예상논점

ILC외교보호초안(2006)에 따르면 법인의 설립국과 본점소재지국이 다른 경우, 법인이 설립국이 아닌 다른 국가의 국민에 의해 통제되고 설립국에서 실질적인 영업활동이 없으며, 본점소재지국과 재무지배소재지국이 설립국이 아닌 경우에 한하여 본점소재지국이 국적국이다. O | X

초안상 법인의 설립국이 1차적 국적국이다.

답 ○

078
예상논점

ILC외교보호초안(2006)에 따르면 법인의 피해에 의해 주주가 간접적으로 피해를 입은 경우 주주의 국적국은 일차적으로 가해국에 대해 외교적 보호권을 발동할 수 있다. O | X

법인의 국적국이 1차적 보호권자이며, 주주의 국적국은 법인이 설립지국에서 소멸하였거나, 설립지국이 법인의 피해에 책임이 있는 경우에 한하여 보호권을 발동할 수 있다.

답 X

079
예상논점

ILC외교보호초안(2006)에 따르면 주주들이 회사에 대한 피해와 구분되는 직접적인 피해를 입은 경우 법인의 국적국은 가해국에 대해 1차적으로 보호권을 발동할 수 있다. O | X

주주가 직접 피해를 받은 경우에 주주의 국적국이 1차적 보호권자이다.

답 X

080
예상논점

ILC외교보호초안(2006)에 따르면 자국에 등록된 선박이 피해를 입은 경우 선박의 피해로 인해 손해를 입은 외국인 승무원을 위해 가해국에 대해 손해배상을 청구할 수 있으며, 이 경우 승무원의 국적국은 외교적 보호권을 발동할 수 없다. O | X

승무원의 국적국의 외교적 보호권을 침해하지 않는다(제18조).

답 X

081
예상논점

ILC외교보호초안(2006)에 따르면 외교적 보호권을 발동하는 국가와 피해 사인 간 진정한 관련성(genuine link)이 존재해야 한다. O | X

ILC외교보호초안(2006)에는 진정한 관련성(genuine link)에 대한 언급이 없다. 답 X

082
예상논점

ILC외교보호초안(2006)에 따르면 국가승계에 의해 국적이 변경된 경우 현재의 국적국은 피해시 국적국이 아니었다고 해도 외교적 보호권을 발동할 수 있다. O | X

국적계속원칙의 예외를 인정하는 설명으로 옳다. 답 ○

083
예상논점

ILC외교보호초안(2006)에 따르면 국가승계에 의해 국적이 변경된 경우 당해 국적국은 전임국이 가해국인 경우에도 전임국에 대해 외교적 보호권을 발동할 수 있다.

O | X

전임국이 가해국이라면 국적국은 전임국에 대해 외교적 보호권을 발동할 수 없다. 답 X

084
04. 사시

외교적 보호를 위한 개인의 국적과 국가의 진정한 관련은 코르푸 해협(Corfu Channel) 사건에서 강조되었다.

O | X

노테봄 사건이다. 코르푸 해협(Corfu Channel) 사건은 영국과 알바니아 간 발생한 국제사법재판소(ICJ)의 사례이다. 확대관할권 인정, 기뢰위험을 통지하지 않은 알바니아 측의 부작위책임인정 등에 대한 판례이다. 답 X

085
02. 행시·외시

국적계속의 원칙이란 출생 시부터 구제를 받을 때까지 국적의 변경이 없어야 한다는 원칙으로, 피해가 발생하기 전에 국적이 변경된 자는 외교적 보호권을 행사할 국가가 없게 된다.

O | X

피해를 받은 때부터 본국이 보호권을 발동할 때까지이다. 답 X

086
16. 사시

외교적 보호권 행사의 요건으로서 피해자의 국적은 피해의 발생 시부터 국제청구에 의한 해결이 완료되는 시점까지 계속 유지되어야 한다.

O | X

외교보호초안을 기준으로 피해의 발생시부터 국제청구 제기 시까지 피해자의 국적이 유지되어야 한다. 답 X

087
15. 7급

「외교보호초안」(2006)에 따르면 외교적 보호를 행사할 수 있는 국적국의 정의에 노테봄(Nottebohm) 사건에서 유래된 '진정한 유대'(genuine link) 기준이 명시되었다.

O | X

기준이 명시되지 않았다. 진정한 관련 기준이 후천적으로 국적을 취득한 자의 보호에 허점을 보일 수 있다는 비판을 반영한 것이다. 답 X

088
15. 7급

「외교보호초안」(2006)에 따르면 피해 발생 시와 외교적 보호의 청구 제기 시의 국적이 동일한 경우에는 피해자 국적이 계속되었다고 추정한다.

O | X

따라서 피해자의 국적이 계속되지 않았다는 반박은 가해국 측에서 입증해야 한다. 답 O

089
15. 9급

「외교보호초안」(2006)에 따르면 피해 발생 이후 청구와 관계없는 이유로 국적이 변경된 경우, 새로운 국적 취득이 국제법에 반하지 않으면 현재의 국적국이 외교적 보호를 행사할 수 있다.

O | X

국가승계로 인해서 피해사인의 국적이 변경된 경우 피해사인의 신규 국적국이 외교적 보호권을 발동할 수 있다. 답 O

090
22. 7급

ICJ는 Elettronica Sicula S.p.A.(ELSI) (U.S. v. Italy) 사례에서 국적계속의 원칙은 국제관습법의 중요한 원칙이라고 인정하였다. O | X

이 판례에서 쟁점이 된 것은 '국내구제 완료원칙'에 관한 것이다. 동 원칙이 포기될 수 있는가와 관련하여 포기될 수 있으나, 포기 의사가 명확하게 드러나야 한다고 판시하였다. 답 X

091
예상논점

ILC외교보호초안(2006)에 따르면 이중국적자의 국적국은 가해국인 제3국에 대해 공동으로 외교적 보호권을 발동해야 한다. O | X

이중국적자의 국적국은 공동으로 외교적 보호권을 발동할 수 있다. 답 X

092
예상논점

ILC외교보호초안(2006)에 따르면 이중국적국 상호 간에는 원칙적으로 외교적 보호권을 발동할 수 없으나, 피해 시와 공식 청구 제기 시에 모두 지배적 국적국인 경우 타방에 대해 외교적 보호권을 발동할 수 있다. O | X

피해 시와 청구 제기 시 모두 지배적 국적국이어야 외교적 보호권을 발동할 수 있다. 답 O

093
예상논점

ILC외교보호초안(2006)에 따르면 국내구제절차가 유책국에 의해 부당하게 지연되더라도 국내구제를 완료해야 한다. O | X

부당한 지연 시 국내구제를 완료할 의무가 없다. 피해자를 구제하는 것의 신속성을 위해 부당한 지연 시 국내구제완료원칙이 배제될 수 있도록 한 것이다. 답 X

094
22. 7급

ILC 외교보호초안은 복수국적자의 국적국 상호 간에는 외교보호권의 행사를 전적으로 배제한다고 규정하였다. O | X

복수국적자 국적 상호 간 원칙적으로 보호권을 배제하나, 일방에 타방에 대해 지배적 국적국인 경우 외교적 보호권을 발동할 수 있다고 규정하고 있다. 답 X

095
예상논점

ILC외교보호초안(2006)에 따르면 피해시에 피해자와 유책국 간 '자발적 관련성'이 없는 경우 국내구제를 완료할 의무가 없다. O | X

'적절한 관련성(relevant connection)'이 없는 경우 국내구제를 완료할 의무가 없다[외교보호초안 제15조 제(c)호]. 답 X

096
17. 7급

2006년 국제법위원회(ILC)의 외교적 보호에 관한 규정 초안상 피해자가 가해국의 국내적 구제절차로부터 명백히 배제되어 있는 경우에는 그 국내적 구제절차를 완료하지 않더라도 외교적 보호권을 행사할 수 있다. O | X

구제수단이 명백히 실효성이 없는 경우에 해당되므로 국내구제완료원칙에서 배제된다. 답 O

097

16. 사시

원칙적으로 타국의 국제위법행위에 의하여 피해를 입은 개인이 그 국가의 국내법상의 구제절차를 완료한 경우에 피해자의 국적국이 외교적 보호권을 행사할 수 있다.

O | X

국내구제완료원칙은 가해국과 피해국 간 분쟁으로 조기에 비화되는 것을 막고자 하는 것이다.

답 O

098

12. 사시

국내구제완료의 원칙은 당사국 간 사전 또는 사후의 합의에 의하여 배제될 수 있다.

O | X

국내구제완료의 원칙이 강행규범은 아니므로 국가 간 합의를 통해 배제할 수 있다.

답 O

099

02. 사시

국내적 구제절차 완료의 원칙에서 '국내'의 의미는 재외국민의 본국을 의미한다.

O | X

'국내'의 의미는 가해국을 의미한다.

답 X

100

02. 행시 · 외시

피해자가 불가항력으로 인하여 가해국의 영토에 들어간 경우 국내적 구제절차를 반드시 거칠 필요가 없다는 주장이 있다.

O | X

'자발적 관련성'이 없는 경우 국내구제완료의무가 면제된다. 불가항력으로 들어간 경우도 자발적 관련성이 없는 경우에 해당된다.

답 O

101

09. 사시

국제사법재판소(ICJ)는 '인터한델(Interhandel) 사건'에서 이중국적자에 대한 외교적 보호권 행사와 관련하여 자국민과 진정한 관련(genuine link)이 있는 국가가 외교적 보호권을 행사할 수 있다고 판결하였다.

O | X

인터한델(Interhandel) 사건은 '국내구제완료'원칙에 대한 판례이다. 진정한 관련성(genuine link) 문제는 '노테봄 사건'과 관련이 있다.

답 X

102

22. 7급

ICJ는 Avena and Other Mexican Nationals (Mexico v. U.S.A.) 사례에서 국가의 권리와 개인의 권리가 상호 의존적인 특별한 사정에서는 국내구제 완료의 의무는 적용되지 않는다고 판시하였다.

O | X

이 경우 국가의 권리가 침해된 것으로 보아 국내구제 완료원칙이 적용되지 않는다.

답 O

103

23. 9급

국제연합 국제법위원회의 「외교적 보호에 관한 규정 초안」에 의하면 피해자가 구제조치 판결을 받을 가능성이 작거나 비용상 사법적 접근의 어려움이 큰 경우 국내구제절차 완료의 원칙이 적용되지 아니한다.

O | X

국내 구제절차 완료 원칙의 예외에 해당되지 않는다. 피해자가 국내 구제 수단에서 명백히 배제된 경우에 해당된다고 보기 어렵다.

답 X

104
14. 경찰간부

국내구제완료원칙은 대륙법계에서 발전한 이론으로서 영미법계에서는 인정되지 않고 있다. O | X

국내구제완료원칙은 관행이 아닌 국제관습이다. 답 X

105
22. 9급

국제사법재판소(ICJ)는 Barcelona Traction 사건에서 법인에 대한 외교적 보호권을 행사할 경우 진정한 관련성이 요구된다고 시사하였다. O | X

ICJ는 자연인과 달리 법인의 경우 외교적 보호권 행사를 위해 그 국적국과의 진정한 관련성(genuine link)을 필요로 하지 않는다고 하였다. 답 X

106
14. 경찰간부

외교사절이나 국가기관에 해당하는 개인 등 국가 자체가 입은 피해에 대하여는 국내구제절차를 완료하지 않아도 된다. O | X

원칙적으로 자국민이 피해를 입은 경우 발동하는 권리이다. 답 O

107
22. 7급

ILC 외교보호초안은 무국적자의 경우 외교보호권을 행사할 수 있는 국가가 없다고 규정하였다. O | X

무국적자의 경우 무국적자의 상주국이 보호권을 발동할 수 있다. 답 X

108
11. 사시

국내적 구제완료원칙은 사인(私人)이 입은 손해에 대해서만 적용되며 국가가 직접 손해를 입은 경우에는 그러하지 않다. O | X

조약 위반으로 인한 피해나 국가기관이 피해를 입은 경우는 직접침해이므로 국내적 구제완료원칙이 적용되지 않는다. 답 O

109
11. 사시

바르셀로나 전력회사(Barcelona Traction, Light and Power Co.) 사건(1970)은 국내적 구제의 미완료를 이유로 외교적 보호권이 부인된 사례이다. O | X

이 사례의 논점은 법인의 국적, 대세적 의무의 존재, 주주의 국적국의 보호권 발동 가능성 등이다. 답 X

110
08. 7급

불가항력으로 외국의 논점은 영토에 들어가 손해를 입은 경우, 즉 외국과 개인 간에 자발적 연관(voluntary link)이 없는 경우에는 국내구제절차완료의 원칙을 배제하고 바로 소속 국가의 외교적 보호권 행사가 가능하다. O | X

자발적 연관(voluntary link)을 전제로 국내구제절차완료의 원칙이 적용된다. 답 O

111

01. 사시

국내구제완료원칙은 가해국의 주권적 입장과 재판관할권을 존중하려는 것이다.

O | X

그 밖에 국내구제완료원칙에는 국가 대 국가 간 갈등이 조기에 발생하는 것을 막자는 취지도 있다.

답 ○

112

예상논점

국가는 외교적 보호권을 사전에 조약에 의해 또는 사후에 일방적으로 포기할 수 있다.

O | X

외교적 보호권은 국가의 권리이므로 포기할 수 있다.

답 ○

113

예상논점

메르제 중재 사건, 미국 – 이란 청구권 사건, 카네바로 사건 등은 이중국적국 상호 간 보호권을 발동할 수 없다고 본 사건이다.

O | X

메르제 중재 사건, 미국 – 이란 청구권 사건, 카네바로 사건 등은 이중국적국 상호 간 보호권을 발동할 수 있다고 본 사건이다. 보호권을 주장하는 국가가 지배적 국적국임을 입증해야 한다.

답 X

114

예상논점

1981년 이란 – 미국 청구재판소는 국내구제완료원칙을 적용하지 않기로 하였다.

O | X

합의에 의해 국내구제완료원칙을 배제한 것이다.

답 ○

115

예상논점

양국이 장래에 발생하는 모든 분쟁을 국제재판에 회부하기로 한 일반적 합의는 국내구제완료를 포기한 것으로 해석된다.

O | X

양국이 장래에 발생하는 모든 분쟁을 국제재판에 회부하기로 한 일반적 합의는 국내구제완료를 포기한 것으로 해석될 수 없다. 국내구제완료원칙의 포기는 구체적이고 명확해야 한다.

답 X

116

예상논점

아마두 사디오 디알로 사건(2012)에서 재판부는 국내구제완료원칙은 관습법상 원칙이며 국내구제완료에 대해서는 피제소국이 입증책임을 진다고 하였다.

O | X

국내구제완료에 대해서는 제소국이, 국내구제미완료에 대해서는 피제소국이 입증해야 한다.

답 X

117

예상논점

아마두 사디오 디알로 사건(2012)에서 국제사법재판소는 국내구제완료 불능상황의 존재에 대해서는 제소국이 입증책임을 진다고 하였다.

O | X

국내구제완료 불능상황의 존재는 제소국이, 국내구제완료가 가능하였다는 점은 피제소국(유책국)이 입증해야 한다.

답 ○

118
예상논점

아마두 사디오 디알로 사건(2012)에서 국제사법재판소(ICJ)는 제소국은 국내구제완료 불능상황의 부존재에 대해 입증책임을 진다고 하였다. O | X

피제소국이 국내구제가 완료되었으며, 국내구제를 완료하기 어려운 상황이 존재하였음을 입증하여야 한다. 답 X

119
예상논점

아마두 사디오 디알로 사건(2012)에서 국제사법재판소(ICJ)는 아마두 사디오 디알로가 대주주인 회사의 국적국은 콩고이고 가해국도 콩고이므로 디알로의 국적국인 기니가 회사의 피해에 대해 보호권을 발동할 수 없다고 하였다. O | X

국제사법재판소(ICJ)는 기니가 콩고 국적의 회사의 피해에 대해 보호권을 발동할 수 없다고 본 것이다. 답 ○

제3절 외국인

출입국

120
06. 사시

우호통상항해조약의 내국민대우조항은 일반적으로 외국인의 지위를 신장시킬 목적을 가진다. O | X

내국민대우조항은 외국인의 대우를 자국민과 동등하게 하는 목적을 가진다. 답 ○

121
06. 사시

불법체류 외국인에 대하여서도 재류국은 인권을 보장할 의무를 진다. O | X

인권은 모든 사람의 권리이므로 불법체류 외국인의 인권도 보장해야 한다. 답 ○

122
16. 경찰간부

국가는 외국인의 입국을 허용할 국제관습법적 의무가 없다. O | X

외국인의 입국을 허용할지는 영토주권을 가진 국가의 권리이다. 답 ○

123
15. 7급

외국인에는 무국적자와 외국 국적자가 포함된다. O | X

외국인은 자국 국적을 갖지 않는 자를 의미한다. 답 ○

124
15. 7급

일단 입국한 외국인에게는 출국의 자유가 없다. O | X

일단 입국한 외국인의 출국의 자유를 보장할 의무가 있다. 답 X

125

15. 7급

국가는 합법적으로 입국한 외국인을 자의적으로 추방할 수 없다.　　O | X

합법적으로 입국한 외국인을 추방할 때에는 적법절차에 따라야 하고, 정당한 사유가 있어야 한다.　　답 ○

126

12. 사시

외국인을 추방시키는 경우 사전에 엄격한 사법심사를 거쳐야 한다.　　O | X

추방시 적법절차는 거쳐야 하나, 반드시 사법심사를 거쳐야 하는 것은 아니다.　　답 X

보호

127

16. 경찰간부

외국인 대우의 국제최소기준은 주로 선진국들의 입장이다.　　O | X

국제최소기준은 문명국표준주의라고도 한다. 선진국에서 외국인을 대하는 것만큼 모든 국가가 대우해주어야 한다는 것이다.　　답 ○

128

16. 경찰간부

외국인의 모든 기본권은 내국인과 동일하게 인정되어야 한다.　　O | X

국제법의 제한을 받지 않는 한 외국인 대우는 국가의 재량권이다.　　답 X

129

16. 경찰간부

칼보조항(Calvo Clause)은 외국인의 국적국에 의한 외교적 보호권의 행사를 제한하기 위한 것이다.　　O | X

다만, 칼보조항(Calvo Clause) 인징 여부에 대해서는 부정하는 것이 일반적이다.　　답 ○

130

09. 7급

외국인에게는 국가주권에 직접 영향을 미치는 참정권을 주지 않을 수 있다.　　O | X

참정권 부여 여부는 국제법이 존재하지 않는 한 국가의 재량권이다.　　답 ○

131

22. 9급

국가들은 조약을 통하여 외국인의 집단적 추방을 금지시킬 수 있다.　　O | X

정당한 사유가 있는 경우 집단적 추방은 인정되나, 조약을 통해 집단적 추방을 금지할 수 있다.　　답 ○

132

00. 사시

외국인은 재류국의 영토관할권에만 복종하며, 본국의 관할권은 배제된다.　　O | X

외국인은 본국의 속인주의관할권에도 복종한다.　　답 X

133
23. 7급

외국인의 법적 지위에 있어서 국내 표준주의는 외국인의 대우가 다루어지는 영역을 정치적 및 공적 권리 보장으로 한정하고 그 보장이 내국인과 같은 수준이면 충분하다고 본다.　　　　　　　　　　　　　　　　　　　　　　　　　　O | X

외국인에게 정치적 및 공적 권리의 경우 내국민대우가 적용되지 않는다. 즉, 참정권이나 공무담임권 등은 주어지지 않는 것이 일반적이다.　　　　　　　　답 X

134
23. 7급

외국인의 법적 지위에 있어서 국제 표준주의는 국제사회에서 정해진 보호 수준의 처우를 자국민도 받지 못한다는 것을 내세워 국가책임을 회피하는 것을 정당화할 수 없다고 본다.　　　　　　　　　　　　　　　　　　　　　　　　　　O | X

국제표준주의는 국제기준에 따라 외국인을 대우해야 한다는 주장이다.　　답 O

135
23. 7급

외국인의 법적 지위에 있어서 국제법상으로 국가는 외국인을 입국시킬 일반적 의무가 없고 합법적으로 입국한 외국인을 국가가 선택한 방법과 절차에 따라 자유롭게 추방할 수 있다.　　　　　　　　　　　　　　　　　　　　　　　　O | X

추방의 경우 국제법에 따른 절차에 따라 이뤄져야 한다. 따라서 국가가 선택한 방법과 절차에 따라 자유롭게 추방할 수 있는 것이 아니고, 국제법의 지배를 받는다.　　답 X

ICSID

136
01. 행시·외시

1965년 ICSID협약에 의해 설치된 국제투자분쟁해결센터에서 대상이 되는 분쟁은 한 체약국과 다른 체약국 간의 투자로부터 발생하는 정치적 분쟁이어야 한다.　O | X

1965년 ICSID협약에 의해 설치된 국제투자분쟁해결센터에서 대상이 되는 분쟁은 법적 분쟁이다.　　　　　　　　　　　　　　　　　　　　　　　　　　　답 X

137
01. 행시·외시

ICSID협약에 따른 중재재판관할권이 성립하기 위해서는 분쟁당사자 간의 합의가 있어야 한다.　　　　　　　　　　　　　　　　　　　　　　　　　　　　O | X

이중동의를 요한다. 즉, 분쟁당사국 간 합의와 투자자 개인 및 피투자국의 합의를 요한다.　　　　　　　　　　　　　　　　　　　　　　　　　　　　　답 O

138
01. 행시·외시

국제투자분쟁해결센터는 일반국제기구와 마찬가지로 법인격을 가지며 또한 일정한 특권 및 면제를 향유한다.　　　　　　　　　　　　　　　　　　　　　O | X

법인격이 명시되어 있다(ICSID협약 제18조).　　　　　　　　　　　　　답 O

139

01. 행시 · 외시

ICSID협약에 따른 중재재판판결은 해당 체약국 법원의 최종판결과 동일한 취급을 받는다.　　　　　　　　　　　　　　　　　　　　　　　　　　　　　　　O | X

ICSID의 중재재판판결은 단심제이며 법적 구속력이 있다.　　　　　답 ○

140

01. 행시 · 외시

ICSID협약에 따른 중재재판은 외국 정부를 상대로 한 국내 소송이나 외교협상에 의해 해결되기 곤란한 해외투자 문제를 해결하기 위한 방법이 된다.　　　O | X

ICSID의 중재재판은 투자자 개인이 피투자국을 상대로 하는 재판이다.　　답 ○

141

18. 7급

「국가와 타방국가 국민간의 투자분쟁의 해결에 관한 협약」(ICSID협약)에 따르면 분쟁 당사자들은 상호 합의하에 ICSID 내에서 알선, 조정, 중재 및 재정절차를 활용할 수 있다.　　　　　　　　　　　　　　　　　　　　　　　　　　　　　　O | X

ICSID의 분쟁해결방식은 조정과 중재 2가지만 있다.　　　　　　　　답 X

142

18. 7급

「국가와 타방국가 국민 간의 투자분쟁의 해결에 관한 협약」(ICSID협약)에 따르면 분 쟁당사자들은 ICSID에 분쟁을 회부하기로 서면으로 부여한 동의를 일방적으로 철회 할 수 없다.　　　　　　　　　　　　　　　　　　　　　　　　　　　　O | X

투자자와 피투자국 모두 서면으로 부여한 동의를 철회할 수 없다.　　답 ○

143

18. 7급

「국가와 타방국가 국민 간의 투자분쟁의 해결에 관한 협약」(ICSID협약)에 따르면 중 재재판 준거법의 미합의시에 중재재판부는 분쟁당사국의 국내법과 국제법 모두를 적 용하여야 한다.　　　　　　　　　　　　　　　　　　　　　　　　　　O | X

중재재판 준거법의 미합의시에 국내법과 국세법을 모누 석용한다.　　답 ○

144

18. 7급

「국가와 타방국가 국민간의 투자분쟁의 해결에 관한 협약」(ICSID협약)에 따르면 분쟁 당사국들은 ICSID협약에 따라 내려진 판정의 구속력을 승인하고 이를 집행하여야 한다.　　　　　　　　　　　　　　　　　　　　　　　　　　　　　　O | X

분쟁당사국들은 내려진 판정에 국내판결과 같은 효력을 부여하고 집행해야 한다.　답 ○

145

예상논점

중재재판은 당사자 합의를 전제로 형평과 선에 따라 재판할 수 없다.　　O | X

중재재판은 당사자 합의를 전제로 형평과 선에 따라 재판할 수 있다.　　답 X

146

예상논점

분쟁당사자들이 중재재판에 합의하면 본국의 외교적 보호권을 제외한 다른 모든 구제수단이 배제된다.　　　　　　　　　　　　　　　　　　O | X

분쟁당사자들의 합의가 이루어지면, 외교적 보호권을 포함한 모든 구제수단이 전면 배제된다.　　　　　　　　　　　　　　　　　　　　답 X

다자간투자보증기구(MIGA)

147

예상논점

다자간투자보증기구(MIGA)의 당사국의 투표권은 출자액에 따라 차등 배분된다.　　　　　　　　　　　　　　　　　　　　　　O | X

투표권의 차등 배분은 상대적 평등이 제도화된 것이다.　　　　답 O

148

예상논점

다자간투자보증기구(MIGA)는 완전한 법인격을 가진다.　　　　O | X

다자간투자보증기구(MIGA)의 법인격이 명시된 것이다.　　　답 O

149

예상논점

다자간투자보증기구(MIGA)는 개발도상국 영토 내에서 이루어진 투자만 보호대상으로 한다.　　　　　　　　　　　　　　　　　　　　　O | X

다자간투자보증기구(MIGA)가 보호하는 투자는 회원국이면서 개발도상국인 영토 내에서 이루어진 투자여야 한다.　　　　　　　　　　　　　　　　답 X

150

예상논점

다자간투자보증기구(MIGA)는 상업적 위험에 대해서만 보증대상으로 한다.　O | X

다자간투자보증기구(MIGA)는 비상업적 위험만 보증대상으로 한다. 비상업적 위험(정치적 위험)은 내전, 전쟁, 송금제약 등 정부가 개입된 위험을 의미한다.　　답 X

151

예상논점

다자간투자보증기구(MIGA)와 투자자 사이의 일체의 분쟁은 중재에 부탁한다.　　　　　　　　　　　　　　　　　　　　　　　　O | X

ICSID의 중재가 주로 채택되어 부탁된다.　　　　　　　　　답 O

수용

152
16. 7급

2001년 UN 국제법위원회(ILC)가 채택한 국제위법행위에 대한 국가책임 규정초안에 따르면 외국인 재산의 위법한 수용에 대한 구제방법은 1차적으로 금전배상이다. O | X

위법행위책임을 해제하는 경우 원칙은 원상회복이다. 따라서 금전배상은 1차적 구제방법이 아니다. 원상회복이 불가능한 경우 금전배상이 요구된다. 답 X

153
16. 7급

1973년 천연자원에 대한 영구주권결의는 "각국은 가능한 보상금액과 지급방법을 결정할 권리가 있다."라고 규정하였다. O | X

1973년 천연자원에 대한 영구주권결의는 UN총회의 결의로서 법적 구속력이 없다. 답 ○

154
23. 7급

1962년 「천연자원에 관한 영구주권」 선언은 1974년 「국가의 경제적 권리·의무 헌장」과는 달리 국유화 보상 기준으로 '신속하고 충분하고 효과적인 보상'을 명시하고 있다. O | X

1974년 국가의 경제적 권리의무 헌장은 국유화국이 보상방법과 절차를 선택할 수 있음을 규정하고 있다. 답 X

155
16. 7급

1962년 천연자원에 대한 영구주권결의는 각국의 국유화 또는 수용의 권리를 인정하며 소유주는 "국제법에 따라 적절한 보상을 지급받아야 한다."고 규정하였다. O | X

1962년 천연자원에 대한 영구주권결의는 UN총회의 결의이다. 답 ○

156
22. 9급

1962년 「천연자원에 관한 영구주권 선언」은 국가의 수용 권리를 인정하면서도 소유주는 보상을 지급받을 수 없다고 규정하였다. O | X

동 선언은 소유주가 국제법에 따른 적절한 보상을 지급받아야 한다고 규정하고 있다. 답 X

157
10. 7급

수용의 대상이 되는 재산은 동산, 부동산, 무체재산 등이 모두 포함된다. O | X

수용의 대상이 되는 재산에 양허계약도 포함된다고 보는 것이 통설이다. 답 ○

158
10. 7급

내외국인 간 및 외국인 상호 간의 비차별은 합법적 수용요건으로 간주되고 있다. O | X

비차별원칙도 국유화요건 중 하나이다. 답 ○

159
10. 7급

제3세계 국가들은 수용과 관련된 분쟁은 수용국의 국내법에 따라 해결되어야 한다고 주장하고 있다. O | X

반면 선진국들은 수용과 관련된 분쟁의 국제절차에 따른 해결을 주장한다. 답 ○

160
10. 7급

국유화의 경우는 보상에서 제외된다. O | X

국유화 또는 수용의 요건은 공익, 비차별, 보상으로 동일하다. 답 X

161
08. 사시

재산에 대한 수용은 수용국가의 경제정책을 달성하기 위한 주권행사로 인정된다. O | X

재산에 대한 수용은 주권행사로 인정되지만, 적법성을 위한 요건을 준수해야 한다. 답 ○

162
08. 사시

계약상의 권리는 재산의 개념에 포함되지 않는다. O | X

학설 대립이 있으나, 재산의 개념에 포함되는 것으로 보는 것이 통설이다. 답 X

163
08. 사시

한미 FTA협정문에서는 투자자 – 국가 간 분쟁해결제도를 인정하고 있다. O | X

3인으로 구성된 중재재판을 통해 분쟁을 해결하도록 규정하였다. 답 ○

제4절 범죄인 인도

164
16. 경찰간부

개인이나 사회단체는 범죄인 인도를 청구할 권리가 없다. O | X

범죄인 인도를 청구할 수 있는 주체는 국가에 한정된다. 답 ○

165
16. 경찰간부

국가는 범죄인 인도의무를 부담한다. O | X

국제관습법상 국가에게 범죄인 인도의무는 없다. 답 X

166
15. 경찰간부

범죄인 인도제도는 국가의 형사입법관할권의 영토적 제한을 극복하기 위한 제도이다. O | X

범죄인 인도제도는 형사'집행'관할권의 영토적 제한을 극복하기 위한 것이다. 형사'입법' 관할권은 영토적 제한이 없다. 답 X

167

14. 7급

인도 요청국과 피요청국 사이에 범죄인 인도조약이 없더라도 범죄인을 인도할 수 있다.

O | X

국제예양에 따라 범죄인을 인도할 수 있다.

답 O

168

14. 7급

범죄인 인도조약이 체결되어 있지 않은 국가 간의 범죄인 인도의무는 국제관습법상 확립되어 있지 않다.

O | X

범죄인 인도는 국제관습법상 의무가 아니다.

답 O

169

12. 7급

범죄인 인도대상은 형사소추대상이나 유죄판결을 받은 사람이어야 한다.

O | X

유죄판결을 받은 자가 도피한 경우에도 범죄인 인도대상이다.

답 O

170

09. 7급

범죄인 인도제도는 국제관습법상 확립된 제도이다.

O | X

범죄인 인도제도는 조약이나 예양에 기초한 제도이다.

답 X

171

20. 9급

미국 연방대법원은 Alvarez - Machain 사건에서 동 법원은 관할권을 행사할 수 없다고 판시하였다.

O | X

Alvarez - Machain 사건에서 미국 연방대법원은 관할권이 성립한다고 하였다. 멕시코인인 피고가 납치된 점이 문제되었으나, 연방대법원은 납치를 금지하는 법이 존재하지 않아 관할권이 성립한다고 한 것이다.

답 X

172

17. 7급

우리나라가 체결한 범죄인 인도조약은 인도청구국의 법률상 범죄로 성립되기만 하면 그 행위를 인도대상범죄로 규정하고 있다.

O | X

청구국과 피청구국 모두에서 범죄로 성립해야 한다. 쌍방가벌성의 원칙이다.

답 X

173

16. 경찰간부

일반적으로 정치범은 인도 대상에서 제외되며, 정치범 여부의 판단은 인도청구국이 한다.

O | X

정치범에 대한 판단은 피청구국에서 한다.

답 X

174

14. 7급

해외에서 범죄를 저지른 자국민을 인도하지 않는 것은 국제관습법을 위반하는 것이 아니다.

O | X

자국민 불인도원칙은 관행이므로, 인도하더라도 관습법을 위반한 것은 아니다.

답 O

175

16. 경찰간부

인도요청된 범죄보다 경한 다른 범죄로 처벌할 수 있다는 것이 원칙이다. O | X

범죄특정성의 원칙상 반드시 인도청구한 범죄에 대해서만 처벌할 수 있다. 답 X

176

20. 9급

유럽연합(EU)의 유럽체포영장제도상 범죄특정의 원칙은 상호주의 조건하에서 포괄적으로 포기 또는 제한되고 있다. O | X

유럽연합(EU)은 2002년 유럽체포영장제도(또는 신속인도절차)를 도입하기 위한 협정을 채택하였다. 동 협정은 중 범죄에 대해 쌍방가벌성의 원칙을 포기하였다. 또한 범죄특정성의 원칙도 상호주의 조건하에 포괄적으로 포기 또는 제한되었다(김대순, 19판, 478쪽). 답 ○

177

15. 경찰간부

자국민 불인도원칙은 영미법계 국가의 관행에서 비롯되었다. O | X

자국민 불인도원칙은 독일이나 한국과 같은 대륙법계 국가의 관행이다. 답 X

178

14. 경찰간부

특정성의 원칙이란 인도된 범죄인 또는 피의자는 인도청구의 대상이 된 범죄행위에 한하여 기소·처벌된다는 것을 말한다. O | X

인도청구하지 않은 범죄에 대해서는 처벌할 수 없다. 다만, 사후에 피청구국의 동의를 얻거나, 범죄인이 동의하거나, 인도된 이후 새로운 범죄 등은 처벌할 수 있다. 답 ○

179

22. 9급

1962년 「천연자원에 관한 영구주권 선언」은 국가의 수용 권리를 인정하면서도 소유주는 보상을 지급받을 수 없다고 규정하였다. O | X

「천연자원에 관한 영구주권 선언」은 소유주가 국제법에 따른 적절한 보상을 지급받아야 한다고 규정하고 있다. 답 X

180

12. 9급

국가원수와 그 가족에 대한 살해는 오늘날 정치범죄로 인정된다. O | X

국가원수와 그 가족에 대한 살해는 정치범죄로 인정되지 않는다. 답 X

181

12. 9급

전쟁관련범죄, 항공기납치 등은 오늘날 정치범죄로 인정되지 않는다. O | X

국제범죄는 정치범죄로 보지 않는다. 답 ○

182

12. 9급

오늘날 대부분의 범죄인 인도조약은 정치범죄를 인도대상에서 제외시키고 있다. O | X

정치범 불인도원칙은 관습법으로 보는 것이 일반적이다. 답 ○

183

17. 7급

서울고등법원은 중국 국적의 리우치앙(劉强)을 정치범으로 인정하여 그를 일본으로 인도하는 것을 허용하지 않았다. O | X

서울고등법원은 본 사례에서 정치범 불인도원칙을 적용하였다. 답 ○

184

11. 9급

집단살해에 가담한 자에 대해서는 정치범 불인도원칙이 적용되지 않는다. O | X

집단살해죄는 국제범죄이므로 정치범죄로 보지 않는다. 답 ○

185

11. 9급

무정부주의자의 테러범죄에 대해서는 정치범 불인도원칙이 적용되지 않는다. O | X

무정부주의자나 테러범죄도 정치범으로 보지 않는다. 답 ○

186

20. 9급

집단살해죄, 인도에 반한 죄, 전쟁범죄, 항공기납치범죄 등은 정치범으로 인정되지 않는다. O | X

국제범죄인은 정치범으로 인정되지 않는다. 답 ○

187

14. 7급

특정성의 원칙에 의해서 범죄인 및 범죄내용이 특정되어야 인도절차가 개시된다. O | X

특정성의 원칙은 인도를 청구한 당해 범죄에 대해서만 처벌할 수 있다는 원칙이다. 답 X

188

13. 사시

일반적으로 인도대상 범죄는 범죄인 인도조약 체약국 쌍방의 국내법상 범죄로 규정되어 있어야 한다. O | X

쌍방가벌성의 원칙이라고 한다. 답 ○

189

13. 사시

범죄인이 여러 국가에서 범죄를 범한 경우, 먼저 인도를 청구한 국가에 우선적으로 인도되어야 한다. O | X

관행상 속지주의에 우선권이 주어지며, 범죄의 경중이 다를 경우 중한 범죄로 청구한 측에 인도한다. 답 X

190

12. 7급

정치범 불인도원칙은 국제형사법원(ICC)의 범죄인 인도에도 적용된다. O | X

국제범죄인은 정치범 불인도원칙이 적용되지 않는다. 답 X

191
12. 7급

범죄인은 범죄행위지에서 처벌하는 것이 침해 법익(法益)과 증거수집의 관점에서 합리적이고 타당하나 자국민의 불인도원칙을 고수하는 국가들도 있다. O | X

자국민 불인도원칙은 대륙법계 국가의 관행이다. 속인주의에 따른 처벌이 가능하다는 것을 이유로 든다. 답 O

192
09. 7급

국내법에 의해 정치범 불인도원칙을 최초로 규정한 국가는 벨기에이다. O | X

정치범 불인도를 규정한 최초의 조약은 벨기에 – 프랑스 범죄인 인도조약이다. 답 O

193
09. 사시

인도요청된 범죄보다 경한 다른 범죄로 처벌할 수 있다는 것이 원칙이다. O | X

범죄특정성의 원칙에 위반된다. 답 X

194
07. 사시

영미법계 국가는 자국민 불인도원칙을 지지하지만, 프랑스 등 대륙법계 국가는 자국민도 인도하고 있다. O | X

대륙법계 국가는 자국민 불인도원칙이, 영미법계 국가는 자국민 인도원칙이 관행이다. 답 X

195
20. 9급

인도 또는 송환되어 사형, 고문 또는 기타 비인도적 대우를 받을 것이 예견되는 경우에 인도를 거절할 수 있다. O | X

인도를 거절할 수 있다는 이도적 고려의 원칙은 고문반대협약(1984), 범죄인 인도에 관한 유럽협약, 한국 – 호주 범죄인 인도조약 등에 명시되어 있다. 답 O

196
14. 경찰간부

범죄인이 인종, 종교, 국적, 성별, 정치적 신념 또는 특정 사회단체에 속한 것 등을 이유로 처벌되거나 그 밖의 불리한 처분을 받을 염려가 있다고 인정되는 경우는 우리나라 범죄인 인도법상 임의적 인도거절사유에 해당한다. O | X

절대적 인도거절사유이다. 답 X

197
09. 사시

한국은 「범죄인 인도법」(1988년)을 제정하고, 호주와 최초로 범죄인 인도조약을 체결하였다. O | X

한국과 최초로 범죄인 인도조약을 체결한 국가는 호주이다. 답 O

198
14. 경찰간부

우리나라 범죄인 인도법상 인도대상 범죄는 청구국과 피청구국의 법률이 다 같이 '장기 1년 이상의 징역 또는 금고' 이상의 형벌로 처벌하는 범죄에 한정된다. O | X

쌍방가벌성 및 최소중대성원칙에 대한 규정으로 옳은 설명이다. 답 O

199
10. 사시

대한민국과 청구국의 법률에 의하여 인도범죄가 사형·무기·장기 1년 이상의 징역 또는 금고에 해당하는 경우에 한하여 범죄인을 인도할 수 있다.　　O | X

범죄의 충분한 중대성원칙이라고 한다.　　답 O

200
10. 사시

범죄인이 대한민국 국민인 경우에는 범죄인을 인도하지 아니할 수 있다.　　O | X

자국민 불인도원칙으로 임의적 인도거절사유에 해당한다.　　답 O

201
10. 사시

대한민국 또는 청구국의 법률에 의하여 인도범죄에 관한 공소시효 또는 형의 시효가 완성된 경우에는 범죄인을 인도하여서는 아니된다.　　O | X

절대적 인도거절사유에 해당한다.　　답 O

202
07. 사시

인도대상 범죄에 관하여 우리나라 법원에서 재판 계속 중인 경우 인도거절사유에 해당된다.　　O | X

절대적 인도거절사유이다.　　답 O

203
02. 행시·외시

한·미 범죄인 인도조약의 인도대상 범죄는 인도시에 양국 법률에 의하여 1년 이상의 자유형 또는 그 이상의 중형으로 처벌될 수 있는 범죄이다.　　O | X

한·미 범죄인 인도조약에 형량이 규정되어 있다.　　답 O

204
13. 9급

우리나라 범죄인 인도법상 인도범죄에 관하여 청구국에서 유죄의 재판이 있는 경우를 제외하고, 범죄인이 인도범죄를 범하였다고 의심할 만한 상당한 이유가 없는 경우는 임의적 인도거절사유이다.　　O | X

절대적 인도거절사유이다.　　답 X

205
13. 9급

우리나라 범죄인 인도법상 범죄인이 대한민국 국민인 경우 인도를 거절해야 한다.　　O | X

임의적 인도거절사유이므로 인도를 거절할 수 있고, 거절할 의무는 없다.　　답 X

206
13. 9급

우리나라 범죄인 인도법상 범죄인이 인도범죄 이외의 범죄에 관하여 대한민국 법원에 재판이 계속 중인 경우 인도를 거절할 수 있다.　　O | X

임의적 인도거절사유이다.　　답 O

207
13. 9급

우리나라 범죄인 인도법상 인도범죄의 성격에 비추어 범죄인을 인도하는 것이 비인도적이라고 인정하는 경우 인도를 거절해야 한다. O | X

임의적 인도거절사유이다. 답 X

208
16. 경찰간부

우리나라 범죄인 인도법상 인도범죄에 관한 사건으로 인하여 대한민국 법원에서 재판 계속 중이거나 확정재판이 있는 경우 인도를 거절할 수 있다. O | X

절대적 인도거절사유로 인도를 거절해야 한다. 답 X

209
23. 7급

우리나라 「범죄인 인도법」에 따르면 범죄인의 인도심사 및 그 청구와 관련된 사건은 서울고등법원과 서울고등검찰청의 전속관할로 한다. O | X

서울고등법원에서 단심제로 결정한다. 답 O

210
23. 7급

우리나라 「범죄인 인도법」에 따르면 상호주의 원칙에 따라 인도조약이 체결되어 있지 않은 국가의 범죄인 인도청구에는 응할 수 없다. O | X

상호주의원칙에 따라 인도조약을 체결하지 않은 청구국이 향후 한국의 청구에 응한다는 보증을 하는 경우 동법을 적용하여 인도할 수 있다. 답 X

211
예상논점

유럽 범죄인 인도협약(1957)은 자국민 여부 결정에 있어서 '인도에 관한 결정 시'로 규정한다. O | X

범죄 시가 아님에 주의한다. 답 O

212
예상논점

UN모델조약에 의하면 자국민이라는 이유로 인도를 거절한 경우, 상대국의 요청이 있으면 기소를 위해 그를 자국 관헌에 회부하도록 요구하고 있다. O | X

UN모델조약은 범죄인 인도조약 체결에 대한 모델로서 기능하는 것이다. 실제 조약이 아니다. 답 O

213
예상논점

유럽 범죄인 인도조약은 2년 이상의 자유형을 인도대상범죄로 규정한다. O | X

유럽 범죄인 인도조약은 1년 이상의 자유형을 인도대상범죄로 규정한다. 답 X

214
예상논점

유럽 범죄인 인도조약의 경우 회원국은 타 회원국이 법원이나 검찰이 발행한 체포영장의 효력을 인정하여 이를 근거로 범죄인은 체포 및 인도할 수 있다. O | X

사법공조체제에 대한 설명으로 옳다. 답 O

215
예상논점

유럽 범죄인 인도조약에 의하면 자국민이라는 이유로 인도를 거부할 수 없고, 쌍방범 죄성원칙이나 특정성원칙의 적용이 제한된다.　　　　　　　　　　　O | X

유럽 범죄인 인도조약에 영미법계 전통인 자국민 인도원칙이 규정되었다.　　답 ○

216
예상논점

미주 범죄인 인도조약은 1년 이상의 자유형을 인도대상범죄로 규정한다.　　O | X

미주 범죄인 인도조약은 2년 이상의 자유형을 인도대상범죄로 규정한다.　　답 X

217
예상논점

인도 후 새로이 범한 범죄, 범인 자신이 동의하는 경우, 인도국이 다시 동의하는 경우, 출국할 기회가 부여되었음에도 본인이 자의로 계속 체류할 경우 등에는 새로운 범죄 에 대한 처벌이 가능하다.　　　　　　　　　　　　　　　　　　　　O | X

범죄특정성원칙의 예외에 대한 설명이다.　　　　　　　　　　　　　　답 ○

218
예상논점

우리나라의 경우 범죄인 인도 자체가 형사처벌은 아니므로, 고등법원의 인도결정에 대한 불복절차가 인정되지 않아도 적법절차 위반으로 보지 않는다.　　　O | X

범죄인 인도결정은 서울고등법원에서 단심제로 하므로, 불복절차가 인정되지 않는다.
　　　　　　　　　　　　　　　　　　　　　　　　　　　　　　　　답 ○

219
예상논점

우리나라의 경우 법원의 인도허가 결정이 내려져도 대한민국의 이익 보호를 위하여 인도가 특히 부적절하다고 인정되는 경우 외교부장관은 인도를 하지 않을 수 있다.
　　　　　　　　　　　　　　　　　　　　　　　　　　　　　　　　O | X

법원의 인도허가 결정이 내려져도 대한민국의 이익 보호를 위하여 인도가 특히 부적절하 다고 인정되는 경우 법무부장관은 인도를 하지 않을 수 있다.　　　　　답 X

220
예상논점

쇠링(Söring) 사건에서 미국은 속지주의, 독일은 속인주의에 기초하여 영국에 대해 인 도를 청구하였고, 영국은 미국으로 인도를 결정하였다.　　　　　　　　O | X

동일범죄에 대해 인도 청구가 경합하는 경우 관례상 속지주의에 우선권을 주는 것을 보여 주는 사건이다.　　　　　　　　　　　　　　　　　　　　　　　　답 ○

221
예상논점

쇠링(Söring) 사건에서 유럽인권법원은 범죄인을 미국으로 인도하기로 한 영국의 결 정이 유럽인권협약을 위반한다고 판시하였다.　　　　　　　　　　　　O | X

'죽음의 순번 대기'가 쇠링(Soring)의 인권을 침해한다고 판시하였다.　　답 ○

222
예상논점

B규약위원회는 사형폐지국이 사형 불집행의 보장 없이 사형가능국으로 범죄인을 인도하는 행위는 B규약 제6조의 생명권 보호조항 위반이라고 판단하였다. O | X

캐나다가 사형 불집행에 대한 보장 없이 범죄인을 인도한 결정이 생명권조항 위반이라고 본 것이다. 답 ○

223
예상논점

프랑스 - 지부티 형사사법공조 사건(2008)에서 국제사법재판소(ICJ)는 수사자료 제공 요청을 국익 침해라는 이유로 거부하는 경우 국익 침해 여부에 대해 외무부뿐 아니라 국내법상 정당한 권한을 가진 판사도 판단할 수 있다. O | X

국제사법재판소(ICJ)는 프랑스와 지부티 양자조약 해석상 수사기록을 요청받은 경우 반드시 기록을 제공할 의무가 있는 것은 아니라고 하였다. 답 ○

224
예상논점

베트남 국민에 대한 범죄인 인도청구에 있어서 우리나라는 해당자가 절대적 정치범죄인이라고 보고, 인도를 거절하였다. O | X

상대적 정치범이나 정치범 요소가 강하여 인도를 거절한 사건이다. 상대적 정치범죄인 경우 보통범적 요소와 정치범적 요소를 비교형량하는 것이 한국 법원의 관행이다. 답 X

225
예상논점

중국인 리우치앙에 대한 인도청구 사건에서 우리나라는 해당자가 상대적 정치범죄인이며, 정치범적 성격이 강하다고 보아 일본에 대한 인도를 거절하였다. O | X

상대적 정치범죄에 대해 비교형량원칙을 도입한 것이다. 답 ○

226
예상논점

범죄인은 납치하는 경우 체류국 영토주권을 침해하여 국가책임이 성립할 수 있다. O | X

범죄인을 납치하는 것은 영토주권을 침해하는 것이다. 답 ○

227
예상논점

범죄인을 납치하는 경우 국제법상 적법절차 위반이지만, 납치국 국내법에 따라 재판 가능 여부를 판단한다. O | X

범죄인 납치는 국제법상 적법절차를 위반한 것은 아니다. 답 X

228
예상논점

미국 연방대법원은 Alvarez - Machain 사건에서 납치에 의한 미국 법원의 관할권을 인정하였다. O | X

미국 - 멕시코 범죄인 인도조약에 납치를 금지하는 조항이 없음을 이유로 둔 사건이다. 답 ○

229

예상논점

한국은 2011년 범죄인 인도에 관한 유럽협약의 역외당사국이 되었다. O | X

한국은 유럽 범죄인 인도조약에 가입하고 있다. 답 O

230

예상논점

1996년 유럽인권재판소는 Chahal v. United Kingdom 사건에서, Soering v. United Kingdom 사건에서 적용한 잠재적 위반의 논리에 따라 영국 정부가 시크 분리운동주의자를 인도로 송환하려는 결정은 그것이 만일 실행된다면 비록 인도를 받는 정부로부터 그에게 고문을 가하지 않겠다는 외교보증을 받았다 하더라도 현재 인도의 관련 인권 상황에 비추어 볼 때 고문의 위험이 있는 곳으로 송환하지 아니할 유럽인권협약 제3조하의 절대적 의무를 위반하게 될것이라고 판시하였다. O | X

영국 정부가 인도를 받는 정부로부터 고문을 가하지 않는다는 외교보증이 있더라도 고문의 위험이 있는 곳으로의 송환이라는 이유로 위법한 인도로 판단한 점에 주의한다.

답 O

231

예상논점

사형과 관련한 외교보증과 관련해서는, 시민적·정치적 권리규약 인권위원회가 1993년 Kindler v. Canada 사건에서 동 규약 제6조 제1항(생명권)하의 체약국의 의무는 사형이 부과되지 않을 것이라는 보증이 없으면 인도를 거절할 것을 요구하지는 않지만 그러한 보증 없이 내려진 인도 결정이 자의적이거나 약식적인 것이었다면 이것은 제6조하의 의무 위반이 될 것이라는 견해를 제시하면서 사실 검토 결과 캐나다의 인도는 규약 제6조를 위반하지 않았다고 결론지었다. O | X

후속 사건에서는 생명권을 위반한 것이라고 판시하였다. 답 O

232

예상논점

B규약위원회는 Roger Judge v. Canada 사건에서는 사형 폐지에 대한 국제적 컨센서스가 확대되고 있고 이와 함께 시민적·정치적 권리규약은 살아있는 문서로서 해석되어야 한다고 하면서 사형을 이미 폐지한 캐나다가 아직 그렇지 아니한 미국으로부터 사형을 집행하지 않을 것이라는 보증을 받지 않고 추방한 것은 캐나다가 아직 사형폐지에 관한 규약 제2선택의정서를 비준하지 않고 있는 사실과는 관계없이 미국에서 사형선고를 받고 탈옥하여 캐나다로 도주하였던 미국인 신청인의 규약 제6조 제1항하의 생명권을 침해한 것이라고 판단하였다. O | X

사형 부집행의 보장 없이 인도한 것 자체가 생명권 규정을 위반한 것으로 보았다.

답 O

233

예상논점

제2차 세계대전 당시 홀러코스트의 한 주역을 1960년에 아르헨티나에서 납치하여 기소한 Eichmann 사건에서 이스라엘 재판소는 법의 문제로서, 오로지 아르헨티나의 주권적 권리가 이스라엘의 행동에 의하여 침해되었을지도 몰라도 피고의 권리가 침해된 것은 아니다라고 판결하였다. O | X

이스라엘은 납치에 의한 처벌이 허용된다. 답 O

234
예상논점

미국 연방최고재판소는 미국 연방마약단속국 요원의 살해에 가담한 혐의로 1992년 6월 15일 멕시코로부터 납치되어 기소된 멕시코인 Alvarez – Machain 사건에서 미국·멕시코 간의 범죄인 인도협정에서 납치를 명시적으로 금지하고 있다는 이유를 들어 미국 재판소의 형사관할권 행사를 부인하였다.   O | X

미국 연방최고재판소는 미국·멕시코 간의 범죄인 인도협정에서 납치를 '명시적으로 혹은 묵시적으로' 금지하고 있지 않다는 이유를 들어 미국 재판소의 형사관할권 행사를 인정하였다. 미국은 납치에 의한 처벌을 인정하였다.   답 X

235
예상논점

1985년 10월에 이탈리아 여객선 Achille Lauro 호를 나포한 혐의로 기소된 팔레스타인인들이 그 후 이집트 국영비행기로 이집트로 압송되던 도중 미국 전투기들에 의해 요격되어 이탈리아에 강제 착륙되어 체포된 뒤 이탈리아 당국에 인계된 일이 있었다. 이때에도 이탈리아 재판소는 그들을 재판하는 데 어떤 장애물이 있는 것으로 보지 않았다.   O | X

이탈리아는 납치에 의한 처벌을 인정한다.   답 ○

236
예상논점

독일 연방헌법재판소는 '위계(속임수)'에 의한 납치의 경우 인도를 막는 일반국제법규가 존재한다는 청구인의 주장을 배척하고 인도를 허락한 바 있다.   O | X

독일은 납치에 의한 처벌을 인정한다.   답 ○

237
예상논점

미국은 1989년 12월 ~ 1990년 1월 군사적 침공까지 감행하여 무고한 시민들은 다수 죽이면서까지 당시 파나마의 실권자 Manuel Antonio Noriega 장군을 마약사범으로 강제 납치하여 미국 법정에 세웠다.   O | X

노리에가(Noriega) 사건도 납치에 의한 처벌이 인정됨을 보여준다.   답 ○

238
예상논점

R v. Hartley 사건에서 뉴질랜드 재판소는 피고가 불법적인 방법, 즉 납치를 통해 뉴질랜드로 송환되었기 때문에 재판관할권이 결여된다고 판시하였다.   O | X

뉴질랜드는 납치에 의한 처벌이 불가하다고 본다.   답 ○

239
예상논점

남아프리카 최고재판소는 1991년의 State v. Ebrahim 사건에서 국가의 에이전트들이 타국에서 납치해온 자를 재판할 관할권을 가진다고 판결한 바 있다.   O | X

남아프리카공화국은 납치에 의한 처벌을 허용하지 않는다.   답 X

240

예상논점

프랑스는 1970년대와 1980년대 유럽과 중동에서 여러 건의 테러 지원으로 악명이 높았던 베네수엘라 출신 the Jackal이 수단에서 은신 중 1994년 수단 정부는 the Jackal을 체포하여 비밀리에 파리로 압송한 사건에서 the Jackal이 체포와 이송과정에서의 위법성을 이유로 재판관할권의 불성립을 주장하였으나, 프랑스 재판부는 이러한 주장을 받아들이지 않았다.   O | X

프랑스는 현재 납치에 의한 처벌을 허용한다.   답 O

241

예상논점

영국 상원은 「1994년 Bennet 사건」에서 당국이 범죄인 인도라는 적법절차를 무시하고 피고인의 신병을 강제로 확보한 경우라면, 법원은 그에 대한 재판을 거부한다고 선언했다.   O | X

영국은 납치에 의한 처벌을 허용하지 않는다.   답 O

242

예상논점

1983년 3월 21일 유럽심의회 국가들이 스트라스부르크에서 체결한 「수형자이송에 관한 협약」과 1997년 4월 15일 홍콩에서 체결된 「수형자이송을 위한 미국 정부와 홍콩 정부간의 협정」은 수형자이송제도를 도입하였다.   O | X

수형자이송제도는 형을 집행 중인 자를 당해인의 동의에 기초하여 본국으로 이송하는 제도이다.   답 O

243

예상논점

수형자이송은 도망자가 아닌 수형자를 그의 자유의사에 기초하여 본국으로 이감조치하는 것이라는 점에서 범죄인 인도와 구분된다.   O | X

수형자의 자유의사에 기초하여 수형자를 본국으로 이송한다.   답 O

244

예상논점

1997년 12월 18일 유럽심의회 회원국늘과 스트라스부르그협약의 다른 체약국들은 조약을 체결하고, 수형자가 선고국에서 형집행을 완료하기 전에 그의 본국으로 도주한 경우 선고국은 그 본국에 대해 나머지 형을 대신 집행해 주도록 요청할 수 있도록 하였다.   O | X

형의 선고국은 수형자가 본국으로 도주한 경우 당사자의 동의와 무관하게 형을 집행해 주도록 요청할 수 있다.   답 O

유럽체포영장(2002)

245
예상논점

EU는 2002년 6월 13일 형사문제에 있어 경찰 및 사법 협력의 차원에서 '유럽체포영장'으로 명명된 일종의 신속인도절차를 도입하기 위한 골격결정을 채택하였다. O | X

유럽체포영장제도는 경찰 및 사법 협력 차원의 제도이다. 답 O

246
예상논점

유럽체포영장제도로 인해서 종래 회원국 사법당국 간에 적용되어 온 범죄인 인도조약들은 이제 회원국 간의 범죄인 체포 및 인도 절차로 대체되었다. O | X

범죄인 인도가 국가 간 협력이 아니라 사법당국 간 협력으로 바뀐 것이다. 답 X

247
예상논점

유럽체포영장제도에 의하면 영장발부국(인도요청국)의 법에 의해 3년 이상의 형이 언도될 수 있는 32개의 중요 범죄에 대해서는 쌍방가벌성의 원칙이 적용되지 않는다. O | X

유럽체포영장제도는 쌍방가벌성의 원칙을 배제하였다. 답 O

248
예상논점

유럽체포영장제도에 의하면 범죄특정의 원칙은 상호주의 조건하에 포괄적으로 포기 내지는 제한된다. O | X

유럽체포영장제도에서는 범죄특정의 원칙을 포기하였다. 답 O

249
예상논점

유럽체포영장제도에 의하면 범죄인 자신이 영상발부국으로 인도된 뒤 범죄특정의 원칙의 권리를 포기하는 것이 허용된다. O | X

범죄인 본인이 범죄특정의 원칙을 포기하는 것이다. 답 O

제2장 국제인권법

제1절 총설

001

예상논점

국제인권법은 국가들에게 공통적으로 적용되는 인권규범 제정을 위주로 발달해오고 있으나, 인권존중의무를 위반한 개인에 대한 책임에 대해서는 입법화되지 않았다.

O | X

개인의 형사책임에 대해서도 입법화되었다.

답 X

002

예상논점

국제법상 국가의 중대한 강행규범 위반 행위는 국가의 국제범죄로 규정되며, 국제공동체 전체로부터 제재를 받는다.

O | X

국가의 국제범죄는 국제법으로 확립되지 않았다.

답 X

003

예상논점

개인의 국제범죄에 대해서는 보편관할권이 적용되며, 국제법상 원칙적으로 자국에 소재하는 국제범죄인을 처벌할 의무가 있다.

O | X

보편관할권에 따라 처벌할 권한을 갖는다. 원칙적으로 의무를 부담하는 것은 아니다.

답 X

제2절 UN의 인권보호

004

15. 9급

국제인권규약은 세계인권선언의 일반원칙들을 법적 구속력이 있는 문서에 담을 필요성에 따라 채택되었다.

O | X

국제인권규약은 조약으로서 구속력을 가진다.

답 O

005

11. 7급

1948년 세계인권선언은 법적 구속력이 없는 정치적·도덕적 문서에 불과하다. O | X

세계인권선언은 그 자체로서는 법적 구속력이 없다.

답 O

006
07. 7급

세계인권선언은 UN안전보장이사회의 보조기관인 인권위원회(Commission on Human Rights)가 준비하여 UN의 제3차 총회에서 채택되었다.   O | X

인권위원회(Commission on Human Rights)는 경제사회이사회의 보조기관이다.
답 X

007
07. 7급

유럽국가들 간에는 1953년 9월 「인권 및 기본적 자유의 보호를 위한 협약」이 발효하여 세계인권선언의 조약화가 처음으로 실현되었다.   O | X

유럽인권협약은 1세대 인권인 시민적·정치적 권리만 규율한다.   답 O

008
96. 외시

1948년 세계인권선언에서는 경제적·사회적·문화적 권리보다 시민적·정치적 권리에 더욱 많은 조문이 할당되고 있다.   O | X

세계인권선언에서는 1세대 인권에 초점을 둔 것이다.   답 O

009
96. 외시

1948년의 세계인권선언은 민족자결권에 관해서 언급이 없다.   O | X

세계인권선언과 달리 국제인권규약에는 자결권에 관한 규정이 있다.   답 O

010
예상논점

UN안전보장이사회는 순수 내란사태 시에 발생하는 심각한 인권침해문제에 대해 평화에 대한 위협으로 간주한다.   O | X

안전보장이사회가 타국에 대한 파급효과가 없더라도 평화에 대한 위협이라고 본 것이다.
답 O

011
예상논점

인권위원회(Human Rights Council)는 UN총회의 보조기관으로서 제반인권문제에 대해 조사하고 권고하는 기능을 수행한다.   O | X

인권이사회(Human Rights Council)는 당초 경제사회이사회의 보조기관이었다.   답 O

012
18. 9급

인권이사회는 2008년 UN안전보장이사회의 결의에 의해 설립되었다.   O | X

인권이사회는 2006년 총회결의를 통해 설립되었다. 기존 경제사회이사회 산하의 인권위원회 (Commission on Human Rights)를 폐지하고 새로 설립한 것이다.   답 X

013
18. 9급

인권이사회는 UN의 전문기구(specialized agency)로서의 지위를 가진다.   O | X

인권이사회는 UN총회 산하기관이다.   답 X

014
18. 9급

인권이사회는 국가의 인권의무 이행과 관련하여 보편적 정례검토(Universal Periodic Review)를 행한다.   O | X

보편적 정례검토(Universal Periodic Review)란 UN 회원국의 인권상황을 정기적으로 검토하는 것을 의미한다.   답 O

015
20. 7급

인권이사회(Human Rights Council)의 보편적 정례인권검토제도(UPR)는 모든 회원국에게 적용된다.   O | X

모든 UN 회원국이 주기적으로 인권상황에 대해 조사를 받는다.   답 O

016
18. 9급

인권이사회 자문위원회는 개인 자격으로 봉사하는 20인의 인권전문가로 구성된다.   O | X

자문위원회는 18인으로 구성되며 2008년에 설립되었다. 임기는 3년이며 1회 재임할 수 있다.   답 X

017
예상논점

세계인권선언은 시민적·정치적 권리에 높은 비중을 두고 있으며, 다자조약으로는 1966년 시민적·정치적 권리에 관한 국제규약에서 처음으로 반영되었다.   O | X

세계인권선언은 유럽인권협약에서 최초로 반영되었다.   답 X

018
예상논점

세계인권선언에 의하면 모든 사람은 자국을 포함한 어떤 나라로부터도 출국할 권리가 있으며 또한 자국으로 돌아올 권리를 가진다.   O | X

세계인권선언에서 출국 및 입국의 권리가 규정되었다.   답 O

019
예상논점

세계인권선언에 의하면 모든 사람은 국적을 가질 권리를 가지며 어느 누구도 어떤 경우에도 자신의 국적을 박탈당하지 아니한다.   O | X

'자의적으로' 박탈당하지 아니한다.   답 X

020
예상논점

세계인권선언에 의하면 모든 사람은 어떠한 차별도 받지 않고 동등한 노동에 대하여 동등한 보수를 받을 권리를 가진다.   O | X

세계인권선언에서 2세대 인권인 경제적·사회적·문화적 권리가 규정되었다.   답 O

021
예상논점

세계인권선언에 의하면 모든 사람은 교육을 받을 권리를 가지며 교육은 최소한 초등 기초단계에서는 무상이어야 하며 또한 초등교육은 의무적이어야 한다.   O | X

세계인권선언에서 초등교육은 무상 의무교육으로 규정되었다.   답 O

022
예상논점

결의 688호는 쿠르드족 사태에 관한 것으로 인권침해가 대외적 파급효과를 갖는 경우 평화에 대한 위협으로 보고 개입한 사례이다. O | X

대외적 파급효과가 전제된 점에서 이를 전제하지 않은 결의 제794호와 대비된다. 답 O

023
예상논점

결의 929호는 구유고연방 내전 과정에서 자행된 비인도적 사태가 국제평화에 대한 위협이라고 보고 개입한 사례이다. O | X

안전보장이사회결의 808호에 대한 설명이다. 구유고연방 내전은 유고연방이 분열되는 과정에서 주로 세르비아에 의해 야기된 유혈 사태였다. 답 X

024
예상논점

결의 794호는 소말리아 사태와 관련하여 무력사용을 허가한 사례이다. 대외적 영향 고려 없이 무력사용을 허가한 사례로서 중요하다. O | X

대외적 파급효과가 없어도 평화에 대한 위협이라고 보고 다국적 파견을 허가하였다. 답 O

025
예상논점

결의 808호는 르완다 사태와 관련하여 무력사용을 허가한 사례이다. O | X

결의 929호에 관한 설명이다. 르완다 사태에 대해 무력사용을 허가하였으나 구체적 개입은 이루어지지 않았다. 답 X

026
22. 7급

일반국제법상 국가는 자국 영토와 해외에서 권한을 행사할 때 인권을 존중할 의무를 부담하며, 그러한 국가의 권한 하에 있는 개인의 국적여부는 문제 되지 않는다. O | X

인권은 국민의 권리가 아니라 사람의 권리이기 때문에 국적은 문제되지 않는다. 답 O

027
예상논점

인권고등판무관(UNHCHR)은 1993년 비엔나 세계인권회의에서 논의되고, 1993년 UN총회결의로 설립되었으며, UN의 인권사무를 총괄한다. 총회의 동의를 얻어 UN사무총장이 임명하며, 임기는 2년이다. O | X

인권고등판무관(UNHCHR)의 임기는 4년이다. 답 X

028
예상논점

Human Rights Council은 2006년 총회결의에 의해 기존의 Commission on Human Rights를 대체한 것이다. O | X

Human Rights Council은 총회의 보조기관이다. 답 O

029
예상논점

Human Rights Council은 보편적 정례검토(Universal Periodic Review)를 시행한다.
O | X

Human Rights Council은 모든 UN회원국의 인권을 주기적으로 검토한다.
답 ○

030
예상논점

Human Rights Council은 총회에서 재적 과반수로 선출되는 47개 회원국으로 구성된다.
O | X

Human Rights Council의 회원국은 총회에서 선출된다.
답 ○

031
예상논점

Human Rights Council 구성국의 임기는 2년이며 두 번 연속 재선될 수 있다. O | X

구성국의 임기는 3년임을 주의해야 한다.
답 X

032
예상논점

Human Rights Council은 최소 연 3회 회기를 개최하며, 3분의 1 이상의 이사국이 요구하면 특별회의도 개최할 수 있다.
O | X

Human Rights Council의 정기회의는 최소 연 3회 개최된다.
답 ○

033
예상논점

Human Rights Council에 선임된 이사국이 심각한 인권침해를 일으키면 이사국 자격이 정지된다.
O | X

이사국이 심각한 인권침해를 일으키면 이사국 자격이 정지될 수 있다.
답 X

034
예상논점

Human Rights Council이 수행하는 보편적 정례검토는 2008년부터 심사를 시작하였다.
O | X

Human Rights Council은 주기적으로 검토한다.
답 ○

035
예상논점

Human Rights Council은 대규모 지속적 인권침해가 있는 경우 5인의 실무위원회를 구성하여 사건을 조사한다.
O | X

지속적인 인권침해 사태를 대상으로 사건을 조사한다.
답 ○

036
예상논점

Human Rights Council에 있어서 개인적인 구제요청은 처리대상에 포함되지 않는다.
O | X

Human Rights Council이 구체적 사건을 다루는 기관은 아니다.
답 ○

제3절 국제인권규약

A규약체제

037
17. 9급

경제적·사회적 및 문화적 권리에 관한 국제규약은 대규모적이고 지속적 형태의 권리 침해를 조사할 수 있는 특별보고관제도를 두고 있다. O I X

경제적·사회적 및 문화적 권리에 관한 국제규약에 특별보고관제도는 없다. 다만, 당사국은 정기적으로 UN사무총장에게 규약 관련 이행조치를 보고해야 한다. 답 X

038
예상논점

A규약에 의하면 모든 인민은 국제법에 위반되지 아니하는 한 그들 자신의 목적을 위하여 그들의 천연의 부와 자원을 자유로이 처분할 수 있다. O I X

천연자원의 영구주권에 대한 설명이다. 답 O

039
예상논점

A규약에 의하면 개발도상국은 A규약에서 인정된 경제적 권리를 어느 정도까지 자국의 국민이 아닌 자에게 보장할 것인지를 결정할 수 있다. O I X

국민과 외국인을 차별할 수 있는 근거 조항으로 이해된다. 답 O

040
예상논점

A규약에 의하면 모든 사람은 노동조합을 결성하고 가입할 권리를 가지며 그러한 권리의 행사에 대해서는 어떠한 제한도 과해질 수 없다. O I X

법률로 정해진 것 그리고 국가안보, 공공질서, 타인의 권리와 자유를 보호하기 위해 필요한 경우 권리의 행사를 제한할 수 있다. 답 X

041
예상논점

A규약에 의하면 기술 및 직업 중등교육을 포함하여 여러 가지 형태의 중등 교육은 모든 적당한 수단에 의하여 특히 무상교육의 즉각적인 도입에 의하여 모든 사람이 일반적으로 이용할 수 있도록 하고, 또한 모든 사람에게 개방된다. O I X

점진적인 도입에 의하여 모든 사람이 일반적으로 이용할 수 있도록 하였다[A규약 제13조 제2항 제(b)호]. 답 X

042
예상논점

A규약에 의하면 고등교육은 모든 적당한 수단에 의하여 특히 무상교육의 점진적 도입에 의하여 능력과 무관하게 모든 사람에게 동등하게 개방된다. O I X

능력에 기초하여 동등하게 개방된다[A규약 제13조 제2항 제(c)호]. 답 X

043

예상논점

A규약의 당사국은 규약에서 인정된 권리의 준수를 실현하기 위하여 취한 조치와 성취된 진전사항에 관한 보고서를 UN경제사회이사회에 제출하며 경제사회이사회는 인권위원회가 동 보고서를 심의하도록 송부할 수 있다.　　　　　　　　　　　O | X

사무총장에게 제출하며, 경제사회이사회가 심의한다[A규약 제16조 제1항·제2항 제(a)호].

답 X

044

예상논점

A규약 개정은 UN총회의 승인 및 규약 당사국 3분의 2의 다수가 수락하는 때 발효하며, 개정안은 발효 즉시 A규약 모든 당사국을 구속한다.　　　　　　　　O | X

수락국에 한해 구속한다(A규약 제29조 제2항·제3항).

답 X

045

예상논점

A규약에 대한 유보는 전면 금지된다.　　　　　　　　　　　　　　　　O | X

유보를 금지하는 조항이 없으므로 양립성원칙이 적용된다.

답 X

046

11. 7급

1966년 경제적·사회적 및 문화적 권리에 관한 국제규약은 국가 간 고발제도를 도입하고 있다.　　　　　　　　　　　　　　　　　　　　　　　　　　　　O | X

조약에 국가 간 고발제도는 없다. 다만, 2008년 채택된 선택의정서에는 의정서 당사국의 수락을 전제로 국가 간 고발제도가 인정된다.

답 X

047

예상논점

2008년 UN총회는 「경제적·사회적·문화적 권리에 관한 규약」 선택의정서를 채택하여 개인청원제도 및 국가 간 통보제도를 창설하였다.　　　　　　　　O | X

경제적·사회적·문화적 권리에 관한 규약 선택의정서에 사실심사제도도 포함되어 있다.

답 O

048

09. 7급

「경제적·사회적·문화적 권리에 관한 국제규약(사회권규약)」은 권리의 완전한 실현을 점진적으로 달성함을 목표로 하는 데 비해, 「시민적·정치적 권리에 관한 국제규약(자유권규약)」은 권리의 완전한 실현을 규약의 발효 또는 가입 즉시 확보할 것을 목표로 한다.　　　　　　　　　　　　　　　　　　　　　　　　　　　　O | X

보통 재정적 소요가 있는지를 기준으로 A규약과 B규약을 구분한다.

답 O

049

예상논점

경제적·사회적·문화적 권리에 관한 국제규약(1966)에 따르면 규약의 당사국은 모든 사람이 교육에 대한 권리를 가지는 것을 인정하며, 동 권리의 완전한 실현을 달성하기 위하여 초등교육은 모든 사람에게 무상 의무교육으로 실시되어야 한다는 점을 인정한다.　　　　　　　　　　　　　　　　　　　　　　　　　　　　O | X

초등교육은 무상 의무교육이다.

답 O

050
예상논점

경제적·사회적·문화적 권리에 관한 국제규약(1966)에 따르면 규약당사국은 규약에서 선언된 권리들이 인종, 피부색, 언어, 종교, 정치적 또는 기타의 의견, 민족적 또는 사회적 출신, 재산, 출생, 또는 기타의 신분 등에 의한 어떠한 종류의 차별도 없이 행사되도록 보장할 것을 약속한다. O | X

비차별의무에 대한 규정으로 옳은 설명이다. 답 O

051
09. 7급

「경제적·사회적·문화적 권리에 관한 국제규약(사회권규약)」과 「시민적·정치적 권리에 관한 국제규약(자유권규약)」은 모두 국가보고제도와 개인의 국가고발제도를 도입하고 있다. O | X

양 조약 공통사항은 국가보고제도(보고서제도)이다. 개인의 국가고발제도는 각 선택의정서에 규정되어 있다. 답 X

052
15. 9급

경제적·사회적 및 문화적 권리에 관한 국제규약에는 근로의 권리와 사회보장을 받을 권리 등이 규정되어 있다. O | X

근로의 권리와 사회보장을 받을 권리를 2세대 인권이라고도 한다. 답 O

053
15. 9급

경제적·사회적 및 문화적 권리에 관한 국제규약에서 보장되는 인권은 점진적으로 실현되어야 하는 것이므로, 규약당사국에게 어떠한 의무도 부과되지 않는다. O | X

즉각적 달성의무가 아닐 뿐, 조약이므로 의무가 부과된다. 그 밖에도 통보의무와 같은 절차적 의무는 구체적 의무에 해당된다. 답 X

A규약 선택의정서

054
예상논점

「A규약 선택의정서」는 개인청원제도, 국가간고발제도, 사실심사제도를 도입하였다. O | X

국가간고발제도나 사실심사제도는 선택의정서 가입국이 별도로 수락해야 적용된다. 답 O

055
예상논점

「A규약 선택의정서」에 의하면 국가간고발제도와 사실심사제도는 선택의정서 가입국이 별도로 수락을 해야 적용된다. O | X

개인청원제도는 별도 수락을 요하지 않는다. 답 O

056
예상논점

「A규약 선택의정서」에 따르면 A규약 및 A규약선택정서 가입국 관할하의 개인은 개인청원을 제기할 수 있다.　　　　　　　　　　　　　　　　　　　　　　O | X

개인청원은 개인이 국가를 A규약 위원회에 고발하는 제도이다.　　　　　　답 ○

057
예상논점

「A규약 선택의정서」상 개인청원과 관련하여 청원인은 국내구제를 완료해야 하나, 구제절차가 불합리하게 지연되는 경우 완료하지 않아도 된다.　　　　　　O | X

청원인은 인권침해국의 국내절차를 완료해야 하는 것이다.　　　　　　　　답 ○

058
예상논점

「A규약 선택의정서」에 의하면 개인청원을 제기하는 청원인은 원칙적으로 국내구제완료 후 6개월 이내에 청원을 제기해야 한다.　　　　　　　　　　　　O | X

개인청원을 제기할 수 있는 기간은 국내구제완료 후 1년 이내로 한정되어 있다.　답 X

059
예상논점

「A규약 선택의정서」상 개인청원에 있어서 중복청원, 익명청원, 청원권의 남용의 경우 위원회가 이를 수리할 수 없다.　　　　　　　　　　　　　　　　　O | X

수리가능성 요건에 대한 설명이다.　　　　　　　　　　　　　　　　　답 ○

060
예상논점

「A규약 선택의정서」에 의하면 개인청원과 관련하여 위원회는 필요한 경우 잠정조치를 취할 수 있다.　　　　　　　　　　　　　　　　　　　　　　　　O | X

A규약 선택의정서에는 잠정조치 규정이 있다.　　　　　　　　　　　　　답 ○

061
예상논점

「A규약 선택의정서」에 따르면 관련국은 위원회로부터 청원 제출 통지를 받은 후 3개월 이내에 해명서를 제출해야 한다.　　　　　　　　　　　　　　　O | X

청원 제출 통지를 받은 후 6개월 이내에 해명서를 제출해야 한다.　　　　　답 X

062
예상논점

「A규약 선택의정서」에 의하면 위원회 심리는 비공개이다.　　　　　　　　O | X

위원회의 심리는 서면심리이며, 비공개로 한다.　　　　　　　　　　　　답 ○

063
예상논점

「A규약 선택의정서」에 따르면 위원회는 심리 후 의견을 관련국에 통보하며, 관련국은 통보를 받은 후 1년 이내에 취해진 조치에 대한 설명서를 제출해야 한다.　　O | X

통보를 받은 후 6개월 이내에 취해진 조치에 대한 설명서를 제출해야 한다. 관련국이 설명서를 제출하는 것은 의무조항이다.　　　　　　　　　　　　　　　답 X

064
예상논점

「A규약 선택의정서」에 따르면 동 의정서로부터 탈퇴가 인정된다. 탈퇴통보는 UN사무총장에게 하며 통보 후 6개월 지나면 효력이 발생한다. O | X

A규약 선택의정서에는 탈퇴규정이 있으나, A규약에는 규정이 없다. 답 ○

B규약체제

065
11. 7급

1966년 시민적 및 정치적 권리에 관한 국제규약의 이행감독 장치로 인권위원회(Human Rights Committee)가 설치되었다. O | X

시민적 및 정치적 권리에 관한 국제규약(B규약)에 의해 인권위원회(Human Rights Committee)가 설치되었다. 답 ○

066
예상논점

B규약체제의 당사국은 자국의 영토 내에 있는 모든 국민에 대하여 인종, 피부색, 성, 언어, 종교, 정치적 또는 기타 의견, 민족적 또는 사회적 출신, 재산, 출생, 또는 기타의 신분 등에 의한 어떠한 종류의 차별도 없이 이 규약에서 인정되는 권리들을 존중하고 확보할 것을 약속한다. O | X

자국의 영토 내에 있으며, 그 관할권하에 있는 모든 개인을 대상으로 한다(제2조 제1항). 답 X

067
예상논점

B규약에 의하면 사형을 선고받은 사람은 누구나 사면 또는 감형을 청구할 권리를 가진다. O | X

B규약 제6조 제4항에 대한 내용이다. B규약에서 사형제도가 금지되지 않았다. 답 ○

068
예상논점

B규약에 의하면 어느 누구도 법률에 의하지 아니하고는 고문 또는 잔혹한, 비인도적 또는 굴욕적인 취급 또는 형벌을 받지 아니한다. O | X

법률에 의해서도 고문 또는 잔혹한, 비인도적 또는 굴욕적인 취급 또는 형벌은 불가하다(제7조). 답 X

069
예상논점

B규약에 의하면 합법적으로 당사국의 영역 내에 있는 외국인은 법률에 따라 이루어진 결정에 의하여서만 그 영역으로부터 추방될 수 있다. O | X

적법절차가 적용된다. 답 ○

070

예상논점

B규약에 의하면 표현의 자유는 국가안보를 위해 필요한 경우 법률에 의해서 제한할 수 있으며 공공질서 또는 공중보건이나 도덕의 보호를 위해 필요한 경우는 법률에 의해서도 제한할 수 없다. O | X

타인의 권리나 신용의 존중, 국가안보, 공공질서, 공중보건, 도덕의 보호를 위해 필요한 경우 제한할 수 있다(제19조 제3항). 답 X

071

예상논점

B규약에 의하면 국가 간 고발제도를 수락하는 당사국의 선언은 동 규약의 서명, 비준, 수락, 승인, 가입시에 할 수 있으며, 동 규약 발효 이후에는 수락할 수 없다. O | X

언제든지 수락하는 선언을 할 수 있다(제41조 제1항). 답 X

072

예상논점

B규약에 의하면 동 규약에 대한 유보는 전면 금지된다. O | X

B규약에는 유보를 금지하는 규정이 없다. 답 X

073

예상논점

B규약 선택의정서에 의하면 개인 청원을 제기하는 개인들은 모든 이용 가능한 국내적 구제조치를 완료해야 하나, 구제조치의 적용이 불합리하게 지연되는 경우에는 적용되지 아니한다. O | X

B규약 선택의정서 제5조 제2항 제(b)호에 대한 내용이다. 답 O

074

예상논점

B규약 선택의정서에 의하면 인권이사회는 비공개로 개인청원을 심리한다. O | X

B규약 선택의정서 제5조 제3항에 대한 내용이다. 답 O

075

예상논점

B규약 선택의정서에 의하면 동 선택의정서를 수락한 당사국은 언제든지 UN사무총장에게 폐기를 통보할 수 있으며 폐기는 사무총장이 통보를 접수한 날로부터 3개월 후에 효력을 발생한다. O | X

B규약 선택의정서 제12조 제1항에 대한 내용이다. 답 O

076

예상논점

B규약 선택의정서에 의하면 동 선택의정서에 대한 유보는 전면금지된다. O | X

B규약 선택의정서에는 유보를 금지하는 조항이 없다. 답 X

077

92. 사시

한국은 국제인권규약에 1990년에 가입하면서 A규약 중 4개 조항을 유보하였다. O | X

우리나라는 1990년 국제인권규약에 가입하면서 B규약상의 4개 조항에 유보하였으나, 현재는 3개 조항에 대한 유보를 철회하였다. 유보한 조항은 상소권보장(제14조 제5항), 일사부재리 및 이중처벌금지(제14조 제7항), 결사의 자유(제22조), 혼인기간 중 및 혼인 해소시 배우자 평등(제23조 제4항) 조항이다. 현재 제22조 결사의 자유에 대한 조항을 제외하고는 모두 유보를 철회하였다. 답 X

078

19. 7급

「경제적·사회적 및 문화적 권리에 관한 국제규약」에서 보장하는 권리를 침해받은 개인이 국제적으로 통보를 제출할 수 있는 국제진정절차가 수립되어 있다. O | X

A규약 선택의정서에 국제진정절차에 대해 규정되어 있다. 답 O

079

01. 행시·외시

B규약은 18인으로 구성되는 인권이사회(Human Rights Committee)를 설치하고 있다. O | X

인권이사회(Human Rights Committee)는 개인청원, 국가간고발제도 등에 관여한다. 답 O

080

01. 행시·외시

인권이사회(Human Rights Committee) 위원의 임기는 4년이며 재지명된 경우에 재선될 수 있다. O | X

인권이사회(Human Rights Committee)의 인권위원은 재선될 수 있다. 답 O

081

22. 7급

「시민적 및 정치적 권리에 관한 국제규약(B규약)」에 따른 국가 간 고발제도와 관련하여 인권이사회는 규약의 당사국이 이 규약상의 의무를 이행하지 않는다는 주장을 접수하여 이를 일방 당사국에게 통보한 후 해당 사안을 심리할 권한을 가지는바, 이러한 인권이사회의 권한은 당사국이 규약을 비준하면 자동으로 인정된다. O | X

국가 간 고발제도는 규약 제41조를 수락한 국가 상호 간에만 적용된다. 따라서 규약 비준 시 자동적으로 인정되는 것이 아니다. 답 X

082

22. 7급

「시민적 및 정치적 권리에 관한 국제규약(B규약)」에 따른 국가 간 고발제도와 관련하여 인권이사회는 통보된 문제의 처리에 있어서 일반적으로 승인된 국제법의 원칙에 따라 고려하여야 하며 인권이사회의 절차가 시작되기에 국내적 구제절차가 완료되었음을 확인할 필요는 없다. O | X

인권이사회 절차가 시작되기 전에 국내구제절차가 완료되어야 한다. 답 X

083

10. 9급

한국은 1990년에 「1966년 시민적 및 정치적 권리에 관한 국제규약」에 가입하여 당사국이 되었다. O | X

우리나라는 현재 A규약, B규약, B규약 선택의정서에 가입하고 있다. 답 O

084
10. 9급

「1966년 시민적 및 정치적 권리에 관한 국제규약」의 각 당사국은 규약상 권리를 실현하기 위해 취한 조치와 진전 상황에 관하여 UN사무총장에게 보고서를 제출하여야 한다.

O | X

이를 보고서제도라고 한다. 가입 후 1년 이내에 제출하는 최초보고서와 위원회의 요청에 따라 제출하는 수시보고서가 있다. 답 O

085
예상논점

시민적·정치적 권리에 관한 국제규약(1966)에 의하면 모든 인간은 고유한 생명권을 가지며 규약 당사국은 사형제도의 폐지를 통해 인간의 생명이 국가기관에 의해 박탈당하지 아니하도록 보장해야 한다.

O | X

시민적·정치적 권리에 관한 국제규약(1966)에는 사형제도를 폐지하는 규정이 없다.

답 X

086
예상논점

시민적·정치적 권리에 관한 국제규약(1966)에 따르면 합법적으로 당사국 영역 내에 있는 외국인은 법률에 따라 이루어진 결정에 의하여서만 그 영역으로부터 추방될 수 있으며, 또한 국가안보상 불가피하게 달리 요구되는 경우를 제외하고는 자기의 추방에 반대하는 이유를 제시할 수 있고 또한 권한 있는 당국에 의하여 자기의 사안이 심사되는 것이 인정된다.

O | X

시민적·정치적 권리에 관한 국제규약(1966)은 적법절차에 따른 외국인의 추방을 규정하고 있다. 답 O

087
22. 7급

「시민적·정치적 권리에 관한 국제규약(B규약)」에 따른 국가 간 고발제도와 관련하여 통보를 접수한 국가가 최초의 통보를 접수한 후 6개월 이내에 당해문제가 관련당사국 쌍방에게 만족스럽게 조정되지 아니할 경우에는, 양 당사국 중 일방에 의한 인권이사회와 타 당사국에 대한 통고로 당해문제를 인권이사회에 회부할 권리를 가진다.

O | X

국가 간 고발제도에 관한 것이다. 인권이사회의 주선기간은 12개월이다. 답 O

088
예상논점

시민적·정치적 권리에 관한 국제규약의 이행과 관련하여 개인 통보제도(국가 고발제도)와 관련하여 당사국은 언제든지 국제연합 사무총장에 대한 서면 통보에 의하여 선택의정서를 폐기할 수 있다. 폐기는 사무총장이 통보를 접수한 날로부터 6개월 후에 효력을 발생한다.

O | X

폐기는 사무총장이 통보를 접수한 날로부터 3개월 후에 효력을 발생한다(제12조 제1항).

답 X

089
22. 7급

「시민적·정치적 권리에 관한 국제규약(B규약)」에 따른 국가 간 고발제도와 관련하여 인권이사회에 회부된 문제가 관계당사국들에 만족스럽게 타결되지 못하는 경우, 인권이사회는 특별위원회를 임명하고 특별위원회는 당해문제를 해결하기 위하여 관계당사국에게 구속력있는 중재 결정을 할 권리를 가진다. O | X

특별위원회는 '조정'절차로서 그 결과에 법적 구속력이 인정되지 않는다. 답 X

090
16. 9급

B규약 선택의정서상의 개인통보제도에서는 자연인이 아닌 단체의 통보도 받아들여진다. O | X

자연인의 통보만 인정된다. 답 X

091
16. 9급

B규약 선택의정서상의 개인통보제도에서는 당사국의 관할권에 복종하지 않는 외교사절의 행위는 개인 통보의 대상이 되지 않는다. O | X

가해자는 B규약에 가입한 국가에 한정된다. 한국에 주재하는 미국 대사가 한국인의 인권을 침해한 것을 이유로 한국 사람이 한국을 제소할 수 없다. 답 O

092
16. 9급

B규약 선택의정서상의 개인통보제도에서는 국가에 귀속시킬 수 없는 사인(私人)에 의한 권리침해는 개인 통보의 대상이 되지 않는다. O | X

사인의 행위에 대해서 통보하는 것이 아니다. 국가의 행위에 대해 통보한다. 답 O

093
19. 7급

「시민적 및 정치적 권리에 관한 국제규약」에서 보장하는 권리를 침해받은 개인이 국내적 구제조치를 거치지 않고 국제적으로 통보하는 것이 보장된다. O | X

개인청원을 제기하기 위해서는 원칙적으로 국내구제를 완료해야 한다. 답 X

094
예상논점

비상사태 시 일부 규정을 위반할 수 있으나, 기타 국제법 규정과 상충해서는 안되며, UN사무총장을 통해 타당사국에게 즉시 통보해야 한다. O | X

조약의 '이행정지'에 대한 규정이다. 답 O

095
예상논점

비상사태하에서도 생명권, 고문금지 등 일부 인권은 침해할 수 없다. 이를 훼손할 수 없는 인권이라고 한다. O | X

B규약은 훼손할 수 없는 인권과 같이 인권 간 서열을 인정한다. 답 O

096
예상논점

사형을 금하지 않았으나, 가장 중범에 대해서만 내려져야 하고, 법원이 최종판단이 있어야 하며, 사면이나 감형을 청구할 권리를 부여해야 한다. O | X

사형은 1989년 선택의정서를 통해 금지되었다. 답 O

097

예상논점

B규약 위원회에 의하면 사형폐지국이 사형 선고를 받을 수 있는 자를 사형 불집행 보장 없이 사형 존치국으로 인도하는 것은 규약 제6조 생명권 보호조항에 위배된다고 판단하였다. O | X

사형 불집행 보장 없이 사형 선고를 받을 수 있는 국가로 인도하는 것은 생명권 조항을 위반한 것이다. 답 ○

098

22. 7급

ICJ는 Legal Consequences of the Construction of a Wall in the Occupied Palestinian Territory 사례에서 국가는 실효적으로 관할권을 행사하는 점령지에 자국이 당사국인 인권조약을 적용할 의무가 있다고 판시하였다. O | X

국제인권규약의 역외적용을 인정한 판례이다. 답 ○

099

예상논점

국가간고발제도는 규약 제41조를 수락한 당사국 상호 간에만 적용된다. O | X

국가간고발제도는 타국의 인권침해를 감시하는 절차라고 할 수 있다. 답 ○

100

예상논점

국가간고발제도에 있어서 통보를 접수한 국가는 3개월 내에 해명서를 보내야 하며, 통보 접수일로부터 6개월 이내에 원만하게 조정되지 않은 경우 위원회에 주선을 부탁할 수 있다. O | X

국가간고발제도와 관련된 분쟁이 발생하는 경우 1차적으로 위원회의 주선, 2차적으로 특별조정위원회의 조정으로 개입한다. 답 ○

101

예상논점

국가간고발제도와 관련하여 인권위원회의 주선은 국내구제완료를 요건으로 하나, 부당한 지연시 이를 배제할 수 있다. O | X

통보한 국가나 통보받은 국가 모두 '주선'할 수 있다. 답 ○

102

예상논점

국가간고발제도와 관련하여 인권위원회의 주선기간은 6개월이다. O | X

인권위원회의 주선기간은 12개월이다. 주선의 법적 효력은 없다. 답 X

103

예상논점

국가간고발제도와 관련하여 인권위원회 주선으로 분쟁이 해결되지 않은 경우 특별조정위원회에 부탁될 수 있다. 조정위원은 제41조를 수락한 국가의 국민이어야 하나, 분쟁당사국 국민이어서는 안 된다. 조정기간은 12개월이다. O | X

조정의 법적 효력은 없다. 답 ○

104

예상논점

위원회는 국가가 일단 B규약에 가입하면 탈퇴할 수 없다고 해석한다. O | X

B규약은 성질상 국가가 재량으로 탈퇴할 수 없다고 본다. 답 ○

A규약과 B규약 비교

105
96. 외시

1966년의 「경제적·사회적·문화적 권리에 관한 국제조약」(A규약), 「시민적·정치적 권리에 관한 국제조약」(B규약)은 자결권에 관하여 동일한 규정을 두고 있다. O | X

자결권의 보장이 개인적 권리를 보장할 수 있다는 전제에서 동일하게 규정한 것이다.

답 O

106
96. 외시

조약의 이행감시의 측면에 있어서 위의 A규약은 B규약과는 달리 국가 간 고발제도와 개인청원제도를 도입하지 않았다. O | X

B규약에는 국가 간 고발제도가 있고, 개인청원제도는 B규약 선택의정서에 있다. A규약 자체에는 두 제도 모두 없다. B규약 선택의정서는 B규약과 같이 1966년에 채택되었다.

답 O

107
96. 외시

A규약과 B규약은 개인의 재산권에 관하여 비교적 상세한 규정을 둠으로써 사유재산 신성의 원칙을 반영하고 있다. O | X

A규약과 B규약에는 재산권에 대한 규정이 없다. 참고로 세계인권선언 제17조에는 사유재산인정에 대한 규정이 있다.

답 X

108
09. 7급

「시민적·정치적 권리에 관한 국제규약(자유권규약)」에는 공공의 비상사태시에 당사국이 규약상의 의무를 위반하는 조치를 취하는 것을 허용하고 있지만 이 경우에도 위반할 수 없는 권리를 나열하고 있다. O | X

자유권규약은 인권을 '훼손할 수 없는 인권'과 '표준적 인권'으로 나누고 있다.

답 O

109
09. 7급

「경제적·사회적·문화적 권리에 관한 국제규약(사회권규약)」은 개발도상국들에게 경제적 권리에 관한 한 외국인을 차별할 수 있는 권리를 허용하고 있다. O | X

개발도상국은 인권과 국가 경제를 충분히 고려하여 이 규약에서 인정된 경제적 권리를 어느 정도까지 자국의 국민이 아닌 자에게 보장할 것인가를 결정할 수 있다(사회권규약 제2조 제3항).

답 O

110
08. 7급

「경제적·사회적·문화적 권리에 관한 국제규약(사회권규약)」과 「시민적·정치적 권리에 관한 국제규약(자유권규약)」당사국은 규약상의 권리의 실현을 위한 조치 및 상태 등에 대한 보고서를 UN인권위원회에 제출하여야 한다. O | X

양 조약 모두 보고서제도가 규정되어 있다. 다만, 보고서는 UN인권위원회가 아니라 UN 사무총장에게 제출한다.

답 X

111
08. 7급

「경제적·사회적·문화적 권리에 관한 국제규약(사회권규약)」과 「시민적·정치적 권리에 관한 국제규약(자유권규약)」당사국은 규약상의 권리실현을 즉시적으로 달성하기 위한 제반 조치를 취해야 한다. O | X

규약상의 권리실현을 즉시적으로 달성하기 위한 제반 조치를 취해야 하는 것은 자유권규약에만 해당한다. 답 X

112
08. 7급

「경제적·사회적·문화적 권리에 관한 국제규약(사회권규약)」과 「시민적·정치적 권리에 관한 국제규약(자유권규약)」상 모든 민족은 자결권을 갖는다. O | X

각 협약 제1조에 자결권을 규정하였다. 답 ○

113
08. 7급

「경제적·사회적·문화적 권리에 관한 국제규약(사회권규약)」과 「시민적·정치적 권리에 관한 국제규약(자유권규약)」규약상 권리침해의 희생자임을 주장하는 개인은 UN인권위원회에 청원할 수 있다. O | X

양 조약 모두 조약 자체에 개인청원제도는 규정되어 있지 않다. 그리고 개인청원 심사기관은 사회권규약의 경우 경제사회이사회의 보조기관인 A규약 위원회에, 자유권규약의 경우 자유권규약에 의해 창설된 '인권위원회(Human Rights Committee)'이다. 답 X

114
17. 9급

「경제적, 사회적 및 문화적 권리에 관한 국제규약」에 의하면 외국인의 경제적 권리 보장 정도에 대한 개발도상국의 재량이 인정된다. O | X

권리 보장에 있어서 국민을 먼저 보호할 수 있다. 답 ○

115
17. 9급

「경제적, 사회적 및 문화적 권리에 관한 국제규약」은 당사국이 권리의 완전한 실현을 가용자원의 한도 내에서 점진적으로 달성하도록 명시하고 있다. O | X

권리의 완전한 실현에 대해 점진적인 달성을 요구하고 있다. 답 ○

116
17. 9급

「경제적, 사회적 및 문화적 권리에 관한 국제규약」은 모든 당사국에게 권리의 실현을 위해 취한 조치와 발전을 보고할 의무를 부과하고 있다. O | X

UN사무총장에게 취한 조치와 발전을 보고해야 한다. 답 ○

117
17. 9급

「경제적, 사회적 및 문화적 권리에 관한 국제규약」은 대규모적이고 지속적 형태의 권리 침해를 조사할 수 있는 특별보고관제도를 두고 있다. O | X

경제적, 사회적 및 문화적 권리에 관한 국제규약(A규약)의 이행제도에 특별보고관제도는 없다. 규약 자체에는 보고서제도만이 유일하게 이행제도로 명시되어 있다. 답 X

118
16. 7급

「시민적 및 정치적 권리에 관한 국제규약」과 「경제적·사회적 및 문화적 권리에 관한 국제규약」은 재산권에 관하여 규정하고 있지 않다. O | X

두 조약 모두 재산권에 관한 규정은 없다. 답 ○

119
16. 7급

「시민적 및 정치적 권리에 관한 국제규약」과 「경제적·사회적 및 문화적 권리에 관한 국제규약」에 따르면 국가의 비상사태 시 당사국의 의무 위반 조치가 허용되는 인권과 허용되지 않은 인권을 구분하고 있다. O | X

시민적·정치적 권리에 관한 규약에서만 인권의 서열을 인정한다. 위반이 허용되지 않는 인권을 '훼손 불가능한 인권'이라고 하고, 위반이 허용되는 인권을 '표준적 인권'이라고 한다. 답 X

120
16. 7급

「시민적 및 정치적 권리에 관한 국제규약」과 「경제적·사회적 및 문화적 권리에 관한 국제규약」은 국가 간 통보제도와 개인통보제도를 도입하여 조약의 이행감독장치를 강화하였다. O | X

시민적 및 정치적 권리에 관한 국제규약은 국가 간 통보제도와 개인통보제도를 도입하고 있다. 그러나, 경제적·사회적 및 문화적 권리에 관한 국제규약은 두 제도 모두 도입되지 않았다. 다만, 시민적 및 정치적 권리에 관한 국제규약과 경제적·사회적 및 문화적 권리에 관한 국제규약에 관한 의정서가 2008년 채택되어 두 제도 모두 도입하면서, 사실심사 절차도 도입하였다. 답 X

121
19. 9급

「난민의 지위에 관한 협약」, 「여성에 대한 모든 형태의 차별철폐에 관한 협약」, 「모든 형태의 인종차별 철폐에 관한 국제협약」, 「시민적 및 정치적 권리에 관한 국제규약」, 「아동의 권리에 관한 협약」, 「집단살해죄의 방지와 처벌에 관한 협약」은 모두 개인통보절차를 이용할 수 있는 조약이다. O | X

난민의 지위에 관한 협약과 집단살해죄의 방지와 처벌에 관한 협약에는 개인청원제도가 명시되어 있지 않다. 답 X

B규약 선택의정서상 개인청원제도

122
예상논점

관련국이 B규약 및 B규약 제1선택의정서에 가입하고 있어야 한다. O | X

B규약 및 B규약 제1선택의정서 가입국 관할하의 개인에게 청원권이 주어진다. 답 ○

123
예상논점

개인청원제도는 관련국 영토 내에 있는 사인에만 적용된다. O | X

개인청원제도는 관련국 영토 내에 있거나, 관련국 관할하에 있는 사인에게 적용된다. 개인청원제도는 역외적용이 인정된다. 답 X

124
예상논점

국내구제완료원칙이 적용되나, 부당한 지연이 있는 경우 적용되지 않는다. O | X

인권침해국의 국내구제를 먼저 완료하여야 한다. 답 ○

125
예상논점

국내구제완료는 최고법원까지 소송을 진행하면 충분하고, 판결 확정 이후 재심청구까지 해야 하는 것은 아니다. 또한 사면이나 감형의 탄원과 같은 은혜적 조치까지 완료해야 하는 것은 아니다. O | X

구제수단의 범위에 대한 설명이다. 답 ○

126
예상논점

법인은 청원할 수 없다. O | X

자연인만 청원할 수 있다. 유럽인권협약의 경우 NGO의 제소권이 있다. 답 ○

127
예상논점

임박한 피해에 대해서는 청원을 제기할 수 없다. O | X

임박한 피해에 대해서도 청원을 제기할 수 있다. 이 경우 피해가 명백하게 임박하여야 한다. 답 X

128
예상논점

중복청원, 청원권 남용, 익명청원은 금지된다. O | X

수리가능성 조건에 대한 설명이다. 답 ○

129
예상논점

개인청원제도에서 본안심리는 서면심리가 원칙이다. O | X

구두소송절차는 없다. 답 ○

130
예상논점

위원회로부터 통지를 받은 당사국은 6개월 내에 해명서를 제출한다. O | X

당사국의 해명서에 기초하여 위원회가 심리한다. 답 ○

131
예상논점

위원회의 심리결과는 법적 구속력을 가지지 아니한다. O | X

위원회의 심리결과는 관련국에게 권고적 효력을 가진다. 답 ○

132
예상논점

선례구속성원칙이 공식적으로 인정되지는 않는다. O | X

선례구속성이 없다는 의미이다. 답 ○

133
예상논점

이사회의 견해가 당사국에 의해 크게 존중되지는 않고 있다.　　　　O | X

이사회의 견해 자체는 법적 구속력이 없다는 의미이다.　　　　답 ○

134
예상논점

위원회는 당사국의 이행 여부를 추적 조사하는 절차(Follow-up Procedure)를 마련하고 있다. 위원 3명을 지정하여 해당국과 접촉하며 적절한 대응책을 모색한다.　O | X

위원은 3명이 아니라 1명을 지정한다. 추적 조사하는 절차(Follow-up Procedure)는 위원회 관행으로 형성한 제도이다.　　　　답 X

135
예상논점

우리나라 최초 사례는 손종규 사건이며 우리나라가 표현의 자유를 침해하였다고 결정하였다.　　　　O | X

우리나라가 견해를 수락하지 않았다.　　　　답 ○

136
예상논점

한국은 약 122건의 사건에서 규약 위반 판정이 난 최다 위반국이다. 규약 위반의 피해자 수도 가장 많다.　　　　O | X

주로 종교의 자유를 침해했다는 판단을 받았다.　　　　답 ○

137
예상논점

박태훈 사건에서 Human Rights Committee는 국가보안법 조항에 대해 한국의 헌법재판소가 여러 차례 합헌을 선언한 바 있으므로 헌법소원은 실효적 구제수단이 될 수 없으므로 국내구제완료의 대상 수단이 아니라고 하였다.　　　　O | X

헌법재판도 국내구제수단이나, 당해 사건의 경우 여러 차례 기각된 바가 있으므로 굳이 거칠 필요가 없다고 본 것이다.　　　　답 ○

138
예상논점

개인통보제도는 B규약, A규약, 인종차별철폐협약, 고문방지협약, 여성차별철폐협약, 이주노동자권리협약, 장애인권리협약, 아동권리협약, 이주노동자권리협약에 마련되어 시행되고 있다.　　　　O | X

이주노동자권리협약상 개인통보제도는 수락국 부족으로 아직 시행되지 못하고 있다.　　　　답 X

139
예상논점

사인이 인권침해의 주체인 경우 피해사인이 이에 대해 개인청원을 제기할 수 있다.　O | X

사인이 인권침해의 주체인 경우 피해사인이 이에 대해 개인청원을 제기할 수 없다. 국가의 인권침해에 대해 청원을 제기한다.　　　　답 X

140

예상논점

사인의 인권침해에 당사국이 책임이 있다면, 피해사인은 당해 국가를 상대로 개인청원을 제기할 수 있다.　O | X

국가의 지시나 위임에 의해 사인의 인권이 침해되었다면 사인은 지시한 국가가 위임한 국가를 상대로 청원을 제기할 수 있다.　답 ○

141

예상논점

종교상의 이유로 병역법을 위반했다고 판단받은 사인이 우리나라를 상대로 제기한 청원에 대해 위원회는 우리나라가 B규약 제18조상의 종교의 자유를 침해했다고 판단하였다.　O | X

대체복무제를 도입하지 않은 우리나라 병역법이 문제되었다.　답 ○

142

예상논점

양심적 병역거부는 한국을 상대로 위원회에 가장 많은 통보(청원)이 제기된 사안이다.　O | X

병역법 위반 판정을 받은 한국인들이 지속적으로 개인청원을 제기한 사건이다.　답 ○

143

예상논점

실업수당에 있어서 차별을 받은 경우 B규약상 권리 침해로 인정하여 위원회는 청원을 수리한 사례가 있다. 실업수당은 A규약상 권리라는 점에서 논란이 있었다.　O | X

현재 인권위원회는 이를 B규약상 평등권 위반으로 판정하는 데에 있어서 소극적 태도를 보이고 있다.　답 ○

144

예상논점

실제로 발생한 피해에 대해서만 통보를 할 수 있고, 아직 발생하지 않은 추상적 사안에 대해서는 피해자임을 주장할 수 없다.　O | X

피해가 임박한 경우에는 성원을 제기할 수 있으나, 아직 발생하지 않은 경우 청원을 제기할 수 없다.　답 ○

145

예상논점

당사국의 관할권에 복종하지 않는 외교사절이 저지른 침해행위에 대해서는 개인통보를 제기할 수 없다.　O | X

타국 외교사절의 침해에 대해 접수국의 사인이 접수국을 상대로 청원을 제기할 수 없다.　답 ○

146

예상논점

당사국이 책임져야 할 상황인 경우 외국에서 발생한 사건에 대해서도 통보를 제기할 수 있다.　O | X

외국에서 자국에 의해 인권침해를 당한 개인은 자국을 상대로 청원을 제기할 수 있다.　답 ○

147
예상논점

당사국은 자국 정부요원이 외국 영토에서 자국민에게 자행한 인권침해행위에 대해서 책임을 지지 않는다. ○ | X

자국 정부요원이 외국 영토에서 자국민에게 자행한 인권침해행위에 대해 당사국은 책임을 진다. 정부요원이 외국 영토에서 행한 인권침해행위에 대해 자국민은 청원을 제기할 수 있다. 답 X

148
예상논점

당사국은 외국의 주재공관에 의한 규약 위반에 대해 현지 외국 정부와는 관련이 없는 사건이라면 책임을 진다. ○ | X

접수국에 소재하는 파견국 공관에 의해 파견국 국민이나 외국인이 피해를 입은 경우 파견국을 상대로 개인청원을 제기할 수 있다. 답 ○

149
예상논점

국제사법재판소(ICJ)에 의하면 외국 영토를 군사점령 중인 국가는 자국이 당사국인 인권조약을 점령지에도 적용할 수 있다. ○ | X

인권조약을 점령지에도 적용하는 것은 의무이다. 답 X

150
예상논점

B규약위원회는 규약 제26조 평등권 보장의무는 B규약 권리에 관련해서만 적용되는 것이 아니라 A규약상 인권이 침해된 경우에도 적용된다고 판단하였다. ○ | X

이에 대해서는 비난이 있었고, 이로 인해 위원회는 이 경우 개인 청원 수리에 소극적인 것으로 평가되고 있다. 답 ○

B규약위원회

151
예상논점

B규약위원회는 20인으로 구성한다. ○ | X

B규약위원회는 18인의 위원으로 구성된다. 답 X

152
예상논점

당사국은 자국민을 2인 이하로 지명할 수 있다. ○ | X

후보자는 각 당사국이 2인까지 지명할 수 있다. 답 ○

153
예상논점

선출은 당사국 3분의 2를 정족수로 하여, 출석 투표하는 당사국 최대다수 및 절대다수로 선출한다. ○ | X

최대다수는 가장 많은 득표를 한 자를 선발하는 것이고, 절대다수는 당사국 전체 과반수 이상의 지지를 얻어야 한다는 것이다. 답 ○

154

예상논점

동일국가 국민을 2인 이상 포함할 수 없으며, 임기 4년 재선될 수 있다.　　O | X

위원들의 국적이 모두 달라야 한다는 것이다.　　답 ○

제4절　지역인권규약

155

07. 7급

1978년 발효한 미주인권협약은 미주인권재판소를 창설하였다.　　O | X

다만 개인의 제소권은 부여되지 않았다.　　답 ○

156

99. 사시

'제3세대 인권'에는 개발(발전)에 대한 권리, 평화에 대한 권리, 인류공동유산에 대한 권리, 자결권, 공정한 재판을 받을 권리 등이 있다.　　O | X

공정한 재판을 받을 권리는 제1세대 인권으로서 정치적 권리에 포함된다. 제3세대 인권은 개발도상국들이 주장하는 권리로서 국가 간 유대(solidarity)를 전제로 제시되는 권리를 의미한다.　　답 X

157

예상논점

유럽인권협약(1950)은 세계인권선언에 법적 구속력을 부여하기 위한 조약으로서 '시민적·정치적 권리'와 함께 '경제적·사회적·문화적 권리'에 대한 포괄적 규정을 두었다.　　O | X

유럽인권협약은 시민적·정치적 권리에 대해서만 규정하였다.　　답 X

158

예상논점

유럽인권협약 제11의정서에 따르면 개인은 유럽인권위원회 청원을 거쳐 유럽인권법원에 제소할 수 있다.　　O | X

유럽인권위원회의 청원 없이 바로 제소 가능하다.　　답 X

159

예상논점

유럽인권법원에는 개인이나 비정부기구도 제소할 수 있다.　　O | X

NGO의 권리가 인정되므로 법원에 청원도 제기할 수 있다.　　답 ○

160

예상논점

미주인권협약(1969)은 이행기관으로서 인권위원회와 인권법원을 두고 있다.　　O | X

단, 인권법원에 개인의 제소권은 없다.　　답 ○

161
예상논점

미주인권협약(1969)을 채택하였으며 경제적·사회적·문화적 권리를 주로 보호하되, 시민적·정치적 권리도 규정하였다. ○ | X

미주인권협약에는 1세대 인권과 2세대 인권이 모두 규정되었다. 시민적·정치적 권리를 주로 보호하였다. 답 X

162
예상논점

미주인권위원회에는 NGO도 청원할 수 있다. ○ | X

NGO는 미주인권위원회에 청원권은 있으나 제소권은 없다. 답 ○

163
예상논점

미주인권법원에 개인의 제소권은 인정되지 않는다. ○ | X

미주인권법원에는 협약당사국이나 위원회가 제소할 수 있다. 답 ○

164
예상논점

아프리카 인권헌장은 자결권, 제3세대 인권을 규정한다. ○ | X

제3세대 인권은 평화에 대한 권리, 개발에 대한 권리 등을 의미한다. 답 ○

165
예상논점

아프리카의 경우 인권위원회는 설치되어 있으나, 인권법원은 설치되지 않았다. ○ | X

2004년에 아프리카 인권법원이 설치되었다. 답 X

166
예상논점

아시아 전역을 아우르는 독자적인 지역인권협약은 채택되지 않았다. ○ | X

아시아지역 인권법원 설치를 위한 논의가 있으나 현재까지 설치되지 않았다. 답 ○

167
예상논점

아세안의 경우 2009년 아세안 인권선언을 채택하고 정부간 인권위원회를 출범시켰다. ○ | X

아세안 인권선언은 아세안 차원에서 채택한 것이다. 답 ○

제5절 국제난민법

총론

168
21. 7급

1951년 「난민의 지위에 관한 협약」에 의하면 난민은 비호를 신청할 국가에 입국한 시점에 난민 요건을 충족해야 한다. O | X

난민의 지위에 관한 협약 해석상 현장 난민도 난민으로 인정될 수 있다. 현장 난민은 입국 시에는 난민의 요건을 충족하지 못하였으나, 체류하는 동안 난민이 될 요건을 갖춘 난민을 말한다. 따라서 입국 시점에 난민요건을 충족해야 하는 것은 아니다. 답 X

169
예상논점

난민협약(1951)에 의하면 이중국적자의 경우 하나의 국적국으로부터의 이유있는 공포로 당해국을 떠난 경우 타방 국적국의 보호가능성과 무관하게 난민으로 인정될 수 있다. O | X

국적국 모두 이중국적자를 보호할 수 없는 경우 이중국적자는 난민으로 인정될 수 있다. 답 X

170
예상논점

난민협약(1951)에 의하면 1951년 1월 1일 이전에 유럽이 아닌 기타 지역에서 발생한 난민에 대해서도 적용할 수 있다. 각 체약국은 서명, 비준 또는 가입시에 이 협약상의 의무를 이행함에 있어서 유럽 이외 지역에 대한 적용을 선택하여 선언할 수 있다. O | X

체약국의 선언을 통해 난민발생장소를 확대할 수 있다. 답 ○

171
예상논점

난민협약(1951)에 의하면 국제연합 난민고등판무관을 비롯하여 국제연합의 기관이나 또는 기구로부터 보호 또는 원조를 현재 받고 있는 자에게는 적용하지 아니한다. O | X

난민고등판무관의 보호를 받는 자는 난민으로 인정될 수 있다. 답 X

172
예상논점

난민협약(1951)에 의하면 동 협약의 해석 또는 적용에 관한 협약당사국 간 분쟁으로서 다른 방법에 의해 해결될 수 없는 것은 분쟁당사국 중 어느 일방 당사국의 요청에 의하여 국제중재에 부탁된다. O | X

국제사법재판소(ICJ)에 부탁한다(제38조). 답 X

173
예상논점

난민협약(1951)에 의하면 동 협약에 대한 유보는 전면 금지된다. O | X

난민협약은 유보불가 조항을 열거하였다(제42조 제1항). 답 X

174

예상논점

난민협약(1951)에 의하면 체약국은 UN사무총장 및 타당사국에 대해 통고함으로써 언제든 폐기할 수 있으며 폐기는 UN사무총장이 통고를 접수한 날로부터 1년 후에 발효된다.

O | X

UN사무총장에 대한 통고만 난민협약(1951)에 규정되었다(제44조 제1항).

답 X

175

23. 7급

비호를 구하는 난민은 비호를 구하려는 국가의 국내법에 따른 입국허가를 받아야 하며 난민에게 국제법에 따라 입국할 수 있는 권리 자체가 보장되는 것은 아니다.

O | X

난민을 포함하여 외국인에게 입국의 권리가 있는 것은 아니며, 영토국의 입국허가를 받아야 한다.

답 O

요건

176

17. 7급

1951년 난민의 지위에 관한 협약(난민협약)상 전쟁범죄(war crime) 또는 인도에 반한 죄(crime against humanity)를 범한 사람은 난민협약 규정의 적용을 받지 못한다.

O | X

난민자격 배제사유에 해당한다. 국제범죄인, 입국 전에 중대한 비정치적 범죄를 범한 자, UN의 목적과 원칙에 반하는 행위를 한 자는 난민자격을 부여받을 수 없다.

답 O

177

예상논점

난민협약(1951)에 의히면 상주국가 밖에 있는 무국적자로서 종전의 상주국가로 돌아갈 수 없거나 또는 공포로 인하여 종전의 상주국가로 돌아가는 것을 원하지 아니하는 자도 난민지위를 인정받을 수 있다.

O | X

난민협약은 무국적자에 대해서도 난민지위를 인정하고 있다.

답 O

178

16. 9급

「난민지위협약」(1951)에 따르면 경제적 사유나 자연재해로 인한 난민도 적용대상에 포함된다.

O | X

정치적 박해를 이유로 한 난민만 인정된다. 즉, 정치적 난민만 협약의 보호대상이다.

답 X

179

16. 9급

「난민지위협약」(1951)에 따르면 난민으로서의 법적 요건을 갖추었는지에 대한 판정권이 개별 국가에 유보되어 있다.

O | X

난민판정에 대한 세부 절차에 대한 규정은 없다.

답 O

180 (21. 7급)

한국 법원은 성적 지향으로 인한 박해의 피해자를 특정 사회집단의 구성원 신분에 해당하는 난민으로 본다. O | X

동성애자에 대해 난민으로 인정한 한국 법원의 판례가 있다. 답 O

181 (08. 9급)

1951년 「난민의 지위에 관한 협약」에 따르면 난민은 소속국으로부터 정치적 박해 또는 경제적 곤란을 피하여 외국으로 탈출한 자를 말한다. O | X

경제적 곤란은 난민인정사유가 아니다. 답 X

182 (08. 9급)

1951년 「난민의 지위에 관한 협약」에 따르면 입국 전에 중대한 비정치적 범죄를 범한 자도 난민의 보호를 받을 수 있다. O | X

입국 전 중대한 비정치적 범죄를 범한 자, 국제범죄를 저지른 자, UN의 목적과 원칙에 반하는 행위를 한 자는 난민자격이 인정될 수 없다. 답 X

183 (15. 경찰간부)

1951년 「난민의 지위에 관한 협약」상 난민의 개인적 지위는 거소지 국가의 법률에 의하여 우선 규율된다. O | X

'주소지 국가'의 법률에 의해 우선적으로 규율된다. '거소지 국가'는 2차적으로 적용된다. 답 X

184 (21. 9급)

「난민지위협약」상 난민에는 내전으로 인한 국내적 실향민(internally displaced people)도 포함된다. O | X

실향민(displaced people)은 국가를 떠난 자가 아니므로 협약 난민이 될 수 없다. 답 X

185 (14. 9급)

1951년 난민협약과 난민지위에 관한 의정서는 난민지위의 확인 및 결정절차를 회원국의 국내법에 위임하고 있다. O | X

우리나라도 현재 난민법이 제정되어 있다. 답 O

186 (21. 9급)

「난민지위협약」상 난민신청자는 박해받을 공포가 있음을 객관적인 증거에 의하여 주장 사실 전체를 증명해야 한다. O | X

외국인에게 객관적인 증거에 의하여 주장사실 전체를 증명하도록 요구할 수는 없고, 그 진술에 일관성과 설득력이 있고, 입국 경로, 입국 후 난민신청까지의 기간, 난민 신청 경위, 국적국의 상황, 주관적으로 느끼는 공포의 정도, 신청인이 거주하던 지역의 정치적·사회적·문화적 환경, 그 지역의 통상인이 그 같은 상황에서 느끼는 공포의 정도 등에 비추어 전체적인 진술의 신빙성에 의하여 그 주장사실을 인정하는 것이 합리적인 경우에는 그 증명이 있다고 봐야 할 것이다(대판2007두6526). 답 X

187
21. 9급

「난민지위협약」에 의하면 난민신청자가 난민으로서의 법적 요건을 갖는지 여부에 대한 판정권은 UN 난민고등판무관(UNHCR)에 있다.　　O | X

난민판정권은 협약당사국에 있다.　　답 X

보호

188
17. 7급

1951년 난민의 지위에 관한 협약(난민협약)상 국가는 국가안보, 공공질서 또는 경제 상황을 이유로 합법적으로 그 영역에 있는 난민을 추방할 수 있다.　　O | X

경제 상황을 이유로는 그 영역에 있는 난민들을 추방할 수 없다.　　답 X

189
17. 7급

1951년 난민의 지위에 관한 협약(난민협약)상 국가는 생명이 위협되는 영역으로부터 직접 온 난민에게 즉시 합법적 입국을 허용하여야 한다.　　O | X

입국허용의무가 없다. 다만, 불법입국만을 이유로는 처벌할 수 없다.　　답 X

190
21. 9급

「난민지위협약」의 체약국은 난민에게 원칙적으로 외국인에게 부여하는 대우와 동등한 대우를 부여하여야 한다.　　O | X

난민은 원칙적으로 체약국 내에서 '최혜국민대우'를 받는다.　　답 ○

191
16. 9급

「난민지위협약」(1951)에 의하면 비호 받을 국가로의 입국권이 난민에게 보장되고 있다.　　O | X

입국을 허용하는 여부는 체약국의 재량이다. 다만, 일정한 조건하에 불법 입국 및 체류만을 이유로 처벌할 수는 없다.　　답 X

192
08. 7급

정치적 난민에게 망명을 허용한 경우 본국에의 인도를 거절할 수 있다.　　O | X

정치범에게 영토적 비호를 부여할 수 있다.　　답 ○

193
14. 9급

강제송환금지원칙은 불법입국한 난민에게는 적용되지 않는다.　　O | X

불법입국한 난민에 대해서도 강제송환금지원칙이 적용된다.　　답 X

194
14. 9급

제네바난민협약은 세계인권선언과 마찬가지로 체약국의 난민 비호의무를 규정하고 있다.　　O | X

난민의 비호는 체약국의 의무가 아닌 권리이다.　　답 X

195
12. 9급

「1951년 난민의 지위에 관한 협약」상 난민은 체약국 내에서 재판을 받을 권리, 공공교육, 사회보장제도에 대하여 내국민대우를 받는다.　　O | X

종교의 자유나 지적재산권 보호 등도 내국민대우를 부여해야 한다.　　답 O

196
12. 9급

「1951년 난민의 지위에 관한 협약」상 강제송환금지규정은 국제관습법상 확립된 원칙을 명문화한 것이다.　　O | X

당초 관습법을 성문화한 것은 아니다.　　답 X

197
08. 7급

국제사법재판소는 1950년 비호권 사건(Asylum case)에서 외교공관의 외교적 비호권을 인정하였다.　　O | X

국제사법재판소(ICJ)는 지역관습으로의 성립 여부가 쟁점이었으나 관습법으로 성립되지 않았다고 판시하였다.　　답 X

198
08. 7급

비호권은 국가의 권리로서 개인이 외국에 요구할 수는 없다.　　O | X

비호권은 영토적 비호의 경우 국가의 권리로서 인정된다.　　답 O

199
08. 7급

박해받을 우려가 있는 본국으로 난민을 송환해서는 안 된다.　　O | X

강제송환금지원칙이라고 한다.　　답 O

200
08. 9급

1951년 「난민의 지위에 관한 협약」에 따르면 공급이 부족한 물자의 배급에 있어서 난민은 내국인과 동일한 대우를 부여받는다.　　O | X

내국민대우는 예외적 조치이므로 이에 해당하는 사항들을 기억해야 한다.　　답 O

201
21. 7급

1951년 「난민의 지위에 관한 협약」에 의하면 환경난민은 협약에 의하여 보호된다.　　O | X

동 협약은 정치적 난민만을 보호대상으로 하므로 환경난민은 대상이 아니다.　　답 X

202
15. 경찰간부

난민은 「난민지위협약」에 따라 입국의 권리가 보장된다.　　O | X

난민은 입국의 권리가 없다.　　답 X

203
15. 경찰간부

1951년 「난민의 지위에 관한 협약」상 합법적 난민은 국가안보 또는 공공질서를 이유로 하는 경우를 제외하고, 적법절차 없이 추방되지 아니한다.　O | X

추방은 예외적이며, 사유는 국가안보와 공공질서에 국한된다.　답 O

204
15. 경찰간부

1951년 「난민의 지위에 관한 협약」상 불법적으로 입국한 난민은 불법입국에 따른 형벌을 받는다.　O | X

불법입국만을 이유로 하여 처벌하지는 않는다. 다만 지체없이 당국에 출두하여 불법입국에 대한 사유를 제시해야 한다.　답 X

205
16. 9급

「난민지위협약(1951)」상 국제이행절차로서 개인통보제도와 국가간통보제도가 도입되었다.　O | X

개인통보제도와 국가간통보제도 모두 도입되지 않았다.　답 X

206
16. 사시

1951년 「난민의 지위에 관한 협약」에 의하면 국가는 자국의 안보 또는 공공질서의 유지를 위하여 필요한 경우에도, 그 영역에 합법적으로 체류하는 난민을 추방할 수 없다.　O | X

국가안보나 공공질서를 이유로 하는 추방은 예외적으로 허용된다. 추방 사유는 열거적이므로 경제적 이유로 한 추방은 허용되지 않는다.　답 X

207
16. 사시

1951년 「난민의 지위에 관한 협약」에 따르면 국가들은 그 영역에 합법적으로 체류하는 난민에게 여행증명서를 발급하여야 한다.　O | X

체약국은 합법적으로 그 영역 내에 체재하는 난민에게 국가안보 또는 공공질서를 위하여 어쩔 수 없는 이유가 있는 경우를 제외하고는 그 영역 외로의 여행을 위한 여행증명서를 발급하여야 한다(협약 제28조).　답 O

208
16. 사시

1951년 「난민의 지위에 관한 협약」에 따르면 국가는 불법입국한 난민에게 불법입국의 상당한 이유가 있는 경우, 그 불법입국만을 이유로 형벌을 부과할 수 없다.　O | X

난민은 지체 없이 당국에 출두하여 그 사유를 설명해야 한다.　답 O

209
16. 사시

1951년 「난민의 지위에 관한 협약」에 따르면 난민은 법에 따라 이루어진 결정에 의하여서만 추방될 수 있다.　O | X

적법절차에 따라야 하고, 추방사유가 있어야 하며, 재심 기회를 부여해야 한다.　답 O

210
18. 7급

「난민의 지위에 관한 협약」에 의하면 체약국은 국가안보를 이유로 합법적으로 체류하는 난민을 추방할 수 있다.　　　　　　　　　　　　　　　　　　　　　O | X

난민추방은 국가안보 및 공공질서를 이유로만 할 수 있다.　　　　　　　답 ○

211
16. 사시

2006년 유엔국제법위원회(ILC) 「외교적 보호에 관한 초안」에 의하면 난민은 그가 합법적으로 상주하고 있는 국가의 외교적 보호를 받을 수 있다.　　　　O | X

자국민에 대한 외교적 보호의 예외로서 2006년 외교보호초안에 규정되어 있다.　답 ○

212
16. 경찰간부

1951년 「난민의 지위에 관한 협약」에 따르면 강제송환금지원칙은 불법 입국한 난민에게는 적용되지 않는다.　　　　　　　　　　　　　　　　　　　　O | X

1951년 「난민의 지위에 관한 협약」상 불법 입국 난민에 대한 강제송환금지원칙 배제에 관한 명문규정은 없다. 다만 해석상 불법입국자도 난민인정을 받을 가능성이 있다면 강제송환금지의 대상이 된다고 본다.　　　　　　　　　　　　　　　답 X

213
16. 경찰간부

1951년 「난민협약」은 세계인권선언과 마찬가지로 체약국의 난민비호의무를 규정하고 있다.　　　　　　　　　　　　　　　　　　　　　　　　　　　　O | X

난민협약에 난민비호의무는 없다. 난민보호는 체약국의 재량이다. 세계인권선언의 경우 난민비호의무를 규정한 것은 아니다. 모든 개인이 타국에서 비호를 향유할 권리를 규정하고 있다.　　　　　　　　　　　　　　　　　　　　　　　　　　　답 X

214
예상논점

난민협약(1951)에 의하면 체약국은 그 영역 안의 난민에게 종교의 자유를 부여함에 있어서 적어도 외국인에게 부여하는 대우와 동등한 호의적 대우를 부여해야 한다.
　　　　　　　　　　　　　　　　　　　　　　　　　　　　　　　O | X

자국민과 같은 대우를 부여해야 한다(제4조).　　　　　　　　　　　　답 X

215
예상논점

난민협약(1951)에 의하면 체약국은 난민에게 이 협약이 더 유리한 규정을 두고 있는 경우를 제외하고, 일반적으로 자국민에게 부여하는 대우와 동등한 대우를 부여한다.
　　　　　　　　　　　　　　　　　　　　　　　　　　　　　　　O | X

외국인 대우와 동등한 대우를 부여한다(제7조).　　　　　　　　　　　답 X

216
18. 7급

「난민의 지위에 관한 협약」에 의하면 체약국은 인종, 종교 또는 출신국에 의거하여 난민을 차별해서는 아니 된다.　　　　　　　　　　　　　　　　　　　O | X

난민에 대한 비차별대우규정이다.　　　　　　　　　　　　　　　　　답 ○

217
18. 7급

「난민의 지위에 관한 협약」에 의하면 체약국은 난민의 귀화를 장려하는 정책을 실시하여서는 아니 된다. O | X

체약국은 난민의 동화 및 귀화를 가능한 한 장려한다. 체약국은 특히 귀화 절차를 신속히 행하기 위하여 또한 이러한 절차에 따른 수수료 및 비용을 가능한 한 경감시키기 위하여 모든 노력을 다한다(협약 제34조). 답 X

218
예상논점

「난민의 지위에 관한 협약」에 의하면 배급제도, 초등교육, 공공구제, 종교의 자유 등은 내국민대우를 부여해야 한다. O | X

내국민대우 대상과 최혜국대우 대상을 구분해야 한다. 답 O

219
예상논점

UNHCR(난민고등판무관)이 난민이라고 판정해도 이는 개별 당사국을 구속하지 못한다. O | X

난민판정은 개별 당사국이 하므로 UNHCR(난민고등판무관)의 판정은 개별 당사국을 구속하지 못한다. 답 O

220
21. 7급

우리나라는 1962년에 난민협약과 의정서에 가입하였고, 2011년에 독립적인 난민법이 제정되어 2013년에 발효하였다. O | X

우리나라는 1992년에 난민협약과 의정서에 가입하였다. 답 X

221
예상논점

우리나라에서 난민신청이유는 종교적 이유와 정치적 이유가 가장 많다. O | X

난민협약은 박해사유로 인종, 종교, 국적, 특정 집단 구성원 신분, 정치적 의견을 적시하고 있다. 답 O

222
예상논점

체약국은 난민에게 일반적으로 내국민대우를 부여한다. O | X

난민에게 일반적으로 최혜국대우를 부여한다. 답 X

223
예상논점

난민은 체약국 영역에서 3년간 거주 후 체약국의 영역 내에서 입법상의 상호주의로부터 면제를 받는다. O | X

일반적으로 내국민대우를 부여할 수 있다는 의미이다. 답 O

224
23. 7급

「난민의 지위에 관한 협약」 체약국은 난민에게 동산 및 부동산의 소유권과 기타 관련 권리의 취득 및 부동산의 임대차 등에서 가능한 한 유리한 대우를 부여하며 외국인에게 부여되는 일반적인 대우보다 불리하게 해서는 아니 된다. O | X

협약상 부동산에 관한 권리는 당사국이 난민에게 최혜국대우를 부여해야 한다. 답 O

UN난민고등판무관(UNHCR)

225
예상논점

UN난민고등판무관은 UN사무총장의 지명에 따라 총회에서 선출된다.   O | X

선출방식에 주의해야 한다.   답 ○

226
예상논점

1921년 국제연맹이 처음으로 고등판무관을 임명하였다.   O | X

난민보호는 국제연맹에서 시작되었다.   답 ○

227
예상논점

협약과 의정서는 UN난민고등판무관과의 협력을 규정하고 있다.   O | X

협력의 방법과 수준은 당사국이 결정한다.   답 ○

228
예상논점

UN난민고등판무관의 임기는 4년이다.   O | X

UN난민고등판무관의 임기는 5년이다.   답 X

229
예상논점

난민고등판무관의 보호를 받는 자를 위임난민, 협약상 보호를 받는 난민을 협약난민이라고 한다.   O | X

협약난민은 정치적 난민을 보호대상으로 한다. 위임난민에는 정치적 난민 이외에 경제적, 환경적, 전쟁난민 등이 포함될 수 있다.   답 ○

230
23. 7급

「난민의 지위에 관한 협약」에 따라 국제연합 난민고등판무관은 난민의 국제적 보호와 난민협약체제의 이행감시 권한을 가지며 이에 근거해 체약국들의 난민 지위 결정 과정에 여러 형태로 관여한다.   O | X

난민협약 당사국은 UNHCR과 협력할 의무가 있다.   답 ○

우리나라 난민법

231
예상논점

우리나라 「난민법」(2012년 제정)에 의하면 법무부장관은 난민인정 신청이 이유 있다고 인정할 때에는 난민임을 인정하는 결정을 하고 난민인정증명서를 난민신청자에게 교부한다.   O | X

난민임을 인정하는 것은 법무부장관의 권한이다.   답 ○

232

예상논점

우리나라 「난민법」(2012년 제정)에 의하면 난민인정 등의 결정은 난민인정신청서를 접수한 날부터 6개월 안에 하여야 한다. 다만, 부득이한 경우에는 6개월의 범위에서 기간을 정하여 연장할 수 있다. O | X

난민인정 등을 결정하는 것은 6개월의 기한이 있음을 주의해야 한다. 답 ○

233

예상논점

우리나라 「난민법」(2012년 제정)에 의하면 난민불인정결정을 받은 사람 또는 난민인정이 취소 또는 철회된 사람은 그 통지를 받은 날부터 30일 이내에 법무부장관에게 이의신청을 할 수 있다. O | X

이의신청은 30일 이내에 한다. 답 ○

234

예상논점

우리나라 「난민법」(2012년 제정)에 의하면 법무부장관은 이의신청서를 접수한 날부터 6개월 이내에 이의신청에 대한 결정을 하여야 한다. 다만, 부득이한 사정으로 그 기간 안에 이의신청에 대한 결정을 할 수 없는 경우에는 3개월의 범위에서 기간을 정하여 연장할 수 있다. O | X

이의신청에 대한 결정을 할 수 없는 경우에도 6개월의 범위에서 기간을 정하여 연장할 수 있다. 답 X

235

예상논점

우리나라 「난민법」(2012년 제정)에 의하면 법무부장관은 난민인정결정이 거짓 서류의 제출이나 거짓 진술 또는 사실의 은폐에 따른 것으로 밝혀진 경우에는 난민인정을 취소할 수 있다. O | X

난민인정 취소결정은 소급효를 가진다. 답 ○

236

예상논점

우리나라 「난민법」(2012년 제정)에 의하면 난민인정자가 자발적으로 국적국의 보호를 받고 있는 경우 등에는 난민인정결정을 철회할 수 있다. O | X

난민인정 철회결정은 장래효를 가진다. 답 ○

237

예상논점

우리나라 「난민법」(2012년 제정)에 의하면 외교부장관은 유엔난민기구(UNHCR)가 난민인정자 상황 등에 대하여 통계 등의 자료를 요청하는 경우 협력하여야 한다. O | X

유엔난민기구(UNHCR)가 난민인정자 상황 등에 대하여 통계 등의 자료를 요청하는 경우 협력하는 것은 법무부장관의 의무이다. 답 X

238

예상논점

우리나라 「난민법」(2012년 제정)에 의하면 법무부장관은 유엔난민기구(UNHCR)가 난민인정자 상황 등에 대하여 통계 등의 자료를 요청하는 경우 협력하여야 한다. O | X

협력의무라는 점에 주의해야 한다. 답 ○

239

예상논점

우리나라 「난민법」(2012년 제정)에 의하면 대한민국에 체류하는 난민인정자는 다른 법률에도 불구하고 난민협약에 따른 처우를 받는다.　　O | X

난민협약과 난민법의 우선적용을 규정한 것이다.　　답 ○

240

예상논점

우리나라 「난민법」(2012년 제정)에 의하면 난민으로 인정되어 국내에 체류하는 외국인은 타 법률에도 불구하고 대한민국 국민과 같은 수준의 사회보장을 받는다.
　　O | X

우리나라의 난민법에서 내국민대우를 규정하였다.　　답 ○

제6절 국제형사재판소

의의

241

16. 경찰간부

ICC는 전범과 대량학살범을 처벌하기 위한 최초의 국제사법기관이다.　　O | X

제2차 세계대전 전범 처벌을 위한 재판소도 있었고, 그밖에 르완다 전범재판소나 구유고 전범재판소가 존재하였다.　　답 X

242

14. 7급

ICC는 ICC 로마규정이 발효된 2002년 이후의 국제범죄에 대해서만 관할권을 갖는다.
　　O | X

로마조약 발효 전의 범죄에 대해서는 관할권을 가지지 않는다.　　답 ○

243

11. 7급

ICC와 국내재판소 간의 관계에 대해서는 이른바 '보충성의 원칙'이 도입되었다.
　　O | X

개별 국가에서 수사, 기소, 불기소, 유무죄판결이 있는 경우 원칙적으로 국제형사재판소(ICC)가 관할권을 행사하거나 재판할 수 없다.　　답 ○

244

17. 9급

「국제형사재판소규정」상 국제형사재판소의 관할범죄에 대해서는 어떠한 시효도 적용되지 않는다.　　O | X

공소시효를 배제하는 규정이다.　　답 ○

245

17. 9급

「국제형사재판소규정」상 소추관은 재판소 관할범죄에 관한 정보에 근거하여 독자적으로 수사를 개시할 수 있다. O | X

소추관의 독자적 수사에는 전심재판부의 허가를 요건으로 한다. 답 ○

246

10. 사시

국제형사재판소는 국제법인격을 향유하는 독립된 상설기구이다. O | X

국제형사재판소(ICC)는 국제법인격이 명시된 국제기구이다. 답 ○

247

23. 7급

「국제형사재판소에 관한 로마규정」에 따르면 국제형사재판소는 국제적 법인격을 가지며 그 기능의 행사와 목적 달성에 필요한 법적 능력을 가진다. O | X

국제법인격을 명시한 것이다. 답 ○

248

07. 7급

ICC는 국가를 피고로 할 수 있다. O | X

자연인만 피고로 할 수 있다. 답 X

249

98. 사시

구 유고전범재판소의 설치 근거는 UN 안보리의 결의이다. O | X

구 유고전범재판소는 UN헌장 제41조(비무력적 강제조치)에 따라 설치한 것이다. 답 ○

250

17. 9급

국제형사재판소 재판관은 국제연합 총회에서 비공개 투표를 통해 선출된다. O | X

재판관 선출은 당사국총회에서 한다. 출석 투표 3분의 2 이상 찬성을 받은 자를 재판관으로 선출한다. 답 X

251

예상논점

국제형사재판소에 관한 로마협약에 의하면 범죄 구성요건의 채택 및 개정은 당사국총회 회원국의 4분의 3 다수결에 의한다. O | X

당사국총회 회원국의 3분의 2 다수결에 의한다(제9조 제1항). 답 X

252

예상논점

국제형사재판소에 관한 로마협약에 의하면 소추관은 전심재판부의 사전 또는 사후 승인에 의해서만 독자적으로 수사를 개시할 수 있다. O | X

사전승인에 의해서만 독자적으로 수사를 개시할 수 있다(제15조 제4항). 답 X

253 예상논점
국제형사재판소에 관한 로마협약에 의하면 재판소 관할범죄에 대한 형사책임으로부터 당해인을 보호할 목적으로 절차가 취해진 경우 ICC가 재판절차를 진행할 수 있다. O | X

보충성원칙의 예외에 해당되어 재판적격성이 인정된다. 답 ○

254 예상논점
국제형사재판소에 관한 로마협약에 의하면 공소사실 확인 이전에는 사건의 재판적격성 또는 재판소의 관할권에 대한 이의 제기는 전심재판부에 회부된다. 공소 사실의 확인 이후에는 이의 제기가 1심 재판부에 회부된다. 관할권 또는 재판적격성에 관한 결정에 대해서는 상소할 수 없다. O | X

관할권 또는 재판적격성에 관한 결정에 대해서는 상소할 수 있다(제19조 제6항). 답 X

255 21. 7급
국민적·민족적·인종적·종교적 집단의 전부 또는 일부를 파괴할 의도로 집단의 아동을 타 집단으로 강제로 이주시키는 것은 집단살해죄에 해당한다. O | X

집단살해죄로 인정되기 위해서는 '말살의도'라는 특정 의도가 있어야 한다. 답 ○

256 예상논점
공무원이 개인적으로 형사책임을 부담하는 경우 당해 공무원의 국가는 국제법상의 국가책임으로부터 면제된다. O | X

개인의 형사책임과 국제법상 국가책임은 별개의 문제이다(제25조 제4항). 답 X

257 예상논점
국제형사재판소에 관한 로마협약에 의하면 재판소에 인도된 자는 인도되게 된 범죄의 기초를 이루는 행위 또는 행위의 과정이 아닌, 인도 전에 범한 행위에 대하여 절차가 취해지거나 처벌 또는 구금되지 아니한다. O | X

범죄 특정성의 원칙에 대한 설명이다(협약 제101조 제1항). 답 ○

258 예상논점
국제형사재판소에 관한 로마협약에 의하면 협약의 해석 및 적용에 관한 분쟁은 당사국 간 합의에 의해 중재재판에 회부하거나, 합의가 성립하지 않는 경우 어느 한 당사국은 국제사법재판소에 회부할 수 있다. O | X

분쟁은 당사국총회에 회부된다. 총회는 스스로 그 분쟁을 해결하려고 노력하거나 또는 국제사법재판소 규정에 따라 동 재판소에 회부를 포함하는 추가적 분쟁해결수단에 관하여 권고할 수 있다(제119조). 답 X

259 예상논점
국제형사재판소에 관한 로마협약에 의하면 당사국은 UN사무총장에 대한 서면 통보를 통해 탈퇴할 수 있다. 탈퇴의 효력은 통보서 접수일로부터 1년 후에 효력을 발생한다. O | X

제127조 제1항에 대한 내용이다. 답 ○

260

예상논점

국제형사법을 위반한 개인의 행위는 동시에 국가의 국제법 위반책임을 야기하기도 한다. 그러나 개인의 국제형사책임이 성립된다고 하여 자동적으로 국가의 국제책임이 성립하지는 않는다. 개인의 행위를 국가로 귀속시킬 수 있을때만 그의 행위에 대해 국가가 책임을 진다. O | X

개인의 국제형사책임과 국가책임은 별개의 구성요건을 가진다. 답 ○

261

예상논점

국가의 책임이 인정되었다고 하여 국가기관인 행위자 개인이 면책되지는 않는다. O | X

국가기관인 행위자가 별도로 형사책임을 질 수 있다. 답 ○

262

예상논점

국가책임은 국제법 위반의 결과가 객관적으로 발생했는지가 중요하나, 개인의 국제형사책임에서는 행위자의 주관적 의도가 중요한 판단기준이 된다. O | X

형사책임에서는 범행에 대한 인식 등 주관적 요소가 중요하다. 답 ○

263

예상논점

국가책임은 피해의 배상을 1차적 목적으로 하나, 형사책임제도는 범죄자에 대한 처벌을 목적으로 한다. O | X

국가책임과 형사책임제도는 제도적 취지를 달리한다는 의미이다. 답 ○

264

22. 7급

「국제형사재판소(ICC)에 관한 로마규정」에 따르면 실질적인 조치에 의하여 범죄의 실행에 착수하였지만 범죄의 목적을 완전히 그리고 자발적으로 포기하여 범죄 미수에 그친 경우 관련 개인에 대한 형사처벌은 면제된다. O | X

로마협약 제25조 제3항 단서 조항 참조 답 ○

265

23. 7급

「국제형사재판소에 관한 로마규정」에 따르면 국제형사재판소 소추관은 「국제형사재판소에 관한 로마규정」상의 범죄구성요건에 대한 개정을 제안할 수 있다. O | X

범죄구성요건 개정에 대한 제안은 당사국, 절대과반수의 재판관, 소추관에 의하며, 개정의 채택은 당사국총회 회원국 3분의 2의 다수결에 의한다. 로마규정 제9조. 답 ○

266

16. 7급

ICC의 재판관은 18명이며, 선출의 방식은 ICJ의 재판관을 선출하는 방식과 같다.

O | X

국제형사재판소(ICC)는 당사국총회에서 출석한 당사국 3분의 2 이상의 동의를 얻은 자를 재판관으로 선출한다. 국제사법재판소(ICJ)의 경우 총회와 안전보장이사회에서 각각 투표하고 절대다수를 얻은 자를 선출한다.

답 X

267

예상논점

국제형사재판소 재판관은 자신이 전에 어떤 자격으로든 재판소에 제기된 사건에 관여하였거나 또는 현재 수사 중이거나 기소 중인 자가 연루된 국내 형사사건에 관여한 경우 당해 사건 재판에 참가할 수 없다.

O | X

국제형사재판소(ICC) 재판관의 강제제척 규정이다.

답 O

268

예상논점

국제형사재판소(ICC)설립을 위한 로마조약에 의하면 소추관 또는 수사 중이거나 기소 중인 자는 재판관의 제척을 요청할 수 있다.

O | X

국제형사재판소(ICC) 재판관에 대한 기피신청에 대한 설명이다.

답 O

269

예상논점

국제형사재판소(ICC)설립을 위한 로마조약 당사국은 재판관 선거에 있어서 자국민에 한하여 1인의 후보자를 추천할 수 있다.

O | X

외국인도 후보자로 가능하다[제36조 제4항 제(나)호].

답 X

270

17. 9급

「국제형사재판소규정」상 국제형사재판소 재판관은 국제연합 **총회**에서 비공개 투표를 통해 선출된다.

O | X

재판관 선출은 당사국 총회에서 한다. 출석 투표 3분의 2 이상 찬성한 자를 재판관으로 선출한다.

답 X

271

예상논점

재판소장은 재판관들 절대 다수결에 의해 선출하며 임기 3년 재임할 수 있다.

O | X

재판소장은 재임할 수 있다.

답 O

272

예상논점

상소심부는 재판소장과 5인 이상 재판관, 1심부는 6인 이상 재판관, 전심부는 6인 이상 재판관으로 구성된다.

O | X

상소심의 경우 재판소장과 4인 이상의 재판관으로 구성된다.

답 X

273
예상논점

상소심부는 5인 전체, 1심부는 3인, 전심부는 3인 또는 단독으로 재판한다. O | X

전심부는 단독으로 구성될 수 있다. 답 ○

274
예상논점

재판관은 공정성이 합리적으로 의심받을 수 있는 사건에 참여하지 않는다(강제제척). O | X

재판관은 강제제척, 회피, 기피신청이 모두 적용될 수 있다. 답 ○

275
예상논점

소추관이나 혐의자는 재판관의 제척(기피신청)을 요청할 수 없다. O | X

소추관이나 혐의자는 재판관의 기피신청을 요청할 수 있다. 답 X

276
예상논점

재판관의 요청이 있으면 소장단은 당해 재판관의 직무 수행을 회피하도록 할 수 있다 (회피). O | X

회피는 재판관이 요청할 수도 있고, 재판소장이 요청할 수도 있다. 답 ○

277
예상논점

제척에 관한 사항은 재판관 절대다수결로 결정한다. O | X

절대다수결은 일반적으로 재적 과반수로 결정하는 것을 의미한다. 답 ○

278
예상논점

소추관은 당사국 총회에서 비밀투표에 의해 선출한나. O | X

소추관은 당사국 총회에서 절대다수결로 선출한다. 답 ○

279
예상논점

소추관과 부소추관 임기는 9년이며 재선이 가능하다. O | X

소추관과 부소추관은 재선될 수 없다. 답 X

280
예상논점

소추관과 부소추관에 대해서도 강제제척, 회피, 기피제도가 적용된다. O | X

강제제척, 회피, 기피제도에 대해서는 소추관, 부소추관, 재판관 모두 동일하다. 답 ○

281
예상논점

소추관과 부소추관 제척에 관한 문제는 상소심 재판부에서 결정한다. O | X

강제제척, 회피, 기피신청 등은 모두 상소심 재판부가 결정한다. 답 ○

282
예상논점

사무국장은 재판관의 추천에 따라 당사국 총회에서 절대다수결로 선출하며 임기는 5년이고 한 번 재선 가능하다. O | X

사무국장은 당사국 총회 추천에 따라 재판관들이 절대다수결로 선출한다. 답 X

관할권

283
예상논점

국제형사재판소에 관한 로마협약에 의하면 '인도에 반한 죄'는 민간인 또는 군인에 대한 광범위하거나 체계적인 공격의 일부로서 그 공격에 대한 인식을 가지고 행한 살해, 절멸, 노예화 등을 말한다. O | X

인도에 관한 죄는 민간인에 대한 공격만으로 한정된다(제7조 제1항). 답 X

284
예상논점

국제형사재판소에 관한 로마협약에 의하면 비국제적 성격의 무력충돌에 적용되는 법과 관습에 대한 중대한 위반 행위는 전쟁범죄로 처벌하지 아니한다. O | X

비국제적 성격의 무력충돌에 적용되는 법과 관습에 대한 중대한 위반 행위는 전쟁범죄에 포함된다. 답 X

285
19. 9급

국제형사재판소는 「국제형사재판소에 관한 로마규정」이 발효한 후에 행해진 범죄에 대해서만 관할권을 가진다. O | X

국제형사재판소(ICC)는 2002년 7월 1일 이후 범해진 범행에 대해 관할한다. 답 O

286
17. 7급

UN안전보장이사회가 UN헌장 제7장에 따라 채택하는 결의로 ICC에 수사 또는 기소의 연기를 요청하는 경우 12개월의 기간 동안은 ICC규정에 따른 어떠한 수사나 기소도 개시되거나 진행되지 아니한다. O | X

안전보장이사회의 특권이 규정된 것이다. 답 O

287
23. 7급

「국제형사재판소에 관한 로마규정」에 따르면 국제형사재판소는 국제연합 안전보장이사회가 기소의 연기를 요청한 경우 6개월이 지나야 기소할 수 있다. O | X

안보리가 기소 연기를 요청한 경우 12개월 동안 기소나 수사가 중단된다. 답 X

288
17. 7급

ICC는 범행 당시 만 20세 미만자에 대하여 관할권을 가지지 아니한다. O | X

국제형사재판소(ICC)는 18세 미만자를 처벌할 수 없다. 답 X

289
21. 7급

전쟁범죄는 무력충돌에 관한 국제법을 중대하게 위반한 행위를 의미한다. O | X

전쟁범죄도 국제형사재판소(ICC)의 관할대상범죄이다. 국제적 무력충돌뿐만 아니라 비국제적 무력충돌도 대상으로 한다. 답 O

290
10. 사시

국제형사재판소(ICC)는 국제적 관심사인 가장 중대한 범죄를 범한 자에 대하여 관할권을 행사하는 바, 이에는 테러범죄가 포함된다. O | X

테러는 포함되지 않는다. 답 X

291
14. 사시

ICC는 관할범죄에 대하여 그 행위가 발생한 영역국 또는 그 범죄 혐의자의 국적국이 당사국이거나 ICC의 관할권을 수락하였다면 그 사건에 대하여 관할권을 행사할 수 있다. O | X

관할권 행사의 전제조건이라고 한다. 답 O

292
15. 경찰간부

ICC 규정의 당사국이 되면 자동적으로 ICC의 관할권을 수락한 것으로 본다. O | X

자동관할권이라고 한다. 답 O

293
15. 경찰간부

국가원수로서의 공적 지위는 형사책임을 면제시켜주지 않는다. O | X

국가 원수에게는 인적 면제가 없다. 답 O

294
예상논점

국제형사재판소(ICC)는 현직 국가원수의 경우 인적 면제가 인정되지 않으나, 국가원수의 경우 자동적인 감형사유를 구성한다. O | X

현직 국가원수의 경우 감형사유도 구성하지 않는다. 답 X

295
15. 경찰간부

ICC 관할범죄에 대해서는 공소시효가 적용되지 않는다. O | X

관할범죄를 엄격히 판단하기 위한 입법사항이다. 답 O

296
19. 9급

국제형사재판소의 관할범죄에 대해서는 어떠한 시효도 적용되지 아니한다. O | X

국제형사재판소(ICC)의 관할범죄는 집단살해죄, 인도에 대한 죄, 전쟁범죄, 침략범죄이다. 답 O

297

15. 경찰간부

ICC는 자연인뿐만 아니라 범죄에 연루된 법인에게도 관할권을 가진다. O | X

법인은 처벌하지 않는다. 답 X

298

14. 7급

ICC는 UN 안전보장이사회 결의에 의하여 회부된 국제범죄 사건을 다룰 수 없다. O | X

국제형사재판소(ICC)는 해당 국제범죄 사건을 다룰 수 있다. 이때 제소주체에 안전보장이사회가 포함된다. 답 X

299

16. 7급

UN 안전보장이사회가 ICC에 관한 로마규정 비당사국 국적의 법인을 ICC에 회부하는 경우, 비당사국의 ICC 재판권 수락선언은 필요 없다. O | X

당사국이 회부하거나 소추관이 직권으로 수사하는 경우에는 비당사국의 수락선언을 요한다. 답 O

300

16. 7급

ICC는 집단살해죄, 인도에 반한 죄, 전쟁범죄, 침략범죄에 대하여 관할권을 가진다. O | X

테러범죄나 마약범죄는 관할범죄가 아니다. 답 O

301

18. 7급

국제형사재판소 재판관할 범죄 중 인도에 반하는 죄를 구성하는 체계적인 공격은 반드시 국가의 공식적인 정책일 필요는 없다. O | X

체계적인 공격을 요건으로 하나, 반드시 국가의 공식 정책으로 표명될 것을 요하는 것은 아니다. 답 O

302

18. 7급

국제형사재판소 재판관할 범죄 중 인도에 반하는 죄는 무력분쟁 상황 등 전시에 이루어지는 것을 전제로 한다. O | X

반드시 전시를 전제로 하는 것은 아니다. 답 X

303

18. 7급

국제형사재판소 재판관할 범죄 중 인도에 반하는 죄를 구성하는 공격은 폭력적 형태로 자행된 행위만을 포함한다. O | X

신체 또는 정신적·육체적 건강에 대하여 중대한 고통이나 심각한 피해를 고의적으로 야기하는 유사한 성격의 다른 비인도적 행위 등도 인도에 반하는 죄에 포함된다. 즉, 폭력적 형태로 자행된 행위만을 포함하는 것이 아니다. 답 X

304
18. 7급

국제형사재판소 재판관할 범죄 중 인도에 반하는 죄가 성립하기 위해서는 공격에 대한 인식이 존재할 필요가 없다. O | X

인도에 반한 죄라 함은 민간인 주민에 대한 광범위하거나 체계적인 공격의 일부로서 그 공격에 대한 인식을 가지고 범하여진 다음의 행위를 말한다(협약 제7조 제1항). 공격에 대한 인식이 반드시 존재해야 한다. 답 X

305
16. 7급

ICC의 관할범죄에 대하여는 어떠한 시효도 적용되지 아니한다. O | X

공소시효가 배제된다는 내용이다. 답 ○

306
16. 경찰간부

ICC는 국가를 피고로 할 수 있다. O | X

국제형사재판소(ICC)는 자연인만 처벌한다. 답 X

307
14. 경찰간부

ICC 규정의 당사국이 아닌 국가는 ICC의 관할권 행사를 수락하는 선언을 할 수 없다. O | X

국제형사재판소(ICC) 규정의 당사국이 아닌 국가는 수락선언을 통해 관할권을 행사하도록 할 수 있다. 답 X

308
14. 경찰간부

UN안전보장이사회는 국제연합 헌장 제7장에 따라 채택하는 결의로 ICC에 수사 또는 기소의 연기를 요청할 수 있다. O | X

UN안전보장이사회는 국제형사재판소(ICC)에 수사 또는 기소의 연기를 요청할 수 있다. 12개월이 원칙이나 연장될 수 있다. 답 ○

309
13. 7급

ICC는 범행 당시 18세 미만자에 대하여 관할권을 가지지 아니한다. O | X

국제형사재판소(ICC)는 자연인만 처벌하되 나이 제한을 두었다. 답 ○

310
13. 7급

ICC에 의하여 유죄판결을 받은 자는 ICC규정에 따라서만 처벌될 수 있다. O | X

유죄판결을 받은 자는 로마협약에 따라 처벌된다는 의미이다. 답 ○

311
11. 7급

ICC의 관할대상 범죄를 저지른 개인이 국가원수 또는 정부 수반인 경우 국가면제가 적용되어 이들에 대한 형사관할권을 행사할 수 없다. O | X

국가원수나 정부 수반의 경우 인적 면제가 인정되지 않는다. 답 X

312

11. 7급

ICC의 재판관할권에 포함되는 범죄는 집단살해죄, 인도에 대한 죄, 전쟁범죄 및 침략범죄이다.　　　　　　　　　　　　　　　　　　　　　　　　　　　O | X

열거적인 범죄이므로 기억해야 한다.　　　　　　　　　　　　　　　답 ○

313

09. 9급

ICC가 관할권을 행사하기 위해서는 범죄발생지국과 피고인의 국적국이 모두 ICC규정의 당사국이어야 한다.　　　　　　　　　　　　　　　　　　　O | X

범죄발생지국과 피고인의 국적국 둘 중 하나만 국제형사재판소(ICC)규정의 당사국이면 된다.　　　　　　　　　　　　　　　　　　　　　　　　　　답 X

314

07. 7급

기소의 주체는 ICC 설립규정 당사국에만 한정하고 있다.　　　　　　　　O | X

UN안전보장이사회와 소추관도 국제형사재판소(ICC)에 기소할 수 있다.　답 X

315

예상논점

인종청소나 문화적 제노사이드는 협약상 집단살해죄가 아니다.　　　　　O | X

집단살해죄는 특정 집단을 말살하려는 의도가 있어야 한다. 인종청소나 문화적 제노사이드는 이러한 의도가 없다.　　　　　　　　　　　　　　　　답 ○

316

예상논점

집단살해죄의 경우 보호대상인 집단은 일정한 지역의 비(非) 세르비아인과 같이 부정적 방법으로 정의될 수 없으며, 일정한 지역의 무슬림과 같이 적극적 방법으로 정의되어야 한다.　　　　　　　　　　　　　　　　　　　　　　O | X

보호대상인 집단은 적극적 방법으로 정의되어야 한다.　　　　　　　　　답 ○

317

예상논점

집단살해죄의 경우 특정 정치집단도 보호대상에 해당된다.　　　　　　　O | X

특정 정치집단을 말살하는 것은 집단살해죄가 아니다.　　　　　　　　　답 X

318

예상논점

집단 전체가 아닌 일부만을 대상으로 하는 제노사이드는 집단살해죄가 성립될 수 없다.　　　　　　　　　　　　　　　　　　　　　　　　　　　O | X

일부만을 대상으로 하더라도 집단 전체에 영향을 주어야 집단살해죄가 성립한다.　답 X

319

예상논점

제노사이드는 인도에 대한 죄와 달리 민간인 주민에 대한 광범위하거나 체계적인 공격의 일환으로 범행되었을 것을 요건으로 하지 않는다.　　　　　　　　O | X

집단살해죄와 인도에 대한 죄의 구성요건이 다르다는 것이다.　　　　　　답 ○

320
예상논점

인도에 대한 죄는 광범위하거나 조직적인 공격으로 살인, 말살, 인종분리 등의 행위를 말한다.　　　　　　　　　　　　　　　　　　　　　　　　　　　O | X

광범위하거나 조직적(체계적)인 공격을 전제로 한다.　　　　　　　　답 ○

321
예상논점

인도에 대한 죄는 전시 및 평시에 범해질 수 있다.　　　　　　　　　O | X

즉, 평시에도 범해질 수 있으므로 인도에 대한 죄는 반드시 무력분쟁과 연관되어 저질러지는 범죄는 아니다.　　　　　　　　　　　　　　　　　답 ○

322
예상논점

인도에 대한 죄를 구성하는 공격이 반드시 국가의 공식적인 정책일 필요는 없다.
　　　　　　　　　　　　　　　　　　　　　　　　　　　　　　O | X

체계적 공격의 존재 자체가 중요하며 공식적 정책으로 표명되었는지가 중요한 것은 아니라는 의미이다.　　　　　　　　　　　　　　　　　　　답 ○

323
예상논점

인도에 대한 죄는 반드시 폭력적 형태로 자행된 행위만을 포함하는 것은 아니다.
　　　　　　　　　　　　　　　　　　　　　　　　　　　　　　O | X

인종차별과 같은 행위도 인도에 대한 죄에 포함될 수 있다.　　　답 ○

324
예상논점

인도에 대한 죄가 성립하기 위해서는 반드시 공격에 대한 인식이 존재해야 하는 것은 아니다.　　　　　　　　　　　　　　　　　　　　　　　　　　O | X

반드시 공격에 대한 인식이 존재해야 한다. 공격에 대한 인식은 주관적 요소이다.　답 X

325
예상논점

인도에 대한 죄의 경우 범죄의 대상은 개인이 아니라 집단이다.　　O | X

인도에 대한 죄는 집단을 대상으로 한다.　　　　　　　　　　　　답 ○

326
예상논점

대상자가 주로 민간인이면 충분하고, 일부 비민간인이 포함되어도 범죄는 성립한다.
　　　　　　　　　　　　　　　　　　　　　　　　　　　　　　O | X

대상자 전체가 민간인이어야 하는 것은 아니다.　　　　　　　　　답 ○

327
예상논점

행위자가 희생자에 대해 어떠한 결과가 발생할 것인가까지 정확히 알아야 하는 것은 아니다.　　　　　　　　　　　　　　　　　　　　　　　　　　O | X

행위 자체에 대한 인식이 있으면 충분하다는 의미이다.　　　　　답 ○

328
예상논점

전쟁범죄는 비국제적 무력충돌에서 야기된 행위를 포함한다. O | X

내전시 전시인도법을 준수하지 않은 행위도 전쟁범죄에 포함된다. 답 ○

329
예상논점

전쟁범죄자가 교전 중 체포되면 포로가 아닌 전범으로 취급된다. O | X

교전 중 체포된 전쟁범죄자는 포로대우를 받지 않는다. 답 ○

330
예상논점

비국제적 무력충돌에 폭동이나 국지적이고 산발적인 폭력행위는 포함되지 않는다.
O | X

어느 정도 조직적인 행위가 비국제적 무력충돌에 포함된다. 답 ○

331
예상논점

핵무기의 불법화 여부는 직접적으로 명기되지 않았다. O | X

국가 간 의견 충돌로 명기되지 않았다. 답 ○

332
예상논점

침략범죄의 경우 협약 발효 후 7년 경과 후 개최되는 당사국회나 재검토회의에서 범죄의 정의와 관할권 행사 방법을 채택한 이후 관할권을 행사할 수 있도록 하였으며, 2010년 재검토회의에서 이를 채택하였고 2018년 7월 발효하였다. O | X

현재 침략범죄에 대해 관할권을 행사할 수 있다. 답 ○

333
예상논점

침략범죄란 침략행위의 계획, 준비, 개시, 실행으로 유엔 헌장을 명백하게 위반한 행위를 말한다. O | X

침략범죄는 침략을 전제로 한다. 답 ○

334
예상논점

침략범죄를 구성하는 침략이 성립하기 위해 반드시 선전포고가 존재해야 하는 것은 아니다. O | X

침략행위의 존부가 침략범죄의 판단 기준이다. 답 ○

335
예상논점

침략범죄에 대한 제소는 안전보장이사회, 소추관, 당사국이 할 수 있다. O | X

안전보장이사회, 소추관, 당사국이 제소할 수 있는 것은 다른 범죄와 동일하다. 답 ○

336
예상논점

사태회부에 앞서 안전보장이사회가 침략행위의 존재를 확인하는 결정을 내려야 하는 것은 아니다. O | X

침략행위의 존재를 확인하는 결정이 선행될 필요가 없다. 답 ○

337
예상논점

소추관이 직권으로 수사를 개시하는 경우 안전보장이사회가 침략을 결정했는지 확인한 후 UN 사무총장에게 상황을 통보한다. 통보 후 6개월 내에 침략의 존재에 대한 안보리의 결정이 없으면 전심재판부의 허가를 얻어 직권으로 수사를 개시할 수 있다. 다른 당사국의 회부나 소추관의 독자적 수사에 대하여는 당사국이 사전에 침략범죄에 대한 재판소의 관할권을 수락하지 않겠다는 배제선언을 할 수 있다. 또한, 당사국의 제소나 소추관이 직권으로 수사하는 경우, 비당사국 국민에 의해 범해졌거나 비당사국의 영토에 대해 범해진 침략범죄에 관해서는 재판소가 관할권을 행사할 수 없다. O | X

직권수사의 경우 안전보장이사회의 제소와 다른 절차가 적용됨에 주의한다. 답 ○

338
예상논점

안전보장이사회는 로마규정의 당사국은 물론 비당사국의 침략행위도 재판소로 회부할 수 있다. O | X

당사국이나 소추관은 비당사국의 침략행위에 대해서는 제소하거나 직권수사할 수 없다. 답 ○

339
예상논점

침략범죄는 지도자 범죄이며, 국가의 침략행위에 단순 참가하거나 동원된 자들은 침략범죄로 처벌되지 않는다. O | X

지도자에는 정치 지도자뿐 아니라 종교적 지도자 등도 포함될 수 있나. 답 ○

340
예상논점

범죄의 특성상 주로 국가의 공조직의 고위 직책자가 해당되나 이에 속하지 않는 산업계 지도자도 포함될 수 있다. O | X

지도자 범죄라는 의미이다. 답 ○

재판적격성

341
14. 사시

특정 사건에 대하여 관할권을 갖는 국가가 이를 수사하고 있더라도 그 국가가 진정으로 수사할 의사가 없는 경우에는 ICC는 그 사건에 대하여 관할권을 행사할 수 있다. O | X

국제형사재판소(ICC)가 관할권을 행사하는 것은 보충성원칙의 예외에 해당한다. 답 ○

342
10. 7급

사건이 국제형사재판소에 의한 추가적인 행동을 정당화할 만큼 충분히 중대하지 않은 경우 ICC가 재판할 수 없다.　　　　　　　　　　　　　　　　　　　　　O | X

범죄의 충분한 중대성이라고 한다.　　　　　　　　　　　　　　　　　　　　답 O

343
10. 7급

사건이 그 사건에 대하여 재판관할권을 가진 국가에 의해 수사 중인 경우 ICC가 재판권을 행사할 수 있다.　　　　　　　　　　　　　　　　　　　　　　　O | X

보충성의 원칙에 따라 재판관할권을 가진 국가에 의해 수사 중인 경우 재판권을 행사할 수 없다.　　　　　　　　　　　　　　　　　　　　　　　　　　답 X

344
10. 7급

사건이 그 사건에 대하여 재판관할권을 가진 국가가 소추의사 또는 능력이 없어 관련자를 소추하지 않기로 결정한 경우 ICC가 재판관할권을 행사할 수 있다.　　O | X

기소의사 부재나 기소 불능 시 국제형사재판소(ICC)가 재판적격성을 가진다.　답 O

345
19. 9급

국제형사재판소의 관할범죄에 대해 재판관할권을 가진 국가가 수사 중일 때에는 원칙적으로 재판소가 관할권을 행사하지 않는다.　　　　　　　　　　　　　O | X

이를 보충성의 원칙이라고 한다. 보충성의 원칙에 따라 국가가 수사하였거나 수사 중인 경우, 국내 재판이 종료되었거나 진행 중인 경우, 범죄가 충분하게 중대하지 않은 경우 등에는 국제형사재판소(ICC)가 관할권을 행사할 수 없다.　　　　　　　　답 O

346
10. 7급

관련자가 제소의 대상이 된 행위에 대하여 이미 독립, 공정한 재판을 받은 경우 ICC는 재판권을 행사할 수 없다.　　　　　　　　　　　　　　　　　　　　O | X

일사부재리에 대한 설명이다.　　　　　　　　　　　　　　　　　　　　　　답 O

347
10. 9급

재판관할권을 가진 국가가 수사 중인 사건에 대해서도 원칙적으로 ICC가 재판관할권을 행사한다.　　　　　　　　　　　　　　　　　　　　　　　　　O | X

원칙적으로 국제형사재판소(ICC)는 관할권을 행사할 수 없다.　　　　　　　답 X

348
14. 경찰간부

ICC 규정은 특정인을 당사국이 사면(amnesty)한 경우에 ICC가 재판적격성을 가지는지에 대하여 명시적으로 규정하지 않는다.　　　　　　　　　　　　　　O | X

사면(amnesty)으로 국제형사재판소(ICC)의 관할권을 회피할 수 있어 논란이 있으나 로마협약에 관련 규정은 없다.　　　　　　　　　　　　　　　　　　　答 O

349

15. 경찰간부

ICC 규정에 의한 처벌은 일사부재리원칙이 적용되지 않는다. O | X

일사부재리원칙이 적용된다. 타국이나 타국제재판소 그리고 ICC에서 처벌된 자는 ICC에서 다시 처벌될 수 없다. 답 X

350

19. 9급

국제형사재판소의 관할범죄를 저지른 국가원수에 대해서는 국가면제가 적용되어 재판소는 관할권을 행사할 수 없다. O | X

국가원수에 대해서도 국가면제가 인정되지 않는다. 따라서 현직 국가원수에 대해서도 관할권을 행사할 수 있다. 답 X

절차

351

10. 사시

국제형사재판소는 최고 30년을 초과하지 않는 유기징역 또는 무기징역을 부과할 수 있으나, 어떠한 경우에도 사형은 부과할 수 없다. O | X

국제형사재판소(ICC)규정에 사형은 규정되지 않았다. 답 O

352

07. 7급

ICC설립규정은 형사 실체규범도 포함하고 있다. O | X

죄형법정주의, 일사부재리원칙 등을 포함하고 있다. 답 O

353

예상논점

재판은 공개로 진행하는 것이 원칙이나, 1심 재판부는 필요한 경우 비공개로 진행할 수 있다. O | X

재판은 비공개로 진행하여 결정할 수 있다. 답 O

354

예상논점

무죄추정의 원칙이 적용되며, 유죄를 입증할 책임은 소추관에게 있다. O | X

재판 시 형법의 기본원칙들이 적용된다. 답 O

355

예상논점

1심 재판부의 모든 재판관은 재판의 각 단계 전 과정에 출석해야 한다. O | X

모든 재판관은 원칙적으로 출석의무가 있다. 답 O

356

예상논점

1심 재판부의 심의는 공개이다. O | X

심의는 심리와 달리 원칙적으로 비공개로 진행한다. 답 X

357
예상논점

판결은 전원합의를 원칙으로 하되, 전원합의가 되지 않는 경우 재판관 과반수로 하며, 국제사법재판소(ICJ)와 마찬가지로 재판장의 결정 투표권이 인정된다. O | X

재판장의 결정투표권은 없다. 답 X

358
예상논점

피의자에 대한 배상명령은 청구를 전제로 하되, 직권에 의해 부과될 수 있다. O | X

피의자가 무혐의 처리된 경우 배상에 대한 설명이다. 답 O

359
예상논점

유죄판결을 받은 자 및 소추관은 상소할 수 있다. O | X

소추관도 상소할 수 있다는 점에 주의한다. 답 O

360
예상논점

상소심은 환송뿐 아니라 직접 사실조사도 할 수 있다. O | X

WTO 상소심의 경우 파기환송이나 직접 사실조사할 수 있는 권한이 없다. 답 O

361
예상논점

상소심 재판부는 판결 또는 양형의 파기나 변경, 다른 1심 재판부에서의 새로운 재판 명령을 내릴 수 있다. 원심 재판부로 환송할 수도 있고, 스스로 판단하기 위해 원심 재판부에 증거를 요구할 수도 있다. O | X

다른 1심 재판부에서 새로운 재판도 명령할 수 있다. 답 O

362
예상논점

상소심 판결은 재판관 과반수로 결정되며, 공개된 법정에서 선고된다. O | X

재판장의 결정투표권은 없다. 답 O

363
예상논점

유죄 또는 무죄 판결을 받은 자가 출석하지 않으면 판결을 선고할 수 없다. O | X

유죄 또는 무죄 판결을 받은 자가 출석하지 않아도 판결을 선고할 수 있다. 답 X

364
예상논점

유죄 확정 후 새로운 증거가 발견되면 재심할 수 있다. O | X

단, WTO에는 재심절차가 없다. 답 O

365
예상논점

재심청구는 상소심 재판부에 한다. O | X

재심은 상소심 재판부 관할이다. 답 O

366
20. 7급

우리나라 「국제형사재판소 관할 범죄의 처벌 등에 관한 법률」에 따르면 군대의 지휘관(지휘관의 권한을 사실상 행사하는 사람을 포함한다) 또는 단체·기관의 상급자(상급자의 권한을 사실상 행사하는 사람을 포함한다)가 실효적인 지휘와 통제하에 있는 부하 또는 하급자가 집단살해죄 등을 범하고 있거나 범하려는 것을 알고도 이를 방지하기 위하여 필요한 상당한 조치를 하지 아니하였을 때에는 그 집단살해죄 등을 범한 사람을 처벌하는 외에 그 지휘관 또는 상급자도 각 해당 조문에서 정한 형으로 처벌한다. O | X

부하 또는 하급자의 행위로 인한 상급자 처벌에 대한 조항이다. 답 ○

367
예상논점

상소심 재판부는 필요한 경우 원래 1심 재판부의 재소집, 새로운 1심 재판부 구성, 그 사건에 대한 관할권 유지 중 하나의 조치를 취할 수 있다. O | X

상소심 재판부는 새로운 1심 재판부 구성도 명령할 수 있다. 답 ○

368
20. 7급

우리나라 「국제형사재판소 관할 범죄의 처벌 등에 관한 법률」에 따르면 집단살해죄 등에 대하여는 「형사소송법」 제249조부터 제253조까지 및 「군사법원법」 제291조부터 제295조까지의 규정에 따른 공소시효와 「형법」 제77조부터 제80조까지의 규정에 따른 형의 시효에 관한 규정을 적용하지 아니한다. O | X

공소시효와 형의 시효를 배제한다는 규정이다. 답 ○

369
20. 7급

우리나라 「국제형사재판소 관할 범죄의 처벌 등에 관한 법률」에 따르면 집단살해죄 등의 피고 사건에 관하여 이미 국제형사재판소에서 유죄 또는 무죄의 확정판결이 있은 경우에는 판결로써 면소를 선고하여야 한다. O | X

일사부재리원칙에 따른 규정이다. 면소(免訴)란 형사소송에 있어서 당해 사건에 관한 당해 법원의 소송절차를 종결시키는 종국재판(終局裁判)을 의미한다. 우리나라 국내법상 면소판결을 하는 경우는 ① 공소(公訴)가 제기된 사건에 관하여 이미 확정판결이 있은 때, ② 사면이 있은 때, ③ 공소의 시효(時效)가 완성되었을 때, ④ 범죄 후의 법령개폐로 형이 폐지되었을 때 등이다(형사소송법 326조). 답 ○

370
20. 7급

우리나라 「국제형사재판소 관할 범죄의 처벌 등에 관한 법률」에 따르면 이 법은 대한민국 영역 밖에서 대한민국 또는 대한민국 국민에 대하여 이 법으로 정한 죄를 범한 외국인에게 적용하나, 대한민국 영역 밖에서 집단살해죄 등을 범하고 대한민국 영역 안에 있는 외국인에게 적용하지 아니한다. O | X

대한민국 영역 밖에서 집단살해죄 등을 범하고 대한민국 영역 안에 있는 외국인에게도 적용된다(제3조 제5항). 답 X

371

예상논점

「국제형사재판소 관할범죄의 처벌 등에 관한 법률」에 의하면 로마규정상의 처벌대상인 제노사이드, 인도에 반하는 죄, 전쟁범죄를 대상범죄로 규정하고, 보편주의에 입각하여 이를 저지른 대한민국 국민은 물론 외국에서 이 죄를 범한 외국인도 처벌대상으로 한다. O | X

보편주의원칙이 규정되어 있다. 답 ○

372

예상논점

「국제형사재판소 관할범죄의 처벌 등에 관한 법률」에 의하면 대한민국이 범죄인을 국제형사재판소(ICC)로 인도하는 경우에는 1차적으로 국내법인 「범죄인 인도법」을 준용하나 로마 규정과 차이가 있을 경우 로마 규정을 우선 적용한다. O | X

법률에 의하면 로마 규정, 즉 국제법 우선 적용이 규정되었다. 답 ○

373

예상논점

「국제형사재판소 관할범죄의 처벌 등에 관한 법률」에 의하면 국제형사재판소(ICC)가 처벌 대상자의 인도를 요청하는 경우 국내 「범죄인 인도법」상의 정치범 불인도원칙이나 자국민에 대한 임의적 불인도조항 또는 쌍방범죄성의 미충족을 근거로 대한민국이 인도를 거부할 수 없다. O | X

법률에 의하면 정치범 불인도원칙, 자국민 불인도원칙, 쌍방가벌성의 원칙이 배제되었다. 답 ○

374

예상논점

「국제형사재판소 관할범죄의 처벌 등에 관한 법률」에 의하면 재판소로부터 인도청구된 자가 일사부재리를 이유로 국내법원에 이의를 제기한 경우 대한민국은 재판소와 협의하여야 하며 만약 재판소가 그 사건에 대해 재판적격성이 있다고 결정한 경우 인도요청에 응해야 한다. O | X

국제형사재판소(ICC)가 재판적격성이 있다고 인정한 경우 이에 따른다. 답 ○

제7절 기타 인권 관련 조약

집단살해 방지 및 처벌에 관한 협약

375

15. 7급

집단살해 방지 및 처벌에 관한 협약(1948)에 의하면 집단살해는 평시가 아닌 전시에 적용되는 국제법상 범죄이다. O | X

전시, 평시를 막론하고 범죄로 인정된다. 답 X

376
15. 7급

집단살해 방지 및 처벌에 관한 협약(1948)에 의하면 집단살해가 성립되기 위해서는 국민적, 인종적, 민족적 또는 종교적 집단을 전부 또는 일부 파괴할 의도로서 그 구성원의 살해 등이 행하여져야 한다. O | X

집단살해는 특정 집단에 대한 말살의도를 요건으로 한다. 답 O

377
15. 7급

집단살해 방지 및 처벌에 관한 협약(1948)에 의하면 집단의 아동을 강제적으로 타 집단으로 이동시키는 것은 집단살해에 해당한다. O | X

살해, 육체적·정신적 위해, 특정 생활조건 부과, 출생방지조치 등도 제노사이드에 포함된다. 답 O

378
15. 7급

집단살해 방지 및 처벌 협약의 해석, 적용 또는 이행에 관한 체약국 간의 분쟁은 분쟁 당사국의 요구에 의하여 국제사법재판소(ICJ)에 부탁되어야 한다. O | X

약정관할권에 대한 규정이다. 답 O

379
예상논점

집단살해 방지 및 처벌에 관한 협약(1948)에 의하면 체약국은 집단살해가 평시에 행해졌는지 전시에 행해졌는지를 불문하고 이를 방지하고 처벌할 것을 약속하는 국제법상의 범죄임을 확인한다. O | X

집단살해 방지 및 처벌에 관한 협약(1948) 제1조에 대한 내용이다. 답 O

380
예상논점

집단살해 방지 및 처벌에 관한 협약(1948)에 의하면 집단살해, 집단살해를 위한 공모, 집단살해에 대한 직접 또는 공연한 교사, 집단살해 미수, 집단살해 공범을 처벌한다. O | X

집단살해 방지 및 처벌에 관한 협약(1948) 제3조에 대한 내용이다. 답 O

381
22. 7급

ICJ는 Application of the Convention on the Prevention and Punishment of the Crime of Genocide (Bosnia and Herzegovina v. Serbia and Montenegro) 사례에서 제노사이드로 기소된 자의 재판은 해당범죄의 본질상 모든 국가에서 재판이 가능하다고 언급하였다. O | X

모든 국가에서 재판이 가능한 것은 아니라고 보았다. 당해 범죄가 행해진 국가에서 재판이 가능하다고 하였다. 답 X

382
예상논점

집단살해 방지 및 처벌에 관한 협약(1948)에 의하면 이 협약의 해석 또는 적용에 대한 분쟁은 국제사법재판소에 부탁된다. O | X

집단살해 방지 및 처벌에 관한 협약(1948) 제9조에 대한 내용이다. 답 O

고문방지협약

383
예상논점

고문방지협약(1984)에 의하면 협약상 고문은 공무원이나 그 밖의 공무수행자가 직접 또는 이러한 자의 교사·동의·묵인 아래 어떤 개인이나 제3자가 행한 행위에 한정된다.

O | X

고문방지협약(1984) 제1조 제1항에 대한 내용이다.

답 O

384
예상논점

고문방지협약(1984)에 의하면 당사국은 고문받을 위험이 있다고 믿을만한 상당한 근거가 있는 다른 나라로 개인을 추방·송환 또는 인도해서는 안 된다.

O | X

고문방지협약(1984) 제3조 제1항에 대한 내용이다.

답 O

385
예상논점

고문방지협약(1984)에 의하면 당사국는 고문 행위뿐 아니라 고문 미수, 고문 공모 또는 가담에 해당하는 행위도 마찬가지로 다뤄야 하며, 고문 행위에 대해서는 최소한 20년 이상의 징역형을 부과해야 한다.

O | X

형량 규정은 없다. 심각성이 고려된 적절한 형벌로 처벌한다(협약 제4조 제1항·제2항).

답 X

386
예상논점

고문방지협약(1984)에 의하면 당사국은 범죄혐의자가 자국 관할권하의 영토 내에 소재하나 이러한 범죄혐의자를 적절한 국가에 인도하지 아니하는 경우 이러한 범죄에 대한 관할권을 확립하기 위하여 필요한 조치를 취해야 한다.

O | X

강제적 보편관할권에 대한 내용이다(협약 제5조 제2항).

답 O

387
예상논점

고문방지협약(1984)에 의하면 조약의 존재를 범죄인 인도의 조건으로 하고 있는 당사국이 범죄인 인도조약을 체결하고 있지 아니한 다른 당사국으로부터 범죄인 인도요청을 받는 경우, 당사국은 이 협약을 이러한 범죄에 대한 인도의 법적 근거로 인정할 수 있다.

O | X

고문방지협약(1984) 제8조 제2항에 대한 내용이다.

답 O

388
예상논점

고문방지협약(1984)에 의하면 협약의 모든 당사국 관할권 내에 소재하고 있는 개인이 당사국의 협약 위반으로 피해를 받은 경우 그 개인은 당사국을 상대로 고문방지위원회에 청원을 제기할 수 있다.

O | X

고문방지협약 제22조의 절차를 수락한 당사국 관할권하의 개인만 청원을 제기할 수 있다(동 협약 제22조 제1항).

답 X

389
예상논점

고문방지협약(1984)에 의하면 동 협약에 대한 유보는 전면 금지된다. O | X

유보가 허용된다(동 협약 제28조 제1항). 답 X

390
21. 9급

「고문방지협약」에 의하면 당사국은 고문자를 직접 처벌하든가 기소를 위하여 타국으로 인도해야 한다. O | X

협약에 명시된 '인도 아니면 소추 원칙'에 대한 것이다. 답 O

391
21. 9급

「고문방지협약」에 의하면 직접 고문한 자뿐만 아니라 고문을 교사·동의·묵인한 자도 처벌 대상이 된다. O | X

고문에 대해서는 매우 넓게 처벌 범위를 설정하고 있다. 답 O

392
21. 9급

「고문방지협약」에 의하면 국가 간 통보제도는 동 협약 제21조를 수락한 당사국 상호 간에만 인정된다. O | X

협약상 이행제도의 하나로 국가 간 통보제도, 즉 국가 간 고발제도를 규정하고 있다. 당해 제도를 수락한 국가 상호 간 적용된다. 답 O

393
21. 9급

「고문방지협약」에 의하면 고문피해자인 개인이 직접 고문방지위원회에 조사를 요청할 수는 없다. O | X

개인청원제도에 대한 것인데, 동 협약에 규정을 두고 있다. 답 X

여성에 대한 모든 형태의 차별철폐협약(1979)

394
예상논점

1999년 선택의정서에 의해 개인청원제도를 도입하였다. O | X

개인청원제도는 선택의정서 가입국에 대해 적용된다. 답 O

395
예상논점

여성에 대한 모든 형태의 차별철폐협약(1979)은 여성차별철폐위원회를 설립하였고 23명의 전문가로 구성된다. O | X

여성차별철폐위원회는 23명의 전문가로 구성된다. 답 O

396

예상논점

한국은 1984년 가입하여, 1985년부터 여성에 대한 모든 형태의 차별철폐협약의 적용을 받고 있다. 가입 시 몇 개 조항을 유보하였으나, 현재 대부분 철회하였다. 2006년 선택의정서를 비준하였다. O | X

한국의 경우 선택의정서를 비준하였으므로 개인청원이 적용된다. 답 ○

397

예상논점

한국 YMCA가 여성회원에게 총회의 구성원 자격을 인정하지 않은 것은 여성에 대한 모든 형태의 차별철폐협약 위반이라고 판정하였다. O | X

개인청원제도에 대한 사례이다. 답 ○

아동권리협약(1989)

398

예상논점

15세 미만인 자를 아동이라고 한다. O | X

18세 미만인 자를 아동이라고 한다. 답 X

399

예상논점

난민이 된 아동에 대해 적절한 보호를 취해야 한다. O | X

난민인 아동에 대한 규정이다. 답 ○

400

예상논점

10세 미만인 아동의 군입대를 금지해야 한다. O | X

15세 미만인 아동의 군입대를 금지해야 한다. 답 X

401

예상논점

20명의 위원으로 구성된 아동권리위원회를 설치한다. O | X

18명의 위원으로 구성된 아동권리위원회를 설치한다. 답 X

402

예상논점

당사국은 실시한 보호조치를 바로 위원회에 제출한다. O | X

당사국이 실시한 보호조치를 UN사무총장을 통해 위원회에 제출한다. 답 X

403

예상논점

현재 당사국은 196개국으로서 인권조약에서는 가장 많은 당사국을 보유한다. O | X

조약의 특징을 주의해서 기억해두어야 한다. 답 ○

404
예상논점

대한민국은 아동권리협약의 당사국이 아니다. O | X

대한민국은 1991년 아동권리협약에 가입하여 1991년부터 적용을 받고 있다. 답 X

405
예상논점

아동의 무력분쟁 관여에 관한 선택의정서, 아동 매매 등에 관한 선택의정서가 채택되었으며 모두 발효되었고 한국도 가입하였다. O | X

여러 가지의 선택의정서가 있으므로 주의해야 한다. 답 O

406
예상논점

2011년 개인청원을 인정하는 선택의정서가 채택되었다. 한국은 비준하지 않았다. O | X

한국의 경우 개인청원을 제기할 수 없다. 답 O

이주노동자권리협약(1990)

407
예상논점

불법체류자를 포함한 모든 이주노동자에게 일반적으로 보호될 권리와 특히 합법적 상황의 이주노동자에게 추가적으로 보호될 권리로 구분하여 규정한다. O | X

불법체류자도 이주노동자권리협약의 보호대상이다. 답 O

408
예상논점

월경노동자, 계절노동자, 선원, 순회노동자 등으로 구분하여 보호 내용을 규정하고 있다. O | X

협약의 세부 내용도 간략하게 주의해야 한다. 답 O

409
예상논점

협약에 개인청원제도가 규정되어 있으나 수락국 부족으로 시행되지 못하고 있다. O | X

우리나라도 협약이나 선택의정서에 가입하지 않았다. 답 O

장애인권리협약(2006)

410
예상논점

협약과 선택의정서를 동시에 채택하고 동시에 발효하였다. O | X

선택의정서에 개인청원제도가 규정되었다. 답 O

411
예상논점

장애인들을 사회의 시혜적 보호대상이 아닌 적극적인 인권 주체로 인정하고, 장애인의 동등한 사회참여를 위해 광범위한 내용의 권리보호를 규정하고 있다.　O | X

장애인들을 인권의 주체로 규정한다.　답 ○

412
예상논점

협약상 권리 침해를 받은 개인, 집단은 선택의정서를 수락한 국가를 상대로 개인청원을 제기할 수 있다.　O | X

선택의정서에 개인청원제도가 규정되었다.　답 ○

제5편

국제법의 규율대상

m e m o

제1절 총설

001
02. 행시·외시

영해와 공해라는 이원적 해양구조가 과거 오랫동안 유지되어 왔다. O | X

해양을 영해와 공해로 구분한 것이다. 답 ○

002
02. 행시·외시

배타적 경제수역은 제1차 UN해양법회의에서 제도화되었고 대륙붕은 제3차 UN해양법회의 결과 채택된 UN해양법협약에서 처음으로 제도화되었다. O | X

배타적 경제수역(EEZ)이 제3차, 대륙붕이 제1차 UN해양법회의에서 채택되었다. 답 X

003
02. 행시·외시

영해의 폭에 대하여 오랜 기간 동안 다양한 주장이 제기되었으나 합의를 보지 못하다가, 제3차 UN해양법회의의 결과 채택된 UN해양법협약에서 처음으로 그 폭에 대하여 합의를 보았다. O | X

영해의 폭은 기선으로부터 최대 12해리이다. 답 ○

004
02. 행시·외시

제3차 UN해양법회의 결과 제도화된 심해저제도에 의해 공해의 자유도 제한을 받게 되었다. O | X

과거 공해였던 일부 수역이 심해저로 설정되어 공해의 범위가 축소되었다. 답 ○

005
04. 사시

1982년 UN해양법협약은 영해 확대를 고려하여 접속수역제도를 폐지하였다. O | X

접속수역의 폭은 24해리로 확대되었다. 답 X

006
04. 사시

1982년 UN해양법협약은 연안국의 해양관할권 확대 경향을 반영하여 배타적 경제수역제도를 인정하였다. O | X

UN해양법협약에서 배타적 경제수역(EEZ)제도가 처음 도입되었다. 답 ○

007
04. 사시

1982년 UN해양법협약은 심해저 자원의 개발 및 관리와 관련하여 인류의 공동유산 개념을 수용하였다. O | X

UN해양법협약에서 심해저제도가 처음 도입되었다. 답 ○

008
04. 사시

1982년 UN해양법협약은 각국의 이해 대립으로 합의를 보지 못하던 영해의 한계에 관하여 명시하였다. O | X

영해는 기선으로부터 최대 12해리라는 한계를 명시하였다. 답 ○

009
04. 사시

1982년 UN해양법협약은 군도국가들의 요청을 수용하여 새로운 제도로서 군도수역제도를 도입하였다. O | X

UN해양법협약에서 군도수역제도가 처음 도입되었다. 답 ○

010
예상논점

UN해양법협약 채택 과정에서 미국을 비롯한 서유럽 선진국과 소련 등 동구권 국가는 단 하나라도 찬성표를 던지지 않았다. O | X

개발도상국이나 제3세계가 UN해양법회의를 주도하였다. 답 ○

011
예상논점

미국은 현재 UN해양법협약에 서명도 하지 않았다. O | X

해양법에 관련된 규정은 대체로 관습이므로 비당사국에게도 적용될 수 있다. 답 ○

제2절 내수

012
02. 사시

군도수역의 경우를 제외하고는, 영해기선의 육지 측 수역은 내수에 포함된다. O | X

기선의 내측은 내수이다. 답 ○

013
02. 사시

UN해양법협약 제8조 제2항에 의하면, 종래에는 내수가 아니었으나 직선기선을 설정함에 따라 새로이 내수로 편입되는 수역에서는 통과통항권이 인정된다. O | X

새롭게 내수로 편입되는 수역에서는 무해통항권이 인정된다. 답 X

014

03. 행시·외시

연안국은 원칙적으로 외국 선박의 입항을 인정할 의무가 없다.　　O | X

내수는 연안국의 배타적 주권의 대상이므로 외국 선박의 입항을 인정할 의무는 없다.

답 ○

015

03. 행시·외시

외국 군함이 연안국의 내수에 체류하는 경우 특권·면제가 부여되지 않는다.　O | X

특권과 면제 및 불가침권이 인정된다.　　　답 X

016

03. 행시·외시

내수는 연안국의 영역의 일부에 속한다.　　O | X

내수에는 배타적 주권이 미친다.　　　답 ○

017

03. 행시·외시

내수에서 외국의 사용(私用) 선박에 대한 재판관할권은 원칙적으로 연안국에 있다.
　　O | X

내수에서 외국의 사용(私用) 선박에 대해 속지주의가 적용된다.　답 ○

018

90·97. 사시

Thalweg원칙상 국제하천은 하천의 중앙선을 국경선으로 책정한다.　O | X

Thalweg(탈베크)원칙은 하천의 항행이 가능한 수로 중간선을 국경선으로 한다.　답 X

019

97. 사시

1982년의 해양법협약에서 만 입구 길이는 24해리를 초과하지 않아야 한다.　O | X

만 입구에 있는 도서의 길이는 24해리에 포함되지 않는다.　답 ○

020

97. 사시

1982년의 해양법협약에서 만 입구에 도서가 있는 경우 도서의 길이는 24해리에 포함되지 않는다.　　O | X

만 입구의 거리를 측정할 때 도서의 길이는 제외한다.　답 ○

021

97. 사시

1982년의 해양법협약에서 만 입구 길이가 24해리를 초과할 경우 24해리 입구선을 최대수역을 포함하도록 그을 수 있다.　　O | X

만 입구가 24해리인 지점에 기선을 그을 수 있다는 의미이다.　답 ○

022
97. 사시

1982년의 해양법협약에서 만 입구 길이가 24해리를 넘는 경우라도 장기간 연안국의 내수로 인정된 것은 역사적 만으로 인정한다. O | X

역사적 만은 해양법협약상 만의 규정을 적용받지 않는다. 답 O

023
97. 사시

1982년의 해양법협약에서 만 내포수역은 입구 길이를 지름으로 하는 반원보다 작아야 한다. O | X

만 내포수역은 반원보다 커야 한다. 답 X

024
15. 사시

1982년 「UN해양법협약」상 역사적 만(historic bays)은 그 해안이 한 국가에 속하지 않아도 만으로 인정될 수 있다. O | X

만의 경우 해안이 한 국가에 속하고, 만 입구의 길이가 24해리를 초과하지 않아야 하며, 만구를 직경으로 한 반원의 면적보다 넓어야 한다. 그러나, 역사적 만(historic bays)의 경우 이러한 요건과 무관하게 만으로 인정될 수 있다. 답 O

025
98. 경찰간부

케냐 몸바사 항에 정박 중인 한국 국적 선박 내에서 한국 국적 선원이 중국 국적 교포 선원에 의해 살해된 경우 형사관할권은 한국이 갖는 것이 원칙이다. O | X

속지주의원칙상 케냐가 형사관할권을 가지는 것이 원칙이다. 답 X

026
19. 9급

1982년 「해양법에 관한 국제연합 협약」에 의하면 항만, 하천, 만, 직선기선의 내측 수역은 내수에 포함된다. O | X

내수에는 항만, 하천, 만, 운하, 내해, 호소가 포함된다. 직선기선의 내측 수역 역시 내수에 포함된다. 답 O

027
19. 9급

1982년 「해양법에 관한 국제연합 협약」에 의하면 운하는 연안국의 내수에 해당되지만 국제적으로 중요한 국제운하 조약을 통하여 이용이 개방되어 있다. O | X

당해 조약은 대체로 제3국에게도 항행권을 인정하는 경우가 많다. 답 O

028
19. 9급

1982년 「해양법에 관한 국제연합 협약」에 의하면 연안국이 새로이 직선기선을 적용하여 영해가 내수로 변경된 수역에서는 외국 선박의 무해통항권이 인정되지 않는다. O | X

직선기선 설정으로 새롭게 내수로 편입된 경우 계속해서 무해통항권이 인정된다. 답 X

029

19. 9급

1982년 「해양법에 관한 국제연합 협약」에 의하면 연안국은 내수로 진입한 외국 민간 선박의 내부사항에 대하여 자국의 이해가 관련되어 있지 않는 한 관할권을 행사하지 않는 것이 관례이다.   O | X

내수에 있는 외국 선박의 경우 특히 형사 사건이 발생한 경우 관례상 '프랑스주의'가 적용되고 있다. 프랑스주의는 선박 내수 사건에 대한 관할권을 기국에게 부여하고, 예외적으로 당해 사건이 연안국에 영향을 주는 경우 등에 한해 연안국의 관할권을 인정한다.

답 O

030

20. 9급

Chung Chi Cheung v. The King 사건에서 영국 추밀원은 정부선박의 치외법권을 인정하였다.   O | X

치외법권이 부인된 사건이다. 홍콩 항구에 정박 중인 중국 세관선에서 영국인이 선장을 살해하자 영국 관헌이 그를 체포하여 홍콩 재판소에 기소한 사건이다. Chung Chi Cheung은 치외법권을 주장하였으나 추밀원은 이를 부인하였다.   답 X

031

예상논점

라누호중재사건(1957)은 제한적 영역주권설 또는 형평의 원칙을 확인하였다.   O | X

하류국의 이익을 침해하지 않는 범위에서 자국의 하천을 이용할 수 있다.   답 O

032

예상논점

뮤즈강수로변경사건(1937)은 제한적 영역주권설 또는 형평의 원칙을 확인하였다.

O | X

라누호중재사건과 같은 원칙을 적용하였다.   답 O

033

예상논점

국제수로의 비항행적 이용에 관한 법을 위한 협약은 제한적 영역주권설 또는 형평의 원칙을 확인하였다.   O | X

국제수로의 비항행적 이용에 과한 법을 위한 협약은 관습인 형평의 원칙을 확인한 것이다.

답 O

034

예상논점

정박지는 영해 외측에 존재하는 경우 영해 일부로 인정되지 않는다.   O | X

정박지는 영해 외측에 존재하는 경우에도 영해 일부로 인정된다. 정박지는 승선, 하선, 하역을 돕는 시설이다.   답 X

035

예상논점

역사적 만(historic bay)은 만의 요건을 충족하지 않아도 된다.   O | X

폰세카만이 대표적 역사적 만(historic bay)이다.   답 O

036
예상논점

ICJ는 연안이 니카라과, 온두라스, 엘살바도르 3개국에 둘러싸인 Fonseca만을 3개국의 공동주권이 인정되는 역사적 만으로 인정하였다. O | X

폰세카(Fonseca)만은 콘도미니엄(condominium)으로 인정되었다. 답 O

037
예상논점

콘스탄티노플조약(1888)은 수에즈 운하에서 모든 국가 선박의 자유통항을 보장하였다. O | X

콘스탄티노플조약은 제3국에게 권리를 부여한 조약이다. 답 O

제3절 군도수역

038
90. 경찰간부

군도수역에서 직선군도 기준선 한 개의 길이가 200해리까지 허용되나 이를 초과할 수 없다. O | X

100해리가 원칙이다. 단, 총 기선의 3% 내에서 최대 125해리로 확대될 수 있다. 답 X

039
예상논점

군도수역에서 군도국가의 주권은 군도수역에만 미치며, 군도수역의 상공·해저 및 하층토와 이에 포함된 자원에는 미치지 아니한다. O | X

군도국가의 주권은 군도수역의 상공·해저·하층토 및 그 자원도 포함하여 미친다. 답 X

040
예상논점

모든 국가의 선박은 군도수역에서 군도해로통항권을 향유한다. O | X

무해통항권을 가지는 것이 원칙이다. 답 X

041
예상논점

군도국가는 자국의 안전을 보장하기 위하여 불가피한 경우 외국 선박 간에 형식적 또는 실질상 차별하지 아니하고 군도수역 전체에서 외국선박의 무해통항을 일시적으로 정지시킬 수 있다. 이러한 정지조치는 적절히 공표한 후에만 효력을 가진다. O | X

군도수역 전체가 아니라 군도수역 내의 '특정 수역'에서만 정지시킬 수 있다. 답 X

042
예상논점

군도국가는 자국의 군도수역과 이와 인접한 영해나 그 상공을 통과하는 외국 선박과 항공기의 계속적이고 신속한 통항에 적합한 항로대와 항공로를 지정해야 한다. O | X

지정할 수 있다. 군도국가가 항로대나 항공로를 지정하지 아니한 경우, 군도항로대 통항권은 국제항행에 통상적으로 사용되는 통로를 통하여 행사될 수 있다(제53조 제12항). 답 X

제4절 영해

범위 및 법적 지위

043
16. 경찰간부

1982년 「UN해양법협약」상 인공섬을 기점으로 12해리의 영해를 주장할 수 없다.　　　　　　　　　　　　　　　　　　　　　　　　　O | X

인공섬은 섬이 아니므로 자체적인 수역을 갖지 못한다. 다만, 연안국은 인공섬 반경 500m의 안전수역을 설정할 수 있다.　　　　　　　　　　　　답 O

044
14. 7급

「해양법에 관한 국제연합협약」(1982)상 영해의 경계를 획정할 때 항만체계와 불가분의 일체를 이루는 가장 바깥의 영구적인 항만시설은 해안의 일부를 구성한다.　　　　　　　　　　　　　　　　　　　　　　　　　O | X

가장 바깥의 영구적인 항만시설은 정박지를 의미하며, 영해의 일부로 인정된다.　　답 O

045
16. 경찰간부

1982년 「UN해양법협약」상 간조노출지 전부가 본토나 섬으로부터 영해의 폭을 넘는 거리에 위치하는 경우, 그 간조노출지는 자체의 영해를 가진다.　　O | X

간조노출지가 영해 범위 내에 존재하는 경우 자체적인 영해를 가진다.　　답 X

046
16. 경찰간부

우리나라는 대한해협에 3해리 영해를 설정했다.　　　　　　　　　　O | X

대한해협에서만 3해리이고, 나머지 영해해역은 12해리이다.　　답 O

047
06. 사시

「해양법에 관한 국제연합협약」(1982)상 영해의 폭에 관한 12해리의 규정은 영해의 폭이 예외 없이 12해리여야 한다는 것을 의미하지는 않는다.　　O | X

12해리 범위 내에서 연안국이 재량적으로 영해의 폭을 정한다.　　답 O

048
06. 사시

「해양법에 관한 국제연합협약」(1982)상 영해의 폭을 측정하기 위한 통상기선은 달리 규정된 경우를 제외하고 '만조시 연안국의 해안선(high-water line along the coast)'이다.　　　　　　　　　　　　　　　　　　　　　　　　　O | X

저조선, 즉 간조 시의 해안선을 통상기선이라고 한다.　　답 X

049

06. 사시

「해양법에 관한 국제연합협약」(1982)상 간조노출지(low-tide elevation) 전부가 본토나 섬으로부터 영해의 폭을 넘는 거리에 위치하는 경우, 그 간조노출지는 자체의 영해를 가지지 아니한다. O | X

영해 내에 있는 간조노출지(low-tide elevation)는 자체적인 영해를 가진다. 영해 밖에 있는 경우는 자체적인 영해를 가지지 않는다. 답 ○

050

15. 7급

1982년 「UN해양법협약」상 연안국은 영해통항에 관한 연안국의 법령을 준수하지 않고 연안국의 법령 준수 요구를 무시한 외국 군함을 나포할 수 있다. O | X

외국 군함을 나포할 수 없으나, 퇴거를 요청할 수 있다. 답 X

051

15. 9급

1982년 「UN해양법협약」상 해안선이 깊게 굴곡이 지거나 잘려 들어간 지역 또는 해안을 따라 아주 가까이 섬이 흩어져 있는 지역에서는 직선기선의 방법이 사용될 수 있다. O | X

통상기선에 비해 직선기선은 보충적인 방법이다. 답 ○

052

15. 9급

1982년 「UN해양법협약」상 원칙적으로 간조노출지까지 또는 간조노출지로부터 직선기선을 설정할 수 있다. O | X

간조노출지에는 원칙적으로 직선기선을 설정할 수 없다. 답 X

053

15. 9급

1982년 「UN해양법협약」상 직선기선은 해안의 일반적 방향으로부터 현저히 벗어나게 설정할 수 없다. O | X

직선기선은 해안의 일반적 방향에서 현저히 벗어나면 안되지만, 구체적인 통제 기준은 없다. 답 ○

054

15. 9급

1982년 「UN해양법협약」상 어떠한 국가도 다른 국가의 영해를 공해나 배타적 경제수역으로부터 격리시키는 방식으로 직선기선제도를 적용할 수 없다. O | X

직선기선제도는 타국의 수역에 부정적 영향을 미쳐서는 안 된다. 답 ○

055

15. 사시

1982년 「UN해양법협약」상 섬은 암석이라도 자신의 영해를 갖는다. O | X

바위섬(암석)도 영해와 접속수역은 가진다. 답 ○

056

15. 사시

1982년 「UN해양법협약」상 영해의 경계획정은 당사국 간 합의하지 않는 한, 원칙적으로 등거리선 밖으로 영해를 확장할 수 없다. O | X

등거리선이 아니라 중간선 밖으로 영해를 확장할 수 없음이 규정되었다. 답 X

057

15. 경찰간부

국제사법재판소(ICJ)는 영국 – 노르웨이 어업분쟁 사건(1951년)에서 통상기선이 원칙이지만, 노르웨이 해안의 지형적 특징을 고려할 때 직선기선방법을 택할 수 있다고 판시하였다. O | X

영국 – 노르웨이 어업분쟁 사건(1951년)은 최초로 직선기선이 관습법임을 확인한 판례이다. 답 O

058

15. 경찰간부

통상기선은 연안국이 공인하는 대축척해도에 표시된 해안의 저조선을 기준으로 하여 작성된다. O | X

저조선은 썰물시의 해안선을 의미한다. 답 O

059

15. 경찰간부

1982년 「해양법에 관한 국제연합협약」은 통상적인 연안에는 통상기선을, 해안선이 복잡하게 굴곡되거나 해안선 가까이 일련의 섬들이 산재한 지역에는 직선기선을 적용할 수 있도록 하고 있으나 자의적 직선기선 설정으로 인한 문제가 나타나고 있다. O | X

직선기선의 요건이 명확하게 규정되지 않아 문제가 되기도 한다. 답 O

060

15. 경찰간부

직선기선을 설치함으로써 국내수역으로 새롭게 편입되는 수역에는 무해통항권이 인정되지 아니한다. O | X

이 경우 내수에 해당되지만 예외적으로 무해통항이 인정된다. 답 X

061

예상논점

「해양법에 관한 국제연합협약」(1982)상 외국 군함이 영해통항에 관한 연안국의 법령 준수 요구를 무시하는 경우 연안국은 그 군함에 대하여 영해에서 즉시 퇴거할 것을 요구할 수 있다. O | X

군함에 대해 관할권을 행사할 수는 없다. 답 O

062

14. 경찰간부

「해양법에 관한 국제연합협약」(1982)상 해안선의 굴곡이 심하거나 그 인근에 섬이 많은 경우 통상기선을 긋기가 불편하다고 하여 대신 적절한 기점들을 직선으로 연결하여 영해측정의 기선을 삼는 것은 인정되지 않는다는 것이 Anglo – Norwegian Fisheries 사건에서 확인되었다. O | X

Anglo – Norwegian Fisheries 사건에서는 직선기선을 인정하였다. 답 X

063

14. 경찰간부

「해양법에 관한 국제연합협약」(1982)상 삼각주가 있거나 그 밖의 자연조건으로 인하여 해안선이 매우 불안정한 곳에서는 바다쪽 가장 바깥 저조선을 따라 적절한 지점을 선택할 수 있으나 그 후 저조선이 후퇴하게 되면 직선기선도 따라서 후퇴하게 된다.

O | X

저조선이 후퇴하더라도 직선기선은 연안국이 별도로 조정하기 전까지는 이전 기선이 유지된다.

답 X

064

14. 경찰간부

「해양법에 관한 국제연합협약」(1982)상 특정한 기선을 결정함에 있어서 그 지역에 특유한 경제적 이익이 있다는 사실과 그 중요성이 오랜 관행에 의하여 명백히 증명된 경우 그 경제적 이익을 고려할 수 있다.

O | X

특정 사실을 고려할 수 있다는 취지이다.

답 O

065

05. 사시

국제사법재판소(ICJ)는 영국과 아이슬랜드 간의 어업관할 사건(Fisheries Jurisdiction Case)을 통하여 직선기선 설정의 합법성을 인정하였다.

O | X

영국 – 노르웨이 어업 사건이다. 어업관할 사건(Fisheries Jurisdiction)은 사정변경원칙이 문제된 판례이다.

답 X

066

05. 사시

「해양법에 관한 국제연합협약」(1982)상 직선기선의 내측 수역을 영해라고 한다.

O | X

직선기선의 내측 수역은 내수이다.

답 X

067

20. 9급

1982년 「UN해양법협약」에 의하면 연안국은 영해를 통항하는 외국 선박에 제공된 특별한 용역에 대한 대가로서 수수료를 부과할 수 없다.

O | X

통항을 이유로 하는 부과금을 부과할 수는 없다. 그러나, 선박에 제공된 영역에 대한 대가로서의 수수료는 부과할 수 있다.

답 X

통항제도

068

15. 9급

1982년 「UN해양법협약」상 잠수함은 타국의 영해에서 해면 위로 국기를 게양하고 항행한다.

O | X

잠수함의 잠항은 금지된다.

답 O

069

14. 경찰간부

1958년 영해협약과 1982년 UN해양법협약에서 전자는 잠수함에 대하여, 후자는 잠수함과 기타 잠수항행기기에 대해서만 영해에서 물 위로 떠올라 국기를 계양할 것을 조건으로 무해통항을 허용하고 있다.　　　　　　　　　　　　　　　　　　　　O | X

1958년 영해협약에는 잠수항행기기에 대해서는 규정이 없다.　　　　　　　　답 O

070

14. 경찰간부

UN해양법협약 제7조에 규정된 방법에 따라 직선기선을 설정함으로써 종전에 내수가 아니었던 수역이 내수에 포함되는 경우에는 무해통항권이 인정되지 않는다.　O | X

내수이나, 예외적으로 무해통항권이 인정된다.　　　　　　　　　　　　　　답 X

071

14. 경찰간부

연안국은 무해통항권을 행사하는 외국 선박이라 하더라도 유조선, 핵추진선박, 그리고 핵물질 또는 그 밖의 유해한 물질을 운반하는 선박에 대해서는 지정된 항로대만을 통항하도록 요구할 수 있다.　　　　　　　　　　　　　　　　　　　　　　O | X

분리통항제도에 대한 설명이다.　　　　　　　　　　　　　　　　　　　　답 O

072

23. 7급

「해양법에 관한 국제연합협약」은 영해에서 위험하거나 유독한 물질의 운반이 연안국의 안전을 해치는 것으로 명시하고 그러한 물질을 운반하는 외국 선박의 무해통항권 행사를 허용하지 않을 권리를 명시적으로 연안국에 부여하고 있다.　　　　O | X

위험하거나 유독한 물질의 운반 선박에 대해 무해통항권이 부인되지 않는다. 협약 제22조 제2항은 오히려 유독물질 운반선박에 대해 항로대를 분리하되 무해통항은 인정하도록 규정하고 있다.　　　　　　　　　　　　　　　　　　　　　　　답 X

073

03. 사시

「해양법에 관한 국제연합협약」(1982)상 외국 선박에 대하여 영해의 통항만을 이유로 어떠한 수수료도 부과할 수 없다.　　　　　　　　　　　　　　　　　O | X

통항에 대한 수수료는 부과할 수 없으나, 제공된 역무에 대한 급부는 요구할 수 있다.
　　　　　　　　　　　　　　　　　　　　　　　　　　　　　　　　답 O

074

20. 9급

1982년 「UN해양법협약」에 의하면 연안국이거나 내륙국이거나 관계없이 모든 국가의 선박은 동 협약에 따라 영해에서 무해통항권을 향유한다.　　　　　　　O | X

무해통항은 모든 국가의 권리이다.　　　　　　　　　　　　　　　　　　답 O

075

예상논점

영해에서 선박의 통항은 계속적이고 신속해야 하나 불가항력이나 조난으로 인하여 필요한 경우에 한하여 정선이나 닻을 내리는 행위가 허용된다.　　　　　　O | X

정선이나 투묘가 통상적인 항행에 부수되는 경우, 위험하거나 조난 상태에 있는 인명·선박·항공기를 구조하기 위한 경우에도 정선이나 닻을 내리는 행위가 허용된다.　답 X

076

예상논점

영해에서 선박이 연안국의 관세·재정·위생·출입국관리에 관한 법령에 위반되는 물품이나 통화를 싣고 내리는 행위, 협약에 위반되는 고의적이고도 중대한 오염행위, 핵무기를 운반하는 행위, 어로활동 등은 유해한 행위로 인정된다. ○ | X

핵무기를 운반하는 행위는 유해한 행위로 규정되어 있지 않다. 답 X

077

13. 9급

국제사법법원(ICJ)은 코르푸(Corfu)해협 사건에서 영국 군함의 통과통항권을 인정하였다. ○ | X

당시 무해통항권을 인정한 것이다. 답 X

078

13. 9급

1982년 UN해양법협약상 통과통항권을 행사하는 잠수함은 잠수항행을 할 수 있다. ○ | X

무해통항과 달리 통과통항 시에는 잠수함의 잠수항행이 인정된다. 답 ○

079

13. 9급

1982년 UN해양법협약상 무해통항권은 선박과 항공기에 대해서 인정된다. ○ | X

항공기에 대해서 무해통항권은 인정되지 않는다. 답 X

080

15. 사시

상선과 마찬가지로 민간 항공기도 영해 상공에서 무해통항권을 가진다. ○ | X

항공기는 무해통항권을 가지지 않는다. 영해의 상공은 영공으로서 연안국의 배타적 주권이 적용된다. 답 X

081

15. 사시

「해양법에 관한 국제연합협약」(1982)상 핵물질을 운반하는 선박은 무해통항권을 가질 수 없다. ○ | X

위험물질을 운반하는 선박도 원칙적으로 무해통항권을 가진다. 답 X

082

04. 사시

「해양법에 관한 국제연합협약」(1982)상 외국 선박에 의한 항공기의 선상발진·착륙 또는 탑재행위는 무해통항으로 보지 않는다. ○ | X

외국 선박에 의한 항공기의 선상발진·착륙 또는 탑재행위는 유해행위에 포함된다. 답 ○

083

04. 사시

「해양법에 관한 국제연합협약」(1982)상 연안국은 항행의 안전을 위하여 무해통항하는 외국 선박에 대해 통항분리방식을 설정하여 이를 이용하도록 요구할 수 있다. ○ | X

선종에 따라 통항로를 분리하는 것을 의미한다. 답 ○

084

13. 7급

「해양법에 관한 국제연합협약」(1982)상 연안국은 군사훈련을 포함하여 자국의 안전보호상 긴요한 경우에는 어떠한 공표도 없이 영해의 지정된 수역에서 외국 선박의 무해통항을 일시적으로 정지시킬 수 있다.　　　　　　　　　　　　O | X

무해통항 일시정지를 위해서는 사전공표해야 하며, 비차별적이어야 한다.　　답 X

085

20. 9급

1982년 「UN해양법협약」에 의하면 연안국은 군사훈련을 포함하여 자국 안보에 필요한 경우 외국 선박의 무해통항을 일시적으로 정지시킬 수 있다.　　　　　　O | X

이를 연안국의 보호권이라고 한다. 통과통항에서는 허용되지 않는 조치이다.　답 ○

086

85. 사시

우리나라의 영해법에 의하면 우리 영해를 통항하고자 하는 외국 군함은 23시간 전에 우리 정부로부터 통항에 관한 허가를 받아야 한다.　　　　　　　　　　O | X

사전에 허가받을 필요 없이 사전통고하면 된다.　　　　　　　　　　　　답 X

087

85. 사시

우리나라의 영해법에 의하면 서해 다도해에 한하여 영해측정을 위하여 직선기선의 방식을 취하고 있다.　　　　　　　　　　　　　　　　　　　　　　　O | X

서해안과 남해안에는 직선기선, 동해안은 통상기선을 설정하고 있다.　　　답 X

088

19. 7급

「해양법에 관한 국제연합협약」에 따르면 영해의 직선기선을 설정할 때 특정 지역의 경제적 이익은 고려 사항이 아니다.　　　　　　　　　　　　　　　O | X

경제적 이익이 있고 그 중요성이 관행에 의해 명백히 증명된 경우 경제적 이익을 고려할 수 있다.　　　　　　　　　　　　　　　　　　　　　　　　　　答 X

089

19. 7급

「해양법에 관한 국제연합협약」에 따르면 간조노출지의 저조선은 영해 측정 기선으로 사용될 수 없다.　　　　　　　　　　　　　　　　　　　　　　　O | X

간조노출지의 저조선의 경우 예외적으로 기선이 될 수 있다. 간조노출지의 전부나 일부가 본토나 섬으로부터 영해 폭을 넘지 않는 거리에 있을 것을 조건으로 한다.　답 X

090

19. 7급

「해양법에 관한 국제연합협약」에 따르면 국가는 어떠한 경우라도 타국의 영해를 공해로부터 격리시키는 방법으로 직선기선제도를 적용할 수 없다.　　　　O | X

직선기선제도가 타국의 해역에 영향을 미쳐서는 안 된다는 취지이다.　　　답 ○

091
19. 7급

「해양법에 관한 국제연합협약」에 따르면 만의 입구를 직선으로 연결하여 기선으로 삼을 경우, 만 폐쇄선 안쪽의 수역은 영해로 본다. O | X

만 폐쇄선의 안쪽의 수역은 내수에 해당한다. 답 X

092
15. 9급

1982년 「UN해양법협약」상 외국 선박이 타국의 영해에서 어로 활동에 종사하는 경우, 이를 무해한 통항으로 보지 않는다. O | X

외국 선박의 타국 영해에서의 어로활동은 유해행위이다. 답 O

093
15. 경찰간부

「해양법에 관한 국제연합협약」(1982)상 연안국이거나 내륙국이거나 관계없이 모든 국가의 선박은 영해에서 무해통항권을 향유한다. O | X

무해통항권은 관습법상 모든 국가의 권리이다. 답 O

094
15. 경찰간부

「해양법에 관한 국제연합협약」(1982)상 군함의 무해통항권에 대한 규정이 없으며 우리나라의 경우 외국 군함의 무해통항에 대해 외교통상부장관에게 사전에 허가를 구하는 사전허가제를 시행하고 있다. O | X

사전통제를 규정하고 있다. 3일 전에 외교부장관에게 통고하면 된다. 답 X

095
15. 경찰간부

「해양법에 관한 국제연합협약」(1982)상 잠수함의 경우 통과통항이 인정되는 수역에서 수면 아래로 잠수하여 항행할 수 있으나, 무해통항이 허용되는 수역에서는 상부수역으로 부상하여 기국의 국기를 게양하고 항행하여야 한다. O | X

통과통항에서는 잠수함의 잠항이 허용된다. 답 O

096
14. 7급

해양법에 관한 국제연합협약」(1982)상 타국의 영해를 통항하는 핵물질 또는 유독물질을 운반 중인 선박은 무해통항권 자체가 인정되지 않는다. O | X

관련 국제기구에서 정한 문서를 휴대하는 경우 무해통항권이 인정된다. 답 X

097
15. 경찰간부

「해양법에 관한 국제연합협약」(1982)상 연안국은 영해에서 무해통항을 무차별원칙에 근거하여 일시적으로 정지할 수 있으며 위험사실이 있는 경우 이를 공시할 의무가 있다.
O | X

영해에서 연안국은 보호권을 가진다. 답 O

098
15. 9급

1982년 「UN해양법협약」상 연안국은 자국의 안전보호상 긴요한 경우에는 제한 없이 외국 선박의 무해통항을 정지시킬 수 있다.　　　　　　　　　　O | X

무해통항은 일시적으로만 정지시킬 수 있다. 또한 비차별원칙을 준수해야 한다.　　답 X

099
15. 사시

1982년 「UN해양법협약」상 잠수항행은 영해의 무해통항에 포함된다.　　　　　O | X

잠수항행은 인정되지 않는다. 수면 위로 부상하여 국기를 게양해야 한다.　　　답 X

100
14. 사시

외국 선박이 영해상에서 조사활동이나 측량활동을 수행하는 것은 무해통항으로 인정되지 않는다.　　　　　　　　　　　　　　　　　　　　　　　O | X

외국 선박이 영해상에서 측량활동을 수행하는 것은 유해행위이다.　　　　　답 ○

101
13. 7급

연안국은 자국의 영해를 무해통항하는 외국 선박에 대하여 국적에 따른 차별 없이 항상 통행세를 부과할 수 있다.　　　　　　　　　　　　　　　　　　O | X

무해통항은 모든 국가의 권리이기 때문에 통행세를 부과할 수 없다.　　　　답 X

102
13. 7급

UN해양법협약은 연안국 영해를 항행하는 군함의 무해통항권을 명시적으로 부인하고 있다.　　　　　　　　　　　　　　　　　　　　　　　　　　　O | X

명시적 부인 규정은 없다. 군함은 통항 자체가 위험을 줄 수 있어 해석론의 대립이 있다.
답 X

103
14. 경찰간부

「해양법에 관한 국제연합협약」(1982)상 연안국은 자국 영해를 통과하는 외국 선박에 대하여 그 통항만을 이유로 부과금을 징수할 수 없다.　　　　　　　　O | X

자국 영해를 통과하는 외국 선박에 통항세 등을 부과할 수 없다.　　　　　답 ○

104
09. 7급

「해양법에 관한 국제연합협약」(1982)상 연안국이거나 내륙국이거나 관계없이 모든 국가의 선박은 영해에서 자유통항권을 향유한다.　　　　　　　　　　O | X

무해통항권을 가진다.　　　　　　　　　　　　　　　　　　　　　　　답 X

105
07. 사시

「해양법에 관한 국제연합협약」(1982)상 정선이나 닻을 내리는 행위는 불가항력이나 조난으로 인하여 필요한 경우 통항에 포함된다.　　　　　　　　　　O | X

원칙적으로 정선이나 투묘는 금지되나, 이 경우 허용된다.　　　　　　　　답 ○

106

07. 사시

「해양법에 관한 국제연합협약」(1982)상 외국 선박의 조사나 측량활동은 무해통항으로 인정된다.　　　　　　　　　　　　　　　　　　　　　　　　　　O | X

외국 선박의 조사나 측량활동은 유해행위에 포함된다.　　　　　　　답 X

107

18. 9급

1982년 UN해양법협약은 군함의 무해통항권을 인정하지 않으며 외국 군함이 연안국의 영해에 들어올 때는 그 연안국의 사전허가를 얻어야 한다고 명시적으로 규정하고 있다.
　　　　　　　　　　　　　　　　　　　　　　　　　　　　　O | X

협약에는 군함의 무해통항 여부에 대한 명문조항이 없다. 즉, 금지조항이나 허용조항 모두 존재하지 않는다. 국제관행은 사전허가제나 사전통고제를 적용하고 있다. 우리나라는 통항 3일 전에 외교부에 사전통고하도록 하여 사전통고제를 유지하고 있다.　　답 X

108

20. 9급

외국 군함이 연안국의 영해 내에서 향유하는 면제에는 연안국이 무해하지 아니한 통항을 방지하기 위하여 영해 내에서 채택하는 필요한 조치로부터의 면제도 포함된다.
　　　　　　　　　　　　　　　　　　　　　　　　　　　　　O | X

무해하지 아니한 통항 방지를 위해 필요한 조치로부터는 면제되지 아니한다. 관련 법령을 위반하는 경우 책임이 성립하며, 연안국은 퇴거를 요구할 수 있다.　　답 X

109

예상논점

구소련은 군함의 무해통항에 대해 30일 전 사전허가제도를 도입하고 있었으나, 1983년 국내법을 통해 군함의 무해통항권을 인정하고 있다.　　　　　　O | X

러시아는 군함의 무해통항권을 인정한다.　　　　　　　　　　　답 ○

110

예상논점

미국은 제2차 세계대전 전까지는 군함의 무해통항권을 인정하였으나, 현재는 군함의 무해통항권을 부인하고 있다.　　　　　　　　　　　　　　　O | X

미국은 과거 군함의 무해통항권을 부인하였으나, 현재는 인정한다.　　답 X

111

예상논점

중국은 군함의 통항에 있어서 사전통고제도를 도입하고 있다.　　　　O | X

중국은 사전통고제도가 아닌 사전허가제도를 도입하고 있다.　　　　답 X

112

예상논점

북한은 군함의 무해통항권을 부인하고 있다.　　　　　　　　　　O | X

북한은 군함의 무해통항을 부인한다.　　　　　　　　　　　　　답 ○

재판관할권

113
14. 사시

「해양법에 관한 국제연합협약」(1982)상 연안국은 영해를 통항 중인 외국 선박 내에 있는 사람에 대한 민사관할권을 행사하기 위하여 그 선박을 정지시킬 수 있다. O | X

선박을 정지시킬 수 없는 것이 원칙이다. 답 X

114
13. 사시

「해양법에 관한 국제연합협약」(1982)상 연안국은 무해통항 중인 외국 선박 내의 사람에 대한 민사관할권 행사를 위하여 그 선박의 항로를 변경시킬 수 없다. O | X

영해에서 연안국의 민사관할권은 원칙적으로 부인된다. 답 O

115
01. 사시

「해양법에 관한 국제연합협약」(1982)상 무해통항 중인 외국 선박의 선내에서 행해진 범죄에 관해서는 특정한 경우를 제외하고는 기국(旗國)이 재판관할권을 가진다. O | X

무해통항 중인 외국 선박의 선내에서 행해진 범죄에 관해서는 기국주의가 원칙이다. 답 O

116
14. 사시

「해양법에 관한 국제연합협약」(1982)상 연안국은 영해를 통항하고 있는 외국 선박 내에서 발생한 범죄의 결과가 자국에 미치는 경우 해당 범죄자를 체포하기 위하여 그 선박 내에서 형사관할권을 행사할 수 있다. O | X

관할권을 행사할 수 없는 것이 원칙이나 이 경우 예외적으로 연안국의 형사관할권이 인정된다. 답 O

117
09. 사시

「해양법에 관한 국제연합협약」(1982)상 기국의 외교관이 현지당국에 지원을 요청하면 영해를 통항하고 있는 외국 선박 내에서 통항 중에 발생한 범죄와 관련된 사람을 체포할 수 있다. O | X

기국의 외교관, 영사 및 선장의 요청시 외국 선박 내에서 통항 중에 발생한 범죄와 관련된 사람을 체포할 수 있다. 답 O

118
09. 사시

「해양법에 관한 국제연합협약」(1982)상 영해에 정박한 외국 선박에 대하여 민사소송절차의 목적으로 강제집행할 수 있다. O | X

예외적으로 강제집행할 수 있다. 답 O

119
09. 사시

「해양법에 관한 국제연합협약」(1982)상 연안국 수역을 항행하기 위하여 선박 스스로 부담한 의무의 경우 그 선박에 대하여 민사소송절차의 목적으로 강제집행을 할 수 없다.

O | X

예외적으로 강제집행할 수 있는 경우이다. 협약상 강제집행이나 보전처분을 할 수 있는 경우는 채무불이행, 선박이 내수에서 나와 영행을 항행 중인 경우, 선박이 영해에 정박 중인 경우로 한정된다.

답 X

120
18. 9급

1982년 「UN해양법협약」상 영해의 폭은 연안국의 기선으로부터 최대 12해리까지 설정될 수 있으며, 영해에서 연안국은 주권적 권리를 행사하고 외국 선박에 대해 통항만을 이유로 수수료를 부과할 수 있다.

O | X

통행에 대한 수수료를 부과할 수 없다. 타국 영해를 항행하는 것은 국가의 권리이기 때문이다.

답 X

121
18. 9급

1982년 「UN해양법협약」상 연안국은 핵추진 유조선에 대하여는 영해 내에서 지정된 항로대만을 통항하도록 요구할 수 있다.

O | X

이를 분리통항제도라고 한다.

답 O

122
18. 9급

1982년 「UN해양법협약」상 영해를 통항 중인 외국 선박 내에서 발생한 범죄와 관련하여 그 선박의 선장이 현지 당국에 지원을 요청한 경우 연안국은 형사관할권을 행사할 수 있다.

O | X

영해 통항 중인 선박 내에서 발생한 범죄는 원칙적으로 기국주의가 적용된다. 다만, 예외적으로 연안국에 영향을 주는 범죄, 연안국의 안보나 공공질서를 교란하는 범죄, 선장이나 외교관 및 영사가 요청한 경우, 마약 단속을 위해 필요한 경우 연안국이 형사관할권을 행사할 수 있다.

답 O

123
20. 9급

불가항력 등 합리적 사유 없이 영해에 정박하고 있거나 내수를 떠나 영해를 통항 중인 외국 선박에 대하여 연안국은 민사관할권을 행사할 수 있다.

O | X

연안국은 영해에서 타국 선박에 대해 민사관할권을 행사할 수 없는 것이 원칙이나 합리적 사유없이 영해에 정박 중인 선박, 내수를 떠나 영해를 통항 중인 선박, 채무불이행 선박에 대해서는 예외적으로 민사관할권을 행사할 수 있다.

답 O

124
예상논점

영해 진입 전에 범죄가 발생한 경우 연안국 관할권이 인정된다.

O | X

이 때 기국관할권이 인정된다.

답 X

125

09. 9급

유엔해양법협약(1982)상 국제해협의 경우 영해의 폭은 영해기선으로부터 3해리를 초과할 수 없다.　　　O | X

영해의 폭은 영해기선으로부터 12해리를 초과할 수 없다.　　　답 X

126

15. 7급

1982년 「UN해양법협약」상 무해통항은 공해나 배타적 경제수역의 일부와 공해나 배타적 경제수역의 다른 부분 사이의 국제항행에 이용되는 해협에 적용된다.　　　O | X

무해통항이 아닌 통과통항이 적용된다.　　　답 X

127

85. 사시

제주해협은 그 외측(대양측)에 항행에 편의한 항로가 있으므로 UN해양법협약상 국제해협이 아니다.　　　O | X

제주해협은 국제해협에 포함되나, 통과통항이 아닌 무해통항이 적용된다.　　　답 X

128

16. 경찰간부

무해통항에서 군용 잠수함은 수면에 부상하여 국기를 게양하고 항행해야 하지만, 통과통항에서는 명시적 규정이 없기 때문에 잠수항행이 가능하다.　　　O | X

통과통항에서는 잠수항행이 인정된다.　　　답 O

129

16. 경찰간부

연안국은 외국 군함이 영해통항에 관한 연안국의 법령을 준수하지 않는 경우에 나포는 할 수 없고 단지 퇴거요청을 할 수 있다.　　　O | X

군함은 타국 영해에서 특권과 면제를 가진다.　　　답 O

130

13. 7급

해협연안국은 해협의 통과통항에 관한 법령을 제정할 수 없다.　　　O | X

해협연안국의 법령제정권이 인정된다.　　　답 X

131

12. 9급

통과통항은 모든 선박과 항공기가 향유할 수 있으므로 군함에게도 인정된다.　　　O | X

군함이나 군용항공기도 통과통항권을 가진다.　　　답 O

132

12. 9급

통항로의 한쪽 입구가 외국 영해로 연결되는 해협에서는 통과통항권이 인정된다.

O | X

무해통항만 인정된다. 이 경우 일반 영해와 달리 무해통항이라도 연안국이 정지할 수 없다.

답 X

133

12. 9급

잠수함의 경우 통과통항한다면 잠수항행이 인정되는 것으로 해석된다.

O | X

통과통항의 경우 잠수함의 잠수항행이 인정된다.

답 O

134

12. 9급

통과통항에 있어서 통과는 무해통항의 경우와 마찬가지로 계속적이고 신속하여야 한다.

O | X

통과통항도 계속적이고 신속하여야 한다.

답 O

135

10. 9급

해협연안국은 필요한 경우 해협 내에 항로대를 지정하고, 통항분리방식을 설정할 수 있다.

O | X

해협연안국은 항로대와 분리통항을 설정할 수 있다.

답 O

136

16. 경찰간부

통과통항은 공해나 배타적 경제수역의 일부나 공해나 배타적 경제수역의 다른 부분 사이의 국제항행에 이용되는 해협에 적용된다.

O | X

해협 양측이 모두 공해나 배타적 경제수역(EEZ)이어야 한다.

답 O

137

16. 경찰간부

연안국은 외국 군함의 통과통항을 방해하거나 정지시킬 수 없기 때문에 해협 내에 기뢰부설 등의 위험이 있더라도 요청이 없는 한 이를 공표할 의무까지는 없다.

O | X

연안국에게는 위험사실 공표의무가 있다.

답 X

138

09. 사시

통과통항은 항공기에는 적용되지 않는다.

O | X

항공기에도 통과통항이 적용된다.

답 X

139

19. 7급

「해양법에 관한 국제연합협약」상 국제해협의 통과통행이 적용되는 상부 공간에 대해서는 연안국이 완전하고 배타적인 주권을 행사할 수 없다.

O | X

통과통항은 타국의 권리이므로 연안국이 이를 침해할 수 없다.

답 O

140
09. 사시

국제항행용 해협 안에 항행상 및 수로상의 특성에서 유사한 편의성이 인정되는 공해 통과항로가 있는 경우, 이 해협에서는 통과통항이 적용되지 않는다. O | X

영해 측 수로에서는 무해통항만 인정된다. 공해 측 수로에서는 자유통항이 인정된다.

답 ○

141
09. 사시

연안국의 섬과 본토에 의하여 형성된 해협으로서, 섬의 해양 쪽에 항행상 및 수로상의 특성에서 유사한 편의성이 인정되는 공해통과항로가 있는 해협에서는 통과통항이 적용된다. O | X

이 경우 해협 내에서는 무해통항만 인정되며, 연안국은 정지시킬 수 없다. 답 X

142
09. 사시

연안국은 안보상의 이유로 통과통항을 일시 정지시킬 수 있다. O | X

통과통항을 일시 정지시킬 수는 없다. 답 X

143
02. 행시·외시

연안국은 항로대를 지정하거나 통항분리방식을 설정할 수 있으나, 통과통항 자체를 정지시킬 수는 없다. O | X

통과통항에 대해 연안국은 일시정지시킬 수 없다. 답 ○

144
03. 행시·외시

군함의 경우 무해통항과 통과통항 모두 인정되지 않는다. O | X

군함의 통과통항은 인정된다. 무해통항은 인정 여부에 다툼이 있다. 답 X

145
03. 행시·외시

통과통항은 1982년의 UN해양법협약에 명문화되어 있다. O | X

해협제도와 통과통항은 1982년 UN해양법협약에 처음 도입되었다. 답 ○

146
03. 행시·외시

UN해양법협약상 무해통항권을 상실하게 되는 유해통항행위는 명시적으로 규정되어 있다. O | X

UN해양법협약 제19조 제2항에 유해사유가 명시되어 있다. 답 ○

147
85. 사시

대한해협은 UN해양법협약상의 국제해협이므로 통과통항권이 적용되어야 한다. O | X

국제해협이나, 해협 내에 공해가 존재하므로 영해 측에서는 무해통항권만 인정된다. 답 X

148

15. 7급

1982년 「UN해양법협약」상 연안국은 통과통항을 방해하거나 정지시킬 수 없으며, 해협 내의 위험을 적절히 공표할 의무를 진다. O | X

연안국에게는 위험사실 공표의무가 있다. 답 ○

149

예상논점

제주해협의 경우 섬 외측으로 유사한 편의의 공해 또는 EEZ 통항로가 존재하므로 제주해협 내에서는 통과통항이 아닌 무해통항만 인정되며, 이 무해통항은 정지시킬 수 없다. (정인섭:한국의 법령상 제주해협은 통과통항이 배제되는 수역이라는 규정은 없다.) O | X

해협에서의 무해통항은 일시정지시킬 수 없다. 답 ○

150

예상논점

해협 내에 영해 측과 유사하게 편리한 수로가 공해나 EEZ 수역에 존재하는 경우 해협에서는 통과통항이 아닌 무해통항만 인정되나 지형상 중앙의 공해나 EEZ 수역만으로 항행이 어려운 경우 해협에서 통과통항이 인정된다. O | X

해협의 영해 외측에 영해 측과 유사하게 편리한 수로가 있다면 해협규정이 적용되지 않고 일반 영해에 대한 규정이 적용된다. 따라서 이 경우 일시정지할 수 있다. 답 ○

151

예상논점

남북해운합의서를 통해 2005년 8월 15일부터 북한 상선의 제주해협 통과가 인정되었으나 2010년 5·24조치를 통해 합의서 적용을 중지하고 북한 선박의 제주해협 통과를 불허했다. O | X

5·24조치는 천안함 사건 이후 한국 정부가 취한 제재조치이다. 답 ○

제6절 접속수역

152

09. 7급

「해양법에 관한 국제연합협약」(1982)상 연안국은 관세·재정·출입국관리 또는 위생에 관한 자국 법령의 위반을 방지하기 위하여 접속수역을 설정할 수 있다. O | X

접속수역에서의 관할권은 관세·재정·위생·출입국관리의 4문제에 한정된다. 답 ○

153

19. 7급

「해양법에 관한 국제연합협약」에 의하면 연안국의 접속수역은 내수를 포함하며 관세·재정·출입국관리·위생 및 군사적 목적의 관할권을 행사하기 위한 수역이다. O | X

접속수역은 영해 기선으로부터 최대 24해리까지 설정되므로 내수를 포함하지 않는다. 또한 접속수역의 목적에 군사적 목적은 포함되지 않는다. 답 X

154

09. 9급

1982년 해양법협약상 접속수역은 영해기선으로부터 24해리 범위 내에서 설정할 수 있다.

O | X

접속수역의 범위는 종래 12해리였으나 확대되었다.

답 O

155

09. 9급

1982년 해양법협약상 접속수역은 연안국이 당연히 갖게 되는 수역이 아니라 연안국의 선포를 요한다.

O | X

배타적 경제수역(EEZ)과 마찬가지로 선포를 요한다. 대륙붕은 원시적으로 취득된다.

답 O

156

09. 9급

1982년 해양법협약상 접속수역의 해저로부터 역사적 유물을 반출하는 행위는 연안국의 영토나 영해에서의 법령위반행위로 추정될 수 있다.

O | X

접속수역에서는 관세, 재정, 위생, 출입국관리 관련 연안국 법령을 적용하여 예방조치나 처벌조치를 취할 수 있다. 역사적 유물 반출조치는 출입국관리법령 적용대상이 될 수 있다.

답 O

157

09. 9급

1982년 해양법협약상 접속수역은 해양자원이용과 해양과학조사를 위하여 국가관할권을 확장한 수역이다.

O | X

자원이용이나 과학조사는 배타적 경제수역(EEZ)의 설치목적에 해당한다.

답 X

158

90. 사시

1982년 해양법협약상 접속수역은 설정목적에 따라 자유로이 설정할 수 있다. O | X

접속수역 설치 여부는 연안국의 재량이다. 기선으로부터 24해리 내에서 설치할 수 있다.

답 O

159

예상논점

접속수역은 연안국의 선포가 있어야만 실시할 수 있다.

O | X

접속수역은 배타적 경제수역(EEZ)과 마찬가지로 연안국이 선포해야 한다.

답 O

160

예상논점

접속수역의 역사적 기원은 18세기 초 미국의 Hovering Act이다.

O | X

Hovering Act는 영국의 국내법이다.

답 X

161

예상논점

영해에 진입하지 않고 접속수역에 머물고 있는 외국 선박에 대해 연안국은 관련 법령위반을 방지하기 위한 통제를 할 수 있을 뿐이고 처벌은 영해로 진입한 이후 가능하다.

O | X

접속수역에서 외국 선박에 대한 처벌권을 행사할 수 없다.

답 O

제7절 배타적 경제수역

의의 및 범위

162
09. 7급

배타적 경제수역(EEZ)제도는 1958년의 UN해양법협약에서 처음으로 성문화되었다.
O | X

배타적 경제수역(EEZ)제도는 1982년 UN해양법협약에서 처음 도입되었다.
답 X

163
11. 7급

배타적 경제수역은 연안국의 주권적 권리 및 관할권과 공해자유의 일부가 병존하는 제3의 특별수역으로서 영해와 공해의 중간적 법제도이다.
O | X

자원에 대해서는 영해의 성격이, 그 밖의 항행 등에 대해서는 공해의 성격이 병존한다.
답 O

164
11. 7급

서로 마주보고 있거나 인접한 연안국 간의 배타적 경제수역 경계획정은 중간선의 원칙 또는 형평의 원칙에 의해 해결한다.
O | X

형평의 원칙이 적용된다. 중간선은 명시되지 않았다. 다만, 판례에 의하면 중간선은 형평의 원칙을 적용하는 과정에서 사용될 수는 있다.
답 X

165
14. 9급

배타적 경제수역은 1951년 노르웨이와 영국 간의 어업권 사건(Fisheries case)에서 관습법으로 인정된 내용으로 해양법협약에서 처음 성문화되었다.
O | X

해양법협약에서 처음으로 도입되었다. 어업권 사건(Fisheries case)은 직선기선제도의 관습법성을 인정한 판례이다.
답 X

166
16. 7급

대향국 간 경계획정에 있어서 대륙붕과 배타적 경제수역은 별개의 제도인 바, 대륙붕과 배타적 경제수역의 경계획정에 적용되는 원칙은 동일하지 않다.
O | X

형평의 원칙이 동일하게 적용된다.
답 X

167
16. 7급

대향국 간 중첩된 영해의 경계획정은 역사적 권원이나 특별한 사정이 존재하지 않는 한 등거리선에 의한다.
O | X

중첩된 영해의 경계획정은 등거리선이 아니라 중간선에 의한다.
답 X

168
16. 7급

대륙붕 경계획정은 공평한 해결에 이르기 위하여, ICJ규정 제38조에 언급된 국제법을 기초로 하는 합의에 의하여 이루어진다.
O | X

배타적 경제수역(EEZ)과 마찬가지로 대륙붕에 대해서도 형평의 원칙이 규정되었다. 답 O

169
16. 7급

ICJ는 배타적 경제수역의 경계획정에 관한 UN해양법협약 규정이 관습국제법을 반영하는 것으로 판단하였다. O | X

국제사법재판소(ICJ)는 니카라과와 콜롬비아가 당사자였던 「Territorial and Maritime Dispute」(2012)에서 배타적 경제수역(EEZ) 경계획정에 관한 제74조, 대륙붕 경계획정에 관한 제83조는 관습법을 반영한다고 판시하였다. 답 ○

170
12. 사시

유엔해양법협약(1982)에 의하면 국가의 주권은 영해를 넘어 배타적 경제수역 및 대륙붕에까지 미치며, 군도국가의 경우 군도수역에도 그 주권이 미친다. O | X

협약상 배타적 경제수역(EEZ)이나 대륙붕에 대한 권리는 주권적 권리로 표현되어 있다. 영해의 경우 포괄적 주권이 미친다. 그러나, 배타적 경제수역(EEZ)이나 대륙붕의 경우 당초 공해였던 수역에 대해 연안국의 권리를 확대시켜 준 것이다. 따라서 '주권'을 포괄적으로 갖는다고 볼 수 없다. 답 X

171
09. 9급

유엔해양법협약(1982)상 배타적 경제수역은 연안국의 영역에 포함된다. O | X

배타적 경제수역(EEZ)은 영역에 포함되지 않는다. 답 X

172
08. 9급

연안국은 배타적 경제수역에서 해저와 하층토는 물론 상부 수역과 상공에 대해서도 주권을 행사할 수 있다. O | X

배타적 경제수역(EEZ)의 상공에 대해서는 주권을 행사할 수 없다. 답 X

173
08. 9급

모든 국가는 일정한 제한에 따를 것을 조건으로 EEZ에서 항행·상공 비행의 자유 등을 향유한다. O | X

항행과 관련해서 배타적 경제수역(EEZ)은 공해와 유사하다. 답 ○

174
07. 사시

EEZ 경계획정에 관한 최종합의에 이르는 동안 관련국은 잠정약정을 체결할 수 있다. O | X

잠정약정을 체결하는 것은 결과의무가 아니라 행위의무이다. 따라서 꼭 잠정약정을 체결해야하는 것은 아니다. 답 ○

175
03. 사시

EEZ는 영해나 공해가 아닌 '특별한 법제도(specific legal regime)'로 규정되어 있다. O | X

배타적 경제수역(EEZ)은 영해의 성격과 공해의 성격을 모두 가진 수역이다. 답 ○

176

01. 행시·외시

배타적 경제수역은 영해를 200해리까지 확장하려는 연안국가와 이를 저지하려는 해양국가 간의 타협의 산물이다.　O | X

배타적 경제수역(EEZ)은 영해의 성격과 공해의 성격을 모두 가지는 수역이다.　답 ○

177

21. 7급

ICJ는 우크라이나와 루마니아 간 흑해해양경계획정 사건에서 섬의 존재를 반영하여 EEZ 경계를 획정하였다.　O | X

국제사법재판소(ICJ)는 동 사건에서 뱀섬에 대해 '무효과'를 적용하였다. 즉, 뱀섬의 존재를 반영하지 않고 무시한 채 배타적 경제수역(EEZ)의 경계를 획정하였다.　답 X

178

예상논점

1945년 미국의 트루먼 선언에서 보존수역을 창안한 것이 EEZ의 효시이다.　O | X

보존수역은 생물자원 이용을 위해 배타적 지배권을 가지는 수역이다.　답 ○

179

예상논점

국제사법재판소(ICJ)나 국제해양법법원은 형평한 해결을 실현하기 위해 3단계 접근법을 도입하였다. 1단계는 잠정적 경계선 설정, 2단계는 잠정적 경계선의 이동, 3단계는 비례성을 판단하는 것이다. 잠정적 경계선 이동을 위해 해안선의 길이, 해저지형 등을 고려한다. 비례성은 해안선의 길이 비율과 잠정적으로 설정된 수역 면적 간 비율에 있어서의 비례성을 의미한다.　O | X

3단계 접근법이 UN해양법협약에 명시된 것은 아니다.　답 ○

180

예상논점

흑해 해양경계획정 사건에서 국제사법재판소(ICJ)는 3단계 접근법을 적용하였고, 뱀섬은 경계획정의 기준점이 될 수 없으며, 잠정적 경계선을 이동할 만한 사정도 아니라고 하였다.　O | X

국제사법재판소(ICJ)는 뱀섬이 본토로부터 원거리임을 이유로 기선 설정 시 '무효과(zero effect)'를 부여하였다.　답 ○

181

예상논점

니카라과와 온두라스 해양경계획정 사건(2007)에서 국제사법재판소(ICJ)는 육지뿐 아니라 해양경계획정에서도 uti possidetis원칙을 적용할 수 있으나, 동 사건에 적용될 수는 없다고 하였다. 또한 지리적 근접성은 영유권 인정에 있어서 유리한 추정이 부여될 수는 있으나, 근접성은 본토로부터의 근접성을 말하고, 인근 섬으로부터의 근접성을 의미하는 것은 아니라고 하였다. 한편, 국제사법재판소(ICJ)는 잠정적 경계선 설정에 있어서 '이등분선'을 사용하였다.　O | X

해양에서도 uti possidetis원칙을 적용 가능하다고 본 점에 주의한다.　답 ○

182

예상논점

한일어업협정(1998·1999)은 각국 기선으로부터 35해리 배타적 경제수역(EEZ)을 설정하고, 배타적 경제수역(EEZ)에서 타국의 입어를 허용하며, 독도 인근 수역은 중간수역으로 설정하고, 중간수역에 타국의 입어를 허용하되 기국주의원칙이 적용된다.　O | X

중간수역에서는 기국주의원칙이 적용된다.　답 ○

183

예상논점

한중어업협정(2000·2001)은 각국 기선으로부터 32해리 배타적 경제수역(EEZ)을 설정하였으며, 한시적 성격의 과도수역을 설정하였고, 과도수역에서 타국의 입어를 허용하되 기국주의원칙을 적용하였다. O | X

과도수역은 4년간 한시적 수역이었고 현재는 각각의 배타적 경제수역(EEZ)으로 편입되었다. 답 O

184

예상논점

「한중어업협정」에 따라 잠정조치수역 외곽에 2년간 한시적으로 기존 어업질서가 유지되는 과도수역이 설정되었으며, 2005년 7월부터 양국 배타적 경제수역(EEZ)에 편입되었다. O | X

과도수역을 유지하는 기간은 4년이었다. 답 X

185

예상논점

M/V Saiga호 사건(1999)에 의하면 연안국은 배타적 경제수역 내의 외국 선박에 대해 자국 관세법을 강제할 수 있다. O | X

배타적 경제수역에 자국의 관세법을 강제할 수 없다. 답 X

186

예상논점

M/V Virginia G호 사건(2014) 재판부는 어로활동을 하는 선박에 대한 연료 공급이 어업 관련 활동이라고 판단하고 연안국은 생물자원 보전 관리를 위해 자국의 배타적 경제수역(EEZ) 내의 외국 어선에게 연료를 공급하는 선박을 규제할 수 있다고 판단했다. 다만 선박의 몰수 조치는 해양법협약 위반이라고 하였다. O | X

배타적 경제수역(EEZ) 관련 법령이 적용된다고 본 판례이다. 답 O

187

예상논점

배타적 경제수역(EEZ)에서 발생한 선박 충돌 사건에 대해서도 공해와 마찬가지로 피해선의 기국이나 피해선원의 국적국이 형사 관할권을 갖는다는 것이 우리나라 입장이다(98금양호 사건). O | X

가해선의 기국이나 가해선원의 국적국이 관할권을 가질 수 있다. 답 X

188

예상논점

해저면에 붙어서 사는 정착성 어종(sedentary species)은 대륙붕 자원에 속한다. O | X

정착성 어종(sedentary species)은 배타적 경제수역(EEZ)의 관할대상이 아니다. 답 O

189

예상논점

우리나라는 2017년 기존 법에 대륙붕을 추가하여 배타적 경제수역(EEZ) 및 대륙붕에 관한 법률로 개정하였다. O | X

2017년 입법을 통해 대륙붕에 대해서도 별도의 국내법을 제정한 것이다. 답 O

190
예상논점

우리나라 「배타적 경제수역 및 대륙붕에 관한 법률」에 의하면 한국의 배타적 경제수역(EEZ)은 영해기선으로부터 200해리에 이르는 수역 중 대한민국의 영해를 제외한 수역으로 한다. O | X

배타적 경제수역(EEZ)이 영해를 제외한 수역으로 실제적으로 규정된 점에 주의한다.
답 O

191
예상논점

우리나라 「배타적 경제수역 및 대륙붕에 관한 법률」에 의하면 대한민국의 EEZ에서의 권리는 대한민국과 관계국의 별도의 합의가 없는 경우 대한민국과 관계국의 중간선 바깥쪽 수역에서는 행사하지 아니한다. O | X

중간선으로 규정된 점에 주의한다.
답 O

권리의무

192
14. 7급

해양법에 관한 국제연합협약」(1982)상 배타적 경제수역(EEZ)에서 연안국은 해양과학조사 및 해양 환경보호에 대한 관할권을 갖는다. O | X

관할권과 주권적 권리를 구분해야 한다.
답 O

193
14. 7급

「해양법에 관한 국제연합협약」(1982)상 자국의 배타적 경제수역(EEZ)에서 불법 조업을 하던 타국 어선을 해양경찰 선박이 추적하여 공해상에서 나포한 것은 정당한 추적권이 행사이다 O | X

배타적 경제수역(EEZ)에서의 불법 조업은 추적권 발동 대상이다.
답 O

194
20. 9급

The M/V Saiga호 사건에서 국제해양법재판소(ITLOS)는 연안국이 배타적 경제수역(EEZ) 내의 외국 선박에 대하여 자국의 관세법을 강제할 권리를 가진다고 판결하였다. O | X

국제해양법재판소(ITLOS)는 배타적 경제수역(EEZ)에서 관세법을 강제할 수 없다고 하였다. 따라서 관세법 위반을 이유로 추적권을 발동할 수 없다고 판시하였다. 답 X

195
21. 7급

국제해양법재판소는 M/V Saiga호 사건(1999)에서 기니 정부의 추적권 행사가 위법하다고 판단하였다. O | X

국제해양법재판소는 기니가 추적권 행사 시 이를 중단하였고, 배타적 경제수역(EEZ)에서 행위에 대해 자국의 관세법령을 위반을 이유로 추적하였으므로 위법하다고 보았다. 무력 사용 시 비례원칙을 준수하지 않은 점도 위법으로 판단하였다. 답 O

196
11. 사시

연안국은 배타적 경제수역에서 해양환경의 보호와 보전에 관한 주권적 권리을 갖는다.

O | X

해양환경 보존은 관할권의 대상이다.

답 X

197
예상논점

연안국은 배타적 경제수역(EEZ)에서 인공섬을 설치하고 이에 관한 건설·운용 및 사용을 허가하고 규제하는 배타적 권리를 가지며, 연안국은 이러한 인공섬에 대하여 관세·재정·위생·안전 및 출입국관리 법령에 관한 관할권을 포함한 배타적 관할권을 가진다.

O | X

배타적 경제수역(EEZ) 내의 인공섬에서는 접속수역과 유사한 관할권을 가지는 점에 주의한다.

답 O

198
예상논점

배타적 경제수역(EEZ)에서 연안국이 전체 허용어획량을 어획할 능력이 없는 경우 관련법에 따라 허용어획량의 잉여량에 관한 다른 국가의 입어를 허용할 수 있다.

O | X

관련법에 따라 허용어획량의 잉여량에 관한 다른 국가의 입어를 허용해야 한다.

답 X

199
11. 사시

연안국은 배타적 경제수역(EEZ)에서 해양과학조사에 대한 주권적 권리를 갖는다.

O | X

연안국은 배타적 경제수역(EEZ)에서 해양과학조사에 대한 주권적 권리가 아니라 관할권을 가진다.

답 X

200
09. 7급

연안국은 필요한 경우 EEZ에 인공섬과 시설물 및 구조물의 주위에 안전수역을 설치할 수 있다.

O | X

안전수역은 구조물 반경 500m까지 설정할 수 있다. 타국 선박은 안전수역을 존중해야 한다.

답 O

201
11. 사시

연안국은 타국의 해저전선 및 관선의 부설에 대한 허가권을 갖는다.

O | X

해저전선 및 관선의 부설은 모든 국가의 재량이다. 공해의 성격을 반영한다. 따라서 연안국이 허가권을 가지는 것이 아니다.

답 X

202
14. 9급

연안국은 해저의 상부수역, 해저 및 그 하층토의 생물이나 무생물 등 천연자원의 탐사, 개발, 보존 및 관리를 목적으로 하는 주권적 권리를 갖는다.

O | X

경제적 이용가치가 있는 것은 주권적 권리의 대상이다.

답 O

203
14. 9급

연안국은 배타적 경제수역에서의 인공섬, 시설 및 구조물의 설치와 사용에 대한 관할권을 갖는다.　　O | X

인공섬에 대해서는 연안국이 관할권을 가진다.　　답 ○

204
14. 경찰간부

연안국은 자국의 배타적 경제수역에서 UN해양법협약에 부합하게 제정한 국내법령을 집행하기 위하여 승선, 검색, 나포 및 사법절차를 포함한 필요한 조치를 취할 수 있다.　　O | X

집행조치에 대한 설명이다.　　답 ○

205
12. 7급

EEZ는 영해의 외측 한계로부터 200해리까지의 수역을 말한다.　　O | X

배타적 경제수역(EEZ)은 영해 외측 한계가 아니라 영해 기선으로부터 200해리이다.　　답 X

206
12. 7급

내륙국은 연안국의 EEZ의 잉여생물자원에 대해 어떠한 권리도 갖지 않는다.　　O | X

내륙국은 잉여생물자원에 대한 입어권이 있다.　　답 X

207
12. 7급

인간의 거주 또는 독자적 경제생활을 유지할 수 없는 암초(rocks)는 EEZ를 가질 수 없다.　　O | X

암초(rocks)의 경우 영해, 접속수역은 가지나 배타적 경제수역(EEZ)이나 대륙붕은 가질 수 없다.　　답 ○

208
14. 경찰간부

나포된 선박과 승무원은 적절한 보석금이나 그 밖의 보증금을 예치한 뒤에는 즉시 석방된다.　　O | X

보증금 수준은 관련국 간 합의사항이다.　　답 ○

209
14. 경찰간부

외국 선박을 나포하거나 억류한 경우 그 연안국은 적절한 경로를 통하여 취하여진 조치와 그 이후 부과된 처벌에 관하여 기국(旗國)에 신속히 통고하여야 한다.　　O | X

연안국은 통고의무가 있다.　　답 ○

210
14. 경찰간부

연안국은 배타적 경제수역에서 어업법령을 위반한 자에 대하여 금고 또는 다른 형태의 체형을 부과할 수 있다.　　O | X

별도의 합의가 없는 한 체형을 부과할 수 없다.　　답 X

211
12. 7급

연안국은 EEZ의 해저와 그 지하자원에 대해서만 관할권을 행사한다.　　　　O | X

상부수역의 자원에 대해서도 주권적 권리를 갖는다.　　　　답 X

212
06. 사시

EEZ에서 총허용어획량을 어획할 능력이 없는 경우, 연안국은 잉여분에 대해서 일정한 조건하에 타국의 입어를 허용할 수 있다.　　　　O | X

타국의 입어를 허용해야 한다는 의무로 규정되었다는 점에 주의한다.　　　　답 X

213
06. 사시

연안국은 자국 EEZ에서 조력·풍력발전 등 경제적 이용을 위한 활동에 관해 관할권를 가진다.　　　　O | X

연안국은 해당 활동에 관해 주권적 권리를 가진다.　　　　답 X

214
06. 사시

연안국은 자국 EEZ에서 해양의 과학적 조사에 관해 관할권을 가진다.　　　　O | X

과학적 조사는 연안국의 관할권으로 규정되었다　　　　답 O

215
23. 7급

공해상 과학조사의 자유는 「해양법에 관한 국제연합협약」의 공해에 관한 규정으로서 배타적경제수역에 적용된다.　　　　O | X

EEZ에서는 다른 나라 선박의 과학조사의 자유가 없다. 연안국의 동의를 얻어야 한다.　　　　답 X

제8절 대륙붕

의의 및 범위

216
10. 9급

대륙붕 경계획정에 있어서 육지의 자연적 연장(natural prolongation)을 최대한 존중한다.　　　　O | X

판례에 따르면 육지의 자연적 연장(natural prolongation)을 살려서 결과적으로 형평하게 경계를 획정해야 한다.　　　　답 O

217
09. 9급

유엔해양법협약(1982)상 대륙붕의 외측 한계는 영해기선으로부터 200해리 이상일 수도 있다.　　　　O | X

대륙변계가 200해리를 넘는 경우 200해리 이상의 대륙붕이 인정될 수 있다.　　　　답 O

218

08. 7급

대륙붕의 외측 한계는 영해기선으로부터 200해리를 초과할 수도 있으나, 배타적 경제수역은 영해기선으로부터 200해리를 초과할 수 없다.　O | X

대륙붕의 경우 대륙변계가 200해리를 넘은 경우 기선으로부터 최대 350해리까지 또는 2500m 등심선으로부터 100해리까지 설정할 수 있다.　답 ○

219

08. 7급

인간이 거주할 수 없거나 독자적인 경제활동을 유지할 수 없는 암석은 대륙붕은 가질 수 있으나, 배타적 경제수역을 가질 수는 없다.　O | X

대륙붕과 배타적 경제수역(EEZ)을 모두 가질 수 없다.　답 X

220

08. 7급

대향 또는 인접한 연안을 가진 국가 간의 대륙붕이나 배타적 경제수역의 경제획정은 국제사법재판소(ICJ)규정 제38조에 언급된 국제법을 기초로 하여 합의를 통해 이루어진다.　O | X

합의를 통해 형평한 해결을 추구한다.　답 ○

221

16. 사시

1982년 「해양법에 관한 국제연합(UN)협약」상 대륙붕에 대한 연안국의 권리는 그 상부 수역이나 수역 상공의 법적 지위에 영향을 미치지 아니한다.　O | X

대륙붕의 상부 수역은 공해이다.　답 ○

222

16. 사시

1982년 「UN해양법협약」상 대륙변계가 영해기선으로부터 200해리 밖으로 확장되는 경우, 대륙붕의 외측 한계는 영해기선으로부터 350해리를 넘거나 2500미터 등심선으로부터 100해리를 넘을 수 없다　O | X

대륙붕은 200해리를 넘을 수 있다.　답 ○

223

11. 사시

1982년 「UN해양법협약」상 200해리 밖으로 연장되는 대륙붕의 외측 한계는 대륙붕한계위원회가 최종 확정하여 연안국에 통보한다.　O | X

대륙붕한계위원회의 권고에 기초하여 연안국이 최종 확정한다.　답 X

224

16. 사시

1982년 「해양법에 관한 국제연합(UN)협약」상 연안국은 명시적인 선언을 통해 대륙붕에 대한 권리를 취득해야 한다.　O | X

대륙붕은 육지 영토의 자연적 연장이므로 특별한 선포없이 원시적으로 취득한다.　답 X

225

03. 행시·외시

1982년 「UN해양법협약」상 대륙붕에 관한 연안국의 권리는 그 상부 수역이나 수역 상공의 법적 지위에 영향을 미치지 아니한다.　O | X

대륙붕은 해상, 해저 및 하층토에 한정되며, 상부 수역은 포함되지 않는다. 대륙붕의 상부 수역은 공해이다. 그 상공은 공공(公空)에 해당된다.　답 ○

226
03. 행시·외시

1982년 「UN해양법협약」상 대륙붕에서 연안국의 권리는 배타적 경제수역(EEZ)에서와 마찬가지로 선언 등의 명시적인 행위에 의해서만 확보된다. O | X

원시취득이므로 특별한 의사표시를 요하지 않는다. 답 X

227
21. 9급

대륙붕에 관한 국제법적 법리가 발달된 계기는 1945년 미국의 트루먼 대통령의 대륙붕 선언에서 비롯된다. O | X

트루먼 선언은 대륙붕이나 배타적 경제수역(EEZ)의 시발점으로 본다. 답 O

228
21. 7급

연안국은 측지자료를 비롯하여 항구적으로 자국 대륙붕의 바깥한계를 표시하는 해도와 관련 정보를 UN사무총장에게 기탁한다. O | X

기탁대상이 UN사무총장이라는 점에 주의한다(해양법협약 제76조 제9항). 답 O

229
21. 9급

1969년 북해 대륙붕 사건 판결에서 국제사법재판소(ICJ)는 지리적 인접성을 대륙붕 경계획정의 핵심 개념으로 보았다. O | X

북해 대륙붕 사건은 '형평'을 경계획정 핵심개념으로 제시하였다. 답 X

230
예상논점

북해 대륙붕 사건(1969)은 1958년 협약상 중간선 또는 등거리선 규정이 관습법은 아니라고 하였고, 대륙붕이 육지 영토의 자연연장이며, 경계획정은 형평한 해결을 추구하도록 판시하였다. O | X

대륙붕 경계획정원칙으로 형평의 원칙을 제시하였다. 답 O

231
예상논점

리비아 몰타 대륙붕 사건(1985)에서 국제사법재판소(ICJ)는 3단계 접근법을 처음 적용하고, 배타적 경제수역(EEZ)이나 대륙붕 관련 1982년 해양법협약규정이 관습법이라고 판시하였다. O | X

3단계 접근법은 잠정적 경계선 설정, 경계선의 이동, 비례성 판단으로 진행된다. 답 O

232
예상논점

리비아 몰타 대륙붕 사건(1985)에서 이탈리아가 소송참가하였으나 국제사법재판소(ICJ)는 이를 각하하였다. 이탈리아가 당사국과 합의 없이 새로운 분쟁을 제기하는 것이고, 단순히 자국의 권리를 인정받기 위한 것이 아닌 적극적으로 보전하려는 것이므로 소송참가 요건을 충족하지 못한다고 판시하였다. O | X

리비아 몰타 대륙붕 사건은 자발적 참가에 대해 허용하지 않은 판례이다. 답 O

233
예상논점

방글라데시와 미얀마 간 벵골만 해양경계획정 사건에서 국제해양법법원은 국제사법재판소(ICJ)와 달리 3단계 접근법을 적용하였다.　O | X

국제사법재판소(ICJ)도 3단계 접근법을 적용한다. 벵골만 해양경계획정 사건은 국제해양법법원이 처음으로 내린 경계획정에 대한 판례이다.　답 X

234
예상논점

니카라과 - 콜롬비아 해양경계획정 사건(2012)에서 국제사법재판소(ICJ)는 1982년 협약상 대륙붕에 대한 정의가 관습법이라고 보았으며, 경계획정에 있어서 3단계접근법을 적용하였다.　O | X

니카라과 - 콜롬비아 해양경계획정은 대륙붕에 대한 정의가 관습이라고 본 판례이다.　답 ○

235
예상논점

대륙붕한계위원회는 21명으로 구성되며 임기는 4년이다. 대륙붕 경계획정 분쟁이 있는 경우 분쟁당사국이 제출한 자료를 심사하지 않으나, 모든 분쟁당사국의 동의가 있으면 심사할 수 있다.　O | X

대륙붕한계위원회의 임기는 5년이다.　답 X

236
예상논점

우리나라는 1952년 평화선 선언 이후 1970년 「해저광물자원개발법」을 제정하여 7개 광구에 대한 영유권을 주장하는 대륙붕선언을 하였다.　O | X

평화선 선언은 우리나라와 일본의 독도 영유권 분쟁을 야기하기도 하였다.　답 ○

237
예상논점

1974년 한국과 일본은 조약을 통해 대한해협에서 대륙붕 경계를 중간선으로 실징하였으며, 동중국해 중첩대륙붕을 공동개발하기로 하였다.　O | X

우리나라와 일본은 대항국 관계이므로 대륙붕 경계로 중간선을 규정한 것이다.　답 ○

238
예상논점

1970년 「해저광물개발법」에서 우리나라는 서해에서 중국과의 대륙붕 경계는 등거리선에 기초했고, 동남해도 등거리선을 적용하였다.　O | X

우리나라와 중국과의 대륙붕 경계로 등거리선이 아니라 중간선을 규정하였다.　답 X

239
예상논점

1974년 「한일대륙붕공동개발협약」의 효력기간은 50년이고, 당사국이 종료를 통고하면 1년 후 폐기된다.　O | X

당사국이 종료를 통고하면 협약은 3년 후 폐기된다.　답 X

240

예상논점

Anglo - Norwegian Fisheries 사건에 따르면 해양경계획정에 있어서 획정행위 자체는 연안국의 권리이나, 경계획정의 타국가들에 대한 유효성은 국내법에 달려있다.

O | X

국내법이 아니라 국제법에 따라 타국에 대한 유효성을 판단한다.

답 X

241

예상논점

North Sea Continental Shelf 사건에 따르면 공유대륙붕 경계획정은 형평한 원칙들에 따라 모든 관련 사정을 고려하여 합의에 의해 이루어져야 한다.

O | X

대륙붕 경계획정원칙으로 형평의 원칙을 제시한 판례이다.

답 O

242

예상논점

North Sea Continental Shelf 사건에 따르면 대륙붕 경계획정 분쟁이 발생하는 경우 분쟁당사국들은 합의에 이르기 위해 교섭에 들어갈 의무가 있으며 또한 교섭이 의미 있는 것이 되도록 행동할 의무를 진다.

O | X

교섭에 들어갈 의무는 결과의무는 아니나 행위의무이다.

답 O

243

예상논점

North Sea Continental Shelf 사건에 의하면 대륙붕 경계획정의 본질은 공유물이나 무주지를 나누어 가지는 배분(apportionment)의 과정이 아니라 관련국들에게 잠재적으로 속하는 지역 간의 경계선을 분명히 하는 과정이다.

O | X

경계획정의 본질에 관한 국제사법재판소(ICJ)의 평가이다.

답 O

244

예상논점

Jan Mayen 사건(1993)에서 국제사법재판소(ICJ)는 국제법은 형평한 해결에 도달하기 위해 해양경계획정을 요하는 모든 영역에 걸쳐 단일 방법을 채택할 것을 명령하고 있지는 아니하며, 필요하면 대상 지역의 여러 부분에 여러 방법을 적용할 수 있다고 하였디.

O | X

단일하거나 동일한 방법을 사용해야 하는 것은 아니라는 점을 확인한 판례이다. 답 O

245

예상논점

Maritime Delimitation in the Black Sea 사건(2009)에서 국제사법재판소(ICJ)는 형평한 해결을 위해 3단계 방법론을 적용하였다.

O | X

Maritime Delimitation in the Black Sea(흑해 해양경계획정) 사건도 3단계 방법론을 적용하였다.

답 O

246

예상논점

Maritime Delimitation in the Black Sea 사건(2009)에 의하면 3단계 방법론에서 제3단계에서 이루어지는 것은 균형검사(proportionality test)이지 불균형검사(disproportionality test)가 아니므로 각각의 해역이 연안의 길이에 정확하게 비례해야 하는 것은 아니다.

O | X

제3단계에서 이루어지는 것은 불균형검사(disproportionality test)이지 균형검사(proportionality test)는 아니다.

답 X

247

예상논점

Delimitation of the Maritime Boundary between Bangladesh and Myanmar in the Bay of Bengal 사건에서 국제해양법재판소(ITLOS)는 배타적 경제수역(EEZ)이나 대륙붕 경계획정에 있어서 경계획정 지역의 해저의 지질이나 지형학적 특질을 기초로 판단할 수는 없다고 판시하였다. O | X

국제해양법재판소(ITLOS)는 거리기준이 중요하다고 보았다. 답 O

248

예상논점

Maritime Delimitation in the Black Sea 사건(2009)에 따르면 배타적 경제수역(EEZ)과 대륙붕은 배타적 경제수역(EEZ)과 대륙붕은 별개의 제도이므로 대향국들이나 인접국들은 대륙붕과 배타적 경제수역(EEZ) 공동의 단일경계선을 선택할 수도 있고, 별개의 경계선을 선택할 수도 있다. O | X

배타적 경제수역(EEZ)과 대륙붕의 단일경계선을 설정해야 하는 것은 아님을 확인한 판례이다. 답 O

249

예상논점

Case Concerning Territorial and Maritime Dispute between Nicaragua and Honduras in the Caribbean Sea 사건에서 국제사법재판소(ICJ)는 육지가 바다를 지배하므로 섬에 대한 주권은 해양경계획정 이전에 그리고 그것과는 별도로 결정될 필요가 있다고 하였다. O | X

섬에 대한 주권이 먼저 결정되어야 한다고 본 판례이다. 답 O

권리의무

250

16. 사시

1982년 「해양법에 관한 국제연합(UN)협약」상 연안국은 대륙붕을 탐사하기 위해 주권적 권리를 행사한다. O | X

대륙붕 탐사는 주권적 권리의 대상이다. 답 O

251

16. 사시

1982년 「해양법에 관한 국제연합(UN)협약」상 모든 국가는 관련 규정에 따라 연안국의 대륙붕에 해저 전선과 관선을 부설할 자격을 갖는다. O | X

다만, 타국의 대륙붕에서의 권리를 침해해서는 안 된다. 답 O

252

16. 사시

1982년 「해양법에 관한 국제연합(UN)협약」상 연안국은 대륙붕에 안전수역을 설정할 수 있다. O | X

배타적 경제수역(EEZ)과 마찬가지로 구조물의 반경 500m 한도 내에서 대륙붕에 안전수역을 설정할 수 있다. 답 O

253
16. 사시

1982년 「UN해양법협약」상 연안국이 대륙붕에서 자원개발을 수행하고 있는 지점의 반경 12해리 이내에서는 제3국 선박들의 항행이 금지된다.　　O | X

배타적 경제수역(EEZ)과 마찬가지로 구조물 반경 500m 한도에서 안전수역을 설정할 수 있다.　　답 X

254
11. 사시

1982년 「UN해양법협약」상 연안국의 대륙붕이 200해리 밖으로 확장되는 것을 인정하는 것은 대륙붕이 육지 영토의 자연적 연장이라는 개념에서 출발한 것이다.　　O | X

북해 대륙붕 사건에서는 대륙붕이 육지 영토의 자연적 연장임을 처음으로 인정하였다.　　답 ○

255
11. 사시

1982년 「UN해양법협약」상 200해리 밖으로 연장된 대륙붕의 석유자원 개발에 대하여도 연안국이 주권적 권리를 행사할 수 있다.　　O | X

대륙붕의 범위는 200해리 밖으로 확대될 수 있다. 석유탐사에 대해서는 연안국의 주권적 권리가 인정된다.　　답 ○

256
11. 사시

연안국은 200해리 밖의 대륙붕의 광물자원을 개발하는 경우 일정기간 경과 후 현물 또는 금전을 국제해저기구에 납부하여야 한다.　　O | X

200해리 밖의 대륙붕에 대한 규정임에 주의한다.　　답 ○

제9절 　공해

의의

257
11. 7급

항행과 상공비행의 자유는 배타적 경제수역과 공해에서 동일하게 인정된다.　　O | X

배타적 경제수역(EEZ)에서도 항행과 상공비행의 자유가 인정된다.　　답 ○

258
15. 경찰간부

1982년 「UN해양법협약」상 모든 군함은 공해상에서 핵무기 부품을 운송하는 혐의가 있는 선박에 대한 임검권을 행사할 수 있다.　　O | X

핵무기 부품 운송은 기국주의의 예외에 해당되지 않는다. 기국주의의 예외는 해적, 노예수송, 무허가방송, 국기의 허위게양이나 무국적선에 한정된다.　　답 X

259
11. 9급

1982년 UN해양법협약상 공해는 어떤 국가의 내수·영해·군도수역·배타적 경제수역에도 속하지 아니하는 바다이다. O | X

UN해양법협약은 공해에 대해 소극적으로 정의하고 있다. 답 ○

260
17. 9급

UN해양법협약상 국가는 공해의 일부를 자국의 주권하에 둘 수 없다. O | X

공해는 귀속의 자유가 있으므로 누구도 주권을 가질 수 없다. 답 ○

261
17. 9급

UN해양법협약상 공해의 자유에는 항행의 자유, 상공비행의 자유, 해저전선과 관선 부설의 자유 등이 포함된다. O | X

이를 공해 사용의 자유라고 한다. 답 ○

262
19. 9급

1982년 「해양법에 관한 국제연합 협약」은 연안국이 관할권을 행사할 수 있는 수역 이외를 공해로 보는 소극적 방식으로 규정하였다. O | X

협약에 의하면 공해는 내수, 영해, 군도수역, 배타적 경제수역(EEZ)에 속하지 않는 바다를 의미한다. 공해에 속하지 않는 바다를 열거하였는데, 이러한 방식을 소극적 방식이라고 한다. 답 ○

263
20. 7급

1982년 「UN해양법협약」에 따르면 해양과학조사활동은 해양환경이나 그 자원의 어느한 부분에 대한 어떠한 권리 주장의 법적 근거도 될 수 없다. O | X

UN해양법협약 제241조에 대한 내용이다. 답 ○

법적질서

264
15. 경찰간부

1982년 「UN해양법협약」상 공해상의 임검권 행사 이후 방문수색의 결과 혐의가 없으면 그 군함은 손해배상의 책임을 지도록 하고 있다. O | X

군함이 혐의가 없는 경우 손해배상의 책임을 진다. 답 ○

265
14. 9급

1982년 「UN해양법협약」상 모든 국가는 자국기를 계양한 선박에 대하여 행정적·기술적·사회적 사항에 관하여 관할권을 행사한다. O | X

기국주의에 대한 설명이다. 답 ○

266

15. 7급

1982년 「UN해양법협약」상 선박은 어느 한 국가의 국기만을 게양하고 항행하며 공해에서 그 국가의 배타적 관할권에 속한다. O | X

이를 기국주의라고 한다. 답 ○

267

예상논점

협약상 기국과 선박 간 진정한 관련성(genuine link)이 있어야 하나, 국적 부여의 상세한 기준은 국내법에 위임되어 있어 편의치적(flag of convenience)이 인정된다고 해석된다. O | X

편의치적(flag of convenience)이 인정된다. 답 ○

268

예상논점

파나마, 라이베리아, 바하마 등이 대표적인 편의치적지이다. O | X

소유자와 등록국 간 관련성의 정도가 매우 낮은 경우를 편의치적이라고 한다. 답 ○

269

14. 9급

1982년 「UN해양법협약」상 기국 외의 어떠한 국가도 공해상의 군함에 대해 관할권을 주장할 수 없다. O | X

공해상에서 군함은 절대적 면제를 향유한다. 답 ○

270

17. 9급

UN해양법협약상 공해상의 선박에 대하여는 기국이 배타적 관할권을 행사한다. O | X

기국주의에 대한 설명이다. 답 ○

271

18. 7급

선박의 기국은 무허가방송 종사자를 자국 법원에 기소할 수 있다. O | X

기국은 무허가방송에 대해 관할권을 가진다. 답 ○

272

18. 7급

모든 국가의 군함은 무허가방송에 종사하는 선박에 대해 임검권을 갖는다. O | X

보편주의가 적용되는 것은 아니다. 답 X

273

18. 7급

무허가방송 종사자의 국적국은 그 종사자를 자국 법원에 기소할 수 있다. O | X

방송 종사자의 국적국도 무허가방송에 대해 관할권을 가진다. 답 ○

274
18. 7급

해적방송이 수신되지만 허가된 무선통신이 방해받지 않는 국가는 무허가방송 종사자를 자국 법원에 기소할 수 없다. O | X

해적방송이 수신되는 국가도 관할권을 행사할 수 있다. 답 X

275
18. 7급

시설의 등록국은 무허가방송 종사자를 자국 법원에 기소할 수 있다. O | X

시설의 등록국도 무허가방송에 대한 관할권을 갖는다. 답 O

276
14. 9급

1982년 「UN해양법협약」상 기국 외의 어떠한 국가도 공해상의 비상업용 업무에만 사용되는 국가소유의 선박에 대해 관할권을 주장할 수 없다. O | X

비상업용 정부선박도 군함과 마찬가지로 절대적 면제를 향유한다. 답 O

277
14. 9급

1982년 「UN해양법협약」상 2개국 이상의 국기를 게양하고 항행하는 선박은 기국 모두가 관할권을 가진다. O | X

2개국 이상의 국기를 게양한 선박은 '무국적선'으로 간주된다. 무국적선은 모든 국가가 관할권을 행사할 수 있다. 기국에게만 국한되는 것이 아니다. 답 X

278
11. 9급

1982년 UN해양법협약상 공해상에서의 선박 충돌사고의 경우 피해 선박의 기국이 형사재판관할권을 행사한다. O | X

가해선의 기국이 형사재판관할권을 행사한다. 답 X

279
예상논점

승무원이 반란을 일으켜 그 지배하에 있는 군함·정부선박·정부항공기가 해적행위를 하는 경우, 그러한 행위는 민간선박 또는 민간항공기에 의한 행위로 본다. O | X

승무원의 반란으로 군함·정부선박·정부항공기가 탈취된 경우 군함의 자격을 상실한다. 답 O

280
예상논점

모든 국가는 공해 또는 국가 관할권 밖의 어떠한 곳에서라도, 해적선·해적항공기 또는 해적행위에 의하여 탈취되어 해적의 지배하에 있는 선박·항공기를 나포하고, 그 선박과 항공기 내에 있는 사람을 체포하고, 재산을 압수할 수 있다. 나포를 행한 국가의 법원은 부과될 형벌을 결정하며, 선의의 제3자의 권리를 존중할 것을 조건으로 그 선박·항공기 또는 재산에 대하여 취할 조치를 결정할 수 있다. O | X

해적에 대해서는 임의적 보편관할권이 적용된다. 답 O

281

예상논점

자국기를 게양한 선박이 마약이나 향정신성 물질의 불법거래에 종사하고 있다고 믿을 만한 합리적인 근거를 가지고 있는 국가는 다른 국가에 대하여 이러한 거래의 진압을 위한 협력을 요청할 수 있다. O | X

마약단속은 보편주의가 적용되지 않음에 주의한다. 답 O

282

23. 9급

해양법에 관한 국제연합협약」상 공해에서 발생하는 해적행위는 동일 선박 내의 승무원이나 승객 간에도 행해질 수 있으며, 이 경우 모든 국가의 군함은 해적행위의 혐의가 있는 선박을 나포할 수 있다. O | X

해적행위는 타 선박에 대해 행해져야 한다. 답 X

283

17. 9급

UN해양법협약상 공해상의 무허가방송 종사자에 대하여는 선박의 기국, 종사자의 국적국만이 형사관할권을 행사할 수 있다. O | X

무허가방송의 경우 선박의 기국, 종사자의 국적국 이외에도 방송시설 등록국, 방송청취국, 방송피방해국이 형사관할권을 행사할 수 있다. 답 X

284

15. 경찰간부

1982년 「UN해양법협약」상 공해상에서의 선박충돌시 관할권과 관련하여 가해선박의 기국과 범인의 국적국에 대해서만 관할권을 인정하고 있다. O | X

피해선의 기국은 관할권을 행사할 수 없다. 답 O

285

13. 9급

로터스(Lotus)호(號) 사건(1927)에서 능동적 속인주의(active personality principle)에 근거하여 프랑스 선원에 대한 터키법원의 재판관할권이 인정되었다. O | X

프랑스 측에서 수동적 속인주의를 제시하였으나, 상설국제사법재판소(PCIJ)는 본 사건과 관련이 없다고 판시하였다. 답 X

286

13. 9급

로터스(Lotus)호(號) 사건(1927)에서 PCIJ는 공해상에서 국적을 달리하는 선박 충돌의 경우에는 가해선의 국적국과 피해선의 국적국이 모두 관할권을 행사할 수 있다고 판시하였으며, 이 내용이 1982년 UN해양법협약에도 규정되었다. O | X

가해선과 피해선 국적국이 모두 관할권을 행사할 수 있다고 하였다. 그러나, UN해양법협약에서는 가해선의 기국만 관할권을 가지는 것으로 규정하였다. 답 X

287

13. 9급

로터스(Lotus)호(號) 사건(1927)에서 PCIJ는 국제법이 명시적으로 금지하지 않는 분야에 대해서는 주권국가가 행동의 자유를 갖는다는, 소위 '금지이론'을 판시하였다. O | X

피해선의 기국이 관할권을 가지는 것이 국제법으로 확정된 것이 아니므로 터키가 관할권을 가질 수 있다고 판시한 것이다. 답 O

288
13. 9급

로터스(Lotus)호(號) 사건(1927) 판결 원칙은 그 후 마르텐스 조항(Martens Clause)으로 계승되었다. O | X

마르텐스 조항(Martens Clause)은 국제인도법의 핵심원칙이다. 관련 법규가 부존재하더라도 도덕과 양심에 따라 민간인, 부상병 등 전시에 적극적으로 보호를 필요로 하는 사람들을 보호해야 한다는 원칙이다. 답 X

289
13. 7급

1982년 UN해양법협약상 공해상의 위법행위를 방지하기 위하여 군함은 일정한 범죄혐의의 외국 선박을 검문할 수 있다. O | X

이를 임검권이라고 한다. 답 ○

290
13. 7급

1982년 UN해양법협약상 공해상에서 군함은 해적행위, 노예무역과 무국적선의 혐의가 있는 외국 선박을 임검과 수색할 수 있다. O | X

군함, 군용항공기, 임검임무를 부여받은 비상업용 공선 및 비상업용 공항공기가 임검권을 발동할 수 있다. 답 ○

291
13. 7급

1982년 UN해양법협약상 선박은 혐의의 근거가 없고 그 혐의를 입증할 어떠한 행위도 행하지 아니한 경우 입은 손실이나 피해에 대해 보상을 받는다. O | X

위법한 임검권 발동으로 발생한 손해에 대해 보상해야 한다. 답 ○

292
13. 7급

1982년 UN해양법협약상 군함 이외의 군용항공기와 정부 공용선박은 임검권을 행사할 수 없다. O | X

임검권 행사 주체는 군함, 군용항공기, 비상업용 정부선박(임무 부여 시), 비상업용 정부항공기(임무 부여 시)이다. 답 X

293
16. 경찰간부

1982년 UN해양법협약상 임검의 대상은 해적행위, 노예매매, 무허가방송 등을 행한 선박, 무국적 선박, 외국국기를 계양한 선박, 국기 계양을 거절한 선박에 한정된다. O | X

공해는 기국주의가 원칙이므로 예외는 열거적으로 인정된다. 답 ○

294
12. 7급

1982년 UN해양법협약상 선박 충돌로 인하여 가해선박의 선장의 형사책임이 발생한 경우 형사절차는 그 선장의 국적국에 의해서도 제기될 수 있다. O | X

공해에서 발생한 선박의 충돌 또는 선박에 관련된 그 밖의 항행 사고로 인하여 선장 또는 그 선박에서 근무하는 그 밖의 사람의 형사책임이나 징계책임이 발생한 경우, 관련자에 대한 형사 또는 징계 절차는 그 선박의 기국이나 그 관련자의 국적국의 사법 또는 행정당국 외에서는 제기될 수 없다(동 협약 제97조 제1항). 답 ○

해적

295
12. 사시

군함 및 군용항공기는 공해상에서 해적선을 나포할 수 있다.　　　　　O | X

해적선은 군함, 군용항공기, 해적단속업무를 부여받은 비상업용 정부항공기나 비상업용 정부선박이 나포할 수 있다.　　　　　답 ○

296
07. 7급

1982년 UN해양법협약상 해적행위는 공해 또는 국가관할권 밖의 장소에서 행해진 행위에 대하여 적용된다.　　　　　O | X

해석상 해적행위는 배타적 경제수역(EEZ)에서 행해질 수도 있다.　　　　　답 ○

297
07. 7급

1982년 UN해양법협약상 해적행위의 주체에는 사선(私船)은 물론 사항공기(私航空機)의 승무원과 승객도 포함되는 것으로 규정하고 있다.　　　　　O | X

항공기(航空機)도 해적의 주체가 될 수 있다.　　　　　답 ○

298
07. 7급

1982년 UN해양법협약상 모든 국가는 해적행위를 자국 법원에서 자국의 국내법을 적용하여 처벌할 수 있다.　　　　　O | X

임의적 보편관할권이 적용된다. 처벌은 의무가 아니라 권한이다.　　　　　답 ○

299
07. 7급

해적행위의 실효적 진압을 위하여 죄형법정주의원칙을 충족하도록 각국의 관련 국내 형사법을 완비할 의무를 규정하고 있다.　　　　　O | X

해적행위를 처벌하는 권한은 부여하였으나, 해적행위 처벌을 위한 형사법 완비의무를 규정한 것은 아니다.　　　　　답 X

300
12. 7급

1982년 UN해양법협약상 군함이 해적행위에 대한 합리적 근거를 가지고 타국의 사(私)선박에 대하여 행하는 검문행위는 정당행위로 인정된다.　　　　　O | X

설령 해적혐의가 발견되지 않더라도 합리적 근거가 있는 경우 손해배상책임을 지지 않는다.　　　　　답 ○

301
예상논점

The Artic Sunrise호 사건 중재판정에 의하면 석유생산을 위해 바다에 고정 설치된 플랫폼은 선박이 아니므로 해적행위의 대상이 아니다.　　　　　O | X

해적행위는 선박이나 항공기가 타선박이나 타항공기를 대상으로 할 때 성립할 수 있다.　　　　　답 ○

302

17. 7급

1982년 UN해양법협약상 추적권의 행사는 추적선과 피추적선 및 그 보조선이 모두 연안국의 관할수역 내에 있을 때 개시되어야 한다. O | X

보조선이 관할수역 내에 그리고 피추적선은 공해상에 소재하더라도 피추적선을 추적할 수 있다. 이를 '추정적 존재이론'이라고 한다. 답 X

303

12. 사시

연안국은 자국 법령을 위반한 외국 선박을 공해까지도 추적할 권리를 갖지만, 이러한 권리는 추적당하는 선박이 그 국적국 또는 제3국의 영해로 진입함과 동시에 소멸한다. O | X

기국이나 제3국의 영해에서는 추적권을 발동할 수 없다. 답 O

304

21. 7급

피추적선이 타국의 배타적 경제수역(EEZ)으로 들어가면 추적은 종료되어야 한다. O | X

피추적선이 타국의 영해로 들어가면 종료되어야 한다. 배타적 경제수역(EEZ)의 경우 추적권 종료 여부에 대해 논란이 있다. 답 X

305

14. 경찰간부

1982년 「UN해양법협약」상 외국 선박에 대한 추적은 외국 선박이나 그 선박의 보조선이 추적국의 내수·군도수역·영해 또는 접속수역에 있을 때 시작되고 또한 추적이 중단되지 아니한 경우에 한하여 영해나 접속수역 밖으로 계속될 수 있다. O | X

추적은 중단되지 않아야 한다. 또한 연안국의 법령이 적용되는 수역에서 개시되어야 한다. 답 O

306

14. 경찰간부

1982년 「UN해양법협약」상 추적당하는 선박이 그 국적국 또는 제3국의 영해로 들어가는 경우에도 끝까지 추적하여 나포할 수 있다. O | X

영해로 진입하면 추적권은 중단된다. 답 X

307

14. 경찰간부

1982년 「UN해양법협약」상 추적은 시각이나 음향 정선신호가 외국 선박이 보거나 들을 수 있는 거리에서 발신된 후 비로소 이를 시작할 수 있다. O | X

추적을 시작하려면 시각신호와 음향신호를 동시에 발신해야 한다. 답 O

308

14. 경찰간부

1982년 「UN해양법협약」상 추적권은 군함·군용항공기 또는 정부업무에 사용 중인 것으로 명백히 표시되어 식별이 가능하며 그러한 권한이 부여된 그 밖의 선박이나 항공기에 의하여서만 행사될 수 있다. O | X

추적권의 주체가 4개임에 주의한다. 답 O

309
12. 7급

1982년 UN해양법협약상 연안국의 법령을 위반하고 도주하는 외국 선박에 대하여 정선명령을 할 당시 정선명령을 하는 선박은 영해나 접속수역 안에 있어야 한다.

O | X

정선명령을 하는 장소가 특별하게 한정된 것은 아니다. 연안국 법령이 적용되는 수역에서 정선명령을 할 수 있다.

답 X

310
12. 9급

1982년 UN해양법협약상 외국 선박이 추적국의 내수, 군도수역, 영해, 접속수역에 있어야 추적을 개시할 수 있다.

O | X

추적은 외국 선박이나 그 선박의 보조선이 추적국의 내수·군도수역·영해 또는 접속수역에 있을 때 시작되고 또한 추적이 중단되지 아니한 경우에 한하여 영해나 접속수역 밖으로 계속될 수 있다(동 협약 제111조 제1항).

답 O

311
12. 9급

1982년 UN해양법협약상 추적권 발동 시 추적은 중단 없이 계속되어야 하며, 정선명령을 한 선박은 영해 또는 접속수역에 있어야 할 필요는 없다.

O | X

영해나 접속수역에 있는 외국 선박이 정선명령을 받았을 때 정선명령을 한 선박은 반드시 영해나 접속수역에 있어야 할 필요는 없다(동 협약 제111조 제1항).

답 O

312
12. 9급

1982년 UN해양법협약상 추적권 발동시 추적은 시각이나 음향 정선신호가 외국선박이 보거나 들을 수 있는 거리에서 발신된 후 시작되어야 한다.

O | X

동 협약 제111조 제4항에 대한 내용이다.

답 O

313
23. 9급

공해상에서 국제법상 금지된 배출행위를 한 외국선박이 입항한 경우, 항만국은 자국에 직접적인 피해가 없는 경우라도 이를 조사하고 사국 법원에 소송을 제기할 수 있다.

O | X

기항국의 관할권이 제한적으로 인정된다.

답 O

314
예상논점

아임 얼론 호 사건과 M/V Saiga호 사건은 모두 추적권 발동시 무력사용에 있어서 비례원칙을 위반하였다고 본 판례이다.

O | X

무력사용은 예외적이며 비례성을 준수해야 한다.

답 O

315
예상논점

M/V Saiga호 사건에 의하면 EEZ에서 접속수역 관련 법령 위반을 이유로 추적하는 것은 위법한 추적권 발동이다.

O | X

추적권은 해당 수역에 적용되는 법령 위반을 이유로만 발동될 수 있다.

답 O

316

예상논점

베링해 물개 사건(중재, 1893)에서 미국은 3해리 영해 밖에서 물개를 포획하는 영국 선박에 자국법을 적용한 것이 위법인지가 쟁점이 되었다. 중재법정은 추적권이 실정 국제법으로 확립되지 않았다고 보고, 영국이 주장한 공해자유원칙을 지지하였다.

O | X

미국 국내법의 역외적용을 부인한 것이다. '베링해 해구중재 사건'은 영국과 미국, 미국과 러시아 2개 사건이 있다는 점에 주의한다.

답 O

317

03. 행시·외시

1982년 UN해양법협약상 추적권이 인정되는 선박 또는 항공기는 군함·군용항공기 또는 공무에 종사하는 것이 명백히 표시되어 식별이 가능하며 그에 대한 권한이 부여된 기타 모든 선박이나 항공기에 한한다.

O | X

비상업용 정부선박이나 정부항공기도 추적권을 가질 수 있다.

답 O

318

03. 행시·외시

정선명령은 보고 들을 수 있는 거리에서 시각신호와 청각신호로 해야 하며, 불가피할 경우 무선에 의한 통고만으로도 가능하다.

O | X

예외규정은 없다. 시각신호와 청각신호 모두 필요하다.

답 X

319

19. 9급

1982년 「해양법에 관한 국제연합 협약」에 의하면 추적권은 공해자유원칙을 제한하여 인정하는 예외적 권리이므로 법령 위반으로 믿을 만한 충분한 이유가 있을 때 인정된다.

O | X

법령 위반으로 믿을 만한 정보가 있었는지가 추적권의 위법성 판단 기준이다.

답 O

320

예상논점

The Arctic Sunrise호 중재 사건에서 네덜란드는 국제해양법재판소규정에 따라 임시재판관을 선임하였다.

O | X

자국 출신 재판관이 없는 경우 임시재판관을 선임할 수 있다.

답 O

321

예상논점

The Arctic Sunrise호 중재 사건에서 그린피스(Greenpeace)는 중재재판소 법정의 조언자로서의 의견 제출의 기회를 달라고 신청하였으나 만장일치로 거절하였다. O | X

법정의 조언자는 당해 사건과 관련하여 입장을 표명하는 소송비당사자를 의미한다.

답 O

322

예상논점

The Arctic Sunrise호 중재 사건에서 중재재판소는 만장일치의 결정을 통해 러시아가 UN해양법협약을 위반하여 행동하였으며 피해 선박의 기국인 네덜란드는 Arctic Sunrise호에 가해진 중대한 손해에 대해 금전배상을 받을 권리가 있다고 판시하였다.

O | X

중재재판소는 러시아의 추적권 발동이 해양법협약과 합치되지 않는다고 하였다.

답 O

323

예상논점

The Arctic Sunrise호 중재 사건에 의하면 러시아 EEZ 내의 석유시추 플랫폼 프리라 즈롬나야는 선박이 아닌 고정된 플랫폼이기 때문에 해적행위가 성립하기 위한 타 선박의 요건에 해당하지 않는다. O | X

해적행위는 주체 선박과 객체 선박 2개가 존재해야 한다. 답 ○

324

예상논점

The Arctic Sunrise호 중재 사건에 의하면 UN해양법협약 제111조에 명시된 추적권 행사를 위한 요건은 누적적인 것으로 각 요건이 모두 충족되어야 하는데 사실 검토 결과 러시아의 추적은 도중에 중단되었기 때문에 추적권 행사를 위한 누적적 요건을 충족시키지 못하였다. O | X

The Arctic Sunrise호 중재 사건은 추적권의 요건 중 특히 계속되어야 한다는 요건을 충족하지 못하였다. 답 ○

제10절 심해저

325

09. 9급

유엔해양법협약(1982)상 심해저제도는 인류의 공동유산 개념에 입각해서 제도화된 것이다. O | X

인류의 공동유산은 귀속의 자유, 사용은 원칙적 금지, 예외적 허용의 법적 성격을 가진다. 답 ○

326

16. 7급

1979년 달조약에 따르면 달과 달의 천연자원은 인류의 공동유산이다. O | X

조약상 제도이다. 관습법으로 인정되는지에 대해서는 학설 대립이 있다. 답 ○

327

16. 7급

1959년 남극조약에 따라 남극에 대한 각국의 영유권 주장은 동결되었다. O | X

남극 등 극지방은 인접국들이 '선형이론'에 의해 영유권을 주장하기도 한다. 대체로 인정되지 않으나, 남극조약은 영유권 주장을 '동결'하였다. 답 ○

328

16. 7급

1982년 UN해양법협약 체제하에서 심해저 개발은 심해저공사(Enterprise)의 배타적 개발체제에 따른다. O | X

심해저공사(Enterprise)와 함께 협약 당사국의 법인이나 개인의 개발도 인정된다. 이를 '병행개발체제'라고 한다. 답 X

329
16. 7급

1982년 UN해양법협약 제11부의 이행에 관한 협정이 체결된 것은 인류의 공동유산 개념의 현실화가 어렵다는 점을 보여준다. O | X

1994년 체결된 이행협정은 시장경제원칙을 보다 강화한 협약으로 평가된다. 이는 심해저를 인류의 공동유산원칙으로 규정하고 형평의 원칙을 적용한 기존 UN해양법협약의 취지에서는 상당 부분 후퇴한 것으로 평가된다. 답 O

330
92. 사시

국제심해저란 국가관할권을 넘어서 존재하는 공해의 해저 및 해상과 그 지하(하층토)이다. O | X

심해저는 대륙붕 외측의 해상이나 하층토를 의미한다. 답 O

331
92. 사시

국제심해저제도는 개발도상국들이 해저자원의 공동개발을 위하여 선진국의 참여 없이 만든 것이다. O | X

국제심해저제도는 선진국과 공동으로 만든 것이긴 하나, 선진국은 대체로 심해저 제도에 대해 부정적이다. 답 X

332
92. 사시

심해저자원의 탐사·이용을 총괄하기 위하여 국제심해저기구(Authority)가 있다. O | X

심해저기구는 법인격이 명시되어 있다. 답 O

333
92. 사시

심해저자원개발의 사업기관으로 국제심해저기업(Enterprise)이 있다. O | X

국제심해저기업(Enterprise)의 법인격도 명시되어 있으며, 실제 개발활동을 담당한다. 답 O

334
92. 사시

자원개발의 분쟁해결을 위해 심해저분쟁재판부를 둔다. O | X

심해저분쟁재판부는 해양법법원 내에 설치되어 있다. 답 O

335
20. 7급

1982년 「UN해양법협약」에 따르면 국제해저기구 이사회는 중대하고도 계속적으로 제11부의 규정을 위반한 당사국에 대하여는 총회의 권고에 따라 회원국으로서의 권리와 특권의 행사를 정지시킬 수 있다. O | X

총회는 중대하고도 계속적으로 이 부의 규정을 위반한 당사국에 대하여는 이사회의 권고에 따라 회원국으로서의 권리와 특권의 행사를 정지시킬 수 있다(제185조 제1항). 답 X

336
예상논점

1994년 체결된 이행협정은 상업적 원칙에 입각하여 해양법협약상 심해저제도를 대폭 수정하였다. O | X

이행협정은 심해저가 추구하는 형평원칙보다는 선진국들이 주장하는 시장경제원리를 보다 반영하고자 한 것이다. 답 ○

337
예상논점

이행협정은 생산 제한 규정을 적용하지 않기로 하였고, 기술의 강제 이전 규정을 폐기하였으며, 심해저 활동 결정에 있어서 선착순원칙을 도입하였다. O | X

선착순원칙은 개발도상국의 영향력을 약화시키기 위한 제도로 평가할 수 있다. 답 ○

338
예상논점

심해저분쟁재판부는 총회와 이사회의 법적 문제에 대해 권고적 의견을 부여할 수 있다. O | X

총회와 이사회의 권한 범위 내의 문제에 대해 권고적 의견을 부여할 수 있다. 답 ○

339
예상논점

한국은 선행투자자로 등록하였으며, 창립 초기부터 심해저기구 이사국 지위를 유지하고 있다. O | X

선행투자자는 개발 지역을 미리 신청을 통해 확정해 둔 국가를 의미한다. 답 ○

제11절 섬

340
23. 9급

국제재판소는 섬이라 하더라도 대륙붕과 배타적경제수역 경계획정에서 고려되지 않거나 제한적 효과만 인정될 수 있다고 하였다. O | X

섬의 기선에 대한 효과는 섬의 크기, 주민 수, 본토로부터의 거리 등을 고려하여 무효과, 완전효과, 부분효과 등이 주어질 수 있다. 답 ○

341
05. 사시

해양법협약(1982)에 의하면 모든 섬은 원칙적으로 자신의 영해를 가진다. O | X

섬과 바위섬은 모두 최소한 자신의 영해와 접속수역을 갖는다. 답 ○

342
05. 사시

해양법협약(1982)에 의하면 사주(砂洲) 등 반도 모양으로 돌출된 지형으로 간조시에 본토와 연결되어 있는 경우에는 섬으로 인정되지 못한다. O | X

섬은 바닷물로 둘러싸여 있어야 한다. 답 ○

343

22. 9급

섬과 간조노출지는 모두 자연적으로 형성되는 것을 조건으로 하며, 간조노출지는 국제법상 섬에 해당된다. O | X

섬과 간조노출지는 모두 자연적으로 형성될 것을 조건으로 한다. 그러나, 간조노출지는 만조시 수면 위에 있는 것이 아니므로 협약상 섬에 해당되지 않는다. 따라서 자체적으로 영해나 접속수역을 가지지 못한다. 답 X

344

05. 사시

해양법협약(1982)에 의하면 연안국의 영해 밖에 존재하는 인공섬이나 그 외의 해양구조물은 독자적인 영해를 가지지 못한다. O | X

인공섬 등은 자연적으로 형성된 것이 아니다. 답 O

345

15. 9급

1982년 UN해양법협약상 섬은 자신의 영해를 가질 수 있다. O | X

섬은 자신의 영해와 접속수역을 가질 수 있다. 답 O

346

15. 9급

1982년 UN해양법협약상 연안국의 영해 밖에 존재하는 인공섬이나 그 외의 해양구조물도 독자적으로 영해를 가질 수 있다. O | X

연안국의 영해 밖에 존재하는 인공섬이나 그 외의 해양구조물은 독자적 영해를 가질 수 없다. 구조물 반경 500m의 안전수역은 인정된다. 답 X

347

23. 9급

South China Sea Arbitration 사건에서 중재재판소는 인간에 의한 변형을 통해 해저가 간출지로 바뀌거나 간출지가 섬으로 바뀔 수 없다고 하였다. O | X

섬은 자연적으로 형성되어야 한다고 하였다. 답 O

348

예상논점

섬과 바위섬 구별 기준은 인간의 거주가능성과 독자적 경제활동 지탱가능성이다. 중국 - 필리핀 중재판정에 의하면 둘 중 하나만 충족하면 섬에 해당된다. O | X

중재판정은 섬의 요건을 다소 완화시켜 해석한 것이다. 답 O

349

예상논점

국제사법재판소(ICJ)는 니카라과와 콜롬비아 영토 및 해양 분쟁 사건(2012)에서 협약상 섬에 관한 제121조의 3개항은 모두 관습법에 해당된다고 하였다. O | X

협약상 섬에 관한 제121조의 3개항은 관습법이므로 해양법협약의 당사자가 아니더라도 적용된다. 답 O

350

예상논점

남중국해 중재판정에서 재판부는 '거주'에 해당하기 위해서는 소수 사람의 단순한 존재만으로는 부족하고, 어느 정도 규모의 사람 집단이나 공동체의 거주를 필요로 하며, 상당기간 계속적이고 안정적으로 거주할 수 있도록 최소한의 음식, 식수, 주거 등이 유지될 수 있어야 한다고 해석했다. O | X

고난도 문제로 출제될 수 있는 해석론을 기억해 두어야 한다. 답 ○

351

예상논점

남중국해 중재판정 재판부는 독자적 경제활동 요건을 충족시키기 위해 단순히 자원의 존재만으로는 부족하고, 그 자원을 이용·개발·분배하기 위한 일정 수준의 지속적 현지 인간활동이 필요하다고 판단했다. O | X

남중국해 중재판정 재판부는 현지 인간활동이 필요하다고 보았다. 답 ○

352

23. 7급

남중국해(South China Sea) 사건 중재판정에서는 배타적경제수역을 가질 수 있는 섬인지를 판단할 수 있는 일정한 구체적 기준을 명시적으로 밝혔다. O | X

섬의 조건으로 인간의 거주 지탱가능성과 독자적 경제활동 유지 가능성을 제시하고, 구체적 요건을 제시하였다. 답 ○

제12절 분쟁해결

353

16. 7급

1982년 UN해양법협약상 해양분쟁의 해결을 위한 기본원칙은 분쟁을 UN헌장 제33조 제1항에 의해 평화적으로 해결한다는 것이다. O | X

UN헌장 제33조 제1항은 교섭, 심사, 중개, 조정, 사법적 해결 등 분쟁의 평화적 해결 수단을 규정하고 있다. 답 ○

354

18. 9급

당사국은 1982년 UN해양법협약의 해석이나 적용에 관한 당사국 간의 모든 분쟁을 평화적 수단에 의하여 해결하여야 한다. O | X

분쟁의 평화적 해결은 무력을 동원하지 않은 해결을 의미한다. 답 ○

355

16. 7급

1982년 UN해양법협약상 해양분쟁과 도서 영토에 관한 분쟁이 함께 검토되어야 하는 경우 의무적 조정절차로부터 면제된다. O | X

해양분쟁과 도서 영토에 관한 분쟁이 함께 검토되어야 하는 분쟁을 혼합분쟁이라고 한다. 답 ○

356
16. 7급

1982년 UN해양법협약상 당사국은 가입시 또는 그 이후 어느 때라도 국제사법재판소 (ICJ) 및 1982년 UN해양법협약 부속서에 규정된 해양분쟁의 해결 방법 중 하나 이상을 선택할 수 있다. O | X

강제절차 수락은 의무가 아니라 재량이다. 강제절차에는 국제사법재판소(ICJ), 해양법재판소, 중재재판, 특별중재가 있다. 답 O

357
16. 7급

1982년 UN해양법협약상 당사국은 가입시 또는 그 이후 어느 때라도 해양분쟁의 해결 방법을 선택하지 않은 경우 국제해양법재판소(ITLOS)를 선택한 것으로 간주한다. O | X

해양분쟁의 해결 방법을 선택하지 않은 경우 중재재판을 선택한 것으로 간주된다. 답 X

358
16. 경찰간부

국제해양법재판소 재판관의 경우 UN총회가 설정한 각 지리적 그룹에서 최소한 3인이 선출되도록 지리적 안배를 하고 있다. O | X

지리적 안배를 규정하고 있다. 답 O

359
16. 경찰간부

국제해양법재판소의 판결은 최종적이며, 모든 분쟁당사자를 구속한다. O | X

국제해양법재판소(ITLOS)의 판결은 단심제로 한다. 답 O

360
16. 경찰간부

국제해양법재판소 재판관은 당사국회의에서 2/3 이상의 다수결로 선임된다. O | X

국제해양법재판소(ITLOS)의 재판관은 출석하고 투표한 당사국 2/3 이상 찬성으로 선출한다. 답 O

361
16. 경찰간부

국제해양법재판소는 9년 임기의 15명의 재판관으로 구성되어 있다. O | X

재판관의 임기는 9년이나, 재판소는 총 21명의 재판관으로 구성된다. 답 X

362
14. 9급

2012년 방글라데시와 미얀마 간 벵골만 사건은 국제해양법재판소가 판결한 첫 번째 해양경계획정 사례이다. O | X

3단계원칙을 적용하였다. 즉, 잠정적 경계선 설정, 경계선의 이동, 비례성 판단의 3단계를 적용하였다. 답 O

363
14. 9급

국제해양법재판소는 해양법협약과 관련된 사항이라면 인권에 관한 사항에 대해서도 재판권을 행사할 수 있다. O | X

약정관할권이 인정된다는 표현이다. 해양법협약에 대한 분쟁이 아니어도 당사국이 합의하면 그 밖의 분쟁도 국제해양법재판소에서 다룰 수 있다. 답 O

364

14. 9급

국제해양법재판소는 권고적 의견을 내릴 수 있는 권한이 있다. O | X

국가도 권고적 의견을 요청할 수 있다. 답 ○

365

03. 행시·외시

1982년의 UN해양법협약 제287조는 강제절차로서 국제사법재판소, 제6부속서에 따라 설립된 국제해양법재판소, 상설중재재판소, 제7부속서에 따라 구성된 중재재판소, 제8부속서에 따라 구성된 특별중재재판소 등 총 5가지를 규정하고 있다. O | X

상설중재재판소는 1982년 UN해양법협약에 규정되지 않았다. 답 X

366

97. 경찰간부

국제해양법재판소에서는 궐석재판제도가 인정되지 않는다. O | X

궐석재판제도가 인정된다. 답 X

367

97. 경찰간부

국제해양법재판소 판결은 참석한 판사 과반수로 결정한다. O | X

국제사법재판소(ICJ)도 참석한 판사의 과반수로 판결한다. 답 ○

368

97. 경찰간부

국제해양법재판소 판결에 있어서 가부동수인 때는 재판장의 결정권이 인정된다. O | X

국제사법재판소(ICJ)도 가부동수인 경우 재판장의 결정권이 인정된다. 답 ○

369

97. 경찰간부

국제해양법재판소 판결은 최종적이며 재판소와 당사자를 구속한다. O | X

당사자는 소송당사자를 의미한다. 답 ○

370

예상논점

협약에 관한 분쟁당사자가 동일한 분쟁해결절차를 수락하지 아니한 경우 당사자 간 달리 합의하지 아니하는 한, 그 분쟁은 중재에만 회부될 수 있다. O | X

동일한 절차를 선택한 경우 별다른 합의가 없으면 해당 절차에 회부된다. 답 ○

371

예상논점

재판소가 관할권을 가지는지 여부에 관한 분쟁이 있는 경우, 그 문제는 중재재판소의 결정에 의하여 해결된다. O | X

당해 재판소의 결정에 의해 분쟁이 해결된다. 답 X

372
예상논점

잠정조치는 어느 한 분쟁당사자의 요청이 있는 경우에만 모든 당사자에게 진술의 기회를 준 후 명령·변경 또는 철회할 수 있다. O | X

잠정조치는 일방적 청구 또는 재판소 직권으로 결정한다. 답 X

373
예상논점

해양법협약의 분쟁해결절차는 협약에 특별히 규정된 경우에만 당사국 이외의 주체에게 개방될 수 있다. O | X

UN해양법협약의 당사국이 아니어도 소송당사자가 될 수 있다. 답 O

374
예상논점

어느 한 당사국의 당국이 다른 당사국의 국기를 게양한 선박을 억류하고 있고 적정한 보석금이나 그 밖의 금융 보증이 예치되었음에도 불구하고 억류국이 선박이나 선원을 신속히 석방해야 할 이 협약상의 규정을 준수하지 아니하였다고 주장되는 경우, 당사국간 달리 합의되지 아니하는 한 억류로부터의 석방문제는 당사국 간 합의된 재판소에 부탁될 수 있으며, 만일 그러한 합의가 억류일로부터 20일 이내에 이루어지지 아니한 경우 억류국이 수락한 재판소나 중재재판소에 회부될 수 있다. O | X

10일 이내에 합의가 이루어지지 않은 경우 국제해양법재판소(ITLOS)에 회부될 수 있다. 답 X

375
예상논점

국제해양법재판소(ITLOS)는 직권으로 형평과 선에 기초하여 재판할 수 있다. O | X

형평과 선의 적용은 당사자의 합의를 요한다. 답 X

376
예상논점

해양법협약 관련 모든 분쟁에 대해서는 국내구제완료의 원칙의 적용이 배제된다. O | X

국제법상 국내적 구제가 완료되어야 하는 경우에는 이러한 절차를 완료한 후에만 규정된 절차에 회부될 수 있다(UN해양법협약 제295조). 답 X

377
예상논점

중재법원의 판정에 대해 패소국은 해양법재판소에 상소할 수 있다. O | X

중재법원의 판정도 단심제로 확정된다. 답 X

378
예상논점

어업과 관련된 협약규정의 해석이나 적용에 관한 분쟁은 원칙적으로 강제절차의 적용이 제한된다. O | X

강제절차가 적용된다. 단, 연안국은 배타적 경제수역(EEZ)의 생물자원에 대한 자국의 주권적 권리 및 그 행사에 관련된 분쟁을 강제절차에 회부할 것을 수락할 의무를 지는 것은 아니다(UN해양법협약 제297조 제3항). 답 X

memo

379
예상논점

해양경계획정과 관련된 분쟁에 대해 당사국은 강제절차를 배제하는 선언을 할 수 있으며, 이 경우 어느 한 당사자의 요청이 있으면 그러한 분쟁은 강제조정절차에 회부된다. 그러나, 육지나 도서에 대한 주권이나 그 밖의 권리에 관한 미해결분쟁이 반드시 함께 검토되어야 하는 분쟁은 이러한 회부로부터 제외된다. O | X

선택적 배제에 대한 내용이다. 답 O

380
22. 7급

「해양법에 관한 국제연합 협약」에 의하면 대향국 간 또는 인접국 간의 영해의 경계획정 등 해양경계획정과 관련된 분쟁에 대해서는 당사국이 강제절차의 적용배제를 서면 선언할 수 있다. O | X

선택적 배제에 관한 것이다. 답 O

381
22. 7급

「해양법에 관한 국제연합 협약」에 의하면 연안국은 배타적 경제수역의 생물자원에 대한 연안국의 주권적 권리와 행사에 관련된 분쟁을 협약상의 강제절차에 회부할 것을 수락할 의무를 지지 않는다. O | X

강제절차의 자동배제에 관한 것이다. 답 O

382
예상논점

선택적 배제선언은 국제해양법재판소장에게 철회통고를 통해 철회할 수 있다. O | X

선택적 배제선언은 UN사무총장에게 통고한다. 답 X

383
예상논점

우리나라는 네 가지 분쟁 전체에 대해 2006년 선택적 배제를 선언하였다. O | X

주변국과의 분쟁을 고려한 결정이다. 답 O

384
예상논점

조정의 경우 임의조정이 원칙이나 강제절차 적용제한 분쟁이나, 선택적 배제분쟁 중 해양경계획정 관련 분쟁은 강제조정절차가 적용된다. O | X

영유권 분쟁이 혼재된 경우 강제조정절차에서도 배제된다. 답 O

385
예상논점

조정에 있어서 모든 당사국은 각 4인의 조정위원을 지명하여 명부를 작성하고, 조정위원회는 5인으로 구성한다. 5인 중 각 2인은 당사국이 지명하고, 나머지 한 명은 4인의 합의로 정하나, 합의가 안 되면 국제사법재판소장이 선임한다. O | X

조정위원에 대해 합의되지 않는 경우 UN사무총장이 선임한다. 답 X

386

예상논점

조정위원회의 결론은 법적 구속력이 있다. O | X

조정은 법적 구속력이 없다. 답 X

387

예상논점

분쟁당사자가 선택한 절차가 다른 경우, 강제절차를 선택하지 않은 경우, 선택한 절차가 다른 경우 조정절차가 적용된다. O | X

분쟁당사자가 선택한 절차가 상이한 경우 중재절차에 회부된다. 답 X

388

예상논점

중재재판에 있어서 당사국은 4인씩 지명하여 중재관 명부를 작성하고, 중재재판은 5인으로 구성한다. 분쟁당사국은 각 1인씩 지명하고 나머지 3인은 합의로 정한다. 합의가 안 되면 UN사무총장이 선임한다. O | X

중재관에 대해 합의되지 않는 경우 국제해양법재판소장이 선임한다. 답 X

389

예상논점

중재판정은 과반수로 하고 가부동수이면 부결된다. O | X

중재판정에서 가부동수일 경우, 중재재판장이 결정 투표권을 가진다. 답 X

390

예상논점

중재판정은 최종적이며 구속력을 가진다. O | X

중재재판도 사법재판과 마찬가지로 법적 구속력이 있다. 답 ○

391

예상논점

특별중재는 당사국들이 특별중재를 선택한 경우 적용된다. O | X

특별중재는 합의된 절차에 회부된다. 답 ○

392

예상논점

특별중재는 어업, 해양환경 보존, 해양과학조사, 선박기인오염 관련 분쟁만 다룬다. O | X

어업, 해양환경 보존, 해양과학조사, 선박기인오염 네 가지 관련 분쟁에 한정되므로 암기를 요한다. 답 ○

393

예상논점

특별중재를 위한 전문가명부는 어업은 UN식량농업기구가, 해양환경분야는 UN환경계획(UNEP), 해양과학조사분야는 정부 간 해양과학위원회(IOC), 선박에 의한 오염 등에 관한 분야는 국제해사기구(IMO)가 관리한다. O | X

각각 전문가명부를 관리하는 해당 기구를 암기해 두어야 한다. 답 ○

394
예상논점

특별중재재판부는 5명으로 구성한다. 당사국은 2명씩 지명한다. 그 중 1명만 자국민으로 할 수 있다. 소장을 맡을 제5의 재판관은 합의에 의해 선임한다. 미합의시 국제해양법재판소장이 대신 선임한다. O | X

제5의 재판관이 합의가 되지 않을 경우 UN사무총장이 선임한다. 답 X

395
예상논점

국제해양법법원 재판관은 15명으로 구성된다. O | X

국제해양법법원 재판관은 21명으로 구성된다. 답 X

396
예상논점

국제해양법법원 판사의 임기는 9년이며, 연임할 수 없다. O | X

국제해양법법원의 판사는 연임할 수 있다. 답 X

397
예상논점

국제해양법법원 판사는 당사국총회에서 출석 투표당사국 3분의 2 이상 찬성을 받은 자 중 최다득표순으로 선발한다. 출석 투표당사국 3분의 2 이상은 전 당사국 과반수 이상을 포함해야 한다. O | X

전 당사국 과반수를 포함해야 하는 점을 기억해야 한다. 답 O

398
예상논점

UN해양법협약의 당사국이 아니어도 국제해양법법원의 소송당사자가 될 수 있다. O | X

UN해양법협약의 비당사국에게도 재판소를 개방하고 있다. 답 O

399
예상논점

다른 협약에 의해 국제해양법법원의 관할권을 인정한 경우에도 관할권을 가진다. O | X

다른 협약에서 국제해양법법원을 분쟁해결기구로 지정한 경우 관할권을 가진다. 답 O

400
예상논점

심해저 분쟁은 국제해양법법원의 전속관할이다. O | X

심해저 분쟁은 해양법법원 내의 심해저분쟁재판부 전속관할이다. 답 O

401
예상논점

국제해양법법원의 심리는 공개된다. O | X

재판소는 비공개로 결정할 수 있다. 답 O

402
예상논점

국제해양법법원은 출석재판관 과반수로 판결하며 가부동수인 경우 재판소장이 결정투표권을 갖는다. O | X

국제사법재판소(ICJ)도 가부동수인 경우 재판소장이 결정투표권을 가진다. 답 O

403
예상논점

국제해양법원의 판결에는 참여한 판사 이름이 포함되지 않는다. O | X

국제사법재판소(ICJ)와 마찬가지로 실명으로 판결문을 작성한다. 답 X

404
예상논점

국제해양법법원의 판결은 최종적이며 모든 당사자(분쟁당사자)를 구속한다. O | X

협약상 당사국으로 표현되었으나, 소송당사자를 의미한다. 답 O

405
예상논점

국제해양법법원에 대해 국제기구뿐 아니라 국가도 권고적 의견을 요청할 수 있다. O | X

국제사법재판소(ICJ)와 달리 국가도 권고적 의견을 요청할 수 있음에 주의한다. 답 O

406
예상논점

MOX공장 사건에서 아일랜드는 잠정조치명령을 국제해양법법원에 요청하였고, 법원은 아일랜드가 요청한 잠정조치를 명령하였다. O | X

아일랜드가 요구한 조치와 다른 잠정조치를 명령한 사례이다. 답 X

407
예상논점

심해저분쟁재판부는 국제해양법법원 내에 설치된다. O | X

심해저분쟁재판부는 특별재판부로 설치되어 있다. 답 O

408
예상논점

심해저분쟁재판부는 국제해양법법원 법관 중 13명으로 구성하되, 의결정족수는 과반수이다. O | X

심해저분쟁재판부는 국제해양법법원 법관 중 11명으로 구성된다. 답 X

409
예상논점

심해저분쟁재판부는 심해저 관련 분쟁을 관할하며, 자연인이나 법인도 제소할 수 있다. O | X

심해저분쟁재판부는 개인의 제소권이 인정된 법원이다. 답 O

410
예상논점

심해저분쟁재판부는 3인으로 특별재판부를 구성할 수 있다. O | X

심해저분쟁재판부 내의 특별재판부이다. 답 O

411
예상논점

1982년 UN해양법협약에 따르면 육상오염원에 의한 오염의 경우 오염규제에 관한 관련 국제 규칙보다 국내 법령에서 완화된 오염규제기준을 채택할 수 있다. O | X

UN해양법협약 제207조는 육상오염원에 의한 오염을 방지, 경감 및 통제하기 위한 법령 제정의무를 규정하고 있다. 다만, 동조 제4항은 개발도상국의 지역적 특성, 경제적 능력 및 경제개발의 필요성을 고려하여 관련 규정을 제정할 수 있도록 하고 있다. 따라서 국제 규칙보다 완화된 국내법을 제정할 수 있다. 답 O

412
20. 7급

1982년 「UN해양법협약」에 따르면 특수한 지리적 위치를 이유로 하여 내륙국의 권리와 편의를 설정하고 있는 이 협약의 규정과 해양출입권의 행사에 관한 특별협정은 최혜국대우조항의 적용에 포함된다. O | X

특별협정은 최혜국대우조항의 적용으로부터 제외된다(제126조). 답 X

413
20. 7급

1982년 「UN해양법협약」에 따르면 내륙국의 국기를 게양한 선박은 해항에서 다른 외국 선박에 부여된 것과 동등한 대우를 받지 않는다. O | X

내륙국의 국기를 게양한 선박은 해항에서 다른 외국 선박에 부여된 것과 동등한 대우를 받는다(UN해양법협약 제131조). 답 X

414
예상논점

선박에 의한 오염방지를 위한 조치를 수립할 1차적 책임은 기국에게 있다. O | X

예외적으로 연안국이 책임을 지는 경우도 있다. 답 O

415
예상논점

영해에서 해양과학조사는 연안국의 명시적 동의를 얻어야 한다. O | X

영해에서는 연안국의 명시적 동의를 요한다. 답 O

416
예상논점

배타적 경제수역(EEZ)과 대륙붕에서 해양과학조사는 연안국의 동의를 얻어야 하나 반드시 명시적 동의를 얻어야 하는 것은 아니다. O | X

배타적 경제수역(EEZ)이나 대륙붕의 경우 명시적 동의가 얻어야 하는 것이 아님에 주의한다. 답 O

417
예상논점

연안국의 승인 없이 접속수역의 해저지대로부터 고고학적 물건을 반출하는 행위는 연안국 법령 위반행위로 추정될 수 있다. O | X

즉, 지문의 반출행위는 접속수역의 통제범위에 포함된다. 답 O

418
22. 9급

1982년 「해양법에 관한 국제연합 협약」에 따르면 국가는 해양환경에 심각하거나 회복 불가능한 피해가 우려되는 경우, 과학적 불확실성을 이유로 환경 악화를 막기 위한 비용효과적인 조치를 지연시켜서는 아니 된다.　　　　　　　　　　　O | X

사전주의 원칙(precautionary principle)에 대한 내용이나, 이 원칙은 해양법협약에 규정되지 않았다. 참고로, 동 원칙은 1985년 오존층보호를 위한 빈협약에 최초 규정된 것으로 평가된다.　　　　　　　　　　　　　　　　　　　　　　　　답 X

419
22. 9급

1982년 「해양법에 관한 국제연합 협약」에 따르면 국가는 자국의 관할권이나 통제 하에 계획된 활동이 해양환경에 실질적인 오염이나 중대하고 해로운 변화를 가져올 것이라고 믿을 만한 합리적인 근거가 있는 경우, 해양환경에 대한 이러한 활동의 잠재적 영향을 실행 가능한 한 평가한다.　　　　　　　　　　　　　　O | X

환경영향평가를 규정한 것이다.　　　　　　　　　　　　　　　　답 ○

420
22. 9급

국가는 자국의 관할권이나 통제하의 활동이 다른 국가의 환경에 오염 피해를 야기하지 않게 수행되도록 보장한다.　　　　　　　　　　　　　　　O | X

영역사용의 관리책임원칙을 규정한 것이다.　　　　　　　　　　답 ○

421
22. 9급

국가는 해양환경에 심각하거나 회복 불가능한 피해가 우려되는 경우, 과학적 불확실성을 이유로 환경 악화를 막기 위한 비용효과적인 조치를 지연시켜서는 아니된다.　　　　　　　　　　　　　　　　　　　　　　　　　O | X

사전주의 원칙(precautionary principle)에 대한 내용이나, 이 원칙은 해양법협약에 규정되지 않았다. 참고로, 동 원칙은 1985년 오존층보호를 위한 비엔나협약에 최초 규정된 것으로 평가된다.　　　　　　　　　　　　　　　　　　　　　답 X

422
22. 9급

어느 국가가 해양환경이 오염에 의하여 피해를 입을 급박한 위험에 처하거나 피해를 입은 것을 알게 된 경우, 그 국가는 그러한 피해에 의하여 영향을 받을 것으로 생각되는 다른 국가에 신속히 통고한다.　　　　　　　　　　　　　　O | X

통고의무에 대한 것이다.　　　　　　　　　　　　　　　　　답 ○

423
22. 9급

국가는 자국의 관할권이나 통제 하에 계획된 활동이 해양환경에 실질적인 오염이나 중대하고 해로운 변화를 가져올 것이라고 믿을 만한 합리적인 근거가 있는 경우, 해양환경에 대한 이러한 활동의 잠재적 영향을 실행 가능한 한 평가한다.　　　O | X

환경영향평가를 규정한 것이다.　　　　　　　　　　　　　　　답 ○

제1절 영토

총론

001
14. 사시

오늘날에도 정복은 영토 취득의 권원으로 인정된다.　　　　　O | X

정복은 무력사용금지원칙에 위반된다. 따라서 허용되지 않는다.　　　답 X

002
14. 경찰간부

국제사법재판소는 Sovereignty over Pulau Ligitan and Pulau Sipadan 사건에서 영유권의 승계를 인정하였다.　　　　　O | X

국제사법재판소(ICJ)는 당초 소유자가 불분명하다는 이유로 영유권의 승계를 부인하였다.　　　답 X

003
11. 사시

1959년 남극조약에 의하면 남위 60도 이남의 남극지역에 대해서는 동 조약의 발효 중에는 어떤 국가도 새로운 영유권 주장을 할 수 없다.　　　　　O | X

남극조약상 영유권은 동결되어 있다. 즉, 영유권 주장을 부인하는 것도 아니고, 인정하는 것도 아니다. 새로운 영유권 주장도 할 수 없다.　　　답 ○

004
08. 사시

할양(割讓)이란 국가 간의 합의에 의한 영토 일부의 이전을 말한다.　　　　　O | X

합의로 전부 이전하는 것은 병합이라고 한다.　　　답 ○

005
08. 사시

자연적 현상에 의하여 점진적으로 국가영역이 확대되는 경우에는 그 영역에까지 자동적으로 영토주권이 미친다.　　　　　O | X

점진적 증가를 'accretion'이라고 하며, 영유권 취득의 근거로 인정된다. 그러나, '급격한 전위(aversion)'의 경우에는 영유권 취득이 인정되지 않는다. '전위'는 홍수로 갑작스럽게 국경선이 변경되는 경우를 예로 들 수 있다. 실제 국경선 변경을 가져오지 않기 때문에 기존의 국경선이 계속해서 인정된다.　　　답 ○

006

11. 9급

첨부는 인공적 또는 자연적 사실에 의한 영토의 취득사유이다. O | X

첨부는 일반적으로 자연적 사실에 의한 영토 취득이나, 간척사업과 같은 인공적 사실에 의한 취득을 포함하는 학자도 있다. 답 ○

007

예상논점

국경에 대한 별도의 합의가 없는 경우 산맥은 분수령, 교량은 중간선, 하천은 중앙선이 경계이다. O | X

가항하천인 경우에는 가항수로의 중간선을 경계로 한다. 답 ○

008

예상논점

가항하천의 경우 중심수류를 경계선으로 삼는 탈베크원칙이 일반적으로 적용된다. O | X

가항하천이란 항행이 가능한 하천을 의미한다. 답 ○

009

예상논점

Condominium은 한 지역이나 주민에 대해 복수의 국가가 동등하게 주권을 행사하는 것을 말한다. 국제사법재판소(ICJ)는 폰세카만 사건에서 동 만이 니카라과, 엘살바도르, 온두라스의 공동 주권에 속하는 역사적 수역임을 인정했다. O | X

폰세카만은 역사적 만으로도 인정되었다. 답 ○

010

예상논점

effectivites는 정부 권한의 행사로서 권원 취득에 직접 관계되는 주권의 표시 또는 이미 성립된 권원을 확인하기 위한 증거로서의 관할권 행사나 표시를 의미한다. 유효한 권원이 성립되어 있는 경우 effectivites는 권원을 확인시켜 주는 역할을 하나, 확립된 권원과 충돌되는 effectivites는 별다른 효력을 가질 수 없다. 아직 권원이 확인되지 않은 경우에는 국가의 실행인 effectivites가 영유권 판단에 있어서 중요한 역할을 한다. 이 개념은 페드라 브랑카 사건에서 처음 등장하였다. O | X

effectivites는 부르키나파소 v. 말리 국경분쟁 사건에서 처음 등장하였다. 답 X

011

예상논점

de Vissher는 역사적 응고이론(historical consolidation)을 주장했다. 영역주권이 특정한 권원 취득 방식에 의해 획득되기보다는 처음에는 불안정한 상태에서 출발할지라도 장기간의 이용, 합의 승인, 묵인 등과 같은 다양한 요인들의 상호작용에 의해 역사적으로 서서히 응고되며 확정되어 간다는 주장이다. 국제사법재판소(ICJ)는 2002년 카메룬과 나이지리아 간 육지 및 해양경계획정 사건에서 이 개념에 대해 비판적 입장을 밝혔다. O | X

국제사법재판소(ICJ)가 인정하지 않는다는 점에 주의한다. 답 ○

012

예상논점

니카라과와 코스타리카는 1858년 국경선 획정 조약을 체결함에 있어서 산 후안강에 탈베크원칙을 적용하지 않고 강의 대부분을 니카라과 측 영역으로 포함시키는 방향으로 국경선을 획정하였다. O | X

탈베크원칙은 가항수로의 중간선으로 국경을 설정하는 것을 의미한다. 답 ○

013

예상논점

산 후안 강 사건(ICJ, 2009) 판결에 의하면 국가는 국제하천의 이용에 있어서 자국측 하천의 배타적 이용의 권리를 가지나, 타국의 이익을 침해하는 문제가 있는 경우 타국에 사전통고해야 한다. O | X

사전통고원칙은 관습법상 원칙이다. 답 ○

014

21. 9급

섬의 영유권 판단과 주변 해양경계 판단시 동일 사건에서는 각기 다른 '결정적 기일(critical date)'이 적용될 수 없다. O | X

결정적 기일(critical date)은 보통 분쟁이 발생한 날을 의미한다. 영역권자가 확정된 날짜로 정의하기도 한다. 영유권 분쟁과 해양경계획정 분쟁이 각각 다른 일자에 발생했다면 결정적 기일(critical date)은 서로 달라질 수 있다. 답 X

015

21. 9급

탈베그(Talweg)원칙에 따르면, 가항하천에 교량이 없는 경우 국경선을 이루는 하천의 중간선이 국경선이 된다. O | X

탈베그(Talweg)원칙은 자연국경에 관한 원칙이다. 가항하천의 경우 가항수로의 중간선을 국경선으로 한다. 답 ○

016

예상논점

시제법원칙이란 취득 당시 유효하였던 국제법규에 입각해서 유효성을 판단해야 하고 현행법의 소급적용을 인정하지 않는 원칙이다. O | X

시제법원칙을 법률불소급원칙으로 이해하면 된다. 답 ○

017

예상논점

결정적 기일은 영역분쟁에 있어서 당사국 간 분쟁이 발생한 시기 또는 영역주권의 귀속이 결정적으로 되었다고 인정되는 시기를 말한다. O | X

결정적 기일 이후의 행위는 영유권에 대한 증거력을 가지지 않는 것이 원칙이다. 답 ○

018

예상논점

결정적 기일 이후 국가의 행위는 영유권에 대한 증거로서의 가치가 인정되지 않는다. O | X

예외적으로 결정적 기일 이후 행위에 증거력을 인정하기도 한다. 멩끼에 – 에끄레오 사건이 대표적이다. 답 ○

019

23. 7급

멩끼에와 에크레오(Minquiers and Ecrehos) 사건 판결에서는 영유권 문제를 지리적 근접성이 아니라 각종 증거로부터 뒷받침되는 실효적 지배를 기준으로 다루었다.

O | X

지리적 근접성에 기초하여 영유권을 인정할 수 없다고 하였다. 실효적 지배의 정도를 따져 영국의 영유권이 인정되었다.

답 O

선점 및 시효

020

15. 9급

선점은 무주지(terra nullius)를 대상으로 한다.

O | X

무주지(terra nullius)에는 처음부터 무주지인 경우와, 포기된 땅으로서의 무주지가 있다.

답 O

021

15. 9급

서부 사하라(Western Sahara) 사건에서 국제사법재판소(ICJ)는 정치적으로나 사회적으로 조직화된 부족들의 거주지는 무주지로 볼 수 없다고 판단하였다.

O | X

국제사법재판소(ICJ)는 무주지를 판단하는 기준을 정치적 통치세력이 존재하는지로 삼았다.

답 O

022

15. 9급

페드라 브랑카 섬 영유권 사건(Case concerning Sovereignty over Pedra Branca/ Pulau Batu Puteh, Middle Rocks and South Ledge)에서 국제사법재판소(ICJ)는 선점 사실을 이해 관계국에 통고하여야 한다는 입장을 취하였다.

O | X

통고는 국제법상 선점의 요건이 아니다. 이 판례도 통고에 대해서는 법률요건성을 인정하지 않고 검토도 하지 않았다.

답 X

023

17. 9급

말레이시아 – 싱가포르 페드라 브랑카(Pedra Branca) 사건은 국제사법재판소가 무해통항권 침해문제를 다룬 사건이다.

O | X

페드라 브랑카(Pedra Branca) 사건은 동 섬에 대한 영유권에 대한 소송으로서 말레이시아의 고유영토론을 인정하면서도, 영유권이 싱가포르에게 승계된다고 보아, 최종적으로 싱가포르의 영유권을 인정하였다.

답 X

024

23 .7급

페드라 브랑카(Pedra Branca) 사건 판결에서는 섬이 말레이시아에 지리적으로 가깝지만, 싱가포르가 등대와 해상사고, 방문자 등을 관리한 것을 실효적 지배의 증거로 보고 싱가포르에 영유권이 있다고 밝혔다.

O | X

싱가포르가 실효적 지배를 한 측면이 인정되었고, 한편으론 말레이시아가 영유권을 포기한 측면도 인정되었다.

답 O

025

15. 9급

팔마스섬(Island of Palmas) 사건에서 Huber 중재재판관은 선점은 실효적이어야 한다는 것을 확인한 바 있다.　　　　　　　　　　　　　　　　　　　　　　　　　O | X

실효적이란, 대내적 통치권이 확립되어야 함을 의미한다.　　　　　　　　　답 O

026

20. 9급

원소유국의 묵인은 시효를 완성시키기 위해 필요하지 아니하다.　　　　O | X

시효 완성에서 가장 중요한 요건은 원소유국이 항의하지 않음으로써 묵인이 인정되는 것이다.　　　　　　　　　　　　　　　　　　　　　　　　　　　　　답 X

027

20. 9급

시효의 대상은 무주지인 반면 선점의 대상은 타국의 영토이다.　　　　O | X

선점의 대상이 무주지이다. 시효는 타국의 영토를 불법지배하는 것이다.　　답 X

028

20. 9급

양자 모두 실효적 지배와 국가의 영토취득 의사를 필요로 한다.　　　　O | X

실효적 지배의 기간에는 차이가 있으나, 양자 모두 지배를 요한다. 영토취득 의사는 법률행위에서는 당연히 요구되는 요건이다.　　　　　　　　　　　　답 O

029

20. 9급

영토취득에 있어 선점은 일회적 점유를 통해 완성이 가능하다.　　　　O | X

선점이 완성되기 위해서는 실효적 지배를 요건으로 한다. 1회적 점유가 실효적 지배라고 보기는 어렵다. 대체로 입법권, 사법권, 행정권의 지속적인 행사를 실효적 지배라고 한다.　　　　　　　　　　　　　　　　　　　　　　　　　답 X

030

15. 사시

영토취득에서 지배의 실효성 정도는 대상지에 따라 달라질 수 있다.　O | X

본토에서 멀리 떨어진 영토는 실효적 지배의 정도가 높지 않아도 지배한 것으로 인정한다. 이를 상징적 지배라고 한다.　　　　　　　　　　　　　　　　답 O

031

15. 사시

영토취득에서 실효적 지배와 관련된 판례로 팔마스섬(Palmas Island) 사건이 있다.　　　　　　　　　　　　　　　　　　　　　　　　　　　　　O | X

팔마스섬(Palmas Island) 사건에서 선점 인정 여부가 다투어졌다. 그리고 발견과 지배의 관계에 대해서도 발견은 미완성의 권원에 불과함을 판시하였다.　　답 O

032

15. 사시

영토취득에서 실효적 지배란 일시적으로나마 군대를 주둔시키는 것을 의미한다.　　　　　　　　　　　　　　　　　　　　　　　　　　　　　　O | X

실효적 지배란 해당 영토에 대한 국가의 통치권의 확립을 의미한다. 즉, 입법·사법·행정권을 확립하고 행사하는 것을 의미한다.　　　　　　　　　　　　답 X

033

15. 사시

영토취득에서 시효에 의한 영토취득의 경우에도 실효적 지배가 요구된다. O | X

다만, 선점과 달리 시효는 타국 영토를 실효적으로 지배한다. 답 ○

034

15. 경찰간부

국제사법재판소(ICJ)는 서부 사하라 사건에서 사회, 정치조직을 가진 민족이 살고 있는 지역은 무주지가 아니라고 하였다. O | X

국제사법재판소(ICJ)가 무주지를 판단하는 기준은 통치세력의 존재 여부이다. 문명의 수준, 인구의 다소는 기준이 아니다. 답 ○

035

15. 경찰간부

본토로부터 멀리 떨어져 있는 무인도에 대하여는 비교적 약한 정도의 실효적 지배로 충분하다. O | X

상징적 지배가 인정된다. 본토에서 멀리 떨어진 섬이나 무인도, 극지방 등이 이에 포함된다. 답 ○

036

15. 경찰간부

시효는 무주지를 장기간 점유하여 영토를 취득하는 것이다. O | X

시효는 영유권자가 있는 땅을 지배하는 것이다. 답 X

037

08. 사시

시효(時效)는 선점의 경우와 비교하여 실효적 지배가 더 오랜 기간 요구된다. O | X

시효(時效)는 점유 기간이 확정된 것은 아니나, 오랜 기간 지배하는 것이 요건이다. 그러나, 선점은 지배의 기간은 요건에 포함되지 않는다. 답 ○

038

14. 9급

국가행정기구의 설치는 실효적 지배 완성의 필수요소이다. O | X

실효적 지배가 반드시 행정기구의 설치를 의미하거나 요구하는 것은 아니다. 답 X

039

14. 사시

무주지에 대해서는 발견만으로도 완전한 권원을 취득한다. O | X

판례에 의하면 발견은 '미성숙의 권원'이다. 반드시 실효적 지배가 있어야 한다. 답 X

040

14. 사시

선점이 유효하기 위해서는 물리적 지배만으로 충분하며, 영유의 의사는 요구되지 않는다. O | X

선점도 법률행위이므로 영유의 의사가 필수적으로 요구된다. 주관적 요소이다. 답 X

041

14. 사시

무주지는 가장 인접한 국가에게 우선적으로 영유권이 인정된다.　　　　O | X

무주지는 선점국에게 영유권이 인정된다.　　　　답 X

042

14. 경찰간부

Clipperton Island 사건은 시효에 의한 영토취득을 인정한 사건이다.　　　　O | X

Clipperton Island 사건은 선점에 대한 사건이다. 본토에서 멀리 떨어진 무인도에 대해 상징적 지배를 인정하였다.　　　　답 X

043

14. 경찰간부

Western Sahara 사건은 무주지의 개념을 정치적·사회적 지배 조직이 없는 지역으로 정의하였다.　　　　O | X

Western Sahara 사건은 민족자결권에 대한 판례이기도 하다.　　　　답 ○

044

14. 경찰간부

Temple of Preah Vihear 사건은 선점에 있어서 통고의 요건성이 부인된 사례이다.
　　　　O | X

시효, 착오, 묵인, 금반언 등의 법리가 다뤄진 사례이다. 캄보디아가 시효에 의해 해당 지역에 대한 영유권을 취득한 것으로 판시하였다.　　　　답 X

045

11. 사시

팔마스섬 사건(1928)에서 중재재판소는 발견(discovery)을 영토취득의 완전한 권원으로 인정하였다.　　　　O | X

발견(discovery)은 미완성의 권원이라고 하였다. 빠른 시간 안에 실효적 지배에 의해 대체되어야 한다고 하였다.　　　　답 X

046

11. 사시

본토로부터 멀리 떨어진 무인도에 대하여는 주권의 천명만으로 선점이 인정된 사례가 있다.　　　　O | X

이를 상징적 지배라고 한다. 클리퍼튼 섬 사건 판결 내용이다.　　　　답 ○

047

예상논점

동부 그린란드 사건에서 노르웨이 외무장관의 부작위 약속은 일방적 행위로서 구속력이 있다고 판시하였다.　　　　O | X

동부 그린란드 사건은 일방적 행위의 구속력을 인정한 판례이다.　　　　답 ○

048

예상논점

리기탄 시파단 섬 사건에서 영유권의 승계는 부인되었고, 실효적 지배의 정도를 따져 말레이시아에게 영유권이 인정되었다.　　　　O | X

영유권의 승계가 부인된 이유는 당초 누가 영유하고 있는지가 명확하지 않다고 판단했기 때문이다.　　　　답 ○

049

23. 7급

리기탄과 시파단(Ligitan & Sipadan) 사건 판결에서는 영유권 확인의 결정적 요소인 실효적 지배의 증거로 정부의 공무 행위와 함께 사인의 행위가 동등하게 인정될 수 있다고 밝혔다. O | X

사인의 행위는 실효적 지배의 증거로 인정될 수 없다고 하였다. 즉, 인도네시아 어부들이 동 섬 인근에서 조업을 한 것을 동 섬에 대한 지배의 증거로 인정할 수 없다고 하였다. 답 X

050

예상논점

리기탄 시파단 섬 사건에서 말레이시아의 실효적 지배에 대해 인도네시아가 항의하지 않은 것이 말레이시아 영유권에 대한 묵인으로 인정하였다. O | X

묵인도 말레이시아 영유권 인정의 근거였다. 답 ○

051

예상논점

페드라 브랑카 섬 사건에서 동 섬은 말레이시아의 고유영토였으나 말레이시아가 영유권을 포기하고, 싱가포르에게 영유권이 승계되었다고 판시하였다. O | X

페드라 브랑카 섬 사건은 영유권의 승계가 인정된 판례이다. 답 ○

052

예상논점

팔마스섬 사건에 의하면 발견은 미성숙의 권원이므로 빠른 시일 내에 실효적으로 지배되어야 한다. O | X

발견보다 실효적 지배가 영유권의 권원(title)이라고 본 것이다. 답 ○

uti possidetis

053

15. 경찰간부

uti possidetis원칙은 원래 아시아 식민지의 행정구역상 경계가 독립 이후의 국경이 된다는 원칙이다. O | X

uti possidetis원칙은 라틴아메리카에서 발전된 원칙이다. 다만, 국제사법재판소(ICJ)는 동 원칙이 국제관습법으로 승격되었다고 하였다. 답 X

054

15. 경찰간부

uti possidetis원칙은 식민지 독립 후의 국경분쟁을 방지하는 이론이다. O | X

식민지가 되기 이전의 국경선으로 돌아가지 않고, 식민지 모국이 작성한 행정구역선을 새로운 국경선으로 인정하는 것이다. 국경분쟁을 최소화하기 위한 것이다. 답 ○

055

15. 경찰간부

uti possidetis원칙은 국제법상 민족자결원칙과 충돌할 수 있는 이론이다. O | X

그럼에도 불구하고 국경 안정을 보다 중요한 법적 가치로 인정하는 것이다. 답 ○

056

15. 경찰간부

국제사법재판소(ICJ)는 부르키나 파소 - 말리 간 국경분쟁(Burkina Faso - Mali) 사건에서 이 원칙이 독립국 수립 시에 일반적으로 적용될 수 있는 원칙이라고 하였다. ○ | X

일반관습으로 인정하였다. 답 ○

057

98. 사시

Uti Possidetis원칙은 식민지 주민들의 민족자결권에 따른 원칙이다. ○ | X

민족자결의 원칙과 배치되나, 국제관계의 평온한 유지를 위해 허용된다. 답 X

058

98. 사시

Uti Possidetis원칙은 1964년 아프리카단결기구(OAU)의 국가수반회의에서 식민지 당시의 경계를 존중한다고 결의함으로써 확인된 바 있다. ○ | X

아프리카 국가들도 국경선 현상유지를 민족자결원칙보다 더 중요하게 본 것이다. 답 ○

059

98. 사시

Uti Possidetis원칙은 구 유고연방의 해체 후 세르비아와 크로아티아, 보스니아 - 헤르체고비나 간의 경계획정문제를 다룬 중재위원회에서도, 달리 합의된 바 없으면 종전의 국경을 존중한다고 함으로써 재확인되었다. ○ | X

Uti Possidetis원칙은 현재 일반관습으로 인정된다. 답 ○

060

17. 9급

국제법상 Uti Possidetis원칙은 현재의 점유자가 계속 점유한다는 로마법에서 유래하였다. ○ | X

Uti Possidetis원칙은 현상유지원칙이라고도 한다. 답 ○

061

17. 9급

국제사법재판소는 Uti Possidetis원칙을 독립국의 수립 시에 어디서나 적용되는 일반원칙이라고 밝혔다. ○ | X

부르키나파소 - 말리 국경분쟁 사건에 대한 내용이다. 답 ○

국제지역과 조차지

062

예상논점

국제지역은 국가 간 특별한 합의에 의해 일정한 국가영역에 부과되는 영역권의 특별한 제한을 의미한다. ○ | X

특별한 제한이라는 점에서 포괄적 제한인 조차와 구분된다. 답 ○

063

예상논점

철도부설권, 군대통과권 등은 적극적 지역이다. O | X

권리가 인정되는 지역을 적극적 지역이라고 한다. 답 ○

064

예상논점

요새를 건설하지 않을 의무 등은 소극적 지역이다. O | X

의무가 부과되는 지역을 소극적 지역이라고 한다. 답 ○

065

예상논점

조차란 국가 간 합의에 의해 타국 영역 전체를 차용하는 것을 의미한다. O | X

조차는 타국 영역 일부를 차용하는 것이다. 조차의 경우 조대국의 영유권이 포괄적으로 제한을 받는다. 답 X

066

예상논점

조대국은 조차기간 동안 잠재적 영역권을 가지며 조차국이 실제 영역권을 행사한다. O | X

조차기간 동안 조대국에게 조차국의 법률이 적용된다. 답 ○

067

예상논점

국제지역은 특별한 부담을 지는 지역이나, 조차지는 조대국의 영역권이 포괄적으로 배제된다. O | X

영유권의 제한 정도에 대한 국제지역과 조차지의 차이이다. 답 ○

제2절 영공

법적 지위

068

22. 7급

「국제민간항공협약」에 따르면 부정기항공공기는 반드시 사전의 허가를 받아 피비행국의 착륙요구권에 따를 것을 조건으로 체약국의 영역 내에서 비행할 권리를 가진다. O | X

협약 제5조. 부정기민간항공기는 사전허가없이 비행할 권리를 가진다. 답 X

069

22. 7급

「국제민간항공협약」에 따르면 어떠한 체약국의 국가 항공기도 특별협정 또는 기타방법에 의한 허가를 받고 또한 그 조건에 따르지 아니하고는 타국의 영역의 상공을 비행하거나 또는 그 영역에 착륙하여서는 아니 된다. O | X

국가 항공기도 국가의 허가를 받아야 비행할 수 있다. 답 ○

070

86. 국가직

현재 대기권 상공을 규율하는 법규로는 1944년 Chicago협약이 주된 법원이다.

O | X

국제민간항공기구(ICAO)를 설치한 조약이다.

답 O

071

20. 9급

1944년 「국제민간항공협약」은 군, 세관 및 경찰업무에 사용되는 항공기, 국가원수와 기타 고위 공직자들을 위해 준비되는 항공기에는 적용되지 않는다.

O | X

1944년 국제민간항공협약은 민간항공기에 대해서만 적용된다.

답 O

072

22. 7급

「국제민간항공협약」에 따르면 체약국은 민간항공기가 조난으로 영공을 침범한 경우 이 항공기에 대해 구호조치를 취할 의무를 부담하지 않는다.

O | X

협약 제25조. 조난항공기에 대해서는 구호조치를 취할 것을 규정하고 있다.

답 X

073

19. 9급

국가항공기는 하부 국가의 동의하에 그 영공을 비행할 수 있다.

O | X

영공은 타국의 배타적 주권에 속하므로 하부 국가의 동의하에 진입 및 비행할 수 있다.

답 O

074

19. 9급

영공의 상방 한계는 「국제민간항공협약」에서 정하고 있다.

O | X

영공의 상방 한계는 현재까지 명확하게 설정되어 있지 않다.

답 X

075

19. 9급

영해와 접속수역 상공까지 연안국의 완전하고 배타적인 주권이 미친다.

O | X

영해의 상공은 영공이므로 연안국의 배타적 주권이 미치지만, 접속수역 상공은 현행법상 공공(公空)이므로 자유비행이 허용된다.

답 X

076

22. 7급

「국제민간항공협약」에 따르면 협약 및 부속서의 해석 또는 적용에 관하여 체약국 간 의견이 일치하지 않는 경우 관계국은 1차적으로 조정위원회에서 사안을 해결해야 한다.

O | X

협약 제84조. 분쟁이 교섭에 의해 해결되지 않은 경우 1차적으로는 이사회가 해결한다. 이사회 결정에 대해서는 상호 합의에 의해 중재재판이나 상설국제사법재판소(국제사법재판소)에 제소할 수 있다.

답 X

077

20. 9급

비행정보구역(FIR)은 민간항공의 안전과 효율을 도모하기 위한 제도이며 영공 주권의 인정과는 무관하지만 공해 상공으로는 펼쳐질 수 없다. O | X

영공을 포함하여 대기권의 모든 부분이 특정 비행정보구역(FIR)에 속하므로 공해 상공으로도 펼쳐져 있다. 상대적으로 작은 국가의 영공은 단일 비행정보구역(FIR)에 포섭되지만, 큰 국가는 둘 이상의 지역비행정보구역으로 구분된다. 대양의 상공은 몇 개의 대양정보구역으로 구분되며 해당 구역에 인접한 관제당국에 위임된다. 비행정보구역(FIR)의 표준 크기는 없으며, 관련 국가의 행정적 편의의 문제이다. 국제적 합의로 구획되므로 국가별로 중첩되는 일은 없다. 답 X

078

19. 7급

비행정보구역(Flight Information Region)은 항공교통관제서비스를 제공하는 구역으로 국제법상 주권적 성격을 가지는 영공으로 간주된다. O | X

비행정보구역(Flight Information Region)은 국제민간항공기구(ICAO)에서의 합의를 바탕으로 할당되어 비행정보와 경보 등의 서비스가 제공되는 일정 구간의 공역이다. 국제민간항공기구(ICAO)는 전 세계 공역을 세분하여 각 구역마다 책임 당국을 지정하고, 이들에게 항공기 운항에 필요한 관제정보를 통신으로 제공하게 한다. 답 X

079

20. 9급

자국의 접속수역 상공을 비행 중인 항공기에 대해 해당 연안국은 자국의 접속수역에서의 선박에 대해 행하는 것과 동일한 목적의 규제를 실시할 수 있다. O | X

접속수역에서 항공기에 대해서도 접속수역의 통제 범위에 속하는 사항과 관련하여 통제권을 행사할 수 있다. 답 ○

080

20. 9급

방공식별구역(ADIZ)은 대부분의 국가가 실시하고 있는 제도는 아니며, 그 운영 폭이 제각각이고 통일된 기준도 없으므로 일반적 관행이 수립되었다고 할 수 없다. O | X

방공식별구역(ADIZ)은 현재로서는 국제관행에 불과하다는 것이 일반적인 평가이다. 답 ○

081

19. 7급

방공식별구역(Air Defense Identification Zone)은 연안국의 주권이 인정되는 공역(空域)이다. O | X

방공식별구역(Air Defense Identification Zone)은 접속수역 상공을 의미한다. 연안국의 주권은 인정되지 않고 관행에 의해 형성되고 있는 공역(空域)이다. 답 X

영공침범

082
예상논점

민간항공기가 조난으로 영공침범한 경우 시카고협약 제25조에 의하면 영토국이 원조의무를 진다. O | X

조난의 경우 원조의무가 있고 관습법으로 본다. 답 ○

083
예상논점

민간항공기의 고의적 영공침범에 대해 최종적으로 무력을 사용할 수 있으나, 민간여객기에 대해서는 무력을 사용할 수 없다. O | X

민간항공기가 민간여객기보다 더 넓은 개념이다. 답 ○

084
예상논점

민간항공기의 과실에 의한 영공 침범에 대해서 영토국은 무력을 사용할 수 없다. O | X

민간항공기의 과실이라는 것은 항공기국적국이 입증해야 할 것이다. 답 ○

085
예상논점

대한항공 007기 사건을 계기로 1984년 ICAO총회는 시카고협정에 "체약국은 모든 국가가 비행 중인 민간항공기에 대한 무기사용을 자제해야 하며, 요격할 경우 탑승자의 생명과 항공기의 안전을 위험에 빠뜨리지 말아야 함을 인정한다."라는 조항을 신설하였다. O | X

무기사용이 금지된 것은 아님에 주의한다. 답 ○

086
예상논점

국가항공기가 고의나 과실로 영공을 침범한 경우 국가면제나 불가침성이 인정되지 않는다. O | X

영공을 침범한 경우에는 특권면제가 인정되지 않는다. 답 ○

087
예상논점

국가항공기가 조난에 의해 영공을 침범한 경우 영토국은 무해통과권을 인정해야 한다. O | X

조난에 의해 영공을 침범하여, 영토국이 무해통과권을 인정해야 한다는 규범이 관습으로 확립되었는지는 명확하지 않다. 답 ○

088
예상논점

시카고협약 체약국은 모든 국가가 비행 중인 국가항공기에 대하여 무기의 사용을 삼가야 하며 또한 민간항공기를 유도통제하는 경우에 탑승객의 생명과 항공기의 안전을 위태롭게 하여서는 아니 된다는 것을 인정한다. O | X

민간항공기에 대한 규정이다. 답 X

089
예상논점

시카고협약 체약국은 모든 국가가 그 주권을 행사함에 있어서, 민간항공기가 허가없이 그 영토 상공을 비행하거나 또는 이 협약의 목적에 합치되지 아니하는 어떠한 의도로 사용되고 있다고 믿을 만한 합리적인 이유가 있는 경우, 동 민간항공기에 대하여 지정된 공항에 착륙할 것을 요구할 수 있음을 인정한다. O | X

영공주권이 인정된다는 의미이다. 답 O

090
예상논점

시카고협약에 의하면 정기국제항공업무에 종사하지 않는 체약국의 항공기는 사전의 허가를 받을 필요 없이 피비행국의 착륙요구권에 따를 것을 조건으로 체약국의 영역 내에의 비행 또는 그 영역을 무착륙으로 횡단 비행하는 권리 및 운수 이외의 목적으로서 착륙하는 권리를 향유한다. O | X

부정기민간항공기에 대한 규정이다. 답 O

091
예상논점

시카고협약에 의하면 항공기는 그 등록국의 국적을 보유하며, 2개 이상의 국가에서 유효히 등록할 수 없다. 또한 그 등록은 일국으로부터 타국으로 변경할 수 없다. O | X

변경 가능하다. 답 X

092
예상논점

시카고협약에 의하면 각 체약국은 그 영역 내에서 조난당한 항공기에 대하여 실행 가능하다고 인정되는 구호조치를 취할 것을 약속하고 또한 동 항공기의 소유자 또는 동 항공기의 등록국의 관헌이 상황에 따라 필요한 구호조치를 취하는 것을 그 체약국의 관헌의 감독에 따를 것을 조건으로 하여 허가할 것을 약속한다. O | X

동 규정은 관습으로 평가된다. 답 O

항공기 내 범죄 및 기타 행위에 관한 협약(동경협약)

093
15. 7급

1963년 항공기 내 범죄 및 기타 행위에 관한 협약(1963년 동경협약)은 범죄인 인도의 무를 규정하고 있다. O | X

강제적 보편관할권이라고도 하며, 범죄인 인도의무는 협약에 규정되지 않았다. 답 X

094
예상논점

동경협약(1963)은 항공기 내에서 발생한 범죄에 대한 처벌을 목적으로 한다. O | X

동경협약은 항공기 기내 범죄 처벌을 목적으로 한다. 답 O

095
예상논점

동경협약(1963)은 형법에 위반하는 범죄 및 범죄 구성 여부를 불문하고 항공기와 기내의 인명 및 재산의 안전을 위태롭게 할 수 있거나 위태롭게 하는 행위 또는 기내의 질서 및 규율을 위협하는 행위에 적용된다. O | X

동경협약이 항공기 기내 범죄를 적용대상으로 한다는 의미이다. 답 O

096
예상논점

동경협약(1963)은 체약국에 등록된 항공기가 비행 중이거나 공해 수면상에 있거나 또는 어느 국가의 영토에도 속하지 않는 지역의 표면에 있을 때에 동 항공기에 탑승한 자가 범한 범죄 또는 행위에 관하여 적용된다. O | X

동경협약은 비행 중, 공해 수면상, 무주지에 있는 항공기에 대해 적용된다. 답 O

097
예상논점

동경협약(1963)상 '비행 중'이란 항공기가 이륙의 목적을 위하여 시동이 된 순간부터 착륙 활주가 끝난 순간까지를 의미한다. O | X

동경협약의 '비행 중'은 헤이그협약이나 몬트리올협약보다 더 좁게 규정되었다. 답 O

098
예상논점

동경협약(1963)에 따르면 항공기의 등록국은 항공기 내에서 범하여진 범죄나 행위에 대한 재판관할권을 행사할 권한을 가지며, 각 체약국은 자국에 등록된 항공기 내에서 범하여진 범죄에 대하여 등록국으로서 재판관할권을 확립하기 위하여 필요한 조치를 취할 수 있다. O | X

등록국으로서 재판관할권을 확립하기 위하여 필요한 조치를 취해야 한다. 답 X

099
예상논점

동경협약(1963)에 의하면 체약국 상호간 범죄인 인도조약이 부존재하는 경우 동 조약은 범죄인 인도조약으로 원용될 수 있다. O | X

범죄인 인도조약으로 원용할 수 없다. 답 X

100

예상논점

항공기 내에서 범한 범죄 및 기타 행위에 관한 협약(동경협약, 1963)에 따르면 체약국으로서 항공기의 등록국이 아닌 국가는 어떠한 경우에도 항공기 기내에서의 범죄에 관하여 형사재판관할권을 행사할 수 없다. O | X

범죄가 자국의 영역에 영향을 미치는 경우, 자국민에 대하여 범죄가 발생한 경우, 자국의 안전에 반하는 경우 등에 있어서는 등록국이 아닌 국가도 협약상 범죄에 대해 형사재판관할권을 행사할 수 있다. 답 X

101

예상논점

항공기 내에서 범한 범죄 및 기타 행위에 관한 협약(동경협약, 1963)에 따르면 체약국에서 등록된 항공기 내에서 범하여진 범행은 범죄인 인도에 있어서는 범죄가 실제로 발생한 장소에서뿐만 아니라 항공기 등록국의 영토에서 발생한 것과 같이 취급되어야 한다. O | X

속지주의 관할권을 위한 것이다. 답 O

102

예상논점

항공기 내에서 범한 범죄 및 기타 행위에 관한 협약(동경협약, 1963)에 따르면 동 협약은 체약국이 일방적으로 폐기할 수 있으며, 국제민간항공기구(ICAO)에 대한 통보가 접수된 날로부터 6개월 이후 효력을 발생한다. O | X

국제민간항공기구(ICAO)에 통보됨에 주의한다. 답 O

103

예상논점

항공기 내에서 범한 범죄 및 기타 행위에 관한 협약(동경협약, 1963)에 따르면 동 협약에 대한 유보는 전면 금지된다. O | X

분쟁해결조항(제24조)에 대해서는 유보할 수 있다. 답 X

항공기의 불법납치 억제를 위한 협약(헤이그협약)

104

15. 7급

1970년 항공기의 불법납치 억제를 위한 협약(1970년 헤이그협약)은 범죄인의 인도 또는 소추를 명시하고 있다. O | X

강제적 보편관할권을 명시한 것이다. 답 O

105

19. 9급

항공기 납치나 테러 등 일정 범죄의 방지와 처벌을 다루는 조약에서는 당사국에게 기소 또는 인도의무(aut dedere aut judicare)를 규정하기도 한다. O | X

항공범죄 관련 헤이그협약, 몬트리올협약, 베이징협약 등에서 기소 또는 인도의무를 규정하고 있다. 자국에서 처벌하지 않는 경우 관할권을 가진 다른 나라에 인도할 것을 요구하는 것이다. 답 O

106
15. 경찰간부

1963년 「항공기 내에서 범한 범죄 및 기타 행위에 관한 협약」(도쿄협약)은 항공기의 불법납치를 명시적으로 규정하지 않고, 항공기 내부의 질서교란행위자를 대상으로 규율하는 데 그치고 있다.　　　　　　　　　　　　　　　　　　　　　　　O | X

항공기 불법납치는 1970년 체결된 「헤이그협약」에서 다룬다.　　　　　　답 ○

107
15. 경찰간부

1970년 「항공기 불법납치 억제를 위한 협약」(헤이그협약)상 항공기의 불법납치는 비행 중(in flight)인 항공기 내에서 행하여져야 한다.　　　　　　　　　　O | X

항공기 기내에서 하이재킹(불법납치)이 발생하여야 헤이그협약의 처벌대상이다.　답 ○

108
15. 경찰간부

「항공기 불법납치 억제를 위한 협약」(헤이그협약)은 공항시설에 대한 공격도 협약의 범위에 포함하고 있다.　　　　　　　　　　　　　　　　　　　　　　　O | X

항공시설에 대한 범죄는 1971년 몬트리올협약의 규율대상이다.　　　　　답 X

109
예상논점

헤이그협약(1970)은 항공기 불법탈취행위에 대해 강제적 보편관할권을 창설하였다.
　　　　　　　　　　　　　　　　　　　　　　　　　　　　　　　O | X

인도 아니면 소추원칙을 강제적(의무적) 보편관할권이라고 한다.　　　　답 ○

110
예상논점

항공기 불법납치 억제를 위한 협약(1970)에 따르면 각 체약국은 범죄혐의자가 그 영토 내에 존재하고 있으며, 관할권을 갖는 국가에 그를 인도하지 않는 경우 범죄에 관한 관할권을 확립하기 위하여 필요한 제반조치를 취하여야 한다.　　　　O | X

각 체약국은 처벌하기 위한 조치를 취할 의무가 있다.　　　　　　　　답 ○

111
예상논점

항공기 불법납치 억제를 위한 협약(1970)에 따르면 범죄는 체약국들 간 현존하는 인도 조약상의 인도범죄에 포함되는 것으로 간주된다. 범죄인 인도조약이 체결되지 않은 경우 협약상 범죄 처벌을 위한 범죄인 인도조약을 체결해야 한다.　　　O | X

항공기 불법납치 억제를 위한 협약을 인도의 기초로 삼을 수 있다.　　　답 X

112
예상논점

항공기 불법납치 억제를 위한 헤이그협약(1970)에 따르면 비행 중에 있는 항공기에 탑승한 자가 폭력 또는 그 위협에 의하여 불법적으로 항공기를 납치 또는 점거하거나 또는 그와 같은 행위를 하고자 하는 경우 또는 그와 같은 행위를 하거나 하고자 시도하는 자의 공범자인 경우 죄를 범한 것으로 한다.　　　　　　　　　O | X

미수범도 처벌한다.　　　　　　　　　　　　　　　　　　　　　　답 ○

113
15. 7급

1971년 민간항공의 안전에 대한 불법적 행위의 억제를 위한 협약(1971년 몬트리올협약)은 비행 중인 항공기 및 운항 중인 항공기와 그 탑승자의 안전에 대한 불법적 행위의 억제를 목적으로 한다. O | X

비행 중과 운항 중의 차이점에 주의한다. 답 ○

114
21. 7급

1971년 「민간항공의 안전에 대한 불법적 행위의 억제를 위한 협약」(몬트리올협약)은 군사, 세관, 경찰 업무에 이용되는 항공기에는 적용되지 아니한다. O | X

「민간항공의 안전에 대한 불법적 행위의 억제를 위한 협약」(몬트리올협약)은 민간항공기를 대상으로 하는 조약이다. 답 X

115
예상논점

민간항공의 안전에 대한 불법적 행위의 억제를 위한 협약(몬트리올협약, 1971)에 의하면 비행 중인 항공기에 탑승한 자에 대하여 폭력행위를 하고 그 행위가 항공기의 안전에 위해를 가할 가능성이 있는 경우에 대해서는 동 협약이 적용되지 않는다. O | X

비행 중인 항공기에 탑승한 자에 대하여 폭력행위를 하고 그 행위가 항공기의 안전에 위해를 가할 가능성이 있는 경우에 대해서는 민간항공의 안전에 대한 불법적 행위의 억제를 위한 협약이 적용된다. 답 X

116
예상논점

민간항공의 안전에 대한 불법적 행위의 억제를 위한 협약(몬트리올협약, 1971)에 의하면 범죄 발생지국, 범죄 대상이 된 항공기의 등록국, 범죄 대상이 된 항공기의 착륙국, 항공기 임차인의 주된 사업장 소재지국은 범죄에 대한 관할권을 확립하기 위해 필요한 세반 조치를 취해야 한다. O | X

민간항공의 안전에 대한 불법적 행위의 억제를 위한 협약(몬트리올협약) 제5조에 대한 설명이다. 답 ○

117
예상논점

민간항공의 안전에 대한 불법적 행위의 억제를 위한 협약(몬트리올협약, 1971)에 의하면 범죄인 인도에 관하여 조약의 존재를 조건으로 하는 체약국이 상호 인도조약을 체결하지 않은 타 체약국으로부터 인도요청을 받은 경우, 그 선택에 따라 본 협약을 범죄에 관한 인도를 위한 법적 근거로서 간주할 수 있다. O | X

몬트리올협약에 의하면 장차 체결될 범죄인 인도조약에 협약상 범죄를 인도범죄로 명시해야 한다. 답 ○

118
예상논점

민간항공의 안전에 대한 불법적 행위의 억제를 위한 협약(몬트리올협약, 1971)에 의하면 동 협약의 해석 및 적용에 관한 분쟁은 일국의 요청에 대해 3개월 이내에 중재에 대한 합의가 성립하지 않는 경우 일방은 타방을 국제사법재판소에 제소할 수 있다. O | X

6개월 이내에 중재에 대한 합의가 성립하지 않는 경우 일방당사국은 타방당사국을 국제사법재판소에 제소할 수 있다. 답 X

몬트리올협약 보충의정서(1988)

119
예상논점

몬트리올협약 보충의정서(1988)에 의하면 국제공항에서 상해나 사망을 야기하는 일정한 폭력행위를 몬트리올협약에 추가했다. O | X

몬트리올협약 보충의정서는 공항에서의 범죄, 주기 중인 항공기에 대한 범죄를 추가한 것이다. 답 ○

120
예상논점

몬트리올협약 보충의정서(1988)에 의하면 국제공항에서 운항 중에 있지 아니한 항공기를 파괴하는 행위를 몬트리올협약에 추가했다. O | X

몬트리올협약 보충의정서는 주기 중인 항공기에 대한 범죄를 처벌대상으로 한다. 답 ○

121
예상논점

몬트리올협약 보충의정서(1988)에 의하면 몬트리올협약을 탈퇴하였다고 해서 의정서를 탈퇴한 것으로 간주되지 않는다. O | X

몬트리올협약 탈퇴 시 동 의정서에서도 탈퇴한 것으로 간주된다. 답 X

122
예상논점

몬트리올협약 보충의정서(1988)에 의하면 의정서를 탈퇴한다고 하여 몬트리올협약에서 탈퇴한 것으로 간주되지는 않는다. O | X

몬트리올의정서는 몬트리올협약을 보충한 조약이다. 답 ○

국제민간항공에 관련된 불법행위 억제에 관한 협약(북경협약)

123
예상논점

북경협약은 몬트리올협약 및 동 보충의정서를 보완하는 조약이다. O | X

북경협약은 몬트리올협약 및 동의정서에 규정된 범죄를 모두 포괄하면서 몇 가지 범죄를 추가한 것이다. 답 ○

124
예상논점

북경협약은 사망 등을 초래하는 방식으로 민간항공기를 사용하는 행위, 대량살상무기를 운항 중인 항공기로부터 발사하는 행위, 대량살상무기를 항공기에 대해 사용하는 행위, 대량살상무기를 항공기 내에서 사용하는 행위, 대량살상무기를 항공기로 운반하는 행위를 범죄로 추가하였다. O | X

북경협약은 9·11 테러 이후 대량살상무기에 대한 경각심이 고조되면서 체결된 조약이다. 답 ○

125
예상논점

북경협약에 의하면 해당 범죄의 기수범, 공범, 방조범 등도 처벌한다. O | X

미수범, 교사범도 북경협약의 처벌대상이다. 답 ○

126
예상논점

북경협약에 의하면 범죄인의 국적국은 해당 범죄를 처벌을 위해 재판관할권을 수립해야 한다. O | X

속인주의 관할권 확립의무를 의미한다. 답 O

127
예상논점

북경협약에 의하면 자국민이 범죄 피해자인 경우, 자국 내 상주하는 무국적자의 범죄에 대해 당사국은 재판관할권을 수립해야 한다. O | X

범죄가 수동적 속인주의나 무국적자에 대한 경우 관할권 확립은 재량이다. 답 X

128
예상논점

북경협약은 헤이그협약이나 몬트리올협약과 달리 대상 범죄들을 정치범죄로 간주하지 않는다고 명시하고 있다. O | X

정치범으로 간주하여 비호할 가능성을 차단한 것이다. 답 O

129
예상논점

북경협약은 강제적 보편관할권을 규정하였다. O | X

'인도 아니면 소추원칙'을 강제적 보편관할권이라고 한다. 답 O

130
15. 7급

2010년 「국제민간항공에 관련된 불법적 행위의 억제에 관한 협약」(베이징협약)은 범죄에 적용되는 형량을 구체적으로 규정하였다. O | X

구체적 형량은 국내법에 위임하고 있다. 답 X

131
15. 경찰간부

2010년 국제민간항공에 관련된 불법행위 억제에 관한 협약(2010년 북경협약)은 적용대상 범죄들을 정치범죄로 간주하지 않는다고 명시하고 있다. O | X

항공 관련 범죄도 국제범죄이므로 정치범 불인도원칙의 적용대상이 아니다.
북경협약의 주요 내용으로는 네 가지가 있다. ① 민간항공기를 무기로 사용하거나 다른 항공기 또는 지상의 표적을 공격하기 위해 사용하는 행위도 범죄행위로 규정하고 있다. 민간항공기를 납치하여 무기로 사용하는 행위, 민간항공기 내에서 무기를 사용하는 행위, 민간항공기에 대해 무기 공격 행위를 신규 항공범죄로 규정하여 민간항공기에 대한 공격 행위를 억제하며 해당 국가들에게 이를 처벌할 의무를 부여하고 있다. ② 둘째로 생화학 무기 및 이와 관련된 물질의 민간항공기를 활용한 불법 운송 역시 범죄행위로 간주하여 처벌을 강조하고 있다. ③ 군사적 활동 적용 배제하여 무력충돌시 군대의 활동에 대해서는 동 협약이 적용되지 않고, 국제인도법을 적용하도록 하였다. 이와 함께 국가 관할권의 확대와 협약의 적용범위 확대로 인하여 범죄가 발생한 영토의 국가 또는 항공기의 등록국가, 범인이 발견된 영토의 국가뿐만 아니라 범죄자 국적국가, 피해자의 국적국가 및 무국적자가 주소지를 둔 국가도 관할권 행사 가능하게 함으로 신종 항공범죄에 대항 할 수 있으며 나아가 항공기와 공항을 공격하려는 세력들에 대한 피난처가 제공되면 안 된다는 점을 명시하고 있다. ④ 협약의 적용범위를 비행시에서 서비스 범위 내로 확대하였다. 이 조약의 특징은 궁극적으로 민간 항공안전의 확보 및 테러 행위 억제에 기여하는 내용이다. 답 O

제3절 우주공간

일반론

132
20. 7급

1975년 「외기권에 발사된 물체의 등록에 관한 협약」에 따라 각 등록국은 때때로 등록이 행해진 우주 물체에 관련된 추가 정보를 UN사무총장에게 제공할 수 있다.

O | X

각 등록국은 때때로 등록이 행해진 우주 물체에 관련된 추가 정보를 UN사무총장에게 제공할 수 있다(제4조 제2항). 참고로 제2조 제1항은 우주 물체가 지구 궤도 또는 그 이원에 발사되었을 때 발사국은 유지하여야 하는 적절한 등록부에 등재함으로써 우주 물체를 등록하여야 한다. 각 발사국은 동 등록의 확정을 UN사무총장에게 통보하여야 한다고 규정하여 강제등록제도를 규정하고 있다. 그러나, 등록된 우주물체와 관련된 추가정보의 제출은 재량이다.

답 O

133
11. 7급

1967년의 달과 기타 천체를 포함한 외기권의 탐색과 이용에 있어서의 국가활동을 규율하는 원칙에 관한 조약의 목적은 우주이용을 법으로 규제하고 우주에서의 법질서를 창설·유지하는데 있다.

O | X

우주공간의 자유이용원칙을 확립한 것이다.

답 O

134
11. 7급

1967년의 달과 기타 천체를 포함한 외기권의 탐색과 이용에 있어서의 국가활동을 규율하는 원칙에 관한 조약은 우주질서의 창설을 위한 기본법과 우주군축실현을 위한 군축조약으로서의 양면성을 가지고 있다.

O | X

우주공간의 평화적 이용원칙을 규정하여 우주공간에 대량살상무기를 배치하는 것을 금지하고 있다.

답 O

135
20. 7급

1967년 「달과 기타 천체를 포함한 외기권의 탐색과 이용에 있어서의 국가 활동을 규율하는 원칙에 관한 조약」에 따라 과학적 조사 또는 기타 모든 평화적 목적을 위하여 군인을 이용하는 것은 금지되지 아니한다.

O | X

평화적 목적을 위해 군인을 이용하는 것은 평화적 이용원칙에 위반되지 않는다.

답 O

136
11. 7급

1967년의 달과 기타 천체를 포함한 외기권의 탐색과 이용에 있어서의 국가활동을 규율하는 원칙에 관한 조약에 의하면 달과 기타 천체를 포함한 외기권은 영유가 금지되어 있다.

O | X

귀속의 자유라고도 한다.

답 O

137
11. 7급

1967년의 달과 기타 천체를 포함한 외기권의 탐색과 이용에 있어서의 국가활동을 규율하는 원칙에 관한 조약에 의하면 비록 과학적 조사의 목적일지라도 군인을 이용하는 것은 금지된다. O | X

평화적 목적이면 군인을 이용할 수 있다. 답 X

138
23. 7급

「달과 기타 천체를 포함한 외기권의 탐색과 이용에 있어서의 국가 활동을 규율하는 원칙에 관한 조약」에 따르면 외기권에서 채굴하여 지구로 반입된 희토류는 채굴 국가가 조약에 근거하여 전용할 수 있다. O | X

'달과 기타 천체를 포함한 외기권은 주권의 주장에 의하여 또는 이용과 점유에 의하여 또는 기타 모든 수단에 의한 국가 전용의 대상이 되지 아니한다.' 이용에 있어서 전용의 대상이 아니다. 조약 제2조. 답 X

139
23. 7급

「달과 기타 천체를 포함한 외기권의 탐색과 이용에 있어서의 국가 활동을 규율하는 원칙에 관한 조약」에 따르면 우주 사업자의 우주 활동은 조약의 관련 당사국의 인증과 계속적 감독을 받는다. O | X

비정부주체의 활동은 본 조약과 관계 당사국의 인증과 감독을 받는다. 조약 제6조. 답 O

140
23. 7급

「달과 기타 천체를 포함한 외기권의 탐색과 이용에 있어서의 국가 활동을 규율하는 원칙에 관한 조약」에 따르면 조약 당사국은 우주의 평화적 이용을 위하여 지구 주변 궤도에 핵무기를 비롯한 모든 종류의 무기를 배치할 수 없다. O | X

모든 무기가 아니라 대량살상무기를 배치할 수 없다. 조약 제4조. 답 X

141
23. 7급

「달과 기타 천체를 포함한 외기권의 탐색과 이용에 있어서의 국가 활동을 규율하는 원칙에 관한 조약」에 따르면 외기권에 발사한 민간회사의 물체로 인해 발생한 손해에 대한 책임은 민간회사가 지고 발사가 이루어진 영역의 국가가 지지 않는다. O | X

민간회사의 책임에 대해서 그 회사의 국적국이 책임을 부담한다. 제7조. 답 X

142
96. 외시

대기권 공역(air space)과 외기권 우주(outer space)의 경계선은 지상에서 고도 100km로 확립되었다. O | X

영공의 수직적 한계, 즉 영공과 우주공간의 경계는 확립되어 있지 않다. 답 X

143
96. 외시

우주란 대기권 밖의 구역으로 자유이용원칙이 적용된다. O | X

우주는 공공물로서 귀속의 자유와 사용의 자유가 인정된다. 답 O

144

96. 외시

일부 적도국가들은 1976년 Bogota선언을 통하여 지구정지궤도에 대한 관할권을 주장하였다. O | X

Bogota선언은 지구정지궤도에 대한 배타적 주권을 선언한 것인데, 우주공간 자유이용원칙에 위반되는 것으로 평가된다. 답 ○

145

96. 외시

대부분 국가들이 Bogota선언에 반대하여 우주에 대한 관할권 주장은 배제되고 있다. O | X

우주공간의 법적 지위는 공공물로 확립되어 있다. 답 ○

146

20. 7급

1986년 「외기권으로부터 지구의 원격탐사에 관한 원칙」 제13의 해석상 탐사국은 피탐사국의 사전동의를 의무적으로 구해야 한다. O | X

원격탐사에 있어서 탐사국은 피탐사국의 사전동의를 구할 의무는 없고, 다만 피탐사국의 요청이 있는 경우 '협의'에 응할 의무가 있다. 답 X

147

20. 7급

1967년 「달과 기타 천체를 포함한 외기권의 탐색과 이용에 있어서의 국가 활동을 규율하는 원칙에 관한 조약」에 따라 외기권에 발사된 물체 또는 구성 부분이 그 등록국인 본 조약의 당사국의 영역 밖에서 발견된 것은 동 당사국에 반환되어야 한다. O | X

동 조약 제8조에 의하면 외기권에 발사된 물체의 등록국인 본 조약의 당사국은 동 물체가 외기권 또는 천체에 있는 동안 동 물체 및 동 물체의 인원에 대한 관할권 및 통제권을 보유한다. 천체에 착륙 또는 건설된 물체와 그 물체의 구성 부분을 포함한 외기권에 발사된 물체의 소유권은 동 물체가 외기권에 있거나 천체에 있거나 또는 지구에 귀환하였거나에 따라 영향을 받지 아니한다. 이러한 물체 또는 구성 부분이 그 등록국인 본 조약당사국의 영역 밖에서 발견된 것은 동 당사국에 반환되며 동 당사국은 요청이 있는 경우 그 물체 및 구성 부분의 반환에 앞서 동일 물체라는 자료를 제공하여야 한다. 답 ○

148

92. 사시

1979년 달 및 다른 천체에서의 우주활동협정은 주요국이 불참하였다. O | X

1979년에 체결된 달 조약은 제3세계의 압력으로 '인류의 공동유산' 개념을 적용하고 있다. 이로 인해 미국과 구소련은 이에 서명하지 않았다. 답 ○

149

19. 7급

1967년 「달과 기타 천체를 포함한 외기권의 탐색과 이용에서의 국가 활동을 규율하는 원칙에 관한 조약」은 달을 인류 공동의 유산으로 규정하고 있다. O | X

달은 인류의 공동유산에 해당된다. 단, 이는 1979년 「달 및 기타 천체에서의 국가활동에 관한 협약」에 규정된 것이다. 답 X

150
14. 7급

UN헌장과 1967년의 우주조약을 포함한 국제법과 일치하지 않는 발사국의 활동 결과로 야기된 손해에 대해서는 피해국의 과실 여부에 관계없이 발사국이 절대책임을 진다. O | X

국제법에 합치되지 않은 우주활동의 경우 피해국의 과실이 있더라도 발사국이 절대책임을 진다. 답 O

151
14. 7급

우주 물체가 지구 표면의 사람에 끼친 손해에 대해서 발사국은 피해자의 중대한 과실 유무의 입증에 관계없이 절대책임을 진다. O | X

피해자의 중대한 과실이 입증되면 발사국의 책임은 면제되거나 경감될 수 있다. 답 X

152
14. 7급

지구 표면 이외의 영역에서 발사국의 우주 물체가 다른 발사국의 우주 물체에 대해 손해를 끼친 경우에 발사국은 피해국의 과실 유무에 상관없이 배상책임을 진다. O | X

피해국의 과실이 있는 경우 발사국의 책임은 경감되거나 면책될 수 있다. 답 X

153
14. 7급

손해는 달과 기타 천체를 포함한 외기권, 대기권에서 발생한 손해를 의미하고 지구 표면에서 일어난 손해는 제외한다. O | X

이 협약의 목적상 손해라 함은 인명의 손실, 인체의 상해 또는 기타 건강의 손상 또는 국가나 개인의 재산, 자연인이나 법인의 재산 또는 정부 간 국제기구의 재산의 손실 또는 손해를 말한다[동 조약 제1조 제(a)호]. 지구 표면이나 비행 중인 항공기에 대한 손해를 포함하는 개념이다. 답 X

154
98. 외시

발사된 물체나 구성부분이 대기공간이나 우주공간에서 다른 당사국에 손해를 끼치는 경우 국가책임이 발생한다. O | X

대기공간의 경우 무과실책임이 원칙이며, 우주공간의 경우 과실책임이 원칙이다. 답 O

155
98. 외시

우주조약에 의하면 우주공간에 물체를 쏘아올리는 것은 사인의 행위라도, 그로 인한 손해는 국가에 책임을 묻고 있다. O | X

사인의 행위라도, 국가가 관리책임을 진다. 답 O

156
98. 외시

지표면 또는 비행 중인 물체에 대해 끼친 손해에 대하여는 과실책임에 의한다. O | X

대기권 내에서 발생한 손해는 무과실책임이 원칙이다. 답 X

157
98. 외시

타국의 우주물체나 그 우주물체상의 인명 및 재산에 끼친 손해는 과실책임을 묻는다.　　　　　O | X

우주공간의 경우 과실책임을 원칙으로 한다.　　　　　　답 ○

158
21. 9급

1972년 「우주물체에 의하여 발생한 손해에 대한 국제책임에 관한 협약」에 따르면 손해를 입은 국가의 중대한 과실로 손해가 발생하였다고 발사국이 입증할 수 있으면 그 범위 내에서 발사국의 절대책임이 면제된다.　　　　　O | X

피해국의 중과실로 피해가 발생한 경우라면 가해국의 책임이 경감 또는 면제될 수 있다.
　　　　　답 ○

159
21. 9급

1972년 「우주물체에 의하여 발생한 손해에 대한 국제책임에 관한 협약」에 따르면 손해가 「국제연합(UN)헌장」이나 1967년 「달과 기타 천체를 포함한 외기권의 탐색과 이용에 있어서의 국가 활동을 규율하는 원칙에 관한 조약」을 포함한 국제법과 일치하지 않는 발사국의 활동 결과로 야기된 경우, 손해가 피해국의 과실에 의한 것이라 할지라도 책임은 면제되지 않고 완전한 배상책임을 진다.　　　　　O | X

국제법에 위반된 우주활동으로 피해가 발생한 경우에는 피해자 측의 과실이 있더라도 가해국의 책임이 면제되거나 경감되지 않는다.　　　　　답 ○

160
21. 9급

1972년 「우주물체에 의하여 발생한 손해에 대한 국제책임에 관한 협약」에 따르면 손해에 대한 배상청구 이전에 청구국은 국내적 구제를 완료하지 않아도 된다.　O | X

국내구제완료원칙의 배제가 협약 제11조에 명시되어 있다.　　　　　답 ○

161
18. 7급

「우주책임조약」에 의하면 타국의 지구 표면이나 비행 중인 항공기에 손해를 입히는 경우에는 과실이 있을 때에만 책임이 발생한다.　　　　　O | X

무과실책임 또는 절대책임이 인정된다. 즉, 가해자의 과실이 없더라도 책임이 성립한다.
　　　　　답 X

162
18. 7급

「우주책임조약」에 의하면 지구 표면 외의 장소에서 타국의 우주물체에 손해를 입히는 경우에는 절대책임이 발생한다.　　　　　O | X

지구 표면 외의 장소에서 타국의 우주물체에 손해를 입히는 경우에는 과실책임이 성립한다.
　　　　　답 X

163
18. 7급

「우주책임조약」에 의하면 국제책임은 우주물체의 발사를 의뢰한 국가가 부담하고 그 발사를 실시한 국가는 면책이 된다.　　　　　O | X

발사를 의뢰한 국가뿐 아니라 발사를 실시한 국가도 협약상 '발사국'에 해당된다.　답 X

164
18. 7급

「우주책임조약」에 의하면 비정부주체가 우주물체를 소유하고 발사한 경우에 대해서도 소속국이 국제책임을 져야 한다. O | X

비정부주체의 행위에 대해서도 통제국이 책임을 진다. 답 ○

제4절 극지방

165
14. 7급

1959년 남극조약은 남극에 군사기지 설치를 허용한다. O | X

1959년 남극조약에는 평화적 이용원칙이 규정되어 있다. 답 X

166
14. 7급

남극조약은 남극에서 기존 영토주권에 대한 청구권(claim) 확대 주장을 허용한다. O | X

청구권(claim)에 대한 주장은 동결되었다. 답 X

167
14. 7급

남극조약의 적용 대상은 남위 60도 이남의 남극대륙으로서 빙산은 적용 대상이 아니다. O | X

남극조약의 적용 대상에 빙산도 포함된다. 답 X

168
14. 7급

남극조약은 과학적 연구나 평화적 목적을 위한 군의 요원 또는 장비 사용을 허용한다. O | X

평화적 목적일 것을 전제로 사용을 허용한다. 답 ○

169
11. 7급

남극조약 전문에서는 남극지역은 특정 국가의 전용 대상이 아닌 인류공동유산이라고 명시하고 있다. O | X

현행법에서 인류의 공동유산은 심해저와 달과 그 천연자원에 한정된다. 답 X

170
11. 7급

심해저와 그 자원에 대한 모든 권리는 인류 전체에게 부여된 인류공동유산이다. O | X

인류공동유산은 귀속의 자유, 사용은 원칙적 금지 및 예외적 허용의 법적 지위를 갖는다. 답 ○

171

11. 7급

인류의 공동유산 개념은 특정 국가에 의하여 독점되지 않고 인류 전체의 이익을 위한 활용이 예정된 지역으로 개별 국가의 접근은 보장될 수 있으나, 독점적 이익 추구는 배제된다.　　O | X

어떤 국가도 공동유산의 귀속이나 독점적 이용을 주장할 수 없다.　　답 ○

172

92. 사시

남극조약은 폐쇄조약이다.　　O | X

남극조약은 개방조약이다.　　답 X

173

92. 사시

남극에서 활동하는 과학 및 감시요원은 그들의 소속 조약국의 관할권에만 복종한다.　　O | X

과학 및 감시요원에게는 속인주의가 적용된다.　　답 ○

174

01. 행시·외시

남극에 대한 영유권 주장은 1959년 남극조약에 의하여 포기되었다.　　O | X

남극에 대한 영유권 주장은 동결되었으며, 이는 포기를 말하는 것이 아니다.　　답 X

175

01. 행시·외시

남극환경보호의정서를 채택하는데 실패하였다.　　O | X

남극조약 환경보호의정서는 남극 대륙 위의 모든 인간활동을 포괄적으로 규제함으로써 남극환경 및 관련 생태계를 보호하기 위한 의정서로, 1991년 채택되고 1993년 발효되었다. 직접적인 남극환경보호조치를 포함하지 않고 있는 기존의 남극조약체제를 보완하기 위해 채택되었다. 이 의정서는 27개의 조문과 6개의 부속서(Annex)를 포함하고 있으며, 부속서는 환경영향평가, 남극 동식물군의 보존, 폐기물 처리와 관리, 해양오염 방지, 남극 지역 보호 및 관리, 환경적 비상사태에서 발생하는 책인을 각각 규율하고 있다.　　답 X

176

20. 7급

1991년 「남극조약 환경보호의정서」는 남극환경 보호를 위해 상호협력하는 것을 주요 내용으로 하며, 남극조약지역에서 과학적 연구를 제외하고는 광물자원과 관련된 어떠한 활동도 금지한다.　　O | X

남극조약지역에서 과학적 연구는 허용된다.　　답 ○

177

20. 7급

1959년 「남극조약」의 당사국이 아닌 1980년 「남극해양생물자원보존에 관한 협약」의 체약당사국은 남극조약지역의 환경보호 및 보존을 위한 남극조약 협의당사국의 특별한 의무와 책임을 인정한다.　　O | X

남극조약 협의당사국은 실제로 남극에서 과학탐구활동을 수행하고 있는 국가들로 구성되었다.　　답 ○

178

01. 행시·외시

남극조약에 의하면 남극은 평화적 목적 및 군사적 목적으로 이용할 수 있다. O | X

평화적 목적으로만 이용할 수 있다. 남극지역은 평화적 목적을 위하여서만 이용된다. 특히, 군사기지와 방비 시설의 설치, 어떠한 형태의 무기실험 및 군사훈련의 시행과 같은 군사적 성격의 조치는 금지된다(조약 제1조 제1항). 이 조약은 과학적 연구를 위하거나 또는 기타 평화적 목적을 위하여 군의 요원 또는 장비를 사용하는 것을 금하지 아니한다(남극조약 제1조 제2항). 답 X

179

01. 행시·외시

남극조약은 광물자원에 대한 탐사 및 개발활동을 전면 허용하고 있다. O | X

남극조약에는 자원의 탐사 및 개발에 대한 특별한 조항은 없다. 답 X

180

01. 행시·외시

남극조약에 의하면 남극지역에서 행한 임무수행과 관련하여 재판관할권은 그가 소속하는 체약국의 재판권에 의한다. O | X

속인주의를 의미한다. 답 O

181

예상논점

1959년 「남극조약」상 남극, 1979년 「달과 기타 천체에서의 국가의 활동에 적용되는 협정」상 달과 기타 천체의 천연자원, 1982년 「해양법에 관한 국제연합협약」상 국가관할권 이원의 심해저 지역, 2018년 「중앙북극해 비규제어업방지협정」상 북극해의 해양생물자원은 모두 국제법상 개별 국가의 주권 또는 주권적 주장이 인정되지 않거나 주권 분쟁을 동결한 영역 또는 대상에 해당된다. O | X

중앙북극해 비규제어업방지협정은 북극해 연안 5개국 배타적 경제수역(EEZ)으로 둘러싸인 중앙 북극해 공해지역 해양생물자원의 보존 및 지속 가능한 이용을 위해 '한시적' 사전예방 조치 도입을 위해 체결되었다. 동 협정상 북극해 해양생물자원은 일정한 요건하에 상업 조업이 허용된다. 답 X

182

20. 7급

북극지역의 원주민을 대표하는 일부 민간단체는 오타와선언으로 설립된 북극이사회에 영구참여자의 자격으로 참여하며, 북극이사회의 의사결정은 절대다수결에 의한다. O | X

1996년 오타와선언을 통해 설립된 북극이사회 의사결정은 회원국들의 컨센서스에 의하여 이루어지며 영구참여자들은 투표권이 없다. 답 X

183

20. 7급

비북극국가들, 세계적 및 지역적 차원의 정부 간 및 의회 간 기구, 그리고 비정부기구는 북극이사회로부터 옵서버 지위를 부여받을 수 있다. O | X

그 밖에 북극이사회는 국제기구로 의도된 것은 아니다. 북극이사회의 8개국은 북극지방의 수색과 구조 협정을 체결하였다. 답 O

제1절 총설

001
15. 7급

국제환경법의 이행과 준수는 주로 상호주의에 의해 뒷받침되고 있다. O | X

환경보호는 모든 국가들이 협력해야 하므로 상호주의 적용이 배제되는 것이 일반적이다.
답 X

002
15. 7급

국제환경조약의 체결에 있어서는 먼저 기본협약을 만들고 그 후에 의정서를 추가하는 방식의 유용성이 크다. O | X

협약에서 기본원칙과 목표 및 방향을 설정하고, 의정서를 통해 구체적인 이행방식을 설정한다. 답 O

003
15. 7급

환경보호를 위한 법은 국제법이 먼저 정립되고 이를 국내법이 수용하여 이행하는 방식으로 발전하였다. O | X

국제환경법의 발전 과정에 대한 관행이다. 답 O

004
15. 7급

국제환경조약의 체결과정에서는 상대적으로 비국가행위자(non - state actor)의 참여가 활발하다. O | X

환경 INGO의 활동이 활발하다. 답 O

005
20. 9급

세계자연보전연맹(IUCN)은 국가, 정부 기관, NGO, 연구소 등에 회원자격을 개방하고 있다. O | X

세계자연보전연맹(IUCN)은 1948년 스위스 민법에 근거하여 세계자연보호를 위해 프랑스, 네덜란드, 벨기에, 스위스 4개국과 7개 국제기구 및 107개의 NGO가 참여하여 처음 설립되었다. 세계자연보전연맹(IUCN)에 참여하는 회원들은 차등적인 투표권을 보장받는다. 우리나라는 1966년 '자연환경보전협회' 가입을 시작으로 1985년 환경부가 정부기관으로 가입한 이후 2008년 문화재청, 2010년 산림청 등이 정부기관 회원으로 가입하였다. IUCN은 자연자원의 형평하고 생태적으로 지속가능한 사용과 자연보호를 통해 생물다양성 보장을 전 세계에 촉구하고 장려하며 지원하는 활동을 한다. 답 O

006

예상논점

1983년 UN총회는 장기적 지구환경보전전략을 수립하기 위해 세계환경개발위원회 (WCED, 브룬트란트위원회)를 설립했다. 1987년 우리의 공동의 미래라는 보고서를 채택했다. O | X

우리의 공동의 미래 보고서는 지속가능개발원칙을 최초로 천명한 문서이기도 하다.

답 O

제2절 발달과정

스톡홀름회의(1972)

007

01. 행시·외시

1972년 스톡홀름 「인간환경선언」은 UN과는 무관하게 채택되었다. O | X

1968년 UN총회 결의에 따라 UN인간환경회의(스톡홀름회의)가 개최되었다. 답 X

008

01. 행시·외시

1972년 스톡홀름 「인간환경선언」은 법적 구속력을 갖는 조약으로 채택되었다. O | X

국제회의 결의로서 그 자체로 법적 구속력을 갖는 것은 아니다. 답 X

009

01. 행시·외시

1972년 스톡홀름 「인간환경선언」의 일부 원칙들은 오늘날 국제관습법적 지위를 갖는다고 간주된다. O | X

사전예방원칙(영역사용의 관리책임원칙, 원칙 21)이 대표적인 관습법이다. 답 O

010

01. 행시·외시

1972년 스톡홀름 「인간환경선언」은 1992년 리우 환경개발회의에서 전면 부정되었다. O | X

1992년 리우 환경개발회의는 「인간환경선언」에 법적 구속력을 부여하는 조약들을 채택하였다. 답 X

011

18. 7급

1972년 채택된 유엔인간환경선언에, 월경성 환경피해를 야기하지 아니할 책임원칙, 공동의 그러나 차별적 책임원칙, 사전주의원칙, 지속가능한 발전원칙이 명시되어 있다. O | X

월경성 환경피해를 야기하지 아니할 책임원칙을 제외하고는 모두 유엔인간환경선언에 규정이 없다. 답 X

리우회의(1992)

012
17. 7급

리우선언은 기본적으로 스톡홀름선언의 정신을 계승하고 있으며, 국가가 자원을 개발할 때 자원 개발이 지속 가능하게 수행되어야 함을 선언하고 있다. O | X

지속가능개발원칙을 규정하고 있다. 답 ○

013
17. 7급

리우선언의 시행을 위해 법적 구속력을 갖춘 구체적 행동지침으로서 의제 21(Agenda 21)과 기후변화협약, 생물다양성협약이 함께 채택되었다. O | X

의제 21(Agenda 21)은 법적 구속력이 없다. 답 X

014
17. 7급

1992년 환경과 개발에 관한 리우데자네이루선언(리우선언)은 환경목적을 위한 무역정책조치가 국제무역상 자의적 또는 부당한 차별조치나 위장된 규제수단이 되어서는 안 된다는 점을 선언하였다. O | X

무역과 환경의 조화를 추구한다. 답 ○

015
17. 9급

1992년 「환경과 개발에 관한 리우선언」상 각 국가는 개별 능력에 따라 사전주의적 접근법을 도입하도록 요구되었다. O | X

사전주의적 접근법은 제15원칙에 기술되어 있다. 답 ○

016
17. 9급

1992년 「환경과 개발에 관한 리우선언」상 오염자부담의 원칙에서는 다른 원칙들에 비해 법적 강제성이 강화된 용어를 사용하여 법적 규범성을 강조하였다. O | X

환경과 개발에 관한 리우선언의 경우 관습법을 성문화한 원칙도 있으나, 대체로 국제환경법의 일반원칙을 제시한 문서로서 법적 구속력을 가지지는 않는다. 오염자부담원칙도 마찬가지로 법적 규범성을 가지는 것은 아니다. 답 X

017
17. 9급

1992년 「환경과 개발에 관한 리우선언」상 협력의무의 원칙에 따르면 환경에 해로운 효과를 초래할 긴급사태 발생시 즉각 다른 국가들에게 이를 통고해야 한다. O | X

협력의무의 원칙은 관습법상 원칙이다. 답 ○

018
17. 9급

1992년 「환경과 개발에 관한 리우선언」상 '공동의 그러나 차별화된' 책임원칙은 지속가능한 개발과 관련하여 선진국에게 더 많은 부담을 부여하였다. O | X

공동의 그러나 차별화된 책임원칙은 환경보호에 있어서 선진국이 더 많은 책임을 져야 한다는 원칙이다. 답 ○

019

예상논점

리우선언은 사전예방원칙(영역사용의 관리책임원칙), 공동의 그러나 차별적 책임원칙(최초 규정), 환경과 무역의 조화원칙, 사전주의원칙, 오염자부담원칙, 환경영향평가원칙, 사전통고원칙 등을 규정하고 있다.　　　　　　　　　　　　O | X

환경과 개발에 관한 리우선언을 스톡홀름 인간환경선언과 비교해서 알아두어야 한다.
　　　　　　　　　　　　　　　　　　　　　　　　　　　　　　답 ○

020

21. 7급

리우선언에서는 환경에 심각한 악영향을 초래할 가능성이 있고 관할 국가당국의 결정을 필요로 하는 사업계획에 대하여는 환경영향평가가 국가적 제도로서 실시되어야 한다고 천명하고 있다.　　　　　　　　　　　　　　　　　　　O | X

「환경과 개발에 관한 리우선언」(1992)에는 환경영향평가원칙을 비롯하여 사전주의원칙, 오염자부담원칙, 공동의 그러나 차별책임원칙, 지속가능개발 등의 주요 원칙이 규정되어 있다.　　　　　　　　　　　　　　　　　　　　　　　　　답 ○

021

07. 9급

1992년 UN환경개발회의에서 기후변화협약(Framework Convention on Climate Change), 생물다양성협약(Convention on Biological Diversity), 의제 21(Agenda 21), 오존층보호협약(Convention for the Protection of the Ozone Layer) 등이 채택되었다.
　　　　　　　　　　　　　　　　　　　　　　　　　　　　　　O | X

오존층 보호를 위한 비엔나협약(Convention for the Protection of the Ozone Layer)은 1985년 비엔나에서 채택되었다.　　　　　　　　　　　　　답 X

022

15. 9급

1992년 UN 환경개발회의에서 채택된 리우선언(The Rio Declaration on Environment and Development)은 분쟁의 강제적 해결원칙, 오염자부담원칙, 공동의 그러나 차별적 책임원칙, 사전예방원칙 및 사전주의원칙 등을 규정하고 있다.　　O | X

환경과 개발에 관한 리우선언(The Rio Declaration on Environment and Development)에서 분쟁의 강제적 해결원칙은 규정되지 않았다.　　　답 X

제3절 기본원칙

지속가능개발

023

17. 9급

국제사법재판소는 가비치코브 - 나지마로스(Gabčikovo - Nagymaros) 사건에서 지속가능개발 원칙이 일반 국제관습법임을 확인하였다.　　　　　　　　O | X

국제사법재판소(ICJ)는 이 사건에서 지속가능개발원칙이 경제개발과 환경보호를 조화시키기 위한 필요성을 가장 잘 함축하고 있다고 평가하였으나, 국제관습법으로 언급하지는 않았다.　　　　　　　　　　　　　　　　　　　　　　　　　답 X

memo

024

17. 9급

지속가능개발의 개념은 1987년 브룬트란드(Brundtland)보고서를 계기로 국제사회에서 일반화되었다. O | X

브룬트란드(Brundtland)보고서는 브룬트란드위원회가 만든 보고서이다. 브룬트란드위원회란 '세계환경개발위원회(World Commission on Environment and Development)'를 의미한다. 답 ○

025

17. 9급

지속가능개발원칙은 환경보호가 개발과정의 중요한 일부이고 개발과정과 분리되어서는 아니 된다는 것을 포함한다. O | X

지속가능개발원칙은 환경을 지나치게 파괴하지 않는 한도 내에서 개발을 수행해야 한다는 원칙이다. 답 ○

026

17. 9급

지속가능개발원칙은 개발의 권리가 현세대와 미래세대의 요구를 공평하게 충족할 수 있도록 실현될 것을 포함한다. O | X

지속가능개발원칙은 '우산 개념(Umbrella Concept)'으로서 다양한 하위 개념을 내포한다. 현세대와 미래세대의 요구를 공평하게 충족시키는 것을 '세대 간 형평'이라고 하며, 지속가능개발원칙에 포함된다. 답 ○

027

20. 9급

지속가능한 발전의 세부원칙에는 세대 간 형평(inter - generational equity), 지속가능한 이용(sustainable use), 공정한 이용(fair use) 등이 포함된다. O | X

공정한 이용이 아니라 '형평한 이용(equitable use)'이다. '형평한 이용'(equitable use)이란 자연자원의 이용은 개별 국가의 경제적 사정, 환경오염을 유발한 역사적 책임, 발전에 대한 상이한 필요성 등을 고려해 각국에게 공평한 몫이 돌아가도록 해야 한다는 원칙이다. 답 X

028

11. 7급

지속가능한 개발의 원칙은 세대 간 형평의 원칙, 지속가능한 사용의 원칙, 형평한 이용의 원칙 또는 세대 내 형평의 원칙, 환경과 개발의 통합원칙 등을 포함한 개념이다. O | X

세대 간 형평은 현세대와 미래세대 간 형평을 의미하고, 세대 내 형평은 현 세대 내에서 선진국과 개도국 간 형평을 의미한다. 답 ○

029

22. 7급

ICJ는 Gabčíkovo-Nagymaros Project 사례에서 지속가능한 개발의 개념에 경제개발과 환경보호를 조화시킬 필요성이 포함된다고 언급하였다. O | X

지속가능개발은 현세대와 미래세대 간 형평을 추구하는 원칙이기도 하다. 답 ○

030

예상논점

리우선언 제4원칙은 지속가능한 개발을 달성하기 위해 환경보호는 개발과정의 불가결한 일부를 구성한다고 규정하였다. O | X

환경과 개발에 관한 리우선언 제4원칙은 환경가치와 개발가치의 조화를 추구하는 원칙이다. 답 ○

사전예방원칙(영역사용의 관리책임)

031

16. 7급

어느 국가도 자신의 관할권 내에서의 활동으로 다른 국가 또는 자국 관할권 바깥 지역에 환경피해를 야기하지 말아야 한다. O | X

영역사용의 관리책임원칙이라고 하며, 사전예방원칙이라고도 한다. 답 ○

032

13. 7급

트레일 제련소 사건(Trail Smelter Case)은 국가가 자국의 영토 이용으로 인하여 타국에 환경적 피해를 주지 말아야 한다는 월경 피해 방지의 원칙을 확인한 국제판례이다. O | X

트레일 제련소 사건(Trail Smelter Case)은 중재재판소 판례이다. 답 ○

033

08. 9급

자국 내의 활동으로 인하여 발생한 인접국의 오염피해에 대하여 그 국가가 책임을 부담하여야 하는 근거로 하몬주의(Harmon Doctrine)가 있다. O | X

하몬주의(Harmon Doctrine)는 일국이 자국 영토 내의 하천에 대하여 절대적 주권을 가지며 따라서 인접국이나 하류국에 미치는 영향을 생각함 없이 수질 변경 및 취수 등을 자유로이 할 수 있다는 주장이다. 따라서 자국 영토 내에서 행해진 행위로 인해 인접국에 피해가 발생할 경우에도 그 국가는 책임을 지지 않아도 된다는 결론에 귀결된다. 답 X

034

예상논점

핵무기 사용의 적법성에 관한 권고적 의견 사건은 영역사용의 관리책임원칙이 관습법이라고 보았다. O | X

영역사용의 관리책임원칙의 관습법성을 처음으로 확인한 판례이다. 답 ○

035

22. 7급

Iron Rhine Railway (Belgium/Netherlands) 사례에서 중재재판부는 예방(방지)의무는 일반국제법의 한 원칙이 되었다고 하였다. O | X

사전예방원칙이 관습법임을 확인한 판례이다. 답 ○

036

예상논점

코르푸해협 사건은 영역사용의 관리책임원칙을 확인하였다. O | X

알바니아가 영역사용의 관리책임을 이행하지 않아 영국에 입힌 피해에 대해 배상책임이 인정되었다. 답 ○

사전주의원칙

037
16. 7급

심각한 환경피해의 우려가 있는 경우 과학적 확실성이 다소 부족해도 환경 훼손에 관한 방지조치를 우선 취해야 한다. O | X

사전주의원칙을 의미하는 내용이다. 답 O

038
20. 9급

사전주의의 개념은 독일 「임미시온방지법」 제5조에 규정된 Vorsorge - prinzip에서 유래되었다. O | X

사전주의원칙은 과학적 불확실성에도 불구하고 환경보호조치를 취하자는 원칙을 의미한다. 답 O

039
11. 7급

사전주의원칙은 환경훼손의 위험성이 농후하나 그 과학적 확실성을 확신할 수 없는 경우에 적용하기 위하여 등장한 것이다. O | X

사전주의원칙은 과학적 불확실성을 전제로 한다. 답 O

040
예상논점

사전주의원칙은 오존층보호를 위한 빈협약(1985)에 최초 규정되었다. 동 협약 이행을 위한 몬트리올의정서(1987)에도 규정되었다. O | X

오존층보호를 위한 비엔나협약은 오존층 파괴물질의 사용을 규제하는 조약이다. 답 O

041
예상논점

사전주의원칙은 리우선언, 기후변화협약, 생명공학안정의정서, 마스트리히트조약에도 규정되었다. O | X

환경과 개발에 관한 리우선언의 경우 제15원칙에 규정되었다. 답 O

042
예상논점

ECJ에서 사전주의원칙을 적용하였다. O | X

유럽사법재판소는 사전주의원칙을 지역관습으로 본다. 답 O

043
예상논점

EC - 호르몬 사건에서 패널은 동 원칙이 일반관습법이 아니라고 하였고, 관습이라고 해도 WTO회원국 간에는 WTO협정이 적용된다고 판시하였다. O | X

EC - 호르몬 사건은 EC가 미국의 성장호르몬 투입 소고기에 대해 수입을 제한한 사건이다. 답 O

044
예상논점

2006년 WTO패널도 사전주의원칙의 법적 지위가 확립되지 않았다고 하였다. O | X

WTO는 사전주의원칙이 관습이 아니라고 본다. 답 O

045
예상논점

국제해양법재판소(ITLOS)는 2011년 사건에서 사전주의원칙이 관습으로 가는 과정에 있다고 평가했다. O | X

국제해양법재판소(ITLOS)도 사전주의원칙을 관습이 아니라고 본 것이다. 답 ○

046
예상논점

국제사법재판소(ICJ)가 사전주의원칙에 대해 명확한 입장을 표명한 예는 없다. O | X

국제사법재판소(ICJ)는 현재까지 사전주의원칙의 법적 성격을 정면으로 다룬 판례가 없다. 답 ○

환경영향평가원칙

047
14. 경찰간부

환경영향평가원칙은 1969년 유럽에서 최초로 도입되었으며, 전세계적으로 보편적인 제도로 자리 잡아가고 있다. O | X

1969년 미국 국가환경정책법에 최초로 도입되었다. 답 X

048
14. 경찰간부

많은 국가가 환경영향평가제도를 시행하고 있지만, 국가별로 이 제도가 다양한 형태를 띠고 있기 때문에 이를 조화·통합하기는 쉽지 않다. O | X

환경영향평가의 세부 내용은 국내법에 위임되어 있다. 답 ○

049
14. 경찰간부

리우선언 제17원칙은 환경에 심각한 악영향을 끼칠 것이 우려되는 사업계획에 대하여는 각국이 환경영향평가를 실시하도록 요구하고 있다. O | X

환경영향평가는 환경과 개발에 관한 리우선언에도 규정되어 있다. 답 ○

050
14. 경찰간부

환경영향평가를 명시적으로 언급하고 있는 협약은 1982년 UN해양법협약, 1985년 아세안 자연보전협정, 1991년 초국경적 환경영향평가에 관한 협약, 1992년 생물다양성협약 등이 있다. O | X

환경영향평가원칙이 명시된 문헌들을 기억해야 한다. 답 ○

051
19. 9급

국제사법재판소(ICJ)가 펄프공장(Pulp Mills on the River Uruguay) 사건에서 언급한 국제환경법상의 일반원칙은 사전주의원칙이다. O | X

국제사법재판소(ICJ)는 환경영향평가원칙을 언급하였으며, 동 원칙이 관습법이라고 하였다. 답 X

052
예상논점

유엔환경계획(UNEP)의 공유자원행위규칙이 환경영향평가를 구체적으로 언급하고 있는 최초의 국제법문서이다. O | X

공유자원행위규칙이 최초로 환경영향평가를 규정한 문서이다. 답 ○

053
22. 7급

ICJ는 Certain Activities carried out by Nicaragua in the Border Area 사례에서 심각한 월경침해의 위험이 존재하지 않는 경우에도 사업을 실시하려고 계획하는 국가는 환경영향평가를 실시할 것이 요구된다고 하였다. O | X

심각한 월경침해 위험이 존재하지 않는 경우 환경영향평가 의무가 없다고 판시하였다. 답 X

054
예상논점

스톡홀름선언에는 개발도상국의 반대로 환경영향평가원칙이 명시되지 않았다. O | X

1972년 스톡홀름 인간환경선언에는 환경영향평가원칙이 명시되지 않았다. 답 ○

055
21. 7급

ICJ는 Construction of a Road in Costa Rica along the San Juan River 사건에서 심각한 월경침해의 위험이 존재하는 경우에는 환경영향평가를 실시할 것이 요구된다는 취지의 판결을 하였다. O | X

동 판례에서 국제사법재판소(ICJ)는 월경침해의 위험이 존재하지 않는다면 환경영향평가를 실시할 것이 요구되지 않는다고 하였다. 답 ○

056
21. 7급

ICJ는 Gabčikovo - Nagymaros Project 사건에서 환경영향평가의무를 관습국제법의 하나로 인정하였다. O | X

Gabčikovo - Nagymaros Project 사건은 조약의 종료, 조약 승계 등이 쟁점인 사건이다. 환경영향평가의무의 관습법성은 Pulp Mills 사건이나 Construction of a Road in Costa Rica along the San Juan River 사건에서 인정되었다. 답 X

057
예상논점

환경영향평가원칙은 유엔해양법협약, Espoo협약, 환경보호에 관한 남극조약의정서, 생물다양성협약, 바젤협약, 기후변화협약 등에 규정되었다. O | X

환경영향평가원칙이 규정된 문서들을 기억해야 한다. 답 ○

058
예상논점

국제사법재판소(ICJ)는 2015년 판례(니카라과 v. 코스타리카)에서 국경을 넘어 중대한 해를 끼칠 수 있는 위험을 내포한 활동에 대해서는 사전에 환경영향평가를 반드시 실시해야 한다고 판단하였다. O | X

환경영향평가는 사전에 실시해야 한다. 답 ○

오염자부담원칙

059
16. 7급

환경오염을 유발한 책임이 있는 자와 오염발생지역을 관할하는 국가기관이 공동으로 오염처리비용을 부담한다. O | X

오염자비용부담원칙(PPP)을 의미한다. 동 원칙은 오염 유발책임이 있는 자가 오염 제거 비용을 부담해야 한다는 원칙을 의미한다. 답 X

060
11. 7급

오염자부담원칙은 오염방지의 비용에 관한 원칙으로서 법적인 측면보다는 경제정책적인 측면이 강한 원칙이다. O | X

오염자부담원칙은 오염자에게 오염결과제거비용을 부담하게 함으로써 오염을 줄이기 위한 원칙이다. 답 O

061
예상논점

오염자부담원칙은 1972년 OECD 각료이사회가 채택한 문서에서 처음 규정되었다. O | X

오염자부담원칙은 OECD에서 발전시킨 개념이다. 답 O

062
예상논점

1990년 유류오염대비협약, 1992년 산업사고협약은 오염자부담원칙이 국제환경법의 일반원칙이라고 하였다. O | X

동 협약들은 관습법이 아니라 환경법의 기본원칙이라고 한 것이다. 답 O

063
예상논점

오염자부담원칙은 리우선언 제16원칙에 규정되었다. O | X

스톡홀름 인간환경선언에는 오염자부담원칙이 명시되지 않은 점에 주의한다. 답 O

064
예상논점

오염자부담원칙은 국제관습법은 아니라는 것이 일반적 견해이다. O | X

국제사법재판소(ICJ)가 오염자부담원칙의 법적 성격을 직접 제시한 바는 없다. 답 O

065
예상논점

2004년 네덜란드와 프랑스 간 중재재판에서 오염자부담원칙이 국제법의 일부가 아니라고 하였다. O | X

중재재판소가 오염자부담원칙의 국제관습법성을 부인한 것이다. 답 O

공동의 그러나 차별적 책임(차별적 공동책임)원칙

066

16. 9급

1992년 기후변화협약은 공동의 그러나 차별화된 책임원칙을 적용하고 있다. O | X

공동의 그러나 차별화된 책임원칙은 기후변화에 관한 국제연합 기본협약에 처음 명시되었다. 답 ○

067

11. 7급

인간환경에 관한 스톡홀름원칙 21, 우주조약, 생물다양성협약 등은 차별적 공동책임(common but differentiated responsibility)원칙과 관련이 있다. O | X

공동의 그러나 차별적 책임원칙(common but differentiated responsibility)은 1992년 리우선언에 최초로 규정되었으므로, 스톡홀름원칙 21이나 우주조약에는 규정이 없다. 답 X

068

16. 7급

환경보호에 관하여 모든 국가가 공동의 책임을 지나, 각국은 경제적 · 기술적 상황을 고려하여 차별화된 책임을 부담한다. O | X

공동의 그러나 차별적 책임원칙이라고 한다. 답 ○

069

11. 9급

'차별적 공동책임(common but differentiated responsibility)'은 인류의 공동유산 또는 공동책임의 개념으로부터 발전한 것이다. O | X

공동책임은 환경보호가 선진국과 개발도상국 모두의 책임이라는 것이다. 답 ○

070

11. 9급

'차별적 공동책임(common but differentiated responsibility)'은 선진국과 개발도상국의 환경오염에 대한 책임의 차이를 인정한 것이다. O | X

'차별적 공동책임(common but differentiated responsibility)'은 선진국의 가중책임을 인정한다. 답 ○

071

11. 9급

'차별적 공동책임(common but differentiated responsibility)'은 선진국이 개발도상국에 대하여 환경오염해결에 필요한 기술이전과 재정지원을 하여야 한다는 것이다. O | X

차별적 책임은 선진국이 보다 많은 책임을 져야 한다는 것이다. 답 ○

072

11. 9급

'차별적 공동책임(common but differentiated responsibility)'은 인간환경에 관한 스톡홀름회의에서 처음으로 공식 선언되었다. O | X

'차별적 공동책임(common but differentiated responsibility)'은 환경과 개발에 관한 리우선언(1992)에서 최초로 규정되었다. 답 X

광역월경대기오염협약(1979)

073
예상논점

광역월경대기오염협약(1979)은 산성비의 원인이 되는 이산화황과 산화질소에 대한 조약이다. O | X

관련 물질의 구체적 규제를 규정한 것은 아니다. 답 ○

074
예상논점

광역월경대기오염협약(1979)은 대기환경을 다룬 최초의 다자조약이다. O | X

대기환경에 대한 최초의 조약으로서의 의미를 갖는다. 답 ○

075
예상논점

광역월경대기오염협약(1979)에서는 당사국에게 관련 정보 교환을 촉진하고 대기오염 물질 방출 감소를 위한 기반을 마련하였다. O | X

구체적 규제나 감축을 규정한 것이 아닌 점에 주의한다. 답 ○

076
예상논점

광역월경대기오염협약(1979)의 취약점을 보완하고 범위를 확대하며, 실질적인 대기오염 규제를 하기 위해 만들어진 것이 1985년 의정서(이황화탄소 의정서)와 질소산화물의 방출 및 국경이동에 관한 1988년 의정서(소피아 의정서)이다. O | X

의정서의 명칭을 기억해 두어야 한다. 답 ○

077
21. 9급

1979년 「광역월경대기오염협약」은 오존층 보호를 위해 각국이 오염에 기여한 정도와 능력에 따라 차별적인 책임을 진다는 공동의 그러나 차별화된 책임원칙을 규정하고 있다. O | X

공동의 그러나 차별화된 책임원칙은 1992년 리우회의를 계기로 처음 제시된 원칙이다. 1979년 협약에는 규정되지 않았다. 답 X

오존층보호협약(1985)과 몬트리올의정서(1987)

078
14. 7급

1985년 오존층보호협약에 따르면 협약당사국은 개도국에 대체 기술을 신속히 이전할 의무를 부담한다.　　　　　　　　　　　　　　　　　　　　　　　O | X

기술지원은 1987년 몬트리올의정서에서 규정하였다. 당사자는 협약 제4조의 규정과 관련하여 특히 개발도상국의 수요를 고려하면서, 이 의정서 참여와 이행을 촉진하기 위하여 기술지원 증대에 협력한다(몬트리올의정서 제10조 제1항).　　　　　　　　　답 X

079
14. 7급

1987년 오존층 파괴물질에 관한 의정서는 비당사국들과 통제 물질을 교역하는 것을 금지함으로써 환경과 무역을 연계시키고 있다.　　　　　　　　　　　　O | X

1987년 오존층 파괴물질에 관한 의정서는 환경보호와 무역을 연계시킨 최초의 조약으로 평가되고 있다.　　　　　　　　　　　　　　　　　　　　　　　　답 ○

080
98. 경찰간부

오존층 보호를 위하여 프레온가스 사용을 규제하는 가장 기본적인 조약은 1988년 소피아의정서이다.　　　　　　　　　　　　　　　　　　　　　　　　O | X

오존층 보호를 위한 비엔나협약 채택(1985) 이후 CFCs 및 halons의 생산과 소비를 규제하기 위한 정부 간 회의가 개최되어 1987년 몬트리올의정서가 체결되었다. 소피아의정서의 정식명칭은 「질소산화물 배출 또는 월경이류의 최저 30% 삭감에 관한 1979년 장거리 월경 대기오염조약의정서(Protocol to the 1979 Convention on Long-Range Transboundary Air Pollution concerning the Control of Emissions of Nitrogen Oxides or their Transboundary Fluxes)」이다. 유럽국가들은 1970년대부터 유럽의 산성비 문제를 해결하고 국경을 이동하는 대기오염을 통제하기 위하여 노력하였다. 1980년대에 들어 산성비로 인한 피해가 심각해지자, 1987년에 유황 배출 또는 월경 이동을 30% 삭감하도록 하는 헬싱키의정서(Helsinki Protocol)가 채택된다. 이어 1988년 불가리아 소피아에서 산성비의 원인물질인 질소산화물 삭감에 관한 소피아의정서가 체결되었다. 목적은 1994년까지 질소산화물의 연간 방출량 또는 국경이동을 1987년 수준으로 유지시키는 것이다.내용에는 발전소시설과 차량의 배기가스 방출 등 고정된 오염원을 포괄적으로 다루고 있다. 또한 국가별 방출기준을 정하여 의정서가 발효한 날로부터 2년 이내에 각 회원국의 새로운 생산시설에 적용하도록 되어 있다. 각 회원국은 질소산화물의 방출규제를 위한 모든 프로그램·정책·전략 등을 집행기구에 통보해야 한다. 2004년 현재 오스트리아·캐나다·독일 등 28개국이 비준하였다. 한편 유럽 12개국은 이 의정서의 내용으로 충분하지 않다고 하여 1989년부터 10년 내에 질소산화물의 배출량을 30% 삭감할 것을 선언하였다.　　　　　　　　　　　　　　　　　　　　　　　답 X

081
예상논점

오존층 보호를 위한 비엔나협약은 오존층 파괴의 주범인 염화불화탄소와 할론을 규제한다.　　　　　　　　　　　　　　　　　　　　　　　　　　　O | X

염화불화탄소와 할론은 오존층 보호를 위한 비엔나협약이 아니라 몬트리올의정서에 명시되었다.　　　　　　　　　　　　　　　　　　　　　　　　　　답 X

082
예상논점

오존층보호협약에는 구체적인 규제조치를 규정하지 못하고 몬트리올의정서가 규정한다.　　　　　　　　　　　　　　　　　　　　　　　　　　　　O | X

오존층 보호를 위한 비엔나협약은 목표와 방향에 대해 주로 규정한 것이다.　　답 ○

083
예상논점

몬트리올의정서는 환경문제와 무역문제를 연계시킨 최초 환경협약이다. O | X

환경보호를 위해 무역을 규제하였다. 답 ○

084
예상논점

몬트리올의정서는 재정지원과 기술지원을 위해 다자간기금을 설치하였다. O | X

이행 지원을 위한 조치이다. 답 ○

085
예상논점

몬트리올의정서는 규제물질이나 규제물질을 사용하여 생산한 제품에 대해 비당사국과의 무역을 원칙적으로 금지하였으나, 비당사국이 의정서에 따른 규제조치를 준수하고 있음을 당사국회의에서 확인한 경우 비당사국과의 규제물질 교역이 허용될 수 있다. O | X

비당사국에 대해 예외적으로 무역을 허용한 것이다. 답 ○

086
예상논점

빈협약은 구체적 행동의무는 부과하지 않았고, 조치의 대상이 될 원인물질을 명확히 지적하지도 않았다. O | X

오존층 보호를 위한 비엔나협약과 몬트리올의정서의 관계를 명확히 이해해야 한다. 답 ○

기후변화협약(1992)

087
09. 7급

1997년 기후변화협약 교토의정서에 의하면 협약 제1부속서에 포함되지 않은 당사국들도 2008년 ~ 2012년 사이에 일정한 비율로 온실가스 배출량을 감소시킬 의무를 진다. O | X

제1부속서에 열거된 국가들만 감축의무를 부담한다. 답 X

088
23. 9급

「기후변화에 관한 국제연합 기본협약에 대한 교토의정서」는 온실가스 배출 감축량을 평가하는 기준 시점을 1990년으로 삼고, 「파리협정」은 평균기온 상승의 억제 정도를 평가하는 기준 시점을 산업혁명 이전으로 삼는다. O | X

「파리협정」은 산업화 이전 시기에 비해 평균 최소한 2도, 최대한 1.5도를 넘지 않게 관리하자는 목표를 제시했다. 답 ○

089
19. 7급

「기후변화에 관한 국제연합 기본협약에 대한 교토의정서」는 모든 당사국에 온실가스를 감축할 의무를 공통으로 부과하면서도 감축치를 차등적으로 정하였다. O | X

기후변화에 관한 국제연합 기본협약에 대한 교토의정서는 부속서1국가들에 한해 온실가스 감축의무를 부담시키고 있다. 비부속서1국가들은 감축의 법적 의무가 없다. 답 X

090

15. 경찰간부

1997년 「교토의정서」(Kyoto Protocol)에서 온실가스 감축의무를 부담하는 국가들은 1990년 배출량 대비 최소 5%를 감축하도록 하였다.　　　　　　　　　　　O | X

온실가스 감축의무는 부속서1국가들의 의무이다.　　　　　　　　　　　　답 ○

091

15. 경찰간부

1997년 「교토의정서」(Kyoto Protocol)상 우리나라는 의무감축국 명단에 포함되지 않았다.　　　　　　　　　　　　　　　　　　　　　　　　　　　　O | X

우리나라는 비부속서1국가에 해당한다.　　　　　　　　　　　　　　　답 ○

092

10. 7급

미국은 교토의정서에 비준하지 않았으며 현재 동 의정서는 발효하지 않은 상태이다.　　　　　　　　　　　　　　　　　　　　　　　　　　　　　O | X

미국은 기후변화에 관한 국제연합 기본협약에 대한 교토의정서를 비준하지 않았다. 다만, 동 의정서는 발효되었고, 효력기간이 2012년이었으나 당사국 간 합의를 통해 2020년까지 효력을 연장하였다.　　　　　　　　　　　　　　　　　　　　답 X

093

10. 7급

지구의 환경보호를 위하여 교토의정서에 참가하지 않는 국가에게도 온실가스 감축의무를 부담하게 하였다.　　　　　　　　　　　　　　　　　　　　O | X

기후변화에 관한 국제연합 기본협약에 대한 교토의 정서 참가국이 아닌 경우 감축의무가 없다. 또한, 당사국이라도 부속서1에 규정된 국가가 아닌 경우 감축의무가 없다.　　답 X

094

15. 경찰간부

1997년 「교토의정서」(Kyoto Protocol)는 배출권거래, 환경영향평가, 공동이행, 청정개발체제를 교투메카니즘으로 제시히였다.　　　　　　　　　　　　　O | X

환경영향평가는 교토메카니즘이 아니다. 교토메카니즘은 온실가스 감축 의무를 부담하는 국가늘이 신축적으로 의무를 이행할 수 있도록 하는 제도이다.　　답 X

095

15. 경찰간부

1997년 「교토의정서」(Kyoto Protocol) '부속서A'에 의하면 감축대상이 되는 온실가스는 여섯 가지이다.　　　　　　　　　　　　　　　　　　　　　O | X

이산화탄소(CO_2), 메탄(CH_4), 아산화질소(N_2O), 과불화탄소(PFCs), 수불화탄소(HFCs), 육불화황(SF6)이 6대 온실가스이다.　　　　　　　　　　　　　답 ○

096

16. 9급

1992년 기후변화협약에 대하여는 어떠한 유보도 행할 수 없다.　　　O | X

1992년 기후변화에 관한 국제연합 기본협약에서는 유보가 전면금지되었다.　답 ○

097
14. 9급

1997년 기후변화협약 교토의정서는 온실가스 배출량 감축의무를 이행하는 데 있어 소위 배출 적립제도를 두었다. O | X

배출 적립제도는 감축 목표를 초과달성한 경우 다음 이행기로 초과달성한 부분을 적립해 주는 제도를 말한다. 답 ○

098
14. 9급

1997년 기후변화협약 교토의정서는 온실가스 배출량의 국가 간 거래를 허용하는 소위 배출권 거래를 마련하였다. O | X

배출권 거래제도는 신축성제도의 하나이다. 답 ○

099
14. 9급

1997년 기후변화협약 교토의정서에서 온실가스 배출권 거래의 변형된 형태인 공동이행은 인정되지 않는다. O | X

공동이행도 인정된다. 공동이행은 선진국이 타 선진국의 배출량 감축을 지원한 경우 감축분의 일부분을 지원국의 목표 달성치로 인정해 주는 제도이다. 답 X

100
14. 9급

1997년 기후변화협약 교토의정서에서 온실가스 배출량 감축의무는 협약 제1부속서에 포함되지 않는 당사국들에게는 적용되지 않는다. O | X

부속서1 당사국만 온실가스 배출량 감축의무가 있다. 답 ○

101
16. 9급

1992년 기후변화협약은 청정개발체제, 공동이행제도, 배출권 거래제도 등을 도입하였다. O | X

신축성제도는 기후변화에 관한 국제연합 기본협약에 대한 교토의정서(1997)에서 도입되었다. 답 X

102
16. 9급

1992년 기후변화협약은 지구온난화를 방지하기 위하여 이산화탄소 등의 온실가스 배출을 제한하고 있다. O | X

기후변화에 관한 국제연합 기본협약은 리우회의에서 채택된 조약이다. 답 ○

103
19. 7급

「파리협정」에 따라 국가별 감축은 개별 국가가 5년 단위로 제출하는 자발적 기여 방안에 따라 이행하기로 하고, 별도의 등록부를 통해 관리하기로 하였다. O | X

「파리협정」은 온실가스에 대해 자발적 감축을 규정하였다. 답 ○

104
예상논점

기후변화협약에는 공동의 그러나 차별책임원칙, 사전예방원칙, 사전주의원칙, 지속가능개발원칙, 개발도상국 필요 고려 원칙 등이 규정되었다.　　　O | X

기후변화에 관한 국제연합 기본협약에는 사전예방원칙과 함께 사전주의원칙도 규정되었다.
답 ○

105
예상논점

부속서1 선진당사국들은 온실가스 배출량을 감축하기 위한 법적 의무를 부담한다.
O | X

차별적 책임에 대한 것이다.　　　답 ○

106
예상논점

부속서2 선진당사국들은 부속서1에 포함된 국가들로서 개발도상국들의 의무 이행을 위해 재정지원이나 기술지원의 법적 의무를 부담한다.　　　O | X

부속서2 국가들은 온실가스감축의무와 함께 재정이나 기술지원의무도 부담한다.　답 ○

교토의정서(1997 · 2005)

107
예상논점

부속서1 국가들은 단독 또는 공동으로 자국의 공약 할당량을 초과하지 않도록 통제할 법적 의무를 부담한다.　　　O | X

부속서1국가들이 감축의무를 부담한다.　　　답 ○

108
예상논점

부속서1 국가들은 2008년부터 2012년까지 5년동안 1990년보다 최소한 5% 이하로 총 배출량을 감축해야 한다.　　　O | X

이행기간은 당초 2012년까지였으나, 이후 2020년으로 연장되었다.　　　답 ○

109
예상논점

신축성제도로서 공동이행, 청정개발체제, 배출권 거래제도를 도입하였다.　O | X

신축성제도는 온실가스감축에 따른 경제적 피해를 최소화하려는 것이다.　답 ○

110
예상논점

공동이행은 부속서1 국가 간 협조체제로서 타국에 자본이나 기술을 지원하여 타국의 온실가스를 감축해준 뒤 일정분을 자국의 감축분으로 인정받는 제도이다.　O | X

공동이행은 선진국 간 이행체제이다.　　　답 ○

111
예상논점

청정개발체제는 공동이행과 내용은 같으나, 부속서1 국가와 비부속서1 국가 간 협조체제이다. O | X

청정개발체제는 선진국과 개발도상국 간 이행체제이다. 답 ○

112
예상논점

배출 적립제도는 도입되었으나, 배출 차입제도는 도입되지 않았다. O | X

배출 적립제도는 온실가스감축목표치를 초과달성한 경우 차기 이행기에 이를 고려하여 의무수준을 낮춰 주는 제도이다. 답 ○

113
예상논점

한국은 교토의정서 당사국이나 비부속서1 국가이므로 온실가스 감축의 법적 의무를 부담하지 않는다. O | X

우리나라는 비부속서1 국가이다. 답 ○

파리협정(2015 · 2016)

114
예상논점

모든 당사국들이 감축의무를 부담하는 보편적 체제이다. O | X

당사국들이 모두 자발적 감축의무를 부담한다. 답 ○

115
예상논점

지구 평균 기온 상승을 산업화 이전 대비 최소한 2°C, 최대한 1.5°C로 제한하기로 하였다. O | X

군소도서국가들의 입장을 반영하여 최대치를 규정한 것이다. 답 ○

116
예상논점

당사국은 국가결정공약(NDC)방식에 따라 스스로 목표치를 정하고 이를 이행해야 하나, 법적인 감축의무는 아니다. O | X

파리협정은 자발적 감축체제라는 점이 특징이다. 답 ○

117
예상논점

재원조성과 관련하여 선진국이 선도적 역할을 하고 여타 국가는 자발적으로 참여하나, 선진국이 선도적 역할을 해야 할 법적 의무는 부담하지 않는다. O | X

재정지원은 자발적 의무이다. 답 ○

118
예상논점

2023년부터 5년 단위로 전지구적 이행점검을 실시하나, 개별 당사국별 점검이 아니라 회원국의 이행 노력을 목표치에 비춰 전체적으로 점검하는 것이다.　　O | X

전반적인 목표치 달성을 평가하는 것이다.　　답 O

119
예상논점

당사국들은 2년마다 주기적으로 국가결정공약을 제출해야 한다.　　O | X

5년마다 제출한다. 국가결정공약 목표치를 제출하는 것은 법적 의무이다.　　답 X

120
예상논점

당사국 간 자발적 협력을 통해 타국에서 달성한 탄소 감축분을 자국의 감축목표 달성에 사용할 수 있다.　　O | X

당사국 간 협조체제를 구축한 것이다.　　답 O

121
예상논점

최빈개도국과 군소도서국가를 제외하고, 모든 당사국은 2년마다 국가결정공약 이행보고서를 UN기후변화사무국에 제출해야 한다.　　O | X

이행보고서는 2년마다 제출한다. 목표치는 5년마다 제출한다.　　답 O

122
예상논점

선진국이 개발도상국에 대한 재정 및 기술지원에 대한 지원 내용을 보고하는 것은 의무가 아닌 재량이다.　　O | X

지원 내용을 보고하는 것은 법적 의무이다.　　답 X

123
17. 7급

녹색기후기금(Green Climate Fund)은 기후변화에 대처하기 위해 국제사회가 정한 목표를 달성하려는 지구적 노력에 기여하기 위하여 설립되었다.　　O | X

녹색기후기금(Green Climate Fund)의 사무국은 우리나라 인천광역시 송도에 있다.　　답 O

폐기물 및 기타 물체의 투기에 의한 해양오염방지를 위한 런던협약(1972)

124
14. 7급

1972년 런던덤핑협약은 지구온난화 방지를 위한 온실가스 배출권의 거래를 제한하고 있다.　　O | X

해양투기를 규제하는 협약이다.　　답 X

m e m o

125
20. 7급

1996년 「런던덤핑의정서」는 해양환경에 유입되는 폐기물 또는 그 밖의 물질이 그 영향과의 인과관계를 증명하는 단정적인 증거가 없더라도 피해를 발생시킨다고 믿을 만한 이유가 있으면 동 물질을 해양에 투기하여서는 아니된다고 규정함으로써 사전배려의 원칙을 채택하였다. O | X

「런던덤핑의정서」는 사전배려원칙(사전주의원칙, precautionary principle)과 오염자부담 접근법을 규정하고 있다. 답 ○

126
예상논점

폐기물 및 기타 물체의 투기에 의한 해양오염방지를 위한 런던협약(1972)은 각국 내수를 제외한 전 세계 해양에 적용된다. O | X

폐기물 및 기타 물체의 투기에 의한 해양오염방지를 위한 런던협약은 내수에는 적용되지 않는다. 답 ○

127
예상논점

폐기물 및 기타 물체의 투기에 의한 해양오염방지를 위한 런던협약(1972)은 금지품목, 특별허가품목, 일반허가품목으로 대별하여 규제한다. O | X

금지품목은 해양 투기가 금지된 것이다. 답 ○

128
예상논점

폐기물 및 기타 물체의 투기에 의한 해양오염방지를 위한 런던협약(1972)에서 불가항력에 의한 투기, 비상 투기는 허용된다. O | X

예외적으로 투기가 인정되는 조건이다. 답 ○

129
예상논점

선박, 항공기, 해양구조물 등으로부터의 폐기뿐 아니라 선박, 항공기, 구조물 자체를 폐기하는 행위도 금지된다. O | X

선박이나 항공기 자체도 해양오염을 심각하게 야기하므로 금지한 것이다. 답 ○

130
예상논점

수은, 카드뮴, 플라스틱, 유류, 방사능 물질, 생물 및 화학전에 사용되는 물질 등의 투기는 전면금지된다. O | X

수은, 카드뮴, 플라스틱, 유류, 방사능 물질, 생물 및 화학전에 사용되는 물질 등은 해양투기 금지 품목이다. 답 ○

131
예상논점

1996년 개정의정서는 7가지 지정물질을 제외한 모든 물질의 해양투기를 전면금지하였다. O | X

투기 금지의 범위를 확대한 것이다. 답 ○

132

예상논점

우리나라는 런던협약과 개정의정서 모두 비준하였다.   O | X

폐기물 및 기타 물체의 투기에 의한 해양오염방지를 위한 런던협약과 개정의정서에 관련된 국내법도 제정하였다.   답 ○

유해폐기물의 월경이동 및 처리의 통제에 관한 바젤협약(1989)

133

예상논점

바젤협약(1989)은 UN환경계획(UNEP) 주도로 채택되었다.   O | X

UN환경계획(UNEP)는 UN총회의 산하기관이다.   답 ○

134

예상논점

유해폐기물은 당사국 간 합의에 의해 거래하며, 수입국의 서면동의가 있어야 수출할 수 있다.   O | X

사전통보동의제도가 적용된다.   답 ○

135

예상논점

당사국은 비당사국과의 유해폐기물의 수출입을 허가할 수 없다.   O | X

유해폐기물의 수출입은 원칙적으로 금지되는 것이다.   답 ○

136

예상논점

남위 60도 이남지역으로의 수출을 허가할 수 없다.   O | X

남위 60도 이남 지역은 남극을 의미한다.   답 ○

137

예상논점

경유국이 있는 경우 경유국의 동의도 받아야 하나, 60일 이내에 경유국의 회답이 없는 경우 수출국은 월경 이동을 허가할 수 없다.   O | X

회답이 없는 경우 이동을 허가하는 점에 주의한다.   답 X

138

23. 7급

「유해폐기물의 국가 간 이동 및 그 처리의 통제에 관한 바젤협약」은 유해폐기물과 그 밖의 폐기물의 국가 간 이동에 대한 통제를 강화하기 위하여 폐기물의 수출국, 수입국, 경유국에 대한 의무를 부과하고 있다.   O | X

수출국은 수입국의 동의를 받아야만 유해폐기물을 수출할 수 있고, 경유국이 있는 경우 경유국의 동의도 받아야 한다.   답 ○

139
예상논점

유보는 전면 금지된다. O | X

국제환경협약의 경우 기후변화에 관한 국제연합 기본협약, 기후변화에 관한 국제연합 기본협약에 대한 교토의정서, 파리협정 등이 유보를 전면 금지한다. 답 ○

140
예상논점

분쟁은 합의에 의해 중재나 국제사법재판소(ICJ)에 회부될 수 있으나, 일방적 선언을 통해 중재나 국제사법재판소에 의무적으로 회부할 수 있다. O | X

일방적 선언이 없는 경우 중재나 국제사법재판소(ICJ)는 합의에 기초해서 회부된다. 답 ○

141
예상논점

가입 후 3년 후에 서면통고로써 탈퇴할 수 있고, 탈퇴 효력은 통고일로부터 1년 후 발생한다. O | X

탈퇴규정을 명확히 암기해야 한다. 답 ○

142
예상논점

1995년 당사국회의는 선진국으로부터 개발도상국의 유해 폐기물의 이동을 금지하는 Ban Amendment를 채택하였다. O | X

유해폐기물의 월경이동 및 처리의 통제에 관한 바젤협약과 다른 점이다. 답 ○

143
예상논점

1999년 당사국회의는 「손해에 대한 책임과 보상에 관한 의정서」를 채택하였다. O | X

민사책임에 대한 것이나. 답 ○

144
예상논점

바젤협약은 일정한 조건하에 비당사국과 유해폐기물의 국가 간 이동에 관한 양자, 다자 또는 지역적인 협정을 체결하는 것이 허용된다. O | X

유해폐기물의 월경이동 및 처리의 통제에 관한 바젤협약 자체는 다자조약이다. 답 ○

145
예상논점

1995년 개정(Basel Ban Amendment)에 의해 제7부속서에 열거된 선진국들은 개발도상국으로의 유해폐기물 이동이 금지된다. O | X

수출을 금지한 조약이다. 답 ○

146
23. 7급

「유해폐기물의 국가 간 이동 및 그 처리의 통제에 관한 바젤협약」이 발효한 후 한 차례 수정을 거친 Basel Convention Ban Amendment를 통해 재활용 유해폐기물 이동의 통제를 강화하였다. O | X

바젤 Ban Amendment의 경우 일부국가들에 대해 유해폐기물의 이동을 금지하였다. 답 ○

147

예상논점

1999년 바젤협약 제5차 당사국회의에서 「유해폐기물의 국가 간 이동 및 그 처리에 기인한 손해에 대한 책임과 배상에 관한 바젤의정서」(바젤 책임배상의정서)가 채택되었다.

O | X

손해배상책임에 관한 조약이다. 답 ○

148

예상논점

「바젤 책임배상의정서」에 따르면 유해폐기물의 국제적 이동의 각 단계에 관여하는 사람들(수출통지자, 처리자, 수입자, 재수입자)에게 일정 면책사유가 인정되는 경우를 제외하고는 무과실책임(엄격책임)을 부담하고, 그 밖의 사람들은 과실책임을 부담한다.

O | X

무과실책임을 지는 자들을 주의해서 알아두어야 한다. 답 ○

149

23. 7급

「유해폐기물의 국가 간 이동 및 그 처리에 기인한 손해에 대한 책임과 배상에 관한 바젤의정서」는 과실책임과 엄격책임을 모두 도입하고 있다.

O | X

바젤 책임배상의정서는 일부 주체에 대해 엄격책임, 즉 무과실책임을 적용한다. 답 ○

생물학적 다양성에 관한 협약(1992)

150

17. 7급

생물다양성협약(Convention on Biological Diversity)의 목적은 생물다양성의 보존, 그 구성요소의 지속 가능한 이용, 유전자원의 공정하고 공평한 이익의 공유이다. O | X

유전자원의 공정하고 공평한 이익의 공유와 관련하여 2010년 나고야의정서가 채택되었다.

답 ○

151

예상논점

생물학적 다양성에 관한 협약(1992)에 지속가능발전원칙, 영역사용의 관리책임원칙 등이 규정되었다.

O | X

영역사용의 관리책임원칙이란 영토를 재량껏 사용하되 이로 인해 타국에 피해를 야기해서는 안된다는 원칙을 의미한다. 답 ○

152

예상논점

현지보존, 현지외보존 등을 위해 입법조치를 취해야 한다. O | X

생물학적 다양성에 관한 협약에는 현지보존과 현지외보존이 모두 규정되어 있다. 답 ○

153

예상논점

생물학적 다양성에 관한 협약(1992)에 환경영향평가원칙이 규정되었다. O | X

환경영향평가원칙은 국가의 조치가 환경에 미치는 영향을 국가조치를 취하기 전에 평가해야 한다는 원칙이다. 답 ○

154
예상논점

타당사국에게 유전물질에 대한 접근을 국내입법에 따라 허용한다. O | X

유전물질에 대한 접근과 관련해서 나고야의정서가 채택되었다. 답 ○

155
예상논점

생물다양성 보존에 관한 기술을 타당사국에게 이전한다. O | X

기술이전이나 재정지원이 규정되었다. 답 ○

156
예상논점

선진국은 개발도상국에게 협약의무 이행조치를 위한 재정을 지원한다. O | X

선진국의 차별적 책임이다. 답 ○

157
예상논점

생물학적 다양성에 관한 협약(1992)에 자연자원의 유한성과 생물종의 보존 필요성을 처음으로 확인하고, 지속가능한 환경자원의 이용을 위해서는 구체적 협력이 필요하다는 점을 명기한 최초 조약이다. O | X

국제협력을 규정한 것이다. 답 ○

158
예상논점

협약 이행을 위한 의정서로 2000년 「바이오 안전성에 관한 의정서」(카르타헤나의정서)가 채택되었다. O | X

「바이오 안정성에 관한 의정서」는 GMO의 국제이동을 통제하는 조약이다. 사전주의원칙이 반영되었다. 답 ○

159
예상논점

유전 자원의 이용에서 발생하는 이익의 공유를 추구하는 나고야의정서가 2010년 채택되었다. O | X

나고야의정서는 현재 발효 중이다. 답 ○

나고야의정서(2010 · 2014)

160
예상논점

나고야의정서에서 생물다양성협약상 유전자원에 대한 접근을 구체적으로 규정하였다. O | X

유전자원에 대한 접근에 있어서 '사전통보동의제도'가 적용된다. 답 ○

161
예상논점

타당사국의 유전자원에 접근하고자 하는 경우 사전통보하고 승인을 받아야 한다. O | X

타당사국의 유전자원에 접근하려면 타국의 승인을 받아야 한다. 답 ○

162
예상논점

토착지역 공동체가 보유한 유전자원 관련 전통 지식에 대해 적용된다. O | X

적용범위에 주의한다. 답 ○

163
예상논점

당사국 영토를 벗어난 공해 또는 남극 등에 존재하는 생물 유전자원은 적용대상에서 제외된다. O | X

공해나 남극은 나고야의정서의 적용범위가 아니다. 답 ○

164
예상논점

한국은 2017년 나고야의정서를 비준하였다. O | X

나고야의정서는 현재 발효 중이다. 답 ○

멸종위기에 처한 야생동식물의 국제적 거래에 관한 협약(1973)

165
17. 7급

멸종위기에 처한 야생동식물종의 국제적 거래에 관한 협약(CITES)은 3개의 부속서(Appendix)에 열거된 종의 표본에 대한 국제거래를 규제하고 있다. O | X

국제거래를 금지한 것은 아니다. 답 ○

166
예상논점

멸종위기에 처한 종의 국제적 상거래에 대해 제약을 가하는 조약이다. O | X

국제거래를 어렵게 만드는 조약이다. 답 ○

167
예상논점

부속서1, 부속서2, 부속서3으로 구분해서 통제한다. 부속서1에 해당되는 경우 국제적 거래가 원칙적으로 금지되나, 예외적으로 국제적 거래를 위해서는 수입허가와 수출허가 모두 필요하며, 부속서1은 수출허가만 요구되고, 부속서3은 개체 수 상황을 감시해야 한다. O | X

부속서별 규제조치를 암기해야 한다. 답 ○

168
예상논점

일정한 조건하에 협약 비당사국과의 거래를 허용할 수 있다. O | X

비당사국과의 거래는 제한적으로 허용된다. 답 ○

169
예상논점

당사국이 협약을 준수하지 않는 경우 사무국이 해당국에 당해 사실을 통보하고 구제조치를 제의해야 한다. O | X

이행제도에 대한 내용이다. 답 ○

습지보호조약(람사르조약, 1971)

170
예상논점

물새가 서식하는 중요한 습지를 국제적으로 보호한다.　　　　　O | X

습지 보호를 목표로 한다.　　　　　답 ○

171
예상논점

당사국은 1개 이상 보호대상 습지를 지정하고 자연보호구역을 설치한다.　　　　　O | X

습지 지정과 자연보호구역 설치는 당사국의 의무이다.　　　　　답 ○

172
예상논점

우리나라는 1999년 습지보전법을 제정하였다.　　　　　O | X

우리나라는 람사르조약의 당사국이다.　　　　　답 ○

173
17. 7급

물새의 서식지로서 국제적 중요성이 있는 습지에 관한 협약(Ramsar Convention)은 생태계보존을 위한 습지의 중요성을 인식한 국제사회가 1975년 이라크의 람사르에서 채택하였다.　　　　　O | X

람사르는 이란에 있다.　　　　　답 X

기타 협정

174
21. 9급

1991년 「월경 차원의 환경영향평가에 관한 협약」은 당사국은 사업계획으로부터 국경을 넘어선 환경에 대한 심각한 악영향을 방지·경감·통제하기 위하여 모든 적절하고도 실효성 있는 조치를 취해야 한다는 예방원칙을 규정하고 있다.　　　　　O | X

예방원칙은 오염원과 피해 간 인과관계의 존재를 전제로 오염원을 통제할 책임을 부과하는 것이다.　　　　　답 ○

175
21. 9급

1992년 「국경을 넘는 수로와 국제호수의 보호와 이용에 관한 협약」은 환경오염을 유발한 책임이 있는 자가 오염의 방지와 제거를 위한 비용을 담당해야 한다는 오염자부담원칙을 수용하였다.　　　　　O | X

오염자부담원칙은 오염에 책임있는 자가 제거비용을 담당해야 한다는 원칙이다.　　　　　답 ○

176
20. 7급

1969년 「유류오염에 대한 민사책임에 관한 국제협약」의 규정은 군함 또는 국가에 의하여 소유되거나 운영되는 선박으로서 당분간 정부의 비상업적 역무에 사용되는 것에 대하여 적용된다.　　　　　O | X

동 협약 제11조 제1항에 의하면 군함이나 비상업용 정부선박은 동 협약의 적용범위에서 배제된다.　　　　　답 X

제6편

분쟁해결제도 및 전쟁과 평화에 관한 법

제1장 국제분쟁해결제도
제2장 전쟁과 평화에 관한 법

m e m o

제1절 총설

001
11. 사시

모든 국제분쟁을 해결할 수 있는 보편적이고 강제적인 관할권을 갖는 국제사법기관은 존재하지 않는다. O | X

국제사법재판소(ICJ)의 경우 임의관할, 즉 당사자 간 합의에 기초한 관할이 원칙이다.

답 O

002
11. 사시

법적 쟁점을 갖는 국제분쟁이라 하더라도 교섭, 중개 등의 비사법적인 방법으로 해결될 수 있다. O | X

법적 분쟁과 정치적 분쟁 모두 비사법적 방법으로 해결될 수 있다. 답 O

003
15. 7급

분쟁의 당사자인 UN비회원국은 UN헌장에 규정된 평화적 해결의무를 관련 분쟁에 관하여 미리 수락한 경우에는 안전보장이사회 및 총회의 주의를 환기할 수 있다. O | X

비회원국도 자신이 분쟁을 총회나 안전보장이사회에 회부할 수 있다. 답 O

004
15. 7급

안전보장이사회는 분쟁의 계속이 국제평화와 안전의 유지를 위태롭게 할 우려가 실제로 있다고 인정하는 경우 적절하다고 인정되는 해결 조건을 권고할 것인지를 결정한다. O | X

안전보장이사회는 해결조건을 권고할 수도 있고, 해결방법을 제시할 수도 있다. 답 O

005
15. 7급

총회는 평화에 대한 위협, 평화의 파괴 또는 침략행위의 존재를 결정하고, 그 해결을 위해 권고하거나 비군사적 또는 군사적 제재조치를 취할 수 있다. O | X

평화에 대한 위협, 평화의 파괴 또는 침략행위의 존재를 결정하고, 그 해결을 위해 권고하거나 비군사적 또는 군사적 제재조치를 취하는 것은 안전보장이사회의 권한이다. 답 X

006

11. 사시

국제연합헌장하에서는 국제분쟁의 해결을 위한 무력행사뿐만 아니라 무력의 위협도 허용되지 않는다. O | X

국제연합(UN)헌장 제2조 제4항에 대한 내용이다. 답 ○

007

15. 사시

분쟁의 평화적 해결은 UN의 목적과 원칙을 밝힌 헌장 제1조와 제2조에 규정되어 있다. O | X

분쟁의 평화적 해결은 헌장 제2조 제3항에 규정된 원칙이나, 제1조 제1항에도 국제분쟁의 평화적 수단에 의한 해결이 규정되어 있다. 답 ○

008

15. 사시

분쟁당사국은 헌장 제33조 제1항에 열거된 교섭, 심사, 중개, 조정, 중재재판과 사법적 해결의 수단에 의해서만 분쟁을 해결해야 한다. O | X

그밖에도 지역적 기관이나 약정 또는 당사자가 선택하는 다른 평화적 수단에 의한 해결을 추구할 수 있다. 답 X

009

15. 사시

분쟁의 평화적 해결은 헌장의 최고원칙이므로, 헌장은 무력을 사용할 수 있는 예외를 인정하지 않고 있다. O | X

분쟁의 평화적 해결 및 무력사용금지원칙에도 불구하고 그 예외로서 자위권 발동, 지역적 기관의 무력사용, 안전보장이사회의 무력적 강제조치, 구적국조항에 따른 예외가 명시되어 있다. 답 X

제2절 비사법적 해결

010

14. 사시

1982년 UN해양법협약은 분쟁해결방법으로 교섭을 규정하고 있다. O | X

UN해양법협약은 교섭 이외에 사법적 해결제도를 규정하고 있다. 답 ○

011

14. 사시

UN헌장은 평화적 분쟁해결방법으로 사실심사를 명시하고 있다. O | X

UN헌장 제33조 제1항에 대한 내용이다. 답 ○

012

15. 7급

분쟁의 계속이 국제평화와 안전의 유지를 위태롭게 하는 경우, 분쟁의 당사자들은 우선 교섭, 심사, 중개, 조정, 중재재판, 사법적 해결, 지역적 기관 또는 지역적 약정의 이용 또는 당사자가 선택하는 다른 평화적 수단에 의해 해결을 구한다.　O | X

UN헌장에 '주선'은 명시되어 있지 않다. 그러나, 분쟁의 평화적 해결수단으로는 인정된다.

답 O

013

15. 경찰간부

주선(알선)은 제3자가 분쟁의 내용에 개입하여 분쟁당사국의 의견을 조율하거나 스스로 해결책을 제시하지만, 중개는 제3자가 분쟁의 내용에는 개입하지 않고 당사국 간의 교섭에 의해 분쟁이 해결될 수 있도록 돕는 역할만 한다.　O | X

주선(알선)은 분쟁의 내용에는 개입하지 않는다. 중개는 분쟁의 내용에 개입한다.　답 X

014

예상논점

1905년 포츠머스 강화조약은 미국에 의한 주선 사례이다.　O | X

포츠머스 강화조약은 러일전쟁(1904)의 강화조약이다.　답 O

015

16. 9급

제3자가 분쟁의 내용에는 개입하지 않고 당사자 간의 외교교섭 타결에 조력하는 방법이 주선(good offices)이다.　O | X

주선(good offices)은 분쟁의 내용에 개입하지 않는다.　답 O

016

11. 7급

주선(good offices)과 중개(mediation)는 국가는 물론 개인도 할 수 있다.　O | X

중개(mediation)는 분쟁의 내용에도 개입하는 점에서 주선(good offices)과 다르다.

답 O

017

14. 사시

중개는 제3자가 분쟁당사국들의 동의에 따라 분쟁당사국들의 교섭에 적극 참여하여 원칙적으로 법적 구속력이 있는 해결책을 제시하는 분쟁해결방법이다.　O | X

중개는 법적 구속력이 없다.　답 X

018

14. 사시

조정은 제3자가 분쟁당사국들의 동의에 따라 사실을 조사하고, 당사국들의 의견을 청취한 후 해결책을 제시하는 분쟁해결방법이다.　O | X

조정의 특징은 사실관계 조사와 함께 법률 검토도 같이 진행한다는 점이다.　답 O

019
08. 9급

조정은 중개(mediation)나 사실심사(fact-finding or inquiry)보다 제3자 개입의 정도가 더 크다. O | X

조정은 법률문제에도 개입하므로 중개(mediation)나 심사(fact-finding or inquiry)보다 개입정도가 더 강하다고 볼 수 있다. 답 ○

020
08. 9급

국제분쟁해결에 있어서 국가들은 조정에 회부할 것을 조약에 의하여 사전에 합의할 수 있다. O | X

UN해양법협약이나 조약법에 관한 비엔나협약은 조정을 규정하고 있다. 답 ○

021
08. 9급

조정은 제3자가 분쟁의 내용을 심사하고 그 해결방안을 제시하여 분쟁을 비사법적으로 해결하는 방법이다. O | X

조정 결과는 법적 구속력이 없으므로 비사법적 해결책으로 분류된다. 답 ○

022
15. 경찰간부

조정은 제3자에게 사실심사를 맡기는 데 그치지 않고 제3자가 그 해결조건까지 제시하는 방안이다. O | X

조정은 사실관계 심리를 거쳐 법률을 적용하여 법적 평가를 내리는 기능을 한다. 법적 구속력은 없다. 답 ○

023
11. 9급

국제분쟁 해결에 있어서 조정은 제3자의 사실조사 및 법적 구속력 있는 조정안의 제시로 분쟁을 해결하는 제도이다. O | X

조정의 법적 구속력은 없다. 답 X

024
11. 사시

조정(conciliation)은 원칙적으로 구속력이 없으나 분쟁당사자의 합의에 의해 구속력을 가질 수 있다. O | X

조정(conciliation)은 비사법적 해결제도로서 원칙적으로 법적 구속력이 없다. 답 ○

025
16. 9급

제3자가 분쟁의 원인이 된 사실을 명확히 함으로써 분쟁의 타결을 도모하는 방법이 심사(inquiry)이다. O | X

심사(inquiry)는 사실관계를 명확히 하는데 중점을 둔다. 답 ○

026
15. 경찰간부

사실심사(inquiry)에 의한 국제분쟁해결의 대표적 사례 도거뱅크(Dogger Bank) 사건(1904)이다. O | X

도거뱅크(Dogger Bank) 사례는 '중개'의 사례에도 해당됨을 주의한다. 영국과 러시아의 분쟁에 프랑스가 개입하여 사실심사(inquiry)를 하도록 하여, 실제 사실심사(inquiry)가 진행된 사례이다. 답 ○

027

14. 사시

국제분쟁해결에 있어서 통상적으로 교섭은 제3자가 개입하는 다른 분쟁해결방법이 사용되기 전에 분쟁해결의 첫 번째 단계에서 많이 사용된다. O | X

교섭이 실패하는 경우 다른 방법이 동원된다. 답 O

028

11. 7급

사실심사(inquiry)를 위한 국제사실심사위원회는 분쟁당사국 간의 특별한 합의에 의해 설치된다. O | X

사실심사(inquiry)는 분쟁당사국 간 합의에 의해 진행된다. 답 O

029

예상논점

1899년 제1차 만국평화회의에서 러시아의 제안으로 「국제분쟁의 평화적 해결에 관한 조약」에 심사제도가 처음 도입되었다. O | X

사실심사제도의 기원에 해당한다. 답 O

제3절 중재

030

14. 7급

중재재판의 판정과 사법재판의 판결은 분쟁당사국에 대하여 구속력을 갖는다. O | X

중재재판과 사법재판 모두 사법적 해결로서 법적 구속력이 있다. 답 O

031

14. 7급

중재재판에는 국세사법재판소(ICJ) 재판과 달리 상급심에 상소가 인정된다. O | X

중재재판과 국제사법재판소(ICJ) 재판 모두 단심제이다. 답 X

032

14. 7급

중재재판의 당사국 사이에 합의만 성립되면 어떠한 분쟁도 중재재판에 회부될 수 있다. O | X

중재재판은 원칙적으로 합의에 의해 구성된다. 답 O

033

14. 7급

중재재판부의 구성과 재판의 준칙은 국제사법재판소(ICJ)와 달리 당사자의 합의로 결정한다. O | X

국제사법재판소(ICJ)의 재판 준칙은 국제사법재판소(ICJ)규정 제38조에 명시되어 있다. 답 O

034
16. 9급

미국의 남북전쟁 이후 미국과 영국 사이의 Alabama호 청구 사건은 중재재판(arbitration)에 의하여 해결되었다.　　　　　　　　　　　　　　　　　　　　O | X

중립국이었던 영국의 중립의무 위반으로 인한 손해배상문제가 쟁점이 되었다. 동 재판에서는 국내법의 불비를 이유로 국제법 준수의무를 회피할 수 없다고 판시하였다.　　답 ○

035
12. 사시

중재재판은 분쟁당사국들이 합의하여 중재판정부를 구성하는 반면, 사법재판의 경우에는 재판소가 사전에 설립되어 있다.　　　　　　　　　　　　　　O | X

사법재판의 경우 상설성이 중재재판보다 더 강하다.　　　　　　　　　　답 ○

036
11. 사시

국제사법재판소에 의한 재판이 진행되는 중에는 당사자 간의 직접교섭에 의한 해결이 시도될 수 없다.　　　　　　　　　　　　　　　　　　　　　　O | X

재판 진행 시 합의 병행을 금지하는 규정은 없다. 당사국의 재량의 문제이다.　　답 X

037
15. 경찰간부

중재재판이란 분쟁당사국이 스스로 선정한 재판관에 의하여 법에 대한 존중을 바탕으로 분쟁을 구속력 있는 판정으로 해결함을 목적으로 하는 제도이다.　　　O | X

중재재판은 재판부의 구성이나 재판준칙 등을 합의로 결정한다.　　　　　답 ○

038
15. 경찰간부

중재재판은 그 결과가 분쟁당사국에 대해 구속력을 지닌다는 점에서 조정, 심사 등과 같은 분쟁의 비사법적 해결방법과 차이가 있다.　　　　　　　　　O | X

중재재판이나 사법재판은 사법적 해결질사이디.　　　　　　　　　　　　답 ○

039
10. 9급

중재법정의 구성은 원칙적으로 분쟁당사국들 간의 합의에 의해 결정된다.　　O | X

중재재판관의 수나 재판관은 당사국 간 합의에 의해 결정된다.　　　　　　답 ○

040
10. 9급

중재법정의 결정은 분쟁당사국들을 구속한다.　　　　　　　　　　　　　O | X

중재판정은 법적 구속력을 갖는다.　　　　　　　　　　　　　　　　　　답 ○

041
10. 9급

UN안전보장이사회는 중재결정의 이행을 확보하기 위하여 필요한 권고 또는 강제조치를 취할 수 있다.　　　　　　　　　　　　　　　　　　　　　　O | X

국제사법재판소(ICJ)판결 불이행에 대해서는 안전보장이사회가 개입할 수 있다.　답 X

042
20. 9급

중재재판의 판정은 사법재판의 판결과는 달리 법적 구속력을 갖지 아니한다. O | X

중재재판의 판정도 법적 구속력을 가진다. 답 X

043
20. 9급

중재재판의 준칙은 당사국 합의로 결정하며, 필요하다면 국내법도 준칙으로 활용될 수 있다. O | X

합의로 결정하기 때문에 특별한 제한이 없다. 답 O

044
20. 9급

중재재판은 분쟁의 종국적 해결을 목표로 함이 보통이므로 1심으로 종결됨이 통례이다. O | X

중재재판이 단심제가 일반적이나, 당사국 간 합의를 통해 새로 재판할 수도 있다. 답 O

045
20. 9급

중재판정의 부존재 내지는 무효를 구하는 소송이 국제사법재판소(ICJ)에 제기되기도 한다. O | X

카타르 - 바레인 해양경계획정 사건(2001)은 영국이 개입하여 결정한 양국 간 영유권 분쟁이 중재재판으로서의 효력을 갖는지를 다툰 사건이다. 답 O

046
19. 7급

중재는 그 결과가 분쟁당사국에 대해 구속력을 지닌다는 점에서 조정과 다르고 중개와 같다. O | X

중재는 법적 구속력이 있으나, 중개는 법적 구속력이 없다. 답 X

047
19. 7급

중재는 오로지 국가 간 혹은 사인 간에 행해지고, 일방의 국가와 타방의 비국가적 실체 사이에는 행해지지 않는다. O | X

중재는 국가와 비국가적 실체 간에도 행해질 수 있다. 예를 들어 ICSID중재의 경우 투자자 개인과 피투자국가 사이의 중재이다. 답 X

048
19. 7급

중재에서 재판준칙은 당사국이 합의하여 결정하지만, 특정 국가의 국내법을 재판준칙으로 삼을 수 없다. O | X

합의에 의해 타국 국내법을 재판준칙으로 삼을 수 있다. 재판준칙 설정에 특별한 제한은 없다. 답 X

049
예상논점

1794년 영국과 미국 간 제이조약(Jay Treaty)에서 근대적 중재재판제도가 규정되었다.

O | X

중재재판제도의 시초이다.

답 ○

050
예상논점

1899년 헤이그협약에 기초하여 1901년 상설중재법원(PCA)이 설치되었다.

O | X

상설중재법원(PCA)은 중재관 명부가 상시 비치되어 있다.

답 ○

051
예상논점

국제연맹 총회는 1928년 중재재판에 관한 일반조약을 채택하였다.

O | X

국제연맹의 관행이다.

답 ○

052
예상논점

상설중재법원(PCA)은 헤이그협약에 기초하여 1901년에 설치되었다.

O | X

상설중재법원(PCA)는 현재도 존재하고 있다.

답 ○

053
예상논점

상설중재법원(PCA)은 법관명부를 상시 비치한다.

O | X

법관 명부를 상시 비치하여 중재법정 구성을 용이하게 한다.

답 ○

054
예상논점

상설중재법원(PCA)은 당사국이 5명씩 지명한 법관 전체로 구성된다.

O | X

상설중재법원(PCA)은 당사국이 4명씩 지명한 법관 전체로 구성된다.

답 X

055
예상논점

상설중재법원(PCA) 법관 임기는 6년이며 재임될 수 있다.

O | X

6년간 명부에 등재되어 있을 수 있다는 의미이다.

답 ○

056
예상논점

현재 상설중재법원(PCA)은 국가 간 분쟁뿐 아니라 국제기구, 국가기관, 개인 등이 관련된 국제적 분쟁해결에 대하여도 서비스를 제공한다.

O | X

당초 상설중재법원(PCA)는 국가 간 분쟁에 대해 적용되었으나, 현재는 특별한 제한이 없다.

답 ○

제4절 국제사법재판소

총설

057
10. 사시

WTO상소기구의 판정과 ICJ판결은 양자 모두 전원재판정에 의한다. ○ | X

상소기구 판정은 3인이 부(division)를 구성하여 심리한다. 국제사법재판소(ICJ)의 경우 전원재판정에서 진행할 수도 있고 소재판정에서 진행할 수도 있다. 답 X

058
10. 사시

WTO분쟁해결기구의 관할권은 WTO회원국 간의 분쟁에 대하여 성립하지만, ICJ에 의한 분쟁해결은 ICJ규정비당사국에게도 개방된다. ○ | X

국제사법재판소(ICJ)규정비당사국의 경우 안전보장이사회가 제시한 조건을 따라야 재판당사자가 될 수 있다. 답 ○

059
10. 사시

WTO회원국이 ICJ판결을 이행하지 않은 경우 WTO에 의한 무역보복조치가 가능하다. ○ | X

WTO협정과 국제사법재판소(ICJ)판결 불이행시 보복조치는 상관이 없다. 국제사법재판소(ICJ)판결 불이행에는 UN안전보장이사회가 개입할 수 있다. 답 X

060
10. 사시

WTO협정은 판정을 이행하기 전에 잠정적으로 일정한 보상에 합의할 수도 있음을 규정하고 있고, ICJ규정은 판결불이행시 보상에 관하여 명시하고 있다. ○ | X

WTO협정 불이행의 경우 잠정조치로서 보상이나 보복조치가 취해질 수 있다. 그러나 ICJ규정에서는 판결불이행시 안전보장이사회의 개입조치 이외에 보상 등 다른 조치는 없다. 답 X

061
10. 사시

WTO판정과 ICJ판결의 이행은 위법한 조치가 취해진 시점부터 이행시점까지 발생한 손해를 금전적으로 배상하는 것을 주된 내용으로 하고 있다. ○ | X

WTO판정을 이행하는 것은 협정에 위반되는 조치를 협정에 합치시키는 것이다. 국제사법재판소(ICJ)판결 불이행의 경우 UN안전보장이사회가 개입하여 필요한 조치를 취할 수 있다. 답 X

062
09. 7급

ICJ는 단심절차인데 반해 WTO는 2심 절차를 두고 있다. ○ | X

WTO는 패널과 상소심 두 개의 절차로 구성된다. 답 ○

063
13. 7급

국제포획재판소(IPC)는 중립국과 교전국 간의 중대한 마찰의 주요 원인을 없애려고 하였다. O | X

국제포획재판소(IPC)는 설치되지 않았다. 답 X

064
13. 7급

국제포획재판소(IPC) 창설에 관한 협약상 이 재판소에는 국가만이 제소를 할 수 있었다. O | X

국제포획재판소(IPC)에서는 개인의 제소권이 인정된다. 답 X

065
09. 7급

ICJ재판관의 수는 WTO상소기구(Appellate Body) 위원의 수보다 적다. O | X

국제사법재판소(ICJ)재판관은 15명, WTO상소기구(Appellate Body) 위원은 7명이다. 답 X

066
09. 7급

ICJ는 WTO와 다르게 임시국적재판관(national ad hoc judge)제도를 두고 있다. O | X

재판관 중 자국 출신이 없는 경우 임시국적재판관(national ad hoc judge)제도가 적용된다. 답 ○

067
09. 7급

강제관할권 확보의 측면에서는 WTO분쟁해결절차가 ICJ절차보다 강화되어 있다. O | X

WTO의 경우 일방적으로 제소할 수 있어 일송의 강제관할권이 도입되어 있다. 국제사법재판소(ICJ)는 합의에 기초한 관할, 즉 임의관할이 원칙이다. 답 ○

068
02. 사시

재판준칙의 선정에 있어서 사법재판보다 중재재판의 경우 당사국의 재량이 더 많이 보장되고 있다. O | X

중재재판은 당사국이 합의로 중재재판관을 결정한다. 답 ○

069
02. 사시

중재재판은 사법재판에 비해 재판기관의 독립성과 상설성이 불충분하다. O | X

사법재판은 조약이 사전적으로 존재한다. 중재재판은 보통은 사후적으로 구성되어 재판하는 것이 일반적이다. 답 ○

070
02. 행시·외시

근대적 중재재판의 효시는 1794년 영·미 간의 제이조약(Jay Treaty)에 의한 중재재판이다. O | X

중재재판도 합의에 의해 형평과 선을 적용할 수 있다. 답 ○

071

02. 행시·외시

중재재판과 사법재판 모두 '형평과 선'을 재판준칙으로 선택할 수도 있다. O | X

중재절차를 규정한 조약이다. 답 O

072

16. 사시

국제사법재판소(ICJ)는 국제형사재판소(ICC)의 판결에 대한 재심권을 갖는다. O | X

국제형사재판소(ICC)판결에 대한 재심도 국제형사재판소(ICC)에서 한다. 답 X

073

14. 경찰간부

모든 국제연합 회원국은 당연히 국제사법재판소 규정의 당사국이 된다. O | X

UN 회원국이 아닌 경우에도 별도 국제사법재판소(ICJ)규정에 가입할 수 있다. 답 O

074

14. 경찰간부

국제연합 회원국이 아닌 국가는 총회의 권고에 의해 안전보장이사회가 결정하여 국제사법재판소 규정의 당사국이 된다. O | X

안전보장이사회의 권고에 기초하여 총회가 가입을 결정한다. 답 X

075

15. 9급

ICJ규정은 UN헌장의 불가분의 일부를 구성하며, 모든 UN 회원국은 ICJ규정의 당사국이 된다. O | X

UN 비회원국은 ICJ규정에 별도로 가입할 수 있다. 답 O

076

15. 사시

국제사법재판소의 경비는 총회가 정하는 방식에 따라 분쟁당사국이 부담한다. O | X

국제사법재판소(ICJ)는 UN의 주요 기관이므로 UN에서 경비를 부담한다. 답 X

077

15. 사시

모든 UN 회원국은 국제사법재판소규정의 당사국이다. O | X

UN 비회원국은 안전보장이사회의 권고에 기초한 총회 결정으로 국제사법재판소규정에만 가입할 수 있다. 답 O

078

14. 경찰간부

재판소의 소재지는 헤이그로 한다. O | X

국제사법재판소(ICJ)는 네덜란드의 헤이그에 소재한다. 답 O

079

14. 경찰간부

재판소의 공용어는 영어, 스페인어로 한다.　　　　　　　　O | X

재판소에서는 영어와 프랑스어가 공용어이다.　　　　　　　답 X

080

02. 사시

재판소의 소재지는 네덜란드의 암스테르담이다.　　　　　　O | X

재판소는 네덜란드의 헤이그에 소재하고 있다.　　　　　　답 X

081

05. 사시

재판소가 달리 결정하지 아니하는 한 패소국이 모든 소송비용을 부담한다.　O | X

소송비용은 분쟁당사국이 각자 부담한다.　　　　　　　　답 X

구성

082

15. 경찰간부

국제사법재판소는 15인의 재판관으로 구성된다. 다만, 2인 이상이 동일국의 국민이어
서는 아니된다.　　　　　　　　　　　　　　　　　　O | X

재판관들의 국적이 모두 달라야 한다.　　　　　　　　　답 ○

083

15. 경찰간부

국제사법재판소 규정의 당사국이지만 국제연합의 비회원국인 국가가 재판소의 재판관
선거에 참가할 수 있는 조건은, 특별한 협정이 없는 경우 안전보장이사회의 권고에 따
리 총회가 정한다.　　　　　　　　　　　　　　　　　O | X

UN 비회원국이지만 ICJ규정당사국인 국가도 선거에 참여할 수 있다.　답 ○

084

15. 경찰간부

재판소의 재판관은 정치적 또는 행정적인 어떠한 임무도 수행할 수 없으나 전문적 성
질을 가지는 다른 직업에는 종사할 수 있다.　　　　　　　O | X

재판소의 재판관은 겸직도 금지된다.　　　　　　　　　답 X

085

15. 경찰간부

임기가 종료되지 아니한 재판관을 교체하기 위하여 선출된 재판소의 재판관은 전임자
의 잔임기간 동안 재직한다.　　　　　　　　　　　　　O | X

새롭게 선출된 재판관은 전임자의 잔임기간 동안만 재직한다.　　답 ○

086

15. 9급

ICJ의 재판관은 ICJ의 업무에 종사하는 동안 외교특권과 면제를 향유한다.　O | X

외교특권을 향유하므로 인적 면제도 인정된다.　답 O

087

15. 사시

국제사법재판소 재판관 선임과정에 총회와 안전보장이사회가 관여한다.　O | X

총회와 안전보장이사회에서 각각 투표하고 절대다수를 얻은 자를 선임한다.　답 O

088

14. 사시

재판관이 소송당사자의 국민인 경우 동 재판관은 재판에 참여할 수 없다.　O | X

재판관은 소송당사국의 국민인 경우에도 당해 재판에 참여할 수 있다.　답 X

089

14. 사시

재판관은 이전에 그가 변호인으로 관여하였던 사건의 판결에 참여할 수 없다.

O | X

재판소의 재판관은 일방당사자의 대리인·법률고문 또는 변호인으로서, 국내법원 또는 국제법원의 법관으로서, 조사위원회의 위원으로서 또는 다른 어떠한 자격으로서도, 이전에 그가 관여하였던 사건의 판결에 참여할 수 없다(ICJ규정 제17조 제2항).　답 O

090

14. 사시

임기가 만료된 재판관은 후임자가 충원될 때까지 계속 직무를 수행한다.　O | X

임기가 만료되었더라도 담당하던 재판은 완료해야 한다.　답 O

091

16. 사시

재판부에 자국 출신 재판관이 없는 분쟁의 당사국은 임시재판관 1인을 지명할 권리를 갖는다.　O | X

임시재판관을 지명하는 것은 분쟁당사국의 재량권이다.　답 O

092

16. 사시

임시재판관을 지명하는 것은 해당 국가의 권리이자 의무이다.　O | X

임시재판관을 지명하는 것은 의무는 아니다.　답 X

093

16. 사시

임시재판관은 반드시 그를 지명하는 국가의 국민일 필요가 없다.　O | X

임시재판관으로서 외국인을 지명할 수 있다.　답 O

094
16. 사시

양 분쟁당사국이 임시재판관을 지명하면 재판에 참여하는 재판관의 수는 최대 17명이 될 수 있다. O | X

원고 측과 피고 측에 모두 자국 출신 재판관이 없으면 양측 모두 임시재판관을 지명할 수 있다. 따라서 기존 15명의 재판관에 더하여 총 17명의 재판관이 심리에 참여할 수 있다. 답 ○

095
16. 사시

임시재판관제도는 분쟁이 소재판부(Chamber)에서 다뤄지는 경우에도 적용된다. O | X

소재판부(Chamber), 권고적 사건에도 임시재판관제도가 적용된다. 답 ○

096
13. 9급

ICJ는 15명, ICC는 18명의 재판관으로 구성된다. O | X

국제해양법법원의 재판관은 21명으로 구성된다. 답 ○

097
13. 9급

재판의 공정성을 기하기 위하여 ICJ는 분쟁당사국 국적을 가진 재판관, ICC는 피고인의 국적국의 국적을 가진 재판관을 당해 사건에서 배제하여야 한다. O | X

당해 사건에 참여할 수 있다. 답 X

098
13. 9급

ICJ와 ICC 모두 재판관 선출에 지역적 안배를 하며 재판소장의 임기는 3년이다. O | X

재판소장의 임기는 3년이며 재선될 수 있다. 답 ○

099
13. 9급

ICJ와 ICC 모두 초대 재판관을 제외한 재판관의 임기는 9년이다. O | X

다만 국제사법재판소(ICJ)재판관은 재선될 수 있으나, 국제형사재판소(ICC)의 재판관은 재선될 수 없다. 답 ○

100
13. 7급

ICJ의 모든 재판관은 재판소의 업무에 종사하는 동안 외교특권 및 면제를 향유한다. O | X

외교특권과 면제를 향유하므로 신분상면제도 있다. 답 ○

101
14. 사시

ICJ 절차에서 임시재판관(ad hoc Judge)의 지명은 쟁송 사건의 소재판부에서도 인정된다. O | X

잠정조치 결정에는 적용되지 않는다. 답 ○

102
09. 9급

재판관 선출과정에서 안전보장이사회 상임이사국의 거부권은 인정되지 않는다.

O | X

안전보장이사회에서 절대다수로 선출한다. 절대다수는 재적과반수로 해석되며, 상임이사국의 거부권은 적용되지 않는다.

답 O

103
09. 사시

ICJ는 특정 사건을 처리하기 위한 소재판부를 언제든지 설치할 수 있는데, 실제로 「메인(Maine)만 사건」에서 이러한 소재판부가 설치되었다.

O | X

5명의 재판관(President Ago, Judges Gros, Mosler, Schwebel, Judge ad hac Cohen)에 의해 소재판부(ad hoc Chamber)가 구성되어 재판을 진행하였다.

답 O

104
09. 사시

1993년 ICJ는 환경 사건을 처리하기 위하여 재판관 7명으로 구성된 소재판부를 설치한 바 있다.

O | X

전문사건 재판부로서 현재는 존재하지 않는다.

답 O

105
09. 사시

ICJ는 당사자의 요청이 있는 경우 간이소송절차로 사건을 심리하고 결정할 수 있는, 재판관 5명으로 구성된 소재판부를 매년 설치하여야 한다.

O | X

간이소송절차는 사건의 신속한 진행을 목표로 한다.

답 O

106
09. 사시

소재판부는 당사국들의 동의를 얻어 헤이그 이외의 장소에서 개정하여 임무를 수행할 수 있다.

O | X

소재판부는 재판장소를 변경할 수 있다.

답 O

107
09. 사시

소재판부의 결정에 불복이 있는 경우 전원재판부에 상소할 수 있다.

O | X

소재판부의 결정도 국제사법재판소의 결정으로 인정된다. 상소절차는 없다.

답 X

108
08. 사시

임시재판관제도는 환경문제 전담 재판부(Chamber for Environmental Matters) 사건에는 적용되지 아니한다.

O | X

적용된다.

답 X

109
08. 사시

동일한 이해관계를 가진 수 개의 분쟁당사국은 1인의 임시재판관을 선임할 수 있다.

O | X

원고국들이 2개국 이상이더라도 임시재판관은 1인만 선임할 수 있다.

답 O

110
08. 사시

임시재판관은 당사국에서 최고 법관으로 임명될 수 있는 변호사자격을 갖춘 자이어야 한다.　　O | X

ICJ규정 제31조 제6항에 따르면 임시재판관도 정규재판관과 마찬가지로 국적에 관계없이, 덕망이 높으며 자국에서 최고재판관에 임명될 자격이 있거나 국제법에 권위 있는 법학자여야 한다. 따라서 반드시 변호사 자격을 갖춘 자에 한정되는 것은 아니다.　답 X

111
01. 사시

재판관단은 그 전체가 세계의 주요 문명형태와 법체계를 대표할 수 있도록 구성된다.　　O | X

재판관단은 문명형태와 법체계를 대표해야 한다.　답 ○

112
02. 사시

ICJ재판관으로 선출되기 위해서는 UN총회 및 안전보장이사회에서 절대다수표를 얻어야 한다.　　O | X

절대다수는 재적과반수로 이해되고 있다.　답 ○

113
13. 9급

ICJ의 소재판부(chamber)가 선고한 판결은 ICJ가 선고한 것으로 본다.　　O | X

소재판부의 판정도 ICJ판정이다.　답 ○

114
17. 7급

ICJ는 재판관 중에서 3년 임기로 재판소장 및 재판소부소장을 선출하며, 그들은 재선될 수 없다.　　O | X

재판소장과 재판소부소장은 재선될 수 있다.　답 X

115
예상논점

재판관의 국적을 결정함에 있어서 2개 이상의 국가의 국민인 경우 그의 출생지 국가의 국민으로 본다.　　O | X

재판관이 통상적으로 시민적 및 정치적 권리를 행사하는 국가의 국민으로 본다.　답 X

116
예상논점

재판소규정의 당사국이나 국제연합의 비회원국인 국가가 재판소의 재판관 선거에 참가할 수 있는 조건은 안전보장이사회의 권고에 따라 총회가 정한다.　　O | X

안전보장이사회의 권고에 따라 총회가 조건을 결정한다.　답 ○

117
예상논점

재판소의 재판관은 일방당사자의 대리인·법률고문 또는 변호인으로서, 국내법원 또는 국제법원의 법관으로서, 조사위원회의 위원으로서 또는 다른 어떠한 자격으로서도, 이전에 그가 관여하였던 사건의 판결에 참여할 수 없으며, 이 점에 관하여 의문이 있는 경우 분쟁당사국 간 합의를 통해 결정한다.　　O | X

재판관이 판결에 참여하는 것에 대해 재판소의 결정으로 결정한다.　답 X

재판관할권

118
18. 9급

소위 확대관할권(forum prorogatum)은 ICJ규정에 명시되지는 않았으나 ICJ 실행을 통해 인정된다. O | X

확대관할권(forum prorogatum)은 「코르푸해협 사건」에서 인정되어 ICJ의 관할권을 확대한 것이다. ICJ규정에는 임의관할, 약정관할 및 강제관할 세 가지 관할권만 규정되어 있다. 답 O

119
23. 9급

국제사법재판소에서는 국가만이 재판 사건에서의 당사자능력을 가지며, 모든 국제연합 회원국은 자동으로 「국제사법재판소 규정」 당사국이 되어 국제사법재판소 재판에서의 당사자능력을 가진다. O | X

그 밖에도 ICJ규정에만 가입한 국가나, 안보리의 허가를 얻은 국가도 당사자능력을 가진다. 답 O

120
12. 사시

UN 회원국이 아닌 국가는 ICJ에 제소할 수 없다. O | X

UN 비회원국의 경우 ICJ규정에 가입하거나, 안전보장이사회가 정한 조건을 준수하기로 합의하는 경우 국제사법재판소(ICJ)에 제소할 수 있다. 답 X

121
15. 사시

UN의 어떠한 주요기관 또는 전문기구도 국제사법재판소에 국가를 상대로 계쟁사건(contentious case)소송을 제기할 수 없다. O | X

쟁송사건은 국가만 당사자능력이 있다. 답 O

122
15. 9급

국제기구는 ICJ에서 재판사건의 당사자능력을 갖는다. O | X

재판사건의 당사자는 국가에 한정된다. 답 X

123
15. 경찰간부

국가만이 ICJ에 제기되는 사건의 당사자가 될 수 있고, ICJ의 관할은 당사자가 ICJ에 회부하는 모든 사건과 국제연합헌장 또는 현행의 제조약 및 협약에서 특별히 규정된 모든 사항에 미친다. O | X

현행 조약에서 규정된 사항은 약정관할을 의미한다. 답 O

124
97. 사시

국제연합(UN)의 비회원국도 소송당사국이 될 수 있다. O | X

단, 안전보장이사회가 정한 조건을 준수할 것을 조건으로 한다. 답 O

125
06. 사시

UN 회원국은 당연히 ICJ규정의 당사국이 된다. O | X

UN 가입 시 자동적으로 ICJ규정에도 가입한다. 답 ○

126
06. 사시

ICJ는 '특정한 부류의 사건(particular categories of cases)'을 다루기 위한 소재판부 (chamber)를 설치할 수 있다. O | X

전문사건 재판부를 의미한다. 답 ○

127
06. 사시

선택조항(optional clause) 수락선언시 수락국은 기간의 유보를 달 수 없다. O | X

유보에 대한 명시적 규정은 없으나, 기간을 정하거나 특정 국가의 선택조항(optional clause) 수락을 조건부로 하여 수락할 수 있다. 답 X

128
09. 9급

ICJ규정 제36조 제2항의 선택조항 수락선언은 ICJ소장에게 선언서를 기탁함으로써 효력이 발생한다. O | X

UN사무총장에게 선언서를 기탁한다. 답 X

129
13. 7급

ICJ가 관할권을 가지는지의 여부에 관하여 분쟁이 있는 경우에는 그 문제는 재판소의 결정에 의하여 해결된다. O | X

관할권에 대한 문제는 재판소가 결정한다. 답 ○

130
13. 7급

선택조항을 수락한 국가는 모든 국가와의 관계에서 ICJ의 강제관할권의 적용을 받는다. O | X

강제관할권은 선택조항 수락국 상호 간에만 적용된다. 답 X

131
23. 9급

국제사법재판소 당사국은 동일한 의무를 수락한 국가와의 관계에서 재판소의 관할권을 미리 수락할 경우 유보를 첨부할 수 없다. O | X

선택조항 수락시 유보를 부가할 수 있다. 답 X

132
예상논점

금화원칙(Monetary Gold Principle)과 관련하여 판결의 결과 제3국의 법익이 단지 영향을 받을 수 있다는 이유만으로는 ICJ가 재판관할권의 행사를 거부하지 않는다. ICJ는 제3국의 법익이 바로 재판의 주제에 해당하지 않는 한 자신의 관할권 행사가 가능하다고 보고 있다. 즉, 제3국의 법적 책임에 관한 결정이 재판을 진행하기 위한 전제조건인 경우에만 금화원칙(Monetary Gold Principle)이 적용된다. O | X

금화원칙(Monetary Gold principle)은 필요적 공동당사자가 재판에 탈루된 경우 재판할 수 없다는 원칙이다. 답 ○

133

예상논점

동티모르 사건(1995)에 의하면 민족자결권 존중은 대세적 성격을 가진 권리이나, 그럼에도 불구하고 금화원칙은 적용된다고 하였다. 즉, 필요적 공동 당사자인 인도네시아가 당해 사건 당사자로 참가하지 않았으므로 재판을 계속할 수 없다고 하였다.

O | X

금화원칙이 적용된 사건이다.

답 ○

134

23. 9급

국제사법재판소는 선택조항 수락선언이 일방적 행위이지만 동일한 강제관할의무를 수락하는 타 국가들과의 일련의 양자 간 약속을 수립한다고 하였다.

O | X

니카라과 사건에서 설시한 내용이다. 따라서 선택조항 수락행위에 대해 조약법의 기본 원칙을 적용할 수 있다고 하였다.

답 ○

135

18. 7급

피소국이 관할권 부인만을 목적으로 소송에 참여하는 경우에는 확대관할권이 성립되지 아니한다.

O | X

확대관할권은 당사국간 묵시적 합의에 의해 성립되는 관할권을 의미한다. 국제사법재판소(ICJ)의 판례(니카라과 사건 등)에 의하면 관할권 부인만을 목적으로 소송참가한 경우 본안과 관련된 쟁점에 대한 참가가 아니므로 당사자로서의 참가가 아니며 따라서 확대관할권이 성립되지 않는다고 하였다.

답 ○

136

예상논점

확대관할권은 상설국제사법재판소의 경우 상부실레지아에서 폴란드인의 권리에 관한 사건에서도 인정된 바 있다.

O | X

소송당사국 간 묵시적 합의에 의해 창설되는 관할권을 확대관할권이라고 한다.

답 ○

137

예상논점

콩고 영토 무력분쟁 사건에 의하면 관할권을 부인하려는 목적만으로 재판소에 출정했다면 확대관할권이 인정되지 않는다.

O | X

재판을 받을 의사를 보여주어야 확대관할권이 성립할 수 있다.

답 ○

138

예상논점

2002년 콩고와 프랑스 간 사건에서 확대관할권이 인정되었다. 2002년 콩고의 일방적 제소와 프랑스의 응소 동의로 확대관할권이 성립하였으나 후일 콩고의 제소 철회로 판결없이 종결되었다.

O | X

확대관할권이 인정된 사건을 주의하여 알아두어야 한다.

답 ○

139

예상논점

지브티와 프랑스 간 사건(2008)에서도 확대관할권이 적용되었다.

O | X

사법공조에 대한 사건이다.

답 ○

140
11. 7급

국가만이 소송을 제기할 수 있고, 개인은 당사자능력이 인정되지 않는다.　O | X

국제사법재판소(ICJ)의 인적 관할권은 국가에게만 인정된다.　답 ○

141
09. 사시

국가와 국제기구 간의 분쟁도 이들 양 당사자 간의 합의에 의하여 회부되는 경우 ICJ는 관할권을 행사할 수 있다.　O | X

쟁송사건은 국가만이 당사자가 될 수 있다.　답 X

142
09. 사시

ICJ는 분쟁의 성격을 고려하여 필요하다고 판단하는 경우, 당사자들의 의사와 상관없이 형평과 선(ex aequo et bono)에 따라 재판할 수 있다.　O | X

당사자의 합의를 전제로 형평과 선(ex aequo et bono)을 적용할 수 있다.　답 X

143
18. 9급

상설국제사법재판소(PCIJ) 규정의 선택조항(optional clause) 수락선언은 국제사법재판소(ICJ)에 대해서도 여전히 효력을 가질 수 있다.　O | X

선택조항(optional clause) 수락선언의 승계에 대한 것이다. 1986년 니카라과 사건에서 쟁점이 되었다.　답 ○

144
09. 사시

상설국제사법재판소(PCIJ)규정에 의한 선택조항(optional clause)의 수락선언은 국제사법재판소(ICJ)에 대하여는 효력을 갖지 못한다.　O | X

선택조항(optional clause) 수락선언의 승계가 인정된다.　답 X

145
19. 9급

「국제사법재판소(ICJ)규정」에 의하면 규정 당사국은 모든 법률적 분쟁에 대한 재판소의 관할을 인정하는 선택조항의 수락을 언제든지 선언할 수 있다.　O | X

선택조항 수락선언은 재량으로서 언제든 수락선언을 하고, 언제든 철회할 수 없다. 수락선언에 대해서는 양립성원칙을 바탕으로 하여 유보를 부가할 수 있다.　답 ○

146
19. 9급

「국제사법재판소(ICJ)규정」에 의하면 조약의 해석, 국제법상의 문제, 국제의무 위반이 되는 사실의 존재, 국제의무 위반에 대한 배상의 성질 및 범위의 네 가지 사항 중 일부만 선택하여 수락을 선언할 수도 있다.　O | X

일부만 선택하여 수락선언할 수 없다. 네 가지 사항 모두에 대해 수락해야 한다.　답 X

147
19. 9급

「국제사법재판소(ICJ)규정」에 의하면 선택조항을 수락한 국가는 그 선언서를 국제연합(UN) 사무총장에게 보내고 사무총장은 그 사본을 ICJ규정당사국과 ICJ서기에게 송부한다.　O | X

국제연합(UN) 사무총장이 수락선언서를 기탁받는다.　답 ○

분쟁해결제도 및 전쟁과 평화에 관한 법

제6편

해커스공무원 패권 국제법 단원별 핵심지문 OX

148

12. 7급

선택조항은 조약의 해석, 국제법의 문제, 성립하는 경우 국제의무 위반을 구성하는 사실의 존재, 국제의무 위반에 대한 배상의 성격이나 범위에 대하여 적용된다. O | X

네 가지 사항을 모두 수락해야 한다. 답 O

149

17. 7급

UN회원국은 ICJ규정 제36조 제2항의 선택조항(optional clause)을 수락하는 경우 유보를 첨부할 수 있다. O | X

유보 가능성이 명시되진 않았으나, 양립성의 원칙하에 유보를 첨부할 수 있다. 답 O

150

20. 7급

「국제사법재판소(ICJ)규정」에 따르면 선택조항 수락선언은 UN사무총장에게 기탁되어야 하고 기탁을 받은 UN사무총장은 그 사본을 ICJ규정 당사국들과 ICJ행정처장에게 송부하여야 하며, ICJ는 Right of Passage over Indian Territory 사건에서 기탁의 법적 효력은 UN사무총장의 송부행위에 의존한다고 판단하였다. O | X

사무총장의 송부행위에 의존하지 않는다는 것이 국제사법재판소(ICJ)의 해석이다. 즉, UN사무총장에게 도달한 경우 선택조항 수락선언의 효력이 발생하는 것이지, 타 당사국에게 송부되어야 효력을 발생시키는 것은 아니다. 답 X

151

20. 7급

ICJ는 Certain Norwegian Loans 사건에서, 원고국이 일정한 유보를 첨부하여 선택조항을 수락한 경우 피고국은 수락선언의 성격에 따라 원고국의 유보를 원용할 수 없다고 하였다. O | X

원고국의 유보를 피고국이 원용할 수 있다고 본 판례이다. 노르웨이는 프랑스의 이른바 '자동유보'를 원용했다. 답 X

152

20. 7급

ICJ는 Military and Paramilitary Activities in and against Nicaragua 사건에서, 선택조항에 따른 상호주의는 동 조항하에서 부담한 약속의 범위와 실질에 적용되는 것이지 약속의 종료를 위한 조건과 같은 형식적 조건에는 적용되지 않는다고 하였다. O | X

선택조항은 상호주의가 적용된다. 즉, 선택조항을 수락한 국가 상호간에만 강제관할권이 창설된다. 선택조항 수락선언에 부가된 유보에 대해서도 상호주의가 적용된다. 다만, 상호주의의 적용범위에 선택조항 수락선언의 종료를 위한 조건과 같은 형식적인 부분은 포함되지 않는다는 것이다. 답 O

153

20. 7급

ICJ는 Anglo - Iranian Oil Co. 사건에서, 피고국의 선택조항 수락범위가 원고국의 선택조항 수락범위보다 제한적인 경우라 할지라도, ICJ의 관할권은 수락선언의 상호 원용 가능성에 따라 원고국의 선택조항 수락범위에 기초할 수 있다고 하였다. O | X

피고국의 수락범위가 더 제한적이라면 피고국의 선택조항 수락선언을 기초로 강제관할권 성립여부를 판단해야 한다고 보았다. 답 X

154
17. 7급

ICJ규정 제36조 제2항의 선택조항에 따른 ICJ관할권은 분쟁당사국들이 공통적으로 수락한 범위 내에서만 성립되므로, 분쟁의 피소국은 자신이 첨부한 유보뿐만 아니라 제소국이 첨부한 유보를 근거로도 ICJ관할권의 성립을 부인할 수 있다. O | X

유보의 상대적 효력이라고 한다. 답 O

155
17. 7급

모든 UN회원국은 자동적으로 ICJ규정의 당사국이 되므로, ICJ는 UN회원국 간의 분쟁에 대하여 강제관할권을 갖는다. O | X

강제관할권이 창설되기 위해서는 별도로 선택조항을 수락해야 한다. 답 X

156
12. 7급

선택조항을 수락한 국가는 모든 국가에 대하여 ICJ의 강제적 관할권을 주장할 수 있다. O | X

선택조항 수락국 상호 간에만 국제사법재판소(ICJ)의 강제적 관할권을 적용된다. 답 X

157
12. 7급

상설국제사법법원(PCIJ)의 강제관할권 수락의 효력이 지속되는(still in force) 경우 별도의 선언 없이 국제사법재판소(ICJ)의 선택조항을 수락한 것으로 본다. O | X

상설국제사법법원(PCIJ)의 강제관할권 수락의 효력이 지속되는(still in force) 경우 선택조항 수락선언의 승계가 인정된다. 답 O

158
11. 9급

UN안전보장이사회 권고에 의해 총회가 결정하면 국제연합의 비회원국에게도 국제사법재판소에의 제소권이 인정된다. O | X

이 경우 국제연합(UN)의 비회원국은 국제사법재판소(ICJ)규정의 당사국이 된다. 답 O

159
11. 9급

국제사법재판소규정 당사국 간에는 사건당사국의 일방의 제소에 의해서도 국제사법재판소의 관할권이 성립된다. O | X

원칙적으로는 분쟁당사국이 합의해야 재판관할권이 성립한다. 답 X

160
22. 7급

중재판정의 부존재 내지는 무효를 구하는 소송이 제기되는 경우 국제사법재판소(ICJ)는 중재판정의 법적 구속력을 인정하여 이러한 사안에 대해 판단할 수 없다. O | X

ICJ의 물적 관할범위 포함되는 분쟁이다. 답 X

161
11. 사시

ICJ가 관할권을 가지는지 여부에 관한 분쟁은 ICJ의 결정에 의하여 해결된다. O | X

관할권의 존부에 대한 판단은 국제사법재판소(ICJ)가 한다. 답 O

162
11. 사시

조약에 특정 분쟁을 일방 당사국의 신청으로 ICJ에 회부하기로 하는 규정이 있더라도 타방 당사국의 동의가 없는 한 ICJ는 관할권을 행사할 수 없다. O | X

타방 당사국의 별도의 동의를 요하지 않는다. 이러한 관할권을 약정관할권이라고 한다. 답 X

163
11. 사시

분쟁당사국 중 어느 국가가 일방적으로 ICJ에 제소한 사건에 대하여 상대방 당사국이 재판소에 출정하는 등 응소하는 경우 ICJ의 관할권이 성립된다. O | X

확대관할권이라고 한다. 답 O

164
10. 7급

국제사법재판소는 UN의 기관이기 때문에 관할권 존부문제는 안전보장이사회가 결정한다. O | X

당해 사건을 담당한 재판정에서 관할권 존부문제를 결정한다. 답 X

165
10. 9급

UN의 기관들은 다른 국제기구 또는 국가를 상대로 재판소에 제소할 수 있다. O | X

제소권은 오로지 국가에게만 있다. 답 X

166
10. 사시

선택조항은 ICJ규정에서 처음으로 도입되었다. O | X

선택조항은 PCIJ규정에서 처음으로 도입되었다. 답 X

167
10. 사시

선택조항을 수락할 수 있는 주체는 ICJ규정 당사국이다. O | X

ICJ규정 당사국만 선택조항을 수락할 수 있다. 답 O

168
10. 사시

어떠한 조건, 기한 또는 유보 없이 선택조항을 수락한 ICJ규정 당사국 상호간에 국제법상의 문제에 관한 분쟁 발생시 일방 당사국의 제소에 의하여 강제관할권이 성립한다. O | X

선택조항 수락국 상호 간 강제관할권이 성립한다. 답 O

169
10. 사시

선택조항의 수락은 다른 당사국과의 합의에 의하여야 한다. O | X

선택조항의 수락은 일방행위이다. 합의를 요하지 않는다. 답 X

170

10. 사시

선택조항 수락선언서는 ICJ재판소장에게 기탁된다. O | X

UN사무총장에게 수락선언서를 기탁한다. 답 X

171

08. 사시

선택조항은 1920년 상설국제사법재판소(PCIJ)규정 채택 당시 강제관할권을 논의하는 과정에서 나온 타협의 산물로 이를 국제사법재판소(ICJ)가 그대로 계승한 것이다. O | X

강제관할권은 상설국제사법재판소(PCIJ)규정에도 있었다. 답 ○

172

08. 사시

선택조항은 조건부로 수락할 수 있다. O | X

선택조항 수락 시 네 가지 분쟁 전체에 대해서 수락해야 한다. 다만, 특정 국가의 수락을 조건으로 하거나, 기한을 정하여 수락할 수도 있다. 답 ○

173

08. 사시

선택조항 수락선언에 붙이는 유보 중 수락선언국 자신이 국내문제라고 판단하는 사항을 제외한다는, 이른바 자동적 유보(automatic reservation)는 ICJ 자신이 ICJ의 관할권에 관한 분쟁을 결정한다는 원칙에 위배된다는 비판이 있다. O | X

통설은 자동적 유보(automatic reservation)를 무효로 보나, 국제사법재판소(ICJ)는 유효한 것으로 본다. 답 ○

174

08. 사시

ICJ 제소시에 이미 유효하게 성립한 관할권일지라도 선택조항 수락선언의 철회에 의하여 관할권이 소멸될 수 있다는 것이 ICJ판례의 입장이다. O | X

재판관할권의 존부는 국제사법재판소(ICJ) 제소 시를 기준으로 판단한다. 답 X

175

13. 사시

ICJ규정 제36조 제2항(선택조항)에 따른 관할권 수락선언은 철회되거나 수정될 수 없다. O | X

ICJ규정 제36조 제2항(선택조항)에 따른 관할권 수락선언은 철회나 수정될 수 있다. 답 X

176

03. 행시·외시

분쟁당사국이 그들의 분쟁을 재판소에 맡긴다는 명시적 합의가 없더라도 그러한 합의를 추정할 수 있는 일정한 상황이 있는 경우에 관할권 성립을 인정하는 것을 확대관할권(Forum prorogatum)이라 한다. O | X

확대관할권(Forum prorogatum)은 분쟁이 발생한 이후 연속적이고 묵시적 합의로 성립하는 관할권이다. 답 ○

177

06. 사시

국제사법재판소(ICJ)는 노테봄 사건(Nottebohm Case)에서 처음으로 확대관할권(forum prorogatum)을 행사하였다.　　　　　　　　　　　　　　　　　　　　　O | X

코르푸해협 사건(Corfu Channel Case)이 최초의 확대관할권 행사 사례이다. 1946년 10월 영국 군함이 알바니아 영해인 코르푸해협 통과시 기뢰 폭발로 인하여 손상을 입은 사건이다. 이 사건에서 양국 간 명시적 관할권의 기초가 없었으나 영국의 제소에 대해 알바니아가 출정함으로써 이를 관할권의 기초로 인정하였다.　　　　　　답 X

178

99. 사시

분쟁의 일방당사국만이라도 ICJ규정의 선택조항(optional clause)을 수락한 경우 일방 당사국의 제소에 의하여 관할권을 행사할 수 있다.　　　　　　　　　　　O | X

분쟁당사국이 모두 선택조항(optional clause)을 수락해야 한다.　　　　　답 X

179

예상논점

한국은 선택조항을 수락하지 않았다.　　　　　　　　　　　　　　　　　O | X

선택조항을 수락하는 것은 당사국의 재량이다.　　　　　　　　　　　　　답 O

180

예상논점

안보리 상임이사국 중에는 영국만이 선택조항을 수락하고 있다.　　　　　O | X

프랑스나 미국은 선택조항 수락선언을 철회하였다.　　　　　　　　　　　답 O

181

99. 사시

재판관할권 존부에 관하여 ICJ가 결정하는 경우 본안판결과 의결정족수가 동일하다.
　　　　　　　　　　　　　　　　　　　　　　　　　　　　　　　　　　O | X

출석재판관 과반수 이상 찬성으로 재판관할권의 존부를 결정한다.　　　　답 O

182

18. 9급

ICJ는 국가와 국제기구 간의 분쟁을 재판사건(contentious case)으로서 재판할 수 있다.
　　　　　　　　　　　　　　　　　　　　　　　　　　　　　　　　　　O | X

재판사건(contentious case)의 당사자는 국가로 한정된다. 국제기구는 재판사건(contentious case)의 당사자가 될 수 없다.　　　　　　　　　　　　　　　　　　　　답 X

권고적 관할권

183

15. 사시

총회와는 달리 안전보장이사회는 모든 법률문제에 대하여 국제사법재판소에 권고적 의견을 요청할 수 있다.　　　　　　　　　　　　　　　　　　　　　　　　O | X

총회도 모든 법률문제에 대해 권고적 의견을 요청할 수 있다.　　　　　　답 X

184
14. 경찰간부

총회 또는 안전보장이사회는 국제사법재판소에 대하여 어떠한 법적 문제에 관하여도 권고적 의견을 요청할 수 있다. O | X

모든 법적 문제에 대해 국제사법재판소에 의견을 요청할 수 있다. 답 ○

185
12. 사시

국가는 국제사법재판소에 권고적 의견을 요청할 수 없다. O | X

국가는 권고적 사건 절차에 참가는 할 수 있다. 답 ○

186
13. 9급

국제기구가 ICJ의 권고적 의견을 요청하는 사안이 특정 국가와 관계되는 경우 그 국가의 동의가 필요하다. O | X

권고적 의견 요청은 UN기관의 재량행위이므로 이해관계국의 동의를 요하는 것은 아니다. 관련국은 권고적 의견 관련 절차에 참여하여 서면이나 구두로 자국의 입장을 표명할 수 있다. 답 X

187
15. 경찰간부

안전보장이사회나 총회 이외의 UN의 다른 주요기관과 국제기구는 총회로부터 권고적 의견을 물을 수 있는 권한을 부여받은 경우 그들의 활동범위 내에서 발생하는 법적 문제에 대해서만 ICJ에 권고적 의견을 요청할 수 있다. O | X

권한 범위 내의 법적 문제만 의견을 요청할 수 있다. 답 ○

188
11. /급

ICJ는 핵무기의 위협과 사용의 합법성에 관한 사건(The Legality of the Threat or Use of Nuclear Weapons Case)에서 권고적 의견의 관할권이 인정되기 위해서는 해당 전문기관이 권고적 의견을 요청할 수 있도록 총회로부터 적법한 권한을 인정받아야 하고, 요청대상은 법률문제여야 하며, 요청이 된 문제는 요청기관의 활동범위 내에서 발생한 것이어야 한다고 하였다. O | X

WHO가 국제사법재판소(ICJ)에 의견을 요청하였으나 국제사법재판소(ICJ)가 의견 부여를 거절한 사건이다. 답 ○

189
15. 경찰간부

국가는 ICJ에 권고적 의견을 요청할 수 없다. 그러나 총회로부터 특별승인을 받은 문제에 대해서는 권고적 의견을 요청할 수 있다. O | X

국가는 권고적 의견을 요청할 수 없다. 예외는 없다. 답 X

190
14. 사시

ICJ는 권고적 의견을 요청한 사안이 특정 국가와 관련되는 사안에서 해당 국가의 동의 없는데도 권고적 의견을 부여하였다. O | X

권고적 의견은 관련 국가의 의사와 무관하게 부여할 수 있다. 답 ○

191
13. 7급

UN안전보장이사회는 어떠한 법적 문제에 관하여도 권고적 의견을 줄 것을 ICJ에 요청할 수 있다.　　　　O | X

총회도 마찬가지로 모든 법적 문제에 대한 권고적 의견을 국제사법재판소(ICJ)에 요청할 수 있다.　　　　답 O

192
09. 사시

UN사무총장은 UN의 행정에 관한 법률문제에 관하여 ICJ에 권고적 의견을 요청할 수 있다.　　　　O | X

UN총회의 승인을 받아야만 권고적 의견을 요청할 수 있다.　　　　답 X

193
09. 사시

UN안보리의 허가를 받은 세계보건기구(WHO)는 그 활동범위 안에서 발생하는 법률문제에 관하여 ICJ에 권고적 의견을 요청할 수 있다.　　　　O | X

안전보장이사회가 아닌 UN총회의 허가를 받아야 한다.　　　　답 X

194
09. 사시

국가는 권고적 의견을 요청할 수 없지만 권고적 의견 절차에서 서면 또는 구두진술을 할 수 있다.　　　　O | X

참가하는 국가는 임시재판관을 선임할 수 있다.　　　　답 O

195
09. 사시

권고적 의견이 요청된 경우에도 ICJ규정 제31조에 규정된 임시재판관(judge ad hoc) 제도가 적용될 수 있다.　　　　O | X

임시재판관(judge ad hoc)을 자국민이나 외국인으로 선임할 수 있다.　　　　답 O

196
09. 사시

권고적 의견은 원칙적으로 법적 구속력이 없지만, 국제기구와 국가들은 조약을 체결하여 권고적 의견에 구속력을 부여하기로 합의할 수 있다.　　　　O | X

의견 자체는 법적 구속력은 없다.　　　　답 O

197
14. 7급

ICJ당사국은 자국이 관련된 법률적 문제에 대하여 ICJ의 권고적 의견을 요청할 권리가 없다.　　　　O | X

국가는 권고적 의견을 요청할 수 없다.　　　　답 O

198
14. 7급

ICJ는 권고적 관할권을 행사함에 있어 계쟁사건에 적용되는 ICJ규정과 규칙의 관련 사항을 따르지 않을 수 있다.　　　　O | X

권고적 임무를 수행함에 있어서 재판소는 재판소가 적용할 수 있다고 인정하는 범위 안에서 쟁송 사건에 적용되는 재판소규정의 규정들에 또한 따른다(ICJ규정 제68조).　　답 X

199

13. 사시

안전보장이사회에 의하여 권고적 의견을 요청할 자격이 부여된 UN의 다른 기관 및 전문기구는 자신의 활동 범위에 속하는 법적 문제에 한하여 권고적 의견을 요청할 수 있다.　O | X

총회에 의해 권고적 의견을 요청할 권한이 부여된다.　답 X

200

13. 사시

재판소에 출석할 자격이 있는 국가는 권고적 의견을 직접 요청할 수는 없으나, 요청된 권고적 의견 부여절차에 참여하여 서면 또는 구두로 진술할 수 있다.　O | X

국가는 권고적 의견 부여절차에서 구두 진술도 가능하다.　답 O

201

04. 사시

ICJ는 권고적 의견의 요청이 있을 경우 9일 이내에 권고적 의견을 부여하여야 한다.　O | X

권고적 의견을 부여하는 기한은 명시되어 있지 않다.　답 X

202

04. 사시

UN총회와 안전보장이사회를 제외한 UN의 다른 기관과 전문기구가 권고적 의견을 요청할 경우, 요청된 문제는 자신의 활동범위 내에서 발생한 법적 문제이어야 한다.　O | X

UN총회나 안전보장이사회는 모든 법적 문제에 대해 권고적 의견을 요청할 수 있다.　답 O

203

16. 9급

ICJ가 권고적 의견을 부여하는 것은 의무적이 아닌 재량적 성격을 지닌다.　O | X

재량이긴 하나 그 범위는 매우 협소하다고 본다.　답 O

204

18. 7급

권고적 의견 제도는 계쟁관할권 미수락국가의 사건을 국제사법재판소에 맡기기 위한 우회방법으로 이용될 수 있다.　O | X

국제사법재판소가 권고적 의견을 통해 특정 국가행위의 위법성을 판단하는 수단이 될 수 있다는 의미이다.　답 O

205

18. 7급

국제사법재판소는 권고적 관할권을 행사하는 경우에도 임시재판관을 임명할 수 있다.　O | X

임시재판관제도가 적용된다.　답 O

206

예상논점

총회는 단순다수결로 권고적 의견을 요청할 수 있다.　O | X

총회는 출석·투표 과반수로 요청 여부를 결정한다.　답 O

207
예상논점

안전보장이사회의 경우 권고적 의견 요청은 비절차사항이므로 상임이사국들의 거부권이 적용된다. O | X

권고적 의견을 요청하기 위해서는 상임이사국 전부를 포함하여 9개국 이상 찬성해야 한다. 답 ○

208
예상논점

UN 주요 기관 중 사무국은 총회로부터 포괄적 사전승인을 받지 않았다. O | X

개별 사건별로 승인을 받아 권고적 의견을 요청할 수 있다. 답 ○

209
예상논점

국제원자력기구(IAEA)는 총회로부터 사전적 포괄적 승인을 받았다. O | X

국제원자력기구(IAEA)는 전문기구는 아니나 포괄적 사전승인을 얻은 기구이다. 답 ○

210
예상논점

상설국제사법재판소(PCIJ)와 국제사법재판소(ICJ)는 각각 한 차례씩 권고적 의견 부여를 거절한 사례가 있다. 상설국제사법재판소(PCIJ)의 경우 Eastern Carelia case(1923)에서 권고적 의견 부여를 거절하였다. O | X

재판소는 의견 부여를 거절할 수 있다. 답 ○

211
예상논점

국제사법재판소(ICJ)의 경우 핵무기사용의 적법성에 관한 권고적 의견 사건에서 세계보건기구의 의견 요청을 거절하였다. 세계보건기구 권한 범위 내 문제가 아니라고 보았기 때문이다. O | X

세계보건기구에게 의견 부여를 거절한 반면, UN총회가 같은 문제에 대한 의견을 요청하였고 의견을 부여하였다. 답 ○

잠정조치(가보전조치)

212
예상논점

권고적 사건에 있어서 국가는 특정 판사에 대해 기피신청을 할 수 있다. O | X

기피신청은 재판부가 결정한다. 답 ○

213
15. 경찰간부

재판과 관련되어 제기되는 부수적 문제 중 관할권의 존부에 관한 본안 전 항변, 소송참가에 관한 결정, 보전조치의 청구는 그 사건을 담당하는 재판부가 아니라 별도의 전심재판부에서 결정한다. O | X

당해 사건 담당 재판부에서 재판과 관련되어 제기되는 부수적 문제를 결정한다. 별도의 전심재판부는 없다. 답 X

214
13. 7급

ICJ는 사정에 의하여 필요하다고 인정하는 때에는 각 당사자의 각각의 권리를 보전하기 위하여 취하여져야 할 잠정조치를 제시할 권한을 가진다.　O | X

잠정조치는 급박한 권리 침해 위협이 있을 때 제시한다.　답 ○

215
13. 9급

ICJ는 라그랑(LaGrand) 사건에서 ICJ의 가보전조치(provisional measure)가 분쟁 당사국을 법적으로 구속한다고 판단하였다.　O | X

라그랑(LaGrand) 사건은 최초로 국제사법재판소(ICJ)가 가보전조치(provisional measure, 잠정조치)의 구속력을 정면으로 인정한 사건으로 평가된다.　답 ○

216
02. 행시·외시

가보전조치에 대한 국제사법재판소의 결정은 명령(order)의 형태로 내려진다. O | X

현재 법적 구속력이 있다.　답 ○

217
02. 행시·외시

피고국의 요청에 의하여 가보전조치가 취해질 수도 있다.　O | X

모든 당사국이 가보전조치를 요청할 수 있다. 직권으로 제시할 수도 있다.　답 ○

218
02. 행시·외시

가보전조치가 지시(indicate)된 경우 분쟁당사국들은 그 이후 국제사법재판소의 관할권에 관한 이의를 제기할 수 없다.　O | X

잠정조치 명령 이후에도 선결적 항변을 제기할 수 있다.　답 X

219
02. 행시·외시

실제로 피고국은 가보전조치를 따르지 않는 경우도 있다.　O | X

예를 들어 미국은 라그랑(LaGrand)형제 사건에서 사형집행을 중단하라는 국제사법재판소(ICJ)의 잠정조치 명령에 복종하지 않았다.　답 ○

220
예상논점

LaGrand형제 사건에서 재판소는 직권으로 잠정조치를 결정했다.　O | X

잠정조치를 직권으로 제시할 수 있다.　답 ○

221
예상논점

잠정조치 결정에 있어서 임시재판관제도는 적용되지 않는다.　O | X

긴급사항이므로 임시재판관제도가 적용되지 않는다.　답 ○

222

22. 7급

ICJ는 LaGrand 사례에서 「UN헌장」 제94조 제1항에 규정된 ICJ결정은 재판소에 의해 내려진 최종 판결만을 지칭한다고 판단하였다.　O | X

최종 판결만을 지칭하는 것은 아니라고 하였다. LaGrand 사건에서 잠정조치의 구속력을 인정하면서 특히 '묵시적 권한 이론'을 원용하였다.　답 X

재심

223

07. 사시

재심청구는 판결의 선고시 분쟁당사자와 재판소가 알지 못하였던 결정적 요소가 되는 사실의 발견에 근거하여야 한다.　O | X

결정적 요소란 판결의 결론에 영향을 줄 수 있는 요소를 의미한다.　답 ○

224

17. 9급

재판소의 판결일자로부터 10년이 지난 후에는 어떠한 경우에도 재심을 청구할 수 없다.　O | X

재심은 새로운 사실이 발견된 때로부터 6개월, 판결일자로부터 10년 이내에 청구해야 한다.　답 ○

225

19. 7급

국제사법재판소의 판결에 대해서는 재심절차가 있지만 권고적 의견에는 재심절차가 없다.　O | X

재심절차는 쟁송 사건에서만 인정된다.　답 ○

226

16. 9급

ICJ 판결일로부더 10년이 지난 후에는 재심청구를 할 수 없다.　O | X

새로운 사실을 안 날로부터는 6개월 이내에 재심을 신청해야 한다.　답 ○

227

05. 사시

재판소 및 재심을 청구하는 당사자가 판결 당시에 과실없이 알지 못했던 결정적 요소가 발견되는 경우 정해진 기간 내에 재심청구가 가능하다.　O | X

판결일로부터 10년, 새로운 사실을 안 날로부터 6개월 이내에 재심을 청구해야 한다.　답 ○

선결적 항변

228
예상논점

선결적 항변은 원고의 진술서(제소국의 준비서면)가 전달된 후 늦어도 6개월 이내에 서면으로 제출해야 한다. O | X

3개월 이내에 선결적 항변을 제기해야 한다. 답 X

229
09. 7급

선결적 항변이란 대체로 원고국가가 피고국가의 동의 없이 일방적으로 제기하는 소송에서 피고 측이 재판관할권이나 '청구의 허용성(admissibility of claim)'을 다투기 위하여 제기하는 항변을 말한다. O | X

항변사유는 관할권 부재나 재판적격성 부재이다. 답 O

230
09. 7급

선결적 항변이 제기되더라도 재판의 신속한 진행을 보장하기 위하여 본안심리가 계속되면서 관할권 문제에 대한 심리가 이루어진다. O | X

선결적 항변이 제기되면 본안심리는 원칙적으로 정지된다. 답 X

231
09. 7급

ICJ는 선결적 항변을 인정하여 당해 사건을 소송명부에서 지울 수 있다. O | X

선결적 항변이 인정되는 경우 소송 명부에서 지울 수 있다. 답 O

232
17. 7급

관할권에 대한 선결적 항변(preliminary objection)이 ICJ에 의해 거절되면, ICJ는 추가 소송절차를 위한 기한(time-limits)을 정한다. O | X

선결적 항변(preliminary objection)이 배척되면 중단되었던 본안절차가 개시된다. 답 O

233
09. 7급

ICJ는 '재판관할권이 있다고 인정되는 경우에만 청구의 허용성 문제를 다루는 것이 재판소의 확립된 판례'라고 언급한 바 있다. O | X

재판관할권에 대한 항변 문제를 먼저 다루고, 관할권이 존재하는 경우 청구의 허용성(admissibility, 재판적격성) 문제를 다룬다. 답 O

234
18. 7급

국제사법재판소는 선결적 항변 절차상 관련 당사자들이 제기하지 아니한 선결적 쟁점을 자발적으로 검토할 수 없다. O | X

선결적 쟁점은 관할권이나 재판적격성 문제를 말한다. 직권에 의해 자발적으로 검토할 수 있다. 답 X

235
01. 사시

국내적 구제절차를 완료하지 않은 경우 선결적 항변사유가 될 수 있다. O | X

국내구제를 미완료하였다는 항변은 재판적격성에 대한 항변이다. 답 ○

236
01. 사시

선결적 항변은 그 근거가 되는 사실 및 법을 명시하여 제기하여야 한다. O | X

항변사유가 명확하게 제시되어야 한다. 답 ○

237
01. 사시

제기된 선결적 항변사유가 둘 이상인 경우, 그 항변사유 모두가 인정되어야 그 사건에 대한 관할권이 부인된다. O | X

항변사유 중 하나만 인정되어도 그 사건에 대한 관할권이 부인된다. 답 X

238
예상논점

반드시 선결적 쟁점이 아닌 경우 재판소는 본안심리에 병합할 수 있다. O | X

재판소는 직권으로 병합할 수 있다. 또한, 당사자가 합의하여 본안에 병합할 수도 있다.
답 ○

239
예상논점

분쟁당사국이 본안과 병합하기로 결정하는 경우 재판소는 그에 따른다. O | X

당사국이 합의하여 본안에 병합하는 것이다. 답 ○

소송참가

240
13. 사시

소송의 당사자는 아니지만 자신이 당사국으로 있는 협약의 해석이 문제가 되어 소송에 참가한 국가는 재판소의 판결에 의해 부여된 해석에 구속되지 않는다. O | X

해석적 참가에서는 조약의 해석은 소송참가국에게도 구속력이 있다. 답 X

241
14. 사시

사건의 결정에 의해 영향을 받을 수 있는 법률적 성질의 이해관계가 있다고 인정되어 소송에 참가한 국가는 ICJ의 판결에 구속된다. O | X

판결의 구속을 받지는 않는다. 판결은 당사자에게만 법적 구속력이 있다. 답 X

242
17. 9급

재판소에서 진행 중인 사건의 결과로 법적 이익에 영향을 받는 제3국은 재판소의 허가결정 없이 소송에 참가할 수 있다. O | X

소송참가는 재판소의 허가가 있어야 한다. 다만, '해석적 참가'의 경우 소송참가는 제3국의 권리이다. 답 X

243
예상논점

1990년 국제사법재판소(ICJ)는 엘살바도르와 온두라스 간 국경분쟁 사건에서 니카라과에게 소송참가를 처음으로 허용했다.   O | X

재판소의 허가에 따른 자발적 참가가 인정된 것이다.   답 ○

244
예상논점

국제사법재판소(ICJ)는 니카라과와 콜롬비아 간 사건(2011)에서 온두라스와 코스타리카의 소송참가 신청에 대한 판결에서 제62조 소송참가를 두 가지로 구분하였다. 제62조의 소송참가는 비당사자참가와 당사자참가로 대별된다. 비당사자참가에서는 소송에 법률적 성질의 이해관계를 갖는 국가가 소송의 당사국은 아닌 자격에서 소송참가를 하는 경우이다. 사건의 결정에 의해 영향을 받을 수 있는 이해관계를 제시하면 되므로 반드시 영향을 받게 될 것임을 증명할 필요까지는 없다. 비당사자참가국은 소송당사국으로서의 권리의무를 갖지 못하며 판결도 참가국에게 구속력을 갖지 않는다. 비당사자참가를 위해 기존의 소송당사국들과 소송참가국 사이에도 국제사법재판소(ICJ)의 재판관할권이 성립될 근거는 필요 없다.   O | X

당사자참가와 비당사자참가를 구분해 두어야 한다. 현재 당사자참가가 인정된 사례는 없다.   답 ○

245
예상논점

제62조의 소송참가에는 당사자참가도 있다. 당사자참가는 소송참가를 하는 제3국이 사건의 당사국이 되는 경우이다. 당사자참가를 하는 경우 원 소송당사국과 소송참가국 간에도 재판관할권 성립의 근거가 필요하다. 당사자참가국은 본안판결의 구속을 받는다. 아직 국제사법재판소(ICJ)가 당사자참가를 인정한 사례는 없다.   O | X

당사자참가는 소송당사자와 동일하게 다루어진다.   답 ○

246
예상논점

해석적 참가는 디지프약의 당사자가 참가하는 것이며 참가할 권리가 있다.   O | X

해석적 참가는 권리로서 참가하는 것이다.   답 ○

247
예상논점

해석적 참가의 경우 판결 자체에는 구속되지 않으나, 판결에서 제시된 조약해석에는 구속력을 받는다.   O | X

해석적 참가는 당사자로서 참가하는 것이 아니므로 판결의 구속을 받지 않는다.   답 ○

248
예상논점

남극해 포경 사건에서 뉴질랜드는 제63조에 따른 소송참가권을 행사하였고 ICJ는 이를 허용하였다.   O | X

해석적 참가가 인정된 것이다. 해석적 참가는 '아야 델 라 토레 사건'에서 하바나조약의 해석과 관련하여 쿠바의 참가가 최초이다.   답 ○

249

예상논점

소송참가는 구두 변론 시작 이전에 서면으로 신청해야 함이 원칙이다. O | X

구두 변론이 시작하기 전에 소송참가를 신청해야 한다. 답 ○

250

예상논점

폰세카만 사건(1990)에서 엘사바도르와 온두라스 간 소송에 니카라과가 제62조에 따른 소송참가를 신청한 사건에서 국제사법재판소(ICJ)는 소송당사국들이 반대하거나, 당사국과 참가요청국 간 재판관할권이 성립하지 않아도 소송참가를 허용할 수 있다고 판단하고, 니카라과의 소송참가를 허용하였다. O | X

소송참가 결정은 국제사법재판소(ICJ)의 재량권이므로 당사자가 반대해도 참가를 인정할 수 있다. 답 ○

기타 부수적 관할

251

22. 7급

ICJ는 Request for Interpretation of the Judgment in the Case concerning the Land and Maritime Boundary between Cameroon and Nigeria 사례에서 선결적 항변에 대한 판결은 해석신청의 대상이 될 수 있다고 하였다. O | X

선결적 항변에 대한 판결도 해석 신청의 대상이 된다. 답 ○

252

16. 사시

ICJ 판결의 해석에 관한 분쟁을 재판하기 위해서는 분쟁당사국들 간의 합의가 필요하다. O | X

해석은 일방적 요청으로 부여될 수 있다. 답 X

253

예상논점

판결에 대한 해석 요청은 주문(主文)에 대한 것이어야 하고, 판결의 이유에 대해서는 제기될 수 없다. O | X

판결에 대한 해석 요청은 주문에 대해 신청해야 한다. 답 ○

254

예상논점

2011년 5월 캄보디아는 ICJ 판결 주문상의 사원 인접지역이 어디까지를 의미하는가에 대해 재판소가 해석해 달라고 요청하였고 이에 대해 해석을 부여하였다. O | X

최초의 판결 해석 사건이다. 답 ○

255

17. 9급

재판소의 관할권이 성립하더라도 일방 당사국이 불참하는 경우에는 소송이 진행되지 않는다. O | X

일방 당사국이 불참하더라도 궐석재판이 진행될 수 있다. 답 X

256

예상논점

일방적 청구 사건에서 원고국이 소송제기 후 절차진행 중에 '새로운 청구'를 제기하는 것은 법적 안정성 관점에서 허용되지 않으므로 '소의 허용성'이 없다는 판단을 하게 되나 형식적으로 새로운 청구라 하더라도 실질적으로는 원래의 청구에 포함된 것으로 간주되는 경우에는 새로운 청구가 허용된다. O | X

새로운 쟁점이 아닌 경우 판결 도중 쟁점을 추가할 수 있다. 답 ○

257

예상논점

「1970년 Barcelona Traction Co. 사건」에서 원고국 벨기에가 일방적 통고로 소를 취하한 후에 다시 소를 제기하자 피고국 스페인이 이러한 소 취하는 원칙적으로 다시 제소할 권리를 포기한다는 것을 의미한다고 주장하였으나 ICJ는 이를 받아들이지 않았다. 즉, 소 취하 후 다시 재소하는 것이 허용된다. O | X

소 취하 후 재소가 인정된 사례이다. 답 ○

258

예상논점

재판소는 판결에 필요한 증거를 획득하기 위해 소송대리인에게 심리의 개시 전에도 서류의 제출이나 필요한 설명을 요구할 수 있다. O | X

심리의 개시 전에 서류 제출 및 필요한 설명을 요청할 수 있다. 답 ○

259

예상논점

국제사법재판소(ICJ)는 통상적인 국내법원보다는 유연하게 증거 가치를 판단하는 편으로 위법하게 수집된 증거라고 하여도 반드시 배척하지는 않는다. O | X

국제사법재판소(ICJ)는 일종의 민사법원이므로 증거의 범위를 형사재판보다 넓게 인정하는 것이다. 답 ○

260

17. 9급

재판소는 직권으로 증거 수집을 위해 관련 현장을 방문할 수 있다. O | X

재판소는 일방 당사국의 요청이 있는 경우에만 증거 수집을 위해 관련 현장을 방문할 수 있다. 답 X

261

07. 사시

모든 문제는 출석한 재판관들의 3분의 2의 찬성에 의하여 결정된다. O | X

출석한 재판관들의 과반수에 의하여 결정한다. 답 X

262

12. 사시

재판소규정에 달리 명문의 규정이 있는 경우를 제외하고는 재판소는 전원이 출석하여 개정한다. O | X

전원 출석하여 개정한다. 답 ○

263

16. 사시

ICJ는 출석 재판관의 과반수로 판결하고, 가부동수인 때에는 재판장이 결정투표권을 행사한다. O | X

국제해양법법원(ITLOS)도 재판장이 결정투표권을 가진다. 답 O

264

05. 사시

재판소에서의 심리는 공개를 원칙으로 한다. O | X

당사자의 요청에 따라 비공개로 할 수도 있다. 답 O

265

11. 사시

모든 문제는 출석한 재판관의 과반수로 결정되는데, 가부동수인 경우에는 재판소장이 결정투표권을 갖는다. O | X

재판소장을 대리하는 재판관도 결정투표권을 가질 수 있다. 답 O

266

16. 사시

국제사법재판소 판결은 당해 사건의 당사국만 구속하며 선례구속(stare decisis) 원칙이 인정된다. O | X

선례불구속의 원칙이 적용된다. 당해 사건에 대해서만 판결의 구속력이 인정된다. 답 X

267

16. 사시

국제사법재판소 판결은 종국적이며 상소가 허용되지 않는다. O | X

국제사법재판소(ICJ)는 단심제로 운영된다. 답 O

268

15. 9급

ICJ의 결정은 당사자 사이와 그 특정 사건에 관하여서만 구속력을 가진다. O | X

선례불구속의 원칙이 적용된다. 또한 소송참가한 제3국에 대해서는 판결이 구속력을 갖지 않는다. 답 O

269

22. 7급

미국 연방대법원은 Medellin v. Texas 사례에서 ICJ 판결의 법적 구속력을 인정하였다. O | X

ICJ 판결의 효력을 반드시 인정해야 하는 것은 아니라고 본 판례이다. 답 X

270

05. 사시

판결에 관한 모든 문제는 원칙적으로 출석 재판관의 과반수로 결정한다. O | X

출석 재판관 과반수로 결정하는 것에 주의하여야 한다. 답 O

271

예상논점

ICJ는 당사국이 요청해도 조건부 판결이나 잠정적인 판결을 내릴 수 없다. O | X

조건부 판결이나 잠정적인 판결은 허용되지 않는다. 답 O

272

예상논점

재판 진행 도중 당사국들이 교섭에 의해 해결한 경우 심리는 중단된다. 나우르인산염 사건(ICJ, 1993)에서 나우르와 호주가 심리 도중 분쟁을 교섭으로 합의함에 따라 심리가 중단되었다. O | X

분쟁이 해결된 경우 합의하여 취하할 수 있다. 답 O

273

12. 사시

국제사법재판소(ICJ) 사건의 당사국이 ICJ 판결에 따라 자국이 부담하는 의무를 이행하지 않는 경우, 타방 당사국은 안전보장이사회에 호소할 수 있다. O | X

안전보장이사회가 판결 이행기관이다. 답 O

274

예상논점

현재까지 안전보장이사회가 ICJ 판결을 강제하기 위한 결의를 채택한 사례는 없다. O | X

안전보장이사회는 법률상 무력을 수반하는 강제조치도 취할 수 있다. 답 O

275

01. 사시

UN헌장 제94조 제2항은 패소국이 판결을 이행하지 않는 경우 승소국이 UN총회에 제소하도록 하고 있다. O | X

승소국은 UN안전보장이사회에 제소할 수 있으며 이는 의무는 아니다. 답 X

제2장 전쟁과 평화에 관한 법

제1절 총설

001
예상논점

19세기 국제법은 국가들에게 자존권을 인정하였다. 자존권은 자위권을 포함하지 않으며, 적극적 무력사용권을 의미한다. O | X

자존권은 소극적 무력사용권(자위권)과 적극적 무력사용권을 포함한 개념이다. 답 X

002
예상논점

정전론에 의하면 국가의 모든 무력사용은 원칙적으로 불법으로 간주된다. O | X

정전론은 모든 무력사용을 불법으로 규정하고, 예외적으로 몇 가지만 허용된다고 본다. 답 O

003
예상논점

그로티우스(Hugo Grotius)는 정당한 전쟁으로 방어전쟁, 법적 청구권을 집행하기 위한 전쟁, 불법을 응징하기 위한 전쟁, 인권보호를 위한 전쟁을 들었다. O | X

그로티우스(Hugo Grotius)는 정당한 전쟁으로 인권보호를 위한 전쟁은 제시하지 않았다. 답 X

004
예상논점

2017년 UN총회는 「핵무기 금지협약」을 채택했다. 핵무기의 개발, 실험, 생산, 저장, 이전, 사용 등을 포괄적으로 금지하고 있으며, 기존 핵보유국은 즉시 핵무기를 작전대상에서 제외시키고 가능한 한 빨리 핵무기를 해체시킬 것을 요구하고 있다. O | X

「핵무기 금지협약」은 UN총회에서 채택되었다. 답 O

제2절 무력사용의 제한

005
14. 9급

UN헌장과 1974년 UN총회의 침략정의 결의에 따르면 무력공격의 주체는 국가에 국한 된다. O | X

무력공격의 주체는 명시되지 않았다. 답 X

006
14. 9급

사법절차상 자위권을 이유로 자신의 무력사용이 정당하다고 주장하는 국가가 관련 사 실관계를 입증해야 한다. O | X

자위권을 주장하는 측에서 입증책임을 진다. 답 O

007
14. 9급

UN헌장은 명시적으로 예방적 자위권에 대해서 규정하고 있다. O | X

예방적 자위권에 대해서는 UN헌장에 명시적인 규정이 없다. 답 X

008
14. 9급

외국에 소재하는 자국민의 보호를 이유로 군사적으로 개입하는 것은 해당 영토국의 동의가 있더라도 국제법상 허용되지 않는다. O | X

영토국의 동의가 있으면 군사적 개입이 허용된다. 답 X

009
14. 9급

정당성이 없거나 억압적인 체제에 대항하고, 민주적 정부체제를 지지하거나 수립하기 위한 무력개입은 국제관습법에서 인정된다 O | X

이를 민주적 간섭이라고 한다. 민주적 간섭의 인정 여부에 대해서는 논란이 있다. 최소한 국제관습법으로 보기는 어렵다. 답 X

010
14. 9급

타국 내에서 극악한 인권침해로 인하여 대규모 난민이 발생하거나 전국적으로 인도에 반한 죄가 빈번한 경우 어느 국가든지 '보호책임법리'에 의하여 그 국가에 대해서 무 력을 사용하는 것이 국제관습법에서 인정된다. O | X

이를 인도적 간섭이라고 한다. UN안전보장이사회의 승인이 있는 경우 적법성에 문제가 없다. 그러나, 승인이 없는 경우 인정 여부에 대해서는 학설대립이 있다. 최소한 국제관습 법이라고 보기는 어렵다. 다만, 보호책임법리는 안전보장이사회의 사후승인이 인정된다고 본다. 그럼에도 불구하고, 일방적 인도적 간섭을 국제관습법으로 보기는 어렵다. 답 X

011

14. 9급

어느 국가의 인도주의적 위기 사태로 인하여 발생한 다수의 실향민이나 난민에게 구호품이 안전하게 전달되도록 하기 위하여 외국의 군대가 출동하는 경우 UN안전보장이사회는 이를 불법적인 무력사용으로 간주하여 허가한 적이 없다. O | X

소말리아 사태 당시 UN안전보장이사회는 결의 제794호를 통해 무력사용을 허가하였다.

답 X

012

14. 사시

UN헌장은 전쟁을 포함한 일체의 무력의 위협 또는 사용을 원칙적으로 금지하고 있다. O | X

무력의 위협 또는 사용이 전쟁보다 더 넓은 개념이다.

답 O

013

14. 사시

UN헌장은 무력사용금지원칙의 예외로 자위권을 인정하면서 그 행사를 무력공격이 발생한 경우로 제한하고 있다. O | X

자위권은 무력공격의 현존성을 전제로 한다.

답 O

014

14. 사시

무력복구는 무력의 위협 또는 사용금지의 원칙에 반하므로 더 이상 합법적인 수단이 아니다. O | X

무력복구는 강행규범 위반이므로 허용되지 않는다.

답 O

015

14. 사시

UN헌장은 무력의 위협 또는 사용금지의 원칙에 대한 예외로 제7장에서 강제조치를 규정하고 있다. O | X

헌장상 예외는 제7장에서의 강제조치, 지역적 기관의 무력사용, 구적국조항, 자위권 발동 네 가지로 한정된다.

답 O

016

14. 사시

강제조치는 평화의 위협, 평화의 파괴 및 침략행위가 존재한다고 UN총회가 결정한 경우에 안전보장이사회가 취할 수 있다. O | X

평화의 위협 등에 대해서도 안전보장이사회가 결정한다.

답 X

017

12. 9급

오늘날 무력행사금지는 「UN헌장」에 의한 것으로 UN 회원국에게만 적용된다. O | X

무력행사금지는 관습법으로 확립되었다. UN 비회원국에게도 적용된다.

답 X

018

「국제연맹규약」에서는 전쟁에 이르지 않는 무력사용은 가능하다는 해석의 여지를 두고 있다. O | X

전쟁을 제한하였다. 따라서 전쟁이 아닌 무력사용은 제한되지 않았다. 그리고 전쟁이라 하더라도 '금지' 내지 '불법화'되지는 않았다. 답 O

019

무력사용금지원칙에는 직접적인 무력사용뿐만 아니라 간접적인 무력사용도 포함된다. O | X

간접적 무력사용은 타국 내의 반란단체에게 무기를 지원하는 행위, 타국 군대의 자국 영토 통과를 인정하는 행위 등을 의미한다. 답 O

020

UN헌장은 예외적인 경우에만 국가의 무력(use of force)을 허용하고 있다. O | X

UN헌장은 원칙적으로 무력사용과 그 위협을 금지한다. 답 O

021

타국으로부터 무력공격(armed attack)을 받은 국가는 자위권 행사의 수단으로 무력을 사용할 수 있으나, 그것은 UN헌장상의 권리일 뿐이고 국제관습법상 그러한 권리는 인정되지 않는다. O | X

자위권은 관습법상 모든 국가의 권리이다. 답 X

022

국제사법재판소(ICJ)는 니카라과 사건에서 타국으로부터 무력공격을 받은 국가를 위하여 제3국이 집단적 자위권을 행사하려면 그 무력공격을 받은 국가의 요청이 있어야 한다고 판시했다. O | X

집단적 자위권은 피침국의 요청을 전제로 한다. 답 O

023

ICJ는 코르푸(Corfu)해협 사건에서 알바니아 영해 내에서 동 해역에 부설된 기뢰를 제거하기 위해 영국 군함들이 실시한 소해작전은 국제법 위반이라고 판시했다. O | X

영토국의 동의를 받지 않고 소해작전을 전개하였으므로 알바니아의 주권을 침해하였다고 판시하였다. 답 O

024

1907년 계약상의 채무회수를 위한 병력 사용의 제한에 관한 협약(Porter Convention)은 채무국이 중재 제의를 거부하거나 중재판정을 준수하지 않을 경우에는 병력 사용을 금지하지 않는다. O | X

포터조약 또는 드라고 포터조약은 채무 회수를 위한 전쟁을 제한한 조약이다. 채무국이 중재판정을 받고 성실히 이행할 것을 조건으로 전쟁을 제한하였으므로, 중재판정을 지연시키거나 회피하는 경우 전쟁을 할 수 있다. 답 O

025

18. 9급

1919년 국제연맹규약은 전쟁을 완전히 금지하지는 않고 분쟁에 대한 중재판정이나 사법판결 또는 연맹이사회의 심사 보고 후 3개월 이내에는 연맹 회원국이 전쟁에 호소하지 못하도록 하였다. O | X

국제연맹규약은 전쟁을 제한하였다. 즉, 완전히 불법화 또는 금지까지는 규정하지 않은 것이다. 답 ○

026

18. 9급

1928년 부전조약은 캐롤라인(Caroline)호 사건에서 나온 자위권 요건을 명시적으로 반영하여 무력사용의 금지를 규정하였다. O | X

부전조약은 '무력사용의 금지'를 규정한 것이 아니라 '전쟁의 금지'를 규정한 것이다. 무력사용이 전쟁보다 넓은 개념이며, 무력사용 및 그 위협은 UN헌장체제에서 비로서 금지되었다. 한편, 부전조약이 자위권 발동을 예외로 규정한 것은 옳다. 답 X

027

18. 9급

1945년 UN헌장은 국제관계에서 무력의 위협이나 무력사용을 일반적으로 금지하였다. O | X

UN헌장은 전쟁을 포함하여 전쟁에 이르지 아니하는 무력사용 및 그 위협을 전면 불법화하였다. 답 ○

028

02. 행시 · 외시

국제연맹규약은 전쟁을 전면적으로 금지하지 않고 일정한 경우 3개월의 유예기간이 지나면 전쟁을 할 수 있도록 인정하였다. O | X

국제연맹규약은 전쟁을 제한한 조약이다. 답 ○

029

02. 행시 · 외시

1928년의 부전조약은 국가정책수단으로 전쟁을 하는 것을 금지시키고 전쟁을 국제범죄라고 명시하였다. O | X

부전조약(켈로그 - 브리앙 조약)은 전쟁을 최초로 불법화하였으나, 국제범죄라고 명시한 것은 아니다. 답 X

030

02. 행시 · 외시

1970년 UN총회에서 결의된 이른바 「우호관계선언(총회결의 2625)」에서는 모든 형태의 무력개입이 국제법 원칙을 위반한다고 하였다. O | X

우호관계선언에서는 간접적 무력공격도 불법으로 보았으며, 민족자결권을 행사하는 단체에 대해서도 무력을 사용할 수 없다고 규정하였다. 답 ○

031

예상논점

무력사용금지원칙이 확립된 현행 국제법체제에서는 무력복구는 금지된다. O | X

무력복구란 타국이 국제법을 위반한 경우 무력을 사용하는 것인데, 현행법상 금지된다. 답 ○

032
예상논점

인도적 간섭의 적법성에 대해서는 학설 대립이 있다. 찬성론은 인권 보호를 위한 무력사용은 헌장체제에서도 허용된다고 보는 반면, 반대론은 남용가능성이 크다고 보아 허용되지 않는다고 본다. 인도적 간섭이 관습이나 조약으로 허용되는 것도 아니다.

O | X

UN안전보장이사회의 무력사용을 허가받지 않은 일방적 인도적 간섭에 대한 논쟁이다.

답 ○

033
예상논점

해외에서 급박한 위험에 처한 자국민의 구출을 위한 무력을 사용하는 것이 적법하다는 주장도 있으나, 무력사용금지원칙과 충돌하며 이에 관한 관습이나 조약이 존재하지도 않는다.

O | X

자국민보호를 위한 무력사용에 대한 논쟁이다.

답 ○

034
예상논점

이스라엘 특공대가 우간다 엔테베 공항에 억류 중인 자국민을 구출한 사건은 자국민보호를 위한 무력사용의 정당성을 지지하는 사례로 널리 원용되고 있다.

O | X

적법성이 ICJ에 의해 인정된 사례는 아니다.

답 ○

보호책임(Responsibility to Protect: R2P)

035
예상논점

국가주권의 절대성은 인간의 존엄이 지켜지는 경우에만 존중될 수 있으며, 해당국가가 주권국가로서 책임을 다하지 못한다면, 국제사회가 그들을 보호할 책임이 있으며 이를 위해 외부의 개입이 허용되어야 한다는 주장이다.

O | X

인권보호를 개별국가에게만 맡겨둘 수 없다는 전제에서 출발하는 개념이다.

답 ○

036
예상논점

2005년 UN총회 결의를 통해 제노사이드, 침략범죄, 인종청소, 인도에 반하는 죄로부터 주민을 보호할 1차적 책임은 개별 국가에게 있으나, 개별 국가가 주민의 보호에 실패하고 평화적 해결 수단이 적절하지 못한 경우 국제공동체는 안보리를 통해 집단적 조치를 취할 준비가 되어 있다고 선언했다.

O | X

침략범죄가 아니라 전쟁범죄가 포함된다.

답 X

037
예상논점

보호책임의 적용 상황을 4개 국제범죄로 한정했다.

O | X

제노사이드, 전쟁범죄, 인종청소, 인도에 대한 죄 네 가지 범죄에 한정된다.

답 ○

038
예상논점

국제공동체는 외교적·인도적 또는 다른 평화적 수단을 우선적으로 사용해야 한다.

O | X

평화적 수단으로 해결되지 못하는 경우 무력을 동원할 수 있다.

답 O

039
예상논점

국제공동체에게 집단적 조치를 취할 책임이 부과되었다는 표현은 회피되었다.

O | X

공동체의 '책임'을 명시한 것은 아니라는 것이다.

답 O

040
예상논점

UN헌장 제7장에 의한 안보리의 승인 아래서만 집단적 조치가 가능하며, 개별 국가 차원의 일방적 개입은 불가하다.

O | X

안전보장이사회의 사전승인을 전제로 한 개입이 규정되었다.

답 O

041
예상논점

보호책임론이 강제적 군사력의 개입에 초점이 맞추어져 있다면, 인도적 개입론은 가능한 한 사태의 초기 단계부터 효과적인 예방조치를 취하자는 주장이다.

O | X

인도적 개입론이 강제적 군사력의 개입에 초점이 맞추어져 있다면, 보호책임론은 가능한 한 사태의 초기 단계부터 효과적인 예방조치를 취하자는 주장이다.

답 X

042
예상논점

인도적 개입론이 강제적 군사력의 개입에 초점이 맞추어져 있다면 보호책임론은 가능한한 사태의 초기단계부터 효과적인 예방조치를 취하자는 주장이다.

O | X

인도적 개입과 보호책임의 차이에 대한 것이다.

답 O

043
예상논점

인도적 개입이 원하는 국가의 주관적 판단에 따라 선별적으로 결정될 수 있었다면 보호책임은 국제법적 의무로서 통일적 기준에 따라 결정되어야 한다고 주장된다.

O | X

인도적 개입은 개입 여부에 대해 개별 국가가 결정한다.

답 O

044
예상논점

보호책임을 실행하기 위해 안보리의 결의 없이도 개별 국가의 무력사용이 가능한가와 관련된 조약이나 관습국제법은 없다.

O | X

안전보장이사회의 사후승인이나, UN긴급총회 결의에 의한 개입도 가능하나, 보호책임 결의에 명시된 것은 아니다.

답 O

일반론

045
97. 경찰간부

해상포획에 관한 1850년의 파리선언은 콘솔라토 델 마레주의와 기국주의를 융합하여 적선과 적선 내의 적화만을 포획의 대상으로 하고 있다. O | X

포획 대상을 알아두어야 한다. 답 O

046
02. 서울시

민병·의용병(비정규군) 등이 합법적 교전자격을 갖기 위해서는 UN과 국제적십자사에 등록할 것, 부하를 위하여 책임을 지는 책임자가 있을 것, 멀리서부터 식별할 수 있는 고착된 식별휘장, 무기를 공공연하게 휴대할 것, 전쟁법규 및 관례를 준수할 것을 요한다. O | X

UN과 국제적십자사에 등록할 것은 민병·의용병(비정규군) 등이 합법적 교전자격을 갖기 위한 요건이 아니다. 답 X

047
21. 7급

교전행위를 행하여 적의 수중에 들어간 자가 포로의 지위가 명확하지 않은 경우, 관할재판소가 결정을 내릴 때까지 포로의 지위를 가진다. O | X

국제인도법은 전시 약자를 보호하기 위한 규범이므로 포로 지위 확정 시까지 포로 대우를 인정하는 것이다. 답 O

048
84. 사시

법무장교, 의무장교, 수송장교, 경리장교, 군종장교는 모두 비진투원이다. O | X

수송장교는 전투원이다. 정규군은 전투원과 비전투원으로 구분되며, 비전투원은 병력에 속하되 직접 적대행위를 행하지 않고 정훈, 보도, 법무, 행정, 회계, 위생, 종교, 통신 등에 종사하는 자를 의미한다. 답 X

049
예상논점

전쟁법은 1907년 헤이그회의에서 조약으로 창설되었다. O | X

헤이그협약은 교전수칙에 대한 것이다. 답 O

050
예상논점

전쟁법은 1907년 육전의 법규 및 관습에 관한 헤이그협약 및 그 부속규칙을 통해 체계화되었다. O | X

전쟁법은 좁은 의미로 보면 교전수칙을 의미한다. 답 O

051
예상논점

군사필요원칙은 전쟁목적의 실현에 필요한 병력과 무기를 사용할 수 있다는 원칙이다.

O | X

군사필요원칙은 필요한 경우 무력을 사용할 수 있다는 원칙이다.

답 O

052
예상논점

군사필요원칙은 적을 정복하는 데 필요하지 않은 무력은 사용될 수 없다는 원칙이다.

O | X

인도주의원칙에 대한 설명이다.

답 X

053
예상논점

기사도의 원칙은 불명예스런 수단이나 방법을 금지한다는 원칙이다.

O | X

간첩활동 등은 기사도의 원칙에 위배될 수 있다.

답 O

054
예상논점

전수론은 전쟁법 준수로 자국의 중대한 이익이 위협을 받는 경우 전쟁법의 구속으로부터 벗어난다는 이론으로서 국제인도법에서 부인된다.

O | X

전수론은 전쟁법의 범위를 벗어날 수 있다는 이론이다.

답 O

055
예상논점

교전자는 정규군, 비정규군, 게릴라를 의미하며 체포된 경우 포로대우를 받는다.

O | X

비정규군도 교전자격이 있다.

답 O

056
예상논섬

정규군에는 전투원과 비전투원(군종, 의무요원)이 포함된다.

O | X

정규군은 포로대우를 받는다.

답 O

057
예상논점

비정규군에는 민병, 의용병, 군민병 등이 포함된다.

O | X

비정규군도 포로대우를 받는다.

답 O

058
예상논점

용병은 전쟁포로로 인정되지 않는다.

O | X

용병은 포로대우를 받지 않는다.

답 O

059
예상논점

교전국은 중립국 영역이나 남극에서는 적대행위를 할 수 없다.　O | X

남극에서도 적대행위를 할 수 없다.　답 ○

060
예상논점

전쟁은 평화조약 체결로 종료되는 것이 일반적이나 적대행위를 중지하고 전의를 포기한 경우, 전승국이 일방적으로 전쟁상태 종료를 선언한 경우에도 종료된다.　O | X

반드시 평화조약을 체결해야 하는 것은 아니라는 점에 주의한다.　답 ○

한국정전협정

061
예상논점

한국정전협정은 UN군총사령관, 조선군총사령관, 북한군총사령관, 중공인민지원군사령관 상호 간 체결되었다.　O | X

한국은 정전협정의 서명국은 아니다.　답 X

062
예상논점

육상분계선을 확정하고 쌍방이 2km씩 후퇴하여 비무장지대를 설치하였다.　O | X

해상분계선은 명시되지 않았다.　답 ○

063
예상논점

해상경계선은 설정되지 않았다.　O | X

해상경계선은 추후 북방한계선(NLL)으로 설정되었다.　답 ○

064
예상논점

백령도, 대청도, 소청도, 연평도, 우도의 도서군들은 UN군사령관 군사통제하에 두기로 하였다.　O | X

백령도, 대청도, 소청도, 연평도, 우도의 도서군들을 우리나라 영토로 본 것이다.　답 ○

065
예상논점

군사정전위원회의 허가 없이 군인이나 민간인은 군사분계선을 통과할 수 없다.　O | X

군사정전위원회의 허가사항이다.　답 ○

066
예상논점

쌍방의 고급장교 5명씩 10인으로 군사정전위원회를 설치하였다.　O | X

군사정전위원회는 교전당사국으로 구성된다.　답 ○

067
예상논점

스웨덴, 스위스, 폴란드, 체코로 중립국 감시위원회를 설립하였다. O | X

중립국 감시위원회의 구성국을 알아두어야 한다. 답 ○

068
예상논점

스위스, 스웨덴, 체코, 폴란드, 인도로 중립국 포로 송환위원회를 설치하였다. O | X

중립국 포로 송환위원회는 현재 존재하지 않는다. 답 ○

마르텐스조항

069
15. 7급

'마르텐스 조항'(Martens clause)은 어떤 무기 또는 전쟁방식이 구체적 혹은 명시적으로 금지되지 않았더라도 군사필요원칙의 요구가 적용된다는 의미이다. O | X

마르텐스 조항(Martens clause)은 명시적으로 금지되지 않더라도 군사필요원칙 적용을 배제하라는 원칙이다. 군사필요원칙이란 자국의 이익을 위해 긴요한 필요가 있는 경우 국제법의 지배를 벗어날 수 있다는 원칙이다. 이 원칙의 적용을 막는 것이 마르텐스 조항(Martens clause)이다. 군사적 필요보다는 전시 민간인 보호가 보다 중요하다는 것을 전제로 하는 원칙이다. 답 X

070
15. 7급

'마르텐스 조항'(Martens clause)은 1899년 헤이그 평화회의 러시아 측 대표인 마르텐스의 요청으로 헤이그 육전협약에 삽입된 전쟁법의 기본정신에 관한 것이다. O | X

헤이그협약에 규정된 사항이다. 답 ○

071
15. 7급

'마르텐스 조항'(Martens clause)은 조약 혹은 관습에 의하여 금지되지 않는 것은 합법이라는 전통국제법의 기본사상을 전쟁법에 관한 한 부인하는 것이다. O | X

일반적 허용원칙에 따르지 않는다는 의미이다. 답 ○

072
15. 7급

'마르텐스 조항'(Martens clause)은 핵무기 사용 또는 위협의 적법성(Legality of the Threat or Use of Nuclear Weapons) 사건에 관한 국제사법재판소(ICJ)의 권고적 의견에서 언급되었다. O | X

핵무기 사용이 마르텐스 조항(Martens clause)에 위배될 수 있다고 하였다. 답 ○

073
예상논점

1899년 헤이그 평화회의에서 마르텐스의 요청으로 헤이그 육전법규에 규정되었다. O | X

마르텐스의 요청에서 그 명칭이 유래한 것이다. 답 ○

074
예상논점

법규의 부존재를 이유로 하는 비인도적 행위를 방지한다. O | X

법규의 부존재에도 불구하고 도덕과 양심에 따라 전시 약자를 보호하자는 것이다. 답 ○

075
예상논점

핵무기 사용의 적법성에 관한 권고적 사건에서 언급되었다. O | X

핵무기 사용을 금지하는 국제법규는 부존재하나 마르텐스 조항을 위반할 수 있다고 본 것이다. 답 ○

076
예상논점

제네바협약(전시인도법)에 규정되었다. O | X

전시인도법의 핵심 원칙으로 인정된다. 답 ○

제4절 전시인도법

일반론

077
17. 7급

포로의 대우에 관한 1949년 8월 12일자 제네바협약과 1949년 8월 12일자 제네바협약에 대한 추가 및 국제적 무력충돌의 희생자 보호에 관한 의정서상 특정한 군사목표물을 표적으로 하지 아니하는 공격은 금지된다. O | X

군사목표물을 표적으로 설정해야 한다. 답 ○

078
17. 7급

포로의 대우에 관한 1949년 8월 12일자 제네바협약과 1949년 8월 12일자 제네바협약에 대한 추가 및 국제적 무력충돌의 희생자 보호에 관한 의정서상 민간주민 사이에 테러를 만연시킴을 주목적으로 하는 폭력행위 및 위협은 금지된다. O | X

전시인도법은 제네바협약과 그 추가의정서로 구성된다. 답 ○

079
예상논점

포로의 대우에 관한 1949년 8월 12일자 제네바협약과 1949년 8월 12일자 제네바협약에 대한 추가 및 국제적 무력충돌의 희생자 보호에 관한 의정서상 민간인인지의 여부가 의심스러운 경우에는 민간인으로 간주하지 않는다. O | X

민간인인지의 여부가 의심스러운 경우에는 민간인으로 간주한다. 답 X

080

17. 7급

포로의 대우에 관한 1949년 8월 12일자 제네바협약과 1949년 8월 12일자 제네바협약에 대한 추가 및 국제적 무력충돌의 희생자 보호에 관한 의정서상 민간인은 전투원이 아니기 때문에 군용항공기의 민간인 승무원은 포로가 될 수 없다. O | X

군용항공기의 민간인 승무원도 포로 대우를 받을 수 있다. 답 X

081

21. 7급

무력충돌 당사국의 상선 승무원이나 민간 항공기 승무원은 일정한 경우, 적의 수중에 들어가면 포로의 지위를 가진다. O | X

상선의 선장이나 도선사, 견습생을 포함한 승무원도 포로대우를 받는다. 답 O

082

20. 9급

국제인도법상 포로는 그들이 포로가 될 때에 향유하던 완전한 사법상의 행위능력을 보유한다. O | X

사법상의 행위능력은 계약 체결 등의 능력을 의미한다. 답 O

083

20. 9급

국제인도법상 포로들 자신의 이익이 된다고 인정되는 특별한 경우를 제외하고는 포로들을 형무소에 억류하지 못한다. O | X

전시인도법의 필수 조항들은 반드시 알아두어야 한다. 답 O

084

20. 9급

국제인도법상 포로에게는 군사적 성질 또는 목적을 가지는 공익사업에 관련되는 노동을 강제할 수 있다. O | X

포로에게 일정한 노동을 부과할 수 있으나, 군사작전과 직접 관계되는 노동을 강제할 수 없다. 답 X

085

14. 9급

중앙 정부가 자신을 상대로 반란을 일으킨 단체를 교전단체로 승인한 경우 생포된 교전단체 소속 전투원은 포로의 지위를 누린다. O | X

반란단체인 경우 소속원들은 포로대우를 받지 않는다. 교전단체인 경우 포로대우를 받는다. 답 O

086

85. 사시

점령지의 재산 취급에 있어서 사유재산이라 하더라도 전쟁에 직접 사용할 수 있는 것은 압수할 수 있다. O | X

그 밖에 사유재산은 원칙적으로 몰수할 수 없다. 국유재산 중 부동산은 몰수할 수는 없고, 다만 관리할 수 있다. 국유재산 중 군사행동에 사용할 수 있는 동산은 몰수할 수 있으나, 종교나 교육 등의 목적으로 사용되는 건물은 몰수할 수 없다. 답 O

087

92. 사시

포로는 포로를 체포한 부대의 사령관이 관할권을 갖는다.　　　　O | X

포로는 포로를 체포한 국가가 관할권을 갖는다.　　　　답 X

088

83. 사시

제네바 4협약(1949)은 문민 보호조약, 문화재 보호조약, 전시 상병자의 상태 개선에 관한 조약, 해상의 상병자 및 난선자의 상태 개선에 관한 조약을 말한다.　　O | X

문화재보호조약 대신 포로의 대우조약이 포함된다. 문화재 보호에 관해서는 육전법규를 보강한 1945년 헤이그협약에서 규정하고 있으며, 여기서는 종교·예술·학술 등의 일정한 목적물에 대해 금지한다.　　　　답 X

089

03. 행시·외시

국제인도법(International Humanitarian Law)의 법원에는 포로의 대우에 관한 협약, 전시 민간인 보호에 관한 협약, 전지(戰地) 군대 상병자의 상태 개선에 관한 협약, 1977년의 제네바 4개 협약(1949년)에 대한 제1추가의정서, 주한미군지위협정 등이 있다.　　　　O | X

국제인도법(International Humanitarian Law)이란 전쟁을 포함한 무력충돌의 희생자 보호를 목적으로 하는 법이므로 주한미군지위협정은 국제인도법(International Humanitarian Law)이 아니다.　　　　답 X

090

19. 7급

「전시에 있어서 민간인의 보호에 관한 1949년 제네바협약(제4협약)」에 따르면 적대행위에 능동적으로 참여하지 않는 자는 어떠한 경우에도 차별 없이 인도적인 대우를 받아야 한다.　　　　O | X

비차별원칙에 대한 설명이다.　　　　답 ○

091

19. 7급

「전시에 있어서 민간인의 보호에 관한 1949년 제네바협약(제4협약)」에 따르면 전시 점령국은 어떠한 경우에도 점령지의 현행 법령을 존중해야 한다.　　　　O | X

점령국은 원칙적으로 점령지 현행 법령을 존중해야 하나, 점령을 위해 불가피한 사정이 있는 경우 법령을 위반할 수 있다.　　　　답 X

092

19. 7급

「전시에 있어서 민간인의 보호에 관한 1949년 제네바협약(제4협약)」에 따르면 피보호자로부터 정보를 얻기 위해 육체적 또는 정신적으로 강제할 수 없다.　　　　O | X

고문 금지에 대한 설명이다.　　　　답 ○

093

19. 7급

「전시에 있어서 민간인의 보호에 관한 1949년 제네바협약(제4협약)」에 따르면 피보호자들은 어떠한 경우에도 타국 영역으로 강제 이송하거나 추방되어서는 아니 된다.

O | X

강제 이송과 추방금지원칙에 대한 설명이다.

답 ○

094

예상논점

1949년 체결된 네 개의 협약(통칭 제네바협약), 즉 군대 상병자 상태 개선협약, 해상에서 군대의 상병자 및 조난자 상태 개선협약, 포로대우협약, 전신 민간인 보호협약이 근간을 이룬다.

O | X

네 개의 개별협약은 반드시 알아두어야 한다.

답 ○

095

예상논점

1977년에 추가의정서가 채택되었다.

O | X

추가의정서는 국제적 무력충돌과 비국제적 무력충돌로 구분하여 체결되었다.

답 ○

096

예상논점

군용기의 민간인 승무원, 종군기자, 납품업자, 상선 승무원, 민간항공기 승무원 등은 포로 대우를 받는다.

O | X

포로의 범위가 빈번하게 출제되고 있으므로 주의하여야 한다.

답 ○

097

예상논점

간첩활동을 한 군대 구성원은 포로대우를 받지 않는다.

O | X

간첩이나 용병은 포로대우를 받지 않는다.

답 ○

098

예상논점

포로에 대한 복구조치는 금지된다.

O | X

포로는 복구조치의 대상이 될 수 없다.

답 ○

099

예상논점

제네바협약은 비국제적 무력충돌에 대해서도 적용된다.

O | X

비국제적 무력충돌은 내전을 의미한다.

답 ○

100

예상논점

핵무기 사용의 적법성 사건에서 민간인을 공격목표로 해서는 안된다고 하였다.

O | X

민간인은 보호대상이다.

답 ○

101
예상논점

군사 점령하에서 민간인의 사유재산을 몰수할 수 없으나 예외적인 상황에 한하여 가능하다. O | X

민간인의 사유재산은 예외적인 상황이 있더라도 몰수할 수 없다. 답 X

102
예상논점

점령국은 점령지를 병합할 수 없다. O | X

점령지를 병합하는 것은 강행규범 위반이다. 답 O

몽트뢰 지침(2008)

103
예상논점

민간군사기업의 법적 지위에 관해 국제적십자위원회와 스위스 정부 주도로 몽트뢰 지침이 작성되었다. O | X

몽트뢰 지침은 민간군사기업에 대한 문서이다. 답 O

104
예상논점

국제인도법상 정부 당국만이 수행할 수 있도록 예정된 기능은 민간군사기업에게 맡기지 않는다. O | X

민간군사기업은 전쟁 수행 수단을 제공하는 기업이다. 답 O

105
예상논점

체약국은 자신과 계약한 기업이 국제인도법을 존중하고 보장할 의무를 진다. O | X

국제인도법을 존중하고 보장하는 것은 체약국의 의무이나 법적 구속력은 없다. 답 O

106
예상논점

정부권한을 행사하도록 위임받은 민간군사기업 직원이 국제위법행위를 하거나 국가의 지시나 통제하에 있는 민간군사기업 직원이 국제위법행위를 한 경우 국가에게 책임이 귀속된다. O | X

민간군사기업 직원의 행위에 국가귀속성이 인정되어 국가가 책임을 진다. 답 O

107
예상논점

민간군사기업의 직원은 적대행위에 직접 가담하지 않는 동안은 공격대상이 되지 않는다. O | X

직원이 적대행위를 할 때에는 공격대상이 될 수 있다. 답 O

108
예상논점

민간군사기업 직원은 원칙적으로 국제인도법상 민간인으로 보호된다.　　O | X

민간군사기업 직원이 포로대우를 받는지는 현행법상 명확하지 않다.　　답 ○

109
예상논점

몽트뢰 지침은 조약이 아니므로 법적 구속력은 없다.　　O | X

몽트뢰 지침은 신사협정이나 연성법규로 볼 수 있다.　　답 ○

110
예상논점

스위스 정부 주도로 2010년 「민간군사기업을 위한 국제행동지침」이 마련되었다. 이는 민간군사기업의 자발적 준수를 목표로 하는 문서이다.　　O | X

「민간군사기업을 위한 국제행동지침」도 역시 법적 구속력은 없다.　　답 ○

제5절　전쟁범죄

111
예상논점

전통적 전쟁범죄는 전쟁 개시 이후 전쟁법에 위반되는 행위를 의미한다.　　O | X

전쟁법 위반을 전쟁범죄라고 한다.　　답 ○

112
예상논점

제2차 세계대전 이후 새로운 전쟁범죄로 평화에 대한 죄, 인도에 대한 죄가 성립하였다.　　O | X

평화에 대한 죄는 현재 침략범죄라고 한다. 인도에 대한 죄는 현재는 평시범죄이기도 하다.　　답 ○

113
예상논점

새로운 전쟁범죄를 처벌하기 위해 뉘른베르크 군사재판소, 동경 군사재판소가 설치되었다.　　O | X

뉘른베르크 군사재판소와 동경 군사재판소는 제2차 세계대전 전범들을 처벌한 재판소이다.　　답 ○

제6절 기타 규범

114
03. 행시·외시

핵확산방지조약(NPT)의 목적은 핵무기의 확산을 방지하는데 있다.　O | X

핵확산방지조약(NPT)은 핵무기의 '수평적 확산'을 방지한다.　답 O

115
03. 행시·외시

북한의 핵문제는 핵확산방지조약(NPT)과 밀접한 관계를 갖는다.　O | X

북한은 핵확산방지조약(NPT) 탈퇴를 선언하면서 특히 미국과의 관계가 악화되었다.

답 O

116
03. 행시·외시

오늘날 대부분의 국가가 핵확산방지조약(NPT)에 가입하고 있다.　O | X

현재 약 190여 개국이 핵확산방지조약(NPT)에 가입하고 있다.　답 O

117
03. 행시·외시

1995년의 「재검토 및 효력연장회의」에 따라 핵확산방지조약(NPT)의 효력은 무기한 연장되었다.　O | X

핵확산방지조약(NPT)이 발효하고 25년 경과 후 재검토하여 연장여부를 결정하기로 핵확산방지조약(NPT)에 규정되었다.　답 O

118
03. 행시·외시

핵확산방지조약(NPT)의 핵무기 보유국이란 미국, 러시아, 영국, 인도, 파키스탄, 프랑스 및 중국을 지칭한다.　O | X

인도, 파키스탄은 핵확산방지조약(NPT) 공인 핵보유국은 아니다.　답 X

119
14. 경찰간부

아칠레 라우로(Achille Lauro)호 사건은 1973년 외교관 등 국제적 보호인물에 대한 범죄의 예방 및 처벌에 관한 협약(The 1973 UN Convention on the Prevention and Punishment of Crimes Against Internationally Protected Persons, Including Diplomatic Agents)을 채택하게 되는 배경이 된 사건이다.　O | X

아칠레 라우로(Achille Lauro)호 사건은 팔레스타인 해방전선을 자칭하는 무장집단이 이탈리아 선적인 아칠레 라우로(Achille Lauro)호를 납치하여 승객을 인질로 잡은 사건이다. 이들은 추후 미국 전투기에 의해 나포되어 이탈리아 시실리아섬의 NATO공군기지에 강제착륙되었고, 이탈리아 당국이 신병을 구속하였다. 이에 미국은 범죄인 인도조약에 기초하여 범죄인 인도를 요청하였으나 이탈리아는 이를 거부하고 자국에서 소추·처벌하였다. 동 사건은 외교관 등의 납치와는 무관한 사건이다.　답 X

120

14. 경찰간부

1979년 인질억류방지에 관한 국제협약(The 1979 UN Convention Against the Taking of Hostages)은 인질억류행위를 협약의 당사국 간에 범죄인 인도의 대상이 되는 범죄로 규정하고 있다.　　　　　　　　　　　　　　　　　　　　　　　　　O | X

즉, 정치범으로 보지 않는다는 것이다.　　　　　　　　　　　　　　　　답 O

121

20. 7급

1868년 St. Petersburg 선언에 따라 400g 이하의 폭발탄(explosive projectiles) 사용은 금지되었다.　　　　　　　　　　　　　　　　　　　　　　　　　　　O | X

비인도적 무기에 대한 사용을 금지한 것이다.　　　　　　　　　　　　답 O

122

20. 7급

교전조리 또는 전수이론은 공공양심의 요구를 강조하는 입장으로 국제인도법상 무기의 제한에 크게 공헌하였다.　　　　　　　　　　　　　　　　　　　O | X

마르텐스 조항에 대한 설명으로 보인다. 전수이론은 국가적 필요에 의해 전시인도법 등 전쟁법의 규정을 배제할 수 있다는 이론으로서 무기의 제한을 해제하는 효과를 갖는다. 현행 국제인도법에서는 인정되지 않는다.　　　　　　　　　　　　　답 X

123

20. 7급

1899년 확장탄환(expanding bullets)에 관한 Hague선언에 따라 덤덤탄의 사용은 금지되었다.　　　　　　　　　　　　　　　　　　　　　　　　　　　O | X

덤덤탄은 불필요한 고통을 야기하는 무기로 보아 금지된 것이다.　　　답 O

124

20. 7급

2008년 「집속탄에 관한 협약」은 금지대상인 무기의 객관적 특징을 구체적으로 적시하는 조약의 대표적인 예이다.　　　　　　　　　　　　　　　　　　　O | X

「집속탄에 관한 협약」은 집속탄의 사용을 금지하는 조약이다. 현재 한국은 가입하지 않았다.

답 O

제7편

국제경제법

memo

001
11. 9급

GATT체제에서는 협정운영을 위한 일반적 국제기구가 존재하지 않았으나 WTO협정 체제는 일반적 국제기구로서 세계무역기구를 창설하였다. O | X

GATT는 공식적으로는 국제조약일 따름이다. 답 O

002
11. 9급

GATT체제에는 당사국 간 무역분쟁 해결을 위한 분쟁해결절차가 없었으나 WTO협정 체제는 명료하고 신속한 분쟁해결절차를 규정하고 있다. O | X

GATT에서도 협의 및 패널절차가 있었다. 답 X

003
11. 9급

GATT체제가 상품교역에 대한 규율에 중점을 둔 반면 WTO협정체제는 서비스, 지적 재산권 및 무역관련 투자도 규율 대상에 포함하였다. O | X

WTO에서 적용범위가 확대되었다. 답 O

004
11. 9급

「1947년 GATT」를 포함하는 「1994년 GATT」는 WTO협정체제의 일부를 구성한다. O | X

GATT는 부속서 1A에 포함된다. 답 O

005
08. 사시

상품무역, 서비스무역 및 무역관련 지적재산권 분야에 별도의 협정이 존재하고 있어 단일 분쟁 사안에 이들 협정들이 중복되어 적용되는 경우를 방지하고 있다. O | X

단일 분쟁 사안이라도 세 협정이 중복 적용될 수 있다. 즉, 정부의 조치가 상품무역, 서비스무역, 지적재산권에 대한 조치에 모두 해당되어 각 협정의 지배를 받을 수 있다. 답 X

006
03. 행시·외시

다자간 상품무역협정은 모두 13개의 협정으로 구성되어 있다. O | X

부속서 1A의 상품무역협정은 당초 13개 협정으로 구성되었으나, 현재 섬유협정이 종료 되었으므로 총 12개 협정이 존재한다. 답 O

007
14. 9급

WTO협정은 상품무역만을 규율하고 서비스무역은 규율하지 않는다. O | X

서비스무역도 규율한다. 답 X

제2장 WTO설립협정

제1절 총설

001
11. 9급

WTO의 모든 회원국들에게 의무적으로 적용되는 다자간 협정에는 정부조달협정, 농업협정, 위생 및 검역협정, 기술장벽협정 등이 있다. O | X

정부조달협정과 민간항공기협정은 '복수국간무역협정(PTA)'으로서 WTO회원국 중 동 조약에 가입한 국가 상호간에만 적용된다. 답 X

002
15. 9급

WTO는 WTO설립협정 부속서 3에 규정된 무역정책검토제도를 시행한다. O | X

무역정책검토제도는 부속서3에 해당한다. 답 O

003
15. 9급

WTO는 WTO설립협정에 부속된 협정들에 관련된 다자간 무역관계와 관련 회원국들 간의 협상의 장(forum)을 제공한다. O | X

협상의 장(forum)을 제공하는 것은 WTO의 주요 기능 중 하나이다. 답 O

004
15. 9급

WTO는 세계경제정책 결정에 있어서 일관성 제고를 위하여 UN경제사회이사회와 협력한다. O | X

WTO는 국제경제기구와 협력한다. "세계무역기구는 세계경제정책 결정에 있어서의 일관성 제고를 위하여 적절히 국제통화기금(IMF)과 국제부흥개발은행(IBRD) 및 관련 산하기구들과 협력한다(WTO설립협정 제3조 제5항)." 답 X

005
15. 사시

WTO회원국은 WTO의 직원과 WTO회원국 대표에 대하여 기능 수행에 필요한 특권과 면제를 부여하여야 한다. O | X

UN전문기구의 특권과 면제와 유사한 권한을 갖는다. 답 O

006

14. 경찰간부

WTO설립협정의 정본으로 인정되는 언어의 수는 국제사법재판소(ICJ)의 공용어보다 더 많다. O | X

국제사법재판소(ICJ)의 공용어는 영어와 프랑스어이다. WTO의 공용어는 영어, 프랑스어 및 스페인어이다. 답 ○

007

13. 사시

독자적 관세영역도 WTO에 가입할 자격을 가질 수 있다. O | X

EU도 독자적 관세영역이다. 답 ○

008

13. 사시

WTO설립협정의 어느 규정에 대하여서도 유보를 할 수 없다. O | X

WTO설립협정 이외의 협정에 대한 유보는 해당 협정 규정에 따른다. 답 ○

009

13. 사시

탈퇴는 서면으로 통보되어야 하며, 이 통보가 WTO사무총장에게 접수된 날로부터 6개월이 경과한 날 발효한다. O | X

탈퇴규정이 명시되어 있다. 답 ○

010

12. 사시

WTO설립협정 및 다자간무역협정은 유보가 허용되지 않는다. O | X

다자간무역협정에 대한 유보는 전면금지된 것이 아니다. 답 X

011

12. 사시

각국의 시장개방 협상으로 도출된 관세 인하 또는 철폐 약속은 WTO설립협정의 불가분의 일부를 구성한다. O | X

WTO설립협정과 그 부속서는 불가분의 일부로 인정된다. 관세의 경우 GATT1994 제2조에 양허표를 첨부하며, 양허표도 WTO협정의 일부를 구성한다. 답 ○

012

12. 사시

국가가 WTO에 가입할 때 다른 특정 회원국에 대하여 WTO설립협정과 동 협정 부속서 1, 2의 다자간 무역협정의 비적용을 결정할 수 있다. O | X

각료회의에 통고해야 한다. 비적용은 유보와 달리 특정 국가를 상대로 하여 협정의 전면적인 적용 배제의 효과를 추구하는 것이다. 답 ○

013

12. 사시

WTO회원국이 WTO에서 탈퇴하기 위해서는 각료회의의 승인을 거쳐야 한다. O | X

탈퇴는 협정에 따른 일방적 행위로서 WTO사무총장에 서면으로 통고하여 탈퇴한다. 답 X

014
12. 사시

WTO설립협정은 회원국의 지방정부나 비정부기관에 대한 책임에 대하여 명시적으로 규정하고 있지 않다. 　　　　　　　　　　　　　　　　　　　　　　　O | X

지방정부나 중앙정부의 위임을 받은 비정부기관의 행위는 당연히 중앙정부로 귀속된다. 다만, 협정에 특별한 규정을 둔 것은 아니다. 　　　　　　　　　　　　답 ○

015
09. 9급

WTO는 법인격을 가지며, 각 회원국은 WTO에게 필요한 특권과 면제를 부여한다. 　　　　　　　　　　　　　　　　　　　　　　　　　　　　　O | X

협정에 WTO의 법인격이 명시되어 있다. 　　　　　　　　　　　　답 ○

016
09. 사시

일반이사회는 연간 예산안을 회원국의 반 이상을 포함하는 3분의 2 다수결에 의하여 채택한다. 　　　　　　　　　　　　　　　　　　　　　　　　　O | X

예산안을 채택하는 것은 일반이사회의 권한이다. 　　　　　　　　답 ○

017
16. 사시

회원국이 WTO설립협정에서 탈퇴하더라도 그 부속서 I의 다자간 무역협정의 효력은 그 국가에 대하여 유지된다. 　　　　　　　　　　　　　　　　O | X

탈퇴의 효력은 WTO설립협정 및 부속서1(다자간협정), 2(분쟁해결양해), 3(무역정책검토제도)에 미친다. 부속서4(복수국간무역협정)에 대한 가입이나 탈퇴는 각 조약에 따라 별도로 취해진다. 　　　　　　　　　　　　　　　　　　　　　답 X

018
02. 사시

WTO설립협정 제11조 제2항에 의하면, 최빈개도국들(least - developed countries)은 자국의 개별적인 개발, 금융 및 무역의 필요나 행정 및 제도적인 능력에 부합하는 수준의 약속 및 양허를 하도록 요구된다. 　　　　　　　　　　O | X

WTO는 최빈개발도상국들을 우대하는 규정들을 두고 있다. 　　　답 ○

019
02. 행시 · 외시

각 회원국은 자국의 법률, 규정 및 행정절차가 WTO부속협정의 규정에 합치되도록 해야 한다. 　　　　　　　　　　　　　　　　　　　　　　　　O | X

WTO법이 국내법보다 상위법이다. 　　　　　　　　　　　　　　답 ○

020
02. 행시 · 외시

WTO협정이나 분쟁해결기구의 판정에 위배되는 회원국의 국내법은 WTO에 의해 직접 무효화된다. 　　　　　　　　　　　　　　　　　　　　　O | X

판정에 위배되는 회원국의 국내법은 직접 무효화되지 않는다. 분쟁해결절차를 거쳐 협정에 합치시키게 된다. 즉, 회원국의 의사를 통해 폐지되거나 개정되는 것이다. 　답 X

021

17. 9급

WTO 각 회원국은 각료회의와 일반이사회에서 국제교역량에 비례하여 투표권을 가진다.

O | X

WTO에서는 모든 회원국이 각 1표씩을 행사한다.

답 X

022

18. 9급

WTO설립협정은 UN헌장 제102조의 규정에 따라 등록된다.

O | X

제102조는 조약의 등록에 대한 규정이다. 등록하지 않는 경우 UN의 기관에 대해 원용할 수 없다.

답 O

023

19. 9급

「세계무역기구(WTO)설립협정」 부속서에 명시된 협정 중 관세평가협정, 보조금 및 상계조치협정, 기술무역장벽협정, 정부조달협정은 모두 다자간무역협정이다.

O | X

정부조달협정은 민간항공기구매협정과 함께 복수국간무역협정에 속한다. 복수국간무역협정은 WTO회원국 중 복수국간무역협정에 가입한 당사국 상호간 적용된다. 이를 제외한 나머지 WTO협정은 다자간무역협정으로서 WTO회원국 전부에 대해 적용된다.

답 X

제2절 기관

024

15. 사시

각료회의는 회원국이 요청하는 경우 다자간 무역협정의 모든 사항에 대해 결정을 내릴 권한을 갖는다.

O | X

각료회의는 최고 의결기관이다.

답 O

025

02. 행시 · 외시

각료회의는 최소한 2년에 한 번 회합을 가져야 한다.

O | X

각료회의는 관례상 2년에 한번 개최된다.

답 O

026

17. 9급

각료회의와 일반이사회는 WTO설립협정과 다자간 무역협정의 해석에 관한 권한을 독점한다.

O | X

일반이사회도 협정의 해석권한을 가진다.

답 O

027

02. 행시 · 외시

각료회의는 무역개발위원회, 국제수지제한위원회 및 예산 · 재정 · 행정위원회 등의 산하 기구를 설치한다.

O | X

각료회의 산하 기관들이다.

답 O

028

03. 행시·외시

각료회의 비회기 중에 각료회의의 기능을 수행하기 위하여 일반이사회(General Council)를 설치하고 있다.　　　O | X

일반이사회(General Council)는 모든 회원국으로 구성된다.　　　답 ○

029

03. 행시·외시

각료회의 산하에 설치된 무역환경위원회는 WTO 출범 이후 설치된 것이다.　O | X

무역환경위원회는 무역과 환경의 관계를 다루는 기관이다.　　　답 ○

030

15. 사시

일반이사회는 각료회의 비회기 중에 각료회의의 기능을 수행한다.　　　O | X

따라서 일반이사회는 각료회의의 권한을 행사할 수 있다.　　　답 ○

031

14. 경찰간부

일반이사회는 각료회의에서 선출되며 다자간 무역협정의 모든 사항에 대해 결정을 내릴 권한을 갖는다.　　　O | X

일반이사회는 모든 회원국으로 구성된다.　　　답 X

032

09. 9급

일반이사회는 각료회의에서 선출되며 다자간무역협정의 모든 사항에 대해 결정을 내릴 권한을 갖는다.　　　O | X

일반이사회는 각료회의와 마찬가지로 모든 회원국으로 구성된다.　　　답 ○

033

09. 9급

일반이사회는 분쟁해결양해에 규정된 분쟁해결기구의 임무를 이행한다.　O | X

분쟁해결기구(DSB)는 별도로 설치한 기구가 아님에 주의한다.　　　답 ○

034

03. 행시·외시

일반이사회 산하에 무역정책검토기구(TPRB) 및 분쟁해결기구(DSB)를 별도로 설치하고 있다.　　　O | X

별도 설치기구는 아니다. 일반이사회가 필요 시 기능을 수행하는 것이다.　답 X

035

02. 행시·외시

일반이사회가 상품무역이사회, 서비스무역이사회 및 무역관련지적재산권이사회를 일반적으로 지휘한다.　　　O | X

상품무역이사회, 서비스무역이사회, 무역관련지적재산권이사회는 각각 부속서 1A, 1B, 1C를 관장한다.　　　답 ○

036

15. 사시

사무총장은 WTO설립협정과 다자간 무역협정의 해석을 채택하는 권한을 갖는다.

O | X

WTO설립협정과 다자간 무역협정의 해석을 채택하는 것은 각료회의와 일반이사회의 권한이다.

답 X

제3절 의사결정

037

17. 9급

WTO 각 회원국은 각료회의와 일반이사회에서 국제교역량에 비례하여 투표권을 가진다.

O | X

WTO에서는 1국 1표가 적용된다.

답 X

038

15. 사시

WTO는 총의(consensus), 다수결, 역총의(reverse consensus) 등의 의사결정방식을 채택하고 있다.

O | X

WTO의 의사결정방식으로 총의(consensus)가 원칙이다.

답 O

039

15. 사시

WTO는 GATT체제에서 유지되어온 총의에 의한 의사결정의 관행을 명문화하였다.

O | X

총의는 만장일치와 달리 표결을 하지는 않는다.

답 O

040

15. 사시

WTO에서는 명문으로 다수결을 규정하고 있는 경우에도 실제로 총의가 의사결정방식으로 이용되고 있다.

O | X

WTO의 관행에 대한 설명이다.

답 O

041

15. 사시

분쟁해결을 위한 패널 설치, 패널과 상소기구 보고서의 채택은 역총의에 따라 결정된다.

O | X

보복조치 승인도 역총의제로 결정한다.

답 O

042

15. 사시

각료회의는 WTO 회원국의 3/4 다수결로 가입조건에 관한 합의를 승인한다. O | X

WTO 회원국의 2/3 다수결로 합의를 결정한다.

답 X

043

09. 사시

각료회의는 회원국 3분의 2 다수결에 의하여 새로 가입하려는 국가의 가입조건에 관한 합의를 승인한다. O | X

가입결정은 전체 3분의 2 이상 찬성으로 의결한다. 답 ○

044

14. 사시

각료회의와 일반이사회는 WTO설립협정과 다자간 상품무역협정의 해석을 채택하는 독점적인 권한을 갖는다. O | X

협정의 해석 채택은 전체 4분의 3 이상 찬성으로 의결한다. 답 ○

045

14. 사시

각료회의와 일반이사회의 해석에 대한 채택은 총의(consensus)에 의하는 것이 원칙이다. O | X

총의(consensus)가 형성되지 않은 경우 전 회원국 3/4 다수결로 해석을 채택한다.
답 ○

046

13. 사시

별도의 규정이 없으면 총의(consensus)로 의사결정이 이루어지지 않는 경우 표결에 의한다. O | X

총의(consensus)가 원칙이다. 답 ○

047

13. 사시

WTO설립협정 또는 다자간 무역협정에 달리 규정되어 있는 경우를 제외하고는, 각료회의와 일반이사회의 결정은 투표 과반수에 의한다. O | X

표결시 원칙적으로는 단순다수결로 의결한다. 답 ○

048

13. 사시

각료회의는 달리 규정되지 않는 한 회원국 4분의 3 다수결에 의하여 회원국의 의무면제를 결정할 수 있다. O | X

의무면제도 총의가 성립하지 않는 경우 다수결로 한다. 답 ○

049

09. 사시

각료회의가 예외적인 상황에서 의무의 면제(waiver)를 결정하는 경우, 달리 규정되어 있는 경우를 제외하고는 회원국 3분의 2 다수결에 의한다. O | X

전 회원국 4분의 3 다수결에 의한다. 답 X

050

01. 행시·외시

WTO설립협정에 의해 면제의 대상이 될 수 있는 의무는 GATT 및 WTO협정이 규정하고 있는 모든 의무이다. O | X

의무면제는 WTO설립협정 전체를 대상으로 할 수 있다. 답 ○

국제경제법

제7편

해커스공무원 패권 국제법 단원별 핵심지문 OX

051

01. 행시·외시

WTO협정상 의무 면제 부여의 기간은 최대 1년이며 각료회의의 검토에 따라 연장될 수 있다.　　　　　　　　　　　　　　　　　　　　　　　　　　O | X

의무 면제 부여의 최대 기간은 명시되지 않았으나, 1년 이상인 경우 1년마다 재검토하도록 하였다. 실제 시험에서는 옳은 지문으로 출제되었다. 그러나 협정상 정확하게 옳다고 보기는 어렵다.　　　　　　　　　　　　　　　　　　　　　　　　답 X

052

01. 행시·외시

면제부여기간의 연장은 각료회의의 검토에 따라 1회로 제한된다.　　　　O | X

연장 회수에 제한은 없다.　　　　　　　　　　　　　　　　　　　　　답 X

053

01. 행시·외시

의무 면제를 받을 수 있는 예외적 상황에 대해서는 WTO협정에 구체적으로 정의되어 있지 않다.　　　　　　　　　　　　　　　　　　　　　　　　　　O | X

결국은 표결이 중요하다.　　　　　　　　　　　　　　　　　　　　　답 O

054

13. 사시

각료회의에서의 WTO설립협정 부속서 1의 다자간 무역협정에 관한 해석결정은 회원국 4분의 3 다수결에 의한다.　　　　　　　　　　　　　　　　　　　O | X

일반이사회도 회원국 4분의 3 다수결에 의해 해석을 채택한다.　　　　답 O

055

13. 사시

가입은 모든 회원국이 참여하는 일반이사회에서 결정되며, WTO회원국 3분의 2 다수결에 의하여 승인된다.　　　　　　　　　　　　　　　　　　　　　O | X

가입결정은 각료회의 권한이다.　　　　　　　　　　　　　　　　　　답 X

056

11. 사시

WTO설립협정상 1994년 「관세 및 무역에 관한 일반협정」 제2조(양허표), 1994년 「관세 및 무역에 관한 일반협정」 제3조(내국민대우), 「무역관련 지적재산권에 관한 협정」 제4조(최혜국대우), 「세계무역기구 설립을 위한 협정」 제9조(의사결정), 「세계무역기구 설립을 위한 협정」 제10조(개정) 조항의 개정은 모든 회원국이 찬성해야 한다.　　　　　　　　　　　　　　　　　　　　　　　　　　　　　O | X

내국민대우에 대한 조항의 개정은 WTO 회원국 2/3 이상의 찬성을 요한다.　답 X

057

11. 사시

유럽연합(EU)이 투표권을 행사할 때는 세계무역기구의 회원국인 유럽연합(EU) 회원국 수와 동일한 수의 투표권을 갖는다.　　　　　　　　　　　　　　O | X

현재 27개 회원국이 있으며, 모두 WTO에 가입하고 있다.　　　　　　답 O

제4절 규범 간 효력순위

058
14. 사시

WTO설립협정과 다자간 상품무역협정 간에 저촉이 있을 경우 WTO설립협정이 우선한다. O | X

상위법우선의 원칙에 대한 설명이다. 답 ○

059
13. 사시

WTO설립협정의 규정과 다자간 무역협정의 규정이 상충하는 경우 상충의 범위 내에서 WTO설립협정의 규정이 우선한다. O | X

상위법우선의 원칙이 적용된 것이다. 답 ○

060
12. 사시

GATT 규정과 보조금 및 상계조치에 관한 협정의 규정이 상충하는 경우, 상충의 범위 내에서 보조금 및 상계조치에 관한 협정이 우선한다. O | X

특별법우선의 원칙이 적용된다. 답 ○

061
14. 사시

1994년 GATT의 내용과 다자간 상품무역협정이 저촉되는 경우에는 그 범위 내에서 1994년 GATT가 우선한다. O | X

다자간 상품무역협정이 일종의 특별법으로서 우선된다. 다만, WTO는 협정들이 상충되지 않는 방향으로 적용하고 있다. 답 X

062
11. 사시

「분쟁해결양해(DSU)의 규칙 및 절차」가 「분쟁해결에 관한 특별 노는 추가직인 규칙 및 절차(DSU의 부록 2)」와 충돌하는 경우 후자가 우선한다. O | X

WTO의 분쟁해결규범은 분쟁해결양해와 개별 협정상 분쟁해결절차로 대별된다. 개별 협정상 절차는 분쟁해결양해(DSU)의 부록 2에 명시되어 있다. 규범 충돌이 있는 경우 개별협정상 절차가 우선한다. 답 ○

063
10. 7급

GATT와 SPS협정 규정이 충돌하면 SPS협정이 우선하여 적용된다. O | X

특별법우선의 원칙에 따라 SPS협정이 적용된다. 답 ○

제3장 GATT1994

제1절 최혜국대우원칙

001
15. 사시

GATT상 최혜국대우원칙은 수입에만 관련이 있고, 수출에는 관련이 없다. O | X

수입과 수출 모두에 관련된다. 만약 중국이 희토류 수출을 인위적으로 차별한다면 이 조치도 최혜국대우원칙에 위반될 수 있다. 답 X

002
15. 사시

분쟁해결기구(DSB)에 의해 승인된 보복조치는 최혜국대우원칙의 예외에 해당된다.
O | X

특정 국가에 대해서만 관세 인상 등의 조치를 취하는 것이므로 최혜국대우원칙의 예외라고 볼 수 있다. 답 O

003
15. 사시

WTO설립협정에 따라 승인된 의무 면제(waiver)는 최혜국대우원칙의 예외에 해당된다.
O | X

MFN원칙의 예외로는 역사적 예외, 의무 면제(waiver), 일반적 예외, 국가안보 예외, 국경무역, 일반특혜관세(GSP) 등이 있다. 답 O

004
14. 7급

개발도상국으로부터 수입되는 물품에 대해서만 특혜 관세를 부여하는 것은 세계무역기구(WTO)협정에 따른 최혜국대우의무의 정당한 예외사유이다. O | X

일반특혜관세(GSP)라고 한다. 답 O

005
16. 사시

최혜국대우원칙상 일국의 상품에 부여되고 있는 호의적인 대우는 원칙적으로 타 회원국의 동종 상품에 대하여도 부여되어야 한다. O | X

최혜국이 WTO 회원국이 아니어도 그보다 불리하지 아니한 대우를 WTO 회원국에게 부여해야 한다. 답 O

006
16. 사시

최혜국대우원칙에서의 차별금지는 관세부과 등의 국경조치와 관련한 것이며 내국세 등의 국내조치와 관련된 것이 아니다. O | X

내국세 등의 국내조치에도 적용된다. 내국세를 국가별로 다르게 부과하거나, 국내조치에 있어서 차별하는 것은 최혜국대우의무에 위반될 수 있다. 답 X

007
07. 사시

자유무역협정은 GATT가 인정하고 있는 최혜국대우원칙의 예외 중의 하나이다. O | X

자유무역협정을 체결한 국가 상호 간에는 관세나 비관세조치에 있어서 유리한 대우를 부여할 수 있다. 답 O

008
02. 행시·외시

최혜국대우원칙이 철저히 적용될 경우 원산지를 따질 이유가 없고 통관절차도 간소화되어 상품거래의 비용이 최소화되는 효과가 있다. O | X

모든 동종상품에 대해 같은 관세를 부과하기 때문에 그러하다. 답 O

009
21. 7급

WTO 패널 및 상소기구는 원칙적으로 시장기반설(Market-based Approach)을, 보완적으로 목적효과설(Aim and Effect Approach)을 고려하여 제품의 동종성 여부를 판정하였다. O | X

동종상품 판단방식에는 BTA방식, 목적효과설(또는 조치목적설, Aim and Effect Approach), 시장기반설(Market-based Approach) 등이 있다. BTA방식은 상품의 물리적 특성, 소비자의 기호나 인식, 최종용도 등을 고려하는 방식이다. 목적효과설은 차별조치의 목적을 고려하여 동종성을 확정짓는 방식이며, 시장기반설은 동종성 여부는 당해 상품이 거래되는 시장을 기준으로 판단해야 한다는 입장이다. WTO 패널이나 상소기구는 대체로 BTA방식을 적용하고 있는 것으로 평가된다. 답 X

010
03. 행시·외시

1981년의 볶지 않은 커피(Unroasted Coffee) 사건에서 GATT패널은 브라질산 볶지 않은 커피에 대하여 순한 커피(Mild coffee)보다 고율관세를 부과한 스페인의 조치가 동종상품에 대한 최혜국대우 위반이라 하였다. O | X

사실상의 차별로 본 사례이다. 답 O

011
03. 행시·외시

동종상품의 개념과 기준에 대해서는 WTO협정상 확립된 규정이 있다. O | X

동종상품에 대한 정의 조항은 없다. 관행에 따르면 관세분류, 상품의 물리적 특성, 소비자의 기호나 인식, 최종 용도 등을 종합적으로 검토하여 동종성 여부를 결정한다. 답 X

012
03. 행시·외시

동종상품은 '직접경쟁 또는 대체가능상품(Directly Competitive or Substitutable Product)'과 그 의미가 다르다는 것이 GATT패널의 입장이다. O | X

동종상품보다는 직접경쟁상품의 범위를 보다 넓게 보고 있다. 최혜국대우와 달리 내국민대우는 동종상품뿐 아니라 직접경쟁 또는 대체가능상품(Directly Competitive or Substitutable Product)에 대해서도 적용되어야 한다. 답 O

013
03. 행시·외시

WTO패널은 동종상품의 판단기준으로 상품의 물리적 특성, 최종용도, 소비자인식 등을 고려하였다.　　　　　O | X

국경세 조정 작업반 보고서에 적시된 방식이어서 BTA방식이라고도 한다.　　　답 ○

014
21. 7급

최혜국대우는 동종제품에 대한 법률상의 차별뿐만 아니라, 사실상의 차별도 금지한다.　　　　　O | X

법률상의 차별이란 법규정에 따른 차별을 의미한다. 사실상의 차별은 법적용의 결과에 의한 차별을 의미한다. 예를 들어 '캐나다-자동차 사건'의 경우 캐나다가 법률을 통해 미국과 일본을 차별한 것은 아니나, 관세 면제 혜택을 받을 수 있는 기회를 미국에게는 주고, 일본에게는 주지 않은 것이 사실상의 차별에 해당된다고 하였다.　　　답 ○

015
08. 7급

최혜국대우원칙 조항의 개정을 위해서는 WTO회원국의 컨센서스(consensus)가 요구된다.　　　　　O | X

만장일치를 요한다.　　　답 X

016
23. 7급

「관세와 무역에 관한 일반협정(GATT)」상 세계무역기구 회원국이 다른 회원국 중 어느 한 회원국에만 동종상품에 대해 특혜를 부여한 경우에는 GATT 제1조 최혜국대우 의무 위반이 성립되지 않는다.　　　　　O | X

어느 한 회원국에 대해서만 특혜를 부여한다면 GATT 제1조 최혜국대우의무에 위반된다.　　　답 X

제2절　내국민대우원칙

017
17. 9급

GATT 내국민대우원칙은 동종의 국내제품과 수입제품에 대한 법률상의 차별뿐만 아니라 사실상의 차별도 금지한다.　　　　　O | X

사실상의 차별은 정부조치에 의한 결과적인 차별을 의미한다.　　　답 ○

018
17. 9급

내국민대우원칙은 내국세 및 내국과징금에 대하여 국내제품과 직접적 경쟁관계에 있거나 대체가 가능한 수입제품까지 확대되어 적용된다.　　　　　O | X

최혜국대우원칙은 동종상품만을 대상으로 한다.　　　답 ○

019

17. 9급

수입영화와 국산영화 간의 일정한 조건에 따른 차별조치인 스크린쿼터제는 내국민대우원칙의 예외에 해당한다.　　　　O | X

그 밖에 생산보조금, 정부조달, 일반적 예외, 국가안보 예외, 의무 면제 등이 있다.　답 ○

020

15. 사시

서비스무역에 관한 일반협정(GATS)의 경우 내국민대우원칙은 양허가 이루어진 서비스에 대하여 적용된다.　　　　O | X

시장접근이 허용된 분야에 있어서만 내국민대우원칙이 적용된다. 양허가 이루어지지 않은 서비스분야는 서비스무역에 관한 일반협정(GATS)의 적용을 받지 않는다.　답 ○

021

15. 사시

내국민대우원칙은 재정조치뿐만 아니라 비재정조치에 대해서도 적용된다.　O | X

재정조치는 내국세나 내국과징금에 대한 것이다. 비재정조치는 재정조치 이외에 차별적인 정부조치를 의미한다.　답 ○

022

07. 사시

내국상품에 부과하는 내국세를 동종의 수입상품에 부과하는 것은 내국민대우의무 위반이 아니다.　　　　O | X

이를 국경세 조정이라고 한다. 다만, 동종의 수입상품에 대해 차별과세하는 경우 내국민대우의무에 위반될 수 있다.　답 ○

023

16. 사시

내국민대우원칙상 수입상품에 부과되는 국내조치가 자국 상품을 보호하도록 적용되어서는 안된다.　　　　O | X

국내생산 보호 목적이 있어서는 안된다는 의미이다.　답 ○

024

16. 사시

내국민대우원칙은 정부조달에 대해서도 적용된다.　　　　O | X

정부조달의 경우 내국민대우원칙이 적용되지 않는다. 단, 정부조달협정 가입국 상호간에는 내국민대우원칙을 적용해야 한다.　답 X

025

16. 사시

관세부과 등의 국경조치와 관련하여 수입상품과 국내상품 간의 차별을 금지하는 것은 아니다.　　　　O | X

내국민대우는 관세부과조치와는 상관이 없다.　답 X

026

16. 사시

WTO협정상 수입상품과 직접경쟁 또는 대체가능한 국내상품 간 최소허용기준을 넘지 않는 과세율의 미소한 차이는 허용된다.　　　　O | X

직접경쟁 또는 대체가능상품 관계인 경우 '최소허용수준'이 인정된다. 따라서 이를 넘어서는 차별인 경우 내국민대우의무에 위반되는 것이다.　답 ○

027

16. 사시

WTO협정상 내국민대우는 일정한 수량 또는 비율에 의한 제품의 혼합·가공 또는 사용을 요구하는 국내수량규제에 대해서도 적용된다.　　　　　　O | X

그러한 규제를 '혼합요건'이라고 하며, 내국민대우원칙에 위반되므로 협정상 금지되어 있다.　　　　　　답 O

028

16. 경찰간부

내국민대우원칙 규정의 개정은 모든 WTO회원국이 수락하는 경우에만 발효한다.　　　　　　O | X

전 회원국 3분의 2 이상 찬성하면 내국민대우원칙 규정이 개정된다.　　　　　　답 X

029

16. 경찰간부

정부조달은 내국민대우원칙의 예외로 인정되고 있다.　　　　　　O | X

정부조달시 국산품에 유리한 대우를 할 수 있다. 다만, 정부조달협정에서는 내국민대우를 의무로 규정하고 있다.　　　　　　답 O

030

14. 사시

GATT의 내국민대우의무는 '구체적 약속(specific commitments)'의 형태로 규정되어 있다.　　　　　　O | X

일반적 의무이다. 구체적 약속(specific commitments)의 형태는 GATS에서 규정되어 있다. 구체적 약속이란 양허표에 기재한 차별적 조치를 제외하고 비차별대우를 해주겠다는 것을 말한다. 그러나, GATT에서는 몇 가지 허용되는 예외를 제외하고는 개별 회원국이 자의적으로 차별적 조치를 취할 수 없다. 그래서 일반적 의무라고 한다.　　　　　　답 X

031

14. 사시

GATT 내국민대우원칙에 따르면, 수입품에 유리한 대우를 부여하는 것은 허용된다.　　　　　　O | X

불리하지 아니한 대우를 요구하는 것이므로 수입품에 유리한 대우를 부여하는 것은 허용된다.　　　　　　답 O

032

21. 7급

조세조치의 경우 '동종제품관계'뿐만 아니라 '직접경쟁 또는 대체상품관계'에까지 내국민대우가 적용된다.　　　　　　O | X

내국민대우원칙은 동종관계에 있는 상품뿐 아니라 직접경쟁 또는 대체가능관계에 있는 상품에 대해서도 적용된다.　　　　　　답 O

033

예상논점

멕시코 - 청량음료 사건(2006) 패널에 의하면 직접경쟁 또는 대체가능상품의 경우 최소허용수준을 넘어서고 국내산업 보호 목적이 있는 경우 내국민대우원칙에 위반된다.　　　　　　O | X

DCSP의 경우 최소허용수준을 넘는 차이가 있어야 하고, 국내생산 보호 목적이 입증되어야 한다.　　　　　　답 O

034

14. 사시

WTO협정상 회원국은 수입품에 대하여 동종의 국내상품에 직접적 또는 간접적으로 부과하는 것보다 높은 내국세를 적용하여서는 안 된다. O | X

동종상품의 경우 '초과과세'를 금지한다. 즉, 최소허용수준은 인정되지 않는다. 답 ○

035

11. 7급

수입품의 국내판매, 운송, 분배 등에 영향을 미치는 모든 법규 및 요건에 관하여, 동종의 국내제품에 부여하고 있는 대우보다 불리하지 아니한 대우를 부여하여야 한다. O | X

비재정조치에 대한 비차별의무이다. 답 ○

036

예상논점

한국 – 쇠고기 사건(2001) 패널은 한국의 쇠고기 구분판매제도는 국내법의 준수를 확보하기 위해 필요한 조치에 해당하지 않아 제20조 제(d)호 본문 요건을 충족하지 못한다고 판정하였다. O | X

패널은 한국의 쇠고기 구분판매제도가 국내법의 준수를 확보하기 위한 최후수단이 아니라고 본 것이다. 답 ○

037

11. 7급

특정 제품의 혼합, 가공, 사용에 자국산 원료의 일정 수량 또는 비율이 직접·간접으로 포함되어야 한다는 수량규제는 내국민대우원칙에 위배된다. O | X

혼합요건은 내국민대우원칙을 위반한 조치로서 금지된다. 답 ○

038

11. 7급

WTO회원국의 상품이 다른 회원국에 수입될 경우 수입국 내의 동종상품에 부과되는 조세 또는 기타 부과금을 초과하여(in excess of) 수입품에 대해 과세하지 말 것을 요구하고 있고, 수입품과 직접 경쟁 또는 대체상품에 대해서는 비슷하게(similarly) 과세할 것을 요구하고 있다. O | X

동종상품관계인 경우 최소허용수준이 인정되지 않는다. 답 ○

039

21. 7급

내국민대우는 동종의 국내제품에 부여하고 있는 대우를 동일하게 수입제품에 부여하는 것을 의미하므로 동종의 국내제품보다 수입제품에 대한 유리한 대우는 내국민대우 위반이 된다. O | X

내국민대우는 수입상품에 대해 동종의 국내상품보다 '불리하지 아니한 대우'를 요구하는 것이다. 따라서 수입상품에 보다 유리한 대우를 하는 것은 허용되는 조치이다. 답 X

040

96. 외시

수량제한의 금지에 관한 GATT 제11조는 그 동안 많은 분쟁의 대상이 되었는데, 패널 보고서는 수량제한의 금지에 관한 동조항의 해석에 비교적 엄격하였다.　O | X

엄격한 태도를 보였다는 것은 수량제한금지의무의 예외를 매우 좁게 허용했다는 것을 의미한다.　답 ○

041

22. 7급

「1994년 관세 및 무역에 관한 일반협정(GATT)」에 따르면 동종 국내상품의 일시적인 과잉상태를 제거하기 위한 정부조치의 시행이 필요한 경우 농수산품의 수입제한은 허용된다.　O | X

GATT 제11조 제2항에 규정된 예외 중 하나에 해당한다.　답 ○

042

96. 외시

최저수입가격제도(system of minimum import prices)는 수량제한의 금지에 관한 GATT 제11조 제1항의 위반이 된다.　O | X

최저수입가격제도(system of minimum import prices)는 수입국이 특정 수입상품의 가격이 일정 기준 이하로 떨어지지 않도록 규제하는 것이다. 이는 수입상품의 가격을 높여 결과적으로 수입량을 줄일 수 있으므로 수량제한금지의무에 위반된다.　답 ○

043

96. 외시

GATT 제11조의 수량제한의 금지 대상은 국경조치로서 수입국 내에서 기업이 수입상품보다 국내상품을 구매하도록 요구하는 것은 GATT 제3조의 내국민대우의 위반이 된다.　O | X

국내상품을 구매하도록 하는 조치는 국산품에 대한 경쟁조건을 유리하게 변경하는 것이므로 내국민대우원칙에 위반될 수 있다.　답 ○

044

96. 외시

수량제한의 금지에 관한 GATT 제11조는 많은 예외규정이 있어서 무역장벽의 제거에 대하여 기대보다는 큰 효과를 내지 않았다고 평가될 수도 있다.　O | X

수량제한금지원칙의 예외로는 자국의 특정 상품의 심각한 부족을 방지하거나 경감하기 위한 수출제한조치, 의무 면제, 일반적 예외, 국가안보 예외 등이 있다.　답 ○

045

10. 7급

1994년 관세와 무역에 관한 일반협정(GATT)상 현재 국내에서 공급이 과잉된 상품이 수입되고 있다면 수입 상품에 대하여 수량제한을 할 수 있다.　O | X

GATT협정상 수량제한조치를 취할 수 있는 경우에 해당되지 않는다. GATT협정상 수량제한 조치를 취할 수 있는 경우에는 대외지불통화의 준비가 현저하게 감소하여 국제수지의 심각한 불균형을 초래하는 경우, 공중도덕에 유해한 상품이 수입되고 있는 경우 등이 있다.　답 X

046
19. 7급

수출입할당, 수출입허가, 최저수입가격제도, 매년 자동 갱신되는 수입면허제도, 국내 판매에 영향을 주는 법령, 국내 농수산물시장을 안정시키기 위한 조치는 모두 「관세와 무역에 관한 일반협정(GATT)」상 금지되는 수량제한조치에 해당한다. O | X

매년 자동 갱신되는 수입면허제도는 수량제한조치에 해당되지 않는다. 또한, 국내 판매에 영향을 주는 법령은 수량제한조치와는 관련이 없으나 내국민대우와는 관련이 있다. 이러한 법령이 국산품과 수입상품 간 경쟁조건을 수입상품에 대해 불리하게 변경한다면 내국민대우 위반이 될 수 있다. 그리고, 국내 농수산물시장을 안정시키기 위한 조치는 GATT 제11조 제2항에 의해 수량제한금지의무의 예외조치로서 인정된다. 답 X

제4절 일반적 예외

047
예상논점

GATT 제20조는 전문과 10개의 구체적 예외로 구성되며, 제20조 규정들은 WTO회원국이 GATT1994 규칙에 위반되는 조치를 적용하는 것을 허용하는바, 조치들이 제20조에 열거된 예외에 해당해야 하고, 제20조 전문에 규정된 요건을 충족해야 한다. O | X

전문과 본문의 요건을 모두 충족해야 한다. 답 O

048
예상논점

공중도덕 보호 예외는 GATS 제14조에서도 인정되며, GATS에서는 공중도덕뿐만 아니라 공공질서 유지에 필요한 조치도 예외로 인정한다. O | X

서비스무역협정에서도 일반적 예외가 인정된다. 답 O

049
예상논점

인간 또는 동식물의 생명이나 건강을 보호하기 위한 조치는 ① 무역제한조치가 인간 및 동식물의 건강을 보호하기 위한 것인지 여부, ② 그러한 조치가 인간이나 동식물의 생명이나 건강을 보호하는 데 필요한지 여부, ③ 그러한 조치가 제20조 전문과 합치하는지 여부를 판단 기준으로 삼는다. O | X

전문의 요건과 본문의 요건을 모두 충족해야 한다. 답 O

050
예상논점

국내법의 준수를 확보하기 위해 필요한 조치는 전문의 요건을 충족하는 경우 예외사유로 원용될 수 있으며, 패널 및 상소기구는 WTO협정에 반하지 않는 법률 또는 규칙이란 국내규정을 의미하는 것이지, 국제조약을 포함하는 것은 아니라고 하였다. O | X

조약은 국내법의 범주에 포함되지 않는다고 본다. 답 O

051
예상논점

유한천연자원 보존에 관한 조치의 경우 국내생산 및 소비제한조치와 문제의 조치가 관련성이 있어야 한다. O | X

수입품에 취한 조치가 국내적으로도 취해지고 있어야 한다. 답 ○

052
21. 7급

미국 - 새우 사건에서 상소기구는 GATT 제20조 (g)호에 규정되어 있는 유한천연자원에 생물자원이 포함되지 않는다고 판단하였다. O | X

상소기구는 돌고래, 바다거북 등 생물자원이 유한천연자원에 포함된다고 보았다. 답 X

053
21. 7급

특정의 무역규제조치가 GATT 제20조 각 호의 예외에 해당하는 경우라도 자의적이거나 부당한 차별금지원칙과 위장된 무역제한금지원칙이 준수되어야 한다. O | X

본문의 요건과 함께 전문의 요건을 충족해야 한다. 전문요건은 각 본문에 대한 공통요건이다. 답 ○

054
21. 7급

미국 - 가솔린 사건에서 상소기구가 2단계분석법을 해석기준으로 제시한 이후, 2단계분석법은 WTO 패널 및 상소기구 보고서의 관행으로 확립되었다. O | X

2단계분석법은 먼저 본문의 요건을 충족하는지의 여부를 판단하고, 충족한 경우 전문의 요건을 충족하는지의 여부를 검토하는 방법을 말한다. 답 ○

055
21. 7급

GATT 제20조를 원용하는 국가는 그에 대한 입증책임을 부담한다. O | X

특정 조항 위반에 대해서는 제소국이 입증해야 하나, 제20조를 원용하여 그 위반에 대해 항변하는 경우 원용국이 본문 및 전문요건에 대해 입증할 책임이 있다. 답 ○

제5절 국가안보예외

056
예상논점

GATT 제21조에 의하면 회원국이 핵분열성 물질, 무기 거래 관련 자국 안보상 중대 이익 보호조치, 전시 및 기타 국제관계상 긴급 시에 자국 안보상 중대 이익을 보호하기 위해 취하는 조치는 GATT의무에서 면제된다. O | X

국가안보예외에 대한 옳은 설명이다. 답 ○

057
예상논점

GATT 제21조에 의하면 회원국이 국제평화와 안보를 위해 UN헌장상 의무에 따라 취하는 조치는 GATT의무에서 면제된다. O | X

국가안보예외에 대한 설명이다. 답 ○

058
예상논점

회원국의 조치가 GATT 제21조의 요건에 부합하는지의 결정은 그 국가의 단독 재량사항이다.　　　　　　　　　　　　　　　　　　　　　　　　　　　　O | X

요건에 부합하는지의 결정은 국가의 단독 재량사항이나 WTO심리의 대상이 될 수 있다.　　　　　　　　　　　　　　　　　　　　　　　　　　　　답 ○

059
예상논점

무엇이 자국의 중대한 이익인가는 회원국이 스스로 결정하는 사항이므로 조치에 대해 사전통보할 필요가 없고, 조치의 정당성을 증명할 필요가 없으며, WTO나 회원국들로부터 사전승인이나 추인을 받을 필요가 없다.　　　　　　　　　　　　O | X

중대한 이익이 무엇인지 협약에 적시되지 않았다.　　　　　　　　　　답 ○

060
예상논점

WTO회원국이 국가 안보를 이유로 무역제한조치를 취하기 전에 물리적 침입 또는 무력공격과 같은 명백하고 구체적인 위험에 처해있을 것을 요구한다.　　　O | X

물리적 침입 또는 무력공격과 같은 명백하고 구체적인 위험에 처해있을 것을 요구하지 않는다.　　　　　　　　　　　　　　　　　　　　　　　　　　　답 X

061
예상논점

자국의 중대 이익이 잠재적 위험에 의해 위협을 받을 때에도 제21조를 원용할 수 있다.　　　　　　　　　　　　　　　　　　　　　　　　　　　　　　O | X

중대 이익 침해가 현존해야 하는 것은 아니다.　　　　　　　　　　　답 ○

062
예상논점

무기, 탄약, 군수물자 등 직접 군사 목적에 사용되는 것뿐만 아니라 의류, 식료품 등 간접적으로 군사목적에 기여하는 것이면 거래를 제한할 수 있다.　　　O | X

간접적인 경우에도 규제대상이다.　　　　　　　　　　　　　　　　답 ○

063
예상논점

전쟁 기타 국제 정세가 긴박해 있을 때 체약국은 자국의 안보를 위해 전략물자의 수출통제를 차별적으로 실시하거나 특정 국가로부터의 수입을 금지하는 등의 조치를 취할 수 있다.　　　　　　　　　　　　　　　　　　　　　　　　　　　O | X

수출통제는 GATT 제11조에 위반될 수 있으나, 제21조에 의해 정당화되는 것이다.　　　　　　　　　　　　　　　　　　　　　　　　　　　　　　　답 ○

064
예상논점

UN안전보장이사회가 북한 등 핵확산국가에 대해 부과하는 무역금수 등의 경제제재는 불량국가에 대한 GATT상의 의무를 위반하더라도 무방하다.　　　O | X

안전보장이사회가 취하는 조치에 동참하는 것은 국가안보예외에 의해 정당화될 수 있다.　　　　　　　　　　　　　　　　　　　　　　　　　　　　　답 ○

065
예상논점

GATT 제21조에 의하면 WTO 회원국은 자국의 중대한 이익에 반하는 정보를 WTO나 WTO 회원국에게 제공할 의무가 있다. O | X

자국의 중대한 이익에 반하는 정보를 WTO나 WTO 회원국에게 제공할 의무가 없다.

답 X

066
예상논점

미국이 체코슬로바키아에 수출허가제를 실시하자 체코슬로바키아는 수출허가제에 대한 정보 공개를 요청하였으나, 미국은 GATT 제21조에 기초하여 자국의 중대한 안보이익에 반하는 정보를 제공할 의무가 없다고 하였다. O | X

수출허가제는 GATT 제11조 수량제한금지원칙에 위배된다. 답 ○

067
예상논점

GATT 체약국단은 1982년 안보 예외를 원용하는 경우 체약국은 무역제한조치를 가능한 최대한의 정도로 통보받는다는 내용의 결의를 채택한 바 있으나 이는 권고에 불과하다. O | X

통보의무가 없다. 답 ○

068
예상논점

GATT 준비위원회는 GATT 제21조 또는 여타 어떤 조항도 제23조의 적용대상이라는 점을 분명히 하여 안보예외 원용도 제소대상이 될 수 있다고 하였다. O | X

안보예외 원용은 제소대상이 될 수 있다. 답 ○

069
예상논점

1949년 체코가 자국에 대해 수출허가제를 실시한 미국을 상대로 한 제소에서 패널은 GATT 제21조 최혜국대우원칙의 예외에 해당된다고 하였다. O | X

국가안보예외에 의해 최혜국대우원칙으로부터도 이탈할 수 있다. 답 ○

070
96. 외시

GATT 제21조는 핵분열물질에 관한 안보상의 중요한 이익의 보호를 위한 예외를 규정하지 않고 있지만, 일반적으로 GATT체제에서는 이러한 경우의 예외가 인정되고 있었다. O | X

GATT 제21조는 국가안보상의 예외를 규정하고 있다. 국가안보상 필요한 경우 GATT의 무로부터 벗어날 수 있다. 답 X

071
96. 외시

UN안전보장이사회의 결정에 따른 경제적 제재조치를 부과하는 경우에는 GATT 제21조가 적용된다. O | X

안전보장이사회의 결의를 이행하는 것은 국가안보예외에 해당한다. 답 ○

제6절 지역무역협정(제24조)

072
13. 9급

지역무역협정의 체결 이후 역외국가에 대한 무역장벽을 체결 전보다 높이거나 더 제한적이어서는 아니 된다.　O | X

역외요건에 해당된다.　답 O

073
13. 9급

GATT협정은 자유무역지역, 관세동맹, 공동시장을 지역무역협정의 종류로 명시하고 있다.　O | X

공동시장은 지역무역협정의 종류로 명시되어 있지 않다.　답 X

074
13. 9급

GATT협정에서 자유무역협정이나 관세동맹의 잠정협정의 경우 완전한 지역무역협정으로의 이행기간은 원칙적으로 10년 이내이다.　O | X

GATT협정에서 명시된 것은 아니나, 추가협정에서 이행기간을 10년으로 규정하였다. 추가협정도 GATT협정에 포함된다.　답 O

075
13. 9급

지역무역협정은 GATT협정 제1조의 최혜국대우원칙에 대한 예외이다.　O | X

역내국과 역외국을 차별하므로 최혜국대우원칙에 위배된다.　답 O

076
08. 사시

관세동맹(Customs Union)과 자유무역지대(Free Trade Area)의 차이점은 체약국들이 공동역외관세를 도입하느냐 여부에 있다.　O | X

관세동맹(Customs Union)은 공동역외관세를 도입한다.　답 O

077
08. 사시

자유무역지대에 참여하지 않는 WTO회원국에 대하여 무역장벽을 높이는 방법으로 FTA를 체결하는 것은 금지되어 있다.　O | X

역외국에 대한 무역장벽을 높이지 않아야 한다.　답 O

078
08. 사시

FTA체약국 간의 무역에 대하여는 즉시 관세를 철폐하도록 규정되어 있다.　O | X

관세 철폐 기한은 명시되어 있지 않다.　답 X

079
08. 사시

WTO회원국은 FTA를 체결하면 WTO에 통보하여야 한다.　O | X

FTA를 체결하면 RTA위원회에 통보하여야 한다.　답 O

국제경제법

제7편

해커스공무원 패권 국제법 단원별 핵심지문 OX

080

08. 사시

FTA체약국 상호간에는 실질적으로 모든 무역장벽을 철폐하도록 되어 있다. O | X

장벽 철폐분야에 예외가 있을 수 있는지에 대해서는 논쟁이 있다. 관행상으로는 민감한 분야는 무역 자유화의 예외로 두는 경우가 많다. 답 ○

081

20. 9급

「관세 및 무역에 관한 일반협정(GATT)」 제24조에 의하면 관세동맹 구성 영토 간의 실질적으로 모든 무역에 관하여 또는 적어도 동 영토를 원산지로 하는 상품의 실질적으로 모든 무역에 관하여 관세 및 그 밖의 제한적인 상거래 규정은 철폐된다. O | X

관세동맹의 역내요건으로서 이 요건은 자유무역지대와 동일하다. 답 ○

082

20. 9급

「관세 및 무역에 관한 일반협정(GATT)」 제24조에 의하면 자유무역지역의 비당사자인 체약당사자와의 무역에 대하여 자유무역지역 창설시에 부과되는 관세는 동 지역의 형성 이전에 구성영토에서 적용 가능한 관세 및 그 밖의 상거래규정의 일반적 수준보다 전반적으로 더 높거나 제한적이어서는 아니 된다. O | X

관세뿐만 아니라 그 밖의 상거래규정도 자유무역지역의 비당사국에 대해 이전보다 더 높거나 제한적이어서는 안 된다. 답 X

083

20. 9급

「관세 및 무역에 관한 일반협정(GATT)」 제24조에 의하면 관세동맹이나 자유무역지역, 또는 동 동맹이나 지역의 형성으로 이어지는 잠정협정에 참가하기로 결정하는 체약당사자는 신속히 체약당사자단에 통보해야 한다. O | X

절차적 요건으로서 체약당사자단에 대한 통보하고 관련 정보를 제공해야 한다. 답 ○

084

20. 9급

「관세 및 무역에 관한 일반협정(GATT)」 제24조에 의하면 각 체약당사자는 자신의 영토 내의 시역 및 지방 정부와 당국에 의한 이 협정 규정의 준수를 확보하기 위해 자신에게 이용 가능할 수 있는 합리적인 조치를 취한다. O | X

GATT 제24조 제12항에 대한 내용이다. 답 ○

085

예상논점

GATT 제24조는 CU(관세동맹)과 FTA 및 이를 위한 잠정협정을 인정하고 있다. O | X

공동시장이나 단일시장은 허용되지 않는다. 답 ○

086

예상논점

서비스무역에서 RTA를 인정하지만, CU(관세동맹)나 FTA 구별을 명시하고 있는 것은 아니다. O | X

GATS에서도 RTA가 인정된다. 답 ○

087
예상논점

관세동맹은 동 동맹의 구성영토 간 실질적으로 모든 무역에 관해 관세 및 기타 제한적 상거래규정이 철폐되고, 동맹에 포함되지 않는 영토의 무역에 대해 실질적으로 동일 관세 및 상거래규정을 적용하는 둘 또는 그 이상의 관세영역을 단일관세영역으로 대체한 형태를 지칭한다.   O | X

관세동맹은 역외국에 대해 공동으로 관세 및 비관세조치를 취한다.   답 ○

088
예상논점

FTA는 구성영토를 원산지로 하는 상품의 모든 무역에 대해 관세 및 기타 제한적 상거래 규정이 철폐되는 둘 또는 그 이상 관세영역의 일군(一群)을 의미한다.   O | X

실질적으로 모든 무역에 있어서 관세나 비관세장벽을 폐지한 것을 말한다.   답 X

089
예상논점

CU 또는 CU를 위한 잠정협정 창설시, CU나 잠정협정 당사자가 아닌 체약당사자와의 무역에 대해 부과되는 관세 및 그 밖의 상거래규정은, CU 및 잠정협정 체결 이전에 구성영토에서 적용 가능한 관세 및 기타 상거래규정의 일반적 수준보다 전반적으로 더 높거나 더 제한적이어서는 안 된다.   O | X

역외국에 대한 무역장벽을 높여서는 안 된다.   답 ○

090
예상논점

관세동맹 창설에 있어서 특정 구성영토에서 적용되는 관세 및 상거래규정이 CU 체결 이후 더 높아지거나 제한적으로 될 수 있으며, 이를 위해 제24조 제6항에서 보상의 의무를 규정하고 있다.   O | X

보상을 조건으로 일부 역외국에 대한 관세를 인상할 수 있다.   답 ○

091
예상논점

관세동맹이나 FTA 형성에 있어서 구성영토 간 실질적으로 모든 무역에 관해 관세 및 그 밖의 제한적 상거래규정이 철폐되어야 하나, GATT 다른 조항에서 허용된 예외조치는 계속해서 유지할 수 있다.   O | X

FTA나 CU 체결 이전부터 구성국 간 허용되었던 제한조치는 유지할 수 있다는 의미이다.   답 ○

092
예상논점

CU 및 FTA 또는 잠정협정에 참여하기로 결정한 체약당사자는 신속히 체약당사자단에 통보해야 한다.   O | X

체약당사자가 협정에 참여하기로 결정하였다는 것을 체약당사자단에 통보하는 것은 절차적 의무이다.   답 ○

093
예상논점

권능부여조항에 따라 관세 상호인하나 철폐 등을 위해 저개발당사국들 간 지역 또는 보편협정이 체결될 수 있다.   O | X

권능부여조항은 개발도상국에 적용되는 규범이다.   답 ○

094
08. 사시

양허표는 GATT1994에 부속되어 있고, 서비스무역에 관한 일반협정(GATS)에는 부속되어 있지 않다. O | X

GATS에도 부속되어 있다. 시장접근, 시장접근 제한, 내국민대우 위반조치, 추가적 약속 네 가지 사항을 규정한다. 답 X

095
03. 행시·외시

1994년 GATT상 특정 조문의 시행을 위한 협정으로서 반덤핑협정, 관세평가협정 및 세이프가드(Safeguards)협정 등이 있다. O | X

부속서 1A협정은 GATT1994와 이를 구체화한 협정으로 구성되었다. 답 O

096
22. 7급

「1994년 관세 및 무역에 관한 일반협정(GATT)」에 따르면 체약국이 수입품에 대해 자국의 양허세율보다 낮은 세율을 부과하는 경우 관세양허의무에 위반된다. O | X

양허세율이하로 관세를 부과하는 것은 관세양허의무에 위반되지 않는다. 답 X

097
예상논점

EC – 석면 사건에서 패널은 '인체유해성' 여부는 동종상품 결정기준으로 채택할 수 없다고 하였으나, 상소심은 인체유해성을 동종성 판단기준으로 활용할 수 있다고 보고, 대상상품이 동종상품이 아니라고 하였다. O | X

패널은 일반석면과 온석면이 동종상품이라고 보았다. 답 O

098
예상논점

US – Shrimp 사건에서 패널 및 상소기구는 바다거북은 CITES 부속서 1에 포함되어 있으므로 유한한(exhaustible) 자원으로서 GATT 제20조 제(g)호 본문요건을 충족한, 미국의 조치는 동일한 상황에 있는 국가 간에 자의적이거나 부당한 차별이고 국제무역에 대한 위장된 제한이므로 전문요건을 충족하지 못한다고 하였다. O | X

일반적 예외가 부정된 사례이다. 답 O

099
예상논점

유럽연합의 바다표범(물개) 관련 상품 수입제한조치 사건(WTO, 2013)에서 패널은 문제된 조치는 GATT협정 제20조 a항의 공중도덕 보호에 필요한 조치에 해당하는 것으로 볼 수 있으나 자의적이고 부당한 차별을 내포하여 제20조의 모두조항(chapeau) 요건을 충족하지 못한다고 판시하였다. O | X

일반적 예외가 인정되지 않았다. 답 O

100
22. 7급

「1994년 관세 및 무역에 관한 일반협정(GATT)」에 따르면 반덤핑관세 및 상계관세는 관세양허의무의 범위에 포함된다. ○ | X

반덤핑관세나 상계관세는 관세양허의무에 포함되지 않는다. 즉, 양허세율이외에 추가로 부과할 수 있다. 답 X

101
22. 7급

「1994년 관세 및 무역에 관한 일반협정(GATT)」에 따르면 반덤핑관세 및 상계관세는 관세양허의무의 범위에 포함된다. ○ | X

반덤핑관세나 상계관세는 관세양허의무에 포함되지 않는다. 즉, 양허세율 이외에 추가로 부과할 수 있다. 답 X

제1절 총설

001
예상논점

AD관세 발동의 실체적 요건은 덤핑의 존재, 국내산업에 대한 피해, 인과관계이다.
O | X

AD관세가 발동하기 위해 세 가지 요건이 모두 충족되어야 한다.
답 ○

002
예상논점

덤핑의 정의는 '어느 한 국가로부터 다른 국가로 수출된 상품의 수출가격이 정상가격보다 높은 경우'를 의미한다.
O | X

수출가격이 정상가격보다 낮은 경우 덤핑이 존재한다.
답 X

003
예상논점

정상가격이란 수출국에서 소비용으로 판매되는 동종상품에 대한 통상적 상거래에서의 비교 가능한 가격을 의미한다.
O | X

덤핑은 정상가격과 수출가격을 비교해서 설정한다.
답 ○

004
예상논점

정상가격은 일반적으로 국내시장가격 또는 국내판매가격을 의미한다.
O | X

국내판매가격이 1차적인 정상가격이다.
답 ○

005
예상논점

구성가격은 원산지국에서의 생산비용에 합리적인 금액의 관리 + 판매비 + 일반비 + 이윤을 합산한 것을 의미한다.
O | X

국내판매가격이 없는 경우 구성가격이나 제3국 수출가격으로 설정할 수 있다.
답 ○

006
예상논점

수출가격이란 수입자가 수출상품에 대해 지불한 또는 지불해야 할 가격이다. O | X

덤핑은 정상가격과 수출가격을 비교한다.
답 ○

007
예상논점

수출가격과 정상가격은 공정하게 비교되어야 하며, 양 가격은 동일 거래단계, 통상 공장도 단계에서 가능한 한 동일 시기에 이뤄진 판매를 대상으로 한다. ○ | X

공정비교원칙에 대한 설명이다. 답 ○

008
예상논점

패널 및 상소기구는 원심 및 재심에서 제로잉 관행과 그 적용이 협정에 위반되는 것으로 판정했다. ○ | X

현재 제로잉 관행은 전면 금지된다. 답 ○

009
예상논점

덤핑판정에 있어 비교대상이 되는 상품은 동종상품 또는 직접경쟁상품이어야 한다. ○ | X

비교대상이 되는 상품은 동종상품이어야 한다. 답 X

010
예상논점

국내 산업에 대한 피해란 덤핑으로 인해 수입국의 관련 국내산업이 실질적 피해를 입거나 피해의 우려 또는 국내산업 설립이 실질적으로 지연된 것을 의미한다. ○ | X

피해에 해당하는 것이 세 가지라는 점을 주의하여 알아두어야 한다. 답 ○

011
예상논점

반덤핑협정은 불공정무역관행을 대상으로 하는바, 공정무역관행에 대한 세이프가드 발동요건인 심각한 피해보다는 덜 엄격한 것으로 해석된다. ○ | X

반덤핑의 경우 '실질적 피해'를 대상으로 한다. 답 ○

012
예상논점

국내산업은 원칙적으로 덤핑조사대상인 상품과, 동종상품을 생산하는 국내 생산자 전체 또는 이들 중 생산량 합계가 당해 상품 국내 총생산량 상당부분을 점하는 국내 생산자들을 의미한다. ○ | X

국내산업에 대한 정의이다. 답 ○

013
예상논점

피해결정은 적극적 증거에 기초하며, 덤핑수입물량·덤핑수입품이 동종상품 국내시장가격에 미치는 영향·덤핑수입품이 결과적으로 동종상품 국내생산자에게 미치는 영향에 대한 객관적 조사를 포함한다. ○ | X

피해결정은 덤핑물량, 가격, 국내산업에 대한 영향을 전반적으로 고려한다. 답 ○

014
예상논점

상품이 2개국 이상으로부터 수입되고 동시에 AD 조사 대상이 되는 경우, 조사기관은 수입상품으로 발생하는 피해 효과를 누적적으로 평가할 수 있다. ○ | X

누적평가가 인정된다. 답 ○

015
예상논점

누적평가가 인정되기 위해서는, 각국으로부터 수입된 상품의 덤핑마진이 최소허용수준을 초과하고, 각국으로부터 수입물량이 무시할 만한 수준이 아니며, 수입상품 간 경쟁조건 및 수입상품과 국내 동종상품 간 경쟁조건을 감안, 수입품의 효과에 대한 누적적 평가가 적절하다고 조사기관이 결정해야 한다.　　O | X

누적평가의 요건이다.　　답 O

016
예상논점

덤핑마진이 5%를 넘지 않는 경우 최소허용수준에 해당된다.　　O | X

덤핑마진이 2%를 넘지 않는 경우 최소허용수준에 해당된다.　　답 X

017
예상논점

덤핑조사절차는 세이프가드와 달리 조사기관의 직권에 의해 개시될 수 없다.　O | X

조사기관의 직권에 의해 개시 가능하다.　　답 X

018
예상논점

조사신청에 대해 지지 또는 반대를 표명한 국내생산자가 생산한 동종상품 총생산량 50% 초과생산량을 담당하는 국내생산자가 지지하면, 조사신청이 국내산업에 의해서 또는 이를 대리해 이뤄진 것으로 간주된다.　　O | X

대표성 요건에 대한 설명이다.　　답 O

019
예상논점

조사신청을 명시적으로 지지하는 국내생산자 총생산량이, 국내산업에 의해 생산된 동종상품 총생산량의 25% 미만이면 덤핑조사가 개시되지 않는다.　　O | X

25%법칙에 대한 설명이다.　　답 O

020
예상논점

덤핑조사기간은 통상적으로 1년이며, 특별한 상황이 있더라도 2년을 초과해서는 안 된다.　　O | X

덤핑조사기간은 18개월을 초과할 수 없다.　　답 X

021
예상논점

덤핑조사 대상기간에 대해서는 규정이 없으나, AD위원회는 조사 개시시점과 근접하고 실무적으로 적절한 18개월을 덤핑조사 대상기간으로 정할 것을 권고한다.　O | X

덤핑조사 대상기간을 12개월로 정하도록 권고하고 있다.　　답 X

022
예상논점

예외적 상황의 경우 조사 대상기간을 단기간으로 설정할 수 있으나, 적어도 1년 이상일 것이 권고되고 있다.　　O | X

예외적 상황의 경우에는 6개월 이상으로 설정할 것이 권고되고 있다.　　답 X

023
예상논점

예비판정은 의무적이지 않지만, 잠정조치를 취하거나 가격인상약속을 제안·수락하기 위해 반드시 긍정적 예비판정이 전제되어야 한다. O | X

예비판정이 긍정적이어야 잠정조치를 취할 수 있다. 답 O

024
예상논점

덤핑에 대한 규제조치로 잠정조치, 가격약속 및 반덤핑관세를 제외하고는 덤핑에 대해 어떠한 부정적 관계가 있는 조치도 취할 수 없다. O | X

덤핑과 부정적 관계에 있는 조치를 반덤핑조치라고 한다. 답 O

025
예상논점

잠정조치를 취하기 위해서는 ① AD협정 규정에 따라 조사가 개시 및 이 사실이 공고되며, ② 이해당사자에게 자료 제출 및 의견 진술을 위한 적절한 기회가 주어져야 하며, ③ 덤핑 및 덤핑으로 인한 국내산업 피해에 관하여 긍정적 예비판정이 있어야 하고 ④ 조사기간 중 초래되는 피해를 방지하기 위해서 잠정조치가 필요해야 한다. O | X

잠정조치의 요건은 열거적이므로 모두 충족해야 한다. 답 O

026
예상논점

덤핑조사 개시 후 30일 이내에는 잠정조치를 취할 수 없다. O | X

덤핑조사 개시 후 60일 이내에는 잠정조치를 취할 수 없다. 답 X

027
예상논점

조사기관은 잠정 산정된 덤핑마진을 초과하지 않는 범위 내에서 잠정관세를 부과할 수 있다. O | X

잠정관세는 덤핑마진을 초과하지 않아야 한다. 답 O

028
예상논점

잠정조치의 적용은 4개월을 초과할 수 없으나, 관련 무역에 상당 비율을 차지하는 수출자 요청에 따라 조사기관이 결정하면 8개월까지 연장 가능하다. O | X

잠정조치의 적용은 6개월까지 연장할 수 있다. 답 X

029
예상논점

수출자의 가격인상약속 제안이나 그 수락은 덤핑과 피해의 긍정적 예비판정 이후에만 할 수 있다. O | X

단, 가격인상약속을 수락할 의무는 없다. 답 O

030
예상논점

가격약속이 수락되더라도 자동으로 조사가 종결되는 것은 아니며 수출자의 희망 또는 당국 결정에 따라 조사가 종결된다. O | X

가격약속의 수락 후 조사가 자동으로 종결되는 것은 아니다. 답 O

031
예상논점

AD관세 부과요건이 충족되는 경우, 이를 부과할지 여부 및 관세액을 덤핑마진 전액으로 할지 또는 적게 할지는 수입국의 재량이다. O | X

AD관세가 덤핑마진을 초과하지 않으면 충분하다. 답 O

032
예상논점

AD관세는 덤핑을 초래하는 모든 수입원으로부터의 당해상품 수입에 대해 무차별원칙에 따라 부과된다. O | X

AD관세 부과에는 비차별원칙이 적용된다. 답 O

033
예상논점

잠정조치와 확정관세 부과는 잠정조치 및 AD관세 부과결정이 효력 발생 후 소비용으로 반입된 상품에 대해서만 적용된다. O | X

반덤핑관세 부과는 불소급원칙이 원칙이다. 답 O

034
예상논점

AD협정상 경미과세원칙은 권고적 사항이나, EU의 경우 강제적 경미과세원칙을 도입하고 있다. O | X

경미과세원칙은 가능하면 낮은 반덤핑관세를 부과할 것을 요구하는 것이다. 답 O

035
예상논점

원칙적으로 AD조치 부과 후 4년이 경과하면 자동적으로 소멸한다. O | X

AD조치 부과 후 5년이 경과하면 자동적으로 소멸한다. 답 X

036
예상논점

조사기관 직권 또는 국내산업 요청에 의해 개시된 종료재심 결과, 관세부과 종료가 덤핑 및 피해를 지속시키거나 재발을 초래하리라 판정되는 경우 관세부과를 연장할 수 있다. O | X

일몰재심에 대한 설명이다. 답 O

037
예상논점

종료재심은 통상 6개월 내에 종료되어야 한다. O | X

종료재심은 12개월 내에 종료되어야 한다. 답 X

038
예상논점

상황변경재심은 통상 6개월 내에 종료되어야 한다. O | X

상황변경재심은 12개월 내에 종료되어야 한다. 답 X

제2절 보조금 및 상계조치협정

039
14. 9급

WTO회원국이 특정 기업에 보조금을 제공하는 경우, 그 기업의 상품을 수입하는 다른 회원국은 보조금의 효과를 상쇄하기 위하여 반덤핑조치를 취할 수 있다. O | X

상계조치를 취할 수 있다. 덤핑에 대해 반덤핑조치를 취할 수 있다. 답 X

040
19. 9급

WTO「보조금 및 상계조치에 관한 협정」에 의하면 WTO회원국은 자국산 특정 제품의 수출 실적에 비례해서 그 제품을 생산하는 자국 기업에 수출장려보조금을 줄 수 없다. O | X

수출보조금은 수입대체보조금과 함께 금지보조금이다. 답 ○

041
19. 9급

WTO「보조금 및 상계조치에 관한 협정」에 의하면 WTO 회원국은 외국산 특정 제품을 수입하는 대신 국내상품을 사용하는 조건으로 자국 기업에 보조금을 지급할 수 없다. O | X

이러한 보조금을 '수입대체보조금'이라고 한다. 답 ○

042
19. 9급

WTO「보조금 및 상계조치에 관한 협정」에 의하면 WTO회원국이 자국산 특정 제품에 보조금을 지급한 결과 다른 회원국의 생산 업계에 피해를 주는 경우 피해를 당한 국가는 WTO분쟁해결기구(DSB)에 제소할 수 있다. O | X

WTO에 대한 제소조치와 함께 상계조치도 취할 수 있다. 답 ○

043
19. 9급

WTO「보조금 및 상계조치에 관한 협정」에 의하면 WTO회원국이 자국산 특정 제품에 대한 보조금을 지급한 결과, 제3국에 수출하는 다른 회원국의 기업이 가격 경쟁을 유지하기 위해 특정 제품의 가격 인하를 해야 할 경우에 후자의 회원국은 상계조치만 취할 수 있다. O | X

이 경우 상계조치뿐 아니라 WTO에 대한 제소조치도 취할 수 있다. 상계조치를 일방적 구제조치, WTO에 대한 제소를 다자적 구제조치라고도 한다. 답 X

044
예상논점

SCM협정은 보조금을 금지·조치가능·허용보조금의 세 종류로 구분하여 규정한다. O | X

신호등분류법을 따르고 있다. 답 ○

045
예상논점

SCM협정 제1조는 보조금 요건을 지급주체로서 정부 또는 공공기관, 재정적 기여 또는 가격지지의 존재, 혜택의 존재라고 규정한다. O | X

보조금 요건은 열거요건이므로 모두 충족해야 보조금에 해당한다. 답 ○

046
예상논점

SCM협정 제1조의 보조금 지급주체는 정부, 공공기관, 민간기관이다. O | X

민간기관이 지급하는 보조금을 간접보조금이라고 한다. 답 ○

047
예상논점

협정상 보조금 지급주체인 정부에는 중앙정부뿐만 아니라 지방정부도 포함된다. O | X

지방정부가 지급하는 보조금도 통제대상이 된다. 답 ○

048
예상논점

민간기관이 정부 위임 또는 지시에 의해 재정적 기여를 하고 혜택을 부여한 경우 보조금협정의 지배를 받는다. O | X

정부의 지시나 위임이 있는 경우 간접보조금에 해당할 수 있다. 답 ○

049
예상논점

정부가 수출 촉진을 위해 교부한 대출 및 대출보증은 수출보조금에 해당한다. O | X

수출보조금은 '수출조건성'을 갖춰야 한다. 답 ○

050
예상논점

경제적 혜택 평가에 활용되는 시장기준은 조사국 시장상황을 기준으로 해야 한다. O | X

피조사국, 즉 수출국 시장상황 기준으로 하여 시장기준을 설정한다. 답 X

051
예상논점

SCM협정상 보조금은 특정성이 있는 경우에만 규제대상이 된다. O | X

특정성이 없는 부조금은 허용보조금이다. 답 ○

052
예상논점

보조금이 특정 산업, 지역 또는 기업을 대상으로 하는 경우 SCM협정에 의해 규제를 받는다. O | X

특정성은 세 가지 경우가 있다. 답 ○

053
예상논점

금지보조금은 특정성이 있는 것으로 간주된다. O | X

특정성이 간주되므로 별도로 입증할 필요가 없다. 답 ○

054
예상논점

법률상 특정성은 공여기관이나 관련 법규가 보조금에 대한 접근을 명백히 특정 기업·산업 또는 특정 기업군·산업군에 한정하는 경우 존재한다. O | X

법률상 특정성이 있는 경우 보조금에 해당될 수 있다. 답 ○

055

예상논점

공여당국이나 관련 법규가 보조금 수혜자격과 금액을 규율하는 객관적 기준 또는 조건을 명확히 설정하고, 수혜자격이 자동적으로 정해지며, 동 기준과 조건이 엄격히 준수되는 경우 법률상 특정성이 없다. O | X

법률상 특정성이 없어도 사실상 특정성이 존재할 수 있다. 답 O

056

예상논점

법률상 특정성이 없다 할지라도 사실상의 특정성이 있는 것으로 판정할 수 있다. O | X

사실상의 특정성이 있는 경우에도 규제대상이다. 답 O

057

예상논점

수출보조금이란 법률상 또는 사실상 수출실적에 따라 지급되는 보조금으로서 금지보조금이다. O | X

수출보조금은 금지보조금이다. 답 O

058

예상논점

수입대체보조금은, 제조업이 상품 제조과정에서 부품을 수입품 대신 국산품으로 사용할 것이라는 조건하에 지급되는 보조금이다. O | X

수입대체보조금도 금지보조금이다. 답 O

059

예상논점

다자적 구제절차는 타 회원국이 금지보조금을 지급하고 있다고 판단한 경우 그 회원국에 대해 협의를 요청하고 이후 패널 및 항소절차 등을 통해 보조금을 폐지하기 위한 구제절차이다. O | X

다자적 구제절차는 수출국을 대상으로 하여 보조금 지급을 폐지하도록 하는 것이다. 답 O

060

예상논점

금지보조금에 대한 다자적 구제절차에 있어서 협의 기한은 60일이다. O | X

협의 기한은 30일이다. 답 X

061

예상논점

금지보조금 관련 패널절차가 진행된 경우 당해 조치가 금지보조금으로 판정된 경우 패널은 보조금 공여국에 지체없이 보조금을 철폐하도록 권고한다. O | X

이 경우 패널은 보조금 공여국이 보조금을 폐지하도록 권고해야 한다. 답 O

062

예상논점

금지보조금의 경우 국내산업 야기 피해를 입증하지 않아도 금지보조금의 존재 그 자체만으로도 협의 및 대항조치를 취할 수 있다. O | X

금지보조금의 경우 피해를 입증하지 않아도 된다. 답 O

063

예상논점

금지보조금 관련 협의 요청에서 패널보고서 채택까지의 기한은 총 150일이며, 상소된 경우 30일 또는 60일이 추가된다.　　　　　　　　　　　　　　　　　　　O | X

다자간 구제절차에 관한 것이다.　　　　　　　　　　　　　　　　　　　답 ○

064

예상논점

다른 규정이 있는 경우를 제외하고, 금지보조금에 대한 구제절차 소요 기한은 DSU규정상 기한의 절반으로 단축된다.　　　　　　　　　　　　　　　　　　O | X

금지보조금의 경우 절차가 보다 신속하게 진행된다.　　　　　　　　　　　답 ○

065

예상논점

금시보소금 지급으로 상대국 국내산업에 피해를 주거나 또는 줄 우려가 있거나 산업의 확립을 지연시킬 경우 상대국은 SCM협정 제5부 규정에 따라 상계관세를 부과할 수 있다.　　　　　　　　　　　　　　　　　　　　　　　　　　　　O | X

일방적 구제조치도 취할 수 있다.　　　　　　　　　　　　　　　　　　답 ○

066

예상논점

SCM협정에는 조치가능보조금에 대한 명확한 정의조항이 없다.　　　　　O | X

금지보조금이나 허용보조금이 아닌 경우 조치가능보조금이다.　　　　　　답 ○

067

예상논점

SCM협정 제5조에 따르면 조치가능보조금은 ① 타방 회원국의 국내산업에 대한 피해, ② 특정성 있는 보조금 지급에 따른 양허혜택 무효화 또는 침해, ③ 타방 회원국 이익에 대한 심각한 손상과 같은 부정적 효과를 발생시키는 일방 회원국의 보조금을 의미한다.　　　　　　　　　　　　　　　　　　　　　　　　　　　　O | X

부정적 교역효과가 있는 보조금이 조치가능보조금이다.　　　　　　　　　답 ○

068

예상논점

조치가능보조금 관련 심각한 손상 판정기준은 WTO협정 발효 후 5년간 잠정적용되고 1999년 말 실효되었다.　　　　　　　　　　　　　　　　　　　　　O | X

심각한 손상 기준은 현재 적용되지 않는다.　　　　　　　　　　　　　　답 ○

069

예상논점

타 회원국에 의해 지급된 보조금이 자국 국내산업에 대해 피해, 무효화 또는 침해나 심각한 손상을 초래한다고 믿을만한 사유가 있으면 해당 회원국은 언제든지 관련 회원국에 협의를 요청할 수 있다.　　　　　　　　　　　　　　　　　　O | X

조치가능보조금에 대해서도 다자간 구제조치가 적용된다.　　　　　　　　답 ○

070

예상논점

조치가능보조금 관련 다자적 구제절차는 금지보조금의 경우와 유사하나, 시한이 다소 길게 설정되어 있다.　　　　　　　　　　　　　　　　　　　　　　O | X

다자적 구제절차는 보조금 폐지를 목표로 한다.　　　　　　　　　　　　답 ○

071

예상논점

조치가능보조금의 경우 상계관세 부과조치는 취할 수 없다.　O | X

상계관세 부과가 가능하다.　답 X

072

예상논점

허용보조금은 SCM협정 제2조 의미 내에서 특정성 없는 보조금을 말한다.　O | X

허용보조금은 녹색보조금이다.　답 ○

073

예상논점

특정성이 있더라도 연구개발·지역개발·환경보조금처럼 국제무역의 흐름을 왜곡하지 않아 국가 정책상 지급이 허용되는 보조금도 존재하였으나, 현재는 관련조항이 실효되었다.　O | X

이들 보조금은 현재 조치가능보조금으로 분류될 수 있다.　답 ○

074

예상논점

허용보조금 관련 협의에 의해 상호만족한 해결에 도달하지 못하면 당사국들은 DSB에 이 사안을 회부할 수 있다.　O | X

분쟁해결기구(DSB)가 아니라 보조금 및 상계조치위원회에 회부할 수 있다.　답 X

075

예상논점

허용보조금에 대해 SCM협정 제5부에 따른 조사절차는 불허되나, 보조금 및 상계조치위원회가 사안을 조사할 수 있다.　O | X

상계조치는 인정되지 않는다.　답 ○

076

예상논점

상계조치를 취하기 위해서는 보조금 지급으로 인한 피해는 수입국에서 동종상품을 생산하는 산업에 발생해야 한다.　O | X

상계조치를 취하기 위한 누적적 요건으로 모두 충족되어야 한다.　답 ○

077

예상논점

SCM협정상 동종상품은 조사대상상품과 동일한, 즉 모든 면에서 유사한 상품을 말한다.　O | X

동종상품의 세부적 기준은 존재하지 않는다.　답 ○

078

예상논점

국내산업에 대한 피해는 국내산업에 대한 실질적 피해, 실질적 피해의 위협, 또는 산업의 확립에 있어 실질적 지연을 포함하는 개념이다.　O | X

반덤핑협정의 피해개념과 같다.　답 ○

079

예상논점

상계조사는 조사기관 직권 또는 수입국 국내산업이나 대리자의 서면신청에 의해 개시된다. O | X

직권으로도 상계조사를 개시할 수 있다. 답 ○

080

예상논점

조사신청을 지지하는 국내 생산자의 생산량이 조사신청에 대해 의견을 표명한 국내생산자가 생산한 동종상품 총생산량의 50%를 초과하고, 국내산업에 의해 생산된 동종상품 총생산량의 25% 이상인 경우 제소적격이 인정된다. O | X

50% - 25% rule에 대한 것이다. 답 ○

081

예상논점

이해당사자가 합리적 기간 내 필요한 정보에의 접근 또는 제출을 거부하거나 조사를 현저히 방해하는 경우, 당국은 입수가능 사실을 기초로 예비판정 또는 최종판정을 내릴 수 있다. O | X

입수가능정보에 기초한 판정도 허용된다. 답 ○

082

예상논점

조사개시를 위한 증거가 불충분하거나 보조금액이 종가기준 2% 미만 또는 보조금을 받은 수입품의 실제적·잠재적 수량 및 피해가 무시할 만한 수준인 경우, 조사는 즉시 종결된다. O | X

보조금액이 종가기준 1% 미만인 경우 조사는 즉시 종결된다. 답 X

083

예상논점

긍정적 예비판정의 경우 잠정조치를 취할 수 있고 가격인상약속 제안과 수락이 가능하다. O | X

이 경우, 잠정조치를 취할 수 있다. 답 ○

084

예상논점

잠정조치로 잠정적 산정된 보조금액과 같은 잠정상계관세를 부과하며, 잠정관세는 4개월을 초과하지 않는 범위 내에서 가급적 짧은 기간이어야 한다. O | X

잠정관세는 임시적이며, 부과금액은 최종결과에 따라 조정된다. 답 ○

085

예상논점

수입국 당국은 수출업자에게 가격인상약속을 제안할 수 있다. O | X

가격인상약속을 수락할 의무는 없다. 답 ○

086

예상논점

상계관세 부과 여부 및 부과금액은 수입국 재량사항이다. O | X

보조금액이 상계조치의 상한선이다. 답 ○

087

예상논점

상계관세는 비차별적 방식으로 부과해야 한다. O | X

상계관세에는 비차별적 부과원칙이 적용된다. 답 ○

088

예상논점

상계관세는 보조금액을 초과하여 부과되지 않아야 하며, 경미과세원칙의 적용이 권고된다. O | X

경미과세원칙 적용은 의무가 아니다. 답 ○

089

예상논점

상계관세는 원칙적으로 부과 결정 효력 발생 이후 소비용으로 반입되는 상품에 대해서만 적용되어야 한다. O | X

불소급적용이 원칙이다. 답 ○

090

예상논점

상계관세는 보조금의 효과 상쇄에 필요한 기간 및 범위 내에서만 효력이 지속되며, 원칙상 부과일로부터 4년 이내에 소멸된다. O | X

상계관세는 부과일로부터 5년 이내에 소멸된다. 답 X

091

예상논점

이해당사자는 당국에 대해 보조금 지급 상쇄를 위해 관세 계속 부과 필요 여부 또는 관세 제거·변경시 피해 계속 및 재발 가능성 여부에 대해 재심을 요청할 수 있다. O | X

일몰재심 절차가 있다. 답 ○

092

예상논점

일몰재심은 원칙적으로 심사 개시일로부터 18개월 이내에 종료되어야 한다. O | X

일몰재심은 12개월 이내에 종료되어야 한다. 답 X

제3절 세이프가드협정

093

13. 9급

WTO의 긴급수입제한(Safeguard) 제도는 WTO규정을 위반한 불공정무역행위에 대해 발동하는 조치이다. O | X

긴급수입제한(Safeguard)조치는 협정에 위반되지 않는 무역에 대해 적용된다. 답 X

094

13. 9급

WTO의 설립 이전 수출자율규제(VER)나 시장질서유지협정(OMR)과 같은 회색지역조치(grey area measures)에 의존하던 관행을 없애고 GATT 제XIX조의 실효성을 제고하기 위하여 WTO의 긴급수입제한협정(Agreement on Safeguard)이 체결되었다.

O | X

세이프가드협정상 회색지대조치(grey area measures)는 허용되지 않는다.　　답 O

095

13. 9급

WTO의 긴급수입제한(Safeguard)조치를 취하기 위해서는 수입의 증가가 국내 동종산업 또는 직접적으로 경쟁관계인 제품산업에 심각한 피해(serious injury)를 초래하거나 초래할 우려가 있어야 발동할 수 있다.

O | X

긴급수입세한(Safeguard)은 심각한 피해(serious injury)를 전제로 한다.　　답 O

096

13. 9급

WTO의 긴급수입제한(Safeguard)협정상 '심각한 피해'는 국내 산업의 상태에 있어 중대하고 전반적인 손상을 의미하고 '심각한 피해의 우려'는 명백하게 임박한 심각한 피해의 우려를 의미한다.

O | X

심각한 피해와 우려에 대해 정의조항이 있다.　　답 O

097

96. 외시

「WTO 긴급수입제한협정」은 수출국의 불공정무역에 대해서만 관세 및 비관세 수입규제조치를 취하는 것을 허용한다.

O | X

긴급수입제한조치는 기본적으로 공정무역에 대한 조치이다.　　답 X

098

96. 외시

「WTO 긴급수입제한협정」상 긴급수입제한조치는 모든 해당 제품에 대해 무차별적으로 필요한 기간 동안만 취해져야 한다.

O | X

무차별원칙이 석용된다.　　답 O

099

96. 외시

「WTO 긴급수입제한협정」상 긴급수입제한조치는 1947년 GATT 제19조에서도 인정되고 있다.

O | X

세이프가드협정은 GATT 제19조를 구체화·명확화한 것이다.　　답 O

100

96. 외시

「WTO 긴급수입제한협정」은 수출자율규제나 시장질서유지협정 등의 회색지대조치를 인정하지 않는다.

O | X

WTO 긴급수입제한협정은 회색지대조치를 금지한다.　　답 O

101

02. 행시·외시

「WTO 긴급수입제한협정」에 의하면 직접경쟁상품이 아닌 동종상품의 급격한 수입 증가로 인하여 산업피해가 발생하여야 한다.　　O | X

동종상품 또는 직접경쟁상품의 수입으로 인한 피해가 발생해야 한다.　　답 X

102

02. 행시·외시

「WTO 긴급수입제한협정」상 세이프가드조치를 취하기 위해서는 수입 증가와 산업피해 간에는 인과관계의 증명이 요구된다.　　O | X

인과관계가 있어야 한다.　　답 O

103

02. 행시·외시

세이프가드의 구체적인 내용에는 관세인상, 수입수량할당 등이 있다.　　O | X

수량할당도 포함된다.　　답 O

104

예상논점

세이프가드는 공정무역관행에 대해 규제를 부과하도록 허용되는 조치이므로, 불공정무역관행에 대처하는 AD조치나 상계조치와 구별된다.　　O | X

요건이 보다 엄격하게 설정되었다.　　답 O

105

예상논점

GATT 제19조는 체약국의 긴급수입제한조치에 대한 권리를 인정한다.　　O | X

GATT 제19조가 긴급수입제한조치에 대한 규정이다.　　답 O

106

예상논점

SG조치 발동을 위해선 당해 상품이 국내생산 대비 절대적 또는 상대적으로 증가된 수량으로 수입되고, 동종상품이나 직접경쟁상품을 생산하는 국내산업에 심각한 피해를 초래하거나 초래 우려가 있어야 한다.　　O | X

상대적으로 수입이 증가할 때에도 세이프가드(SG)조치를 취할 수 있다.　　답 O

107

예상논점

SG조치 발동을 위해 수입의 절대적 또는 상대적 증가가 있어야 한다.　　O | X

상대적 증가란 수입국 내에서 시장점유율이 증가하는 것이다.　　답 O

108

예상논점

판정례에 의하면 수입 증가는 심각한 피해를 초래하기에 충분히 최근의, 갑작스럽고, 급격하며, 상당한 것이어야 한다.　　O | X

수입 증가에 대한 설명이다.　　답 O

109

예상논점

수입 증가는 예측하지 못한 사태의 발전에 기인해야 한다. O | X

예측하지 못한 사태의 개념은 GATT 제19조에 규정되어 있으나, 세이프가드조치를 취하기 위해서는 충족해야 한다. 답 ○

110

예상논점

예측하지 못한 사태의 발전이란 수입국이 관세인하 양허 교섭 후 발생한 사태의 발전으로, 관세양허를 행하는 수입국 교섭자가 양허시점에서 합리적으로 예견할 수 없던 발전이다. O | X

조치국은 예측하지 못한 사태의 발전에 대해 입증해야 한다. 답 ○

111

예상논점

세이프가드협정에 예측하지 못한 사태에 관해 명시되지 않아 요건성 논란이 있었지만, WTO 상소기구는 세이프가드조치 발동에 있어 세이프가드협정은 물론 GATT규정도 적용된다고 본다. O | X

판정례들을 통해 확립되었다. 답 ○

112

예상논점

수입 증가는 GATT협정상 체약국 부담의무 효과로 발생해야 하며, 그 의무에는 관세양허만이 아니라 수량제한 철폐나 완화도 포함된다. O | X

관세인하 등의 결과로 수입이 증가해야 한다는 것이다. 답 ○

113

예상논점

국내산업 범위에는 동종상품 생산산업뿐만 아니라 직접적 경쟁상품을 생산하는 산업도 포함된다. O | X

덤핑협정이나 보조금 및 상계조치협정과 다른 점이다. 답 ○

114

예상논점

세이프가드(SG)조치를 취하기 위해서는 수입 증가가 국내산업에 심각한 피해를 초래 또는 우려하거나 산업설립의 실질적 지연이 있어야 한다. O | X

산업설립의 실질적 지연은 반덤핑협정과 달리 피해의 종류가 아니다. 답 X

115

예상논점

세이프가드조치 발동에 있어서 조치대상이 되며 실질적 이해관계를 가진 국가에 대해 사전협의 기회를 제공해야 한다. O | X

실질적 이해관계를 가진 국가들의 사전협의라는 점에 주의한다. 답 ○

116

예상논점

잠정세이프가드조치는 지체되면 회복하기 어려운 피해가 초래될 절박한 상황에서, 수입 증가가 심각한 피해를 초래 또는 우려가 있다는 명백 증거가 있다는 예비판정에 따라 취할 수 있는 조치이다. O | X

잠정조치를 취할 수 있다. 답 ○

117
예상논점

잠정조치 존속기간은 100일을 초과할 수 없고, 관세인상 형태만 가능하다. O | X

잠정조치 존속기간은 200일을 초과할 수 없다. 답 X

118
예상논점

세이프가드조치로 수량제한조치를 취할 수 있으나, 이 경우 달리 명백한 근거가 제시되지 않는 한, 지난 5년 대표 기간의 평균 수입량에 해당하는 최근 기간 수준 이하로 수입량을 감소하면 안 된다. O | X

지난 3년 대표 기간의 평균 수입량을 기준으로 한다. 답 X

119
예상논점

세이프가드협정은 수입물품 원산지와 관계없이 세이프가드조치를 비차별적으로 적용하도록 하여 원칙적으로 선별적 적용을 인정하지 않았다. O | X

세이프가드조치에 대해 비차별원칙이 적용된다. 답 ○

120
예상논점

세이프가드조치는 심각한 피해를 방지하거나 구제하고, 구조조정 촉진에 필요한 기간만 실시 가능하며, 이 기간은 연장하지 않는 한 5년을 초과할 수 없다. O | X

세이프가드조치의 기간은 4년을 초과할 수 없다. 답 X

121
예상논점

수입회원국의 주무당국이 심각한 피해를 방지 또는 구제하는 데 세이프가드조치 지속이 필요하며 당해 산업이 구조조정 중이라는 증거가 존재한다고 판정하는 요건을 충족하면 세이프가드 기한을 연장할 수 있다. O | X

세이프가드조치는 연장될 수 있다. 답 ○

122
예상논점

세이프가드조치 총 적용기간은 잠정조치 및 최초적용기간을 포함하여, 총 8년을 초과할 수 없다. O | X

개발도상국은 최장 10년까지 연장할 수 있다. 답 ○

123
예상논점

세이프가드조치 기간 3년 초과시 동 조치 적용국은 조치 기간 중간 시점 이전에 상황을 재검토해 조치를 철회하거나 자유화 속도를 증가해야 한다. O | X

경감성원칙을 의미한다. 답 ○

124
예상논점

긴급수입제한조치는 정당한 수출행위에 대해 수입국 국내사정을 이유로 발동되는 규제조치이므로 그 조치로 인해 수출국이 입은 손해를 보상해야 하며, 보상협의가 원만히 이루어지지 않으면 상대국에 대해서도 동일 수준의 대응조치를 취할 수 있다. O | X

긴급수입제한조치에 대해 보상이나 보복조치가 적용된다. 답 ○

125
예상논점

보상적 구제조치란 세이프가드조치 발동국가인 수입국이, 당해 조치 적용을 받는 수출국에 제공하는 보상조치이며, 수출국 상품에 대한 관세인하와 시장접근 확대 등이 있다.　　　O | X

보상은 현금보상을 의미하는 것이 아니다.　　　답 O

126
예상논점

규제국과 피규제국이 60일 내 보상에 관한 합의를 이루지 못하면 피규제국은 규제국의 무역에 대해 실질적으로 동등한 양허나 타 의무 적용을 자유롭게 정지할 수 있다.　　　O | X

보상에 관한 합의는 30일 내에 이루어야 한다.　　　답 X

127
예상논점

피규제국은 세이프가드조치가 취해진 날로부터 90일 이내에 보복조치를 해야 하며, 분쟁해결기구(DSB)가 양허정지의 서면통고를 받은 날부터 30일이 경과해야 하고, 분쟁해결기구(DSB)가 반대하지 않아야 한다.　　　O | X

상품무역이사회가 반대하지 않아야 한다.　　　답 X

128
예상논점

세이프가드조치가 수입의 절대적 증가 결과로 취해지고, 당해 조치가 세이프가드협정 규정과 합치하는 경우, 보복조치는 당해 조치가 유효한 최초 5년 동안에 행사되지 않는다.　　　O | X

보복조치는 최초 3년 동안에 행사되지 않는다.　　　답 X

129
예상논점

회원국들은 수출자율규제나 시장질서유지협정 또는 수출입 측면에서 회색지대조치와 유사한 조치들을 모색 또는 취하거나 유지해서는 안 된다.　　　O | X

회색지대조치는 금지된다.　　　답 O

130
예상논점

원칙적으로 회색지대조치는 WTO협정 발효일로부터 5년 이내에 단계적으로 폐지하거나 세이프가드협정과 일치시켜야 한다.　　　O | X

WTO협정 발효일로부터 4년 이내이다.　　　답 X

131
예상논점

개발도상국이 원산지인 상품에 대해 세이프가드조치 적용과 관련하여 특별대우를 할 수 있다.　　　O | X

개발도상국 우대조치에 대한 설명이다.　　　답 O

제5장 다자간상품무역협정

제1절 관세

001
98. 외시

관세인하는 시장접근을 확보하기 위한 가장 기초적인 방식이다. O | X

시장접근이란 수입국 시장으로 상품 수출이 확대되는 것을 의미한다. 답 ○

002
98. 외시

GATT체제하에서 관세인하는 체약국 간 호혜적 방법으로 상호주의에 따른다. O | X

상호주의에 따라 서로 관세를 낮춰가는 방식을 취하였다. 답 ○

003
98. 외시

1948년 GATT가 발효된 후 8차례의 무역협상을 통하여 평균관세율은 획기적으로 낮추어졌다. O | X

모든 무역협상에서 관세인하가 의제로 채택되었다. 답 ○

004
98. 외시

GATT체제는 3가지 방법으로 관세양허를 새협상하도록 예정하고 있는바, 정기적 재협상, 특별재협상, 재협상유보권이 그것이다. O | X

관세양허 개정은 협상을 통해서만 가능하다. 답 ○

005
예상논점

정기적 재협상은 3년마다 한다. 특별재협상은 3년이 되기 이전에 하는 협상을 의미한다. 재협상유보권은 협상제안을 미리하고, 3년이 되었을 때 실제 협상을 전개하는 것이다. O | X

세 가지 협상의 종류를 주의하여 알아두어야 한다. 답 ○

006
03. 행시 · 외시

관세양허는 어떤 물품에 대한 관세를 특정 수준으로 양허하기로 동의한 경우 그 수준 이상으로 관세를 인상하지 않기로 하는 회원국의 약속을 의미한다. O | X

관세가 양허세율을 초과해서는 안 된다. 답 ○

007
03. 행시·외시

GATT체제하에서 개최된 8차례의 다자간 무역협상에서 관세양허문제를 다루지 않은 적은 한 번도 없었다.　　O | X

다자간 무역협상에서는 관세인하를 추진하였다.　　답 ○

008
03. 행시·외시

회원국들이 통관 단계에서 부과하는 실행관세율은 양허관세율과 다를 수 있다.　　O | X

최혜국대우원칙의 준수 여부는 실행관세율을 기준으로 판단한다.　　답 ○

009
03. 행시·외시

회원국들은 주요 관련국과 합의를 하여 관세양허 후 매 5년마다 이를 수정 또는 철회할 수 있다.　　O | X

3년마다 수정협상을 할 수 있다.　　답 X

제2절　농업협정

010
03. 행시·외시

회원국들은 교역대상이 되는 모든 농산품에 대해 원칙적으로 관세양허를 제출할 의무를 진다.　　O | X

이를 예외없는 관세화원칙이라고 한다.　　답 ○

011
98. 외시

UR농산물협정은 예외 없는 관세화를 규정하였다.　　O | X

원칙에 대한 설명이다.　　답 ○

012
98. 외시

UR농산물협정상 우리나라는 10년간의 관세유예를 보장받았다.　　O | X

우리나라는 농산물협정 전체 분야가 아니라 쌀 시장에 대해서만 관세유예를 보장받았다.　　답 X

013
98. 외시

UR농산물협정상 기존 관행상의 수입금지품목은 최소시장접근이 보장된다.　　O | X

최소시장접근이란 기준 연도 내 특정 품목의 수입이 없거나 미미한 경우, 기준 연도 농산품 소비량의 3%를 1995년에 보장하고 이후 6년 동안 5%를 보장해야 한다는 원칙이다.　　답 ○

014
98. 외시

UR농산물협정에 따르면 1986 ~ 1988년간 평균수입량이 국내소비량의 3% 이상인 농산품은 1995년부터 6년간 평균수입량을 보장하는 현행시장접근이 도입되었다. O | X

현행시장접근에 대한 옳은 설명이다. 답 ○

015
96. 외시

공정하고 시장지향적인 농산물무역체제를 확립하기 위해 관세화원칙에 예외를 인정하였다. O | X

예외 없는 관세화원칙을 규정하였다. 답 X

016
96. 외시

회원국은 모든 비관세장벽을 철폐하고 국내외 가격차를 관세상당치로 부과하여야 한다. O | X

관세상당치는 관세가 존재하지 않은 경우 적용된다. 답 ○

017
96. 외시

한국은 쌀에 대하여 1995년부터 10년 동안 관세화 유예기간을 인정받았다. O | X

이후 관세화 유예기간은 추가로 10년 연장되었다. 답 ○

018
96. 외시

관세화 유예기간 중에도 국내소비량의 일정비율 이상에 대한 최소시장접근을 보장하여야 한다. O | X

우리나라는 1995년부터 10년간 기준 연도 소비량의 4% 수입을 보장하여야 했다. 답 ○

019
02. 행시·외시

농산물 특별세이프가드의 경우 발동조건에 관하여 모든 이해 당사국 회원에게 협의기회를 부여한다. O | X

현재 특별세이프가드조항은 종료되었다. 답 ○

020
02. 행시·외시

농산물협정상 특별세이프가드의 발동요건으로 수입수량의 증가 또는 가격의 하락으로 인해 국내산업의 가격상태에 현저하고도 전반적인 피해를 요구하는 것은 아니다. O | X

피해가 없어도 조치를 발동할 수 있었다. 답 ○

021
02. 행시·외시

농업협정상 특별세이프가드의 발동을 농업위원회에 서면으로 통보한다. O | X

서면으로 특별세이프가드의 발동을 통보하는 것은 절차요건이다. 답 ○

022

02. 행시·외시

농업협정상 특별세이프가드조치로서 관세인상과 수입수량제한의 두 가지가 허용된다.

O | X

관세인상만 허용된다.

답 X

023

02. 행시·외시

농산물협정상 세이프가드조치에 대해 이해관계국가의 보복조치가 허용되지 않는다.

O | X

보복조치가 허용되지 않는 것으로서 옳은 설명이다.

답 ○

024

03. 행시·외시

「WTO 농업협정」상의 농업보조금 분류방식으로 농업보조금 감축대상에서 제외되는 허용대상 보조금을 'Green Box조치'라고 한다.

O | X

국내보조는 허용보조와 감축보조로 구성된다.

답 ○

025

예상논점

현행시장접근(CMA)원칙에 따라 1986 ~ 1988년 사이 어떤 품목 수입량이 국내소비량의 5% 이상이면 이 기간 평균수입량을 차액관세가 아닌 '현행관세'로 1995년부터 6년간 수입해야 한다.

O | X

수입량이 국내소비량의 3% 이상이면 현행관세로 수입해야 한다.

답 X

026

예상논점

최소시장접근(MMA)원칙에 따라 1986 ~ 1988년 사이 어떤 품목의 수입이 전혀 없거나 미미한 경우, 1986 ~ 1988년 동 품목 국내소비량의 3% 해당 물량을 현행관세로 협정시행년(1995년)에 보장하고, 6년(개발도상국은 10년)동안 5%를 보장해야 한다.

O | X

최소시장접근(MMA)원칙에 대한 설명이다.

답 ○

027

예상논점

농업협정에서는 비교역적 관심사항(NTC)에 대한 시장접근의 예외를 허용하였다.

O | X

일본의 쌀 시장이 시장접근의 예외에 해당되었다.

답 ○

028

예상논점

한국의 쌀 시장은 '전통적인 주식품목'에 해당하여, 최소시장접근의 예외를 인정받았다.

O | X

한국의 쌀 시장은 당초 10년간 관세화가 유예되었다.

답 ○

029
예상논점

특별세이프가드는 이행기간에만 한시적으로 허용되고, 수입물량 또는 수입가격에 의한 특별세이프가드가 있었다. O | X

특별세이프가드는 현재 종료되었다. 답 ○

030
예상논점

농업협정상 특별세이프가드는 국내산업피해 여부와 관계없이 발동할 수 있다는 점에서 일반세이프가드와 차이가 있었다. O | X

일반SG(세이프가드)는 심각한 피해나 피해의 우려가 있어야 한다. 답 ○

031
예상논점

농업협정상 특별세이프가드는 일반세이프가드와 달리 농산물 관세화 대상 품목에 한하여 발동되며, 관세화 이행기간 동안에만 한시적으로 적용되고, 추가적인 관세인상만 허용된다. O | X

수량제한조치가 허용되지 않는다. 답 ○

032
예상논점

농업협정상 특별세이프가드는 일반세이프가드와 달리 이해관계국의 보복조치가 허용되지 않는다는 차이가 있다. O | X

특별SG는 보복조치가 허용되지 않는다. 답 ○

033
예상논점

특별세이프가드 관련 조항은 현재 실효되었다. O | X

특별세이프가드 관련 조항은 개정 논의 중이다. 답 ○

034
예상논점

농업협정상 국내보조 관련 허용보조금에는 네거티브 목록 방식이 적용된다. O | X

농업협정에 열거된 보조금만 허용되는 포지티브 목록 방식이 적용된다. 답 X

035
예상논점

무역왜곡 또는 생산에 미치는 효과가 없거나 미소한 국내보조조치를 그린박스조치라고 하며, 감축대상에서 제외된다. O | X

허용보조이다. 답 ○

036
예상논점

생산제한계획하의 직접지불은 블루박스라고 하며, 국내보조 감축약속대상에서 제외된다. O | X

블루박스는 허용보조금은 아니나 감축대상에서는 제외된다. 답 ○

037
예상논점

감축대상 국내보조에 대해 보조금총액측정치(AMS)를 산정하여 농업부분의 전체보조금을 감축해가는 독특한 방식을 취하고 있다. O | X

감축보조는 AMS로 산정하고 이를 상한치로 하여 감축한다. 답 O

038
예상논점

감축보조대상금이라고 해도 전체 농업보조 총액의 계산 및 감축약속에서 제외할 수 있는 보조를 최소허용보조(de minimis)라고 한다. O | X

최소허용보조규정이 적용된다. 답 O

039
예상논점

국내보조 감축과 관련하여 Total AMS 상한선을 기준으로 1995 ~ 2000년 사이 20%, 개발도상국은 10년간 13.3%를 감축해야 한다. O | X

이행에 있어서 개발도상국 우대조치가 적용된다. 답 O

040
예상논점

해당 연도 기초농산물 총생산액의 3%를 초과하지 않는 품목 특정적 국내보조는 전체 농업보조총액 계산 및 감축약속에서 제외되고, 개발도상국의 감축의무 면제 상한을 10%로 완화하였다. O | X

개발도상국의 감축의무 면제 상한을 5%로 완화하였다. 답 X

041
예상논점

농업협정상 감축약속대상이 되는 기존 수출보조금은 6종으로 한정되고, 6종 이외 수출보조금은 감축약속대상이 되지 않으며 WTO 출범 이후에도 일정 조건하에 허용된다. O | X

수출보조금은 감축대상이다. 답 O

042
예상논점

농업협정은 회원국이 감축대상이 아닌 수출보조금을 우회하기 위해 사용하지 않을 의무를 부과한다. O | X

우회금지의무에 대한 설명이다. 답 O

043
예상논점

SCM협정상 수출보조금은 금지보조금이나, 농업협정상 수출보조는 감축대상보조에 해당된다. O | X

수출보조금의 경우 협정에 열거된 6가지에 한하여 적용되며, 감축대상이다. 답 O

제3절 SPS협정

044
01. 행시·외시

WTO의 「위생 및 식물위생조치의 적용에 관한 협정」은 인간이나 동식물의 생명 또는 건강을 보호하기 위해 필요한 위생 및 식물위생조치를 취할 수 있는 회원국의 기본적 권리를 인정한다. O | X

SPS조치는 권리이다. 답 O

045
01. 행시·외시

WTO의 「위생 및 식물위생조치의 적용에 관한 협정」에 따르면 위생 및 식물위생기준을 채택할 경우 관련 국제기구의 '기준, 지침, 권고'에 입각하도록 함으로써 국제기준과의 조화를 의무화하고 있다. O | X

국제표준이 존재하는 경우 이에 기초하여 SPS조치를 도입할 의무가 있다. 답 O

046
22. 7급

세계무역기구(WTO)의 「위생 및 식물위생검역 조치의 적용에 관한 협정(SPS협정)」에 따르면 과학적인 증거가 불충분한 경우에는 WTO 회원국은 건강상의 위험을 차단하기 위한 어떠한 잠정조치도 취할 수 없다. O | X

과학적 증거가 불충분한 경우 잠정조치를 취할 수 있다. 사전주의원칙이 반영된 것으로 평가된다. 답 X

047
01. 행시·외시

WTO의 「위생 및 식물위생조치의 적용에 관한 협정」에 의하면 필요성의 원칙, 비차별원칙, 위장된 무역제한 금지원칙, 과학적 근거원칙 등에 입각하여 위생 및 식물위생조치를 취할 의무를 부과하였다. O | X

과학적 증거에 기초하여야 한다. 답 O

048
01. 행시·외시

WTO의 「위생 및 식물위생조치의 적용에 관한 협정」에 따르면 수출국의 위생 및 식물위생조치가 수입국의 조치와 상이하더라도 결과가 동등하다고 객관적으로 증명될 경우 수입국은 이를 동등한 것으로 인정할 수 있다. O | X

상호주의에 따르는 것으로서 동등한 것으로 인정할 수 있다. 따라서, 회원국의 의무는 아니다. 답 O

049
예상논점

SPS협정은 국제무역에 직간접적 영향을 주는 모든 SPS조치에 적용된다. O | X

SPS협정은 무역에 영향을 주는 SPS조치를 대상으로 한다. 답 O

050
예상논점

SPS조치는 수입품이 초래하는 위험으로부터 인간·동식물의 생명이나 건강을 보호하는 것을 목적으로 한다. O | X

인간이나 동식물의 생명이나 건강을 보호하는 조치를 SPS조치라고 한다. 답 O

051
예상논점

SPS조치가 언제 처음 시행되었는지와 무관하게, SPS협정 발효 이후에도 계속 효력을 유지하고 있으면 SPS조치에 협정이 적용된다. O | X

EC - 호르몬 사건 판정 내용이다. 답 ○

052
예상논점

TBT는 SPS보다 적용요건이 완화되어 있으나, TBT협정과 SPS협정이 중복 적용된다면 TBT협정만 배타적으로 적용된다. O | X

TBT협정과 SPS협정이 중복 적용된다면 SPS협정이 적용된다. 답 X

053
예상논점

SPS협정에 합치되는 조치는 GATT에 따른 회원국 의무에 합치하는 것으로 추정한다. O | X

GATT 제20조에 합치되는 조치로 추정된다. 답 ○

054
예상논점

회원국은 인간 또는 동식물의 생명 또는 건강을 보호하기 위해 필요한 위생 및 식물위생조치를 취할 권리가 있다. O | X

권리이므로 제소국이 입증책임을 진다. 답 ○

055
예상논점

SPS조치는 권리로 인정되므로, 해당 조치가 SPS협정에 불합치된다는 것을 입증해야 할 책임은 제소국에 있다. O | X

제소국은 SPS조치 요건을 충족하지 못했음을 입증해야 한다. 답 ○

056
예상논점

회원국은 위생조치를 생명 또는 건강보호에 필요한 범위 내에서만 적용해야 한다. O | X

과도한 위생조치를 취해서는 안 된다. 답 ○

057
예상논점

회원국은 위생조치가 과학적 원리에 근거하며, 과학적 증거 없이 유지되지 않도록 해야 한다. O | X

위생조치의 적용에는 과학적 확실성이 전제되어야 한다. 답 ○

058
예상논점

SPS는 과학적 불확실성이 있더라도 일정 조건하에 잠정조치를 취할 수 있다. O | X

SPS협정에 사전주의원칙이 도입된 것이다. 답 ○

059

예상논점

SPS조치 적용시 회원국은 자국과 타국 간 차별적용해서는 안 된다. O | X

비차별원칙이 적용된다. 답 ○

060

예상논점

SPS조치를 국제무역에 대한 위장 제한으로 사용해서는 안 된다. O | X

실제로 자국 산업을 보호할 목적으로 조치를 취해서는 안 된다는 의미이다. 답 ○

061

예상논점

SPS협정은 조치가 국제무역을 저해하지 않도록 하기 위해 국제표준이 존재하는 경우 이에 기초할 것을 요구한다. O | X

지문의 내용을 조화의무라고 한다. 답 ○

062

예상논점

국제표준에 합치되는 조치는 인간 및 동식물의 생명이나 건강보호를 위해 필요한 조치라고 추정된다. O | X

국제표준에 합치되는 조치로 위험평가의무가 면제된다. 답 ○

063

예상논점

회원국은 어떤 경우에도 국제표준보다 더 높은 수준의 검역 조치를 도입할 수 없다. O | X

국제표준보다 더 높은 수준의 검역 조치를 도입할 수 있다. 답 X

064

예상논점

SPS협정상 잠정조치조항은 사전주의원칙을 도입하고 있다. O | X

과학적 불확실성하에서도 조치를 취하도록 한다. 답 ○

065

예상논점

적정보호수준결정은 회원국의 전속 권리이므로, 위험에 관한 과학적 증거가 확정된 경우 회원국은 보호수준을 선택할 수 있다. O | X

양적 수준뿐만 아니라 질적 수준으로 보호수준을 선택할 수도 있다. 답 ○

066

예상논점

회원국은 위험도 '0(zero)' 수준을 적정보호수준으로 채택할 수 있다. O | X

적정보호수준 채택은 회원국의 재량이다. 답 ○

067

예상논점

회원국은 보호조치의 적정 수준을 결정하는데 부정적 무역효과를 최소화시키는 목적을 고려해야 하며, 법적 구속력이 없으나 부정적 무역효과를 최소화하려는 목적이 SPS협정 조항 해석시 고려되어야 한다. O | X

부정적 무역효과를 최소화시키는 규정은 법적 의무가 아니다. 답 O

068

예상논점

회원국은 기술적 및 경제적 타당성을 고려해, 위생조치가 보호의 적정수준을 달성하는 데 필요한 정도 이상의 무역제한적 조치가 되지 않도록 보장한다. O | X

위생조치는 필요 이상으로 무역제한적이어서는 안 된다. 답 O

제4절 기술무역장벽협정(TBT)

069

20. 7급

WTO 「무역에 대한 기술장벽에 관한 협정(TBT협정)」에 따르면 기술규정은 사소한 성격의 개정 또는 추가뿐만 아니라 그에 대한 개정 및 그 규칙 또는 대상품목의 범위에 대하여 추가하는 것을 포함한다. O | X

기술규정, 표준 및 적합판정 절차에 대한 이 협정에서의 모든 언급은 사소한 성격의 개정 또는 추가를 제외하고는 그에 대한 개정 및 그 규칙 또는 대상품목의 범위에 대한 모든 추가를 포함하는 것으로 해석된다(협정 제1조 제6항). 답 X

070

20. 7급

WTO 「무역에 대한 기술장벽에 관한 협정(TBT협정)」에 따르면 기술규정은 그 채택을 야기한 상황 또는 목적이 더 이상 존재하지 아니하거나, 변화된 상황 또는 목적이 무역에 덜 제한적인 방법으로 처리될 수 있는 경우에는 유지되지 아니하여야 한다. O | X

기술규정은 자유무역을 확대하기 위한 규정이다. 답 O

071

20. 7급

WTO 「무역에 대한 기술장벽에 관한 협정(TBT협정)」에 따르면 기술규정이 요구되고 관련 국제표준이 존재하거나 그 완성이 임박한 경우, 회원국은 예를 들어 근본적인 기후적 또는 지리적 요소나 근본적인 기술문제 때문에 그러한 국제표준 또는 국제표준의 관련 부분이 추구된 정당한 목적을 달성하는데 비효과적이거나 부적절한 수단일 경우를 제외하고는 이러한 국제표준 또는 관련 부분을 자국의 기술규정의 기초로서 사용한다. O | X

국제표준에서 이탈할 수는 있으나, 원칙적으로 국제표준을 준수하여야 한다. 답 O

072

예상논점

WTO「무역에 대한 기술장벽에 관한 협정(TBT협정)」에 따르면 회원국은 비록 그 밖의 회원국의 기술규정이 자국의 기술규정과 다를지라도 자국의 기술규정의 목적을 충분히 달성한다고 납득하는 경우 이러한 기술규정을 자국의 기술규정과 동등한 것으로 수용해야 한다. O | X

자국의 기술규정과 동등한 것으로 수용하는 것을 적극 고려하는 것으로, 수용은 의무가 아니다. 답 X

073

예상논점

TBT협정의 목적은 사람의 안전과 건강보호, 동식물 생명과 건강보호, 환경보호이다. O | X

TBT협정은 다양한 목적을 추구할 수 있다. 답 O

074

예상논점

TBT협정은 기만적 관행을 방지하기 위해 필요한 조치를 정당화한다. O | X

기만적 관행 방지도 TBT협정의 목적에 포함된다. 답 O

075

예상논점

WTO·TBT협정은 중앙정부뿐만 아니라 지방정부 및 비정부기관에 대해서도 적용된다. O | X

비정부기관의 경우 정부조치를 시행할 것을 조건으로 한다. 답 O

076

예상논점

WTO·TBT협정은 기술규정 외 임의규정인 '표준'에도 적용된다. O | X

표준은 구속력이 없는 조치를 의미한다. 답 O

077

예상논점

TBT협정은 표준 및 기술규정 개념을 제품성능 위주에서 생산 및 공정방법(PPMs)까지 확대적용된다. O | X

생산 및 공정방법(PPMs)도 TBT협정의 적용 대상이다. 답 O

078

예상논점

TBT협정은 공산품과 농산품을 포함하여 모든 상품에 적용된다. O | X

TBT협정은 상품무역을 대상으로 한다. 답 O

079

예상논점

농산품 중「위생 및 검역조치협정」적용 분야는 TBT협정 규율대상에서 제외된다. O | X

양자가 중첩되는 경우 SPS협정이 적용된다. 답 O

080
예상논점

정부조달 관련 기술규정에도 TBT협정이 적용된다. O | X

정부조달협정이 적용된다. 답 X

081
예상논점

기술규정은 제품 특성 또는 관련 공정 및 생산방법에 관한 행정규정을 포함한 것이며, 준수가 강제적이다. O | X

준수가 강제적이지 않으면 표준이다. 답 ○

082
예상논점

표준은 공통의 반복적 사용을 위해 인정기관의 승인을 받은 것으로, 준수가 강제적이지 않다. O | X

TBT협정은 표준에 대해서도 적용된다. 답 ○

083
예상논점

적합성판정절차는 관련 요건 충족 여부 결정을 위해 직간접적으로 이용되는 모든 절차이다. O | X

TBT협정은 적합성 판정 절차에도 적용된다. 답 ○

084
예상논점

TBT협정은 최혜국대우 및 내국민대우의무를 규정하고 있다. O | X

비차별원칙이 적용된다. 답 ○

085
예상논점

기술규정은 정당한 목적 달성을 위해 필요 이상으로 무역제한적이어서는 안 된다. O | X

과도한 조치를 취하는 경우 비관세장벽이 될 수 있다. 답 ○

086
예상논점

자국의 기술규정을 제정함에 있어서 이미 존재하거나 또는 그 성립이 조만간 이루어질 국제표준을 따라야 한다. O | X

국제표준에 기초할 의무가 있다. 답 ○

087
예상논점

국제표준이 기술규정을 통해 달성하려고 하는 정당한 목적에 효과적이지 못하거나 부적절한 수단인 경우 국제표준활용의무로부터 면제된다. O | X

국제표준으로부터 이탈할 수 있다. 답 ○

088

예상논점

회원국은 적합성평가절차 운용에 있어 내국민대우(NT)원칙을 준수해야 한다. O | X

최혜국대우원칙도 적용된다. 답 O

089

예상논점

적합성평가절차는 기술규정이나 표준과 같이 국제무역에 불필요한 장애를 초래 혹은 그런 효과를 만들거나 적용해서는 안 되고 과도하게 엄격해서도 안 된다. O | X

과도한 조치인 경우 비관세장벽이 될 수 있다. 답 O

제5절 무역관련투자조치협정

090

07. 7급

세계무역기구(WTO)에서 관할하는 무역관련투자조치협정은 상품무역과 관련된 투자 조치에만 적용된다. O | X

무역관련투자조치협정은 부속서 1A에 포함된 협정이다. 답 O

091

07. 7급

세계무역기구(WTO)에서 관할하는 무역관련투자조치협정에는 개발도상국에 대한 우 대규정이 없다. O | X

개발도상국은 일시적으로 무역관련투자조치협정(TRIMs)의 의무로부터 면제된다. 답 X

092

07. 7급

세계무역기구(WTO)에서 관할하는 무역관련투자조치협정에 의하면 1994년 관세및무 역에관한일반협정(GATT) 제20조(일반적 예외)와 제21조(국가안보 예외)에 입각한 무 역관련투자조치는 예외적으로 허용된다. O | X

GATT에서 허용되는 예외는 무역관련투자조치협정(TRIMs)에서도 허용된다. 답 O

093

03. 행시·외시

세계무역기구(WTO)에서 관할하는 무역관련투자조치협정은 해외직접투자뿐만 아니 라, 증권투자 등 간접투자에 대해서도 적용된다. O | X

무역관련투자조치협정은 직접투자만 대상으로 한다. 답 X

094

03. 행시·외시

세계무역기구(WTO)에서 관할하는 무역관련투자조치협정은 기술이전의무와 국내지분 참여의무에 대해서는 적용되지 않는다. O | X

무역관련투자조치협정은 직접투자만을 대상으로 한다. 답 O

095

03. 행시 · 외시

세계무역기구(WTO)에서 관할하는 무역관련투자조치협정은 1994년 GATT상의 내국민대우원칙과 수량제한금지원칙에 위반하는 무역관련투자조치를 허용하지 않는다.

O | X

모든 무역관련투자조치(TRIMs)를 금지하는 것이 아님에 주의한다.

답 O

096

예상논점

WTO TRIMs협정은 투자조치의 무역왜곡 및 무역제한효과를 방지함에 있어 법적 구속력을 지닌 최초의 다자간 규범이다.

O | X

TRIMs협정은 비관세장벽화하는 것을 방지하는 협정이다.

답 O

097

예상논점

TRIMs협정은 전적으로 상품무역관련투자조치, 즉 무역관련투자조치에 적용된다.

O | X

'무역관련'이란 무역에 영향을 미친다는 의미이다.

답 O

098

예상논점

TRIMs는 무역관련투자규범에 적용범위가 한정되므로 서비스 관련 투자는 규율하지 못한다.

O | X

상품무역에 대한 조치이다.

답 O

099

예상논점

TRIMs는 직접투자만 대상으로 하고, 간접투자는 대상에서 제외된다.

O | X

간접투자란 주식 등에 투자하는 것을 의미한다.

답 O

100

예상논점

패널은 TRIMs의 투자조치를 외국인투자 관련 조치에 한정하고, 국내투자를 포함하지 않는다고 하였다.

O | X

패널은 국내투자를 포함한다고 하였다.

답 X

101

예상논점

TRIMs에 따르면 회원국은 GATT1994 및 기타 권리와 의무를 저해함이 없이, GATT 제3조 또는 제11조 규정에 불합치되는 무역관련투자조치를 적용하지 않아야 한다.

O | X

모든 TRIMs가 금지된 것은 아니다.

답 O

102
예상논점

내국민대우의무와 합치하지 않는 무역관련투자조치는 국내법 또는 행정적 판정에 의해 의무적이거나 집행 가능한 조치 또는 특혜를 얻기 위해 준수할 필요가 있는 조치로 현지부품조달의무와 수출입균형(또는 수입연계)제도가 있다. O | X

GATT 제3조 제4항에 위반되는 TRIMs를 금지한다. 답 O

103
예상논점

외환 구입 제한, 수출 제한, 물품 수입을 기업 수출물량이나 금액만큼 제한하는 조치는 GATT 제11조 제1항을 위반한다. O | X

GATT 제11조 제1항에 위배되는 TRIMs를 금지한다. 답 O

104
예상논점

GATT1994의 모든 예외는 TRIMs에 적용되므로, 수량제한금지와 일반적 예외 및 국가안보예외 등이 모두 적용된다. O | X

기존에 허용되는 조치들은 TRIMs에서도 허용된다. 답 O

105
예상논점

회원국은 WTO협정 발효 후 90일 이내에 TRIMs에 위배되는 자국의 모든 무역관련투자조치를, 상품교역에 관한 이사회에 통보할 수 있다. O | X

이사회에 통보하는 것은 절차의무이다. 답 X

106
예상논점

회원국은 자국의 TRIMs협정 위반조치를 일정기간 내에 폐지해야 한다. O | X

금지되는 TRIMs는 폐지해야 한다. 답 O

제6절 선적전검사(PSI)에 관한 협정

107
예상논점

선적전검사(PSI)란 수입국 정부로부터 위임받은 전문 검사기관이 수입국 정부나 수입 당사자를 대신하여 수출국에서 물품 선적 전 수입품의 품질과 수량을 검사하고, 수입품 거래가격이 물품 원산지의 일반적 수출시장가격과 합치하는지 평가하는 절차이다. O | X

선적전검사(PSI)도 비관세장벽이 될 우려가 있어 WTO에서 규제하는 것이다. 답 O

108
예상논점

사용국은 PSI 절차와 기준이 객관적이고 모든 수출자들에게 동일하게 적용되도록 해야 한다. O | X

비차별원칙이 적용된다. 답 O

109

예상논점

사용국은 검사기관이 검사과정에서 접수한 모든 정보 중 이미 공표됐거나, 제3자가 일반적 입수 가능하거나, 공공영역에 있지 않은 정보는 영업비밀로 취급할 수 있다.

O | X

접수한 정보가 공공영역에 있지 않다면 영업비밀로 취급해야 한다.

답 X

110

예상논점

사용국은 검사기관이 검사를 부당하게 지연시키지 않도록 보장해야 한다.

O | X

비관세장벽이 되지 않도록 주의해야 한다.

답 O

제7절 원산지규정협정

111

예상논점

특혜원산지규정은 EU · NAFTA · MERCOSUR 등 자유무역지대와 관세동맹 또는 공동시장 등의 형태로 운영되는 경우, 일반특혜관세제도(GSP) 및 카리브 연안 이니셔티브 (CBI)등 특정 국가군을 대상으로 관세상 특혜를 부여하는 경우 적용되는 원산지규정이다.

O | X

특혜원산지규정은 원산지규정협정의 적용 대상이 아니다.

답 O

112

예상논점

FTA원산지규정은 특혜원산지규정이라고 한다.

O | X

FTA원산지규정에 WTO협정은 적용되지 않는다.

답 O

113

예상논점

비특혜원산지규정은 수입수량 제한, 무역통계 작성, 반덤핑관세 및 상계관세 부과, 원산지 표시 등 무역정책상 일반적으로 상품의 원산지를 식별할 필요가 있는 경우 적용된다.

O | X

비특혜원산지규정은 WTO협정의 적용 대상이다.

답 O

114

예상논점

WTO원산지규정협정은 비특혜원산지규정에 대해서만 적용된다.

O | X

비특혜원산지규정이 비관세장벽화되는 것을 막고자 하는 것이다.

답 O

115

예상논점

완전생산기준에 따라 특정국에서 완전히 생산된 제품을 당해 국가를 원산지로 결정한다.

O | X

완전생산기준은 농산물 등에 적용되는 기준이다.

답 O

116

예상논점

실질적 변형기준은 2개국 이상에 걸쳐 제조 및 생산된 제품에 대해 '실질적 변형'이 발생한 국가에 원산지를 부여하는 방법이다. O | X

실질적 변형은 2개국 이상에 걸쳐 생산되는 경우 적용된다. 답 ○

117

예상논점

세번변경기준은 사용된 원재료 및 부품의 세번(HS품목번호)과 완제품의 세번을 비교하여 번호가 일정단위 이상 변하면 실질적 변형으로 인정하고 그 국가에 원산지를 부여한다. O | X

세번의 기준은 각 회원국의 재량이다. 답 ○

118

예상논점

부가가치기준은 제품의 전체 가치 중 일정비율의 부가가치를 창출한 국가에 원산지를 부여한다는 기준이다. O | X

부가가치의 비율은 회원국의 재량사항이다. 답 ○

119

예상논점

가공공정기준은 명세표를 사용해 지정된 가공공정이 발생한 국가를 원산지로 간주한다는 것이다. O | X

어떤 공정을 설정할 것인지는 회원국의 재량사항이다. 답 ○

120

예상논점

원산지협정은 실질적 변형의 판단기준을 특정하지 않고 세번의 단위나 부가가치비율을 산정하는 방법, 원산지를 부여하는 공정을 명시할 것을 의무화하고 있다. O | X

특정 판단기준을 채택하지 않았다. 답 ○

121

예상논점

원산지규정 적용에 있어서 비차별의무를 준수해야 한다. O | X

내국민대우나 최혜국대우를 해야 한다. 답 ○

122

예상논점

원산지규정을 개정한 경우 소급적용하는 것이 원칙이다. O | X

원산지규정을 개정한 경우 불소급원칙을 준수하여야 한다. 답 X

123

예상논점

수입허가란 수입국 관세영역으로의 수입을 위한 선행조건으로서, 관련 행정기관에 신청서나 기타 서류 제출을 요구하는 행정절차로 정의된다. O | X

비관세장벽이 되는 것을 통제하기 위한 규범이다. 답 O

124

예상논점

회원국은 수입허가제도가 부적절하게 운영되어 무역왜곡이 발생하는 것을 방지하고, 개도국의 경제적 필요를 고려하며 관련절차가 GATT1994에 부합하도록 보장한다. O | X

비관세장벽이 되는 것을 방지하려는 취지이다. 답 O

125

예상논점

수입허가절차에 관한 규칙은 중립적이고 형평하며 공정하게 적용되어야 한다. O | X

공정의 원칙에 대한 설명이다. 답 O

126

예상논점

수입허가절차 관련 규칙 및 정보는 가능한 한 발효일 15일 이전, 늦어도 발효일 이전에 공표해야 한다. O | X

발효일 기준 21일 이전에 공표해야 한다. 답 X

127

예상논점

자동수입허가란 모든 경우에 신청의 승인이 부여되는 것이며, 수입품에 대한 규제효과 초래 방법으로 운영되지 않아야 한다. O | X

자동수입허가는 정부의 재량권이 개입하지 않는 것을 의미한다. 답 O

128

예상논점

비자동수입허가는 자동수입허가 이외의 경우로서 수입에 대한 무역제한이나 왜곡효과를 갖지 않아야 한다. O | X

비자동수입허가는 정부의 재량권이 개입하는 것을 의미한다. 답 O

001

10. 7급

서비스 분야의 반덤핑 행위에 대해서는 반덤핑관세를 부과할 수 없다.   O | X

반덤핑 관련 구체적 규정이 없으므로 반덤핑관세를 부과할 수 없다.   답 ○

002

07. 사시

서비스무역에 관한 일반협정(GATS)의 경우 내국민대우원칙은 양허가 이루어진 서비스에 대하여 적용된다.   O | X

시장개방을 허락한 분야에서만 내국민대우원칙이 적용된다.   답 ○

003

예상논점

GATS의 경우 1994년 GATT와 비교하여 최혜국대우원칙에 있어 광범위한 예외가 인정된다.   O | X

부속서를 통해 회원국이 차별적 조치를 취할 수 있도록 예외가 허용하고 있다.   답 ○

004

예상논점

GATS의 경우 내국민대우원칙이 회원국의 일반적 의무가 아닌 구체적 약속의 형태로 규정되어 있다.   O | X

양허표에 기재를 조건으로 차별적 조치를 취할 수 있다. 이러한 의미에서 구체적 약속이라고 한다.   답 ○

005

예상논점

개별 업종의 시장개방은 국가별 산업발전의 차이를 반영할 수 있도록 점진적 자유화원칙을 채택하였다.   O | X

시장개방에 있어서 양허표를 기재한 분야만을 대상으로 한다.   답 ○

006

예상논점

서비스무역에 있어서는 관세라는 개념은 의미가 없으며 시장접근과 내국민대우가 자유화 조치의 핵심이다.   O | X

서비스에 대해서는 관세를 부과할 수 없다. 따라서 시장개방 및 시장개방에 대한 제한조치 그리고 내국민대우 부여 여부가 중요하다.   답 ○

007

예상논점

GATS는 서비스무역에 관한 협정이나, 법적 구속력이 없는 복수국간 무역협정(PTA)에 불과하다. O | X

GATS도 GATT와 마찬가지로 다자간무역협정에 포함된다. WTO설립협정 부속서 1A에 해당한다. 답 X

008

예상논점

GATS는 서비스무역을 규율하는 최초의 범세계적인 다자간 무역협정이다. O | X

GATS가 다자조약으로서 최초라는 의미이다. 답 O

009

예상논점

GATS가 적용되는 서비스에는 국방, 치안 등 정부제공서비스도 포함된다. O | X

정부서비스는 원칙적으로 GATS의 적용대상이 아니다. 다만, 정부서비스라도 상업적 기초에서 제공되는 것이면 GATS가 적용된다. 답 X

010

예상논점

공중도덕과 공공질서 보호, 사람과 동식물의 생명과 건강보호 등을 위한 조치에 해당하는 경우 협정상 요건 충족시 예외를 인정한다. O | X

일반적 예외에 해당할 수 있다. 답 O

011

예상논점

서비스의 시장접근에 있어서 양허표에서 유보한 제한조치는 합법적인 국내조치로서 허용된다. O | X

GATS 제16조에 의하면 시장접근 제한조치로서 6가지가 열거되어 있다. 회원국은 자국이 개방한 분야에서의 제한조치는 양허표에 기재할 것을 조건으로 취할 수 있다. 이를 소극적 방식이라고 한다. 답 O

012

예상논점

GATS에서는 내국민대우원칙이 일반원칙으로 인정된다. O | X

구체적 약속의 형식으로 인정된다. 즉, 양허표에 기재하지 아니한 경우에만 비차별원칙이 적용된다. 답 X

013

예상논점

GATT는 상품 전체에 대한 NT의 원칙적 적용을 규정하고 예외를 제한적으로 인정하나, GATS는 각국이 자국 양허표로 적극 약속한 범위에서만 NT의무를 진다. O | X

NT(내국민대우)가 구체적 약속의 형태를 띤다. 답 O

014

예상논점

GATT는 시장접근에 있어 수량제한을 일반적으로 금지했지만, GATS는 양허표가 약속하지 않는 한 수량제한을 포함하여 시장접근을 제한할 수 있다. O | X

양허표 기재를 전제로 하여 시장접근을 제한할 수 있다. 답 O

015

예상논점

GATT와 GATS는 해당 조치 성격에 따라 중복적용될 수 없다. O | X

GATT와 GATS는 중복적용될 수 있다. 답 X

016

예상논점

서비스의 국경 간 공급은 GATS 유형 1에 해당하며, 이는 한 회원국에 위치한 서비스 이용자가 타 회원국에 위치한 공급자로부터 서비스를 직접 공급받는 것이다. O | X

서비스의 국경 간 공급으로 외국계 은행을 통한 송금서비스 등을 예로 들 수 있다. 답 O

017

예상논점

서비스 소비자의 해외 소비는 GATS 유형 2에 해당하며, 한 회원국의 서비스 이용자가 국경을 직접 이동하여 타 회원국에서 서비스를 공급·구매·소비하는 것이다. O | X

서비스 소비자의 해외 소비의 예로 여행이나 유학을 들 수 있다. 답 O

018

예상논점

외국 서비스 공급의 상업적 주재는 GATS 유형 3에 해당하며, 한 회원국의 서비스 공급자가 타 회원국에 가서 설립한 상업적 주재를 통해 이용자에게 서비스를 제공하는 것이다. O | X

외국계 로펌이 한국에 들어오는 것 등을 예로 들 수 있다. 답 O

019

예상논점

자연인의 주재는 GATS 유형 4에 해당하며, 타 회원국에 거주하는 자연인이 일시적으로 국경을 이동해 현지 사용자를 위한 서비스를 공급해 주는 것이다. O | X

외국계 변호사가 한국에 들어오는 것을 예로 들 수 있다. 답 O

020

예상논점

GATS의 목적상 회원국의 조치란 중앙·지방정부 및 위임권한을 행사하는 비정부기관이 취한 조치를 의미한다. O | X

비정부기관의 경우 정부의 지시나 위임을 받아 조치를 취하는 경우를 전제한다. 답 O

021

예상논점

서비스에 관한 명시적 정의는 GATS에 규정되지 않았으나, 정부 권한 행사에 있어 공급되는 서비스를 제외한 모든 분야에서의 모든 서비스를 의미한다. O | X

GATS에 서비스에 대한 명시적 정의조항은 없다. 답 O

022
예상논점

현재 법적으로 구속력 있는 GATS 적용 서비스 분야 목록은 없다. O | X

서비스목록은 GATS에 포함되어 있지 않다. 답 O

023
예상논점

GATS에서 일반적 의무사항이란 자국 양허표에 기재하지 않더라도, 회원국이 서비스 무역 분야에서 준수해야 하는 사항이다. O | X

GATS의무는 일반적 의무와 구체적 약속으로 대별되어 있다. 답 O

024
예상논점

GATS는 최혜국대우원칙을 구체적 약속으로 규정하고 있다. O | X

GATS는 최혜국대우원칙을 일반원칙으로 규정한다. 답 X

025
예상논점

최혜국대우는 모든 회원국이나 공급자에게 즉각적이고 무조건적으로 제공되어야 한다. O | X

최혜국대우원칙은 동종서비스를 대상으로 한다. 답 O

026
예상논점

최혜국대우원칙은 동종서비스와 서비스 공급자를 대상으로 하며, 판정은 사례별로 이루어진다. O | X

불리하지 아니한 대우를 부여해야 한다. 답 O

027
예상논점

최혜국대우원칙은 법률상 차별뿐만 아니라 사실상의 차별도 규제한다. O | X

사실상의 차별은 결과적인 차별을 의미한다. 답 O

028
예상논점

최혜국대우원칙의 예외로는 면제등록, 의무 면제, 지역통합, 정부조달, 상호인정협정, 일반적 예외, 국가안보예외 등이 있다. O | X

GATS에도 지역통합규정이 있고 MFN원칙의 예외이다. 답 O

029
예상논점

회원국은 합의된 면제목록에 면제사항을 기재하고 또한 면제조건을 충족하는 경우 최혜국대우를 이탈하는 조치를 취할 수 있다. O | X

GATT보다 MFN의 예외가 넓게 인정된다. 답 O

030
예상논점

GATS 제5조는 지역통합에 의해 최혜국대우원칙 이탈을 허용한다.　　　　O | X

지역통합 회원국에 대해 시장접근 등에 있어서 우대조치를 할 수 있다.　　　답 ○

031
예상논점

정부기관이 정부용으로 구입하는 서비스의 조달은 GATS 기본원칙이 적용되지 않으며, GATS의 최혜국대우·내국민대우·시장접근의무는 서비스의 정부조달에서 적용되지 않는다.　　　　O | X

정부조달협정가입국은 정부조달에 있어서도 MFN, NT 등의 의무를 준수해야 한다.
　　　　답 ○

032
예상논점

WTO정부조달협정 수락국 상호간에는 서비스 조달에서 최혜국대우 및 내국민대우가 적용된다.　　　　O | X

정부조달협정은 서비스 조달에 대해서도 적용된다.　　　　답 ○

033
예상논점

상호인정협정 체결국가는 상호간 자유화를 도모하고, 제3국 서비스와 제공자를 차별할 수 있다.　　　　O | X

상호인정협정 체결이 의무는 아니다.　　　　답 ○

034
예상논점

투명성은 GATS의 일반적 의무사항이다.　　　　O | X

투명성은 자국의 관련 제도나 법을 공개하고 질문에 응답하는 것을 의미한다.　　답 ○

035
예상논점

GATS협정상 RTA를 체결하기 위한 역내요건은 당사국 간 무역의 실질적 상당한 분야별 대상범위에서 무역자유화를 실현하는 것이다.　　　　O | X

시장접근제한조치를 폐지하거나 완화하는 것을 말한다.　　　　답 ○

036
예상논점

GATS상 RTA를 체결하기 위한 역외요건은 협정 비당사자인 회원국에 대해 협정 체결 이전 적용 가능 수준과 비교하여 서비스 거래장벽이 통합 전보다 높고 엄격해서는 안 된다는 것이다.　　　　O | X

무역전환이 지나치게 커지는 것을 방지하기 위한 규정이다.　　　　답 ○

037
예상논점

회원국은 RTA협정과 협정 확대 또는 중대한 수정을 신속히 지역무역협정이사회에 통보한다.　　　　O | X

회원국은 RTA협정과 협정 확대 또는 중대한 수정을 서비스무역이사회에 통보해야 한다.
　　　　답 X

038

예상논점

GATS는 GATT와 달리 요소시장의 일종인 노동시장 통합에 대해 별도 규정을 두고 있다.

O | X

서비스무역은 노동자가 이동하는 것이 특징이기 때문이다.

답 O

039

예상논점

GATS는 일반적 예외사항으로 공중도덕을 보호하거나 공공질서를 유지하기 위해 필요한 조치, 인간이나 동식물의 생명이나 건강을 보호하기 위해 필요한 조치, GATS 규정가 불일치하지 아니하는 법률이나 규정의 준수를 확보하기 위해 필요한 조치, 내국민대우에 위반되는 조치로서 상이한 대우가 다른 회원국들의 서비스 공급자에게 공평하거나 효과적인 직접세의 부과나 징수를 보장하기 위한 것일 경우, 최혜국대우에 일치하지 않는 조치로서 이중과세방지협정의 적용 결과인 경우를 규정하고 있다.

O | X

일반적 예외사유에 대한 내용이다.

답 O

040

예상논점

GATS 일반적 예외가 허용되기 위해서는 GATS 제14조 본문의 세부조치들이 유사상황에 있는 국가 간 자의적 또는 정당화될 수 없는 차별수단을 구성하거나, 서비스무역에 대한 위장된 제한을 구성하는 방식으로 적용되지 않아야 한다.

O | X

전문의 요건이다.

답 O

041

예상논점

회원국은 타회원국의 중대 안보이익에 반하는 정보공개를 GATS에 의해 강요할 수 없다.

O | X

국가안보예외에 대한 설명이다.

답 O

042

예상논점

서비스교역 특성상 기술적 어려움 및 시간 부족으로 세이프가드조항이 마련되지 못했다.

O | X

세이프가드조항이 마련되지 못했으므로 세이프가드조치를 취할 수 없다.

답 O

043

예상논점

GATS협정에 보조금 지급을 금지하는 실질적 의무규정을 마련하고 있다.

O | X

보조금 지급이 금지되지 않으며, 상계조치도 취할 수 없다.

답 X

044

예상논점

회원국은 양허할 서비스 분야, 업종 및 내용을 명시적으로 양허표에 기재해야 하며, 양허표에 기재되지 않은 내용은 자유화의무가 존재하지 않고, 양허대상이 되지 않도록 하여, 적극적 방식(positive system)을 채택하고 있다.

O | X

양허표에 기재된 분야만 개방의무가 있다.

답 O

045
예상논점

시장접근 제한조치에 있어서 회원국이 양허를 기재한 분야나 업종에 대해서는 특정 조건이나 제한이 명시되지 않는 한 기재조건 및 제한 외에 타 규제를 추가할 수 없는 소극적 방식이 채택되고 있다. O | X

GATS에 명시된 조치의 경우 양허표에 기재해야 취할 수 있다. 답 ○

046
예상논점

회원국은 타회원국의 서비스 및 공급자에 대해 자국 양허표상 합의 및 명시된 제한과 조건하에 규정된 대우보다 불리한 대우를 부여하지 않아야 한다. O | X

시장접근 제한조치도 양허표에 기재된 바를 따라야 취해야 한다. 답 ○

047
예상논점

시장접근 약속이 행해진 분야에서 자국 양허표상 달리 명시되지 않는 한 회원국은 시장접근 제한조치를 자국 일부 지역이나 혹은 전 영토에 걸쳐 유지하지 않는다. O | X

양허표에 명시되지 않은 조치는 취하지 않아야 한다. 답 ○

048
예상논점

제한조치를 규정한 조항은 한정적 열거목록이므로 동 조문 열거사항 이외 규제조치는 모두 합법적 국내규제로 간주된다. O | X

6가지 제한조치 이외에는 양허표에 기재하지 않고도 자유롭게 취할 수 있다. 답 ○

049
예상논점

시장접근 제한조치의 유형으로는 서비스 공급자 수 제한, 서비스 거래액이나 자산가액 제한, 서비스 영업량이나 총산출량 제한, 총고용인력 제한, 서비스 공급기업의 법적 형태나 합작투자 제한, 외국인 자본참여 제한이 있다. O | X

협정에 열거된 조치들이다 답 ○

050
예상논점

GATS는 내국민대우의무를 일반적 의무사항으로 하여 포괄적 규제방법으로 보장하였다. O | X

내국민대우는 구체적 약속에 포함된다. 답 X

051
예상논점

내국민의무에 따르면 자국 양허표 기재 분야에서, 양허표 명시 조건 및 제한을 조건으로 각 회원국이 기타 회원국의 서비스 및 공급자에게 서비스 공급에 영향을 미치는 모든 조치와 관련, 자국 동종서비스와 공급자들에게 부여하는 대우보다 불리하지 않은 대우를 부여한다. O | X

동종서비스를 대상으로 한다. 답 ○

052

예상논점

내국민대우에 있어서 차별대우란 형식적, 법적 차별은 물론 사실상 또는 실질적 차별까지 포함한 개념이다.　　O | X

거주요건은 사실상의 차별에 해당한다.　　답 ○

053

예상논점

회원국은 자격, 표준, 또는 면허사항 관련 조치를 포함, 양허표 기재사항은 아니지만 서비스무역에 영향을 미치는 조치에 관련하여 약속에 관한 협상을 할 수 있다.　　O | X

추가적 약속에 대한 설명이다.　　답 ○

054

예상논점

추가적 약속은 회원국 양허표에 기재되며, 포지티브 선택방식으로 기재하므로 양허표에 기재된 사항만 의무를 부담한다.　　O | X

양허표에 기재하지 않으면 의무가 아니다.　　답 ○

055

예상논점

회원국은 약속 발효일로부터 5년 경과시 약속 수정 또는 철회를 위한 제안을 할 수 있다.　　O | X

약속 발효일로부터 3년 경과시 약속 수정 또는 철회를 위한 제안을 할 수 있다.　　답 X

001

10. 7급

WTO협정은 지리적 표시에 관한 규정을 두고 있지 않다. O | X

TRIPs협정은 지리적 표시에 대해서도 적용된다. 답 X

002

08. 사시

무역관련지적재산권에 관한 협정(TRIPs)은 WTO설립협정 부속서 1A에 첨부된 다자간 상품무역협정에 속한다. O | X

TRIPs는 부속서 1C에 해당한다. 답 X

003

예상논점

TRIPs협정은 무역과 관련된 지적재산권을 규율대상으로 한다. O | X

무역에 영향을 미치는 TRIPs를 대상으로 한다. 답 ○

004

예상논점

TRIPs협정은 저작권, 저작인접권, 상표권, 지리적 표시권, 공업의장권, 특허권, 반도체 설계권, 영업비밀권을 대상으로 한다. O | X

TRIPs협정은 8가지 지적재산권만을 대상으로 한다. 답 ○

005

예상논점

WTO회원국은 WTO협정에서 정한 최저보호수준보다 더욱 강화된 보호를 실시할 수 있다. O | X

예컨대, 베른협약상 저작권은 50년이 보호기간이다. 회원국은 이를 초과하여 보호하는 것은 재량이나, 그 미만으로 보호하는 것은 위법이다. 답 ○

006

예상논점

TRIPs협정은 기존 협정 플러스방식을 채용하여 지적재산권 보호 관련 기존 협정을 최저보호수준으로 설정하고 있다. O | X

기존 협정 플러스 방식을 적용하였다. 답 ○

007

예상논점

무역관련지적재산권 보호에 있어서 회원국은 최혜국대우 및 내국민대우를 부여해야 한다. O | X

최혜국대우원칙과 내국민대우원칙은 사람을 대상으로 한다. 답 ○

memo

008

예상논점

회원국은 TRIPs협약과 합치하는 범위 내에서 공중보건이나 기타 중요한 공익을 보호하거나, 권리자에 의한 지적재산권의 남용을 방지하기 위해 적절한 조치를 취할 수 있다. O | X

필요한 경우 지적재산권을 침해할 수 있다. 답 O

009

예상논점

TRIPs협정은 권리소진원칙을 기본 원칙으로 채택하고 있다. O | X

권리소진원칙은 기본 원칙으로 규정되지 않았다. 권리소진원칙은 권리자가 자신의 지적재산권을 타인에게 양도한 경우 자신의 권리가 완전히 소멸한다는 원칙이다. 권리소진원칙이 인정되어야 병행수입이 가능해진다. UR협상 과정에서 국가들 간 이견으로 동 원칙이 규정되지 못하였다. 답 X

010

예상논점

세계지적재산권기구(WIPO)는 산업재산권의 보호에 관한 파리협약과 베른협약을 소관하는 합동사무국으로 발족했으며, 1974년 UN 전문기관이 되었다. O | X

베른협약은 저작권보호를 위한 조약이다. 답 O

011

예상논점

TRIPs협정은 지적재산권을 정의하지 않고 저작권, 저작인접권, 상표권, 지리적 표시권, 공업의장권, 특허권, 반도체 배치설계권, 영업비밀권에 대해서만 규정한다. O | X

8가지 지적재산권을 주의해서 알아두어야 한다. 답 O

012

예상논점

TRIPs협정은 타 회원국 국민에게 적용된다. O | X

TRIPs협정은 국민을 대상으로 적용한다. 답 O

013

예상논점

TRIPs협정은 국제협약 플러스방식을 채택, 기존 지적재산권협약들의 원칙과 규정들을 그 성립 및 운영의 기초로 한다. O | X

TRIPs협정은 기존 협약의 보호조치들을 준용한다. 답 O

014

예상논점

TRIPs협정은 공중보건, 영양상태 보호, 공공이익 증진을 위해 필요한 조치 및 권리자에 의한 지적재산권 남용 또는 불합리한 무역 제한이나 국가 간 기술이전에 부정적 영향을 미치는 관행을 방지하기 위해 적절한 조치를 취하는 것을 허용한다. O | X

일정한 경우 지적재산권을 침해할 수 있다. 답 O

015

예상논점

TRIPs협정에 의하면 회원국은 지적재산권 보호에 관해 자국민에게 부여하는 수준에 비해 불리하지 않은 대우를 타 회원국 국민에게 부여하도록 하여 내국민대우를 규정한다. O | X

내국민대우가 원칙이다. 답 O

016

예상논점

기존 지적재산권 조약에 이미 규정된 내국민대우 예외사항들이 TRIPs에서도 예외로 인정된다. O | X

기존 협약 플러스 방식에 대한 설명이다. 답 O

017

예상논점

TRIPs는 기존 지적재산권 관련 국제협약들이 속지주의에 따른 NT만을 기본원칙으로 규정한 것과 달리, 국제적 통일 규범체계 수립을 위해 최혜국대우원칙(MFN)을 최초로 도입했다. O | X

TRIPs는 최초로 MFN이 적용된 지적재산권 조약이다. 답 O

018

예상논점

TRIPs협정에 의하면 지적재산권 보호와 관련, 회원국 국민에게 부여하는 모든 이익, 혜택, 특권, 또는 면제는 즉시 무조건적으로 모든 타 회원국 국민들에게 부여해야 한다. O | X

내국민대우규정에 대한 설명이다. 답 O

019

예상논점

타회원국의 국민에게 기존 국제협약에서 규정된 권리만큼은 최소한 부여해야 한다는 원칙을 '최소보호수준의 보장원칙'이라고 한다. O | X

국제협약보다 강화된 조치를 취할 수도 있다. 답 O

020

예상논점

TRIPs상 최소보호수준 이상의 지적재산권 보호는 회원국 재량사항이다. O | X

최소보호수준 이상으로 보호하는 것은 국가의 재량이다. 답 O

021

예상논점

투명성원칙이란 무역 관련 국내법규, 사법적·행정적 결정 및 정책을 명료히 하고 공개하는 원칙이다. O | X

자국 국내법이 비관세장벽이 되는 것을 막고자 한 것이다. 답 O

022

예상논점

회원국은 환경보호 관련 발명에 대해 특허대상에서 제외할 수 있다. O | X

지적재산권이 사적 권리이나 필요한 경우 이를 침해할 수 있다. 답 O

023
예상논점

회원국은 공개하면 자국의 필수적 국가안보이익에 반한다고 판단되는 정보는 제공하지 않을 수 있다. O | X

국가안보예외규정이다. 답 ○

024
예상논점

권리소진원칙이란 지적재산권 권리자가, 권리가 체화된 특허 또는 상표의 이용권을 양도한 후 다시 자신의 권리를 주장할 수 없다는 원칙이다. O | X

권리소진원칙을 최초판매원칙이라고도 한다. 답 ○

025
예상논점

TRIPs협정은 선진국과 개발도상국 입장차로 인해 권리소진원칙 관련 통일된 규범을 채택하지 못했다. O | X

권리소진원칙은 국내법에 위임되었다. 답 ○

026
예상논점

한국은 권리소진의 원칙 및 병행수입제도를 허용하지 않고 있다. O | X

한국은 권리소진의 원칙 및 병행수입제도를 허용하고 있다. 답 X

027
예상논점

저작권이란 저작자가 자신이 창작한 저작물에 대해 갖는 권리로서, 저작재산권과 저작인격권으로 구분된다. O | X

저작인격권은 현행 TRIPs협정의 보호대상이 아니다. 답 ○

028
예상논점

저작재산권은 저작자의 재산적 이익을 보호하려는 권리로, 주로 저작물을 제3자가 이용하는 것을 허락하고 대가를 받을 수 있는 권리이다. O | X

저작재산권도 지작권의 일중이다. 답 ○

029
예상논점

저작인격권은 저작자가 자신의 창작물에 대해 갖는 인격적 이익의 보호를 목적으로 하며, TRIPs협정 보호대상에서 제외된다. O | X

저작인격권은 제외됨에 주의한다. 답 ○

030
예상논점

저작권 보호에는 기본적으로 로마협약이 준용되며, 저작물 보호기간은 발행년 말로부터 최소 50년간이다. O | X

저작권 보호에는 베른협약이 준용된다. 답 X

031
예상논점

저작인접권은 베른협약의 적용을 받아왔다. O | X

저작인접권은 로마협약의 적용을 받아왔다. 답 X

032
예상논점

저작인접권은 실연자가 갖는 복제방송 독점권, 음반제작자가 갖는 복제권, 배포권 및 방송기관에 대한 보상청구권과 방송기관이 갖는 복제권 및 동시방송중계권을 의미한다. O | X

저작인접권의 개념에 대한 옳은 설명이다. 답 O

033
예상논점

상표권의 보호대상은 상표이며, 상표권 보호에는 파리협약(1967)이 적용된다. O | X

파리협약 플러스 방식이다. 답 O

034
예상논점

상표의 최초등록과 그 후 갱신등록에 따른 보호기간은 10년 이상으로 하며, 상표등록은 무한 갱신할 수 있다. O | X

상표의 최초등록과 그 후 갱신등록에 따른 보호기간은 7년 이상으로 한다. 답 X

035
예상논점

지리적 표시란 어떤 상품이 특정 회원국 영토 혹은 영토 내 특정 지역이나 지방에서 유래하는 것임을 식별하는 표시이다. O | X

지리적 표시도 TRIPs협정의 보호대상이다. 답 O

036
예상논점

의장이란 물품의 형상, 모양, 색채 또는 이들을 결합한 것으로 시각을 통해 미감을 일으키는 것이다. O | X

의장의 개념으로 옳은 설명이다. 답 O

037
예상논점

의장권의 보호기간은 최소 20년이다. O | X

의장권의 보호기간은 최소 10년이다. 답 X

038
예상논점

특허의 대상은 모든 기술 분야에서 물질 또는 제법(processes)에 관한 어떠한 발명도 신규성, 진보성 및 산업적 이용가능성을 구비한 경우 해당된다. O | X

특허의 대상으로 물질특허와 제법특허가 포함된다. 답 O

039
예상논점

TRIPs협정은 방법특허 외에 물질특허를 특허의 대상으로 포함시켰다. O | X

물질특허를 특허의 대상으로 한다. 답 ○

040
예상논점

특허 보호기간은 출원일로부터 30년이다. O | X

출원일로부터 20년 동안 특허를 보호한다. 답 X

041
예상논점

반도체칩 배치설계에 대한 보호는 IPIC조약(일명 워싱턴조약)을 중심으로 이뤄지고 있으며, TRIPs협정은 워싱턴조약 플러스방식을 채택하고 있다. O | X

TRIPs협정은 워싱턴조약을 준용한다. 답 ○

042
예상논점

반도체 배치설계 보호기간은 20년이다. O | X

반도체 배치설계의 보호기간은 10년이다. 답 X

043
예상논점

미공개정보란 기술적 노하우, 고객명부, 신제품 생산계획 등 영업상 비밀로 관리되어 경제적 가치가 있는 기술상 또는 경영상 비밀정보로, 영업비밀이나 노하우 또는 재산적 정보라고 불린다. O | X

미공개정보도 보호대상이다. 답 ○

044
예상논점

TRIPs협정상 미공개정보 보호기간에 관한 조항이 없으나, 영업비밀성이 유지되는 한도 내에서 보호기간을 한정할 수 없다고 해석된다. O | X

미공개정보의 구체적인 보호기간은 설정되지 않았다. 답 ○

045
예상논점

독점이나 지적재산권의 남용이 공익을 저해하거나 정당한 무역에 장애가 될 수 있으므로, TRIPs협정은 지적재산권에 대한 제한조치를 취할 수 있도록 하고 있다. O | X

지적재산권에 대한 제한조치를 취할 수 있다. 답 ○

046
예상논점

TRIPs협정에 의하면 WTO설립협정 발효 후 5년간 TRIPs협정 관련 비위반제소와 상황제소가 제한된다. O | X

위반제소는 허용된다. 답 ○

001

08. 사시

복수국간무역협정(Plurilateral Trade Agreement)은 WTO회원국이라도 이들 협정에 가입할지 여부를 선택할 수 있도록 하고 있다. O | X

복수국간무역협정(PTA)은 모든 WTO회원국에게 적용되는 것이 아니다. 답 O

002

예상논점

복수국간무역협정은 다자간무역협정과 달리 동 협정에 별도로 가입한 WTO회원국 상호간에만 적용된다. O | X

복수국간무역협정(PTA)는 가입국 상호간에만 적용된다. 답 O

003

예상논점

현재 복수국간무역협정에는 정부조달협정, 민간항공기무역에관한협정, 국제우육협정, 국제낙농협정이 있다. O | X

국제우육협정과 국제낙농협정은 현재 종료되었다. 답 X

004

예상논점

우리나라는 현재 정부조달협정에 가입하고 있다. 따라서 정부조달시 동 협정 규정을 따라야 한다. 내국민대우 및 최혜국대우의무를 부담한다. O | X

정부조달협정에서는 내국민대우와 최혜국대우를 적용한다. 답 O

005

예상논점

WTO가입이 결정되는 경우 당해 국가는 복수국간무역협정에 자동으로 가입하게 된다. O | X

WTO에 가입한 국가는 다른 협정에 대해 선택적 가입이 인정된다. 답 X

006

예상논점

정부조달협정의 경우 중앙정부의 조달에 대해서만 적용되며 지방자치단체나 기타 공공기관의 조달에는 적용되지 아니한다. O | X

지방자치단체와 기타 공공기관의 조달에 대해서도 정부조달협정이 적용된다. 다만, 가입국이 양허한 수준이 고려된다. 답 X

제1절 총설

001
11. 사시

2개 이상의 '분쟁해결에 관한 특별 또는 추가적인 규칙 및 절차'가 충돌하는 경우, 분쟁당사자의 합의로 정하고 합의하지 못하면 일방 분쟁당사자의 요청 후 분쟁해결기구(DSB)의 의장이 적용 규칙 및 절차를 확정한다.   O | X

특별법이 2개 이상 존재하는 상황으로 보면 된다. 이 경우는 상호 우선순위가 있는 것이 아니기 때문에 분쟁당사자 간 합의를 우선하고, 합의가 형성되지 못한 경우 DSB의장이 결정한다.   답 ○

002
11. 사시

「보조금 및 상계조치에 관한 협정」 제3조에 규정된 금지보조금의 적용 대상에서 「농업에 관한 협정」에 규정된 경우는 제외된다.   O | X

농업 관련 보조금문제는 농업협정규정이 배타적으로 적용된다.   답 ○

003
16. 7급

WTO분쟁해결제도의 '대상이 되는 협정'에 포괄적 경제 동반자협정이 포함된다.
                                                                  O | X

포괄적 경제 동반자협정은 일종의 FTA협정을 의미한다. FTA협정은 WTO분쟁해결의 대상협정이 아니다. 대상협정은 WTO설립협정과 부속서 1, 2, 4이다. 부속서 3의 무역정책검토제도는 대상협정이 아니다.   답 X

004
15. 사시

WTO분쟁해결제도상 선례구속의 원칙은 인정되지 않는다.   O | X

선례구속 또는 불구속 여부에 대해 WTO협정에 명시된 바 없으나, WTO관행상 선례불구속원칙이 적용되고 있다.   답 ○

005
15. 사시

분쟁해결양해(DSU)상 분쟁해결절차와 다자간 무역협정상 분쟁해결절차가 상충하는 경우 DSU상 분쟁해결절차가 우선한다.   O | X

다자간협정상 절차가 우선적용된다.   답 X

006
16. 사시

분쟁해결양해(DSU)의 규칙 및 절차가 「서비스무역에 관한 일반협정(GATS)」의 분쟁해결 규정과 충돌하는 경우 후자가 우선한다.　　　　O ｜ X

개별 협정상의 분쟁해결절차가 우선한다.　　　　답 ○

007
15. 사시

분쟁해결기구(DSB)의 권고나 결정으로 대상협정에 규정된 회원국의 권리나 의무를 축소하거나 추가하는 것은 금지된다.　　　　O ｜ X

분쟁해결기구(DSB)는 입법권을 갖지 않는다.　　　　답 ○

008
13. 사시

ICJ재판관과 WTO패널 및 상소기구 위원 모두 겸직이 허용되지 않는다.　　　　O ｜ X

패널위원은 겸직이 허용된다.　　　　답 X

009
13. 사시

ICJ와 달리 WTO분쟁해결절차에서는 결정시한이 정해져 있다.　　　　O ｜ X

WTO분쟁해결절차에서는 분쟁해결의 신속성을 추구한다.　　　　답 ○

010
13. 사시

ICJ는 출석한 재판관의 과반수로 판결을 내리고, WTO패널 및 상소기구의 보고서는 WTO분쟁해결기구에서 역총의(reverse consensus)로 채택된다.　　　　O ｜ X

역총의제(reverse consensus)는 반대의 총의가 형성되어야 채택이 저지되는 방식이다.
　　　　답 ○

011
13. 사시

ICJ의 심리(hearing)는 원칙적으로 공개되고, WTO패널의 심의(deliberations)는 공개되지 않는다.　　　　O ｜ X

국제사법재판소(ICJ)도 심의(deliberations)는 비공개이다.　　　　답 ○

012
13. 사시

ICJ는 단심제이나, WTO분쟁해결제도는 2심제이다.　　　　O ｜ X

WTO는 패널과 상소심으로 구성되어 있다.　　　　답 ○

013
05. 사시

국제사법재판소(ICJ)와 세계무역기구(WTO) 모두 분쟁을 부탁하기 위해서는 분쟁당사자들 간의 별도의 합의가 요구된다.　　　　O ｜ X

국제사법재판소(ICJ)의 경우 합의가 원칙이나, 세계무역기구(WTO)는 일방적으로 분쟁을 부탁할 수 있다.　　　　답 X

014

05. 사시

ICJ판결 및 WTO패널의 보고서는 모두 선례구속의 원칙이 적용되지 않는다. O | X

당해 사건에 대해서만 선례구속의 원칙이 적용된다. 답 O

015

05. 사시

국제사법재판소(ICJ)와 세계무역기구(WTO) 양 기관 모두 각각 비회원국에 대해서도 당해 분쟁해결절차를 이용할 수 있는 기회를 열어 두고 있다. O | X

국제사법재판소(ICJ)의 경우 일정한 조건하에 국제사법재판소(ICJ)규정 비당사국도 제소할 수 있다. 그러나, 세계무역기구(WTO)의 경우 오로지 회원국 간 분쟁만 대상으로 한다. 답 X

016

05. 사시

국제사법재판소(ICJ)와 세계무역기구(WTO) 양 기관 모두 판정의 이행을 위한 조치를 두고 있지 않다. O | X

국제사법재판소(ICJ)의 경우 안전보장이사회가 개입할 수 있다. 세계무역기구(WTO)의 경우 보상 또는 보복조치를 통해 이행을 강제할 수 있다. 답 X

제소사유

017

15. 7급

1994년도 GATT 제23조 제1항 제(b)호에 규정된 형태의 비위반제소의 경우 이익의 무효화 또는 침해의 입증책임은 제소국에게 있다. O | X

위반제소와 달리 비위반제소는 일응추정의 원칙이 적용되지 않는다. 답 O

018

15. 7급

1994년도 GATT 제23조 제1항 제(b)호에 규정된 형태의 비위반제소의 경우 피제소국은 패소하더라도 GATT/WTO 협정상의 어떤 구체적인 규정을 위반한 것이 아니기 때문에 대상조치를 철회할 의무는 없다. O | X

보상조치가 최종 조치로 적용될 수 있다. 답 O

019

15. 사시

대상협정에 따라 부담해야 하는 의무를 위반하는 행위는 일견 WTO회원국의 이익을 무효화 또는 침해한 것으로 간주된다. O | X

일응추정의 원칙(prima facie principle)이라고 한다. 위반제소에 대해 적용되고, 비위반제소에 대해서는 적용되지 않는다. 답 O

020

12. 사시

WTO회원국(Members)만이 분쟁해결기구(DSB)에 분쟁을 회부할 수 있다. O | X

WTO비회원국은 분쟁해결기구(DSB)를 이용할 수 없다. 답 ○

021

12. 사시

원칙적으로 비회원국과 사인은 당사자 적격성이 없지만, 회원국들의 동의가 있으면 당사자가 될 수 있다. O | X

당사국 이외의 실체는 당사자가 될 수 없다. 답 X

022

12. 사시

유럽연합(EU)은 WTO분쟁해결절차에서 당사자 적격성을 갖는다. O | X

유럽연합(EU)은 그 자체로 당사자능력이 있다. 답 ○

023

12. 사시

WTO회원국은 다른 회원국의 WTO협정 위반에 해당하지 않는 조치의 적용에 대해서도 제소할 수 있다. O | X

비위반제소나 상황제소가 인정된다. 답 ○

024

12. 사시

분쟁해결절차에 참가하는 제3국은 당해 분쟁에 대하여 실질적인 이해관계가 있어야 한다. O | X

제3국의 분쟁해결절차 참가가 인정된다. 답 ○

025

09. 9급

대상협정에 따라 부담해야 하는 의무에 대한 위반이 있는 경우, 이러한 행위는 일견 명백한 무효화 또는 침해를 구성하는 것으로 가주된다. O | X

일응추정의 원칙으로 제소국의 입증부담을 완화해 준다. 답 ○

026

09. 사시

비위반제소를 다룬 사례로 「일본 – 필름 사건(Japan – Measures Affecting Consumer Photographic Film and Paper)」이 있다. O | X

미국이 위반제소와 함께 비위반제소를 제기하였으나, 둘 다 기각되었다. 답 ○

027

09. 사시

비위반제소에서 이익이 무효화 또는 침해되었다는 판정이 내려지는 경우 피소국은 문제된 조치를 철회하여야 한다. O | X

피소국에게 문제된 조치를 철회할 의무는 없다. 비위반제소에서는 보상이 최종적인 해결책으로 인정된다. 답 X

028

09. 사시

비위반제소는 위반제소와 병행하여 제기될 수 있다.　　　　O | X

―――――――――――――――――――――――――――――――――――――――

위반제소가 기각될 경우를 대비하여 비위반제소를 병행하는 것이다.　　　답 ○

029

09. 사시

피소국의 조치로 인해 대상협정상의 이익이 무효화 또는 침해되어야 한다.　　O | X

―――――――――――――――――――――――――――――――――――――――

제소국은 정부조치의 존재, 협정상 이익의 무효화 또는 침해, 인과관계를 모두 입증해야
한다.　　　　　　　　　　　　　　　　　　　　　　　　　　　　　답 ○

030

08. 7급

WTO회원국 간 무역분쟁이 발생하는 경우, 분쟁당사국 간 별도의 합의가 없어도 관할
권이 성립한다.　　　　　　　　　　　　　　　　　　　　　　　O | X

―――――――――――――――――――――――――――――――――――――――

제소국의 협의요청에 피제소국은 응할 의무가 있다.　　　　　　　　　답 ○

031

08. 7급

WTO회원국의 피해기업은 WTO에 직접 제소할 수 없다.　　　　　　O | X

―――――――――――――――――――――――――――――――――――――――

WTO회원국만 당사자능력이 있다.　　　　　　　　　　　　　　　　답 ○

제2절　비사법적 해결

032

13. 사시

WTO사무총장은 회원국의 분쟁해결을 지원하기 위하여 직권으로 주선, 조정 또는 중
개절차를 제공할 수 있다.　　　　　　　　　　　　　　　　　　O | X

―――――――――――――――――――――――――――――――――――――――

WTO사무총장이 직권으로 절차를 제공하는 점에 주의한다.　　　　　　답 ○

033

13. 사시

패널설치 이후에는 주선, 조정 또는 중개절차를 이용할 수 없다.　　　　O | X

―――――――――――――――――――――――――――――――――――――――

당사국들의 동의하에 패널절차와 병행할 수 있다.　　　　　　　　　　답 X

034

16. 사시

분쟁당사국은 패널설치 요청에 앞서 반드시 협의를 요청하여야 한다.　　O | X

―――――――――――――――――――――――――――――――――――――――

당사국 간 협의는 필요적 전심절차이다.　　　　　　　　　　　　　　답 ○

035

예상논점

협의당사국이 아닌 제3국이 협의절차에 참가하기 위해서는 협의당사국의 승인을 얻어야 한다.　O | X

분쟁해결기구(DSB)가 아니라 협의당사국의 승인을 얻어야 한다.　답 O

036

예상논점

협의절차에 참가한 제3국은 당해 협의당사국에 대해 별도의 협의를 요청할 수 없다.　O | X

제3자로 참가한 국가도 필요시 별도로 협의를 요청할 수 있다.　답 X

제3절　패널

037

02. 행시·외시

분쟁해결기구에 의해 채택된 패널보고서의 권고 및 판정은 분쟁당사국들에 대해서만 효력을 갖는 것이 원칙이다.　O | X

분쟁당사자들에게만 효력이 있다.　답 O

038

15. 7급

WTO협정에 의하면 분쟁당사국뿐만 아니라, 패널의 사안에 대한 실질적 이익을 갖고 있음을 분쟁해결기구에 통고한 제3국도 상소할 수 있다.　O | X

제3국은 상소할 수 없다. 다만, 상소절차에 참가할 수 있다.　답 X

039

15. 사시

WTO협정상 패널보고서는 모든 회원국이 반대하지 아니하는 한 채택된다.　O | X

패널보고서는 역총의제로 채택한다.　답 O

040

15. 경찰간부

패널설치에 대한 요청은 구두로 이루어지며, 그 법적 이유를 명시하여야 한다.　O | X

패널설치에 대한 요청은 서면에 의한다.　답 X

041

15. 경찰간부

패널은 분쟁당사자가 패널설치로부터 10일 이내에 달리 합의하지 아니하는 한 표준위임사항을 부여받는다.　O | X

패널이 표준위임사항을 부여받는 때는 패널설치일로부터 20일 이내에 합의하지 않는 경우이다.　답 X

042

10. 사시

패널은 사안의 특정 측면에 대한 의견을 구하기 위해 전문가와 협의할 수 있다.

O | X

단, 전문가와의 협의가 의무는 아니다.

답 O

043

10. 사시

패널에 비밀정보가 제공되는 경우, 그 정보는 이를 제공하는 회원국의 개인, 기관 또는 당국으로부터의 공식적인 승인 없이는 공개되지 아니한다.

O | X

비밀정보는 비공개가 원칙이다.

답 O

044

15. 경찰간부

패널위원은 정부 대표나 기구 대표가 아닌 개인자격으로 임무를 수행한다.

O | X

정부 대표라도 개인자격으로 활동한다.

답 O

045

15. 경찰간부

패널은 분쟁당사자가 패널설치로부터 20일 이내에 5인의 패널위원으로 패널을 구성하는 데 합의하지 아니하는 한 3인의 패널위원으로 구성된다.

O | X

3인의 패널위원은 분쟁당사자가 패널설치일로부터 10일 이내에 합의하지 않을 때 구성된다.

답 X

046

15. 경찰간부

선진국 회원국과 개발도상국 회원국 간의 분쟁시 개발도상국 회원국이 요청하는 경우, 패널위원 중 적어도 1인은 개발도상국 회원국의 인사를 포함하여야 한다.

O | X

개도국 우대조치에 해당한다.

답 O

047

12. 9급

제소국의 일방적인 패널설치 요청으로 패널이 설치된다.

O | X

강제관할권이 적용된다고 볼 수 있다.

답 O

048

12. 9급

제소국은 협의를 요청한 후 60일 이전이라도 패널설치를 요청할 수 있다.

O | X

피제소국이 협의에 응하지 않거나, 협의를 통해 분쟁해결 실패에 합의하면 60일 전이라도 패널설치를 요청할 수 있다.

답 O

049

03. 행시 · 외시

동일한 사안에 대해 여러 나라들이 패널설치를 각각 요청하는 경우 사건을 병합하여 단일패널을 설치하는 것이 분쟁해결절차의 신속성을 위해 필요하나, 분쟁해결양해 (DSU)는 이러한 제도를 마련해 놓고 있지 않으므로 향후 이러한 문제점을 개선하기 위해 DSU를 개정해야 한다는 점이 지적되고 있다.

O | X

이미 분쟁해결양해(DSU)는 패널병합절차를 규정하고 있다(제9조).

답 X

050
15. 사시

실질적인 이해관계를 갖고 있는 제3자는 분쟁당사국의 동의가 없더라도 패널절차에 참여할 수 있다. ○ | X

분쟁해결기구(DSB)에 통고하면 분쟁당사국의 동의가 없더라도 패널절차에 참가할 수 있다. 답 ○

051
15. 사시

동일한 사안에 대해 2개 이상의 회원국이 패널의 설치를 요청하는 경우 단일패널의 설치가 가능하다. ○ | X

패널병합제도이다. 답 ○

052
11. 사시

패널은 분쟁당사자가 패널설치로부터 20일 이내에 달리 합의하지 않는 한, 표준위임사항을 부여받는다. ○ | X

패널이 다루게 될 일반적인 사항을 표준위임사항이라고 한다. 분쟁당사국은 별도로 특별위임사항을 부여할 수도 있다. 답 ○

053
11. 사시

사무국이 패널위원 후보자를 제의하지만, 분쟁당사자는 불가피한 사유(compelling reasons)가 있는 경우 그 후보자를 거부할 수 있다. ○ | X

분쟁당사자가 패널위원 후보자를 반드시 수락해야 하는 것은 아니다. 답 ○

054
11. 사시

패널위원 후보자가 분쟁당사자의 국민이라 하더라도 분쟁당사자가 합의하는 경우에는 패널위원이 될 수 있다. ○ | X

원칙적으로 분쟁당사국 국민은 패널위원이 될 수 없다. 답 ○

055
16. 경찰간부

패널의 설치와 패널보고서 채택, 상소보고서의 채택과 보복조치의 승인과 관련하여 총의제를 도입하고 있다. ○ | X

역총의제를 도입하고 있다. 답 X

056
09. 사시

제3자는 패널절차의 대상인 조치가 대상협정에 따라 자국에 귀속된 이익을 무효화 또는 침해한다고 간주하는 경우, 분쟁해결양해(DSU)에 따른 정상적인 분쟁해결절차에 호소할 수 있다. ○ | X

제3국으로 참여하더라도 정상적인 절차를 진행할 수 있다. 답 ○

057
01. 행시 · 외시

패널리스트는 WTO사무국이 작성 · 관리하는 명부에서 선출한다. ○ | X

패널리스트는 작성된 명부 중에서 선출한다. 답 ○

058
01. 행시·외시

패널리스트는 관련 분야의 지식과 경험이 풍부한 사람이어야 하며, 정부 관리도 패널리스트가 될 수 있다.　　　　　　　　　　　　　　　　　　　O | X

정부 인사도 패널이 될 수 있다.　　　　　　　　　　　　　　　답 O

059
06. 사시

부패의 우려가 있는 상품에 관한 분쟁을 포함한 긴급한 분쟁의 경우 패널보고서 제출기간이 단축될 수 있다.　　　　　　　　　　　　　　　　　　　O | X

긴급한 분쟁의 경우 3개월로 패널보고서 제출기간을 단축할 수 있다.　　답 O

060
12. 9급

패널설치는 모든 회원국이 반대하지 아니하는 한 자동적으로 설치된다.　O | X

패널은 역총의제로 설치된다.　　　　　　　　　　　　　　　　　답 O

061
05. 사시

패널은 평결(rulings)과 권고(recommendations)에서 대상협정에 규정된 권리와 의무를 가감할 수 있다.　　　　　　　　　　　　　　　　　　　　　O | X

대상협정에 규정된 권리와 의무를 가감할 수 없다. 패널은 협정 해석 및 적용 기관에 불과하다.　　　　　　　　　　　　　　　　　　　　　　　　답 X

062
05. 사시

선진회원국과 개발도상회원국 간의 분쟁시 개발도상회원국이 요청하는 경우 패널위원 중 적어도 1인은 개발도상회원국의 인사가 포함되어야 한다.　　　O | X

개도국 우대조치이다.　　　　　　　　　　　　　　　　　　　　답 O

063
05. 사시

협의요청 접수일로부터 30일 이내에 협의를 통한 분쟁해결에 실패하는 경우 제소국은 패널이 설치를 요청할 수 있다.　　　　　　　　　　　　　　O | X

패널설치요청은 협의요청 접수일로부터 60일 이내 분쟁해결에 실패하는 경우 가능하다.
　　　　　　　　　　　　　　　　　　　　　　　　　　　　　답 X

064
14. 7급

패널에서의 변론 절차와 상소 절차는 공개회의로 진행된다.　　　　　O | X

비공개로 진행된다.　　　　　　　　　　　　　　　　　　　　　답 X

065
14. 7급

사무총장이 직권으로 패널위원을 임명해야 하는 경우 분쟁해결기구의 장 등과 협의하여야 한다.　　　　　　　　　　　　　　　　　　　　　　　　O | X

패널설치일로부터 20일 이내에 패널위원이 합의되지 않는 경우 WTO사무총장이 DSB의 장과 협의한 이후 결정한다.　　　　　　　　　　　　　　　　답 O

066

14. 사시

DSU에 따르면 DSU 자체는 분쟁해결대상 협정에 속하지 않는다.　　　O | X

분쟁해결양해(DSU)도 분쟁해결대상 협정에 포함된다. TPRM만 분쟁해결대상에서 제외된다.　　　답 X

067

14. 사시

패널은 분쟁당사자가 합의하는 경우 5인으로 구성될 수 있다.　　　O | X

패널설치일로부터 10일 이내에 패널을 5인으로 합의할 수 있다.　　　답 ○

068

13. 7급

협의요청 접수일로부터 60일 이내에 협의를 통한 분쟁해결에 실패하는 경우, 제소국은 패널의 설치를 요청할 수 있다.　　　O | X

접수일로부터 60일 이전이라도 협의 실패시 패널설치를 요청할 수 있다.　　　답 ○

069

13. 7급

패널은 분쟁당사자가 패널설치일로부터 10일 이내에 5인의 패널위원으로 구성하는데 합의하지 아니하는 한, 3인의 패널위원으로 구성된다.　　　O | X

통상적으로 3인의 패널위원으로 구성된다.　　　답 ○

070

13. 7급

패널은 일정한 자격을 갖춘 정부인사로 구성되며, 패널위원은 자국 정부의 대표로서 활동한다.　　　O | X

패널위원은 개인자격으로 활동한다.　　　답 X

071

13. 7급

패널보고서에 표명된 개별 패널위원이 이견은 익명으로 처리된다.　　　O | X

국제사법재판소(ICJ)는 실명으로 개별 의견을 표명한다.　　　답 ○

072

09. 7급

패널의 심의(deliberation)는 공개되지 아니하며, 패널보고서에 표명된 개별 패널위원의 의견은 익명으로 한다.　　　O | X

패널은 심리와 심의(deliberation) 모두 비공개로 한다.　　　답 ○

073

07. 사시

패널은 환경보호단체와 같은 비정부기구(NGO)로부터 정보를 구할 수 있다.　　　O | X

반대로 비정부기구(NGO)가 자발적으로 제출한 정보도 심리에 참고할 수 있다(US-Shrimp 사건).　　　답 ○

074

07. 사시

패널 또는 상소기구는 관련 회원국이 권고를 이행할 수 있는 방법을 제시할 수 있다.

O | X

이행방법 제시가 의무는 아니다.

답 O

075

06. 사시

분쟁해결기구(DSB)에서 패널을 설치하자는 컨센서스가 이루어지는 경우에만 패널이 설치될 수 있다.

O | X

역총의제로 패널을 설치한다. 즉, 모두가 설치에 반대해야만 설치되지 않는다.

답 X

076

06. 사시

분쟁당사국의 국민은 분쟁당사국들이 달리 합의하지 않는 한 그 분쟁을 담당하는 패널의 위원이 될 수 없다.

O | X

상소심의 경우 분쟁당사국 국민이 당해 사건 심리에 참여할 수 있다.

답 O

077

15. 7급

패널설치일로부터 20일 이내에 패널위원 구성에 대해 합의하지 못하면 분쟁해결기구 의장이 패널위원을 임명한다.

O | X

WTO사무총장이 분쟁해결기구(DSB)의 의장과 협의한 후 패널위원을 임명한다.

답 X

078

16. 경찰간부

회원국에게 패널보고서를 검토할 충분한 시간을 주기 위하여 패널보고서는 회원국에게 배포된 날로부터 10일 이내에는 분쟁해결기구에서 채택을 위한 심의의 대상이 되지 않는다.

O | X

패널보고서가 채택을 위한 심의의 대상이 되지 않는 기간은 20일이다.

답 X

079

16. 경찰간부

패널보고서에 이의가 있는 회원국은 적어도 패널보고서가 심의되는 회의가 개최되기 20일 이전에 회원국에게 배포되도록 자신의 이의를 설명하는 이유를 서면으로 제출한다.

O | X

회원국은 회의가 개최되기 10일 이전까지 자신의 이의를 설명하는 이유를 제출해야 한다.

답 X

080

14. 경찰간부

WTO분쟁해결 패널보고서나 상소기구보고서가 채택되면 분쟁당사국들을 구속하게 된다.

O | X

보고서 자체는 법적 구속력이 없으나, 채택되면 법적 구속력이 있다.

답 O

081

14. 경찰간부

최빈개도국은 분쟁해결양해(DSU)의 적용에 있어 특별한 고려를 받고 있다. O | X

최빈개발도상국은 패널구성이나 패널절차 진행에 있어서 특별한 고려를 받는다. 답 O

082
20. 7급

WTO 「분쟁해결규칙 및 절차에 관한 양해」에 따르면 회원국에게 패널보고서를 검토할 충분한 시간을 부여하기 위하여 동 보고서는 회원국에게 배포된 날로부터 30일 이내에는 분쟁해결기구(DSB)에서 채택을 위한 심의의 대상이 되지 아니한다. O | X

패널보고서가 배포된 날로부터 20일 이내에는 심의대상이 되지 않는다. 답 X

083
20. 7급

WTO 「분쟁해결규칙 및 절차에 관한 양해」에 따르면 패널의 심의는 공개되지 아니하며, 패널보고서는 제공된 정보 및 행하여진 진술내용에 비추어 분쟁당사자의 참석없이 작성되고, 개별 패널위원이 패널보고서에서 표명한 의견은 익명으로 한다. O | X

패널위원의 개별 의견은 익명으로 한다. 답 O

084
20. 7급

WTO 「분쟁해결규칙 및 절차에 관한 양해」에 따르면 패널 또는 상소기구는 조치가 대상협정에 일치하지 않는다고 결론짓는 경우, 관련 회원국에게 동 조치를 동 대상협정에 합치시키도록 권고하며, 자신의 권고에 추가하여 패널 또는 상소기구는 관련 회원국이 권고를 이행할 수 있는 방법을 제시할 수 있다. O | X

이행방법을 제시하는 것은 패널 또는 상소기구의 재량이다. 답 O

제4절 상소

085
15. 7급

분쟁해결양해에 의하면 분쟁해결기구의 상소기관에 의한 보고서 채택은 역총의제를 적용하기 때문에 그 보고서는 사실상 자동적으로 채택된다고 할 수 있다. O | X

패널보고서 채택도 역총의제를 적용한다. 답 O

086
14. 7급

WTO상소기구의 검토 범위는 패널보고서에서 다루어진 법률 문제 및 패널이 행한 법률 해석에 국한된다. O | X

상소심은 법률심이다. 사실관계를 다룰 수 없다. 패널은 사실관계 및 법률문제를 모두 다룰 수 있다. 답 O

087
14. 경찰간부

상소기구는 원심패널 판정사항 중 법률문제에 대한 심사권한을 갖는다. O | X

상소기구는 법률심으로서 패널의 법률해석과 패널보고서에 적시된 법률문제에 대해서만 심리할 수 있다. 답 O

088
10. 사시

상소기구 위원은 자신의 국적국이 분쟁당사국인 사건을 담당할 수 없다.　　O | X

분쟁당사국 출신 위원도 당해 분쟁의 심리에 참여할 수 있다. 패널의 경우 원칙적으로 자국이 당사자인 분쟁의 심리에 참여할 수 없다.　　답 X

089
10. 사시

상소기구 보고서에 표명된 개별 상소기구 위원의 견해는 익명으로 한다.　　O | X

패널과 마찬가지로 개별 상소기구 위원의 견해도 익명으로 한다.　　답 O

090
08. 사시

분쟁당사국 및 사안에 실질적인 이해관계를 가진 제3국은 패널보고서에 대하여 상소할 수 있다.　　O | X

분쟁당사국만 패널보고서에 대하여 상소할 수 있다.　　답 X

091
03. 사시

WTO분쟁해결양해는 임시상소기구를 설치하여 상소가 가능하도록 하였다.　　O | X

상소기구는 상설기구이다.　　답 X

092
08. 사시

일방 분쟁당사국이 상소결정을 공식적으로 통지한 날부터 상소기구가 보고서를 배포하는 날까지의 기간은 일반적으로 90일을 초과하지 아니한다.　　O | X

상소결정 통지일로부터 보고서 배포일까지의 기간은 60일을 초과하지 않는다.　　답 X

093
08. 사시

사안에 대한 실질적인 이해관계가 있음을 분쟁해결기구에 통지한 제3국은 상소기구에 서면입장을 제출하고 상소기구에서 자신의 입장을 밝힐 수 있다.　　O | X

상소기구에 제3자 및 제3국이 참가할 수 있다.　　답 O

094
08. 사시

상소기구는 패널의 법률적인 조사 결과와 결론을 확정, 변경 또는 파기할 수 있다.　　O | X

상소기구에게 파기환송권은 없다.　　답 O

095
11. 사시

상소기구(Appellate Body)는 패널의 법률적인 조사결과와 결론을 확정, 파기 또는 환송할 수 있다.　　O | X

상소기구(Appellate Body)는 파기환송은 할 수 없다.　　답 X

096
11. 사시

상소기구 보고서가 회원국에게 배포된 후 90일 이내에 분쟁해결기구가 컨센서스로 동 보고서를 채택하지 않기로 결정하지 않는 한, 분쟁해결기구는 동 보고서를 채택한다.   O | X

90일 아닌 30일이다.   답 X

097
14. 사시

WTO분쟁해결제도의 상소절차는 우루과이 라운드 협상 중 새로이 도입된 제도이다.   O | X

GATT의 경우 패널절차만 있었다.   답 O

098
14. 사시

상소기구(Appellate Body)는 상설기구이고, 그 위원은 4년 임기이며 연임이 불가하다.   O | X

상소기구(Appellate Body)는 1회에 한해 연임할 수 있다.   답 X

099
14. 사시

원칙적으로 분쟁당사자가 상소결정을 공식적으로 통지한 날로부터 상소기구가 자신의 보고서를 배포하는 날까지의 절차는 90일을 초과할 수 없다.   O | X

90일 아닌 60일을 초과할 수 없다.   답 X

제5절 이행

100
10. 7급

WTO분쟁해결양해는 적절한 경우에 교차보복을 허용하고 있다.   O | X

보복조치의 효과성을 위해 반드시 동일 협정이나 동일 분야가 아닌 다른 협정이나 다른 분야에서도 보복조치를 취할 수 있게 하였다.   답 O

101
14. 7급

패널보고서의 이행과 관련하여 당사국 간에 만족할 만한 보상 합의가 이루어지지 않는 경우 제소국은 협정상의 양허나 다른 의무를 정지시킬 수 있다.   O | X

보상은 당사국 간의 합의에 의해 결정한다.   답 O

102
09. 9급

분쟁해결기구(DSB)의 일차적인 의사결정방법은 총의제이고 총의가 이루어지지 않는 경우 표결에 의한다.   O | X

분쟁해결기구(DSB)의 의사결정은 총의제가 원칙이며, 예외적으로 역총의제가 적용된다.   답 X

103

20. 9급

세계무역기구(WTO) 분쟁해결절차상 보상과 양허의 정지는 권고 및 판정이 합리적인 기간 내에 이행되지 아니하는 경우 취해지는 잠정적인 조치이다. O | X

보상과 양허의 정지는 잠정적인 조치이므로 패소국이 판결을 이행할 때까지만 적용된다.

답 O

104

23. 9급

세계무역기구(WTO) 분쟁해결절차에 따르면 관련 회원국은 권고 또는 판정이 채택된 후 그 이행문제를 분쟁해결기구에 제기할 배타적 권한을 가진다. O | X

WTO 모든 회원국이 이행문제를 DSB에 제기할 수 있다.

답 X

105

00. 사시

이행을 하지 않거나 할 수 없으면 보상을 위한 교섭을 해야 한다. O | X

보상은 의무적인 것은 아니다.

답 O

106

23. 7급

세계무역기구 <분쟁해결양해>에 따르면 분쟁해결기구가 보고서를 채택한 뒤에 패소국은 판정을 즉각적으로 이행하지 않고 이행유예를 받을 수도 있다. O | X

이행유예란 합리적 이행기간 설정을 말한다.

답 O

107

00. 사시

관련 당사국이 제안된 정지의 수준에 대하여 이의를 제기하는 경우 중재에 회부된다. O | X

중재는 단심제로서 법적 구속력이 있다.

답 O

108

16. 사시

패널과 상소기구는 관련 회원국에 권고의 이행방법을 제안할 수 없다. O | X

패널과 상소기구는 관련 회원국에 권고의 이행방법을 제안할 수 있다.

답 X

109

16. 사시

판정의 즉각적인 이행이 불가능한 경우, 관련 회원국은 준수를 위한 '합리적인 기간'을 부여받을 수 있으며, 이 기간 동안 위반조치에 따라 발생하는 피해에 대해 구제를 제공할 의무가 없다. O | X

합리적 이행기간은 위반된 조치를 협정에 합치시키기 위해 필요한 기간을 의미한다. 이 기간 동안에는 위법한 조치를 유지할 수 있다.

답 O

110

16. 사시

분쟁당사국 간에 판정의 이행을 위한 조치가 '대상협정'에 합치하는지의 여부에 대한 이견이 있는 경우, 이러한 분쟁은 원패널에 회부될 수 있다. O | X

이행분쟁이라고 하며, 가능한 한 원패널에 회부된다.

답 O

111
16. 사시

WTO분쟁해결기구는 판정의 이행사항을 지속적으로 감시한다. O | X

보고서 채택 후 6개월이 경과한 때부터 DSB의제로 설정하고, 이행이 완료될 때까지 의제에 포함시켜 감독한다. 답 O

112
20. 7급

WTO「분쟁해결규칙 및 절차에 관한 양해」에 따르면 DSB는 채택된 권고 또는 판정의 이행상황을 지속적으로 감시하고, 제3국을 제외한 분쟁당사국인 회원국은 권고 또는 판정이 채택된 후 언제라도 그 이행문제를 DSB에 제기할 수 있다. O | X

모든 회원국이 권고 또는 판정이 채택된 이후 언제라도 그 이행문제를 분쟁해결기구에 제기할 수 있다(DSU 제21조 제6항). 답 X

113
16. 사시

판정이 합리적인 기간 내에 이행되지 않는 경우, 의무불이행국은 추가적인 시장개방 형태의 무역보상을 피해국에 대해 차별적으로 제공할 수 있다. O | X

보상조치를 취하는 경우 관련 협정을 준수해야 한다. 따라서 보상을 차별적으로 제공하면 최혜국대우원칙에 위반되므로 비차별적으로 보상조치를 취해야 한다. 답 X

114
16. 사시

보상 및 양허의 정지는 권고 및 판정이 합리적인 기간 내에 이행되지 않는 경우에 취할 수 있는 최종적인 조치이다. O | X

보상 및 양허의 정지는 잠정조치이다. 답 X

115
16. 9급

DSB는 대상협정이 양허의 정지를 금지하는 경우 이를 승인하지 아니한다. O | X

대상협정이 분쟁해결기구(DSB)보다 우선이므로 양허의 정지를 금지한다. 답 O

116
16. 9급

보상은 자발적인 성격을 띠며, 이를 행하는 경우 대상협정과 합치하여야 한다. O | X

대상협정에 일치해야 하므로 최혜국대우원칙을 준수해야 한다. 답 O

117
20. 9급

세계무역기구(WTO) 분쟁해결절차상 보상은 자발적인 성격을 띠며, 이를 행하는 경우 대상협정과 합치하여야 한다. O | X

보상은 관련국 간 협상을 통해 취해진다. 또한 보상조치를 발동함에 있어서 최혜국대우의무 등을 준수해야 한다. 답 O

118

16. 9급

양허의 정지는 일반적으로 무효화 또는 침해 수준과 관계없이 징벌적으로 가능하다.

O | X

양허의 정지는 무효화 또는 침해 수준에 비례해야 하며, 징벌적으로 조치를 취할 수 없다.

답 X

119

20. 9급

분쟁해결기구가 승인하는 양허 또는 그 밖의 의무의 정지의 수준은 무효화 또는 침해의 수준에 상응하여야 한다.

O | X

이를 비례성원칙이라고도 한다.

답 O

120

15. 사시

양허의 정지를 승인하는 최종적인 권한은 분쟁해결기구(DSB)에 있으며 이 승인은 회원국의 총의(consensus)로 이루어진다.

O | X

양허의 정지를 승인하는 것에는 역총의제가 적용된다.

답 X

121

13. 사시

판정 불이행에 대한 대응방법으로, 위반되었다고 판정된 협정 이외의 다른 대상협정상의 양허의 정지가 가능하다.

O | X

이를 교차보복이라고 한다.

답 O

122

13. 사시

패소한 회원국이 판정을 이행하지 않는 경우, DSB는 금전배상을 명한다.

O | X

금전배상제도는 없다. DSB는 보복조치를 승인할 수 있다.

답 X

123

12. 사시

보복조치의 수준에 불복하는 당사국은 중재에 회부할 수 있으나, 타방 당사국의 동의를 얻어야 중재절차가 개시된다.

O | X

중재절차는 일방적 요청으로 절차가 개시된다.

답 X

124

11. 7급

보복(retaliation)은 제소국이 피소국에 대하여 양허 또는 그 밖의 의무를 정지하는 방식으로만 이루어져야 한다.

O | X

보복(retaliation)조치는 상대국에 대해 부담하는 의무를 일시적으로 위반하는 것이다.

답 O

125

11. 7급

WTO분쟁해결제도가 인정하고 있는 DSB에 의한 보복조치의 승인은 피소국의 WTO협정 의무 위배에 근거한 처벌적 성격을 가지는 경제제재에 해당된다.

O | X

보복조치가 처벌적 성격을 갖는 것은 아니다. 패소국이 이행을 하지 못하는 경우 잠정적으로 취하는 조치이다.

답 X

126
11. 7급

제소국은 동일한 분야에서의 양허 또는 그 밖의 의무를 정지하는 것이 비현실적이거나 비효과적이라고 간주하는 경우, 동일 협정상의 다른 분야에서의 양허의 정지를 추구할 수 있으며, 이것이 만족스럽지 않으면 교차보복까지도 허용된다. O | X

교차보복이 인정된다. 답 ○

127
01. 사시

제소국은 자국의 국내통상법에 의한 일방적 보복조치를 취할 수 있다. O | X

일방적 보복조치는 분쟁해결양해(DSU)에 위반된다. WTO 회원국은 분쟁해결양해(DSU)를 통해서만 협정 위반을 판단하거나 보복조치를 취할 수 있다. 답 X

128
01. 사시

보복조치는 협정 위반이 인정된 분야와 동일한 분야에 우선적으로 적용되어야 한다. O | X

효과적인 보복을 위해 다른 분야에서도 조치를 취하는 교차보복을 할 수 있다. 답 ○

129
01. 사시

피제소국이 서비스무역일반협정을 위반하였다고 판정된 경우, 피해국은 상품무역에 관한 자국의 양허를 정지할 수도 있다. O | X

이를 교차보복이라고 한다. 보복조치의 효과성을 높이기 위해 허용된다. 답 ○

130
20. 9급

세계무역기구(WTO) 분쟁해결절차상 양허 또는 그 밖의 의무의 정지의 승인은 총의제(consensus)에 의한다. O | X

분쟁해결기구(DSB)에 의해 역총의제로 양허 또는 그 밖의 의무의 정지를 승인한다. 답 X

MEMO

해커스공무원

패권
국제법 단원별 핵심지문 OX

개정 3판 1쇄 발행 2023년 11월 6일

지은이	이상구 편저
펴낸곳	해커스패스
펴낸이	해커스공무원 출판팀

주소	서울특별시 강남구 강남대로 428 해커스공무원
고객센터	1588-4055
교재 관련 문의	gosi@hackerspass.com
	해커스공무원 사이트(gosi.Hackers.com) 교재 Q&A 게시판
	카카오톡 플러스 친구 [해커스공무원 노량진캠퍼스]
학원 강의 및 동영상강의	gosi.Hackers.com

ISBN	979-11-6999-606-8 (13360)
Serial Number	03-01-01

공무원 교육 1위,
해커스공무원 gosi.Hackers.com

해커스공무원

· **해커스공무원 학원 및 인강**(교재 내 인강 할인쿠폰 수록)
· 해커스 스타강사의 **공무원 국제법 무료 동영상강의**
· 정확한 성적 분석으로 약점 극복이 가능한 **합격예측 모의고사**(교재 내 응시권 및 해설강의 수강권 수록)

한경비즈니스 선정 2020 한국소비자만족지수 교육(공무원) 부문 1위